江苏历代文化名人传·柳亚子

叶扬兵 著

江苏文库

研究编

江苏历代
文化名人传

江苏文脉整理与研究工程

江苏人民出版社

图书在版编目(CIP)数据

　　江苏历代文化名人传. 柳亚子 / 叶扬兵著. -- 南京：
江苏人民出版社，2023.12
　　(江苏文库. 研究编)
　　ISBN 978 - 7 - 214 - 28071 - 8

　　Ⅰ. ①江… Ⅱ. ①叶… Ⅲ. ①文化-名人-列传-江
苏②柳亚子(1887—1958)-传记 Ⅳ. ①K825.4
②K825.6

　　中国国家版本馆 CIP 数据核字(2023)第 063779 号

书　　　　名	江苏历代文化名人传·柳亚子
著　　　者	叶扬兵
出 版 统 筹	张　凉
责 任 编 辑	周晓阳
责 任 监 制	钱　晨
装 帧 设 计	姜　嵩
出 版 发 行	江苏人民出版社
地　　　址	南京市湖南路 1 号 A 楼,邮编:210009
照　　　排	江苏凤凰制版有限公司
印　　　刷	苏州市越洋印刷有限公司
开　　　本	718 毫米×1 000 毫米　1/16
印　　　张	29.25　插页 4
字　　　数	430 千字
版　　　次	2023 年 12 月第 1 版
印　　　次	2023 年 12 月第 1 次印刷
标 准 书 号	ISBN 978 - 7 - 214 - 28071 - 8
定　　　价	108.00 元

(江苏人民出版社图书凡印装错误可向承印厂调换)

江苏文脉整理与研究工程

总主编

信长星　　许昆林

学术指导委员会

编纂出版委员会

出版说明

　　江苏文化源远流长、历久弥新，文化经典与历史文献层出不穷，典藏丰富；文化巨匠代有人出、彪炳史册，在中华民族乃至整个人类文明的发展史上有着相当重要的地位。为科学把握江苏文化的内涵与特征，在新时代彰显江苏文化对中华文化的贡献，江苏省委、省政府决定组织实施"江苏文脉整理与研究工程"，以梳理江苏文脉资源，总结江苏文化发展的历史规律，再现江苏历史上的文化高地，为当代江苏构筑新的文化高地把准脉动、探明趋势、勾画蓝图。

　　组织编纂大型江苏历史文献总集《江苏文库》，是"江苏文脉整理与研究工程"的重要工作。《文库》以"编纂整理古今文献，梳理再现名人名作，探究追溯文化脉络，打造江苏文化名片"为宗旨，分六编集中呈现：

　　（一）书目编。完整著录历史上江苏籍学人的著述及其历史记录，全面反映江苏图书馆的图书典藏情况。

　　（二）文献编。收录历代江苏籍学人的代表性著作，集中呈现自历史开端至一九一一年的江苏文化文本，呈现江苏文化的整体景观。

　　（三）精华编。选取历代江苏籍学人著述中对中外文化产生重要影响、在文化学术史上具有经典性代表性的作品进行整理，并从中选取十余种，组织海外汉学家翻译成各国文字，作为江苏对外文化交流的标志性文化成果。

　　（四）方志编。从江苏现存各级各类旧志中选择价值较高、保存较好的志书，以充分发挥地方志资治、存史、教化等作用，保存江苏的地方文献与历史文化记忆。

（五）史料编。收录有关江苏地方史料类文献，反映江苏各地历史地理、政治经济、文化教育、宗教艺术、社会生活、风土民情等。

（六）研究编。组织、编纂当代学者研究、撰写的江苏文化研究著作。

文献、史料、方志三编属于基础文献，以影印方式出版，旨在提供原始文献，以满足学术研究需要；书目、精华、研究三编，以排印方式出版，既能满足学术研究的基本需求，又能满足全民阅读的基本需求。

"江苏文脉整理与研究工程"工作委员会

江苏文库·研究编编纂人员

主　编

王月清　张新科

副主编

徐之顺　姜　建　王卫星　胡发贵　胡传胜　刘西忠

一脉千古成江河

——江苏文库·研究编序言

樊和平

　　"江苏文脉整理与研究工程"是江苏文化史上继往开来的一个浩大工程。与当下方兴未艾的全国性"文库热"相比,江苏文脉工程有三个基本特点:一是全面系统的整理;二是"整理"与"研究"同步;三是以"文脉"为主题。在"书目编—文献编—精华编—史料编—方志编—研究编"的体系结构中,"研究编"是十分独特的板块,因为它是试图超越"修典"而推进文化传承创新的一种学术努力。

　　"盛世修典"之说不知起源于何时,不过语词结构已经表明"盛世"与"修典"之间的某种互释甚至共谋,以及由此而衍生的复杂文化心态。历史已经表明,"修典"在建构巨大历史功勋的同时,也包含内在的巨大文化风险,最基本的是"入典"的选择风险。《四库全书》的文化贡献不言自明,但最终其收书的数量竟与禁书、毁书、改书的数量大致相当,还有高出近一倍的书目被宣判为无价值。"入典"可能将一个时代的局限甚至选择者个人的局限放大为历史的文化局限,也可能由此扼杀文化多样性而产生文化专断。另一个更为潜在和深刻的风险,是对待传统的文化态度。文献整理,尤其是地域典籍的整理,在理念和战略上面临的最大考验,是以何种心态对待文化传统。当今之世,无论对个体还是社会,传统已经不仅是文化根源,而且是文化和经济发展的资源甚至资本。然而一旦传统成为资源和资本,邂逅市场逻辑的推波助澜,就面临沦为消费和运作对象的风险,从而以一种消费主义和工具主义的文化态度对待文化传统和文献整理。当传统成为消费和运作的对象,其文化价值不仅可能被误读误用,而且也可能在对传统的消费中使文化坐吃山空,造就出文化上的纨绔子弟,更可能在市场运作中使文化不断被糟蹋。"江苏文脉整理与研究工程"的"整理工程"以全面系统的整理的战略应对可能存在的第一种风险,即入典选择的风险;以"研究工程"应对第二种可能的风险,即消费主义与工具主义的风险。我们不仅是既往传统的继承者,更应当是未来传统的创造者;现代人的使命,不仅是继承优秀传统,更应当创造新的优秀传统,这便是传统的创造性转化与创新性发展的真义。诚然,创造传统任重道远,需要经过坚忍不拔的卓越努力和大浪淘沙般的历史积淀,但对"江苏文脉整理与研究工程"而言,无论如何必须在"整理"的同时开启"研究"的千里之行,在研究中继承和发展传统。这便是"研究编"的价值和使命所在,也是"江苏文脉整理与研究工程"在"文库热"中于顶层设计层面的拔群之处。

一 倾听来自历史深处的文化脉动

20世纪是文化大发现的世纪,20世纪以来西方世界最重要的战略,就是文化战略。20世纪20年代,德国社会学家马克斯·韦伯的《新教伦理与资本主义精神》,揭示了西方资本主义文明的文化密码,这就是"新教伦理"及其所造就的"资本主义精神",由此建构"新教伦理+资本主义"的所谓"理想类型",为西方资本主义进行了文化论证尤其是伦理论证,奠定了20世纪以后西方中心论的文化基础。20世纪70年代,哈佛大学教授丹尼尔·贝尔的《资本主义文化矛盾》,揭示了当代资本主义最深刻的矛盾不是经济矛盾,也不是政治矛盾,而是"文化矛盾",其集中表现是宗教释放的伦理冲动与市场释放的经济冲动分离与背离,进而对现代西方文明发出文化预警。20世纪70年代之后,亨廷顿的《文明的冲突与世界秩序的重建》将当今世界的一切冲突归结为文明冲突、文化冲突,将文化上升为西方世界尤其是美国国家战略的高度。以上三部曲构成西方世界尤其是美国文化帝国主义的国家文化战略,正如一些西方学者所发现的那样,时至今日,文化帝国主义被另一个概念代替——"全球化",显而易见,全球化不仅是一种浪潮,更是一种思潮,是西方世界的国家文化战略。文化虽然受经济发展制约甚至被经济发展水平所决定,但回顾从传统到现代的中国文明史,文化问题不仅逻辑地而且历史地成为文明发展的最高最难的问题,正因为如此,文化自信才成为比理论自信、道路自信、制度自信更具基础意义的最重要的自信。

在全球化背景下,文脉整理与研究具有重大的国家文化战略意义,不仅必要,而且急迫。文化遵循与经济社会不同的规律,全球化在造就广泛的全球市场并使全球成为一个"地球村"的同时,内在的最大文明风险和文化风险便是同质性。全球化催生的是一个文化上的独生子女,其可能的镜像是:一种文化风险将是整个世界的风险,一次文化失败将是整个人类的文化失败。文化的本质是什么? 梁漱溟先生说,文化就是人的生活的根本样法,文化就是"人化"。丹尼尔·贝尔指出,文化是为人的生命过程提供解释系统,以对付生存困境的一种努力。据此,文化的同质化,最终导致的将是人的同质化,将是民族文化或西方学者所说地方性知识的消解和消失;同时,由于文化是人类应对生存困境的大智慧,或治疗生活世界痼疾的抗体,它所建构的是与自然世界相对应的精神世界和意义世界,文化的同质性将导致人类在面临重大生存困境时智慧资源的贫乏和生命力的苍白,从而将整个人类文明推向空前的高风险。应对全球化的挑战和西方文化帝国主义的国家战略,"江苏文脉整理与研究工程"是整个中华民族浩大文化工程的一部分和具体落实,其战略意义决不止于保存文化记忆的自持和自赏,在这个全球化的高风险正日益逼近的时代,完整地保存地方文化物种,认同文化血脉,畅通文化命脉,不仅可以让我们在遭遇全球化的滔滔洪水之时可以于故乡文化的山脉之巅"一览众山小"地建设自己的精神家园和文化根据地,而且可以在患上全球化的文化感冒甚至某种文化瘟疫之后,不致乞求"西方药"来治"中国病",而是根据自己的文化基因和文化命理,寻找强化自身的文化抗体和文化免疫力之道,其深远意义,犹如在今天经过独生子女时代穿越时光隧道,回首当年我们的"兄弟姐妹那么多"

和父辈们儿孙满堂的那种天伦风光，不只是因为寂寞，而且是为了中华民族大家庭的文化安全和对未来文化风险的抗击能力。

"江苏文脉整理与研究工程"是以江苏这一特殊地域文化为对象的一次集体文化自觉和文化自信，与其他同类文化工程相比，其最具标识意义的是"文脉"理念。"文脉"是什么？它与"文献"和文化传统的关系到底如何？这是"文脉工程"必须解决的基本问题。

庞朴先生曾对"文化传统"与"传统文化"两个概念进行了审慎而严格的区分，认为"传统文化"可能是历史上曾经存在过的一切文化现象，而"文化传统"则是一以贯之的文化道统。在逻辑和历史两个维度，文化成为传统都必须同时具备三个条件：历史上发生的，一以贯之的，在现实生活中依然发挥作用的。传统当然发生于历史，但历史上发生的一切，从《道德经》《论语》到女人裹小脚，并不都成为传统，即便当今被考古或历史研究所不断发现的现象，也只能说是"文化遗存"，文化成为传统必须在历史长河中一以贯之而成为道统或法统，孔子提供的儒家学说，老子提供的道家智慧，之所以成为传统，就是因为它们始终与中国人的生活世界和精神世界相伴随，并成为人的生命和生活的文化指引。然而，文化并不只存在于文献典籍之中，否则它只是精英们的特权，作为"人的生活的根本样法"和"对付生存困境"的解释系统，它必定存在于芸芸众生的生命和生活之中，由此才可能，也才真正成为传统。《论语》与《道德经》之所以成为传统，不只是因为它们作为经典至今还为人们所学习和研究，而且因为在中国人精神的深层结构中，即便在未读过它们的田夫村妇身上，也存在同样的文化基因。中国人在得意时是儒家，"明知不可为而偏为之"；在失意时是道家，"后退一步天地宽"；在绝望时是佛家，"四大皆空"，从而建立了与自给自足的自然经济结构相匹合的自给自足的文化精神结构，在任何境遇下都不会丧失安身立命的精神基地，这就是传统。文化传统必须也必定是"活"的，是在现实中依然发挥作用的，是构成现代人的文化基因的生命因子。这种与人的生活和生命同在的文化传统就是"脉"，就是"文脉"。

文脉以文献、典籍为载体，但又不止于文献和典籍，而是与负载它的生命及其现实生活息息相关。"文脉"是什么？"文脉"对历史而言是

"血脉",对未来而言是"命脉",对当下而言是"山脉"。"江苏文脉"就是江苏人的文化血脉、文化命脉、文化山脉,是历史、现在、未来江苏人特殊的文化生命、文化标识、文化家园,以及生生不息的文化记忆和文化动力。虽然它们可能以诸种文化典籍和文化传统的方式呈现和延续,但"文脉工程"致力探寻和发现的则是跃动于这些典籍和传统,也跃动于江苏人生命之中的那种文化脉动。"江苏文脉整理与研究工程"的最大特点就在于它是"文脉工程"而不是一般的"文化工程",更不是"文库工程"。"文化工程""文库工程"可能只是一般的文化挖掘与整理,而"文脉工程"则是与地域的文化生命深切相通,贯穿地域的历史、现在与未来的生命工程。

　　"江苏文脉整理与研究工程"是"整理"与"研究"的璧合,在"研究工程"中能否、如何倾听到来自历史深处的文化脉动,关键是处理好"文献"与"文脉"的关系。"整理工程"是对文脉的客观呈现,而"研究工程"则是对文脉的自觉揭示,若想取得成功,必须学会在"文献"中倾听和发现"文脉"。"文献"如何呈现"文脉"? 文献是人类文明尤其是人类文化记忆的特殊形态,也是人类信息交换和信息传播的特殊方式。回首人类文明史,到目前为止,大致经历了三种信息方式。最基本也是最原初的是口口交流的信息方式,在这种信息方式中,信息发布者和信息传播者都同时在场,它是人的生命直接和整体在场并对话的信息传播方式,是从语言到身体、情感的全息参与,是生命与生命之间的直接沟通,但具有很大的时空局限。印刷术的产生大大扩展了人类信息交换的广度和深度,不仅可以以文字的方式与不在场的对象交换信息,而且可以以文献的方式与不同时代、不同时空的人们交换信息,这便是第二种信息方式,即以印刷为媒介的信息方式或印刷信息方式。第三种信息方式便是现代社会以电子网络技术为媒介的信息方式,即电子信息方式。文献与典籍是印刷信息方式的特殊形态,它将人类文化史和文明史上具有特殊价值的信息以印刷媒介的方式保存下来,供后人学习和研究,从而积淀为传统。文字本质上是人的生命的表达符号,所谓"诗言志"便是指向生命本身。然而由于它以文字为中介,一旦成为文献,便离开原有的时空背景,并与创作它的生命个体相分离,于是便需要解读,在解读中便可能发生误读,但无论如何,解读的对象并不只是文字本身,而是文字背后的生命现象。

文献尤其是典籍是不同时代人们对于文化精华的集体记忆,它们不仅经受过不同时代人们的共同选择,而且经受过大浪淘沙的历史洗礼,因而其中不仅有创造它的那个个体或文化英雄如老子、孔子的生命表达,而且有传播和接受它的那个民族的文化脉动,是负载它的那个民族的文化生命,这种文化生命一言以蔽之便是文化传统。正因为如此,作为集体记忆的精华,文献和典籍是个体和集体的文化脉动的客观形态,关键在于,必须学会倾听和揭示来自远方的生命旋律。由于它们巨大的时空跨度,往往不能直接把脉,而需要具有一种"悬丝诊脉"的卓越倾听能力。同时,为了把握真实的文化脉动,不仅需要对文献和典籍即"文本"进行研究,而且需要对创造它们的主体包括创作的个体和传播接受的集体的生命即"人物"进行研究。正如席勒所说,每个人都是时代的产儿,那些卓越的哲学家和有抱负的文学家却可能成为一切时代的同代人。文字一旦成为文献或典籍,便意味着创作它的个体成为一切时代的同代人,但无论如何,文献和它们的创造者首先是某个时代的产儿,因而要在浩如烟海的文献和典籍中倾听到来自传统深处的文化脉动,还需要将它们还原到民族的文化生命之中,形成文化发展的"精神的历史"。由此,文本研究、人物研究、学派流派研究、历史研究,便成为"文脉研究工程"的学术构造和逻辑结构。

二 中国文化传统中的江苏文脉

江苏文脉是中国文化传统的一部分,二者之间的关系并不只是部分与整体的关系,借助宋明理学的话语,是"理一"与"分殊"的关系。文脉与文化传统是民族生命的文化表达和自觉体现,如果只将它们理解为部分与整体的关系,那么江苏文脉只是中国文化传统或整个中华文化脉统中的一个构造,只是中华文化生命体中的一个器官。朱熹曾以佛家的"月映万川"诠释"理一分殊"。朗月高照,江河湖泊中水月熠熠,此番景象的哲学本真便是"一月普现一切水,一切水月一月摄"。天空中的"一月"与江河中的"一切水月"之间的关系是"分享"关系,不是分享了"一月"的某一部分,而是全部。江苏文脉与中国文化传统之间的关系便是"理一分殊",中国文化传统是"理一",江苏文脉是"分殊",正因为如此,关于江苏文脉的研究必须在与整个中国文化传统的关系中整体性地把握和展开。其中,文化与地域的关系、江苏文化在中华文化发展中的贡献和地位,是两个基本课题。

到目前为止的一切人类文明的大格局基本上都是由以山河为标志的地理环境造就的,从轴心文明时代的四大文明古国,到"五大洲四大洋"的地理区隔,再到中国山东—山西、广东—广西、河南—河北,江苏的苏南—苏北的文化与经济差异,山河在其中具有基础性意义。在这个意义上,可以将在此以前的一切文明称为"山河文明"。如今,科技经济发展迎来一个"高"时代:高铁、高速公路、电子高速公路……正在并将继续推倒由山河造就的一切文明界碑,即将造就甚至正在造就一个"后山河时代"。"后山河时代"的最后一道屏障,"山河时代"遗赠给"后山河时代"的最宝贵的文明资源,便是地域文化。在这个意义上,江苏文脉的整理与研究,不仅可以为经过全球化席卷之后的同质化世界留下弥足珍贵的"文化大熊猫",而且可以在未来的芸芸众生饱尝"独上高楼,望尽天涯路"的孤独之后,缔造一个"蓦然回首"的文化故乡,从中可以鸟瞰文化与世界关系的真谛。江苏独特的地域环境与江苏文化、江苏文脉之间的关系,已经不是所谓"一方水土一方人"所能表达,可以说,地脉、水脉、山脉与江苏文脉之间的关系,已经是一脉相承。

我们通过考察和反思发现,水系,地势,山势,大海,是对江苏文脉尤其是文化性格产生重大影响的地理因素。露水不显山,大江大河入大海,低平而辽阔,黄河改道,这一切的一切与其说是自然画卷和自然事件,不如说是江苏文脉的大地摇篮和文化宿命的历史必然,它们孕生和哺育了江苏文明,延绵了江苏文脉。历史学家发现,江苏是中国唯一同时拥有大海、大江、大湖、大平原的省份,有全国第一大河长江,第二大河黄河(故道),第三大河淮河,世界第一大人工河大运河,全国第三大淡水湖太湖,全国第四大淡水湖洪泽湖。江苏也是全国地势最低平的一个省区,绝大部分地区在海拔 50 米以下,少量低山丘陵大多分布于省际边缘,最高峰即连云港云台山的玉女峰也只有 625 米。丰沛而开放的水系和低平而辽阔的地势馈赠给江苏的不只是得天独厚的宜居,更沉潜、更深刻的是独特的文化性格和文脉传统,它们是对江苏地域文化产生重大影响的两个基本自然元素。

不少学者指证江苏文化具有水文化特性,而在众多水系中又具长江文化的特性。"水"的文化特性是什么?"老聃贵柔",老子尚水,以水演绎世界真谛和人生大智慧。"天下莫柔弱于水,而攻坚强者莫之能胜。"柔弱胜刚强,是水的品质和力量。西方文明史上第一个哲学家和科学家泰勒斯向全世界宣告的第一个大智慧便是:水是万物的始基。辽阔的平原在中国也许还有很多,却没有像江苏这样"处下"。老子也曾以大海揭示"处下"的智慧:"江海所以能为百谷王者,以其善下之,故能为百谷王。"历史上江苏的文化作品、江苏人的文化性格,相当程度上演绎了这种"水性"与"处下"的气质与智慧。历史上相当时期黄河曾经从江苏入海,然而黄河改道、黄河夺淮,几番自然力量或人力所为,最终黄河在江苏留下的只是一个"故道"的背影。黄河在江苏的改道当然是一个自然事件或历史事件,但我们也可能甚至毋宁将它当作一个文化事件,数次改道,偶然之中有必然,从中可以发现和佐证江苏文脉的"长江"守望和江南气质。不仅江苏的地脉"露水不显山",而且江苏的文化作品,江苏人的文化性格,一句话,江苏文脉,也是"露水不显山",虽不是"壁立千仞",却是"有容乃大"。一般说来,充沛的水系,广阔的平原,往往造就自给自足的自我封闭,然而,江苏东临大海,无论长江、淮河,还是历史上的黄河,都从这里入大海,归大海,不只昭示江苏的开放,而且演绎江苏文化、江苏文脉、江苏人海纳百川的博大和静水深流的仁厚。

黄河与长江好似中华文脉的动脉与静脉,也好似人的身体中的任督二脉,以长江文化为基色的江苏文化在中华文脉的缔造和绵延中作出了杰出贡献。有学者指出,在中国文明史上,长江文化每每在黄河文化衰弱之后承担起"救亡图存"的重任。人们常说南京古都不少为小朝廷,其实这正是"救亡图存"的反证,"天下兴亡,匹夫有责"的口号首先由江苏人顾炎武喊出，偶然之中有必然。学界关于江苏文化有三次高峰或三次大贡献，与两次大贡献之说。第一次高峰是开启于秦汉之际的汉文化，第二次高峰是六朝文化，第三次高峰是明清文化。人们已对六朝文化与明清文化两大高峰对中国文化的贡献基本达成共识，但江苏的汉文化高峰及其贡献也应当得到承认，而且三次文化高峰都发生于中国社会的大转折时期，对中国文化的承续作出了重大贡献。在秦汉之际的大变革和大一统国家的建构中，不仅在江苏大地上曾经演绎了波澜壮阔的对后来中国文明产生深远影响的历史史诗，而且演绎这些历史史诗的主角刘邦、项羽、韩信等都是江苏人，他们虽然自身不是文化人，但无疑对中国文化产生了深远影响。董仲舒提出"罢黜百家，独尊儒术"的主张，奠定了大一统的思想和文化基础，他本人虽不是江苏人，却在江苏留下印迹十多年。江苏的汉文化高峰对中国文化的最大贡献，一言概之即"大一统"，包括政治上的大一统和思想文化上的大一统。六朝被公认为中国文化发展的高峰，不少学者将它与古罗马文明相提并论，而六朝文化的中心在江苏、在南京。以南京为核心的六朝文化发生于三国之后的大动乱，它接纳大量流入南方的北方士族，使南北方文化合流，为保存和发展中国文化作出了杰出贡献。明朝是中国历史上第一次在南京，也是第一次在江苏建立统一的帝国都城，江苏的经济文化在全国处于举足轻重的地位，扬州学派、泰州学派、常州学派，形成明清时代中国文化的江苏气象，形成江苏文化对中国文化的第三次重大贡献。三大高峰是江苏的文化贡献，在重大历史转折关头或者民族国家危难之际挺身而出，海纳百川，则是江苏文化的精神和品质，这就是江苏文脉。也正因为如此，江苏文化和江苏文脉在"匹夫有责"的担当精神中总是透逸出某种深沉的忧患意识。

　　江苏文脉对中国文化的独特贡献及其特殊精神气质在文化经典中得到充分体现。中国四大文学名著，其中三大名著的作者都来自江苏，这就是《西游记》《红楼梦》《水浒》，其实《三国演义》也与江苏深切相关，虽然罗贯中不是江苏人，但却以江苏为重要的时空背景之一。四大名著中不仅有明显的江苏文化的元素，甚至有深刻的江苏地域文化的基因。《西游记》到底是悲剧还是喜剧？仔细反思便会发现，《西游记》就是文学版的《清明上河图》。《清明上河图》表面呈现一幅盛世生活画卷,实际却是一幅"盛世危情图",空虚的城防,懈怠的守城士兵……被繁华遗忘的是正在悄悄到来的深刻危机。《西游记》以唐僧西天取经渲染大唐的繁盛和开放,然而在经济的极盛之巅,中国人的精神世界却空前贫乏,贫乏得需要派一个和尚不远万里,请来印度的佛教,坐上中国意识形态的宝座,入主中国人的精神世界。口袋富了,脑袋空了,这是不折不扣的悲剧。然而,《西游记》的智慧,江苏文化的智慧,是将悲剧当作喜剧写,在喜剧的形式中潜隐悲剧的主题,就像《清明上河图》将空虚的城防和懈怠的士兵淹没于繁华的海洋一样。《西游记》喜剧与悲剧的二重性,隐喻了江苏文脉的忧患意识,而在对大唐盛世,对唐僧取经的一片颂歌中,深藏悲剧的潜主题,正是江苏文脉"匹夫有责"的担当精神和文化智慧的体现。鲁迅说,悲剧将人生的有价值的东西毁灭给人看。《西游记》是在喜剧形式的背后撕碎了大唐时代人的精神世界的深刻悲剧。把悲剧当作喜剧写,喜剧当作悲剧读,正是江苏文化、江苏文脉的大智慧和特殊气质所在,也是当今江苏文脉转化发展的重要创新点所在。正因为如此,"江苏文脉研究"必须以深刻的哲学洞察力和深厚的文化功力,倾听来自历史深处的江苏文化的脉动,读懂江苏,触摸江苏文脉。

三 通血脉,知命脉,仰望山脉

江苏文化的巨大魅力和强大生命力,是在数千年发展中已经形成一种传统、一种脉动,不仅是一种客观呈现的文化,而且是一种深植个体生命和集体记忆的生生不息的文脉。这种文化和文脉不仅成为共同的价值认同,而且已经成为一种地域文化胎记。在精神领域,在文化领域,江苏不仅有灿若星河的文学家,而且有彪炳史册的思想家、学问家,更有数不尽的才子骚客。长江在这片土地上流连,黄河在这片土地上改道,淮河在这片土地上滋润,太湖在这片土地上一展胸怀。一代代中国人,一代代江苏人,在这里缔造了文化长江、文化黄河、文化淮河、文化太湖,演绎了波澜壮阔的历史诗篇,这便是江苏文脉。

为了在全球化时代完整地保存江苏文脉这一独特地域文化的集体记忆,以在"后山河时代"为人类缔造精神家园提供根源与资源,为了继承弘扬并创造性转化、创新性发展中国优秀传统文化,2016年江苏启动了"江苏文脉整理与研究工程"。根据"文脉"的理念,我们将研究工程或"研究编"的顶层设计以一句话表达:"通血脉,知命脉,仰望山脉。"由此将整个工程分为五个结构:江苏文化通史,江苏历代文化名人传,江苏文化专门史,江苏地方文化史,江苏文化史专题。

"江苏文化通史"的要义是"通血脉",关键词是"通"。"通"的要义,首先是江苏文化与中国文明的息息相通,与人类文明的息息相通,由此才能有民族感或"中国感",也才有世界眼光,因而必须进行关于"中国文化传统中的江苏文脉"的整体性研究;其次是江苏文脉中诸文化结构之间的"通",由此才是"江苏",才有"江苏味";再次是历史上各个重要历史时期文化发展之间的"通",由此才能构成"史",才有历史感;最后是与江苏人的生命与生活的"通",由此"江苏文脉"才能真正成为江苏人的文化血脉、文化命脉和文化山脉。达到以上"四通","江苏文化通史"才是真正的"通"史。

"江苏文化专门史"和"江苏文化史专题"的要义是"知命脉",关键词是"专",即"专门"与"专题"。"江苏文化专门史"在框架上分为物质文化史、精神文化史、制度文化史、特色文化史等,深入研究各类专门史,总体思路是系统研究和特色研究相结合,系统研究整体性地呈现江苏历史上的重要文化史,如哲学史、文学史、艺术史等,为了保证基本的完整性,我们根据国务院学科分类目录进行选择;特色研究着力研究历史上具有江苏特色的历史,如民间工艺史、昆曲史等。"江苏文化史专题"着力研究江苏历史上具有全国性影响的各种学派、流派,如扬州学派、泰州学派、常州学派等。

"江苏地方文化史"的要义是"血脉延伸和勾连",关键词是"地方"。"江苏地方文化史"以现省辖市区域划分为界,13市各市一卷。每卷上编为地方文化通史,讲述地方整体历史脉络中的文化历史分期演化和内在结构流变,注重把握文化运动规律和发展脉络,定位于地方文化总体性研究;下编为地方文化专题史,按照科学技术、教育科举、文学语言、宗教文化等专题划分,以一定逻辑结构聚焦对地方文化板块加以具体呈现,定位于凸显文化专题特色。每卷都是对一个地方文化的总结和梳理,这是江苏文化血脉的伸展和渗入,是江苏文化多样性、丰富性的生动呈现和重要载体。

"江苏历代文化名人传"的要义是"仰望山脉",关键词是"文化"。它不是一般性地为江苏历朝历代的"名人"作传,而只是为文化意义上的名人作传。为此,传主或者自身就是文化人并为中国文化的发展、为江苏文脉的积累积淀作出了重要贡献;或者虽然自身主要不是文化人而是政治家、社会活动家等,但对中国文化发展具有重大影响。如何对历史人物进行文化倾听、文化诠释、文化理解,是"文化名人传"的最大难点,也是其最有意义的方面。江苏历史上的文化名人汗牛充栋,"文化名人传"计划为 100 位江苏文化名人作传,为呈现江苏文化名人的整体画卷,同时编辑出版一部"江苏文化名人辞典",集中介绍历史上的江苏文化名人 1000 位左右。

一脉千古成江河,"茫茫九派流中国"。江苏文脉研究的千里之行已经迈出第一步,历史馈赠我们一次千载难逢的宝贵机遇,让我们巡天遥看,一览江苏数千年文化银河的无限风光,对创造江苏文化、缔造江苏文脉的先行者们献上心灵的鞠躬。面对奔涌如黄河、悠远如长江的江苏文脉,我们惟有以跋涉探索之心,怵惕敬畏之情,且行且进,循着爱因斯坦的"引力波",不断走近并播放来自江苏文脉深处的或澎湃,或激越,或温婉静穆的天籁之音。

我们一直在努力;

我们将一直努力!

目　录

第一章　分湖骄子

一　分湖风采

太湖是中国五大淡水湖之一,位于长江三角洲的南缘。在太湖东南角,分布着许多纵横交错、星罗棋布的湖荡。其中最大的湖荡叫分湖,亦名汾湖。

分湖自古就是一个界湖。春秋时期,其北边属于吴国,其南边属于越国。相传分湖曾是吴、越两国的重要战场,伍子胥曾在此领兵袭击越军,分湖边至今还有子胥滩等古迹。秦汉以后,分湖南北两边往往隶属不同的行政区。分湖北边,汉时属吴县,五代吴越时始置吴江县,元朝一度升为州,明洪武元年(1368)复为县。清雍正四年(1726),将吴江县西部析为震泽县。1912年,震泽、吴江复合为吴江县。1992年,吴江撤县建市(县级市),2012年又并入苏州市,改称吴江区。分湖南边,秦时置由拳县,三国孙吴赤乌五年(242)改称嘉兴县。五代十国吴越时期,设置秀州。明宣德五年(1430),析嘉兴县西北境为秀水县,析东北境为嘉善县。

分湖早就存在,但何时方有分湖之名,似已不可考。清朝郭频伽在《灵芬馆诗话》中有一个注解,"谓分湖之名,始见于《吴越春秋》"。但是,柳亚子与老友沈眉若遍查数个版本的《吴越春秋》,却都没有分湖字样。[1] 柳亚子云,据沈刚中《分湖志》记载,春秋时期,北属于吴,南属于

---

① 柳无忌、柳无非编:《柳亚子文集——自传·年谱·日记》,上海:上海人民出版社1986年版,第41页。

越,所以有分湖之名。① 但笔者查遍沈刚中的《分湖志》,却一无所获。就笔者目前所见史料来说,分湖名称最早见于宋代张尧同的《分湖》诗。诗云:"我本沧浪叟,闲来系钓艖。如何一湖水,半秀半吴江?"②其后,元朝杨维桢的《游分湖记》亦云:"东西袤十八里,南北如之,湖分一半,半属嘉禾,半属姑苏,故名分湖云。"③明初,陶振在《分湖赋》指出,湖"两界中分","故南其半为嘉禾之境,北其半为松陵之墟",这大概就是分湖得名缘由。④ 由上可见,作为两地分界湖,方有分湖之名。自宋到明初,仅有分湖之名。

从明朝弘治年间开始,一些著作改称汾湖,间或同时保留分湖旧称。如明弘治年间莫旦纂《吴江志》(1488)卷二"山川"条记载:"汾湖在二十九都芦墟村,上承嘉兴之水,北流入三白荡。旧名分湖,以其半属吴江半属嘉兴故也,后人加以水旁云。"明嘉靖徐师曾等纂《吴江县志》卷二"山水"条有云:"汾湖去县治东南六十里(属二十八都,与嘉兴分属)。"⑤顾祖禹的《读史方舆纪要》亦云:"汾湖,县(吴江)东南六十里,与浙江嘉善县分界,亦曰分湖。"⑥清乾隆沈刚中纂《分湖志》卷一"水志"引用《苏州府志》云:"汾湖一名分湖,以其分属吴江县及浙之嘉兴县,故名。"⑦不过,仍有一些著作称为分湖,在明末清初之际尤其如此。如清康熙叶燮纂《吴江县志》卷四"山川"条有云:"分湖在东南境,湖两界中

---

① 柳无忌、柳无非编:《柳亚子文集——自传·年谱·日记》,上海:上海人民出版社1986年版,第42页。

② (宋)张尧同:《分湖》,(清)吴江沈刚中纂、(清)同里陆燿订:《分湖志》卷五,吴江汾湖经济开发区、吴江市档案局编:《分湖三志》,扬州:广陵书社2008年版,第51页。1920年柳亚子撰写的《〈分湖访旧图〉记》亦云:"宋张尧同诗所谓'如何一湖水,半秀半吴江'者是也"(参见中国革命博物馆等编:《柳亚子文集——磨剑室文录》(上),上海:上海人民出版社1993年版,第586页)。抗日战争时期,柳亚子《五十七年》则误记为陈尧佐(参见柳无忌、柳无非编:《柳亚子文集——自传·年谱·日记》,上海:上海人民出版社1986年版,第42页)。其时,柳亚子暂寓桂林,手头无参考文献,偶尔出错也是可以理解的。

③ (元)杨维桢:《游分湖记》,(明)叶绍袁:《湖隐外史·兴会》,吴江汾湖经济开发区、吴江市档案局编:《分湖三志》,扬州:广陵书社2008年版,第247页。

④ (元)陶振:《分湖赋》,(清)吴江沈刚中纂、(清)同里陆燿订:《分湖志》卷五,吴江汾湖经济开发区、吴江市档案局编:《分湖三志》,扬州:广陵书社2008年版,第49页。

⑤ (明)莫旦:《吴江志》,转引自张明观:《柳亚子史料札记三集》,上海:上海人民出版社2017年版,第2页。

⑥ (清)顾祖禹:《读史方舆纪要》,北京:中华书局2006年版,第1108页。

⑦ (清)吴江沈刚中纂、(清)同里陆燿订:《分湖志》卷一,"水志",吴江汾湖经济开发区、吴江市档案局编:《分湖三志》,扬州:广陵书社2008年版,第1页。

分,南属浙江之嘉善县,北属吴江,故名分湖。"①总体而言,明清时期"汾湖"说法较"分湖"更为流行。分析其原因,大概是承平时期文人学者嫌"分湖"容易让人联想到战乱与割据,而更欢迎带有祥瑞风雅气息的"汾湖"。估计出于类似考量,加上照顾历史上的流行说法,故1994年出版的《吴江县志》采用"汾湖"之说。2006年10月,芦墟镇和黎里镇合并成"汾湖镇",建立"江苏省吴江汾湖经济开发区"。但是,笔者则倾向于"分湖"之说,因为它更能直截了当地凸显其界湖的特征,历史更为久远,况且,本书传主一贯力主"分湖"说。

分湖地区气候温和,土壤肥沃,河流纵横。最初因地处偏僻而未得到开发,尚属穷乡僻壤。随着北方移民的大量迁入,经济逐步得到开发,转而成为有名的鱼米之乡,棉布业和丝绸业日益发达。到明清时期,吴江即以丝绸著称,丝绸巨镇盛泽更是雄冠天下。嘉善则有西塘、魏塘等名镇。民国时期,除县城松陵镇与盛泽镇外,吴江还有同里、平望、黎里、莘塔、芦墟与北库等重要市镇。

沈刚中编纂的《分湖志》有云:"江浙人才,素甲天下,分湖当江浙之区,而山水清佳,其钟秀毓灵,必有超群绝类之士,生于其间见称于世。"②分湖地区地跨吴越,融吴越文化于一体,兼具吴越文化之长,为文化的发展与繁荣提供了得天独厚的条件。温和的气候、丰饶的物产、优美的景色、远离尘嚣的环境,也对文人骚客产生了难以抗拒的魅力。它地处偏僻、人迹罕至,又是不同行政区的交界地,政府统治相对薄弱,故在战乱时期就成为人们躲避战火的"世外桃源"。当改朝换代之际或政治局势发生剧变之时,它又成为高人隐士的隐逸宝地。自宋元特别是明清以来,随着分湖地区经济繁荣与文化兴盛,人才更是层出不穷。

西晋文学家张翰,字季鹰,吴郡吴县人(其出生地在今苏州市吴江区汾湖镇莘塔社区),其父张俨曾担任东吴大鸿胪。张翰富有文才,善作文,而个性狂放不羁。吴亡后,翰北上洛阳,深得把持朝政的齐王司

---

① (清)叶燮:《吴江县志》卷四,转引自张明观:《柳亚子史料札记三集》,上海:上海人民出版社2017年版,第2页。

② (清)吴江沈刚中纂、(清)同里陆燿订:《分湖志》卷一,"人物",吴江汾湖经济开发区、吴江市档案局编:《分湖三志》,扬州:广陵书社2008年版,第6页。

马冏赏识，被提拔为大司马东曹掾。但是，他"因见秋风起，乃思吴中菰菜、莼羹、鲈鱼脍，曰：'人生贵得适志，何能羁宦数千里以要名爵乎？'遂命驾而归。……俄而冏败，人皆谓之见机"。①乍看之下，似乎张翰因思念家乡美食就毅然辞官返乡，由此彰显吴江美食魅力之大，成就"菰菜、莼羹、鲈鱼脍"三大江南名菜，尤其是把鲈鱼美食构建成文人的江南想象之一，同时还凸显张翰思乡之情，将其淡泊名利、率性自适的个性表露无遗。再仔细揣摩后方知，张翰不愿卷入晋王室内争，借口思念家乡美食而辞官避祸，其先见之明更令人惊叹。故后人又将吴江称为鲈乡，还常用"莼鲈之思"表达思乡之情、归隐之意。

晚唐时期文学家陆龟蒙，字鲁望，曾任湖州、苏州刺史幕僚，晚年隐住在松江甫里（今苏州市吴中区甪直镇），人称"甫里先生"。

宋元时期，分湖流域文学世家，南有陶庄（别名柳溪，今属浙江省嘉善县）陶氏，北有来秀里（今名来秀桥村，属江苏省苏州市吴江区）陆氏。自宋至元，陶氏世以科第著称。陆氏家族则有陆大猷、陆行直父子。陆大猷，字雅叔，南宋末年，见国事日非而不可为，遂致仕，营别业于分湖滨，"极富林泉之胜"。绕岸植桃数百株，"号为桃花源"。②陆行直，字季道，一字壶天，入仕元朝，官至翰林院典籍，以诗文著称，后辞官返乡。常与名士"泛轻舟，携笔床茶具，往来烟波间"，故世称"陆隐君"。③经过陆大猷、陆行直父子两代经营，园林甲第，"极一时之胜"，有翠岩亭、嘉树堂、乐潜丈室等诸多胜景。

元至正九年（1349）三月十六日，吴江武陵人顾逊邀请当时文坛领袖杨维桢（号铁崖）与陆宣、程巽、孙焕、王佐、陆恒、殷奎"七子"游东林。次日，顾逊与"七子"乘坐"钓雪舫"楼船，携珠帘氏、金粟氏两个歌伎及酒具，大游分湖。一早，他们从顾逊所居的武陵溪出发，直奔来秀里。七子之一的陆宣是陆行直幼子。75岁高龄的陆行直扶杖

---

① 《晋书》卷九二《张翰传》，北京：中华书局1974年版，第2384页。

② （清）吴江沈刚中纂、（清）同里陆燿订：《分湖志》卷一，"人物"，吴江汾湖经济开发区、吴江市档案局编：《分湖三志》，扬州：广陵书社2008年版，第6页。

③ （清）吴江沈刚中纂、（清）同里陆燿订：《分湖志》卷一，"人物"，吴江汾湖经济开发区、吴江市档案局编：《分湖三志》，扬州：广陵书社2008年版，第7页。

出来周旋,并取出南唐铁笛给杨维桢吹奏。杨吹奏一曲《清江引》,"声劲亮甚"。奏毕,陆恒给杨送上二弦琴让其弹奏,顾逊则弹起十四弦。杨又让珠帘氏与孙焕共同跳起"十六天魔舞"。饮毕,歌伎踏歌,引客至长堤,过来秀桥,到南陆庵,众人围坐在一棵大树下。珠帘氏脱下脚上小鞋,给七子当作酒盅行酒,还美其名曰"白莲瓣"。随后来秀里解缆,便至烟波浩渺的分湖,经龙王庙,抵达柳溪。过吉祥寺,游鲍氏池亭。游罢,复登舟出柳溪,过登瀛桥、芦墟,至巡官寨登陆,月上时分返回武陵溪,用主人顾逊"武陵溪上花如锦"之句分韵赋诗,并题刻在主人书斋"苍雪轩"上。①

从明代到清初,分湖流域文学世家,南有陶庄袁氏,北有叶家埭②叶氏。

陶庄袁氏始祖是袁顺,是明朝第二个皇帝朱允炆的大臣。明成祖朱棣篡位后,袁顺逃至吴江城北门,撰绝命辞,投城河而不死,遂隐老以终。袁顺孙袁颢、袁颢子袁仁、袁仁子袁黄、袁黄子袁俨,四代均以文章经济著称,尤以袁黄最为有名。袁黄,字了凡,著有《袁了凡纲鉴》,曾从军讨倭酋丰臣秀吉,屡献奇谋。

明初,富豪叶骑门幼子叶福四被从富土(后改为同里)送到分湖边上陆姓人家,成为分湖叶氏始迁祖。叶福四在一个小村庄扎下根来,不断繁衍生息,这个村庄后来就叫叶家埭。明成化二十三年(1487),分湖叶氏五世叶绅高中进士,成为分湖叶氏的第一位进士。自此到清初,叶氏出现"一门七世九进士"的盛况,成为科第世家、累代簪缨的名门望族。其中,嘉靖三十二年(1553)进士叶可成,曾任山阴县令,率领当地官民有力地抗击倭寇,后入浙直总督胡宗宪幕府,为抗倭出谋划策

---

① (元)杨维桢:《游分湖记》,(明)叶绍袁:《湖隐外史·兴会》,吴江汾湖经济开发区、吴江市档案局编:《分湖三志》,扬州:广陵书社 2008 年版,第 246—247 页。
② 柳亚子在《五十七年》中称"池亭叶氏"有误。明初,吴中叶氏第十六世福四自同里迁居叶家埭,是分湖叶氏始迁祖。此后,叶氏世居叶家埭,到明末叶绍袁时已为吴中叶氏第二十四世。其中,吴中叶氏第二十三世叶重元(叶绍袁父亲叶重堂兄)自叶家埭迁往池亭,为分湖支池亭分支(参见张明观:《柳亚子史料札记三集》,上海:上海人民出版社 2017 年版,第 60 页)。1920 年,柳亚子在《〈分湖访旧图〉记》中亦有云:"毅斋蜚声于叶埭",是说叶绅(别号毅斋)高中进士后使叶(家)埭声名远扬(参见中国革命博物馆等编:《柳亚子文集——磨剑室文录》(上),上海:上海人民出版社 1993 年版,第 587 页)。

甚多。

到明末叶绍袁一代，更是满门风雅。叶绍袁字仲韶，中过进士，诗文俱佳。曾在北京等地短暂为官，后返回叶家埭闲居。晚号天寥道人，明亡后曾参与吴日生、孙兆奎等抗清之举，事败后入山为僧，著有《湖隐外史》《甲行日注》。他的夫人沈宛君和四个女儿叶纨纨、叶小纨、叶小鸾、叶小繁，都是分湖才女。沈宛君与早逝的叶纨纨、叶小鸾的著作都收入《午梦堂集十种》，使叶氏闺阁才女群体名满天下。特别是叶小鸾更是才貌双绝，却在17岁时青春早殇，故常为世人慨叹追怀。叶绍袁有八子，其中成就最大的叶燮，字星期，入清后曾做过宝应知县，晚居吴县横山，故世称横山先生。他是诗文高手和诗论大家，著有《己畦集》，其《原诗》在中国文学评论史上占有重要地位。

到清朝中期，分湖流域便是郭频伽一班人的天下。郭频伽，名麐，字祥伯，吴江芦墟人。家贫客游，文采照耀江淮间，怀才不遇，其愤郁之情，时寓于歌咏。著有《灵芬馆诗集》《灵芬馆诗话》。

郭频伽之后，分湖流域文学世家，便是大胜柳氏、雪巷沈氏和莘塔凌氏，鼎足而立。大胜柳氏，以柳树芳最为著名，著有《养余斋诗集》《胜溪竹枝词》等。雪巷沈氏，最负盛名的是沈懋德，曾重编《昭代丛书》，并出巨资刊行。莘塔凌氏，最著名的是凌退修，曾续修《吴江县志》，又悉心搜集三百年来乡贤遗著，辑成《松陵文录》数十卷。

分湖地区不仅盛产文人骚客和隐士高人，而且在明末清初涌现了一批心忧天下、坚决抗清、慷慨就义的仁人志士，在分湖历史上写下可歌可泣的一页。

晚明时期，分湖流域是复社、几社一班东南名彦活动的中心地带。他们时常聚会，除诗文唱和外，还纵论国政，积极开展反对魏忠贤阉党的活动。

1644年，崇祯皇帝在煤山自缢身死，李自成大军进据北京。驻守山海关的吴三桂开关延敌，多尔衮带领大军入关，赶走李自成，建立大清帝国。在此前后，明朝福王朱由崧在南京登基，定年号为"弘光"。清顺治二年(1645)五月，清兵南下，攻陷扬州、南京，进而横扫江南。其间，清军制造"扬州十日""嘉定三屠"等惊天惨案，屠杀数十万人民，犯下滔天罪行。

在这危急关头,吴江进士吴日生、举人孙兆奎在太湖举起江南抗清的第一面大旗。吴日生,名易,少有才名,负气任侠,通晓兵法,崇祯十六年(1643)进士。孙兆奎,号君昌,是日生志同道合的朋友。1645年六月一日,吴日生、孙兆奎等在太湖起兵抗清。闰六月十一日夜,吴日生率领义军数十人,攻入吴江县衙,斩杀清知县朱廷佐,随即大举招募义军,第三天便聚集三千人,所部称为"孙吴军"。因孙吴军用白布包头,亦称"白头军"。闰六月十三日,孙吴军与其他义军一道,力图收复被清军攻陷的苏州,但大败而归,只好率部退回吴江境内的长白荡,往来游击清军,曾在五龙桥大败清兵。① 随后,松江、嘉定、江阴、嘉善、嘉兴、海宁等地亦纷纷响应孙吴军,抗清义军蜂起。其间,东南名彦叶绍袁、杨廷枢、陈子龙、夏允彝、夏完淳,曾来到分湖地区参与抗清活动,并在分湖南岸水月庵集会,密商抗清大计。

在清军重兵围剿下,到阴历八月中下旬,各地义军先后失败。孙吴军因突遭清军总兵李遇春率军袭击,受到重创。孙兆奎被捕,后殉难南京内桥。吴日生只身泅水脱险,收集残部百余人,追杀殿后的清军,夺其辎重而归。其后,吴日生收拾余部,并与其他义军联合,声威复振。顺治三年(1646)旧历元宵,吴日生率领义军第二次光复吴江县城,斩杀清知县孔胤祖。旧历三月二十六日,吴日生所部在分湖击败自苏州南下的清军,接着乘胜追击,在梅墩和庞山湖连败清军,取得梅墩大捷。据叶绍袁《湖隐外史》载:"杀获二千人,斩其渠魁,遁夫者二三十人而已。水流尽赤,草腥不绿。兵威褫其三蘖,雄名振于七郡。"②不料,同年旧历六月,吴日生在嘉善被汉奸出卖而被俘,后被押解至杭州,在草桥门慷慨就义。

分湖地区文人骚客和隐士高人层出不穷,明末清初抗清志士大放异彩,共同构成光彩夺目的分湖风流文采,并由此形成特色鲜明与底蕴深厚的分湖区域文化。

---

① 《明季吴江民族英雄吴日生传》,柳亚子:《怀旧集》,上海:耕耘出版社1946年版,第182页。

② (明)叶绍袁:《湖隐外史·战功》,吴江汾湖经济开发区、吴江市档案局编:《分湖三志》,扬州:广陵书社2008年版,第263页。

二 大胜柳氏

光绪十三年(1887)闰四月六日(5 月 28 日),柳亚子在江苏省吴江县分湖北大胜村的柳家大院里,呱呱坠地。

吴江柳氏并非土著,而是由外地迁入。明末,柳春江带着弟弟云江、慕江,从浙东慈溪迁到吴江东村务农。三传至柳心园时,迁到北厍。五世祖柳仲华生子五人,分别是学山、学文、学才、学源、学洙,后成为分湖柳氏的五大支派。幼子柳学洙,字师孟,号杏传,析分家产时,"以新宅让诸兄"。乾隆二十七年(1762),迁至分湖滨大港。① 在大港时期,柳家已经由自耕农变为地主,开始读起书来。柳杏传有两个儿子:大儿子柳球,小儿子柳琇。

柳球继承父亲财产,很有钱,仍住在大港,以富豪著称,也颇读书,有诗词集一本。他生有五个儿子,后代中有几个颇能作诗,特别是曾孙柳以蕃(字子屏)最有名,著有《食古斋诗文词录》,在清朝咸丰同治年间以文学驰名乡里。

父亲过世后,柳琇来到大胜港,当时仅有茅屋三间,薄田数十亩。他克勤克俭,家境日益富裕,成为大胜柳氏的始迁祖。他为人敦厚,侍母至孝,又卓有远见,延师教子不惜钱力。

柳琇生三子:长春芳,次毓芳,幼树芳。老大春芳最有钱,却颇为吝啬。老二毓芳很能干,又很厚道,待小弟树芳非常友爱。他自己料理家务,让树芳专心读书,结交当世贤豪。

柳树芳,字湄生,号古楂,晚自号胜溪居士。他是柳亚子高祖,是"大胜柳氏在文坛上的开山祖师"。② 他常急人危难,喜刊先哲未刊遗书,"身不逾中人,而音如洪钟",所为诗"精警明爽",不屑为"钩章棘句"。③

---

① 柳树芳:《先大父杏传公事略》,转引自[日]佐藤仁史、吴滔、张舫澜、夏一红:《垂虹问俗——田野中的近现代江南社会与文化》,广州:南方出版传媒、广东人民出版社 2018 年版,第 69 页。

② 柳无忌、柳无非:《柳亚子文集——自传·年谱·日记》,上海:上海人民出版社 1986 年版,第40 页。

③ 《胜溪居士传》,严云绶、施立业、江小角主编《桐城派名家文集 2·姚椿集》,合肥:安徽教育出版社 2014 年版,第 88—89 页。

在文坛上,与桐城派弟子吴江郭频伽和娄县姚椿相友善,诗酒唱和,互相推许。著有《养余斋诗初集》4 卷、《养余斋诗二集》4 卷、《养余斋诗三集》6 卷、《胜溪竹枝词》1 卷,又集里中轶事为《分湖小识》6 卷,均付梓行世。另有《养余斋诗四集》《养余斋文集》各 2 卷,未刊;辑《分湖诗苑》1 卷,后由柳亚子刊行。

大胜柳家从柳琇起,便分为三支,各建房屋,聚族而居。长房在东边,号为东墙门;次房在中间,号为中墙门;小房在西边,号为西墙门。下面对东墙门、中墙门情况稍做介绍,而重点介绍柳亚子所在的西墙门情况。

东墙门,在柳春芳之后是其长子兆黄。兆黄生有二子,故其下又分作两支:大房是长子应祉,应祉生子受恒。受恒鼻头有些塌,绰名塌鼻梁大爷。二房是次子应陛,应陛生三个儿子:长子受章,能干而早逝;次子受晋,柳亚子称其为中爷;三子受璜,柳亚子称其为金爷。

中墙门在柳毓芳死后,由三房树芳长子兆青和长房春芳次子兆元承继。兆元生有七子,存活四人:四子应闾,早岁未婚死去;五子应嵩,患有精神病,人称痴五爷;六子应衡,号苹甫,人称六爷或苹六爷;七子应磐。兆青因无子,便由西墙门兆薰长子应墀和中墙门兆元七子应磐承继。这样,中墙门便一分为四,其中东墙门血统占据四分之三,而西墙门血统则占据四分之一。

西墙门柳树芳生有二子:长兆青,过继给次房(即中墙门);次子兆薰,是柳亚子曾祖父。兆薰是同治六年(1867)副贡,加捐内阁中书衔,署丹徒学教谕。[1] 后来告老不仕,家居养晦,乐善好施,有"老佛"之称。他于学问颇有心得,著《苏词笺略正编》《胜溪钓隐诗词录》各若干卷,又刊行《松陵文录作者姓氏爵里著述考》1 卷、《分湖柳氏重修家谱》12 卷。到柳兆薰时,柳家已有三四千亩土地。他写日记颇勤,遗下十余年手稿《柳兆薰日记》,不仅是研究太平天国史的第一手资料,也是研究江南人口、经济和社会变迁的宝贵资料。

---

[1] 柳无忌、柳无非编:《柳亚子文集——自传·年谱·日记》,上海:上海人民出版社 1986 年版,第 402 页。

柳兆薰娶黎里邱曾治长女,生有二子:长应墀,号笠云,这就是柳亚子祖父;次应奎,号芝卿,未婚早逝。应墀天分甚高,用心攻读,诗文之外,兼治地理洋务之学。有赋稿两卷,又有《补魏源海国图志》若干卷。惜36岁盛年而逝。

柳应墀娶莘塔名士凌退修的妹妹,生两子:长念曾,号寅伯,别号钝斋,这就是柳亚子父亲;次慕曾,号巳仲,别号无涯,这就是柳亚子叔父。柳念曾师从长洲(今属苏州市)大儒诸杏庐,学问根底深厚,于文字学、书法、医学均研究有素。柳念曾娶妻费漱芳,后者出身吴江簪缨旧族,幼年师从文学家袁枚二传女弟子徐丸如夫人,把一部《唐诗三百首》背得滚瓜烂熟。

柳亚子出生时,父亲柳念曾和母亲费漱芳同为22岁。祖父柳应墀已去世10多年,而祖母凌太夫人时为46岁。曾祖父柳兆薰、曾祖母邱太夫人则分别以69岁、70岁高龄"巍然健在"。[①] 叔父柳慕曾19岁,后娶凌退修的侄女(原配),继娶雪巷沈氏。大姑母柳兰瑛已嫁吴江平望镇凌退修之子凌恕甫。二姑母尚未出嫁,后嫁黎里镇蔡冶民。

由上可知,大胜柳氏几乎没有获得过举人以上的功名,自然无人做过值得一提的官。柳家自柳树芳以下,"都是以节俭起家的,除了收租以外,从不经营商业"。[②] 柳家有田数千亩,经济上是殷实的。同时,大胜柳氏世代读书,在文坛上先后出过柳树芳、柳兆薰等几个驰名乡里的文人。故柳亚子后来在自传《五十七年》中写道:"在我呱呱堕地的时候,我的家庭,真是一个美满的家庭。所谓书香门第,耕读世家,在我是当之无愧的。"[③]从某种意义上说,大胜柳氏还算不上名门望族,只是小康殷实之家。但是,柳家通过与当地文士的密切交往,通过与邱、凌、费、沈等名门望族的家族联姻,大大地提高了社会声望和地位。

---

① 《关于我的名号》,中国革命博物馆等编:《柳亚子文集——磨剑室文录》(下),上海:上海人民出版社1993年版,第1238页。

② 柳无忌、柳无非编:《柳亚子文集——自传·年谱·日记》,上海:上海人民出版社1986年版,第54页。

③ 柳无忌、柳无非编:《柳亚子文集——自传·年谱·日记》,上海:上海人民出版社1986年版,第44页。

三 私塾生涯

柳亚子出生后,曾祖父柳兆薰给他取小名"小和尚"。据说,给孩子取个贱名,就不会招致鬼神嫉妒,容易养大。

柳兆薰还给曾长孙取谱名"慰高"。慰高与柳亚子堂弟冀高(抟霄),都是为纪念他们的高祖柳树芳而取的,一方面寄托柳兆薰对自己父亲的孝思,另一方面也表达他希冀曾孙们成为柳树芳那样人才的期盼。此前,出于同样考虑,他给自己两个孙子分别取名念曾、慕曾。

柳亚子3岁时,母亲费漱芳就开始教儿子认字。柳亚子识字本领很大,一天可识几十个,可是,过了一夜,几乎忘得一干二净。母亲极爱儿子,但对儿子很严厉。她信奉"铁匠做官打上场",常为此痛打儿子。柳亚子大约4岁时,母亲给他口授《唐诗三百首》。她只是唱歌一般唱唱,并不需要背诵,柳亚子觉得很有兴趣。这样,母亲便教给他"学诗的第一步门径"。①

旧时规矩,在母亲膝下念书是算不得上学的,一定要聘请塾师,才算正式上学。曾祖父年过古稀,精神渐渐不济,常说:"我老了! 也不指望看见小和尚发科发甲,我只要能够看见他上学的一天,也就心满意足了。"事与愿违,柳亚子4岁那年冬天,曾祖父以72岁高龄寿终正寝。曾祖父对于小和尚的恩德"实在太大",给小和尚留下的印象"也实在太好了"。小和尚简直"希望他长生不死"。因此,曾祖父的去世,便在小和尚"小小的心板上划上了第一次的创伤"。

曾祖父去世次年,柳亚子入塾读书。一般人家读书上学,总在一个处所,而柳亚子却在两个处所就读。一个在大胜柳宅,还有一个却远在苏州外祖母家。原来,外祖父费古甫没有儿子,只有两个女儿。大女儿嫁黎里徐家,小女儿就是柳亚子母亲。外祖父去世后,过继两个嗣子。一个是他大哥的儿子,名树达,号敏农,原先排行老五,柳亚子唤他五舅

---

① 《柳亚子的诗和字》,载中国革命博物馆等编:《柳亚子文集——磨剑室文录》(下),上海:上海人民出版社1993年版,第1468页。

父；一个是他弟弟的儿子，名树蔚，字仲深，号韦斋，柳亚子唤他韦斋舅舅。然而，外祖母特别偏爱亲生的小女儿。外祖父亡故之后，常要她上苏州陪侍。大胜去苏州有百里之遥，母亲半年住在大胜，半年住在苏州。柳亚子年纪尚小，就做了母亲的跟班，而老师又做了柳亚子的跟班。这样的安排，一直持续到柳亚子10岁下半年。因为这个缘故，柳亚子常常更换塾师。

柳亚子的启蒙塾师是吴江秀才陈景初。第二位老师武左青，第三位老师陆阮青，也都是吴江人。武老师形容古怪，左半边面孔是铁青的，柳亚子很怕他。陆先生开始教柳亚子读杜甫全集，用的教本是吴江前辈、南明遗民朱鹤龄编写的《辑注杜工部集》，每夜念一首，要能背诵。当时，柳亚子将此称为"苛政"①，但久而久之，"对杜诗的趣味渐渐感觉到了"，得到"诗学的初步训练"。②

9岁那年，是柳亚子的"不幸之年"。本来并不口吃的柳亚子，在这一年从五舅父家"学"来口吃。

外祖父并不口吃，但五舅父却是一个大口吃患者。有人这样形容，他到大胜柳家来，一上岸进了弄堂的门，嘴内就喊起柳亚子父亲的号寅伯来，但一直跑到柳家茶厅"荣桂堂"次间、柳亚子父亲的书房内坐定时，嘴内还只是一个"寅"字，而"伯"字始终没有"伯"出来呢。五舅父不仅自己口吃，而且生下的孩子，除几个女儿一点不口吃外，儿子个个都是口吃。五舅父年纪比柳亚子父亲还大，个子高高的，脸儿胖胖的，颇有官僚气派，"仪表很威严"，柳亚子只能在心里笑他，而不敢在嘴上学他。但是，一个表兄孟良和一个表弟仲贤，年纪与柳亚子相仿。柳亚子非常顽皮，天天见他们，便天天笑他们，还天天学他们，结果也患上口吃。母亲为此不知打了柳亚子好几百次，也不知哭了好几百回，但都无济于事。患上口吃，给柳亚子讲话带来很大麻烦，后来还对柳亚子的学习也产生重大影响。

---

① 《我对创作旧诗和新诗的感想》，中国革命博物馆等编：《柳亚子文集——磨剑室文录》（下），上海：上海人民出版社1993年版，第1143页。
② 《柳亚子的诗和字》，中国革命博物馆等编：《柳亚子文集——磨剑室文录》（下），上海：上海人民出版社1993年版，第1468页。

更倒霉的是,9岁这年柳亚子又碰到一位精神病兼肺痨病患者的俞文伯老师。俞文伯是柳亚子的第四位老师,也是个吴江秀才,且是柳母费漱芳的亲表兄。他家境清贫,拼命读书,却屡次乡试不中,弄得牢骚满腔,终于成了精神病兼肺痨病患者。柳亚子的父亲和叔父认为俞文伯是个书呆子,书不曾读通,脑筋也不清楚,还是个精神病患者,对他从无好感。俞文伯则认为,柳亚子的父亲和叔父都是纨绔子弟,也瞧不起他们。因此,俞文伯当塾师,并不是柳亚子父亲和叔父的主张,而是走柳亚子母亲内线得来的差事。

柳亚子继续跟俞文伯老师读杜诗,并学习作对子和写诗。柳亚子作了诗,交给俞老师,但是,俞老师不让柳亚子将原作写在册子上,却亲自把他改好的东西誊清上册。他的所谓"修改",往往将柳亚子的原作全部抹掉,实际上变成他自己的大作,并洋洋得意在册子上大圈大点。俞老师的教法"不高明",不过,柳亚子还是"向诗学的道路上又迈进一步了"。[1]

在俞文伯老师手下,柳亚子精神和肉体上都饱受痛苦。柳亚子患上口吃后,讲话还不打紧,读书却大吃其亏。柳亚子悟性天分很高,记性却并不出色,读书已很苦痛,背书更是一件了不得的酷刑。在患口吃病以前,背书已感觉痛苦。患上口吃病后,就更不堪设想。有时候,书在脑子里,是背得出的,但因为口吃的缘故,不能通过舌头,更不能传到老师的耳朵里去。但是,老师是不管这一套的,柳亚子一结巴,他就在柳亚子头上给一戒尺。起初,背书时老师高坐着,柳亚子站着,老师来打时,柳亚子还有躲闪的余地。后来,俞老师知道柳亚子会躲闪,索性把他抱在怀里,于是,戒尺落下来,完完全全在柳亚子的脑壳子上。这样,头上便生楞出角,弄得头角峥嵘起来。柳亚子又是一个"好胜"的人,认为被老师打是很丢脸的事,决不愿意对母亲叫苦。不过,母亲替柳亚子打小辫子时还是发现了。她本来也是主张"铁匠做官打上场"的,以为小孩子背不出书,便应该打,绝对不因姑息而心痛。但是,后来

① 《柳亚子的诗和字》,中国革命博物馆等编:《柳亚子文集——磨剑室文录》(下),上海:上海人民出版社1993年版,第1468页。

母亲知道打得太厉害，便偷偷地叫女仆去说情，却碰了一个大钉子。老师说，再要说情，他便要辞职。本来请俞文伯当塾师就不是父亲的主张，柳亚子挨打的事更是瞒着父亲的。母亲说情不成，也不愿意声张，就只好让柳亚子的脑壳去受苦。

到第二年，柳亚子已满 10 岁。俞文伯还是继续打着柳亚子的脑壳。柳亚子非常倔强，脾气是很硬的，虽然他一直让俞老师打，却绝不怕他。他总觉得："你除了打我脑壳以外，还能奈何我什么呢？难道你能够生吃了我不成？"忽然有一天，俞老师要打柳亚子，柳亚子便同他闹起来。俞老师很生气，说道："你这小鬼头，打你脑壳你不怕，我今天非打你的屁股，给你一个大大的羞辱不行。"说着，他便要来动手抓柳亚子。柳亚子就逃，在书房内兜了好几个圈子，但最后还是被俞老师抓住。俞老师怕柳亚子再逃，把书房门关好，栓上门闩，然后把柳亚子紧紧撳在地上，拿起红木戒尺，一五一十打足了十板，才把柳亚子放起来。柳亚子觉得这是奇耻大辱，便立起身来，坐在自己的小椅子上面，绝不哭，当然更不会向俞老师讨饶，但是生气极了，"两只小眼睛直挺挺"地对着俞老师，"眼中几乎爆出火来"。

不到几分钟，俞老师忽然悔悟起来，有些良心发现似的，便不由分说，跳过来把柳亚子撳在小椅子上面，不让走开，自己跪在地上，蓬蓬蓬地对柳亚子磕了三个响头。这一来，倒把柳亚子吓了一怔。接着，柳亚子便"哈哈大笑起来，笑声似鸱枭一般"。47 年后，柳亚子回忆此事说："到现在想起来，我的神经经过这一次的震荡，一定出了很大的毛病。中年以后，常常闹着神经兴奋和神经衰弱的把戏。兴奋时其热如火，衰弱时其冷如冰，终于没有和平中正的一天。"①

说也奇怪，经过这一场大闹后，俞老师的精神病似乎好起来。他对柳亚子的感情大为好转，非但屁股，连脑壳也从此免打。但是，老师的肺痨病却日益严重。几个月后，在柳亚子过了阴历生日（四月初六日）后，俞老师便回家养病，好像就在同年去世了。

---

① 柳无忌、柳无非编：《柳亚子文集——自传·年谱·日记》，上海：上海人民出版社 1986 年版，第 79 页。

在柳亚子10岁生日前,父亲为柳亚子取表字"景山",是取"高山仰止,景行行止"的典故。但是,后来父亲觉得"景山"不好,遂在年底改字"安如"。

俞老师辞职时,向柳家推荐一位马逸凡老师来临时代课。柳亚子怕马老师来打自己的脑壳,便想预先制服他,同时又自命不凡,想卖弄才学,把老师考倒。于是在《康熙字典》里找了十几个生字,在马老师到来的第一天就去"请教"。马老师才学一般,结果当然被"考"倒。亚子就此提出条件,叫老师不要干涉自己的自由,否则就要把老师不识字的"奇迹"告诉父亲。马老师接受柳亚子的"条件",两人各不相犯,相安无事。

马老师只代了几个月课,又来了一位王云孙老师。这位王老师更妙,索性教亚子下象棋和喝起酒来。当时亚子堂弟老师黄子诚先生,虽然对亚子堂弟很粗暴,对柳亚子却特别客气。黄老师还善种菊花,到了秋天格外好看。黄老师也能喝酒。于是,王老师和黄老师与柳亚子,便成了三位一体的好朋友,常在一起把酒赏菊,清谈吟诗。柳亚子后来回忆说,"大概,我的名士脾气,就是在这十岁的时候开始养成的吧。"[1]

黄老师看过不少小说,口才又好,经常绘声绘色地讲故事。黄老师讲得最多的是《聊斋志异》里的故事,雌狐女鬼,悲欢离合,柳亚子听得津津有味。黄老师还讲《隋唐演义》《征东》《征西》,于是,"李玄霸、裴玄庆、秦琼、罗成之类",便成为柳亚子脑袋里的"向往人物"。柳亚子后来感叹说:"我虽然从五岁起就请了老师来教书,但真真要讲教育上的影响,怕这十岁的下半年,倒是超过一切的呢。"[2]

父亲风闻塾师们的种种做法,当然很不以为然。到了年底,父亲不再送聘书给王老师。翌年,父亲便亲自教柳亚子。此前,经过三个年头,换了四位塾师,杜甫全集尚未读完。父亲继续教读杜诗,但主张不必背诵,只要念得上口,知道大概意思即可。这对柳亚子来说,当然是

① 柳无忌、柳无非编:《柳亚子文集——自传·年谱·日记》,上海:上海人民出版社 1986 年版,第82 页。

② 柳无忌、柳无非编:《柳亚子文集——自传·年谱·日记》,上海:上海人民出版社 1986 年版,第82 页。

一个很大的解放，他对此非常欢迎。

父亲教柳亚子读书，自然要比请来的老师好多了。他不像俞老师那样没轻没重地乱打，也不像马老师和王老师那样对学生放任自流。他不让儿子学象棋，认为品位不高，却教儿子下围棋。他不反对儿子玩耍，只要是有益于身心健康的，还教儿子玩。如七巧板，有板有图，照图搭板，很有趣味，他就都找出来，给儿子玩。但是，当儿子没有完全按照他的心意读书时，他也会给予严厉的责罚。有一次，他到中墙门去，叫亚子一个人在书房里读书。亚子读了一会，觉得闷得慌，就拿出七巧板来玩。就在这时，父亲回来了，见亚子不是在读书而是在搭七巧板，非常生气，不问青红皂白，把七巧板抢过来，丢在粪坑里，图也扯碎，又拿一支竹制的"记遍"，叫亚子把手伸开，摊在桌子上，重重地打了十下，打得手心红肿，几天都握不拢。

四 幼年性情

曾祖父母很看重身为长孙的柳亚子父亲柳念曾。柳亚子出生后，他们又"最溺爱"这个曾长孙，以致柳亚子脾气也被他们"放纵惯了"。常年卧病在床的祖母，有着非同寻常的洁癖，对别人非常挑剔，弄不好便会骂人，把人家赶出去，但她对长孙柳亚子却特别客气，也特别和蔼，还常常抚摸他的头，叫他小和尚。

大姑母说："小和尚的脾气，只能将顺他，不好去逆抢他的。你顺他的意思，他自己有分寸，不会怎么样过分；要是你逆了他，那可不得了，蛮劲一发，他把小性命看得比一个苍蝇还轻贱呢。"①这番话才真正说到了柳亚子的心坎上。大姑母非常能干，又很懂柳亚子的脾气，所以柳亚子从小最佩服大姑母，长大后还把她视作自己的生活顾问和人生知己。后来，在柳亚子的婚姻问题上，这位大姑母还起过扭转乾坤的作用。

---

① 柳无忌、柳无非编：《柳亚子文集——自传·年谱·日记》，上海：上海人民出版社 1986 年版，第89 页。

外祖母很关心柳亚子,但她不懂柳亚子脾气,年高嘴碎,管头管脚,惹得柳亚子很反感。有一次,他跟长妹隆权发生争执。外祖母说:"你年纪大,她年纪小,你应该让她才对。"他当即回嘴道:"那末,你不是比我更大吗?为什么又不让我呢?"外祖母气坏了,便告诉母亲,母亲就把他痛打一顿。

父亲很威严,不大多讲话,柳亚子有点怕他。父亲为人性急,有些像祖母,但性情却沉潜静默。他个性狷介,也对柳亚子有影响。柳亚子后来分析说:"我生平倔强的个性,遗传于父亲者为多。再推上去,可说是祖母的遗传,因为曾祖和祖父都是和气不过的呢。"①

母亲性格豪爽,对柳亚子颇溺爱,但管束得很紧。柳亚子很少出门,偶尔出门,总是跟着家人和女佣一大群,被像捧凤凰似的捧着。家里人因而常常夸他是"好官官",柳亚子却说自己"从小是个金装玉裹的囚徒"。② 这样一来,便给童年的柳亚子带来体质孱弱和胆小两大后果。后来迁居黎里镇后,已经13岁的柳亚子还不敢独自上下桥。有一天,16岁的兰痴表兄(大名凌新檀)有意捉弄他,将他从桥下扶上桥后,就跑走了。柳亚子不敢迈步下桥,只好在桥上徘徊踯躅。等到天色已晚,他急得几乎要哭时,表兄才露面,将他从桥上扶下来。

母亲的管束实在过于严厉,非骂即打,柳亚子记不住生字要打,患了口吃要打,稍稍淘气也要打。她认为这是爱护,不打不成器。虽然母亲常常打柳亚子,可是他很倔强,并不怕母亲。母亲还有些颇不合情理的做法。例如,已经不能再穿的紧鞋子,非要他穿上不可。理由是,我辛辛苦苦起早落夜一针一针做成的东西,难道你因为稍微紧了一些,就忍心丢掉不穿吗?结果,柳亚子两只脚上都有并拢的脚趾,长大了也扯不开,就像缠过小脚的女人。

"小和尚"脾气太坏,有时还会毫无道理地兴风作浪。例如,他不吃生葱、大蒜、韭菜之类,便也不许家中人吃。桌上如摆上这类菜,就一定要把它丢掉,或在里面放些生水、污水,让大家都吃不成。他还莫名其

---

① 柳无忌编:《柳亚子文集——南社纪略》,上海:上海人民出版社1983年版,第8页。
② 柳无忌、柳无非编:《柳亚子文集——自传·年谱·日记》,上海:上海人民出版社1986年版,第110页。

妙地反对女佣赤脚,见了不穿鞋子的女佣,非去踩人家的脚不可。① 如果让大姑母管理小和尚,她肯定有办法纠正小和尚的坏习惯,还不会有副作用。可是,母亲却不行,"她只会硬来,不是打就是骂。"结果,往往遭到柳亚子竭力反抗。有一天晚上,在苏州外祖母家中,母亲硬要将他抱起来丢到黑暗的弄堂里去。他拼死挣扎,双手死死抱住八仙桌的一条桌腿。结果,连人带桌子全都翻在地上,母亲的目的仍未能达到。这样一来,柳亚子渐渐生出一种逆反心理。他认为什么人都在欺负他,连自己最亲爱的母亲也在欺负他,要不竭力反抗,便死无葬身之地。于是,人家要他方,他偏给人家圆;人家要他白,他偏给人家黑。几十年后,柳亚子曾经这样剖析道:"到了长大了,这种变态心理还在作怪。虽然运用到政治上面,倒也可以说这是乾坤宇宙间不可磨灭的正气,足以追配文天祥而无愧。不过,在日常细故中间,养成这种变态心理,那就太可怕了。"②

平时,柳亚子亦受不得一点窝囊气。

在苏州,柳亚子常去五舅父家,跟表兄孟良、表弟仲贤厮混在一起。表兄、表弟都读过《征东》《征西》,可柳亚子却未看过,自惭形秽,就恳求把书借给他看。表兄弟不肯借,但说可以讲给他听,不过讲一回书得收一文钱。柳亚子没有钱,因为母亲从不给零花钱,亦从来不准他伸手讨,倘若说出要请表兄弟讲小说,那就非挨打不可。无可奈何,只有"偷"的一法。外祖母的钱,一串一串放在卧房的门角地板上,大约有好几十串。柳亚子偷偷从每串上取下一个,便大功告成了。

表兄弟还收集古钱,让柳亚子羡慕不已,便求给他几个。表兄弟不肯白给,而要柳亚子用三、五铜钱来换一个古钱。柳亚子无法可想,只好再去"偷"。

日复一日的"勒索",让柳亚子觉得很窝火,便伺机报复。其时,柳亚子和表兄弟已学会打麻将,三缺一,就拉一位表姐凑成一桌,瞒着长

---

① 柳无忌、柳无非编:《柳亚子文集——自传·年谱·日记》,上海:上海人民出版社1986年版,第91页。

② 柳无忌、柳无非编:《柳亚子文集——自传·年谱·日记》,上海:上海人民出版社1986年版,第92页。

辈偷偷打了起来。当时用的麻将牌是五舅父用旧了扔下的。有一天，表兄表弟忽然嫌这副牌太旧，想买一副新的。但他俩都不敢上观前街买，怕被五舅父知道，要挨打。柳亚子灵机一动，自告奋勇地提出上街去买，但要由表兄弟出钱。不几日，柳亚子便买回一副新牌。实价3元，柳亚子却报6元。这样，柳亚子便把过去听小说、换古钱的"损失"全部捞回来，心里颇为得意。

小时候，柳亚子脾气很坏，但跟女性交往，却往往十分相得。同时，他"是从小爱袒护女性的，有些像《红楼梦》上的贾宝玉"。①

柳亚子小时候最喜欢的一件事是喝喜酒。他并非喜欢大吃大喝，也不是喜欢热闹非凡的氛围。他喜欢的是到静悄悄的新房中陪伴新娘子。旧式婚礼，新郎新娘拜过天地，新郎将新娘引入洞房，就须出去招待正喝喜酒的满堂宾客。这时，柳亚子就溜进冷清的新房，陪伴着新娘子。57岁时，他还清楚地记得自己陪伴的第一个新娘就是叔父娶的第二位夫人沈婶母。当时，叔父一晚未到新房，他在新房陪沈婶母。他的拿手好戏是燃寿字香，一晚上烧了一炉子香。沈夫人也非常高兴，摸着他的头，称赞他是一个乖孩子。后来，几乎与柳家人关系都很糟糕的沈夫人却对柳亚子颇有好感，有时还能听得进柳亚子的劝说。

韦斋舅舅有两个妹妹，柳亚子称大的叫中娘姨，称小的叫新娘姨。柳亚子年纪与中娘姨相仿，比韦斋舅舅小3岁，却比新娘姨大三四岁。韦斋舅舅在他父亲去世后便对两个妹妹很严厉，特别喜欢在新娘姨身上施展威风。有一天，柳亚子在韦斋舅舅家玩，新娘姨又触犯了他，韦斋舅舅硬要罚她跪下，并打她的小手心。柳亚子见此发急起来，便和新娘姨一同跪在地上，硬要替她讨饶。韦斋舅舅很顽皮，有意和柳亚子开玩笑，假装不肯答应他的求情。于是，柳亚子就伸出手心来说："那末，让我来代受责罚吧。你打死我都可以，只是不许侵犯我的新娘姨。"②这才把韦斋舅舅惹笑了，叫柳亚子和新娘姨两人都起来。

---

① 柳无忌、柳无非编：《柳亚子文集——自传·年谱·日记》，上海：上海人民出版社1986年版，第88页。

② 柳无忌、柳无非编：《柳亚子文集——自传·年谱·日记》，上海：上海人民出版社1986年版，第88页。

童年时期,柳亚子就流露出仗义执言、打抱不平的秉性。

堂弟柳抟霄是叔父柳慕曾第一个夫人凌氏所生,生性异常顽皮,在凌夫人过世后,经常遭到叔父续娶的雪巷沈夫人毒打。柳亚子很同情抟霄。在父亲和叔父分家的那年,两家夫人娘家都按习俗送了千年芸来,种在盆里,想讨吉祥的口彩。抟霄一不小心,将沈夫人娘家送来那盆千年芸弄坏了些,结果被沈夫人毒打一顿。柳亚子得知后,气得一夜没睡着。第二天一早,他悄悄起身,偷偷将那盆千年芸连根拔起,剪成几段,丢进粪坑。叔父家的女佣们却把抟霄捉住,送到沈夫人那里准备拷问。柳亚子一声不响地跟进去,走到沈夫人面前大声说道:"今天的祸是我闯的,昨天也是我!你们为什么凭空弄到我弟弟头上去呢?我今天特地来请罪,你们要杀要剐,我绝不皱眉。但要是今天你们再敢动我弟弟的一根汗毛,不管什么人,我是要找他拼命的。有胆子的走出来,我们来拼好了。"一边说,一边便号啕大哭起来。沈夫人对"小和尚"一向颇有好感,又怕他憨劲发作,一直哭将下去,便立即说出许多好话叫他不要哭,并保证从此不再打骂抟霄。柳亚子取得了彻底的胜利。①此后一段时间内,堂弟的处境还真改善不少。

小时候,柳亚子还有一个特点,就是"喜欢和老辈往还",几十年后他还清楚地记得与翰林吴寄荃交往的情形。

吴寄荃少年科第,倜傥风流,在吴江颇有社会影响力。他是柳家的世交,更是大胜柳氏的一顶保护伞。他常来大胜游玩,总是受到全族的欢迎。这位翰林老爷颇为喜欢柳亚子,常常夸奖他是千里名驹、干将宝剑。不过,年幼的柳亚子并无多少机会与翰林老爷攀谈。

柳亚子10岁那年冬季的一天,吴翰林来到大胜,就住进中墙门苹六爷新造的别墅挹翠轩。不巧的是,跟吴翰林最谈得来的柳亚子父亲已去苏州。偏偏又逢风雪交加,河道冰冻,交通中断,柳父回不来,而吴翰林也走不成。

苹六爷学问很有限,他陪伴翰林老爷时倍感吃力,而吴翰林亦觉索

① 柳无忌、柳无非编:《柳亚子文集——自传·年谱·日记》,上海:上海人民出版社1986年版,第135页。

然无味。无奈之下，苹六爷听从别人建议，派人到西墙门请柳亚子出来陪客。柳亚子才 10 岁，母亲哪里放心，但又碍于苹六爷的长辈面子，只好勉强答应。

柳亚子却喜出望外。上半年，他经常与王老师和黄老师在一起喝酒赋诗，并以名士风流自居。同时，他想，自己脑子里的货色还能对付得了。于是，便欣然而去。

挹翠轩里，柳亚子与吴翰林一边喝酒，一边清谈，谈得果然不错，喝酒也很有些程度。吴翰林大悦，一定要留他过夜。此后，一连三日三夜，柳亚子都在挹翠轩陪吴翰林喝酒清谈。直到河冰解冻，父亲从苏州赶回大胜，才送走吴翰林。几十年后，柳亚子还十分兴奋地评论说："在我十五岁以前的历史上，这挹翠轩的一幕，也是很值得记忆的呢。后来，结客名场，一时老宿，无不敛手惊服，也算是在此役开其端吧。"①

不过，后来，自 1928 年从日本归国后，柳亚子作风发生变化。年轻时，他喜欢结交老辈，而中老年后，"却喜欢延揽青年"。②

五　迁居黎里

柳亚子 10 岁那年，常年卧病在床的祖母去世。次年，曾祖母又以 80 高龄溘然长逝，长妹隆权也因出痧而夭折。这些本来是很平常的事情，不料却由此触发与激化了大胜柳氏家族的内部矛盾，最后导致大胜柳氏四处迁徙。

大胜柳氏，从柳琇开始便聚族而居，已有一百多年历史。但是，到 1867 年时，却忽然发生一场震撼全族的大风波。

风波起于中墙门。当时中墙门有痴五爷应嵩、苹六爷（也称六爷）应衡以及七爷应磬的儿子七大爷（应磬已经去世）。其时，痴五爷患有

---

① 柳无忌、柳无非编：《柳亚子文集——自传·年谱·日记》，上海：上海人民出版社 1986 年版，第 139 页。

② 柳无忌、柳无非编：《柳亚子文集——自传·年谱·日记》，上海：上海人民出版社 1986 年版，第 139 页。

精神病,七大爷年纪尚小,苹六爷便是中墙门的台柱子。

痴五爷是个痴子,五太太不能从婚姻中获得温暖,便礼佛烧香。五太太自己没有子息,便给痴五爷娶了两个妾,想替他传宗接代,但均以失败而告终。苹六爷想把他的第二个儿子受钰(号兼金)过继给她,但她不满意,自己去养育堂里领养了一个十几岁的孩子,延师教读。但是,苹六爷却想独占家产,打着"异姓乱宗"的幌子,在某年元旦阖族拜祖宗的时候,把这孩子一脚踢倒,使得双方感情更加恶化。后来,五太太就在大胜附近购买一块地皮,建起一所还悟庵来。有些好事之徒传说,这庵是造不得的。他们说:"柳家的屋基是条龙,龙性最怕闻钟鼓之声。一旦还悟庵造成,天天撞钟击鼓,闹得龙神头痛起来,非想翻身不可。龙要一翻身,姓柳的一家便非死尽灭绝不可了。"外边传说得沸沸扬扬,苹六爷便趁势来反对五太太。可是,五太太也很有蛮劲,你越反对,她便越造得快,越造得大。

说也奇怪,在此时,柳亚子的祖母、曾祖母、长妹隆权接连去世。外面的流言来得更加汹涌。

当时,中墙门的台柱子是苹六爷,东墙门的台柱子是中爷和金爷,再加上念曾、慕曾兄弟,便是柳家五虎将。面对汹涌而来的流言,叔父和金爷主张搬家,六爷、中爷和父亲则反对搬家。

可是,到第二年(1898),情势愈加不妙。春夏间,反对搬家的主将六爷和中爷先后病逝,龙翻身的谣言来得更加厉害。更令人惴惴不安的是,旧历中元节,二姑母从黎里来大胜替祖母拜忏,却染病而亡。好像还悟庵真有催魂摄魄的能力似的,大家非赶快滚蛋不可。于是,"一百多年聚族而居的大胜柳家,就此象大树倒下,猢狲尽散,又象飞鸟投林,各奔前程去了。"①柳亚子父亲和金爷搬黎里,叔父搬周庄,七大爷搬莘塔,六爷的儿子灶爷、小金爷、连爷搬芦墟,塌鼻梁大爷搬同里。

1898年旧历八月初,父亲和金爷搬到黎里镇,租住在乾隆年间直隶总督周元理的老宅寿恩堂。

---

① 柳无忌、柳无非编:《柳亚子文集——自传·年谱·日记》,上海:上海人民出版社1986年版,第99页。

寿恩堂位于黎里镇西市上岸虎筋桥的西首。因为是老宅,还是周元理没有做大官以前所造,并不考究。前后两进,后进原是蒯姓人家居住,后来,蒯姓人家搬走,才由中爷的太太搬来住。首进五楼五底,则由柳氏两家十三四人居住,非常拥挤,比起胜溪老屋来,真有天壤之别。

戊戌那年,柳亚子只有12岁,对于政治还不大了了,但从父亲口中常常听到关于政变的故事和康有为、梁启超的名字。柳亚子后来回忆说,父亲大概可以算是一个维新党吧。所以,在一般知识阶级还在拥护科举、仇视变法,说康有为用红丸迷惑了光绪帝的心窍,用夷变夏,大逆不道,而那拉后才是中国的救星时,柳亚子的小心坎上,却已在反对旧党,醉心变法。

搬家以前,柳亚子已开始写七言、五言的旧诗和洋洋洒洒几千字的史论。那时候父亲教柳亚子念吕东莱的《左传博议》。柳亚子受它的影响,便好写翻案文字,纵横捭阖,不可一世。最初写的都是《左传》上的题目,后来渐渐写其他史论,便逐渐读起历史来。于是,《通鉴纲目》《御批通鉴辑览》等书籍,都成为他的恩物。搬到黎里镇后,柳亚子继续写些史论,同时仍旧念着杜诗。

搬家后,父亲要亲自出马带领两位账房先生在一个月内收完租米,非常忙碌。柳亚子的读书问题,无形中便松懈下来。

到1899年,柳亚子已是13岁,读完"五经",要正式作文章。因为不汲汲于考试,所以还是作史论,尚未开始学八股。由于寿恩堂房子太小,虽然这一年或是下一年,金爷搬到平望镇上去,状况有所改善,但要请老师到家中来,还是容纳不下。更为重要的是不容易请到改文章的老师,因为在一个黎里镇上,实在找不出几个父亲心目中的通人来。于是,父亲只好送柳亚子到凌甘伯先生处去求学。

凌甘伯,名应霖,是一位饱学秀才,"十三经"读得滚瓜烂熟,还兼习中医及算学,是镇上数一数二的通人。他性情亦好,和平中正,很少有疾言厉色。

柳亚子到凌老师处读书,先后有三年多。每天上学时间不长,都是在下午,大约两个钟头。

柳亚子先是跟凌老师念古文。凌老师没有让柳亚子读当时普通人

第一章 分湖骄子

所读的《古文观止》或《古文析义》一类的书,却别出心裁地让他去读梅曾亮的《古文辞略》。《古文辞略》末后附有古体诗若干,取径甚高,使柳亚子在诗学方面受益匪浅。

念完《古文辞略》后,因为要准备考秀才,柳亚子便接着念时文。时文念的好像是一部叫作《名家制艺》的书,卷页甚多,凌老师拣了些他认为好的教柳亚子念。念古文时,作些策论之类;在念时文时,当然要作八股。他的八股文作得不错,喜用辞藻和史实,这些都是他的拿手好戏。俞曲园的《课孙草》,才气纵横,他甚是喜欢。还有一部制艺,连书名和人名都忘了,好像是一个清朝人姓蓝的所作,非常美丽,有六朝骈体之风,也颇给他以影响。八股文作了不到一年,因清廷明诏废八股改策论,柳亚子便重新作起策论来。此时,考秀才要考算学。柳亚子12岁以前跟叔父学过算学,现在只是旧梦重温,学的是华蘅芳《学算笔谈》之类。后来又学代数,用的教本是《代数术》。

除每天下午到凌老师处学习外,柳亚子每天上午则在寿恩堂温习一切,并阅读二十四史,晚上则涉猎小说。从蒲松龄的《聊斋志异》、纪晓岚的《阅微草堂笔记》、袁枚的《子不语》、俞曲园的《右台仙馆笔记》等文言小说起,到《红楼梦》《水浒传》《三国演义》《儒林外史》《品花宝鉴》《花月痕》《海上花列传》之类,无所不看。汉魏丛书和唐代丛书,都是他的宝贝。有一部《六朝文絜》,选的都是小品文字,他也喜欢读。

六　背榜秀才

经过几年学习,柳亚子在史学、经世之学和诗学等方面开始崭露头角。

柳亚子从小喜欢历史,看见朱熹有一部《紫阳纲目》(亦称《资治通鉴纲目》)行世,便也想作一部《河东纲目》出来。1900年重阳佳节那天,《河东纲目》正式告成。该书根据篡位得国者不得为正统和不能统一中原者不得为正统两条原则写成。如他把赵宋的地位降低到偏安割据一类,而将阿保机的契丹、阿骨打的女真、忽必烈的蒙古及元昊的西夏,都升格起来,和赵宋"并驾齐驱"。

在经世之学方面,柳亚子颇有些自命不凡。1900 年,他曾撰万言书,想献给光绪皇帝载湉。万言书约有四个大纲和十多个子目。第一个大纲,便是正名分。其时正在戊戌政变以后,后党专权,清流侧目,不少知识分子反对戊戌变法而拥护慈禧太后。他们的第一个理由是载湉放弃祖宗成法,用夷变夏,罪应废黜。第二个理由是那拉为母,载湉为子,天下无不是的父母,那么载湉无论如何是不对的,那拉无论如何是对的了。针对第一个谬论,柳亚子引用赵武灵王胡服骑射、秦孝公变法、日本睦仁天皇和俄国彼得大帝维新的故事,来驳斥他们一顿。针对第二点谬论,柳亚子则援引宋朝欧阳修在濮议之争以及明朝张璁、桂萼在大礼议之争中的观点,说明载湉原非那拉之子,继统不继嗣,应解除母子的名义。他主张尊奉载湉生父醇亲王奕譞为太上皇,先正那拉伯母之名,然后责以紊乱纪纲之罪,告于列代清帝的太庙而废之,幽诸颐和园,不使干预政事,凡后党悉从诛戮。其他的三个大纲,无非变法维新、废科举、设学校、改官制、创议会等一些老生常谈。这篇文章,在当时倘然流播出去,是可以杀头的。但父亲看了,却并不害怕,还点点头说孺子可教,这使柳亚子感到非常得意。[①]

14 岁时,柳亚子开始在上海小报上发表旧体诗作,并由此作起香奁体的无题诗来。这件事,还是缘于兰痴表兄最初的欺骗之举。

当时上海小报很发达,有几家小报,创设诗社,撰诗征和,并有奖金。兰痴表兄此时住在平望,平望比黎里交通发达,上海出版的小报流传到平望镇。这时候,上海某小报登出 12 首香奁体无题诗征和,并言明好的和诗还有奖金。兰痴表兄为了独吞奖金,想出一个偷梁换柱的妙计。他把 12 首诗抄下来寄给柳亚子,谎称 4 首是他作的,另外 8 首是他两个亲戚作的,指定要柳亚子步韵和诗,并大施激将法:你要是有本领的话,就得立刻和起来,如过了十天八天,也就不算好汉。柳亚子性急,又"天性好胜",哪肯示弱于人,不到三天就和好寄给他。兰痴表

① 柳无忌、柳无非编:《柳亚子文集——自传·年谱·日记》,上海:上海人民出版社 1986 年版,第115—116 页。

第一章 分湖骄子

兄便用一个假名字把柳亚子的和诗寄到小报馆去应征,居然得到头奖。[①] 后来,柳亚子知道事情原委,对表兄的欺骗当然不满,但对诗作的发表和获奖还是感到心花怒放,并由此一发而不可收,做起香奁体的无题诗来。

1902年,16岁的柳亚子,在父亲陪同下来到吴江县城松陵镇,参加县里主持的童子试。

柳亚子和父亲下榻翰林吴寄荃府上。当时,柳亚子的韦斋舅舅(费仲深)和表兄费孟良,亦由五舅父陪同前来江城应考,一起下榻吴府。在这里,柳亚子还结识了同辈少年任昧知、钱颂文和钮彬彬。钱、钮两位亦是吴翰林的亲戚,任昧知则是同里镇望族任兰生(即退思堂的建造者)的遗腹子。

县考由知县主持,知县姓宗,共考三场。三场下来,柳亚子与费仲深都名列前茅:头场是费仲深第一,柳亚子第二;二场是柳亚子第一,费仲深第二;三场又是费仲深第一,柳亚子第二。

有一天晚上,柳亚子和任昧知、钱颂文乘着月色游玩,来到县衙大堂聊天。宗知县便把他们请进去。他说了一通"中学为体,西学为用"的大道理,并嘱咐他们万不可上了康、梁的当。他还对柳亚子说:"你和你舅舅的名次高下,实在难于决断,因为各有各的好处。但因为你是他的外甥,只好屈居第二了。"他还请柳亚子等每人吃了一碗鸡片火腿面,外加一些西洋饼干,最后,才派人送他们返回住处。

县考结束后,柳亚子便和父亲返回黎里。不久,柳亚子又去苏州应府考和道考。府考由知府主持,道考则由学道主持。结果,柳亚子"进了背榜末一名的秀才"。

---

① 柳无忌、柳无非编:《柳亚子文集——自传·年谱·日记》,上海:上海人民出版社1986年版,第116—119页。

第二章　从维新到革命

一　思想界中初革命

1902 年上半年,柳亚子考中秀才,在传统士大夫的常轨上迈出最初的一步。同时,通过这次考试,柳亚子在吴江、苏州等地结识了一些新派人士,第一次了解了外面的世界,眼界渐开,思想逐渐发生重大变化。

清末,中国面临着"三千年未有之大变局",在"西力东侵"和"西学东渐"的双重强烈冲击下,进入了政治不断变革、社会急剧变迁、文化剧烈转型的过渡时代。

早在 1840 年,英国凭借船坚炮利打开了古老中国封闭的国门,迫使清政府于 1842 年签订了中国近代史上与外国的第一个不平等条约《南京条约》。1895 年,清政府竟然惨败于蕞尔小国日本,被迫割地赔款,列强随之又掀起瓜分中国的狂潮,终于惊醒国人天朝大国的迷梦。1900 年,中国惨遭八国联军侵略,翌年被迫签订了丧权辱国的《辛丑条约》。

面对日渐严重的民族危机,先进的中国人开始向西方学习,寻找救国救民的真理。先是林则徐率先"睁眼看世界",魏源提出"师夷长技以制夷",接着洋务派开始学习西方先进技术,但 1895 年甲午战争惨败宣告洋务运动的破产。于是,康有为、梁启超等大力呼吁学习西方制度,进行维新变法。1898 年 6 月,光绪皇帝毅然宣布实行维新变法,但百余日后即遭到慈禧太后的扼杀。在1900年庚子事变的强烈刺激下,清政府不得不实行"自强"变法,推行学习西方的新政。

1902年在吴江县城松陵镇参加童子试时,柳亚子结识了同里镇的陈去病和金松岑。

陈去病,原名庆林,字柏儒,又字佩忍,后改名去病,字病倩,号巢南、垂虹亭长。生于1874年,是遗腹子,出生之前,父亲已故世。曾祖、祖父是以商业起家的,但他本人却有"江湖任侠之风"。早年师从长洲大儒诸杏庐,学业大进。1900年起,应聘到同里镇退思堂担任昧知的塾师。他生得五短身材,脸色黝黑,像抹过一层淡淡的墨水,但"以文才著称,意气不可一世"。①

陈去病像

金松岑,初名懋基,字松岑,号壮游,后改名天翮、天羽,号鹤望。笔名有金一、麒麟、爱自由者、天放楼主人等。生于1874年,出身书香门第。幼年从名师学诗文。自少年时代起,潜心研究王夫之、顾炎武、颜元生平著作,辑其精华编为《三大儒学粹》,并以"天下兴亡,匹夫有责"自勉。

陈去病、金松岑均比柳亚子年长十余岁,学识经验更为丰富。1897年,他们在同里组织"雪耻学会",响应维新变法,鼓吹维新救国雪耻。

1902年春,陈去病暂住县城北门外,是《新民丛报》在吴江的发行人。其时,金松岑作为廪生,也因替县考的童生们出具保结而来到江城。

陈去病与柳亚子的父亲、叔父,都是长洲大儒诸杏庐的弟子。论辈分,柳亚子应该唤他师叔。但他与柳亚子一见如故,意气相投,"绝对不摆师叔架子",马上引以为小友。于是,柳亚子做了《新民丛报》的订户。金松岑对柳亚子亦十分器重,认为柳是"少年中不可多得之才"。②

在赴苏州应府考和道考时,柳亚子又认识了王振之、庞恩长等吴江

---

① 柳无忌编:《柳亚子文集——南社纪略》,上海:上海人民出版社1983年版,第5页。

② 柳无忌、柳无非编:《柳亚子文集——自传·年谱·日记》,上海:上海人民出版社1986年版,第141页。

新学界人士。柳亚子与他们曾想发起"少年中国学会",以步意大利复兴运动奠基人玛志尼创立"少年意大利"的后尘。这虽然还只限于设想而已,却也可见他们当时的雄心壮志。

考中秀才之后,柳亚子返回黎里,一边读古书,一边阅读《新民丛报》,后来又阅读《清议报汇编》及由广智书局出版的各种新书。此时,梁启超一度成为柳亚子崇拜的偶像,对柳亚子产生了非常巨大的影响。

早在戊戌变法时期,梁启超就以系统论述中国必须变法维新而名噪一时。戊戌变法失败后,梁启超亡命日本,先在横滨主办《清议报》旬刊,后又于1902年创办《新民丛报》月刊,继续鼓吹变法维新。在此期间,梁启超撰写大量文章介绍西方先进文化及杰出人物,向长期囿于传统文化的国人展示了全新的理论和学说。他还热情地讴歌为国家独立而奋斗的意大利三志士和东欧反抗暴政的"虚无党",极大地激发了人们的爱国热情。因此,柳亚子当时把《新民丛报》视为"枕中鸿宝"[1],对梁启超崇拜得五体投地,并一度自命为维新党。

其实,1902年梁启超一度徘徊于维新与革命之间,其言论包含着不少革命的因素,这也是当时吸引柳亚子的一个重要原因。40多年后,柳亚子如此评述道:梁启超在壬寅年(1902年)的论调,"实在是相当高明的"。"他虽然没有敢昌言种族革命,不过字里行间……实在十二分激烈。我最喜欢他的《意大利三杰传》,和《新罗马传奇》,中间描写玛志尼和加里波的两人的姿态,非常的能够感动人。读了这些,排满革命的热情,是不期然会油然而生的。其他,如《少年中国说》,如《饮冰室自由书》,如《诗界潮音集》,都有非常可喜的议论,到现在还似乎隐约地在脑筋里有些影响呢。他又创办了《新小说》月刊,内容极丰富。……《东欧女豪杰》,描写'虚无党'动态,哀艳雄奇,兼而有之,尤足使人感动。"[2]因此,柳亚子虽然自命为维新党,但是,实际上反对清政府的革命思想已经悄然萌生。

在《新民丛报》中,柳亚子还通过梁启超等人的介绍,读到西方思想

家卢梭的《民约论》、斯宾塞尔的《群学肆言》等。亚子最崇拜卢梭,服膺其天赋人权说,遂改名人权,号亚卢或亚庐,意为主张天赋人权,自命为亚洲卢梭。不仅如此,他还以"权"字给几个妹妹取名,给已故长妹追取名为隆权,给次妹、三妹取名平权、公权,后来又给四妹取名均权。

与此同时,柳亚子还深受嘉庆、道光时期著名诗人龚自珍的影响。龚自珍面对"衰世"的来临,发奋著述,呼吁进行政治变革,成为我国近代思想解放、开一代风气的先驱人物。其散文奥博纵横,自成一家;诗尤瑰丽奇肆,有"龚派"之称。梁启超曾指出:"晚清思想之解放,自珍确与有功焉。光绪间所谓新学家者,大率人人皆经过崇拜龚氏之一时期。初读《定庵文集》,若受电然。"①

在诗文方面,柳亚子是"极喜欢他(龚自珍——引者注)的"。有几篇文章,说清政府"摧抑天下人的廉耻",这种"攻击专制之帝王"的论调,已经"非常露骨"。《尊隐》《劝豫》《京师乐籍说》等几篇文章,"大胆辛辣,更有革命的臭味"。"这种文章,是不能在别人集子中找到的。"②

龚自珍和梁启超当时都对柳亚子产生了重大而深刻的影响。40多年后,柳亚子这样评述道:"定庵和任公,在壬寅那一年,可说是我文字上的导师,思想上的私淑者了。"③不过,当1903年后梁启超摒弃革命因素,一意鼓吹改良,并提出所谓"开明专制"思想后,柳亚子对其评价已一落千丈。等到梁启超发表《新大陆游记》后,柳亚子便认为这是开历史的倒车。1905年梁启超在《新民丛报》上与革命派的《民报》大开笔战时,柳亚子更认定其是不可救药了。而龚自珍则始终受到柳亚子的尊崇。

在此期间,黎里镇上的禊湖书院曾一度改名养正学堂,从无锡请来一位华老师教英文。柳亚子为新学潮所鼓动,兴高采烈前往报名上课。不料,在 26 个英文字母中,念到"特勃鲁乎鱼"(柳亚子对 W 的读

---

① 梁启超:《清代学术概论》,北京:人民出版社 2008 年版,第 51 页。

② 柳无忌、柳无非编:《柳亚子文集——自传·年谱·日记》,上海:上海人民出版社 1986 年版,第 146 页。

③ 柳无忌、柳无非编:《柳亚子文集——自传·年谱·日记》,上海:上海人民出版社 1986 年版,第 147 页。

音——笔者注），发音特别长，口吃的柳亚子念了半天，也没有念出来，一生气，只上一天学就不再去。

1902年，柳亚子与蔡冶民、陶亚魂等人交往密切。蔡冶民，名寅，黎里镇人，是柳亚子的小姑丈。蔡与陈去病、金松岑是拜把子兄弟，金松岑最大，陈去病居次，蔡冶民最小。蔡冶民本来就赏识柳亚子，这时往来更加密切。其时，柳亚子还结识了陶亚魂。陶亚魂，原名赓熊，号佐虞，原籍吴江，原住居在黎里镇乡下，这一年搬到黎里镇。他是蔡冶民的表弟，搬到黎里镇后又恰巧住在周寿恩堂后进。经过蔡冶民的介绍，柳陶两人相识，此后就常常谈话，成为极好的朋友。

此时，柳亚子诗风大变。此前两三年中，他一直热衷写无题诗和香奁诗，16岁那年他响应梁启超提出的"诗界革命"，将以前旧作"付之一炬"，此后诗风大变。这一年，柳亚子写的旧体诗仅保留10余首，均发表于翌年《江苏》杂志第8期，署名亚卢。其中，《读〈史界兔尘录〉感赋》被柳亚子视为其诗风转变时期的代表作。该诗直接以灵感（inspiration）音译"烟士披里纯"入诗。诗云：

> 嫁夫嫁得英吉利，娶妇娶得意大里。人生有情当如此，岂独温柔乡里死。一点烟士披里纯，愿为同胞流血矣。请将儿女同衾情，移作英雄殉国体。[1]

这首模仿痕迹明显，柳亚子后来觉得"非常幼稚可笑"的诗作，[2]真诚而直率地表达了柳亚子的雄心壮志：要志在天下，献身国家，即使流血捐躯也心甘情愿，绝不能像凡夫俗子一样，只恋温香软玉，只讲卿卿我我的儿女私情。

---

[1]《读史界兔尘录感赋》，中国革命博物馆编：《柳亚子文集——磨剑室诗词集》（下），上海人民出版社1985年版，第1821页。笔者按：诗题有误，应为《读〈史界兔尘录〉感赋》。"嫁夫""娶妇"典出1902年《新民丛报》发表的一组题为《史界兔尘录》的杂记，中有一则云："英女皇额里查白（今译"伊丽莎白"）终身不嫁。群臣或劝之嫁，答曰：'吾已嫁得一夫，名曰英吉利。'意相嘉富儿（今译"加富尔"）终身不娶。意皇尝劝之娶，对曰：'臣已娶得一妇，名曰意大利。'"参见夏晓虹：《"娶妻当娶……，嫁夫当嫁……"——近代诗歌中的男人与女人》，陈华昌、黄道京主编：《同学非少年：陈平原夏晓虹随笔》，西安：太白文艺出版社2005年版，第337页。

[2]《我对创作旧诗和新诗的感想》，中国革命博物馆等编：《柳亚子文集——磨剑室文录》（下），上海：上海人民出版社1993年版，第1144页。

1902年末,柳亚子回首往事,夜不能寐,浮想联翩,感慨万千,写下《岁暮述怀》四首。其二云:

> 思想界中初革命,欲凭文字播风潮。共和民政标新谛,专制君威扫旧骄。误国千年仇吕政,传薪一脉拜卢骚。寒宵欲睡不成睡,起看吴儿百炼刀。①

不难看出,柳亚子已经开始接受民主共和的新思想,唾弃传统的君主专政体制,产生"欲凭文字播风潮"的愿望,乃至"起看吴儿百炼刀",萌生投身革命的念头。

1902年,柳亚子思想变化不可谓不大。上半年,柳亚子按照传统士大夫的常轨,考中秀才。可是,下半年,他的思想就突飞猛进,自命维新党,并实际上向反清革命的道路上勇猛迈进。这一巨变,套用柳亚子的诗来说,就是"思想界中初革命"。

二 确定革命宗旨

1902年4月下旬,蔡元培与叶瀚、蒋智由、黄宗仰等在上海创立中国教育会。中国教育会最初宗旨较为温和,标榜"以教育中国男女青年,开发其智识而增进其国家观念,以为他日恢复国权之基础为目的"。② 该会除在上海设立本部外,还在各地设立分部。该会的主要活动为设立新式学堂、编印教科书等。同里镇的金松岑、陈去病应邀参加中国教育会的成立大会。

同年夏,江苏武进(今属常州市)人吴稚晖率领男女学生数十人赴日留学。其中自费留学生钮瑗等9人拟入成城学校,但清政府驻日公使蔡钧却拒绝为他们出具保证书。吴多方交涉无效后,于7月28日率

<hr/>

① 《岁暮述怀》之二,中国革命博物馆编:《柳亚子文集——磨剑室诗词集》(下),上海:上海人民出版社1985年版,第1823页。
② 《中国教育会章程》,陈学恂主编:《中国近代教育史教学参考资料》(中册),北京:人民教育出版社1987年版,第17页。

领留学生 20 余人闯入驻日公使馆进行诘问,并与蔡钧发生激烈冲突。蔡钧召集日本警察驱散留学生,拘捕吴稚晖、孙揆均两人。随后,吴、孙二人被驱逐出境,并于 8 月 13 日抵达上海。中国教育会同仁在张家花园海天深处发起欢迎大会,到会者百余人。吴登台演说,"备述颠末,慷慨激昂,淋漓尽致。述及政府腐败,丧失国权,听者皆为之愤怒。"①成城入学事件后,中国教育会转变其温和宗旨,渐趋激进反清。

成城入学事件后,为了自行培养人才,不必到日本留学,中国教育会准备自立学校。恰在此时,上海南洋公学学生因为校方压迫而发生集体退学风潮,全校 6 个班 200 多名学生一起离校。这些退学学生决定自行组织一个学校,但资力微薄,遂请求中国教育会给予协助。中国教育会开会决定接受退学学生请求,在经济和教员上给予大力赞助。学校最后定名为爱国学社,由蔡元培担任学校总理,吴稚晖担任学监。

1903 年初,陈去病东渡日本留学。金松岑则在同里镇成立中国教育会同里支部,并担任会长。在金松岑的介绍下,蔡冶民、柳亚子、陶亚魂等加入中国教育会,还参加同里支部。同时,他们也积极筹划建立中国教育会黎里支部。

当时黎里镇的统治权在黄、张、范、沈四姓绅士手里。镇上禊湖书院,一度改为养正堂,是柳亚子学过一天英文的地方,后来因学的人少,便关了门。柳亚子等人想借这个地方来讲演,却一再遭到主管的范姓士绅拒绝。他们年少气盛,便把"大门搞掉",强行进入讲演,吸引不少听众。没有讲台,便把炕几移开,跳上炕床,慷慨激昂地讲演起来。讲到激烈处,双脚一顿,炕床便开了一个大洞,这便落下"破坏公物"的"罪名"。在讲演中,他们对于范姓士绅拒绝借地之事非常反感,便加以猛烈抨击,导致双方关系更趋恶化。当时,黎里四姓绅士分为三派,黄、范是一派,张是一派,沈为中立派。张姓士绅见柳亚子等人抨击黄、范,正中下怀,便让儿子也加入支部,并把自己主管的"众善堂"借出,作为支部集会演讲的场所。于是,柳亚子等人就在大门上挂上"中国教育会黎

① 蒋维乔:《中国教育会之回忆》,中国史学会主编:《辛亥革命》(一),上海:上海人民出版社 1957 年版,第 486 页。

第二章 从维新到革命

里支部"的牌子,支部会员有十几个人。他们还创办了一份油印月刊《新黎里》,"只主张维新变法,不涉革命半个字",①但还是遭到顽固守旧派的激烈攻击。这时爱国学社成立的消息传来,他们都想去上海读书,却遭到各自家庭的反对而无法成行。后来,外面反对的声浪越来越大,他们三人在黎里镇"有些呆不下去",各人家庭只好顺水推舟,同意他们的计划。

父亲不放心才 16 岁的柳亚子独自出远门,便雇一只小船,亲自送儿子赴上海。他们从黎里出发,经过芦墟,拟到青浦朱家角让小轮船拖着船走。不料到了分湖,就遭遇狂风,小船几乎被掀翻。幸好后来风势渐弱,船也开进港口。父子俩在船上过了一夜。第二天,小船在朱家角挂到一艘小火轮后面,直接开往上海。上岸后,先住在一家客栈,与蔡冶民、陶亚魂会合。后来,同里镇老朋友任昧知也赶来。他们一行四人便一起进了爱国学社,作为附课生读书。不过,任昧知是从家里偷偷溜走的,家人并未同意,三天后就被家人追回去。

柳亚子抵达上海,是当年旧历三四月间,正是拒俄运动开展如火如荼之际。1903 年 4 月,中国留日学生率先发起拒俄运动,随即得到国内学生及民众的响应。4 月 27 日,在中国教育会组织下,张园安垲第楼前举行规模空前的拒俄大会。4 月 30 日,爱国学社和各界群众 1200 余人,再次集会张园。

当时,中国留日学生组成拒俄义勇队(后改为军国民教育会),并开展军事训练。爱国学社社员也准备组织义勇队(后改为军国民教育会),但苦于缺乏担任教练之人。恰巧 5 月间,在南京的江南陆师学堂学生发生退学风潮,爱国学社发去贺电。江南陆师学堂学生代表章士钊、林立山二人来上海接洽,爱国学社当即表示欢迎,并且同意免收一切费用。于是,江南陆师学堂学生 40 多人来到上海,加入爱国学社。同时,由章士钊、林立山等发起,在校内成立军国民教育会。志愿入会的,包括蔡元培、黄宗仰等重要会员,共有 96 人,分 8 小队,早晚操练。

---

① 柳无忌、柳无非编:《柳亚子文集——自传·年谱·日记》,上海:上海人民出版社 1986 年版,第 150 页。

拒俄运动遭到清政府严厉打压,使得不少人彻底打消了对清政府的幻想,由倾向维新改良转而趋向反清革命。爱国学社中革命气氛也日益浓厚。爱国学社学生每周赴张园安垲第楼集会演说,公然昌言革命,震动内外。

爱国学社实行学生自治,师生一律平等。学生自治会选出的会长,美其名曰"大总统"。社中教员,除供膳宿外,皆尽义务。课程设有国文、英文、史地、理化、体育等,并进行军事训练。

一开始,柳亚子分在乙级班学国文,教师是吴稚晖。吴用《天演论》做教本,讲猴子进化为人,连讲连表演,"好像真有孙悟空一个筋斗跳三万六千里路的光景",非常有趣。① 几天后,亚子改进甲级班,由章太炎授课。章出了道作文题"某某本纪",大胆地打破帝王独占"本纪"的传统藩篱,要学生撰写自己传记。柳亚子和陶亚魂分别撰写《柳人权本纪》《陶亚魂本纪》。柳亚子很坦白,把先前赞成康梁,用孔子纪元并主张保皇的思想经历如实交代出来。太炎先生读后,认为孺子可教,便将其杭州初刻版的《訄书》相赠,并给他们两人写了一封信。全文如下:

> □□二子鉴:
>
> 简阅传文,知二子昔日曾以纪孔保皇为职志;人生少壮,苦不相若,而同病者亦相怜也。鄙人自十四五时,览蒋氏《东华录》,已有逐满之志。丁酉入时务报馆,闻孙逸仙亦倡是说,窃幸吾道不孤,而尚不能不迷于对山之安语。《訄书》中"客帝"诸篇,即吾往岁之覆辙也。今将是书呈览,二子观之,当知生人智识程度本不相远,初进化时,未有不经纪孔保皇二关者,以此互印,何如?章炳麟白②

在信中,章太炎肯定柳、陶两人如实陈述,也坦承自己虽早有反清思想,但是,在戊戌变法时期,还是受到康有为(章借明代康对山代指康

---

① 柳无忌、柳无非编:《柳亚子文集——自传·年谱·日记》,上海:上海人民出版社 1986 年版,第 151 页。

② 西狩(章炳麟):《致□□二子书》(癸卯四月),《复报》第 5 期(1906 年 10 月 12 日),□□可补填陶、柳二字。

有为)思想的迷惑,也有过纪孔保皇一类言论。他用坦承自己往日思想错误来表示对年轻一代的理解和鼓励,这给柳亚子留下极为深刻的印象。

在爱国学社,章太炎与张继、章士钊、邹容义结金兰。张继,字溥泉,河北沧州人。邹容,字蔚丹,四川巴县人。两人都曾留学日本,都是留学生中的反清积极分子。1903 年 3 月,南洋留学生监督姚文甫与一名有夫之妇的奸情败露,更兼其平日破坏学生运动,引起公愤。邹容、张继等同学强行闯进姚宅,剪断姚文甫的辫子。事后,两人被迫离开日本,于 4 月间抵达上海,寄居爱国学社。四人之中,章太炎与邹容尤为相得。章称邹为"小弟",邹则戏称章为"东帝",自称"西帝"。

金松岑当时在教育会担任会计,与章、邹过往甚密。柳亚子由此与章、邹亦时相过从。柳亚子与长其 2 岁的邹容,成了志同道合的同辈知己。

柳亚子在爱国学社时,对"特勃鲁乎鱼"(W)余恨未消,决计不学英文。但是,他自修的教室偏偏又是英文讲堂。于是,柳亚子只好在课桌上打瞌睡,每每"睡得特别香甜"。对此,邹容竭力反对柳打瞌睡的消极办法,多次劝谕柳学好英文。但是,有些牛脾气的柳亚子,"当场自然不会肯听他的"。①

拒俄运动后,舆论界革命思想大昌。邹容、章太炎分别撰成《革命军》和《驳康有为论革命书》两部宣传革命的力著。柳亚子读了两部书稿,击节赞赏,还与蔡冶民、陶亚魂二人为资助两书出版各自捐了几十元。5 月末,《革命军》与《驳康有为论革命书》在大同书局同时出版。

当时,上海鼓吹革命的大本营,一个是中国教育会,一个是爱国学社,还有一个便是《苏报》。

《苏报》原是一张普通小报,1900 年由陈范购得接办。陈范,原名彝范,字叔柔,晚号蜕庵,江苏阳湖(今属常州市)人,原任江西铅山知县,后移居上海。他接办《苏报》后,倾向维新改良。1902 年南洋公学

---

① 柳无忌、柳无非编:《柳亚子文集——自传·年谱·日记》,上海:上海人民出版社 1986 年版,第73 页。

学潮兴起时,《苏报》就增辟"学界风潮"一栏,及时报道学界风潮,引起社会关注。爱国学社成立后,《苏报》与其约定,每日由学社教员撰写一篇评论,报馆则按月支付学社大洋百元。于是,《苏报》渐趋反清革命,言论更为大胆激烈。1903年四五月间,《苏报》成为拒俄运动的重要论坛。5月底,章士钊担任《苏报》主编,进行改革,更加公然而激烈地宣传革命。邹容《革命军》、章太炎《驳康有为论革命书》出版后,《苏报》不仅刊登新书广告,还通过读者来信的方式予以高度称赞和热情推荐。

6月8日、9日,沪上《中外日报》连续刊载《革命驳议》。此文鼓吹保皇,竭力反对革命。章太炎阅后十分愤慨,随即撰《驳〈革命驳议〉》予以驳斥,但他写了一段,只开了头,就不高兴写,便让柳亚子续写,柳亚子写了一段,又由蔡冶民续写一段,最后由邹容续完。该文发表于6月12日、13日《苏报》,署名"汉种之中一汉种"。这是柳亚子"与言论界第一次的因缘"。①

面对高涨的革命舆论,清政府异常恐惧,便派员到上海与西方各国驻沪领事进行交涉,要求封闭苏报馆与逮捕章太炎、邹容等人。

正在乌云密布之际,中国教育会与爱国学社却发生内讧。6月19日,学社宣布脱离中国教育会而独立。柳亚子、蔡冶民和陶亚魂,均是以中国教育会会员资格而入爱国学社当附读生的,就不得不辍学,结伴返乡。

在爱国学社短短几个月中,柳亚子已经完成了从一名自命维新党到真正革命者的飞跃。他后来这样总结这一段经历:"民族主义的推翻满清,从前在《新民丛报》时代,不过模模糊糊地在脑中若隐若现,现在是成为天经地义,无可移易的了。"②

---

① 《我和言论界的因缘》,中国革命博物馆等编:《柳亚子文集——磨剑室文录》(下),上海:上海人民出版社1993年版,第1175页。

② 柳无忌、柳无非编:《柳亚子文集——自传·年谱·日记》,上海:上海人民出版社1986年版,第155页。

三 韬光养晦

柳亚子三人返乡不久,震惊中外的苏报案于 6 月底爆发。6 月 30 日,章太炎被逮。翌日,邹容向巡捕房投案。在此前后,苏报馆和爱国学社均被查封。柳亚子闻讯十分震惊。这年冬天,柳亚子非常想念身羁牢狱的章、邹两人,赋七绝二首。诗云:

祖国沉沦三百载,忍看民族日伧离。悲歌咤叱风云气,此是中原玛志尼。

泣麟悲凤伴狂客,搏虎屠龙《革命军》。大好头颅抛不得,神州残局岂忘君?①

苏报案爆发后,黎里镇上谣言四起。众善堂前的"中国教育会黎里支部"牌子早已摘掉,支部同仁也闻风四散。柳亚子精神上很苦闷,"书空咄咄,为不怡者累月"。②

如前所述,经过爱国学社几个月学习,柳亚子已经确定革命宗旨。"宗旨已定,自然义无返顾"。不过,现在革命处于低潮,柳亚子"无法急进,只能韬光养晦,作为自己的修养时代罢了"。③ 于是,柳亚子蛰居乡下,把很大精力投入倡导天足运动。

这一年,黎里镇上倪寿芝老太太热心改良教育,倡导天足运动。她在倪宅创办求我蒙塾。塾中课程一概采用新学,学生男女兼收。后来,又在门口挂起"黎里不缠足会"牌子,鼓励女子放足。柳亚子积极支持倪老太太破天荒的创举,并代撰《黎里不缠足会缘起》,后载于翌年《女子世界》第 2 期。

这一年,次妹平权 9 岁,已按照旧俗缠足。柳亚子竭力要求母亲替她放足,母亲则提出条件:若要替平权放足,柳亚子一定要薙(同"剃")

---

① 《癸卯冬日有怀太炎、威丹》,《复报》第 3 期(1906 年 7 月 16 日)。
② 柳无忌、柳无非编:《柳亚子文集——自传·年谱·日记》,上海:上海人民出版社 1986 年版,第 9 页。
③ 柳无忌、柳无非编:《柳亚子文集——自传·年谱·日记》,上海:上海人民出版社 1986 年版,第 155 页。

发,放足和薙发必须在同日同时进行。原来,柳亚子在爱国学社时,便不再薙发。但他迫于母亲压力,未敢剪去辫子。因为母亲说过,倘若柳亚子把辫子剪掉,她一定会悬梁自尽的。柳亚子有些害怕,不敢硬来,于是,脑袋四周短发便蓬蓬长起来。因为蓬蓬的很不好看,柳亚子便利用当时流行的"留海"做掩护。这样一来,前发齐眉,后发披肩,远看时颇像一位大小姐。母亲看着很不顺眼,但一时又奈何他不得。现在机会来了,母亲提出了这个交换条件。柳亚子本想一口拒绝,但转念一想:脚一放难以再缠,母亲绝无反悔的可能;至于头发,长在我头上,今天薙了,明天就可以不薙的。此时,柳亚子已有第二年进同里自治学社的计划。那么,薙不薙发之权仍然掌握在自己手中,难道母亲还能跟自己到同里逼自己薙发吗?于是柳亚子就接受母亲的条件,使得平权放足得以实现。

阴历八月份,各省举行乡试。蔡冶民和陶亚魂为家庭所迫,不得不分头去南京和杭州应试。但是,柳亚子却向家庭以生死力争,没有去应乡试,还作了《哀新党》新乐府一首在《国民日日报》上发表,讥笑他们。但等他们铩羽归来时,柳亚子还是原谅他们,并以革命宗旨相砥砺。

清廷对《苏报》的镇压激起强烈反抗。在"爱国学社"被封后,东南各省学生的退学风潮反而愈来愈大。《苏报》被封一个多月后,《国民日日报》便继之而起。在日本,几乎各省留学生都办有自己的刊物。江苏留学生的刊物就叫《江苏》,由秦毓鎏、黄宗仰等主持,在拒俄运动后转向激烈反清。他们常常写信到国内来约稿。柳亚子通过金松岑的关系,先后给他们寄去《郑成功传》《台湾三百年史》。

从爱国学社回到黎里前后,柳亚子写下5000余言的《郑成功传》。该文发表在1903年日本东京出版的《江苏》杂志第4期,作者署名亚庐。编者在文前按语曰:"此稿由国中寄来,作者年才十六岁。内地人士民族思想之发达,于此可见一斑。"这是柳亚子在报刊公开发表的第一篇文章,以其少年锐气、纵横才气及浓厚的民族主义思想引起了文坛的关注。

《郑成功传》以夹叙夹议的方式,饱含激情地叙述了郑成功家世及其驱逐荷兰殖民者、收复台湾的英勇事迹。文末,柳亚子根据英雄的

"排异种"和"殖新地"两项特征,热情歌颂郑成功的丰功伟绩,并深情呼唤中国出现郑成功一样的英雄。有云:

> 英雄哉,我郑成功也。英雄哉,我汉种之郑成功也。……我唯崇拜我郑成功,彼能使欧权鼻祖之和兰逡巡让步,彼能使满族馀奴之汉种发奋争先,是岂寻常贱丈夫所敢希冀者哉。……呜呼,海云苍苍,海水茫茫,安得有郑成功其人者乎,以焕扬我祖国之荣光。①

《郑成功传》用黄帝纪年,其反清革命思想已经非常明确。该文是最早塑造郑成功民族英雄形象的重要文章之一,在清末反清革命宣传中具有极为重要的意义。

《江苏》第四期封面

《郑成功传》首页

同年 10 月,柳亚子又在《江苏》第 7 期、第 8 期上发表《台湾三百年史》。他从台湾与印度、安南(今越南)、虾夷(即北海道)、朝鲜等殖民地同列入大阪博览会人类馆一事入手,揭出写作主旨:"我为我台湾悲,我

---

① 《郑成功传》,中国革命博物馆等编:《柳亚子文集——磨剑室文录》(上),上海:上海人民出版社 1993 年版,第 6 页、13—14 页。

为我十八行省之将步台湾后尘者危，我乃和泪于笔，呕心为墨，以草此台湾三百年历史"。接着沉痛地指出，台湾不仅亡于异族，且"自异族之手而转展贩卖"，慨叹我台湾同胞"朝为张氏婢，暮为李氏妾"，"为世界上最可怜之人种也"。随后，便全面地叙述台湾三百年"凄凉哀怨慷慨激昂之历史"。最后，他以西哲名言"不自由毋宁死"相激励，号召台湾同胞"以赤血黑铁"光复故土，"不然则奋身一跃，蹈东海而死，使台湾之种无复遗育，留义侠之名于世间"。同时也告诫十八省同胞不要以"台湾前事为对岸观火而不一动于心"，号召他们"投袂兴起，宣布民族独立之大义"，并严重警告说："诸君及此不图"，则"世界风潮日急一日，将再沦于台湾同胞之旧地，欲求今日而不可得矣！"。①

章、邹入狱之后，金松岑多次前往上海探视，但柳亚子因家庭管束甚严，未能再去上海，只能托金松岑带一二封信去。当柳亚子的《郑成功传》在《江苏》杂志第 4 期发表后，章太炎、邹容在狱中读后，分别致函柳亚子。

章太炎信全文如下：

> 亚庐仁弟左右：
>
> 别数月，忽得《江苏》杂志，见弟所为《郑成功传》，囊吾睹弟之面，而今睹弟之心矣。杂志革创时，辞颇喧塞。数期以来，挥斥慷慨，神气大变，进步之速，斯为极点；而弟所纂《郑传》，亦于斯时发现，可谓智勇参会，飙起云合者也。松岑到沪数次，询弟近状，知家庭雍穆，无所阻碍，为慰为快！亚魂、冶民，想时聚首，崇论闳议，亦能渐渐入俗耳否？"教育会"分散以来，"爱国"诸君亦既飘摇失所；常熟殷君复陷水死，恐"塔后"亦少达者。昨闻"浔溪公学"又以小衅分裂，自兹以往，私设诸校，益凌迟衰微矣。"同川"之存，千钧系发，复得诸弟与松岑、去病、蛰龙诸君尽力持护，一成一旅，芽蘖在兹。当使朱鹤龄、陈长发辈知后起有人，积薪居上；亦令奴性诸夔，不以"爱国"分散之故，遂谓天下之莫予毒也。

①《台湾三百年史》，中国革命博物馆等编：《柳亚子文集——磨剑室文录》（上），上海：上海人民出版社 1993 年版，第 77—84 页。

第二章 从维新到革命

狱事稍懈,强寇猖狂,今也老矣。岁中当与弟辈握手,墨坐以待。

手肃,即颂纂祉!

兄章炳麟白①

在信中,章太炎充分肯定《江苏》杂志进步神速,对柳亚子的《郑成功传》亦赞赏有加。其时,爱国学社学生飘零各地,常熟塔后小学因其创办者殷次尹意外溺亡后前景不妙,浙江南浔的浔溪公学又因小故瓦解,只有同里同川小学尚存,故章太炎对同川小学寄予厚望,喻之为"一成一旅,芽蘖在兹",希望柳亚子与金松岑、陈去病等"尽力持护"。柳亚子本来就有来年进入同里自治学社读书的打算,得到章太炎鼓励后,就更加坚定起来。朱鹤龄、陈长发,皆是吴江明末遗民,兼为经学大师,章太炎勉励柳亚子等超过朱、陈等人,可见其对柳亚子等人寄望颇深。

邹容致柳亚子信全文如下:

人权志士足下:

奉致枚公书,得近状,审足下以支那大陆,尚有某某,不以其微贱忽之,感甚感甚。某事国无状,羁此半年,徒增多感。幸得枚公同与寝食,迩来获闻高谊,耳目一新。奈某愚钝,不堪造诣,且思潮塞绝,愿尽文字的国民责任,念而不能。得足下活泼之文章,鼓吹国民,祖国前途,或有系耶!狱中消息,又转伪京,俟有来文,然后定议。

专此,敬候起居侍祉!

弟邹容谨上②

在信中,邹容对于《郑成功传》给予好评,并对柳亚子寄予厚望。在"祖国前途,或有系耶"之后,原有一段长文,竭力劝柳亚子习读英文以求世界知识。但柳亚子后来在其主编的《复报》发表该信时将这段长文

---

① 柳无忌、柳无非编:《柳亚子文集——自传·年谱·日记》,上海:上海人民出版社1986年版,第157—158页。

② 柳无忌、柳无非编:《柳亚子文集——自传·年谱·日记》,上海:上海人民出版社1986年版,第159页。

删掉。而原信后遭蠹虫侵蚀而毁,因而这一段文字未能保存下来。

章、邹两位革命友人来信,一致热情称赞《郑成功传》,使柳亚子深感振奋。章太炎的殷切希望和邹容的苦心劝导,促使柳亚子决心于1904年走出黎里镇,进入同里自治学社就读。

四　醉心革命

1904年春,柳亚子进入同里自治学社读书。

同里与松陵、黎里等一样,是吴江七大镇之一。金松岑于1902年在镇上创设同川小学。苏报案发生后,仿爱国学社体制,在同川小学增设高级班,称自治学社。

同里自治学社继承了爱国学社的作风,学生称社员,师生平等,对教员也不称老师,而直呼其号。国文、史地和音乐,都由金松岑亲自教授。体操课教员林立山,名蛎,原名懿均,一字力山,江苏丹阳人,曾任爱国学社体操教员,在爱国学社查封后,被金松岑聘请到同里来任教。

英语教员先是任墨缘,继而是吴郁周,随后便是顾浩然。柳亚子因患口吃,第一次在黎里养正学堂,第二次在上海爱国学社,已两度废学英文。现在听从邹容狱中来信苦劝,柳亚子决心学好英文。当时,顾浩然和柳亚子很谈得来,是柳业子早年的好朋友。柳亚子个性"非常高傲",不愿"甘居第二流",一定要赶在同学前面。可是,口吃的他学起英文来格外吃力,便求助于先生的特别教授。于是,他每天晚上去顾浩然卧室,将第二天要上的课读熟。第二天上课时,自然滚瓜烂熟,连先生不教都可以。这样坚持一月有余,居然赶在全班前列,柳亚子对此感到很满意。谁知天不作美,柳亚子忽然生起病来,且一病就是一月,又远远落在同学后面。柳亚子学英文,本来就"非常勉强",人家用十分力量,柳亚子则非用十二分力量不可。结果把自己累病,痊愈后也"不能再有毅力和勇气"去苦学。后来,柳亚子深深地感慨道:"不通外国语文,是我平生的大憾。"①

自治学社学生不多,且进进出出动荡不定,似乎最多时也没有满20人。学社之外,金松岑还创设体育会,聘请林立山担任教员。体育会会员,除学社社员外,还广泛吸收社会人士参加,会员总数竟达200余名。

原籍浙江嘉善,侨居松江府金山(今属上海市)的沈性初是一个跛子,但力气很大,也来同里学体操。他还带了弟弟沈履夷和侄子沈道非一道前来。柳亚子此时与沈道非结识,沈道非后来加入南社。

令人诧异的是,浙江嘉善人程星垣,是富阳县衙教读师爷。他负责教县太爷一个不满10岁的小少爷,竟把小少爷一起带到同里,自己当体育会会员,将小少爷塞进同川小学。有一回,金松岑在柳亚子一篇作文上批道:"盛水不漏,真文豪也。"那小少爷见后,就在一张纸上画下柳亚子的肖像,仿照《新民丛报》的插图"英国大文豪摆伦(即拜伦)"和"法国大文蒙嚣俄(即雨果)"小像的题法,题为"中国大文豪柳亚卢"。②

本镇上体育会会员也不少,譬如沈祥之和沈丹忱叔侄两人。沈祥之别号中路,自称"中国的路索(即卢梭)",与自称"亚洲之卢梭"的柳亚子,真是"天生一对,地设一双"。柳亚子与沈丹忱年纪相仿,便唤他祥叔。祥叔为人豪爽,常常请人到他家喝酒聊天。他富于风趣,热心革命。当时,两江总督端方疯狂捕杀革命党人,大家非常痛恨他,却又无可奈何。恰好祥叔生了儿子,便取名"端方"。于是,大庭广众之下,只要有人一提起端方,他便立刻接口道:"端方是什么东西,还不是我的儿子!"③

吴江城内的王凤书,也是体育会会员,后来也担任自治学社的理化教员。他别号中丹,说是"中国的亚当斯丹(即亚当斯密)"。

除学社师生和体育会会员外,柳亚子还结识了几个常来常往的客人,最重要的是朱锡梁和冯沼清。

---

① 柳无忌、柳无非编:《柳亚子文集——自传·年谱·日记》,上海:上海人民出版社1986年版,第74页。

② 柳无忌、柳无非编:《柳亚子文集——自传·年谱·日记》,上海:上海人民出版社1986年版,第179页。

③ 柳无忌、柳无非编:《柳亚子文集——自传·年谱·日记》,上海:上海人民出版社1986年版,第180页。

朱锡梁,字梁任,号纬军,别称君仇,江苏吴县(今属苏州市)人。他生于1873年。学问很好,诗文亦佳,精小学,通音律。他同柳亚子一样患有口吃。个性古怪,人称其朱痴子,他也丝毫不介意。在慈禧太后大寿的诞辰,举国欢庆,但他却穿戴白色衣冠,沿街大哭。清吏把他抓去,结果认为是疯子,便将其释放。

冯沼清,名敦让,字易滔,号竞任,江苏常州人,生于1885年。父亲早亡,由母亲和堂嫂抚育成人。沼清是其醉心革命后所取的别号,取义于越王勾践"以吴为沼",隐含灭亡清廷之意。当时,冯沼清就读于苏州高等学校,与顾浩然是同学。他慕名来到同里,拜访柳亚子。经过一夕联床夜话,两人便开始密切交往。

冯沼清醉心革命,提倡女权,主张革命要从女子身上做起,则家庭革命与种族革命,还有政治革命,都可以毕其功于一役。他先是大力提倡天足,后又筹划在苏州创办女学,办成一个女子革命的制造厂和女革命家的速成所。

1904年3月,柳亚子在《江苏》第9、10期合刊上发表《中国革命家第一人陈涉传》。他热情洋溢地歌颂革命:"夫革命二字,实世界上最爽快、最雄壮、最激烈、最名誉之一名词也。实天经地义,国民所一日不可无之道德也。实布帛菽麦,人类所一日不可缺之生活也。"他还一反过往正史评价,誉陈涉为"中国革命家第一人",称赞其为"推倒政府,普救国民,留绝大纪念于吾祖国之大英雄、大豪杰"。[1]

同年春夏之际,柳亚子为陈巢南用笔名有妨血胤所著的《清秘史》作序。他对该书给予高度评价,认为"而胡族之真相,虏酋之凶德,乃大白而不可掩"。读后使人"当亦恍然悟'深仁厚泽'之非也"。最后,呼吁"嗟我民族,曷不起而歼此将亡之虏乎"。可见,此时,柳亚子革命思想已经非常浓厚。[2] 其时,陈改名去病,想学霍去病扫荡匈奴。而柳亚子则崇拜南宋爱国词人辛弃疾,为了和陈去病相对称,柳亚子决定改名

---

①《中国革命家第一人陈涉传》,中国革命博物馆等编:《柳亚子文集——磨剑室文录》(上),上海:上海人民出版社1993年版,第92页。

②《〈清秘史〉序》,中国革命博物馆等编:《柳亚子文集——磨剑室文录》(上),上海:上海人民出版社1993年版,第111—112页。

"弃疾"。当时,为《清秘史》作序的还有刘师培,刘署名"光汉子",故柳亚子亦自署"弃疾子"。①

暑期,柳亚子从同里奔赴上海,想去探视章太炎、邹容两人,便找到蔡元培。早在 5 月 21 日,苏报案讯结,章炳麟、邹容分别被判监禁 3 年、2年,囚于提篮桥租界监狱。蔡元培身上有一张探视证,每月可到监狱中去看他们一次,但每次只能一人去,每次也只能看一人。柳亚子一时难以决定先去看谁,就请蔡元培代为定夺。蔡元培分析说:"从刑期讲,太炎先生判 3 年,蔚丹判 2 年,到明年此日,蔚丹早就获得解放了;从年龄讲,太炎先生半老了,蔚丹今年只有 20 岁,相见之日正长呢。那么,你这一次,还是先去看太炎先生吧!"柳亚子一听很有道理,便先去探视章太炎。见到太炎先生后,柳亚子有话却一时无从说起,两人相对无言,亚子只得托章代为问候邹容,并请他们二位保重身体,随即匆匆告别。

柳亚子由上海先回同里,再返黎里。当时,蔡冶民在无锡理化研究会当会员,陶亚魂任教同邑北圩小学,暑假时亦返黎度假。这样,三人再次相聚在一起。在此期间,柳亚子同陶亚

《泰西说苑》书影

魂读东吴大学的一个弟弟陶甸夏合译《泰西说苑》。② 柳亚子不通英文,由英文很好的甸夏口述,柳亚子将其整理成文。最后数章,由蔡冶民译毕。

暑期结束后,柳亚子仍去同里自治学社学习。令人遗憾的是,不久好友陶亚魂因病英年早逝。柳亚子非常痛惜,撰《哭陶亚魂》七绝二首。同时,撰《吴江志士陶亚魂小传》,四年后又撰《陶君佐虞家传》。

1904 年 10 月,柳亚子为陈去病、汪笑侬创办的《二十世纪大舞台》撰写《发刊词》,借提倡

---

① 柳无忌、柳无非编:《柳亚子文集——自传·年谱·日记》,上海:上海人民出版社 1986 年版,第 172页。

② 1944 年柳亚子在《五十七年》将该书误记为《泰西五十故事》,参见张明观:《柳亚子史料札记三集》,上海:上海人民出版社 2017 年版,第 14—20 页。

戏剧改良而鼓吹革命。他号召组织一支"梨园革命军"，积极编演中国人民英勇抗争和法国革命、美国独立等历史故事，激励人民起来革命，以在现实生活中演出"光复旧物、推倒虏朝之壮剧、快剧"。①

旧历九月初，应冯沼清之邀，柳亚子瞒着家人与林立山同往苏州漫游。当时，冯沼清还住在沧浪亭畔的苏州高等学校，顾浩然亦同在。一日，冯、林二位在沧浪亭附近策马驰骋，柳亚子和顾浩然则站在一旁观看。不知怎么回事，冯的马忽然将柳亚子撞倒，并从其身边飞驰而去。柳亚子耳朵被擦破，眼镜也不翼而飞，人当时就晕过去。冯沼清等赶紧把柳亚子抬到学校，延请医生诊治。幸好，柳亚子不久即醒来，并无大碍。几天后，柳亚子到张家巷早安里冯沼清堂嫂家养伤。冯的13岁侄女冯遂方及其两个弟弟，虽然年纪不大，却已颇懂民族革命大义。柳亚子常和他们议论国事，非常愉快，乐不思蜀。

旧历十月十日，慈禧太后七十岁寿辰，清廷下旨普天同庆。柳亚子和冯遂方等上观前街游玩。只见满街张灯结彩，热闹非凡，学生整队游行，欢呼万岁。触景生情，柳亚子撰纪事诗二绝：

> 毳服毡冠拜冕旒，谓他人母不知羞。江东几辈小儿女，却解申申詈国仇。

> 胡姬也学祝华封，歌舞升平处处同。第一伤心民族耻，神州学界尽奴风。②

柳亚子一高兴，忘记给家人写信。平时，柳亚子一个礼拜给家中写一封信报平安，家人见四五个礼拜没有收到柳亚子音讯，十分着急，便向金松岑查问起来，结果获知柳亚子在苏州游玩受伤之事。于是，父亲派母亲到苏州将柳亚子捉回家去。

柳亚子回到黎里老家，当年冬天不复出门，面壁读书，读夏完淳、张苍水、顾炎武诸家诗文集以及全祖望《鲒埼亭文集》。在此期间，柳亚子

①《〈二十世纪大舞台〉发刊词》，中国革命博物馆等编：《柳亚子文集——磨剑室文录》（上），上海：上海人民出版社1993年版，第127—128页。

②《十月十日，虏后那拉氏"万寿节"也，纪事得二首》，中国革命博物馆编：《柳亚子文集——磨剑室诗词集》（上），上海：上海人民出版社1985年版，第23—24页。

第二章 从维新到革命

047

写下不少题诗,下面摘录其中有名的三首:

> 北望中原涕泪多,胡尘惨淡汉山河。盲风晦雨凄其夜,起读先生正气歌。①

> 铁骑阴山黯阵云,茫茫禹甸尽胡尘。中原文献凋零甚,收拾丛残赖此君。②

> 悲歌慷慨千秋血,文采风流一世宗。我亦年华垂二九,头颅如许负英雄!③

当时柳亚子特别欣赏少年民族英雄夏完淳和抗清志士、著名学者顾炎武两人的诗。因为前者所作都是"激昂慷慨之音",后者"诗脱胎杜甫","敦厚深挚",同时又是"反抗满清,不少故国故都之感",在当时是很合柳亚子"脾胃"的。④

1905年,柳亚子继续就读同里自治学社。4月2日,柳亚子偕同里自治学社同学孙宇撑等乘船前往苏州,参加冯沼清主办的苏苏女学的开学典礼,并于次日返回同里。

从苏州返回同里不久,柳亚子获知邹容4月3日于西牢病逝的噩耗。他十分悲痛,深悔去年暑假未探视邹容,从此阴阳两隔,作《哭威丹烈士》两绝:

> 白虹贯日英雄死,如此河山失霸才。不唱铙歌唱薤露,胡儿歌舞汉儿哀。

> 哭君恶耗泪成血,赠我遗书墨未尘。私怨公仇两愁绝,几时王气剗珠申?⑤

①《题〈张苍水集〉》之二,中国革命博物馆编:《柳亚子文集——磨剑室诗词集》(上),上海:上海人民出版社1985年版,第22页。

②《题全谢山〈鲒埼亭文集〉》之一,中国革命博物馆编:《柳亚子文集——磨剑室诗词集》(上),上海:上海人民出版社1985年版,第22页。

③《题〈夏内史集〉》之六,中国革命博物馆编:《柳亚子文集——磨剑室诗词集》(上),上海:上海人民出版社1985年版,第25页。

④《我对创作旧诗和新诗的感想》,中国革命博物馆等编:《柳亚子文集——磨剑室文录》(下),上海:上海人民出版社1993年版,第1144页。

⑤《哭威丹烈士》,中国革命博物馆编:《柳亚子文集——磨剑室诗词集》(上),上海:上海人民出版社1985年版,第27页。

苏苏女学开学后,柳亚子便说服母亲,将去年放足成功的次妹平权送入苏苏女学。平权后来思想趋向进步,一度颇具雄心。她对同学说:"我哥哥是个自命不凡的人物,但他因口吃的缘故,一不会演讲,二不会读外国文,还有他的体格不强健,眼睛又坏,不能学陆军。这种弱点,我却都没有。那末,我将来一定要做个女演说家和女军人,赶在我哥哥的前面呢。"听到这些话,柳亚子颇感欣慰。

其后,凡遇苏苏女学休业式、开学式,冯沼清均邀请柳亚子前往参加典礼。

苏苏女校发展很快,第二年学生数已由最初的六七人增至六七十人。到第三年(1907),苏苏女学声名大震,而苏州地区接踵创办的女学竟达十余家。当时两江总督端方提倡女学,便赏识起冯沼清来。冯哈哈大笑,对柳亚子说:"老贼狡狯,这次逃不过我的手上了。"①原来,冯沼清认为端方的赏识倒是一个进行革命的绝好机会,便想利用女学机缘与端方接近,以便乘机暗杀。于是,他有意与端方频繁往来,赢得其信任,并被拟派往日本考察。他已计划从日本返回后就实行暗杀。谁料天不遂人愿,他尚未东渡日本,就于8月间突患急病而逝。柳亚子十分痛惜,雇船前往苏州奔丧,并撰《哭冯沼清》七绝四首,其三云:"结客江湖涕泪涟,无端识汝亦因缘。倾心一夕联床话,绝胜神交几十年。"②又撰《哭冯竟任文》《冯君竟任家传》。

1905年暑假期间,柳亚子和沈丹忱、王凤书等同去上海,入中国教育会所办的"通学所",跟浙江人陶成章学催眠术。陶成章,是光复会巨子,因缺乏发动革命的资金,便以教授催眠术为名来筹集款项,但前来学习的人却不少。蔡元培是通学所的主持人,天天来这里上课,柳亚子一见到他,就想起邹容烈士,便欲去凭吊遗冢。蔡先生则说,这要找到刘三才行。

刘三,原名钟龢,行三,后改名三,别号季平,家住上海乡下华泾,富

---

① 柳无忌、柳无非编:《柳亚子文集——自传·年谱·日记》,上海:上海人民出版社1986年版,第184页。

②《哭冯沼清》之三,中国革命博物馆编:《柳亚子文集——磨剑室诗词集》(上),上海:上海人民出版社1985年版,第51页。

1905 年同里自治学社同学合影

有田产。1903 年初,入东京成城学校学习骑兵,并与邹容结为生死之交。邹容去世后,先由同乡陈竟全等购棺收殓,而后由刘三独立营葬于华泾私田高地。恰巧,刘三也来学催眠术,蔡元培便介绍刘、柳相识,二人一见如故。其后,在刘三陪同下,柳亚子凭吊了邹容之墓。

陶成章教授催眠术,不过是筹集革命经费的幌子,柳亚子自然也学不会。等到陶成章讲完课,柳亚子回到同里。这时,同里自治学社已开学。由于学社社员愈来愈不满于金松岑日趋专制的管理,自治学社的境况越发不景气,人心思去,大家都准备明年各奔前程。于是,柳亚子发起组织"自治学会",作为大家分散后的联络机关,又办了一份油印刊物《自治报》,用铁笔蜡纸自己刻印和分送,每周出版一期。不久,又改为《复报》,取光复中华之义。柳亚子任主编,文章写得最多,同时还刻写油印。会员们则沿街分送,大家都忙得不亦乐乎。学期结束,报纸也就停刊。这样,柳亚子结束了在同里自治学社两年的学习生涯,在此期间,他已经愈来愈醉心革命。

第三章　革命与婚姻

一　双料革命党

柳亚子青春年少,血气方刚,在确定革命宗旨后,即投身反清革命宣传,但他并不以文字鼓吹为满足,而是一心向往从事暴动、暗杀等活动,十分渴望真刀真枪地投入实际革命斗争中。

1906 年初,20 岁的柳亚子决意东渡日本去学陆军,以便将来从事革命暴动。当时,在日留学的林立山暂时回国。柳亚子与他约定,过了旧历十五,随他一起东渡扶桑。事不凑巧,林立山因故迟迟不能成行,柳亚子等得心焦难捱。此时,钟衡臧在上海创办的理化速成科招生。柳亚子便先赴上海,一面继续等待林立山,一面进理化速成科,学实用化学,希望能学会制造炸弹,以便进行暗杀活动。

在此期间,经当年爱国学社同学何震生介绍,柳亚子结识高旭和朱少屏。

高旭,字天梅,号剑公,别署钝剑,又署秦风、慧云、哀禅等。江苏金山人,生于 1877 年,长柳亚子 10 岁。世代读书,富有田产。与其叔高燮(字吹万)、弟高增(字卓庵)均以诗文著名,人称"一门三俊"。1900年唐才常在汉口就义,高旭赋诗哀悼,有"热血横飞恨满腔,汉儿发愿建新邦"之句,可见革命思想已趋于成熟。1904 年留学日本东京政法大学,次年秋"首先加入同盟会,为苏人倡",[①]并担任同盟会江苏分会首任

会长。

朱少屏,原名葆康,字少屏,江苏上海(今属上海市)人。生于1882年,长柳亚子5岁。早年就读南洋中学,毕业后在母校任教,后留学日本。1905年加入中国同盟会。

1905年8月中国同盟会成立后,清政府视之为心腹大患,向日本政府进行交涉施压。日本政府则颁布"取缔留学生规则",限制留日学生的革命活动。很多留学生愤而回国,一部分人在上海创办"中国公学"。因中国公学的主持人同江苏籍学生产生矛盾,故以高旭和朱少屏为首的江苏籍学生便纷纷退学,另行筹办健行公学。

1906年2月16日,柳亚子经高旭、朱少屏介绍,加入中国同盟会。此后,又经蔡元培介绍,加入光复会,成了"双料的革命党"①。

柳亚子在理化速成科学习一段时间,忽然患上伤寒病,且病势凶猛。等到身体康复后,林立山早已东渡日本,而柳亚子又对学习化学感到厌倦,觉得学化学跟自己学造炸弹的初衷相差太远。于是,柳亚子打算入健行公学,再度学习英文,以慰藉邹容烈士亡灵。但是,朱少屏却不要他做学生,而硬要他当国文教员,并说:"你有口吃病,英文当然念不好,何苦白费心力。你还是当一个国文教员吧,我们是很欢迎的。倘然你坚决地要做学生,那倒只好挡驾了。"无奈之下,柳亚子只好接受,在健行公学当起国文教员。

健行公学,设在上海西门宁康里,实际负责人是朱少屏。该校实为同盟会江苏分会外围组织,秘密发展同盟会组织与发行革命报刊。《民报》《醒狮》《鹃声》《洞庭波》《汉帜》等,几乎人手一份。师生畅言反清大计,革命气氛异常浓烈。

柳亚子任教国文,以激进革命读物《黄帝魂》为教材。此书1903年出版于上海,是当时报刊上有重大影响的革命论著的汇编,共收文章29篇。柳亚子后来回忆说:"余忝执教鞭,主讲国文,至以《黄帝魂》为课本,其猖狂可想见矣!"②

① 柳无忌编:《柳亚子文集——南社纪略》,上海:上海人民出版社1983年版,第10页。
② 《健行公学纪念会启》,中国革命博物馆等编:《柳亚子文集——磨剑室文录》(下),上海:上海人民出版社1993年版,第1170页。

在健行公学,柳亚子还结识了陈陶遗。陈陶遗一作陶怡,亦作陶夷,原名公瑶,号道一,江苏金山人。生于1881年,长柳亚子6岁。早年肄业于松江融斋师范学校。1905年,东渡日本,入早稻田大学学习法政。因痛恨清政府腐败,慨然以革命为己任,遂改名剑虹。同年,由高旭介绍加入同盟会。次年回国。此时,在健行公学任舍监,与柳亚子关系密切,其对柳亚子的了解甚至超过高旭。

柳亚子与高旭、陈陶遗同住"夏寓"。这是健行公学后面的一所房子,因以同盟会会员夏昕蕖名义租赁,故名;同时暗指"华夏",以示不忘故国之意。夏寓,实际上是同盟会江苏分会的秘密机关部,在这里召开秘密会议,贮藏秘密文件,接待过往联络的革命党人。后来有人提出,夏寓离健行公学太近,如有不测,有一网打尽的危险,遂迁往法租界八仙桥鼎吉里4号。湖南同盟会会员宁调元、陈家鼎、傅専(字钝根)来上海,亦在此住过数月。其后,刘师培和苏曼殊在此住过一段时间。萍浏醴起义爆发后,为策响应,同盟会员杨卓林准备刺杀两江总督端方,曾与其随行人员廖子良、李发根在夏寓暂住。

在夏寓,柳亚子和高旭同吃同住,常常雄谈至夜半,一起喝酒赋诗,诗兴越来越浓。后来,柳亚子曾这样描述当时两人的交往情形及深厚友谊:"旅邸寡欢,风晨月夕,一篇脱手,赓和竞作,见者笑为书痴。然当是时,吾两人皆年少气锐甚,酒酣耳热,高自标榜,辄谓上马杀贼,下马作露布,大下英雄,惟使君与操,江东无我,卿当独秀。所交相期许者,盖不在琐琐李杜韩柳间也。"[1]

在健行公学期间,柳亚子由亚卢改字亚子。高旭嫌繁体"卢"(盧)字笔划太多,书写麻烦,又说:"后唐有个李亚子,是武人,而很风流的,能填小词,你为什么不叫柳亚子呢?子者,男子之美称,不是更好么?我叫剑公,你叫亚子,子和公恰好是对称的名词。我们既是革命的同志,又是作诗的搭档,正要如此才行呢。"[2]此后,高旭便以"亚子"称呼柳

---

[1]《〈变雅楼三十年诗征〉叙》,中国革命博物馆等编:《柳亚子文集——磨剑室文录》(上),上海:上海人民出版社1993年版,第387页。

[2] 柳无忌、柳无非编:《柳亚子文集——自传·年谱·日记》,上海:上海人民出版社1986年版,第200页。

亚子,朋友们也纷纷附和,柳亚子只好顺其自然。后来,柳亚子"亦自恨文弱,思以代北健儿奋励意也",便正式改字"亚子"。①

柳亚子在同里自治学社组织的学生自治会,此时在上海有任味知等多名会员。柳亚子为将其建成同盟会的外围团体,便在健行公学扩充会员,将高旭、朱少屏等都罗致入会,改名为青年自治会。在博爱馆召开的成立会上,推高旭为会长,而柳亚子则任书记兼会计。此后,青年自治会积极开展活动,"隐然是中国同盟会的预备军"。②

这一时期,孙中山奔波于日本、南洋等地谋划革命,船过上海,总要设法与沪上盟友相聚,商讨国事。他因遭清廷通缉而无法上岸,往往请法租界公董局中的法国友人辗转传递消息。7月间的一天,法租界巡捕房某前来招呼说,孙中山在吴淞口外海轮上,请诸位前往交谈。柳亚子闻讯,异常激动,便和高旭、朱少屏、陈陶遗等,立即乘坐一艘没篷的小船,赶到轮船上去拜谒孙中山。当时谈话时间不长,柳亚子仅有 20 岁,见到自己心中的伟人,很是激动,但他又口吃,几乎没有说什么话。③

健行公学任教期间,柳亚子还结识马君武、孙元、宁调元、傅尃、苏曼殊、刘师培、诸贞壮、黄晦闻、邓秋枚等许多颇负盛名的革命党人和爱国志士。柳亚子后来自谓:"今年春夏间,侨寓海上,得识四方贤豪长者,时相过从,至足乐也。"④

二 文明婚礼

1906 年秋天,柳亚子与郑佩宜女士结婚,举行文明婚礼,这是他个人生活中的一件大事。不过,这个美好婚姻的缔结,却经历了不少

---

① 柳无忌、柳无非编:《柳亚子文集——自传·年谱·日记》,上海:上海人民出版社 1986 年版,第 11 页。

② 《我和言论界的因缘》,中国革命博物馆等编:《柳亚子文集——磨剑室文录》(下),上海:上海人民出版社 1993 年版,第 1176 页。

③ 杨天石、王学庄:《南社史长编》,北京:中国人民大学出版社 1995 年版,第 68 页。

④ 《怀人诗》序,中国革命博物馆编:《柳亚子文集——磨剑室诗词集》(上),上海:上海人民出版社 1985 年版,第 36 页。

波折。

柳亚子最早的罗曼史是对一个叫梦杏的姑娘的朦胧暗恋。

1901年,寿恩堂最后进的蒯姓房客搬出去后,柳亚子族叔中爷的太太中婶母搬进来。她为她儿子,也就是柳亚子族弟柳丕继,聘请了一个姓范的老师教读。范先生在寿恩堂处馆时,曾带来一个学生,姓陈名兆熊,号申伯,柳亚子送他一个别号是侠孟。侠孟有一位妹妹,年龄和柳亚子相仿,曾有人替柳亚子与她做过媒。但是,柳亚子母亲派一个叫"七姐"的女工去看亲,却说她发际有一瘢痕,很不好看,这件婚事就黄了。

这年旧历中秋,黎里镇上,按照旧例,举行水嬉三日夜,挂灯结彩,名门闺秀都打扮着坐在墙门间内,看迎神赛会,花枝招展,热闹温馨。侠孟家住下岸,和柳家有一桥之隔。当时住在柳亚子家的兰痴表兄异常顽皮,他知道有人给柳亚子和侠孟妹妹说过媒,就一定要拉柳亚子去看侠孟妹妹。柳亚子高度近视,看了几次,也看不真切,不过中秋纪事诗却作成几十首。这些中秋纪事诗,大概是柳亚子当时正在热衷写作的艳体诗,无非是抒发对侠孟妹妹的思慕之情吧。后来,有一天,侠孟把一本小说借给柳亚子,中间夹有一首诗,署名"梦杏",笔迹娟秀。柳亚子向侠孟问起来历时,才知道是他妹妹的手迹。

三四年后,梦杏女士和她父亲闹别扭,一时想不开,就吞了鸦片而香消玉殒。正在同里自治学社念书的柳亚子,便写了几首挽诗,在常熟丁初我(祖荫)所办的《女子世界》上发表。①

对梦杏的朦胧暗恋,说明柳亚子已初通人事,婚姻问题也在他的考虑之列了。最初,柳亚子只希望找一位才貌双全的配偶。天足运动兴起后,他的理想目标则是知书识字的天足女学生。最为理想的,则是要懂得革命,或者竟是能够实行革命的小姐,像法国玛丽侬、俄国苏菲亚一流人物。可是,当时吴江全境没有一个女学校,也绝对找不出来一位十五六岁没有缠足的女孩子,柳亚子的理想目标根本就不可能实现。柳亚子不得不稍作让步,调整后的目标是一位虽然缠过足而家庭还能

---

① 太恨:《闻某女士以家庭冲突惨死诗以悼之》,《女子世界》第9期(1904年,具体月日不详)。

容许她解放的小姐。至于入学念书,则是以后再考虑的问题。

不过,当时沿袭着"父母之命,媒妁之言"的老传统。母亲替柳亚子物色对象的标准,却与柳亚子的想法大相径庭。五舅母的一个姨甥女,出身小商人家庭,其唯一的优点竟是在乡里颇为独特的三寸金莲,这打动了柳亚子的母亲,柳母便张罗起来。柳亚子听到消息后,自然是"非反对不可",但又不敢当面表示,怕和母亲说僵了。好在不久柳亚子巧妙地抓住一次偶然机会,轻而易举地破解了这一难题。

那时,柳亚子和本镇徐姨丈的儿子,亦是他的一位表弟,跟母亲同去苏州外祖母家做客。柳亚子和表弟的卧室,与外祖母和母亲的卧室,中间隔着一间空房,声息却能相通。一天晚上,柳亚子和表弟大摆龙门阵,直谈到半夜,以致把睡着的母亲惊醒。母亲披衣起来,摸索到中间,隔着板壁把柳亚子和表弟大骂一顿,才让他们闭嘴睡觉。第二天晚上,柳亚子又与表弟通宵畅谈婚姻问题。到半夜时,他忽然听到隔壁有了动静,知道母亲起来了,便提高嗓音说:"我现在的主张,非找一位放足的小姐做太太不行。但听说母亲都要替我弄一个三寸金莲的小姐来做她的媳妇,那是何等的矛盾。好吧,她要讨她的好媳妇,由她去讨,但我是绝对不要的。弄僵了,只好走我自己的路,海角天涯,总有我安身立命的地方吧。"母亲听了这一番话,自然感到惊心动魄,竟一声不响折了回去。第二天,母亲便关照五舅母,不用再提那门亲事。母亲又将柳亚子叫去,当面说明原委,保证将来给他订一位放足的小姐。

1903年,柳亚子毅然远赴上海,当然是为了读书,但想找一个适当的对象解决婚姻问题的念头,也常在他"脑筋中间动荡着"。那时候,"城东女学"还没有开办,全上海除了教会学校外,只有"务本女学""爱国女学"两个女学校。"爱国女学"是蔡元培先生主持的,颇"有些革命臭味"。在柳亚子看来,理想的对象,自然应该到"爱国女学"去找。可是,"爱国学社"和"爱国女学"虽有兄妹的关系,他"却还是不得其门而入"。① 张园演

---

① 柳无忌、柳无非编:《柳亚子文集——自传·年谱·日记》,上海:上海人民出版社1986年版,第162页。

说大会,似乎"爱国女学"的女生并未出席。这样,柳亚子解决婚姻问题的愿望也就未能实现。

当年下半年,柳亚子从上海返乡后不久,《苏报》案震惊全国。为收服柳亚子的万丈雄心,家里人便盼望让他早点成婚。于是,全家及亲友都动员起来,做媒说亲的纷沓而至。当时提亲的有三家,一家同里的严小姐,一家吴淞曹旅生先生的小姐,均因柳亚子父亲或母亲不满意而搁浅,最后便订定了盛泽的郑佩宜女士。

盛泽位于吴江县境东南部,与浙江嘉兴毗邻,为江南丝绸巨镇,亦是吴江七大镇之一。郑氏先世为安徽歙县大家,明末始迁盛泽,为镇上望族。郑佩宜父亲郑式如,在戊戌维新后创办郑氏小学,为镇上第一所新式学校。他还提倡实业,与商界诸贤首创商会,任商会会长,为丝绸重镇揭开新商业史的首页。郑式如元配王夫人,生两子一女:长子之兰,后改名传,字伯凤,号咏春,后来复旦大学毕业,任苏州工专英文教员,早故;次男之蕃,字仲鹓,号桐荪,后来成为美国康奈尔大学硕士,任清华及西南联大数理教授;女佩宜,名瑛,字子佩。王夫人早逝,郑式如续娶杨夫人,生一女毓琮,字莲君,号绣亚。杨夫人又早逝,再续娶仲夫人,生一女一男,女名光颖,号佩亚,男名永,号竞存。

郑佩宜出生于1888年,小柳亚子1岁。3岁丧母,由祖母张太夫人抚养成人,天资聪慧,深得祖母和父亲钟爱。幼年时,两个哥哥在家中郑氏小学读书,但她是女孩,不能一同就读,只能让两个哥哥放学后转教她。她勤奋好学,有时拿着课本在教室外听讲。虽然她未上学,没有读很多书,但非常聪明,理解力很强。按照旧俗,她很早就缠足。16岁时,受天足解放风潮的鼓动,决意放足。放足有好多方法,均须循序渐进。她却怕祖母知道后反对,狠狠心,一个晚上偷偷将长长的缠足布统统扯下来,以致双足稍呈畸形,走路难以健步如飞,成为终身憾事。

黎里柳氏和盛泽郑氏,是亲戚又是世交。柳亚子曾祖母邱太夫人与郑佩宜曾祖母邱太夫人系同胞姊妹,是黎里邱曾治的两个女儿。柳亚子祖父柳应墀与郑佩宜祖父为头表兄弟,并且性情身世都差不多。柳亚子的父亲和叔父与郑佩宜的父亲也是中表兄弟。所以若论老亲,柳亚子和郑佩宜乃是表兄妹。

郑式如在1902年见过柳亚子，当时柳亚子随父亲到吴江县城考秀才，他也带着咏春、桐荪两兄弟到县城应考。这一年，柳亚子考中秀才，而咏春、桐荪未能考中，便进上海震旦大学，后来震旦学潮后，又转入复旦大学。柳亚子当时很年轻，自己觉得长得英俊，颇有洗马璧人、顾影自怜之慨。不过他也有三大弱点：一是书读得太多，眼睛高度近视；二是几乎不运动，腰背不能直挺；三是讲话期期艾艾，口吃严重。[①] 但郑式如并不因这些而看轻柳亚子，而是很欣赏其才学。

柳亚子婚事是由叔父介绍的。有一次，叔父有事去盛泽，在郑式如家里住了几夜，见过佩宜。当时有媒媪来提亲，郑式如回绝媒人说："我们小姐已放了脚，怕普通人家不会喜欢吧！"叔父灵机一动，觉得替柳亚子提亲的机会到了。他从盛泽回周庄时，路过黎里，就把这个想法告诉柳亚子父母。因为这是老亲，父亲很赞成。但是，母亲却还有些不放心，便请她的高等顾问"七姐"出马来把关。"七姐"乘船到盛泽，跑进佩宜家里，见了老太太和三小姐（佩宜行三），说是要到她们家里当女工。女工一事当然是假的，结果，这位高等顾问也满意而归。于是，叔父毛遂自荐，充当介绍人，写信给郑式如提亲。郑式如对柳亚子印象很好，当即爽快地答应，并写了一封很真挚的回信："令侄亚之卢、孟，今之顾、黄，幸得坦腹东床，何快如之！息女娇痴，本不足奉箕帚，惟念男女相差三百级，支那旧例，差堪援以自解耳！"[②]这封回信后半部分系郑式如的谦逊客套之辞，但前半部分称赞柳亚子是亚洲的卢梭、孟德斯鸠，现代的顾炎武、黄宗羲，则表明他非常看重柳亚子，绝不是寻常应酬敷衍的话。叔父便把这封信给柳亚子看，问他意见如何。其实，他们长辈早已把事情定了下来，不过叔父手段高明，姑且客气一下，要柳亚子做形式上的表态。柳亚子呢，却为这封真挚的信而有风尘巨眼之慨，很受感动，便欣然同意。不过，柳亚子也提出补充条件，要叔父请郑式如从明年开始，就把佩宜女士送到上海去求学。柳亚子说，能进"爱国"最好，

---

① 柳无忌、柳无非编：《柳亚子文集——自传·年谱·日记》，上海：上海人民出版社1986年版，第168页。

② 柳无忌、柳无非编：《柳亚子文集——自传·年谱·日记》，上海：上海人民出版社1986年版，第168—169页。

不然,就是"务本"也行。后来,又发现一个"城东女学"。那么,三个女学校中间,随便你们去挑一个吧。此时,咏春、桐荪都在复旦大学念书,照料起来也是很方便的。①

对于柳亚子提出的条件,叔父当时虽然含糊答应下来,但是,他和柳亚子父母从内心并不赞成。他们囿于"女子无才便是德"的旧俗,以为识几个字便可,何必要求高深的造诣。在郑式如方面,亦未能免俗,也同有这种感想。另外,晚年患病卧床的张太夫人,也不肯放宝贝孙女到上海去。这样一来,郑佩宜上学之事便被搁置起来。孰料,三年之后,这却引起一场轩然大波。

1906年,柳亚子在上海健行公学任教之际,结识了一位L女士。②L女士出身书香门第,幼年时父母便给她订了婚。未婚夫是一个膏粱子弟,后来行为不检,荡尽家产,变成无赖。L女士要求解除婚约,对方却乘机索要巨金。L女士家贫,无法满足其要求,他便声言要实行抢亲。L女士听到风声,便走避沪上,投入"城东女学"读书,连寒暑假也不敢返家。当时,徐姨丈的长女,即柳亚子的表姐,亦在该校就读,她俩成为莫逆之交。平时,柳亚子在与表姐的接触中,亦时时碰到L女士。在多次交往后,柳亚子那"不设防的城市",在L女士进攻下,便摇摇欲坠。最后,L女士写信给柳亚子袒露自己的爱慕之情,甚至表明:"明知使君有妇,即为外室,亦所不辞!"柳亚子大为震动,但他历来主张男女平等,绝不同意L女士的主张,便毅然回信表示谢绝。然而,此后双方来往依然频频不断。

暑假,L女士跟表姐到黎里度夏,与柳亚子结伴返回黎里。那时,柳亚子十分喜欢音乐,而L女士则弹得一手好风琴。于是,柳亚子要拜她为师,天天往表姐家里跑。暑假即将结束时,表姐告诉柳亚子说,L女士非要跟他结婚不可,否则她会"为郎憔悴"而死。可是,此时家里连良辰吉日都已择定,定于旧历九月初二为他与郑佩宜完婚,如何能够再

---

① 柳无忌、柳无非编:《柳亚子文集——自传·年谱·日记》,上海:上海人民出版社1986年版,第201页。

② 据张明观先生考证,L女士就是陆灵素,后嫁给刘三。参见张明观:《柳亚子史料札记二集》,上海:上海人民出版社2014版,第21—24页。

第三章　革命与婚姻

059

和 L 女士结婚呢？柳亚子再三考虑，几夜失眠。他怕倘然 L 女士真的为自己憔悴而死，又于心何忍，那么，还是牺牲另一方面吧。他又不无埋怨地想道，要是郑式如早些答应自己要求，让郑佩宜到上海来念书，两人早些见面，把自己意志弄坚定一些，便不会有今天的僵局。最后，柳亚子还想到，自己已投身革命，当然预备做国殇雄鬼，L 女士本来是赞成革命，还愿和自己共同努力，万一不幸，断头台上，携手同归，也是人生一乐。至于郑佩宜，不见得能够赞成自己的宗旨，又何忍凭空去害她，变成她的"春闺梦里人"呢？这样一想，柳亚子便打定主意，写了一封长信，寄给盛泽的郑佩宜，要求解除婚约。①

郑式如收到柳亚子信后，瞒过郑佩宜，随即与柳亚子叔父进行交涉。很快，柳亚子父亲、母亲都知道了，家庭中便鼎沸起来。起初，叔父和徐姨丈都来上海做说客，要柳亚子两面结婚，结果是无功而返。接着，父亲写信给柳亚子，扬言要和他断绝父子关系，信封上写"亚卢先生收"，信内也称其"亚卢先生"。柳亚子回信仍称父亲，但口气强硬，依然坚持到底，决不屈服。后来，母亲知道这事情和表姐有关，就找徐姨丈大哭大闹，要他负责解决。

此时 L 女士和表姐都想到芜湖去教书，柳亚子则怕母亲来找自己，便躲到松江乡下松隐陈陶怡的外甥蔡恕庵家里。在母亲的哭闹相逼下，徐姨丈狼狈不堪，只好回转身来逼表姐，要她把柳亚子弄回上海。旧历八月下旬的一天，表姐和 L 女士雇了一只船来到松隐。表姐一见柳亚子便连哭带喊地说："你还是快还上海去，救救我们一家人吧。"L女士静立一旁，并不出声。柳亚子无奈，只好次日和她们一起回到上海。回上海后第二天，柳亚子就送表姐和 L 女士去芜湖教书。几天后，徐姨丈又陪大姑母到上海来见柳亚子，这是柳亚子父母打出的最后一张王牌。

大姑母一见柳亚子，就说："事情总有办法，你为什么不早些和我商量呢？"柳亚子便原原本本地讲述了事情经过。大姑母说："事情本来没

---

① 柳无忌、柳无非编：《柳亚子文集——自传·年谱·日记》，上海：上海人民出版社 1986 年版，第203 页。

有什么大要紧,你父亲、母亲也有些不对,何必如此着忙。不过,你知道这件事情关系着三个人的性命么?"柳亚子忙问为什么。她说:"你没有看见过你这位未婚妻,自然不知道她的性格,但我已打听清楚了。她是从小就没有母亲的人,虽然祖母、父亲都欢喜她,但她总不免有些孤臣孽子的性格存在着。再加她天资非常聪明,一切好胜,所以表面对人很和蔼有礼,而内心却是很强烈的一个人。现在的时代,你想解除婚约的事情,叫人家小姐不会难过么? 一难过,便什么事情都做得出来。你这封长信,你未来的泰山是瞒着她的,无论如何不能给她看,并不能给她知道这种消息。因为她一知道,小性命就立刻会断送呢! 她是祖母的宝贝,她死了祖母不会活的。而你的未来泰山呢,又是一个孝子,母亲因意外变故而死了,他还能独生在世上么? 这样,你一举手,害了人家三代的性命,是不是太悲惨,你自己去想想吧。"柳亚子一听自己的举动竟然还会带来如此严重的后果,便"觉得有些惘然了"。他迟疑半晌,说:"那末怎样办呢? 我已经答应好了 L 女士,总不能凭空翻悔。何况,我也实在是爱她呢。"大姑母说:"那末,你先和未婚妻结婚,明年我保证你和 L 女士一起到日本去留学,到那儿再结一次婚,不好吗?"柳亚子说:"这是 L 女士最初提出的办法,但我不赞成。那不是毁弃了我提倡女权,主张一夫一妻的本意了吗?"大姑母笑道:"傻孩子,算了吧,何必如此认真。你们革命党人中间,搅着三妻四妾的,难道还少? 至于 L 女士那儿,由我去办交涉。明天和你徐姨丈立刻动身,乘长江轮船,保几天内就有好消息给你。"柳亚子本来从小就很顺从大姑母,听她一说,好像很有道理,更没有主意起来,只好一声不响。大姑母又笑道:"你不响,就是默认。我们明天走,你好好去休息吧。"这样,她第二天真的去芜湖。几天后,又从芜湖返回,还带了 L 女士的一封信,说一切事情都已解决,由寄母面述不赘。原来,L 女士已做了大姑母的干女儿。大姑母还怄柳亚子道:"傻孩子,你还不相信我吗? 明天跟我回平望去,我再陪你到盛泽去结婚,你一切信任我好了。"①

---

① 柳无忌、柳无非编:《柳亚子文集——自传·年谱·日记》,上海:上海人民出版社 1986 年版,第 206 页。

柳亚子随着大姑母回到平望，接着在大姑母陪伴下到盛泽小住，如此便有机会与郑佩宜见面、接触。在相处中，他看到未婚妻聪慧秀丽，知书识礼，端庄大方，温文尔雅，便深感满意。旧历九月初二日（10月19日）那天，正是秋风送爽，桂子飘香之时，柳亚子和郑佩宜，在盛泽郑宅举行了别开生面的文明婚礼。

吴中旧俗，婚礼时，新娘头上得戴"头面"，一种用珠翠穿成的很重的头饰，得用四方红巾盖头遮面；新郎新娘得在红毡毯上行三跪九叩之礼，先拜天地、祖宗，再拜父母双亲；参拜结束，新郎得用一根长长的红绸带，将新娘引入洞房。其间，还有许多繁文缛节。

文明婚礼是对旧式婚礼的改革，废除跪拜，实行鞠躬，礼节从简。那天，新郎柳亚子穿长袍马褂，新娘郑佩宜不戴"头面"，不盖四方红巾，身穿一套粉红色衣裙，雅致大方。新郎新娘不牵长长的红绸。婚礼开始，一对新人向长辈鞠躬行礼后，相互鞠躬，婚礼完成。这种文明婚礼，在当时吴江全县是破天荒的创举，顿时轰动全镇。人们争相观看，据说当时人山人海，几乎把郑家门槛踏破，有的站在长凳上看，把凳子也踩坏了。此举在全县开风气之先，一直被传为佳话。①

婚后，柳亚子在盛泽又住了7天，与郑佩宜"已打得火一般的热了"。到重阳节那天，才偕郑佩宜回到黎里家中，与父母共度重阳佳节。

柳亚子与郑佩宜婚礼，选在盛泽女方家中举行，这在当时是极其少有的。据笔者分析，应当是柳亚子悔婚在先，柳家长辈自觉心中有愧，故有意如此安排给女方以补偿和安慰。郑家亦心知肚明，并不说破，反而采用新式文明婚礼，把婚礼的反常巧妙地掩饰起来。本来是一件略显尴尬的事情，但一番运作下来，反倒变得非常时尚和无比风光。

柳亚子本来对大姑母说，半个月以后，他一定要去上海，再到健行公学教书，大姑母也答应了。过了半个月，柳亚子提起时，大姑母又说："满了月再讲吧。"柳亚子也有些乐不思蜀。满月后，柳亚子才去上海，母亲和郑佩宜也同去同还。此时，柳亚子已经软化立场，再也不提到健行公学教书的事情。柳亚子事先曾与L女士通信约好，希望她能来一

---

① 柳无忌、柳无非、柳无垢：《我们的父亲柳亚子》，北京：中国友谊出版公司1989年版，第14页。

见。但是,柳亚子到上海后,L女士并未来见,只是来了一封信说:功课忙,她已不能来了。信上似乎还有怨恨的意味,也许她得到情报,觉得柳亚子夫妇新婚的滋味太甜蜜了。至于第二年同去日本的话,L女士后来也否认了,说并没有答应过大姑母。不知是L女士反悔了呢,还是大姑母压根儿就是在欺骗柳亚子?这件事,后来柳亚子也没弄清楚。

柳亚子婚姻虽非自由恋爱,但他却感到非常满意。柳亚子个性张扬冲动,拙于处理人际关系,此时,深通人情世故的郑佩宜就往往成为柳亚子的高参,制止了他许多无谓冲动之举,使得他避免了不少人事上的纠纷与尴尬。57岁时,柳亚子由衷地感叹道:"佩宜确是个了不起的人物。她天资聪慧,个性很强,而待人接物却很和婉有礼节,讲起人情世故来,比较书呆子半神经的我,自然要高明得多了。"[1]

20世纪80年代,女儿柳无非曾这样评论说,"父亲性情爽直豪放,有时倔强善怒,但对母亲温和顺从。"[2]儿子柳无忌也回忆说:"父亲的脾气刚强固执,连祖母都无法劝导,惟母亲能以柔顺忍耐克服之。有时,母亲与父亲赌气,终于父亲输了,赔罪和解。"[3]

柳亚子与郑佩宜婚后50余年,感情弥笃。在柳亚子日后漫长而坎坷的革命生涯中,郑佩宜与之患难相依、甘苦与共,成为风雨同舟的终身伴侣。

三 文字鼓吹

1906年,柳亚子在健行公学任教时,热衷实行革命,并积极进行反清革命宣传。10月19日,柳亚子回吴江与郑佩宜结婚,从此"勾留在温柔乡中,乐不思蜀","但神经系中革命的种子还没有死透,不过由实行

---

[1] 柳无忌、柳无非编:《柳亚子文集——自传·年谱·日记》,上海:上海人民出版社1986年版,第167页。
[2] 柳无忌、柳无非、柳无垢:《我们的父亲柳亚子》,北京:中国友谊出版公司1989年版,第166页。
[3] 柳无忌、柳无非、柳无垢:《我们的父亲柳亚子》,北京:中国友谊出版公司1989年版,第171页。

转变而为文字鼓吹罢了"。① 在此前后,柳亚子"文字鼓吹"的最大贡献就是率领《复报》积极投入革命派与立宪派的大论战中。

早在 1903 年拒俄运动和苏报案后,革命风潮日益高涨。但是,以康有为、梁启超为代表的保皇党则鼓吹立宪是中国的唯一出路。因此,革命派与保皇派便展开初步交锋。当年,柳亚子在《江苏》杂志第 6 期发表《中国立宪问题》一文,严厉驳斥保皇党人的立宪谬论,指出:"我今日同胞之前途,唯自杀与自立二者耳,请自择之。于立宪乎何有! 于立宪乎何有!"②

1905 年中国同盟会成立后,以孙中山为代表的革命派,积极进行反清宣传与策划反清武装起义,向清政府发起猛烈进攻,革命形势日益高涨。

1904—1905 年日俄战争后,立宪的日本战胜专制的俄国,使得立宪呼声在国内空前高涨。除立宪派大力呼吁外,许多驻外公使和地方督抚也纷纷鼓吹。1905 年 9 月 24 日,清政府派出五大臣出洋考察宪政,后因在北京车站遭到革命党人吴樾的狙击,被迫延期至 12 月出国。1906 年夏,五大臣在国外考察半年后,先后归国,向清政府提出"宣布立宪"的建议。9 月 1 日,清政府发出"预备仿行立宪"的谕旨。

清政府宣布预备立宪一度颇为迷人眼目,受到保皇派和立宪派的追捧和欢呼,形成了国外保皇派与国内立宪派合流的趋势。立宪团体如雨后春笋般出现,一时间立宪的呼声甚嚣尘上。

革命派一方面要继续进行反清革命活动,揭露清政府宣布立宪的骗局,另一方面,革命派也要大力驳斥立宪派散布的谬论。于是,自1905 年底到 1907 年,革命派便与立宪派展开持续两年之久的大论战。革命派以同盟会机关报《民报》为基地,立宪派则以梁启超主编的《新民丛报》为基地。柳亚子也率领《复报》投入这场大论战中。

《复报》原是柳亚子在同里自治学社创办的一份油印小报。到1906 年他任教健行公学初期,已印行 67 期。为适应这场论战的需

---

① 柳无忌编:《柳亚子文集——南社纪略》,上海:上海人民出版社 1983 年版,第 10 页。
②《中国立宪问题》,中国革命博物馆等编:《柳亚子文集——磨剑室文录》(上),上海:上海人民出版社 1993 年版,第 76 页。

要,自 68 期起改版,由油印改为铅印,周刊改为月刊,单张扩大为单行本。改版后的《复报》为大 32 开本,每期 60 页左右,约 3 万字。封面用黄帝纪年,以示不遵清廷正朔。刊名《复报》两字,自改版第 3 期起用反文书写,暗寓反清光复之意。辟有社说、政法、传记、演坛、历史、小说、文苑(后改为诗薮、诗界)、批评、谭丛、来稿、杂著、歌谣、音乐、附录等栏目。稿件在上海编辑,由高旭函托田桐在日本东京印刷,再寄回上海秘密发行。

《复报》第 3 期封面

5 月 8 日,柳亚子在改版后的《发刊词》指出:"想靠着文字有灵,鼓动一世的风潮","一定要打破这五(污)浊世界,救出我这庄严祖国来,才不算放弃国民的责任。那救祖国的手段,自然是千变万化不离其宗。这区区报纸却也好算手段当中的一分子了。……我们这《复报》,虽然没有甚么好东西贡献给列位,但自问宗旨却是不错的,倘然能够好好办下去,也可以在二十世纪中华报界的舞台上独树一帜,做诸志士的后劲"。[①]

作为主编,柳亚子广泛团结革命党人和爱国志士,多方组稿,同时还密切关注时局风云,频频撰稿,亲自在论战的战场上纵横驰骋、奋力搏击,使得《复报》在论战中取得辉煌战绩。

《复报》以"发挥民族主义,传播革命思潮,为革命之霜钟,作魔王之露檄"为宗旨,[②]其最突出特色是用大量历史、小说、诗词和歌谣等来大力鼓吹"革命",构建了革命的话语体系,抨击清政府镇压革命人士的罪行,歌颂反清革命志士的英雄壮举,鼓舞反清的革命斗志。

---

① 《发刊词》,《复报》第 1 期(1906 年 5 月 8 日)。
② 《复报社广告》,《民报》第 9 期(1906 年 12 月 1 日)。

《复报》不仅刊登柳亚子、陈去病、高旭等哭悼邹容、陈天华等革命烈士的诗词,还刊登吴樾、刘道一等人的传记。[①] 柳亚子还亲自撰写多篇"批评"(相当于今天的评论),猛烈抨击清廷镇压革命的暴行,歌颂反清革命烈士和志士的壮举,以鼓舞革命斗志。

1906年夏,袁世凯在天津逮捕40余名革命党人,包括1名女学生在内的20人惨遭杀害。同年8月10日,同盟会湖南分会负责人禹之谟,因在长沙发动社会各界公葬投海殉身的陈天华、姚宏业而被捕入狱。消息传来,柳亚子撰写《燕狱》《湘狱》两文。

《燕狱》热情称赞革命党人敢于在京师重地图谋革命的英勇壮举,誉"其智略能力必有大过人者",尤其高度赞扬为革命而流血的"至尊贵之女学生",并勉励女同胞继起而共同奋斗。[②]

《湘狱》为禹之谟无辜被逮而深感悲愤,"独禹君以光明磊落之好男儿,陷落虏手,鸑凤囚鸾,百身莫赎,为可悲耳!"文章还分析禹之谟可能遭遇的两种不同命运,表达了绝不向暴虐清廷屈服的坚定决心:"彼民贼之捕禹君者,自会葬而外,无所证据,不足为禹君罪,则禹君或不至遭其毒手。即使不幸而禹君固死矣,将益足以激同胞之义愤。一禹君死而百禹君生,不徒不足寒吾党之心,而适足增其锐气。虏廷虽暴,将奈禹君何,抑将奈吾党何!"[③]

不久,燕狱中"吴、范二君"被直隶总督袁世凯秘密毒死于天津,湘狱禹之谟则传闻被湖广总督张之洞下令绞杀于湖南。[④] 柳亚子极为愤慨,连续撰写《呜呼吴范二烈士》《呜呼禹之谟》二文。

---

① 《中国刺客吴樾像》,《复报》第2期(1906年6月16日);佛哉:《刺客吴樾传略》,《复报》第2期(1906年6月16日);章柄麟:《刘道一传》,《复报》第11期(1907年10月2日);刘揆一:《母弟炳生事略》,《复报》第11期(1907年10月2日)。

② 《燕狱》,《复报》第6期(1906年11月11日)。

③ 《湘狱》,《复报》第6期(1906年11月11日)。

④ 冯自由、曹亚伯均认为禹之谟死于光绪三十二年十一月二十一日(1907年1月5日)(参见冯自由:《丙午靖州禹之谟之狱》,《革命逸史》(上),北京:金城出版社2014年版,第265页;曹亚伯著,文明国编:《曹亚伯自述(1875—1937)》(上),北京:人民日报出版社2013年版,第92页)但是,禹之谟实际死于光绪三十二年十二月二十四日(1907年2月6日)(参见成晓军:《禹之谟几则史实初考》,《湘潭大学学报》1980年第2期;朱有志、郭钦主编:《湖南近现代实业人物传略》,长沙:中南大学出版社2011年版,第104页)。而《呜呼禹之谟》刊登于《复报》第7期(1906年12月15日),可见当时禹之谟死讯有误,当系传闻。

《呜呼吴范二烈士》热情歌颂吴范二烈士,有云:"可敬哉吴、范! 可爱哉吴、范! 不诚轩辕之肖子而皇汉之伟人哉!"同时愤怒鞭挞袁世凯,有云:"何物贱奴,横加杀戮,自残同种,狗彘不食。我不骂袁世凯,我茹骨在喉,不吐不快;我骂袁世凯,我又何屑污我笔墨?"呼吁同胞共同努力完成吴、范烈士"未竟之业",最后则严厉地斥责了唾骂革命、崇拜立宪的立宪党人。①

《呜呼禹之谟》热情称颂禹之谟烈士,坚信革命必然取得胜利:"嗟嗟! 男儿死耳,江山大好,当以颈血浇之,放一朵自由革命之鲜花。……民族主义如布帛菽麦,不能一日绝于天壤。一禹君死,安知无百禹君生。"嘲笑和痛骂清政府官僚张之洞,并对清政府予以严厉警告。"吾独笑彼狗彘不食之张之洞,茫然于革命党之真相,而欲杀一禹之谟以遏其气焰。彼宁知惧死者必非革命党,革命党果置死生于度外者乎?法杀革命党,而王头缢于绞台;俄杀革命党,而炸弹轰于御道。蠢尔民贼,无徒快意也!"②

在构建革命话语体系的同时,《复报》还鼓吹必须进行政治革命,建立"民主共和"。

吴魂抨击"一手掩尽天下目,一人独压万人上"的君主专制制度,并将矛头指向"圣人教忠之学说"。③ 镕范旗帜鲜明地指责历代圣人不过是"盗贼的神圣""平民的毒药"。④ 如此尖锐而深刻地抨击封建制度及其附庸学说,在当时革命报刊中是极为少见的。

《复报》的激进主义色彩也颇引人注目。它旗帜鲜明地公然鼓吹流血革命,如《满政府之立宪问题》文末毫不顾忌地指出:"流血者,自由之母也;立宪者,革命之产儿也。"⑤

柳亚子以通俗明白的语言阐释民权主义,主张建立民主共和制。"民权主义",就是"百姓应该有组织政府和破坏政府的权利,不能让暴

---

① 《呜呼吴范二烈士》,《复报》第 7 期(1906 年 12 月 15 日)。

② 《呜呼禹之谟》,《复报》第 7 期(1906 年 12 月 15 日)。

③ 吴魂:《中国尊君之谬想》,《复报》第 1 期(1906 年 5 月 8 日)。

④ 镕范:《圣毒篇》,《复报》第 10 期(1907 年 7 月 24 日)。

⑤ 恨海:《满政府之立宪问题》,《复报》第 1 期(1906 年 5 月 8 日)。

君污吏一味去胡闹的了"。他指出,现在的中国,"既然不是民权主义,就应该扩张民权",须晓得"中国是中国人公共的中国,不是独夫民贼的中国",希望诸君认定宗旨,"除暴君",破坏"专制"政府,建设皇汉的"共和的国家"。①

此外,《复报》还大力揭露清政府宣布预备立宪的本质,猛烈批判立宪派的谬论。

1906年夏,五大臣在国外周游半年以后,先后归国,随即提出"宣布立宪"的主张,受到立宪派的广泛欢迎和一致称赞。对此,柳亚子则一针见血地指出,清政府"立宪"是为了"愚汉",痛斥深受立宪派欢迎的端方"谦恭类王莽,而诡诈则学曹操",且将"刬绝其(汉种——引者注)自由独立之机,使之永永沉沦于奴海"。② 柳亚子又撰《苏学务处和宁学务处》,揭露清廷苏学务处与宁学务处摧残女学的罪行,断言:"中国非大革命以后,断不能有完备之教育。"③

接着,柳亚子又撰《会党之进步》《革命与女权》两文。前文高度评价浙江金华一会党头目慷慨就义的进步意义,并严厉地批判立宪派错误观点:"一般和平之士,贱视会党,诋之如蛇蝎,以为不足有为,而于运动政府要求立宪诸丑语,则津津乐道之。"④后文则热情歌颂露国(俄国)女革命党人刺杀反动将军的英勇事迹,警告"我国中一般保皇立宪之政治家","公等希望立宪之迷梦,殆可以醒矣",警告"我国中一般贤母良妻之教育家","请瞑其目,闭其口"。⑤

清廷发出"仿行宪政"的谕旨后,立宪派头面人物纷纷组织团体,发表演讲,举国上下一片立宪之声。柳亚子撰《庆贺立宪之丑态》予以迎头痛击:"庆贺立宪,万奴腾跃,龙旗照眼,颂声载途。咄咄咄,丑态!丑态!!"他尖锐地揭露了清政府实行立宪的目的:"借立宪之美名以为笼络人心之计,锄汉族萌芽之民气,使之奴劫千重,无复得见天日。其用

---

① 弃疾:《民权主义!民族主义!》,《复报》第9期(1907年5月12日)。

②《考察政治者还国矣》,《复报》第5期(1906年10月12日)。

③《苏学务处和宁学务处》,《复报》第5期(1906年10月12日)。

④《会党之进步》,《复报》第6期(1906年11月11日)。

⑤《革命与女权》,《复报》第6期(1906年11月11日)。

心至苦,其为谋至深。"①

柳亚子撰《〈中华日报〉之狱》,揭露清政府竟然在宣布"仿行立宪"的同日上演查禁报社的丑行,严正指出:"夫立宪政体由国民公意而成者,则必以拥护民权为要义;由君主独断而成者,则必以拥护王权为归墟。"他还一针见血地戳穿了清政府"假立宪之名,以行其专制之实"的本质。②

随后,柳亚子又撰《立宪问题》,讽刺清政府企图以立宪为幌子以谋求"皇统绵绵,万世一系"的不良居心,谴责立宪党人不顾人民死活而谋求个人功名富贵的无耻行径。他还揭露清政府"借着宪法的名词,实行专制的手段,横也是宪法,竖也是宪法"的卑鄙伎俩。③

1907年冬,《新民丛报》宣告停刊。革命派与立宪派历时两年的这场大论战,以革命派的胜利、立宪派的失败而告终。《复报》共出11期,于同年10月2日停刊。

在这场论战中,柳亚子主编的《复报》,同《民报》并肩作战,旗帜鲜明,攻势凌厉,推进反清革命斗争,因而赢得了"《民报》小卫星"的美誉。④ 柳亚子主编《复报》前后持续将近一年半(在晚清革命报刊中算是较长的),初步展现出柳亚子为人坚韧和办事认真的特性。《复报》作者中后来加入南社的,除陈去病、高旭外,还有田桐、高燮、高增、朱梁任、沈砺、朱剑芒、陈子范、傅尃、陈家鼎、宁调元、蔡寅、马君武、冯平、刘三、汪东等。柳亚子主编《复报》的经历,既为其积累了丰富的编辑经验,也使其凭着高度热忱、坚韧毅力和斐然文采赢得高度信任和广泛推崇。湖南同盟会员陈家鼎在《汉帜》第1期发表《申江赠亚庐》,勉励他建坛树帜,进行诗界革命,有云:

> 六朝自昔风流惯,诗界革命千年难。诸将岳王年最少,东南旗

---

① 《庆贺立宪之丑态》,《复报》第7期(1906年12月15日)。
② 《〈中华日报〉之狱》,《复报》第7期(1906年12月15日)。
③ 弃疾:《立宪问题》,《复报》第8期(1907年3月14日)。
④ 《我和言论界的因缘》,中国革命博物馆等编:《柳亚子文集——磨剑室文录》(下),上海:上海人民出版社1993年版,第1176页。

鼓早登坛。①

四　革命的文学

　　除编辑《复报》和撰文进行反清宣传外,柳亚子还以诗歌为武器,撰写大量抒发反清革命思想的诗歌。柳亚子后来回忆说:"二十岁又返上海健行公学当教员,但革命的目的还是达不到。这时候的革命工作,一部分是武的,暗杀暴动是家常便饭;另外一部分是文的,便是所谓宣传工作了。文学是宣传的利器,诗文并重,效力很大。这样,我的诗不是文学的革命而是革命的文学了。"②

　　结婚后数年,也就是在南社酝酿与成立前后,柳亚子只有为数不多的几次外出联络活动,其余时间均在黎里家居,广泛阅读大量旧体诗词,诗风逐渐定型。对此,柳亚子后来有详细回忆:

　　　　从健行公学还来,很念了一些旧书,史部以外,最喜欢的还是诗:唐朝是李太白、李义山、杜牧之,金元之间是元遗山,明朝是陈卧子、夏完淳、顾亭林、黄黎洲、钱牧斋、吴梅村,清朝是王渔洋、朱竹坨、沈归愚、袁子才、黄仲则、舒铁云、王仲瞿、陈文伯、龚定庵,都看了一些,尤其喜欢夏完淳、顾亭林和龚定庵。这样,人家便以为我是龚派了。……在这个时候,我的诗恐怕已经有了定型的吧。③

　　自1906年底到1910年间,在孙中山领导下,革命党人先后发动一系列起义和暗杀,向清政府发起猛烈攻击。这期间,蜗居家中的柳亚子始终密切关注时代风云,随着革命党人的胜利或失败而心情波动起伏,并用大量诗歌将其记录下来。

　　1906年底,同盟会会员刘道一(字炳生)等在江西萍乡、湖南浏阳

① 杨天石、王学庄编:《南社史长编》,北京:中国人民大学出版社1995年版,第69页。
②《柳亚子的诗和字》,中国革命博物馆等编:《柳亚子文集——磨剑室文录》(下),上海:上海人民出版社1993年版,第1469页。
③《柳亚子的诗和字》,中国革命博物馆等编:《柳亚子文集——磨剑室文录》(下),上海:上海人民出版社1993年版,第1469—1470页。

和醴陵举行萍浏醴起义,但不久就遭到清廷残酷镇压,起义失败,群众和领导者千余人被杀。消息传来,柳亚子撰《闻萍醴义师失败有作》。诗云:

> 呜咽笳声怨,南朝王气消。赤乌吴正朔,黄犊汉歌谣。胡运百年永,楚风三户洞。招魂何处是?江汉水迢迢。[1]

这首诗表达对起义失败的沉重哀悼,其悲怆凄恻的心境、沉郁苍凉的格调,给人留下深刻印象。尤其是结尾,蕴含丰赡,意味幽远,令人咀嚼无尽。

1907年7月6日,光复会会员徐锡麟在安庆刺杀安徽巡抚恩铭,并发动起义,但遭到失败而被捕,次日被害,竟被清军剖心。柳亚子作《有悼二首,为徐伯荪烈士作》。其中第二首诗前六句为:"大勋既已集,流血固所宜。慷慨告天下,灭虏志无渝。长啸赴东市,剖心奚足辞。"[2]短短几句,就把一个壮怀激烈、无畏无悔、慷慨就义的烈士形象勾勒出来。

7月14日,鉴湖女侠秋瑾遭到清政府逮捕,次日凌晨就义于绍兴轩亭口。柳亚子为撰《吊鉴湖秋女士》四首,其中,第三、四首如下:

> 饮刀匆匆别鉴湖,秋风秋雨血模糊。填平沧海怜精卫,啼断空山泣鹧鸪。马革裹尸原不负,蛾眉短命竟何如!凭君莫把沉冤说,十日扬州抵得无?

> 漫说天飞六月霜,珠沉玉碎不须伤。已拼侠骨成孤注,赢得英名震万方。碧血摧残酬祖国,怒潮呜咽怨钱塘。于祠岳庙中间路,留取荒坟葬女郎。[3]

这两首诗沉痛地悼念秋瑾,热烈地歌颂她的英雄壮举,充分地肯定她献身革命的伟大意义和深远影响,激励后人继承烈士遗志,完成烈士

① 《闻萍醴义师失败有作》,中国革命博物馆编:《柳亚子文集——磨剑室诗词集》(上),上海:上海人民出版社1985年版,第39页。

② 《有悼二首,为徐伯荪烈士作》,中国革命博物馆编:《柳亚子文集——磨剑室诗词集》(上),上海:上海人民出版社1985年版,第44页。

③ 《吊鉴湖秋女士》,中国革命博物馆编:《柳亚子文集——磨剑室诗词集》(上),上海:上海人民出版社1985年版,第48页。

的未竟事业。

1908 年夏,革命党人在云南边境发动河口起义。4 月 29 日,革命党人攻占河口等地。旧历四月二十五日(5 月 24 日)是南明永历皇帝殉国纪念日。在这一天,柳亚子又想起此前传来的革命军捷报,悲喜交集,感赋一首。诗云:

> 帝子南征去不回,滇池今有捷书来。似闻金马仍王气,肯使铜驼付劫灰?赤县重开新日月,鼎湖遗恨旧风雷。几时痛饮黄龙酒,罗子坡前酹一杯。①

这首诗将咏史和歌今融为一体,悲情和喜悦交汇于胸中,构成了奇妙而鲜明的对比,从而更加突出地展现反清革命的主旋律。

在 5 月 24 日之前,起义军已经小遇挫折,但仍在继续与清军浴血奋战。柳亚子仍心怀希冀,企盼迎来新的胜利捷报,故在同日撰七律四首。其四云:

> 天南义旅起堂堂,司隶威仪旧帝乡。小挫纵然闻洱海,大勋终望集昆阳。一成兴夏诛寒浞,三户亡秦忆楚王。好待收京传露布,十三陵畔奠先皇。②

但是,数日后,河口终于失守,起义军败退越南。柳亚子为之扼腕痛惜,同时也略有自愧之意,遂于 5 月 31 日(旧历五月二日)撰七绝二首。诗云:

> 事有难言忍听之,一杯酒滴泪如丝。思量文宴从容日,恐是危城喋血时。

> 廿年辛苦误雕虫,镜里头颅负乃公。便筑糟邱拼醉死,也应人笑不英雄。③

---

① 《四月二十五日,前明永历皇帝殉国纪念节也,前十数日有滇中之捷,感而赋此》,中国革命博物馆编:《柳亚子文集——磨剑室诗词集》(上),上海:上海人民出版社 1985 年版,第 63 页。
② 《四月二十五日》,中国革命博物馆编:《柳亚子文集——磨剑室诗词集》(上),上海:上海人民出版社 1985 年版,第 64 页。
③ 《五月二日醉后作,时闻滇师已败绩矣》,中国革命博物馆编:《柳亚子文集——磨剑室诗词集》(上),上海:上海人民出版社 1985 年版,第 65 页。

1908 年 11 月 14 日、15 日,光绪帝和慈禧太后接连死去,年幼溥仪登基即位。柳亚子撰《天心二首,为那拉、载湉同殒作》。第一首有云:"天心今已厌匈奴,一夕元凶并伏辜",流露出对光绪帝和慈禧太后同时病死的欣喜之情。但是,年幼溥仪即位,又让他感到一丝悲哀,有云"独自伤心苍水句,中华依旧奉胡雏"。第二首末四句为:"小雅式微真此日,中原恢复仗吾徒。侮亡取乱英雄事,振臂中宵试一呼!"①这里,柳亚子期盼革命党人自觉地承担起恢复中原的大任,趁此有利时机,振臂一呼,天下云集响应,从而成就一番英雄伟业。

果不其然,11 月 19 日,就在光绪帝、慈禧太后去世后的数天,熊成基(字味根)在安庆发动新军马炮营起义。遗憾的是,起义依然以失败而告终。消息传来,柳亚子撰《狼星四首,为熊味根起义皖中作》。其一云:"狼星今敛角,胡运竟如斯! 烽火连江表,英雄起誓师。侮亡原有训,仗义岂无词? 惜未奇勋奏,凄凉皖水湄。"②诗中为起义未能成功而感到惋惜,凄凉的心境显露无遗。

安庆起义失败后,熊成基逃亡日本。次年,熊与安徽革命党人孙元(字竹丹)先后回国进行革命。不料,1910 年 1 月,熊因被叛徒告密而在哈尔滨被捕。柳亚子撰七律一首,有云:

> 忽闻辽海起鲸波,易水风寒涕泪多。肥遁已欣龙见首,重来底事鸟投罗? 一椎未了亡秦愿,三户犹传复楚歌。亦有韩东奇杰士,鬼雄并命憾如何!③

2 月 27 日,熊成基在长春英勇就义。柳亚子十分悲痛,撰《哭熊味根烈士》七律二首。其二云:

> 寿春倡义闻天下,今日淮南大有人。辽海烽烟多故鬼,皖江风雨泣遗民。辍耕陈胜思张楚,函首於期竟入秦。莫问虹桥旧时月,

① 《天心二首,为那拉、载湉同殒作》,中国革命博物馆编:《柳亚子文集——磨剑室诗词集》(上),上海:上海人民出版社 1985 年版,第 77 页。
② 《狼星四首,为熊味根起义皖中作》,中国革命博物馆编:《柳亚子文集——磨剑室诗词集》(上),上海:上海人民出版社 1985 年版,第 81 页。
③ 《辽海一首,哀熊味根被捕也》,中国革命博物馆编:《柳亚子文集——磨剑室诗词集》(上),上海:上海人民出版社 1985 年版,第 122 页。

衣冠梅岭也成尘。①

同年4月2日,汪精卫、黄复生等,因在北京谋刺清摄政王载沣而被捕入狱。柳亚子为撰七律一首,诗云:

> 连番花事几销磨,横雨横风唤奈何。东海非熊才入梦,北山有鸟又张罗。白龙鱼服天方醉,黄钺鹰扬计已讹。剩有旧时屠狗侣,筑声哀怨送荆轲。②

上述一系列诗歌,弥漫着辛亥革命前反清革命起义和暗杀的烽火硝烟,留下了血痕泪渍。柳亚子或是兴奋、喜悦,或是惋惜、哀痛、悲愤,但是,反清革命则是其中一以贯之的主旋律。这些诗歌不愧为"革命的文学",也成为柳亚子"诗史"的重要组成部分。

柳亚子经常为自己只能从事文字工作,不能投身武装斗争而深感遗憾,留下不少感叹诗句:"十年磨剑成何事?苦恨匈奴肉未餐"③,"十年惭愧读诗书,误我儒冠信有诸。铸铁六州嗟此日,残棋一局悔当初"④,"相如纵有凌云笔,羞比平羌十万师"。⑤柳亚子甚至梦见自己驰骋疆场,追杀敌人。《说梦二绝》第二首云:"美人如玉剑如虹,并辔中原杀贼雄。只恨晨鸡辛苦唤,不教杯酒饮黄龙。"⑥

柳亚子还在抒怀、唱酬、题赠及怀友、伤逝等大量诗作里,流露出哀伤、悲愤和苦闷之情,但其中心之点依然不离反清革命:"飘泊今吾复故吾,廿年恨事未吞胡"⑦,"匈奴未灭敢言家,揽镜犹怜鬓未华。赤

---

① 《哭熊味根烈士》,中国革命博物馆编:《柳亚子文集——磨剑室诗词集》(上),上海:上海人民出版社1985年版,第125页。

② 《连番一首,为汪精卫刺载沣不中作》,中国革命博物馆编:《柳亚子文集——磨剑室诗词集》(上),上海:上海人民出版社1985年版,第129页。

③ 《叠韵和冶民丈》,中国革命博物馆编:《柳亚子文集——磨剑室诗词集》(上),上海:上海人民出版社1985年版,第40页。

④ 《百感苍茫,喟然有去国之志,适天梅以戊申元旦诗索和,即依韵奉寄》,中国革命博物馆编:《柳亚子文集——磨剑室诗词集》(上),上海:上海人民出版社1985年版,第59页。

⑤ 《答钝根仍用前韵》,中国革命博物馆编:《柳亚子文集——磨剑室诗词集》(上),上海:上海人民出版社1985年版,第72页。

⑥ 《说梦二绝》,中国革命博物馆编:《柳亚子文集——磨剑室诗词集》(上),上海:上海人民出版社1985年版,第40页。

⑦ 《陈汉元以诗见赠,适归里门未得读,及余来海上,则君已去沪矣!为遥和之》,中国革命博物馆编:《柳亚子文集——磨剑室诗词集》(上),上海:上海人民出版社1985年版,第37页。

县无人存正朔,青衫有泪哭琵琶"①,"一掬伤心南渡泪,几曾揽辔事澄清"。②

在这一时期,柳亚子的诗已经定型,并逐渐形成慷慨激昂和沉郁苍凉的特色。一方面,柳亚子矢志反清、揽辔澄清的雄心壮志,坚信革命必然成功的坚定信念,以及革命党人的浴血奋战,使柳诗充满慷慨激昂之气。另一方面,革命斗争的曲折坎坷不可避免地使柳亚子感到哀伤和苦闷,使他的诗具有沉郁苍凉的风格。

①《次韵和陈巢南岁暮感怀之作》,中国革命博物馆编:《柳亚子文集——磨剑室诗词集》(上),上海:上海人民出版社1985年版,第38页。
②《次韵和蔡冶民丈》,中国革命博物馆编:《柳亚子文集——磨剑室诗词集》(上),上海:上海人民出版社1985年版,第39页。

第四章 南社初创

一 漫长酝酿

1907年1月,图谋刺杀两江总督端方的同盟会员杨卓林在扬州被捕。据与杨一同被捕的廖子良、李发根供认,杨卓林等在上海时曾寓居法租界鼎吉里(即"夏寓"),江苏同盟会"上海机关部任事者"有"朱保康、高某"等。[①] 于是,端方便照会法租界当局搜捕革命党人,夏寓门前时有侦探窥视。得到风声后,高旭迅速关闭夏寓,将健行公学与南洋中学合并(后于同年秋解散),返回故乡金山,开办留溪钦明女学。[②] 同年夏,革命党人策划的皖、浙起义均告失败,徐锡麟、秋瑾先后死难。清政府大肆搜捕革命党人,大批革命党人被迫逃亡躲避,或转入地下活动,一时间国内反清革命活动陷入低潮。

从1907年7月起,柳亚子与陈去病、高旭函牍往来,诗词唱和,积极进行结社之举。在这方面,尤以年龄最大、阅历丰富、交游广泛的陈去病最为积极。

1907年春,陈去病到上海主持国学保存会会务,参与编辑《国粹学报》。7月15日,秋瑾殉难。陈去病拟在上海开会追悼秋瑾,为人所阻,便改变计划,和柳亚子、高旭一起谋划组织一个联络革命文化人士的文

---

① 《丙午南京党狱实录》,冯自由:《革命逸史》(下),北京:金城出版社2014年版,第950、952页。
② 《高旭年谱》,郭长海、金菊贞编:《高旭集》,北京:社会科学文献出版社2003年版,第694页。

社。魏晋时期,嵇康、阮籍等七子经常在竹林相聚,史书称赞他们之间友谊为"神交",这个文社便定名神交社。

7月29日,陈去病在《神州日报》刊出《神交社雅集小启》。该文追忆明末东南地区应社、复社、几社纷起并立的盛况,抨击清政府的文化禁锢政策和大兴文字狱的血腥暴行,号召天下文士前来结社,论交讲学。与《小启》同时刊出的《神交社例言》则声称:"本社性质,略似前辈诗文雅集,而含欧美茶会之风",并对雅集和入社等事项略做规定。① 此外,8月12日—15日的《神州日报》上还连续4天刊登由陈去病、高旭、柳亚子等18名神交社同人联署的《神交社开会广告》。

8月15日(旧历七月初七日),神交社在上海愚园举行雅集。陈去病、吴梅、刘三、冯沼清、祝心渊、邓实、黄节等11人到会。大家兴奋地交谈,合影留念,设宴终日而散。柳亚子和高旭,因风闻两江总督端方将按名逮捕,均未赴会。

雅集后,柳亚子收到陈去病寄来的神交社雅集图,即撰《神交社雅集图记》。在文末,他大力称赞复社名流"置酒高会"、意气"不可一世"的诗酒风流,高度评价他们"执干戈以卫社稷"的抗清壮举及其不朽价值;他充分肯定神交社在冲破清廷文化禁锢政策方面的重大意义,并希望将来革命成功时执弧弓以先登的健者不要忘记神交社这一促进革命事业生生不息的息壤。有云:

> 降及胜国,复社隽流,置酒高会,其意气亦不可一世。迨乎两京沦丧,闽粤继覆,其执干戈以卫社稷者,皆坛坫之雄也。事虽不成,义问昭于天壤,孰谓悲歌慷慨之流无俾于人家国也。板荡以来,文武道丧,社学悬禁,士气日熸,百六之运,相寻未已。岁寒松柏,微吾徒其谁与归。然则此集之有图,此图之有记,其亦鸿爪之义欤。他日鏊弧先登,孰为健者,慎毋忘此息壤也其可。②

与此同时,陈去病亦致信高旭索诗,并约他再游吴门。高旭以诗代

① 杨天石、王学庄编:《南社史长编》,北京:中国人民大学出版社1995年版,第85页。
② 《神交社雅集图记》,中国革命博物馆等编:《柳亚子文集——磨剑室文录》(上),上海:上海人民出版社1993年版,第193—194页。

简回复：

> 弹筝把剑又今时，几、复风流赖总持。自笑摧残遽如许，只看
> 萧瑟欲何之。青山似梦生秋鬓，红豆相思付酒巵。怕听夜乌啼不
> 了，沼吴陈迹泪丝丝。①

在诗中，高旭对神交社的成立表示欣慰，并希望陈去病继承几社、复社的传统，主持坛坫。这里，高旭推举陈去病为文社盟主之意十分明显。但是，他婉言谢绝再游吴中之约，理由是不忍再看见越国灭吴国的陈迹。后来，柳亚子评述道："说到'几、复风流赖总持'，是已经走上发起南社的道路了。"②

神交社成立后，只召开这一次雅集，此后便未开展什么活动，计划编撰的《神交集》也毫无踪影。但是，《神交社例言》有关雅集和入社的规定，与后来南社条例有惊人相似之处。除少数人外，绝大部分神交社社员都加入南社。故柳亚子说："神交社的成立，隐然是南社的楔子。"③

鉴于神交社成立后未能开展活动，柳亚子和陈去病、高旭继续商讨结社之事。

1907 年 12 月，刘师培自日本回国。翌年 1 月 7 日，柳亚子与陈去病、高旭、沈道非在上海设宴，为刘师培接风洗尘。次日，陈去病赋诗一首，有云："星辰昨夜聚，豪俊四方来。别久忘忧患，欢多罄酒杯。文章余老健，生死半凄哀。待续云间事，词林各骋才。"④末句"待续云间事，词林各骋才"意即提议继续明末云间（今上海市松江区）几社的事业，组织文社。刘师培和诗一首《步佩忍韵》，但对组织文社之事未予回应。高旭则步陈、刘二人韵和诗《步佩忍、无畏韵》两首。第一首有云："几、复风流三百首，竹林豪饮一千杯"，表示非常赞同陈去病组织文社的提议。

---

① 《海上神交社集，以事不得往。陈佩忍书来索诗，且约再游吴门，邮此代简》，郭长海、金菊贞编：《高旭集》，北京：社会科学文献出版社 2003 年版，第 74 页。
② 柳无忌编：《柳亚子文集——南社纪略》，上海：上海人民出版社 1983 年版，第 7 页。
③ 柳无忌编：《柳亚子文集——南社纪略》，上海：上海人民出版社 1983 年版，第 6 页。
④ 《无畏、天梅、亚卢、嘤公翻然萍集，喜成此什》，郭长海，郭君兮编：《陈去病诗文集·补编》，北京：社会科学文献出版社 2009 年版，第 1122 页。

1 月 12 日,柳亚子等 11 人再次聚宴于上海一家酒楼。参加者除原有五人外,增加《神州日报》主笔杨笃生和邓秋枚、黄晦闻、朱少屏、张聘斋以及刘师培的妻子何震(字志剑)等六人。席上,陈去病正式提出结社的倡议,得到与会者的一致赞成。后来,柳亚子评述说:这次 11 人"小饮酒楼","便孕育了南社的精虫"。① 因此,这次聚会可视为南社的滥觞。当时大家兴致很高,会后摄影留念。柳亚子兴奋至极,即席赋诗云:

> 慷慨苏菲亚,艰难布鲁东。佳人真绝世,侬子亦英雄。忧患平生事,文章感慨中。相逢拼一醉,莫放酒樽空。②

刘师培和何震,是当时有名的革命夫妻,曾在日本东京创办无政府主义刊物《天义报》,影响很大。所以,柳亚子对他们非常钦佩,将他们比作苏菲亚和布鲁东。几个月后,又将他们比作法国大革命时期的罗兰先生和玛丽侬夫人。

定社名为南社,是在这次相约结社的聚会上,还是在聚会之后,现在已经无法考证。但是,可以肯定的是,1908 年 2 月已经出现"南社"一词,说明柳亚子与陈去病等已经就社名取得一致意见。

2 月下旬,陈去病和徐自华一起在西湖为秋瑾下葬,并在风林寺开会追悼,同时成立纪念性的秋社。其间,陈去病既佩服徐自华的侠肝义胆,又倾倒于其非凡文采,遂为她的诗集题诗六首。其六云:"天生风雅是吾师,拜倒榴裙敢异词。为约同人扫南社,替君传布廿年诗。"③这是"南社"一词首次在诗文中出现。

定名南社很可能是出自陈去病的提议。陈去病自 1903 年秋从日本归国后,就特别喜欢"南"字。他读了"胡马依北风,越鸟巢南枝"的诗句后,不仅自己改号巢南,还将其诗集命名为《巢南集》。取名南

---

① 柳无忌编:《柳亚子文集——南社纪略》,上海:上海人民出版社 1983 年版,第 10 页。
② 借刘申叔、何志剑夫妇暨杨笃生、邓秋枚、黄晦闻、陈巢南、高天梅、朱少屏、沈道非、张聘斋酒楼小饮,约为结社之举,即席赋此》,中国革命博物馆编:《柳亚子文集——磨剑室诗词集》(上),上海:上海人民出版社 1985 年版,第 56 页。
③ 吴江陈去病巢南:《题寄尘女士听竹楼诗集》,柳亚子等编:《南社丛刻》第 3 集,扬州:江苏广陵古籍刻印社 1996 年影印本第 1 卷,第 419 页。

社,似乎仅仅是表明创建的地域(南方)而已,可以有利于公开活动,但实际上则暗含着反清的寓意。陈去病后来解释说:"南者,对北而言,寓不向满清之意。"柳亚子也说:"它底宗旨是反抗满清,它底名字叫南社,就是反对北廷的标帜了。"①可以说,南社之名,不仅深刻地揭示南社反清革命的宗旨,而且充分体现陈去病、柳亚子等创建南社的动机和目的。

柳亚子、陈去病、高旭等酝酿成立南社之时,正是处于革命低潮时期。他们希望通过建立一个革命的文学团体,进行文字宣传,为革命积聚实力,从而有力地推动革命的发展。后来,南社的三位创社元老对此都颇有阐述。陈去病指出,"南社组织之原因,根于皖、浙事败,同志星散,故欲借文字以促进革命之实力。"②他还在《高柳二君子传》中说:"至丁未冬,(高、柳)复与余结南社于海上,而天下豪俊欣然心喜,以为可藉文酒联盟,好图再举矣。"③高旭也指出:"当胡虏猖獗时,不佞与友人柳亚庐、陈去病于同盟会后更倡设南社,固以文字革命为职志,而意实不在文字间也。"④柳亚子则这样回忆当时的情景:"这个时候,孙中山先生和同志们,在海外创设中国同盟会,以三民主义相号召,正在十七次革命失败奋斗的过程中间,而内地所号称知识阶级的人,还是昏昏沈沈,做那'天王圣明,臣罪当诛'的好梦。我们发起的南社,是想和中国同盟会做犄角的。"⑤

不过,南社并未很快成立起来。追悼秋瑾后,陈去病应邀赴绍兴府中学堂任教,在那里通过学生宋琳组织匡社,为后来越社的创建打下基础。

3月间,柳亚子再次赴沪,希望结社之举有所进展。但是,高旭、张聘斋家居未出,陈去病当时客居绍兴,刘师培夫妇又去日本,相晤的仅朱少屏、沈道非两人。柳亚子作诗感叹结社诸人分散各处,不能有所作

---

① 柳无忌编:《柳亚子文集——南社纪略》,上海:上海人民出版社1983年版,第100页。
② 杨天石、王学庄编:《南社史长编》,北京:中国人民大学出版社1995年版,第323页。
③ 《高柳二君子传》,殷安如、刘颖白编:《陈去病诗文集》(上),北京:社会科学文献出版社2009年版,第306页。
④ 《〈无尽庵遗集〉序》,郭长海、金菊贞编:《高旭集》,北京:社会科学文献出版社2003年版,第512页。
⑤ 柳无忌编:《柳亚子文集——南社纪略》,上海:上海人民出版社1983年版,第100页。

为,题作《海上题南社雅集写真》。这是"南社"一词第二次见诸诗文。"写真"即照片,指11人酒楼聚宴所摄合影。诗云:

> 云间二妙不可见,一客山阴正独游。别有怀人千里外,罗兰、玛利海东头。

> 鸡鸣风雨故人稀,几、复风流事已非。回首天涯唯汝在,相逢朱、沈倍依依。①

4月,客居绍兴的陈去病十分思念"约为结社"的好友,写下《有怀刘三、钝剑、安如,并苦念西狩、无畏》,叙及高旭(钝剑)时,又一次提到南社:"要我结南社,谓可张一军。"由此可见,高旭提议,约请陈去病组织南社,进一步表明他对陈去病主盟南社的认可。南社有意主动配合同盟会的革命斗争,但它毕竟是一个独立的文学团体,而非完全听命于同盟会的外围组织。看来,作为同盟会江苏分会会长,高旭还是颇有气度的。

5月9日,陈去病致信高旭,邀请高旭和柳亚子到杭州张煌言墓前一哭,"以泄吾无穷之悲"。针对当时刘师培与章太炎反目成仇的情况,陈去病希望汲取刘章二人教训,"所愿吾侪当日凛凛,无蹈此复辙,而自破其贞盟也"。信末还提及:"《南社叙》已托安如(即柳亚子——引者注)写上,想察入矣。刊行决俟面晤再定,盖弟旧稿近复失去,欲秩理新作,又苦无暇。大旨弟文多于诗,而词更寥寥,只可附之诗后。"②种种迹象表明南社的酝酿进展顺利:陈去病已经写好《南社叙》,并让柳亚子抄写寄呈高旭;他已经在考虑南社的刊行问题,需要与高旭、柳亚子等面晤确定。

5月24日(农历三月二十五日),陈去病、刘三等在杭州祭扫张煌言墓,并哭吊南明永历皇帝。不过,柳亚子和高旭并未应约赴杭州,这就使陈去病原来面晤的设想落空。

当时禁锢狱中的宁调元,也一直关心着南社的筹建。宁调元于

---

① 《海上题南社雅集写真》,中国革命博物馆编:《柳亚子文集——磨剑室诗词集》(上),上海:上海人民出版社1985年版,第61页。

② 杨天石、王学庄编:《南社史长编》,北京:中国人民大学出版社1995年版,第109—110页。

1907 年因萍浏醴起义牵连而被捕。他在狱中发奋读书写作,并和高旭、傅尃等通信唱和。1908 年 5 月上旬,高旭致信宁调元,并附绝句四首。其一有云:"几、复风微忆昔贤,空山时往听啼鹃。支撑东南文史局,堪与伊人共此肩。"①这里,高旭显然是邀请宁调元参加南社。宁调元收到信和诗后,欣然作诗相答:"巨艰当世几人肩,夜雨魂消蜀道鹃。几复风流已千古,后生莫漫拟前贤。"同时,宁调元在信中告诉高旭,自己已写就《南社序》,并对社刊体例提出具体建议。② 5 月 31 日,宁调元再次致书高旭,询问《南社》出版时间,并询问主持社刊事务的人员。6 月 23 日,宁调元又一次致书高旭,催索《南社》一阅。7 月,宁调元致书高旭,介绍张汉英、唐群英两位女性入社。

尽管此时南社酝酿已近成熟,但是,南社并没有像宁调元预料的那样顺利成立,它似乎注定还要经历一番磨难。

7 月 4 日(旧历六月初六日),为秋瑾就义一周年纪念日。陈去病、徐自华等数十人在杭州西湖风林寺秘密追悼秋瑾,却被人向浙江巡抚增韫告发。增韫随即调派人马准备缉拿。7 月 9 日,刚从日本回到上海的陈陶遗被端方派人逮捕,转押南京。风声一时很紧,陈去病考虑再三,决意南下汕头暂避。行前,他潜回同里安排家事,又特意赶到黎里,同柳亚子告别。两人倾谈两日后,陈去病便匆匆赴粤。

在汕头,陈去病参与《中华新报》的编辑工作,使之迅速成为革命党人在岭南的一块重要宣传阵地。

1908 年 11 月中旬,光绪帝与慈禧太后相继去世,这正是革命党人奋发有为的大好时机。柳亚子应约匆匆赶往上海,会见刘师培、何震夫妇以及苏曼殊、赵正平、林立山、韩觉我、朱少屏、邓秋枚、于竹坡、赵拜一、蔡恕庵等十余位老友。可是,由于东道主刘三因事滞留杭州未归,陈去病、高旭、沈道非也未能应约如期抵达,再加上陈陶遗还在狱中,因此,社事依然难以取得进展,柳亚子只好怅然而归。

12 月,陈去病自粤返沪。此前八九月间,徐自华等人为秋瑾墓增

---

① 杨天石、王学庄编:《南社史长编》,北京:中国人民大学出版社 1995 年版,第 109 页。
② 杨天石、王学庄编:《南社史长编》,北京:中国人民大学出版社 1995 年版,第 110—111 页。

添墓亭,并悬挂多幅称颂秋瑾的对联。清御史常徽巡视杭州时,发现这一情况,便向清廷奏请平墓。徐自华闻讯急派人将秋瑾墓碑藏在秋社内,同时急电陈去病回来商议对策。陈去病得讯后,即束装北返。等到陈去病到达上海时,杭州秋瑾墓已经被清廷平毁,徐自华为逃避清政府追捕而来到上海。

12 月 17 日,徐自华在上海四马路杏花楼为陈去病接风洗尘。参加宴会的还有苏曼殊、徐蕴华、包天笑、杨千里、叶楚伧及刘师培、何震夫妇等 20 余人。席上,陈去病讲述漫游广东经历,使在座人士不胜感慨。同日,陈去病还会晤浙江革命党人张恭。不料,当晚张恭即遭逮捕。

柳亚子此前刚到过上海,但陈去病回上海时,柳亚子已经返乡。于是,陈去病便再次前往黎里。柳亚子热情招待,并邀请沈次公与陈去病共饮。

柳亚子和陈去病会面后,创建南社之事本来可以加速进行。孰料天有不测风云,1909 年春,陈去病在苏州电报局张寀甄府上任家庭教师时,突然腿疾大作,卧病上海同济医院长达半年之久,社事不得不再度搁置下来。

在此期间,由陈去病力荐,柳亚子相劝,叶楚伧赴汕头,代陈去病主持《中华新报》。

叶楚伧,原名宗源,字卓书,江苏吴县周庄镇(今属昆山市)人。生于 1887 年,与柳亚子同庚。1903 年入上海南洋中学,旋转入浙江南浔浔溪公学。1904 年考入苏州高等学堂,由此"洞鉴世面,学识大进"。[①] 1907 年夏毕业考试后,学生发现某监督"私改考卷、移易名次","群大哗,殴监督"。当局"诬指君为首",将"坐以乱党,兴大狱"。幸赖童年恩师陶小址出面请人多方斡旋,方逃过一劫。[②] 到汕头后,叶楚伧倾其全力主持报政,并在翌年加入中国同盟会。

这一时期,柳亚子在家乡,与沈昌眉(号长公)、沈昌直(号次公)创

① 毛策:《叶楚伧年谱简编》,中国人民政治协商会议上海市委员会文史资料委员会编:《上海文史资料选辑·叶楚伧纪念集》(第 79 辑),1996 年印行,第 127 页。
② 于右任、姚鹓雏代撰《叶楚伧先生墓碑记》,叶元编:《叶楚伧诗文集》,北京:生活·读书·新知三联书店 1988 年版,第 8 页。

分湖文社,赓酬唱和,时相过从。

6月间,陈陶遗经人营救出狱。柳亚子闻讯,喜极不能成寐,赋诗四首。其四云:"昨夜思君愁未寐,今宵欢喜不成眠。何时却剪西窗烛?重话人间一段缘。"①

同年夏,刘师培夫妇堕落为清政府密探的真相大白于天下。原来,1908年陈陶遗、张恭接连被捕,都是刘师培夫妇告密的结果。7月间,柳亚子获知这一消息后,不胜荃蕙化茅之痛,打开当年在上海酒楼相约结社的合影,撰写两首七绝。诗云:

风流坛坫成陈迹,盟誓河山葆令名。凤泊鸾飘吾辈事,未须憔悴诉生平。

扬子美新称绝学,士龙入洛正华年。千秋谁信舒章李,几社中间着此贤。②

8月中旬,陈去病腿疾渐愈,出院回乡。不久前往苏州调养,继续到张寀甄家任家庭教师。于是,南社的创建又紧锣密鼓开展起来,此时便由柳亚子主动承担了奔走联络的重任。

9月初,柳亚子风尘仆仆赶往上海,会晤陈陶遗。9月7日,又与陈陶遗一起前往金山拜访高旭,三人诗酒尽欢三日,自然要商谈筹建南社之事。随后,柳亚子又经上海返回黎里。在这次上海和金山之行中,他还相晤沈道非、赵厚生、蔡守、黄宾虹、邓秋枚、张聘斋、姚光、何震生、朱少屏、蔡恕庵等十余人。在回吴江的舟中,柳亚子忆及上年结社之约,不胜今昔之感,写下《海上归舟成怀人诗十四章》。在怀张聘斋一诗中,他又一次提及南社:"搏虎屠龙梦已芜,几回相见只长吁。销魂疏柳残阳句,南社犹存第一图。"③

柳亚子回到黎里后,经过与陈去病等慎重研究,毅然决定于农历十

①《闻陶公出狱,喜极不能成寐,枕上口占得四绝》,中国革命博物馆编:《柳亚子文集——磨剑室诗词集》(上),上海:上海人民出版社1985年版,第94页。

②《重题南社写真,时闻申叔已降虏矣》,中国革命博物馆编:《柳亚子文集——磨剑室诗词集》(上),上海:上海人民出版社1985年版,第99页。

③《海上归舟成怀人诗十四章》,中国革命博物馆编:《柳亚子文集——磨剑室诗词集》(上),上海:上海人民出版社1985年版,第105页。

月初一日(公历 11 月 13 日),在苏州虎丘举行首次雅集。

10 月上旬,俞剑华从日本归国,到黎里拜访柳亚子,两人相聚十日。临别,柳亚子作《金缕曲》送别,坚邀俞剑华参加拟议中的南社首次雅集。

历时三载,几经磨难,中国近代文学史上第一个革命文学社团——南社,即将呱呱坠地。

二 虎丘雅集

1909 年秋冬,南社在苏州虎丘召开首次雅集,这也就是南社成立大会。

10 月 17 日,高旭在刚刚创刊的《民吁报》上发表《南社启》。他认为"国有魂,则国存。国无魂,则国将从此亡矣"。而国魂"寄于国学","欲存国魂,必自存国学始","而中国国学之尤为可贵者,端推文学。盖中国文学为世界各国冠,泰西远不逮也。"要存以文学为首的国学,就必须结社,因为"一国之事,非一二人所能为,赖多士以赞襄之"。他宣称,他"与陈子巢南、柳子亚卢有南社之结","欲一洗前代结社之积弊,以作海内文学之导师"。①

10 月 27 日,《南社例十八条》在《民吁报》公布。第一条规定"品行文学两优者许其入社"。第二条规定"各社员意见不必尽同,但叙谈及著论可缓辩而不可排击,以杜门户之见,以绝争竞之风"。② 条例还规定每年"春秋佳日",在南京、苏州、松江、上海等地举行 2 次雅集。设社长1 人和副社长 2 人。社长"每岁一易人",于雅集时由众社员推举,可连选连任。另外,条例还就入社手续与社刊《南社》的编辑、出版做了规定。

10 月 28 日,陈去病在《民吁报》上发表《南社诗文词选序》,提出写

①《南社启》,郭长海、金菊贞编:《高旭集》,北京:社会科学文献出版社 2003 年版,第 499—500 页。
② 杨天石、王学庄编:《南社史长编》,北京:中国人民大学出版社 1995 年版,第 131 页。

"不得已"之作的主张:一是像屈原、贾谊一样在不满现实政治时,抒发忧国忧民之情;二是在丧邦亡国之际,抒发故国之思和易代兴亡之感;三是在与友人相交、怅别、相思乃至伤逝之时,抒发心中的感慨。总之,"要诸因缘,都成感慨,偶逢好事,遂尔风流",南社之人都应该写抒发这些"不得已"之作。文末阐明了南社的性质和抱负,中有"寥寥车辙,不同于几、复当年;落落襟怀,差比河汾诸老"之句。① 几社、复社骨干大多是明末抗清志士,而河汾诸老则是金末河汾间不肯仕元的遗逸诗人。如今,南社就要继承他们的传统,积极投身到反清革命的民族斗争中去。

10 月 29 日,宁调元在《民吁报》发表《南社诗序》,阐明南社命名的意义为"钟仪操南音,不忘本也";他主张继承复社传统,"以诗古文词相砥砺",在"小雅尽废,四夷交侵"之际,吟咏心中的怨、怒、哀、思。②

11 月 6 日,陈去病在《民吁报》上发表《南社雅集小启》。有云:

> 孟冬十月,朔日丁丑,天气肃清,春意微动。詹尹来告曰:重阴下坠,一阳不斩,芙蓉弄妍,岭梅吐萼。微乎微乎,彼南枝乎,殆生机其来复乎?爰集鸥侣,觞于虎丘。踵东坡之逸韵,载展重阳,萃南国之名流,来寻胜会。登高能赋,文采彬焉;兹乐无穷,神仙几矣。凡我俦侣,幸毋忽诸! 敬洁清尊,恭迟芳躅! 南社同人启。③

"小启"告诉人们,南社成立大会将于农历十月一日(公历 11 月 13 日)召开,地点是苏州虎丘。"小启"描绘了孟冬时节春意微动的景色:木芙蓉开得正艳,岭梅刚刚吐出嫩萼,这不仅流露出作者的欣喜之情,也对南社的未来寄托了美好希望。

各地诗友收到这份文采飞扬的启事后,随即打点行装,前来赴会。

南社选择苏州虎丘召开成立会,是仿明代复社旧例。崇祯六年(1633),复社于虎丘召集大会。陆世仪在《复社纪略》中描述当时盛景:

> 癸酉春,溥约集社长为虎丘大会。先数月前,传单四出,期会

---

① 杨天石、王学庄编:《南社史长编》,北京:中国人民大学出版社 1995 年版,第 132—133 页。
② 杨天石、王学庄编:《南社史长编》,北京:中国人民大学出版社 1995 年版,第 133—134 页。
③ 杨天石、王学庄编:《南社史长编》,北京:中国人民大学出版社 1995 年版,第 137 页。

约结。至日,山左、江右、晋、楚、闽、浙以舟车至者数千馀人,大雄宝殿不能容,生公台、千人石鳞次布席皆满。典庖司醢,辇载泽量,往来丝织。游人聚观,无不诧叹,以为三百年来未尝有也。宴会之明日,互相通名笺刺,一时盈满笥箧。比别祖道,百里不绝。①

南社成立大会的会址,定在虎丘山下山塘河畔的张公祠。张公名国维,字玉笥,浙江东阳人,崇祯七年(1634)官至右佥都御史,巡抚应天、安庆等十府。在南明鲁王朱以海监国时代,他起兵抗清,后因兵败投水而死。1907年4月6日,陈去病、高旭、朱少屏、刘三、沈道非五人自上海赴苏州游览,曾欲凭吊张公祠,但因故未能实现。几天后,他们才实现凭吊张公祠的愿望。当时,该处祠宇已很破败,"神鸦社鼓不成声","满园花木又飘零",他们不禁悲从中来,"余碧水,向东逝,盈盈酷似伤心泪。"②这次凭吊,埋下了南社在此召开成立大会的因子。

清政府历来严格限制文人集会、结社之类活动,故南社召开成立大会是要冒风险的。好在南社第一批社友诸贞壮和胡栗长二人,正在江苏巡抚瑞澂幕府中任职,可以探听消息,暗中保护。尽管如此,这时仍有谣言说虎丘雅集有危险,于是高旭便"杜门避矰缴"不来了。幸亏陈去病"坐镇苏州,以及时雨宋公明的资格,指挥一切"。而柳亚子"是以梁山泊上小旋风柴进自命的,在复社是自比于吴扶九、孙孟朴,自然是要尽奔走先后的职务了"。③ 说得直白些,年轻的柳亚子负责出钱付账(小旋风柴进以仗义疏财而著称)和奔走联络等事务性工作。

11月9日晨,柳亚子乘小火轮前往苏州,午后抵达苏州阊门,住进阊门外惠中旅馆。当日,柳亚子便前往陈去病任家庭教师的张寀甄宅拜访,筹商一切。在惠中旅馆中,有个卖花姑娘竟将散发齐眉的柳亚子唤作"大小姐"。

11月10日,俞剑华和冯心侠亦到,同住惠中旅馆。柳亚子与俞、冯两人相聚,很是热闹。此时,名优冯春航在阊门附近某剧场演出。柳亚

① (明)陆世仪:《复社纪略》卷一,《续修四库全书》史部杂史类第438册,湖南省图书馆藏清钞本,上海:上海古籍出版社2002年版,第496页。
② 杨天石、王学庄编:《南社史长编》,北京:中国人民大学出版社1995年版,第77页。
③ 柳无忌编:《柳亚子文集——南社纪略》,上海:上海人民出版社1983年版,第10—11页。

子和俞剑华天天喝醉了老酒,便前往观看捧场,对冯春航大为倾倒,"这便是后来民国元二年间冯党的嚆矢了。"①

至13日,与会者陆续到来,共有19人。除张寀甄和他的侄儿张志让(陈去病的学生)来宾2人外,共到社友17人:陈去病、柳亚子、朱梁任、庞树柏、陈陶遗、沈道非、俞剑华、冯心侠、赵厚生、林立山、朱少屏、诸贞壮、胡栗长、黄宾虹、林秋叶、蔡哲夫、景耀月。柳亚子说:"到会的十七位社友中间,有同盟会会籍的是十四人,足可证明这一次雅集革命空气的浓厚了。"②

当天上午,19人乘坐租用的画舫,带着船菜,从阊门外的阿黛桥出发,沿着山塘河,直向虎丘而去。柳亚子坐在船上,看着船外的美景,与身边的文坛俊彦、革命豪杰一起交谈和饮酒,心中十分喜悦。后来,他写下了《十月朔日,泛舟山塘即事》。诗云:

> 画船箫鼓山塘路,容与中流放棹来。衣带临风池水绉,长眉如画远山开。青琴白石新游侣,越角吴根旧霸才。携得名流同一舸,低徊无语且衔杯。③

画舫很快就到了虎丘山下山塘河畔的张公祠。一行人先是在虎丘山下合影留念,随后进入张公祠。门前石坊巍峨古朴,进入庭院后却是杂草丛生。正中大厅、门窗均已破旧不堪。他们在祠堂里摆下两桌别有风味的船菜,一边饮酒,一边开会。会议通过了《南社条例》13条。会议选举南社职员:陈去病为文选编辑员,高旭为诗选编辑员,庞树柏(字檗子)为词选编辑员,柳亚子为书记员,朱少屏为会计员。

选举结束,酒兴尚浓,忽然谈到诗词问题,产生了南社史上第一次文学论争,乃至埋下后来南社纷争的种子。

清末,同光体诗派、常州词派盛行。同光体诗派始于同治、光绪年间,故名。其作品以宋代江西诗派为宗,代表人物陈三立(字散原)、郑

---

① 柳无忌编:《柳亚子文集——南社纪略》,上海:上海人民出版社1983年版,第11页。
② 柳无忌编:《柳亚子文集——南社纪略》,上海:上海人民出版社1983年版,第14页。
③《十月朔日,泛舟山塘即事,八用韵》,中国革命博物馆编:《柳亚子文集——磨剑室诗词集》(上),上海:上海人民出版社1985年版,第114页。

1909 年 11 月 13 日南社在虎丘举行第一次雅集

孝胥(字海藏)等都是清廷官吏,后来则成为亡国遗老。常州词派,因开创者张惠言为常州人而得名。推崇南宋词人吴梦窗,讲究字句工丽,音律相谐,末流所至,使作品晦涩朦胧,几乎成为谜语。

柳亚子独持异议,在诗的方面,尊唐抑宋。在词的方面,则推崇五代和北宋。他对一般人推崇吴梦窗很不服气,他说:"讲到南宋的词家,除了李清照是女子外,论男性只有辛幼安是可儿,梦窗七宝楼台,拆下来不成片段,何足道哉!"可是,这"却惹恼了庞檗子和蔡哲夫"。庞树柏是坚持词以南宋为正统的词学专家,起而与亚子争论,蔡哲夫也附和着发表自己的主张。赞成柳亚子主张的只有一个朱梁任,可是朱梁任和柳亚子同为口吃患者,期期艾艾,争辩不过。急得柳亚子大哭起来,骂他们欺人太甚。"檗子急忙道歉,事情才算告一段落。"①

黄昏时分,南社成立大会结束。社友们又在阊门外的九华楼重新开宴,尽欢一场。第二天,大家相继离去,柳亚子最晚走,又一一和众人饯别,然后回到黎里。

柳亚子高度评价南社首次雅集,认为自明末复社以后"三百年无此盛矣",便写诗以纪之。诗云:

> 寂寞湖山歌舞尽,无端豪俊又重来。天边鸿雁联群至,篱角芙蓉晚艳开。莫笑过江典午卿,岂无横槊建安才。登高能赋寻常事,

① 柳无忌编:《柳亚子文集——南社纪略》,上海:上海人民出版社 1983 年版,第 14 页。

要挽银河注酒杯。①

自 1633 年复社虎丘大会后，湖山寂寞，歌舞止息，三百多年后的今天，四方豪俊重新来此聚会，又见当年复社盛况。天边鸿雁联群飞来，篱角芙蓉在晚霞中盛开，为这盛会增添美景。且莫嘲笑我们文人学士，难道我们中就没有如同曹操一样雄才大略、横槊赋诗的人物吗？登高赋诗的确是文人的寻常小事，我们要有手挽银河注酒杯的气概，改造整个世界。这首诗，充分展现了柳亚子对南社成立的欣喜之情，抒发了要改变现实的革命决心和豪迈气概。

三　张园"革命"

南社第 3 次雅集张园"革命"是南社发展史上的重大事件，它导致了南社成立初期制度的重要变革与领导力量的重大变化，对南社的未来发展产生了极为深远的影响。

虎丘雅集时，只有 17 名社友参加。会后，一些因事不能赴会或远在他乡的社友，如高旭、叶楚伧、高燮等先后填词寄给与会者，为南社祈福。柳亚子、周实、俞剑华等也纷纷填词唱和。刚刚出狱的宁调元，也致信高旭，对南社举行雅集表示欣慰，并希望来年春天重聚时，"祈早通知，必当来一会也"。② 远在欧洲的马君武，也写诗阐明自己的文学见解，期望南社以自己的工作挽救祖国的危亡。

虎丘雅集后，南社开始步入正常的发展轨道。社友们纷纷介绍新社友，编辑员们则忙于接受社友投稿以编辑社刊《南社》。

1910 年 1 月 11 日，《中华新报》刊登了类似征稿启事的《南社诗文

---

① 《南社会于虎丘之张东阳祠，同邑陈去病，吴县朱梁任，虞山庞檗子，云间陈陶公，上海朱少屏，娄东俞剑华、冯心侠，宝山赵夷门，丹阳林立山，毗陵张�甄、季龙，魏塘沈道非，山阴诸贞壮、胡栗长，歙县黄滨虹，顺德蔡哲夫，福州林秋叶，太原景秋陆咸来莅止，盖自社事零替以来，三百年无此乐矣，诗以纪之》，中国革命博物馆编：《柳亚子文集——磨剑室诗词集》（上），上海：上海人民出版社 1985 年版，第 115 页。

② 杨天石、王学庄编：《南社史长编》，北京：中国人民大学出版社 1995 年版，第 148 页。

词选大旨》,明确《南社》选录的体裁和范围,并具体规定文稿邮寄地址和费用缴纳方式。

> 每集次叙:(甲)文选;(乙)诗选;(丙)词选;(丁)各友小集;(戊)诗词曲话、笔记、传奇之属;(己)前人遗著。统约百页为度。

> 社员寄稿:文笔杂著请寄苏州电报局陈巢南,诗歌寄松江张堰钦明女校高慧子,词曲寄苏州木渎小学堂庞芑庵,以便分选,而免贻误。

> 诗词经选定后,即驰寄巢南君,汇成全稿,分别校定,再行付刊,其各友小集等同。

> 各友小集刊印时,至少须得一卷(不拘诗文词),庶免割裂不全之憾。

> 凡社员对于出版事宜,每季须捐银一元,以为刊赀补助。

> 其自著小集,印费概由撰者自任,前人遗著则可由发愿者慨捐。

> 以上无论何项银款,概交上海西门外庆安里十八号朱少屏收。①

不过,目前已无法了解《南社》第 1 集的具体编辑过程,但似乎并未完全按照上述规定办理。《南社》第 1 集由高旭编辑,由黄宾虹负责装帧印刷,于 1910 年 1 月在上海出版。该集内容有:陈去病撰《南社诗文词选序》,《南社文选》5 首,柳亚子撰《磨剑室文初集》1 卷,高旭撰《愿无尽庐诗话》1 卷,《南社诗录》59 首,高旭撰《未济庐诗集》1 卷,俞剑华撰《萤景集诗》1 卷,蔡哲夫撰《有奇堂诗集》1 卷,清袁寄尘女士撰、陈去病校《寄尘诗稿》1 卷,《南社词选》13 首,高旭撰《钝剑词》1 卷,俞剑华撰《萤景集词》1 卷,清袁寄尘女士撰、陈去病校《寄尘词稿》1 卷。由于是首次出版,且社友数量有限,故个人专集比重很大。但是,该集未能把文、诗、词分类编排,以致形成参差错杂的局面,且排列次序杂乱无章。

4 月 10 日,南社举行第 2 次雅集。陈去病当时在杭州蒲场巷高等

① 《南社诗文词选大旨》,《中华新报》1910 年 1 月 11 日,转引自栾梅健:《民间的文人雅集——南社研究》,上海:东方出版中心 2006 年版,第 70 页。

学校教书。第 2 次雅集，"照例是应该在及时雨宋大哥驻扎的山头上举行的，所以决定地点是杭州"，具体地点在西湖金沙港蚕学馆隔壁的唐庄。

柳亚子和虎丘雅集时一样，提前一两天到达杭州，会晤陈去病和在杭的几位社友，筹商一切。随后，其他社友也陆续到达。10 日，柳亚子和陈去病、朱少屏、邹铨等 16 人在唐庄举行雅集。随后，当时在嘉善法政讲习所任教的陈陶遗也从嘉善赶来参加会议。在 17 人中，除 4 人参加过虎丘雅集外，其他 13 人都是南社新人。此时，柳亚子开始结识雷昭性、章梓、李光德、马叙伦。会上，讨论修改了南社条例，摄影。

唐庄午餐之后，他们泛舟西湖，雄谈豪饮。柳亚子醉中作《金缕曲》一阕：

> 宾主东南美。集群英，哀丝豪竹，酒徒沉醉。指点湖山形胜地，剩有赵家荒垒。只此事，从何说起！王气金陵犹在否？问座中谁是青田子？微管业，付青史。
>
> 大言子敬原非戏，论英雄安知非仆，狂奴未死。铁骑长驱河朔靖，勒石燕然山里，算才了平生素志。长揖功成归去日，便西湖好作逃名地。重料理，鸱夷计。①

词中"青田子"即指刘基，刘为浙江青田人。元末，刘基与人同游西湖，见有异样云彩起于西北，即云："此天子气也，十年后应在金陵，我当辅之。"后来，他果然跑到金陵投奔朱元璋，辅佐其推翻元朝蒙古贵族统治，完成统一中国的大业。"问座中谁是青田子"，今日在座的南社诗人，谁是未来的刘基呢？ 这里，柳亚子抒发了长驱北伐、推翻清廷的豪情壮志，希望建立管仲那样永垂青史的功业。柳亚子后来评论说："用了刘青田'王气金陵'的典子不算，还要用刘文叔'安知非仆'的典子，真是一腔热血，无地可洒，写到旧小说上面去，便是宋公明浔阳楼上的反诗了。"当夜，一行人又到聚丰园大喝一顿，"宿酒未醒，加以新醉，文人

---

① 《金缕曲·三月朔日，南社同人会于武林，泛舟西湖，醉而有作》，中国革命博物馆编：《柳亚子文集——磨剑室诗词集》(下)，上海：上海人民出版社 1985 年版，第 1779—1780 页。

雅集,如是而已"。①

第二天,他们在西湖游玩一天。12 日,柳亚子便随陈陶遗赴嘉善。不料,高旭当天乘火车从松江赶到杭州,他打电报到嘉善,要柳亚子再去杭州。然而,柳亚子看差了电文,结果没有去成。

同年 6 月,柳亚子致信苏曼殊:"弃疾蛰居乡曲,每以无聊为苦。去岁为天梅、佩忍怂恿,乃有南社之创,辄望吾师助吾曹张目。昔人有云:'不为无益之事,何以遣有涯之生?'明知文字无灵,而饶舌不能自己,惟师哀而怜之,勿嗤其庸妄也。"②此信意在邀请苏曼殊加入南社,但与 3 月间《金缕曲》展现的豪情壮志迥然不同,格调低沉,仅将南社活动视为排遣乡居无聊的方式,且意识到南社的文字鼓吹未必能起到作用。尽管如此,柳亚子还是毅然邀请苏曼殊加入南社,由此可见柳亚子的坚韧与执着。

当年 7 月,《南社》第 2 集出版。这一集是由陈去病编辑并经手印刷,在杭州出版的。该集内容有:《南社文选》3 首,《南社诗录》97 首,《南社词选》14 首,陈去病撰《巢南杂著》1 卷,柳亚子撰《磨剑室诗集》2 卷,高旭撰《未济庐诗集》1 卷,周仲穆撰《更生斋诗》1 卷,姚石子校录、明遗民王席门撰《王席门先生杂记》1 卷。大体上来说,《南社》第 2 集的编制,比第 1 集有所进步,文选、诗录、词选都放在一起,"而以各家专集殿后","比第一集的参差错杂要好得多"。但是,第 2 集也还有严重缺陷:一是文章太少,诗词太多,很不均衡;二是排列次序毫无意义,既不按作者姓氏笔画,也不依籍贯省份。此外,虽然社友诗录分量增加不少,但是个人专集仍占据很大分量。

《南社》第 1 集、第 2 集的编制缺陷,引起柳亚子及一部分南社社友的不满。柳亚子认为,陈去病和高旭"都是书生习气,做事情马马虎虎",于是素来主张"实干硬干"的柳亚子便"对他们深觉不满起来"。③ 这样,便埋下对南社干部"革命"的种子,终于在张园第 3 次雅集时爆发了。

---

① 柳无忌编:《柳亚子文集——南社纪略》,上海:上海人民出版社 1983 年版,第 19 页。

② 《致苏曼殊》(1910 年 6 月),上海图书馆编:《柳亚子文集——书信辑录》,上海:上海人民出版社 1985 年版,第 2—3 页。

③ 柳无忌编:《柳亚子文集——南社纪略》,上海:上海人民出版社 1983 年版,第 20 页。

南社张园"革命",是由柳亚子和俞剑华两人一起策划和执行的。俞剑华是"神机军师",负责策划"革命"的计划和谋略,而柳亚子则自称"革命军的马前卒",具体地执行和落实"革命"的计划。雅集前,柳亚子与俞剑华制定了巧妙的"革命"策略:他们主张选择在上海举行雅集。因为陈去病在杭州教书,"守着老营",不会到上海来,而"高旭是照例不到会的"。这样,在陈、高两人不到的情况下,"革命"实际上已经成功了一半。

8月16日,南社第3次雅集在上海张园举行。柳亚子、朱少屏、黄宾虹、包天笑等19名社友到会。虎丘雅集选出的3名编辑员陈去病、高旭、庞树柏均未到会,俞剑华为避免暴露痕迹也有意不到会,但柳亚子仍按照俞剑华事先制定的"锦囊妙计"进行"革命"。

雅集首先讨论修改南社条例,通过了《南社第三次条例》13条。其中,大部分条款与以前并无区别,但在几个方面做出重大修改和变革:一是填写入社书,完善入社手续。此前,南社入社并无具体手续,既不严肃庄重,运作起来也缺乏规范。这次修改后条例规定,"由书记发寄入社书",由愿入社者"照式填写",从此南社入社手续才逐渐完善起来;二是改变南社的干部设置和管理体制。南社条例原来规定设正社长1人、副社长2人,但虎丘雅集却并未选举出正副社长,而是选出3名编辑员、1名会计、1名书记。这次修改条例改为"社中公推编辑员三人,会计、书记各一人,庶务二人"。这样修改更为符合实际情况,并由此正式取消南社原来名不副实的社长负责制;三是在社刊上做出重大变革。社刊名称由《南社》改为《南社丛刻》。原《南社例十八条》规定"社员须不时寄稿本社,以待刊刻","集稿稍多,即行付印,一月或二月不拘定",现修改为"社稿岁刊两集",在每年夏冬出版。换言之,就是从原来不定期出版变为定期出版。条例还具体规定了社刊的栏目、篇幅和编辑负责制。如第7条规定"社稿以百页为度,分诗、文、词录三种。诗、文录各四十页,词二十页"。第8条规定"选事由编辑员分任"。此外,南社通信处为"上海法租界洋泾浜五十四号民立报馆朱少屏或苏州黎里镇柳亚子"①,这就实际上确立了朱少屏和柳亚子作为南社的联络中心和

---

① 柳无忌编:《柳亚子文集——南社纪略》,上海:上海人民出版社1983年版,第23—24页。

枢纽的地位。

修改条例通过后，便是选举职员。经过柳亚子的一番运动，选举结果如下：景耀月任诗选编辑员，宁调元任文选编辑员，王无生任词选编辑员，包天笑、张佚凡任庶务，朱少屏任书记，柳亚子任会计。这样一来，实际上就撤销陈去病、高旭等人的编辑员职务。对于这一选举结果，后来，陈去病、高旭两人"都不大高兴"。陈去病"素持马虎主义"，倒也不太计较。但是，高旭性格倔强，不免有些耿耿于怀，从此便对柳亚子心怀芥蒂，存心作对，这便成为第 4 次雅集时高旭与柳亚子相骂的伏因。

选举职员的结果，完全符合柳亚子等人的事先策划目的。因此，柳亚子很高兴。特别张佚凡女士当选庶务，也是柳亚子的计划。因为柳亚子从 16 岁便主张男女平等，虎丘雅集时便提议请徐自华女士任词选编辑员，但遭到陈去病反对而作罢。这一次总算是小小地实现了柳亚子男女平权的主张。当晚，社友们在岭南楼聚餐吃大菜，算是摆了一场庆功宴。

在张园"革命"中，柳亚子等不满于陈去病、高旭等人的社刊编辑工作，便利用雅集改选之际，撤换了陈去病、高旭等人的编辑员职务，这虽然未必符合中国传统文人的谦让理念与一团和气的做法，但却完全符合现代社团的运作规则，也体现了柳亚子勇于改变不合理现状的勇气和锐气，展现了柳亚子果敢有担当的气魄。① 第 3 次雅集选出的 3 名编辑员，其资历威望及才能均堪胜任。如景耀月为上海《民吁报》总编辑，他对南社成立颇多支持，且参加第 1 次雅集。宁调元更是革命声名远

---

① 有的学者否定张园"革命"的正当性，指责这次改选"完全是'柳党'处心积虑的谋划"。理由之一是"实行改选的理由并不充分"。因为社刊初创，难免存在一些问题，但不难提出来进行改进；理由之二是改选之事未知会三位编辑员，"在程序上也不合适"。（参见汪梦川：《南社词人研究》，上海：上海古籍出版社 2015 年版，第 17 页）。这种说法未能准确理解南社制度，实际上根本不能成立。南社从成立到解体，尽管职员的选举方式和选举范围屡有变化，但每年一选举却始终不变。从 1909 年成立到 1913 年先后 5 次修订条例，职员（第一次条例仅规定"社长"）每岁一易人，雅集时由社友推举。1914 年第 6 次修改的《南社条例》则改为每年由社员通信选举主任，其他职员则由主任任命。南社 1909 年 11 月第 1 次虎丘雅集选举 3 名编辑员及其他职员，而 1910 年 4 月第 2 次唐庄雅集则无选举职员安排。按照条例，到 1910 年 8 月第 3 次雅集时必然要改选职员，这是依照条例改选，无需任何理由。编辑员们对此也心知肚明，何需另行知会。

扬,又对南社之事极为热心。出席雅集的上海《神州日报》主笔王无生担任编辑员,就更无可挑剔。美中不足的是,当时景耀月未参加雅集,宁调元远在北方,且他们本人未同意担任编辑员,确有考虑不够周全之处。

根据柳亚子的《南社纪略》,第3次雅集后,新选出的三位编辑员都未能就职。景耀月没有到会,宁调元远在北京主持《帝国日报》,他们本人都未同意,后来便推辞不肯就职。王无生也推说很忙,没有功夫编辑。① 于是,《南社丛刻》第3集的编辑重任便落到柳亚子身上。他拉来"革命"的同盟军俞剑华"代操选政",而"自任钞胥之役"。这种结果,或许并非柳亚子和俞剑华事先有意的策划,但至少在客观上是符合敢于任事的柳亚子的心愿的。这也使得柳亚子由此承担《南社丛刻》的编辑重任,掌控南社的编辑大权,并在南社这个舞台上大显身手。

另一方面,张园雅集后,南社雅集集中在上海召开。以上海为活动中心,不但便于社友聚集,而且有利于朱少屏包揽雅集会务。此前柳亚子在虎丘雅集和唐庄雅集时承担的事务性工作,亦转由朱少屏承担,使柳亚子得以从事务性工作中解脱出来,转而承担更为重要的编辑任务。柳亚子重编辑,长于决断,而朱少屏办雅集,擅长协调,两人之间配合默契,初步形成了以柳朱为核心的南社领导集体的雏形,从而加强和改善了南社的领导。正如栾梅健所指出,南社张园"革命"使南社从一个自发的团体初步成为一个有计划的组织,在组织上也开始了"由松散到紧密的转折"。张园"革命"让柳亚子和朱少屏"冲到前台",对于"南社的发展和延续是功不可没的"。②

---

① 从目前披露的新史料来看,实际情况更为复杂,宁调元并非自始至终都未接受编辑员职务,而是曾一度参与编辑工作。据宁调元1910年写给柳亚子等人的3封信来看,宁调元虽在9月10日信中对当选社长(编辑员——笔者按)略表推辞,但后来并未拒绝,而是开始接受文稿,并进行编辑。10月11日信有云:"追奉文稿,所选仅数篇,略足十余页之数,尚差二十余页"。10月18日信有云:"《南社》稿未选完,然大致不能满四十叶。"(参见张明观:《柳亚子史料札记三集》,上海:上海人民出版社2017年版,第62—64页)。就现有史料而言,尚不知宁调元后来为何不再参与编辑工作。有的学者曾指责柳亚子故意选举一些不能或不愿担任编辑工作的社友担任编辑员,"好让自己能够独揽编辑大权"(参见汪梦川:《南社词人研究》,上海:上海古籍出版社2015年版,第17页),但是,从上述材料来看,至少宁调元曾编辑过《南社丛刻》,故前述指责实际上是不能成立的。
② 栾梅健:《民间的文人雅集——南社研究》,上海:东方出版中心2006年版,第78—79页。

当时社友寄来的诗词文稿,字体不一,用纸各异。有的行书,有的草书,有的花笺书写,字迹娟秀,钤着印章,仿佛一个雅致的横幅或是手卷。这样的原稿,弄脏了未免可惜。柳亚子就将全部诗文词亲笔誊抄到每页24行、每行20格的红格稿纸上,然后将这个副本付印。这样做,虽工作量巨大,却将社友们的手迹完好地保存下来。

经过一番紧张的工作,到当年底,《南社丛刻》第3集终于出版。编辑体制进行革新,全集分文、诗、词三部分,限定页数;取消个人专集,刊载作品的社员数量有较大增长。在印刷上,用有光纸4号铅字排印,16开本,封面改第1、第2集的淡红色为瓷青色。这样,柳亚子终于在"革命"后向社友们交出一份满意的答卷,赢得社友们的普遍赞誉。后来,柳亚子确定的编辑体制和印刷版式,一直延续到《南社丛刻》最后第22集。

柳亚子编辑《南社丛刻》后,改变原来"文类不均"的缺陷,使社友作品普遍得到刊登,并大大提高了《南社丛刻》的编辑质量。正如孙之梅所指出,张园"革命"完善了《南社丛刻》的体例,"使之成为一种定时、定篇幅、有影响的文学刊物。"①不过,目前少数学者则有不同看法,他们对柳亚子《南社丛刻》编辑工作颇有微词乃至全盘否定,但他们并不能提供有力的证据来支撑这种论断。②

---

① 孙之梅:《南社研究》,北京:人民文学出版社2003年版,第110页。

② 林香伶认为,柳亚子编辑《南社丛刻》后,原来"文类不均,诗多于文"的弊端并未改观。她用作品数量来计算文类所占比例,得出诗所占比例奇高,如第3集中的文、诗、词比例分别为7%、73%、20%。(参见林香伶:《南社文学综论》,台北:里仁书局2009年版,第265页。)但是,这种做法并不科学,因为一首诗岂能跟一篇文章等量齐观? 各种文类所占比例应以其所占篇幅(页数)来衡量。实际上,自《南社丛刻》第3集开始,除第7集等少数外,文、诗、词大体上保持40页、40页、20页左右规模,文与诗的比例大体相当,文类不均现象已基本改观。林香伶还抱怨社友名号使用不一的现象"随处可见",诸如:蔡有守/蔡守、周亮才/周亮、胡韫玉/胡蕴玉、周伟/周伟仁,"一人二号"为数甚多。(参见林香伶:《南社文学综论》,台北:里仁书局2009年版,第285页。)但是,这种说法近乎吹毛求疵,因为"一人二号"乃至"一人多号"现象在当时是很常见的,如此处理并无错误可言,虽其对今人阅读颇为不便,但岂可苛求古人满足今人的需要。汪梦川则更全面否定柳亚子编辑《南社丛刻》后的"选政",如指责柳亚子编辑后在纠正体例混乱方面"改进效果并不明显,意义也不大",在改进收录社友作品数量悬殊方面"也乏善可陈",甚至进而断言柳亚子的所谓改进"多半是形式的、枝节的东西","在至关重要的文本内容上"却反而不及以前。他猛烈抨击柳亚子编辑后《南社丛刻》内容"芜杂淫滥"及"编而不选"的编辑方针。(参见汪梦川:《南社词人研究》,上海:上海古籍出版社2015年版,第24—27页。)但是,其所提供的证据不够切实有力。在笔者看来,对柳亚子编辑存在问题可以进行深入细致的探讨,但要实事求是,可区分不同阶段进行具体分析,切不可标新立异,矫枉过正,将柳亚子的编辑成绩全盘抹杀。

第五章 捍卫共和

一 经历辛亥

1911年2月13日,南社第4次雅集在上海愚园杏花村举行。这是南社第一次在愚园雅集,此后愚园逐渐成为南社活动的大本营,南社雅集后来多次在此举行。

柳亚子对这次雅集做了充分准备,事先给社友发了雅集顺序单:(1)午餐(愚园杏花村);(2)收雅集费(每人3元);(3)摄影;(4)报告;(5)补收入社书、入社金;(6)谈话;(7)晚宴(四马路麦家圈大庆楼)。①

因准备充分和安排周到,这次雅集共到社员34人,几乎是前三次雅集人数的两倍。参加者除柳亚子、陈去病、朱少屏、俞剑华等曾经参加雅集的社友外,还有高旭、胡朴安、沈昌直、姚光、费公直等首次出席雅集者。

雅集按照预定程序进行,进展颇为顺利。次日,《申报》以《南社开会于愚园》为题报道南社这次雅集情况:"昨日正午十二时,南社开会于愚园,到者三十余人。午膳后开会,由柳君亚卢报告新入社员及收支社金详数。继社友畅叙衷曲,合摄一影,晚复开宴大庆楼,彬彬雅雅,极一时之盛云。"②

---

① 柳无忌编:《柳亚子文集——南社纪略》,上海:上海人民出版社1983年版,第26页。
② 杨天石、王学庄编:《南社史长编》,北京:中国人民大学出版社1995年版,第182页。

不过,在当夜大庆楼晚宴上,高旭与柳亚子"大闹其酒阵",给雅集留下些许遗憾。高旭因为种种原因未参加前三次雅集,但这次却赶来参加了。南社第3次雅集张园"革命"把他的编辑员名头给选掉了,他心里颇不痛快,并对柳亚子心生芥蒂。这次他憋着气来参加雅集,不免乘着酒性与柳亚子在某一问题"大闹酒阵"。同座社友有的支持高旭,有的支持柳亚子,而支持柳亚子的人数较多,特别是后来担任女子北伐队队长的张佚凡亦助了一臂之力。这种情况微妙地反映出两人在社友心中地位的消长。在张园"革命"后,经过柳亚子等人细心运作,《南社丛刻》编得很有章法,雅集准备充分,出席雅集社员倍增,活动开展得有声有色,由此获得大多数社员肯定,故在高、柳相争中,多数站在年轻的柳亚子一边。这种局面,本来就让资历颇深的高旭心中很不是滋味。偏偏此时,柳亚子又哈哈大笑道:"这真叫作'得道者多助'呢!"在柳亚子而言,这不过是一句大实话而已,但柳亚子哈哈大笑并俨然带有胜利者的口吻,无疑使高旭倍感难堪,从而埋下后来"高、柳破裂的根苗"。①

第4次雅集后不久,柳亚子又出版了《南社社友通讯录》,这是南社首次出版通讯录。通讯录共收录社员193人,其中,除1人已故外,20人侨居日本、南洋、美洲、欧洲等地,其余172人则分布于国内13个省份的37个城市。

1911年3月28日,正在香港积极筹划广州起义的赵声致书柳亚子,请其为广州起义筹措军款"至少二千元"。

赵声,字伯先,江苏丹徒(今属镇江市)人,生于1881年,先后入江南水师学堂和江南陆师学堂。1903年东渡日本考察军事。同年秋,入南京两江师范学堂任教,秘密创作和刊印鼓吹反清革命的"七字唱本"《保国歌》,在长江中下游地区流传甚广。1904年后,他先后在保定、南京、广西、广东等地新军中活动,策划新军起义,是同盟会在新军中进行策反活动的得力干将。1909年8月,经林立山介绍,柳亚子与赵声相识于上海,成为知交,颇多往还。

柳亚子接读来信,因父亲掌握财权,无以报命,深感愧疚,便以诗代

---

① 柳无忌编:《柳亚子文集——南社纪略》,上海:上海人民出版社1983年版,第29页。

简,作《寄赵伯先香江》。诗云：

> 土室生埋几岁年，喜闻羽檄动南天。头颅我自羞隋镜，髀肉君先着祖鞭。鲍叔谊原应指困，阮孚穷奈不名钱。此情或得皇穹谅，忍死犹堪睹凯旋。①

柳亚子为自己蛰居乡间无所作为而感到羞愧，喜闻革命党人将在广州有较大军事行动，对赵声即将为革命立下大功感到十分羡慕。他因自己阮囊羞涩，有负友人重托而乞请谅解，同时也期盼看到赵声胜利归来。

4月27日(旧历三月二十九日)，因消息泄露，广州起义被迫提前发动。经过一昼夜血战，终因孤军作战，力量悬殊而失败，死难烈士72名，后被葬于广州城郊黄花岗。起义虽然失败，却沉重地打击了清政府统治，鼓舞了全国人民的斗志，预示着更大的革命高潮即将到来。

广州起义失败后，赵声走避香港，忧愤而殁。柳亚子闻讯，自遣不已，深感有负故人，撰《哭伯先》七律二首。第一首末四句是："南国岂应销霸业？中原从此坏长城。魂归近接黄花冢，铁马金戈夜夜声。"②他悲叹赵声逝世如同中国长城从此毁坏，是中国革命的重大损失。赵声魂魄和黄花岗烈士一样，做千秋鬼雄，夜夜杀敌有声。柳亚子还撰《亡友丹徒赵君传》。次年，又撰《为赵公伯先迁葬募捐启》。30年后，柳亚子还在《羿楼日札》中记述赵声事迹，称誉其为辛亥革命前屈指可数的"吾党军事人才，兼资文武者"。③

广州起义失败后，中国同盟会中部总会于1911年7月31日在上海成立，加紧策划在长江流域发动起义。陈其美和宋教仁分别担任中部同盟会庶务干事和文事干事(领导层共有5名干事)，在中部同盟会中发挥着极为重要的作用。

---

①《寄赵伯先香江》，中国革命博物馆编：《柳亚子文集——磨剑室诗词集》(上)，上海：上海人民出版社1985年版，第138页。

②《哭伯先》，中国革命博物馆编：《柳亚子文集——磨剑室诗词集》(上)，上海：上海人民出版社1985年版，第140页。

③《羿楼日札》，中国革命博物馆等编：《柳亚子文集——磨剑室文录》(下)，上海：上海人民出版社1993年版，第1280页。

陈其美,字英士,浙江吴兴(今湖州市)人,生于1878年。1906年东渡日本入警监学校,兼习政法。同年冬加入中国同盟会。次年改入东斌学校学军事。1908年返国,创精武学校,奔波于浙、沪、京、津之间,联络会党密谋起义。同时,在上海创办《民声丛报》,鼓吹革命。柳亚子与其相识于1910年,曾为《民声丛报》撰文。一天,他们在雅聚园吃饭,喝了几杯酒,大家有点醉意。柳亚子说:"你姓陈,名字又叫英士,不如士字的上面加上一划,变成了英王,不天然是个陈玉成吗?"陈笑道:"我是陈玉成,你又是谁呢?"柳亚子说:"姓柳的不曾有过英雄,除非改姓杨,可以做一个东王,可是我不喜欢这位大傻瓜呢。"①陈氏于1911年2月由柳亚子介绍加入南社。

宋教仁,字钝初,一作遁初,别号渔父,湖南桃源人,生于1882年。1903年秋,他与黄兴、陈天华等在长沙创建华兴会,任副会长。1904年,因在长沙等地谋划起义之事泄露,逃亡日本。先后入东京法政大学和早稻田大学就读。1905年,华兴会与孙中山领导的兴中会等合组为中国同盟会后,他担任司法部检事长。1910年2月广州新军起义失败后,他建议组建中部同盟会来策动长江各省革命工作。同年冬,自海外返回上海,被于右任聘为《民立报》主笔,以"桃源渔父""渔父"等笔名,纵论天下,进行革命宣传。1911年8月由朱少屏介绍加入南社。在此前后,柳亚子作诗相赠,题为《赠宋遁初》。诗云:

> 桃源渔父是吾师,天遣逢君江水湄。三户未终秦正朔,丽年忍忘汉威仪!相怜各有平生意,欲语端难一致辞。辛苦湖湘耆旧传,不堪雪涕为吟诗。②

陈其美、宋教仁等中国同盟会重要干部的加入,使南社"不免渐渐为人注目起来"。③但是,柳亚子是书生,并不管这些,还是继续编着《南社丛刻》第4集。

---

① 《辛亥光复忆语》,中国革命博物馆等编:《柳亚子文集——磨剑室文录》(下),上海:上海人民出版社1993年版,第1102页。
② 《赠宋遁初》,中国革命博物馆编:《柳亚子文集——磨剑室诗词集》(上),上海:上海人民出版社1985年版,第143页。
③ 柳无忌编:《柳亚子文集——南社纪略》,上海:上海人民出版社1983年版,第30页。

6月26日,《南社丛刻》第4集出版。宋教仁于8月5日在《民立报》撰文评介道:"《南社》第四集,南社编。南社创于海上已数年,社员多当代名士,盖仿以文会友之意。四集计辑录社员所撰著,都计文三十四首,诗三百七十一首,词一百二十四首。其间感慨淋漓,可诵之篇不鲜也。"①

8月12日,李怀霜也在《天铎报》发表一则《艺文月旦》加以推荐。"读所刊第四集,首骈散文,次诗,次诗余,所诣皆雅正遒上。复多折衷新理,有关社会向导之作。……谓之近时名著,夫复何疑。"②

此外,《时报》《神州日报》亦有短文介绍。

9月17日,南社第5次雅集在上海愚园举行。柳亚子偕夫人郑佩宜及妻兄郑咏春一起赴沪与会。与会者还有高旭、朱少屏、庞树柏、胡朴安、俞剑华、姚光等,共35人。首次赴会者,有宋教仁、陈其美、陈子范、陈布雷、吕志伊、傅尃、胡寄尘诸人。

会上,第4次修改了南社条例。修订之处为:入社须社员3人以上介绍,除交纳入社金3元外,岁纳常捐1元;社友有于所在地组织支社者,须于成立前报告本社,由本社认可;支社书记须将社员姓名、住址及一切社务情形,每半年于雅集前1月报告本社等。需要注意的是条例13条规定:"凡社友确有妨害名誉者,候雅集时,公议取决除名。"③此前,南社的三个条例对于社员除名均无明确规定,因此,修改后的13条首次对社员除名做了明确规定。

接着,选举职员如下:宋教仁任文选编辑员,景耀月任诗选编辑员,王西神任词选编辑员,④柳亚子任书记兼会计,朱少屏、高旭、黄宾虹3人担任庶务员。

---

① 柳无忌编:《柳亚子文集——南社纪略》,上海:上海人民出版社1983年版,第31页。
② 柳无忌编:《柳亚子文集——南社纪略》,上海:上海人民出版社1983年版,第31页。
③ 柳无忌编:《柳亚子文集——南社纪略》,上海:上海人民出版社1983年版,第35页。
④ 选举宋教仁、景耀月、王西神担任编辑员,并非柳亚子等早就预料他们后来不愿意或不能编辑。因为当时辛亥革命尚未爆发,宋教仁在上海《民立报》主笔政,又亲自参加雅集;景耀月当时虽在日本,但预计很快回国,柳亚子和朱少屏还等他回来当《铁笔报》的总编辑呢。这些说明宋、景二人当时完全有可能编辑《南社丛刻》,但谁能预料到辛亥革命爆发后他们会非常繁忙而无暇编辑呢?至于王西神赴南洋募款也是不能事先逆料的,他实际上也是南社中的活跃分子,多次参加南社雅集,且在1912年南社第7次雅集上与柳亚子、高燮一道被选为编辑员。

雅集后不久,柳亚子编辑出版了《南社社友第二次通讯录》,分上下编,共收录社员 228 人,比第一次通讯录所载增加 35 人。

这一时期,南社影响不断扩大,其支社也相继成立。1911 年春,宋琳在绍兴发起成立越社。同年 4 月,蔡守在广州发起成立广南社(亦称粤社)。随后,陶牧在沈阳发起成立辽社。同年夏,周实在南京成立淮南社。

南社第 5 次雅集时,柳亚子意识到革命形势已一触即发。因此,雅集后,他不愿再回吴江故乡,想在上海有所作为。他同夫人郑佩宜一起住在上海西门外安澜路 38 号朱少屏家。曾任清政府驻外公使的伍廷芳准备创办大型日报《铁笔报》,请柳亚子和朱少屏共同筹备,并请景耀月当总编辑。

《南社社友第二次通讯录》封面

报馆已经确定,设于广东路 39 号,只等景耀月回来便可发刊。但景滞留东京,久等不归,而不到一个月后武昌起义就突然爆发。

为了宣传前方胜利的消息,柳亚子和朱少屏便办了一份小型报纸《警报》。报社就设在一家小印刷所里,虽然只有不到一丈见方的楼面,但是,编辑、印刷、校对却样样俱全。除柳亚子和朱少屏外,一起办报的还有胡寄尘与金慰农。朱少屏与金慰农懂得英文,翻译西报电讯;柳亚子与胡寄尘撰写言论,兼司校对。报纸很小,方方的小纸儿,但每日能出版二三期,可以及时报道武昌起义之后各地消息,因而销路很好,批给报贩子后,很快就一售而空。

柳亚子曾接到署名“亦是同胞”的来信,要求南社派人去苏州游说江苏巡抚程德全反正。信云:

> 铜山西崩,洛钟东应,古有斯言,何今无此事?贵社诸社友,鄙人相识甚多,验其宗旨,虽以文学为名,实有救时之志。今者武汉起义,一举而麕逃彪走,再战而瓦解冰消。当此之时,正丈夫用武、

英雄得志之秋也。自前月黎君起义,鄙人以为我江南志士,必能援手梓桑;何意至今尚杳然无闻,岂欲坐观成败耶? 窃以为江督苏抚究属汉种,有胆大心细之士,入其署而游说之,不白旗遍地者,吾不信也。贵社人才济济,此中真谛,自不劳饶舌。至于军械辎重,无须多备。新军煽动于姑苏,商团呼啸于沪渎,则一举而苏、沪归正,常、镇、太必有响应,即浙之杭、嘉、湖亦定卜同谋矣。趁此天心与人心巧合之际,望诸君勿失此机会也。①

应当说,这封信颇有点"隆中对"意味,其对江苏巡抚程德全反正的精准判断,对苏、沪起义方略的高明谋划,均显示写信人具有非凡胆略和远见卓识。后来,柳亚子不无遗憾地说:"这封信投到我书呆子手上来,自然是不生效力的了。"不过,当时在上海方面担任革命领导工作的陈其美,在那里实际开展活动,其采取方略与前信所述大致相同。11月4日,上海光复,7日,陈其美就任沪军都督,组织都督府。5日,程德全也接受陈其美派人的劝告,宣布独立。其后,12月2日,江浙联军又光复南京。

在辛亥光复中,柳亚子除出版《警报》外,并未做什么实际工作。这倒不是柳亚子不愿参加,而是陈其美等根本就没让他这样的文人搅和进去。据柳亚子回忆,武昌起义后数天的一个晚上,他和朱少屏在铁笔报馆中闲谈,陈其美忽然闯进门来,手里拎着一个大帽笼,看见座中颇多杂客,便说:"乱党真讨厌,又在武昌造反了,不要说做买卖的人,被他们把生意都搅掉,连我们听着了这种消息也要心惊胆战呢。"一会儿,他便悄然别去,把那个大帽笼放在火炉架上,翌日才派人取去。隔不了十几天,上海就光复了。于是,柳亚子对朱少屏说,陈其美真会韬光养晦,那个大帽笼内说不定就是炸弹吧。② 因此,1932年,柳亚子在自传中回忆说:"一九一一年,武昌革命军起,我在上海,做了革命的旁观者。"③

12月29日,17省代表在南京集会,选举孙中山为中华民国临时大

---

① 柳无忌编:《柳亚子文集——南社纪略》,上海:上海人民出版社1983年版,第37页。

② 《辛亥光复忆语》,中国革命博物馆等编:《柳亚子文集——磨剑室文录》(下),上海:上海人民出版社1993年版,第1102页。

③ 柳无忌、柳无非编:《柳亚子文集——自传·年谱·日记》,上海:上海人民出版社,1986年,第3页。

总统。山西代表景耀月、江苏代表陈陶遗、湖南代表宋教仁、广西代表马君武、云南代表吕志伊,均为南社社员。柳亚子后来颇为自豪地说:"这也是在南社历史上值得大书特书的一页吧!"①

1912年元旦,孙中山在南京宣誓就任中华民国临时大总统,宣告中华民国成立。3日,南京临时政府各部成立,南社社员吕志伊、景耀月、马君武分别担任司法部、教育部、实业部次长。28日,临时参议院成立,陈陶遗当选为副议长。柳亚子称:"于是少年同社,尽庆弹冠了。"②

二 反对议和

南京临时政府成立后,南社社员雷昭性(号铁崖)就任大总统府秘书。他觉得自己古文已经做得很好,而骈文则不如柳亚子,便专程赶到上海,盛情相邀。1月中旬,柳亚子与朱少屏、邹亚云等搭乘司法总长伍廷芳的花车前往南京。朱少屏亦前往总统府担任秘书,而邹亚云则到南京游览。

到了总统府,柳亚子胸前佩戴一块盖有红印的白布符号,便成为大总统府秘书。那一天,孙中山忙于接待伍廷芳,柳亚子跟他仅匆匆见了一面。其时,总统府秘书长胡汉民也随侍在侧,与柳亚子等说了几句话,便进入另外的房间。柳亚子当时装束很特别,前发齐眉,后发披肩,披着一件大红的斗篷,以致胡汉民一时莫辨雄雌,问朱少屏:"柳亚子到底是男是女?"③

柳亚子担任骈文秘书,当时几乎无事可做,天天吃西餐,非常清闲。此时,担任粤军北伐总司令姚雨平秘书的叶楚伧,因北伐不能进行,便天天和柳亚子混在一起。他们与到南京游览的邹亚云一起游山玩水,

① 柳无忌编:《柳亚子文集——南社纪略》,上海:上海人民出版社1983年版,第38页。
② 柳无忌编:《柳亚子文集——南社纪略》,上海:上海人民出版社1983年版,第38页。
③《书烈亚同志所藏中山先生遗墨后》注文,中国革命博物馆编:《柳亚子文集——磨剑室诗词集》(下),上海:上海人民出版社1985年版,第1836页。

辛亥革命前后的柳亚子

饮酒作诗。当时正值隆冬季节,柳亚子待了三天,身体就吃不消了,忽然患起寒热症来。于是,他便卷起铺盖离开总统府,与邹亚云一道回到上海。

回上海后,柳亚子先是与陈布雷、邹亚云在南京路第一行台旅馆同住几天,然后迁往七浦路赁屋而住。其时,儿子无忌才虚龄6岁,长女无非亦未满周岁,柳亚子干脆让郑佩宜带他们到上海,成功地在上海建立了自己的小家庭。但父亲柳念曾并不赞成柳亚子一家在上海长住,便断绝经济接济。为了解决生计问题,柳亚子经邹亚云介绍,进入《天铎报》担任主笔。

此时,正是南北议和之声高涨之时。辛亥武昌起义爆发后,南方各省大都纷纷独立和起义,而北方各省除陕西、山西独立外(山东也一度宣布独立,但不久取消),其余仍在清政府控制下。为了镇压起义,清政府被迫起用袁世凯。袁世凯则趁机攫取清政府的军政大权,并挥兵南下,在汉口、汉阳重创革命军,因而一度形成南北对峙的局面。鉴于南京临时政府财政异常困难,又慑于袁世凯的强大军力,南方一些革命党人主张以大总统职位诱使袁世凯与革命党人合作,以共同推翻清政府统治。而袁世凯亦不愿死心塌地为清廷卖命,他为了牟取最大的政治利益,有意挟革命党以自重,以便从清廷手中攫取更大权位。与此同时,他也不急于进攻南方革命军,而是凭借强大军力向南方各省施加压力。再加上一些立宪党人和旧官僚从中牵线和大力策划,革命党人便与袁世凯达成协议,于1911年底在上海开始南北议和。革命的17省代表在南京选举孙中山为临时大总统的同时,决定请孙中山致电袁世凯,声明只要袁世凯承认共和,孙中山便可以辞职。

南京临时政府成立后,一度宣布北伐。1912年1月11日,孙中山宣布自任北伐军总指挥,任命黄兴为北伐陆军总参谋长,立即北伐。只用两天时间,北伐军就大败清军于宿州,占领军事重镇徐州,在河南、湖北也取得一些胜利。可是,在内外强大压力下,孙中山于1月22日被迫声明如清帝退位,袁世凯赞成共和,他即辞去临时大总统职务,北伐当然便成为泡影。于是,南北议和的论调一时甚嚣尘上。

柳亚子进入《天铎报》后,随即以笔名"青兕"发表了一系列文章,坚决反对南北议和,力主北伐。当时,《民立报》已成为南京临时政府机关报,竭力为南北议和进行辩护,《大共和报》亦持同样立场。于是,柳亚子便以《天铎报》为阵地,与《民立报》和《大共和报》展开激烈论战,充分展现了其雄辩犀利的论政风格。

1月19日,《民立报》载文,有云:"袁氏果知大义,令清帝退位,使全国合一,而免血战之酷祸,则吾人将念其反正之功。"柳亚子即于次日发表《袁世凯休矣》,抨击袁世凯以清帝退位为筹码而窃取大总统职位的阴谋,严正指出,"共和国民以道德为元气,几见大总统而可以力征经营者?"①

1月21日,柳亚子又发表《论袁世凯》一文,历数袁世凯在辛亥革命后镇压革命之罪状:"于是有汉口、汉阳之陷,淮北、皖北之扰,齐鲁则独立取消,秦晋则危机屡迫,两川既定而复乱,滦州起义而弗成,残杀志士,荼毒生灵,北兵所至,民无孑遗。此皆袁氏罪状,罄竹难书,虽能使虏酋逊位,功罪岂足相抵哉?"他指出,在清帝退位后,袁世凯"亦当翱翔海外","以北方诸省还于民国之手",希望"袁氏三思";他还尖锐地指出,"至袁之为人,专制锢毒,根于天性,与共和政体无相容之理。昔法之大小拿皇,咸以总统而登皇帝之位,袁氏野心,取则不远,此则司马昭之心路人皆知,尤愿吾国民三致意焉。"②

《民立报》曾经载文为南北议和辩护,有云:"吾国民尊重人道,不忍涂炭生灵,袁氏虽诈,犹当以至诚待之。"又云:"疾恶亦不宜过甚",要允许袁世凯自新,"否则示人以太隘"。柳亚子则针锋相对,于1月23日

①《袁世凯休矣》,中国革命博物馆等编:《柳亚子文集——磨剑室文录》(上),上海:上海人民出版社1993年版,第261页。

②《论袁世凯》,中国革命博物馆等编:《柳亚子文集——磨剑室文录》(上),上海:上海人民出版社1993年版,第263页。

发表《北伐》一文,力主北伐。他明确指出:"汉贼不两立,王业不偏安,今日之事,万绪千端,唯有乞灵于铁血。议和、议和,逊位、逊位,毋信人之言,人实诳汝,徒陷我于老师糜饷之窜而已。"他还警告南京临时政府主和派,"苟其文恬武嬉,兵骄将懦,倚长江为天堑,视金陵为乐土,则民国前途上不能逾六朝,下且有晚明、天国之忧。"①

1月31日,柳亚子发表《时哉不可失》一文,认为当时袁世凯与清廷矛盾激化是"民军北伐之绝好机会",并提出多路进兵北伐的策略。这样,"南北并进,内外交讧,吾知狡虏无死所矣!"②2月3日,又发表《修我之矛,与之同仇》,呼吁进兵北伐,援助秦晋革命军。

然而,柳亚子的强烈呼吁却无力阻止时局逆转。2月初,袁世凯以《清室优待条件》诱使和强迫清隆裕太后同意清帝退位,并要求南京临时政府同时取消,在天津建立新的临时政府。2月5—7日,柳亚子发表《北方设立临时政府与优待虏廷之抗议》一文,痛斥撤销南京临时政府是"事理之最不可通者",指责袁世凯托词北方秩序不易维持而主张在天津设立临时政府的主张"尤谬"。他还坚决反对优待清廷条件,认为"仍留清帝之名"则"万万不可",每年给清廷俸给400万元以及清帝退位后仍居颐和园或热河避暑山庄等条件亦"窒碍难行"。③

2月8日,柳亚子又发表《寇深矣,可若何》,主张"急移各省援鄂之师,取道襄、郧,以达商、雒,由此入秦",以援助被北军进攻的陕西革命军。同时,在江淮一带,"分兵西上","兼程赴援","秦事既定","然后进规三晋",并"由晋入燕"直取北京。④

2月8日,柳亚子在《天铎报》上发表《呜呼,临时政府和参议院》一文,开始将批评火力指向临时政府和参议院。他指责南京临时政府和参议院"不顾革命之初衷","不得国民之公意",竟然同意接受优待清廷

---

① 《北伐》,中国革命博物馆等编:《柳亚子文集——磨剑室文录》(上),上海:上海人民出版社1993年版,第264页。

② 《时哉不可失》,中国革命博物馆等编:《柳亚子文集——磨剑室文录》(上),上海:上海人民出版社1993年版,第266页。

③ 《北方设立临时政府与优待虏廷之抗议》,中国革命博物馆等编:《柳亚子文集——磨剑室文录》(上),上海:上海人民出版社1993年版,第270—272页。

④ 《寇深矣,可若何》,中国革命博物馆等编:《柳亚子文集——磨剑室文录》(上),上海:上海人民出版社1993年版,第275页。

的条件,并质问这样做何以对得起革命先烈、死伤将士和流离失所的平民。①

2月9日,柳亚子又在《天铎报》上发表《推翻优待虏廷条件之上策》一文,继续指责"临时政府溺职,参议院无状,擅订优待虏廷条件"。他主张"以军队势力对付"袁世凯的武力威胁,即企图通过革命将士的坚决反对来推翻协议,甚至不惜建议革命军人采取武力威胁姿态,即"苟政府畏葸,议员附和,不能整旅北讨,则唯有反戈南向"。似乎如此一来,"故优待条件一律取消,非外交之无信,实军情之难拂",而袁世凯"亦惟有俯首承认而已"。②

2月9日,《民立报》主笔邵力子发表《真爱国者之言论》,赞同南京临时政府议和主张,批评柳亚子等"拘于一偏","以虚名末节为鹬蚌之争",认为当务之急是"提倡人道主义,力求和平解决"。他还讥讽道:"人已赞同共和,而我尚叱以奴虏;事已几费斟酌,而今忽倡议推翻。其热心非不可敬,独惜其于人道主义,与夫真正之国利民福,未遑审慎思之也。"③次日,柳亚子发表《告真爱国者》进行反驳。他严正指出:"名不正则言不顺,共和国中,固无异族君主回翔之馀地。况保皇丑类,螳臂犹繁,宗社死党,狼心未灭,卧榻之侧,岂容他人酣睡。……顾可视为末节虚名,无关轻重哉?"④

2月11日,柳亚子发表《取消临时政府问题》一文,甚至明确提出取消临时政府的愤激主张。他提议请黎元洪创议,通电各省不承认"议和辱国"的南京临时政府,推翻优待清室条件,"破裂和局","尅日北征","先解秦晋之围,继捣幽燕之窟"。"俟虏社已屋,逆酋已诛,然后公推大总统……此为今日救国之秘计"。⑤ 次日,《民立报》另一主笔徐血儿随

①《呜呼,临时政府和参议院》,中国革命博物馆等编:《柳亚子文集——磨剑室文录》(上),上海:上海人民出版社1993年版,第277页。
②《推翻优待虏廷条件之上策》,中国革命博物馆等编:《柳亚子文集——磨剑室文录》(上),上海:上海人民出版社1993年版,第278页。
③ 杨天石、王学庄编:《南社史长编》,北京:中国人民大学出版社1995年版,第245页。
④《告真爱国者》,中国革命博物馆等编:《柳亚子文集——磨剑室文录》(上),上海:上海人民出版社1993年版,第280页。
⑤《取消临时政府问题》,中国革命博物馆等编:《柳亚子文集——磨剑室文录》(上),上海:上海人民出版社1993年版,第282页。

即发表《再论反对优待条件事》一文进行反驳。他竭力为接受优待清室条例进行辩护,声称:"则以此优待条件,即足以勘定大局,免致残祸延长、生灵涂炭、外人乘机干涉,宁不可行";他指责柳亚子倡言取消南京临时政府的主张"尤为悖谬",且将导致"民国内部自生携贰,以重蹈洪杨失败之覆辙",并直斥其"实乃亡国之秘计也"。① 柳亚子则于 13 日以《答某报》予以反击,指责南北议和是"养痈成患",并以太平天国失败的教训为历史借鉴,沉痛地指出:"天国之亡,不亡于杨、韦之戕杀,而亡于株守南都,不思北伐。"②

2 月 10 日前后,《大共和报》主笔、柳亚子姨丈汪东(字旭初)致书柳亚子,劝他不要反对议和。2 月 12 日夜,《大共和报》另一主笔金松岑也派人劝他不要反对优待清室条件,否则将以《大共和》之众与其"开战"。虽然汪、金二人和柳亚子都有特殊私人关系,但柳亚子丝毫不为所动,他连夜写了《答某君书》一文进行公开答复。柳亚子首先旗帜鲜明地表示:"和议某始终不赞成,至优待虏酋条件,尤为绝对的反对",③随即全面而详细地阐述了反对优待清廷条件及南北议和的理由。

柳亚子指出,"况我堂堂正正光复中华,而必留清帝之称以与民国对抗,卧榻之旁,他人鼾睡,不知吾国民能高枕安卧否也。"他很坦白地表示:"私谓今日中国革命军兴","不特溥仪父子当悬首太白",就是满洲亲贵和保皇立宪党人,"亦在必诛之列","然后革命事业可以完全,共和基础亦得巩固。""不然,恐第二次革命终不能免。"他声明:"故某之反对虏酋,只欲取销其久假之帝号,而不复屠戮其当诛之生命,亦已委曲求全矣。乃要挟无厌,要挟多端,保皇立宪党人复改头换面,盘踞临时政府和参议院中,使真革命党反无容足之地,故和议迁延,日复一日,优待条件,缪戾万端。"他请汪东"澄心思之","自今以往,能保第二次革命之不起乎? 苟曰能保,则请问保之之理由安在? 政策如何? 如其不能

① 杨天石、王学庄编:《南社史长编》,北京:中国人民大学出版社 1995 年版,第 249—250 页。
②《答某报》,中国革命博物馆等编:《柳亚子文集——磨剑室文录》(上),上海:上海人民出版社 1993 年版,第 289 页。
③《答某君书》,中国革命博物馆等编:《柳亚子文集——磨剑室文录》(上),上海:上海人民出版社 1993 年版,第 284 页。

也,则某等日日呼号奔走,欲反对优待条件以推翻和局者,亦惟是销灭第二次革命种子,欲毕之于一役,以缩减流血之量耳,岂真恶和平而乐扰乱哉!"①

柳亚子对袁世凯做出了极为锐利的分析和极为精准的预判。他认为,袁世凯是所谓"治世之能臣、乱世之奸雄耳","断断不能适宜于共和之世界"。"彼殆欲合曹孟德、拿破仑为一人,故一方面借民军势力逼胁虏廷;而一方面又挟虏廷名号劫制民军,俾虏酋退位与南都临时政府取销同时并行,彼得坐收渔人之利,由大总统而进为皇帝。"②

柳亚子还分析袁世凯提出优待清廷条件的动机,进一步解释反对优待条件的深层动机:袁氏"今日必不为寡妇孤儿争此优待之条件。在彼不过以纵横捭阖之术尝试民国,苟民国唯诺唯命,情见势绌,彼将从此为所欲为,无复顾忌。吾人窥见其隐,故以反对虏酋先折袁氏之机牙,免后此第二革命无穷之惨祸,岂真不解事小儿漫为叫嚣跳踉哉"③。

2月15日,南京参议院选举袁世凯为临时大总统,至此柳亚子为反对议和所做出的全部努力均付诸东流。17日,柳亚子发表异常激愤的《青兕宣言》。他批评火力全开,火花四射,不仅严辞抨击南京临时政府和南京参议院,而且就连赞成议和的报馆与文人也一概都在痛骂之列:"乃临时政府不职,参议院无状,竟以大好江山断送于操、懿之手。复有不肖报馆,无耻文人,甘心为袁氏作机关,日肆莠言,以相煽惑"。他指出,拟议中的国都处于袁世凯势力范围之内,内阁要员均属袁世凯亲信,并大胆预言袁世凯"他日易总统而为皇帝,倒共和而复专制,一反手间耳!"。因此,他大声疾呼,号召爱国国民从速组织"强固有力之团体","实行二次革命"。④

需要指出的是,虽然当时社会主流舆论赞成南北议和,但是,在革

---

① 《答某君书》,中国革命博物馆等编:《柳亚子文集——磨剑室文录》(上),上海:上海人民出版社1993年版,第284—286页。

② 《答某君书》,中国革命博物馆等编:《柳亚子文集——磨剑室文录》(上),上海:上海人民出版社1993年版,第287页。

③ 《答某君书》,中国革命博物馆等编:《柳亚子文集——磨剑室文录》(上),上海:上海人民出版社1993年,第288页。

④ 《青兕宣言》,中国革命博物馆等编:《柳亚子文集——磨剑室文录》(上),上海:上海人民出版社1993年版,第295页。

命阵营中，反对南北议和的文人却不少，如高旭、张昭汉、李怀霜、姚光等都曾猛烈抨击袁世凯、反对南北议和、力主北伐。[①] 只是他们没有柳亚子那样持续与激烈而已。这一点可从议和纠正会的两天活动中略窥一斑。

2月10日，邹亚云、夏重民等人为了反对优待清室条件，发起议和纠正会。下午2时开会，先由发起人邹亚云敦请江亢虎演说，接着余绳伍等十余人相继演说，"皆激昂慷慨，责参议院之偾事，伍廷芳之溺职，力主战争，不欲和议"。江亢虎"以人道主义为前提"，余绳武"以发电力争为目的"，余鹤则谓"以少数参议员之私，不应代表全体国民之意旨"，夏重民"慷慨淋漓，力主北伐，声泪俱下"，陈光誉则"以参议员直为梦呓，签字承认，我必筹激烈对付"。随后，由邹亚云提议组织临时机关，推选江亢虎为主席，决议名称曰议和纠正会，并当场推选江亢虎、李怀霜、夏重民三人为代表。当晚，即致电南方和谈代表伍廷芳诘问，并致电参议院。[②]

2月12日，议和纠正会在上海张园安垲第楼召开大会。首先，由邹亚云推举江亢虎为主席，获得一致赞成。江亢虎宣言，邮电经费由发起人承担，而热心者可以赞助。接着，李怀霜报告伍廷芳的答词。随后，戴季陶、蒋宸予、梅熙春、程崇实、谢华树、徐茂均、夏重民、罗经、倪学宽、邹代藩、殷仁、任宸、吴木兰女士、林宗素女士等相继演说，"皆激昂慷慨，不知是泪是血，无心肝者亦当动容。"共有27人临时投意见书，"其宗旨不外取消参议院，迅速北伐，及不认优待条件。"程崇实提议改议和纠正会为国事纠正会，获得通过，并当场推选职员5人。[③]

迄今为止，学界在论及柳亚子反对议和时，几乎是一边倒地肯定，笔者对此稍有异议。应该指出，柳亚子与邵力子等围绕南北议和（也包含优待清廷条件）的争论，是反清革命阵营内部的不同主张之争。1912年初，革命党人面临的首要任务是推翻清政府统治，为此，不仅需要与根基深厚的立宪党人携手合作，也有必要争取实力雄厚的袁世凯反正。

---

① 栾梅健：《民间的文人雅集——南社研究》，上海：东方出版中心2006年版，第103页—105页。
② 杨天石、王学庄编：《南社史长编》，北京：中国人民大学出版社1995年版，第246页。
③ 杨天石、王学庄编：《南社史长编》，北京：中国人民大学出版社1995年版，第246页。

至于如何降服和制约野心勃勃、老奸巨猾的袁世凯,则是将来要考虑的问题。邵力子等主和派,从袁世凯强大的政治实力出发,力图争取袁世凯赞同革命,避免出现袁世凯与清廷合作扼杀革命的局面,体现了对时局的精准把握,其大局意识和现实主义考量是值得肯定的。他们主张接受清廷优待条件,既有用和平手段减少流血的权衡,也有力图缓和种族冲突的用心,因而也有一定的价值。再者,他们的主张也较为契合怕乱求稳的大众心理,具有广泛的社会基础。但是,他们对于袁世凯的专制本质则认识不足,防范乏力,亦未积极发展革命实力,而一味妥协退让,故确有难逃诟病之处。柳亚子则力主北伐,坚决反对南北议和与接受清廷优待条件,预言袁世凯将会复辟帝制,展现了对未来政局发展趋势的惊人预判,其政治洞见确实高人一筹。然而,柳亚子未能精准判断当前政局和提出切实有效的应对方案,他完全无视当时政治实力对比,既无有效引导大众舆论进行倒袁的宣传鼓动能力,更无解决革命阵营财政异常窘迫的实际办法,带有浓厚的书生论政色彩,其脱离实际的局限是不言而喻的。柳亚子还未突破狭隘种族革命的窠臼,甚至还提出不承认临时政府的愤激主张,亦有可议之处。因此,很难简单地断言,主张议和就是完全错误,而反对和议便属绝对高明。

不过,柳亚子后来常常津津乐道自己与邵力子等人关于南北议和之争,每每为自己高超的政治预见能力而无比自豪。

三 为烈士昭雪复仇

柳亚子在极力反对南北议和的同时,还多方奔走呼吁,为周实、阮式二烈士昭雪复仇。

周实,字实丹,号无尽,原名桂生,字剑灵,江苏山阳(今淮安市)人,生于1885年。1906年,与阮式、周伟等考取宁属师范学校。翌年退学,与周伟转入南京两江师范学校。1909年南社虎丘雅集时,曾被高旭邀请赴会,但因举家南迁,不克分身前往。同年冬,经过高旭介绍,加入南社。入社后,其诗歌一扫忧伤惆怅缠绵悱恻之情,昂扬激越之气日浓。

同年秋,南社社友高旭、高燮、姚光、蔡哲夫等赴南京,与周实、周伟等一起凭吊明故宫、明孝陵等。事后,周实将纪游诗词辑为《白门悲秋集》刊行,作为《南社丛刻》集外增刊。柳亚子为之题七绝四首,末首云:"天教奇气叱鸾龙,六代江山属寓公。别有伤心怀抱恶,秋来一树海棠红。"1911 年夏,周实与阮式共同组建淮南社,为南社"桴鼓之应"。

1911 年广州起义失败,周实悲愤欲绝,赋《痛哭四章》,有"匣中夜夜青锋啸,愿作人豪不羡仙"之句。武昌起义消息传来,周实欣喜若狂,赋《消息》诗一首及"王师所过如时雨,帝子归来唱大风"的断句。他与城中各校学生七百余人"谋光复",拟于农历九月十七日(公历 11 月 7 日)"举事"。① 11 月 3 日,周实接柳亚子、朱少屏驰书相召,即赴沪会晤。在上海,周与柳亚子"联床竟夕,商江北起义方略",②遂决定返回淮安,与好友阮式一起谋划光复家乡。

阮式,字梦桃,号翰轩,别号汉宣,原名书麒,亦为江苏山阳人。生于 1889 年,小周实 4 岁。早年入江北高等学校,1906 年入宁属师范学校,与周实结为好友。1907 年因反对管理员横暴,与周实、周伟同时退学。其后,先在皖南宣城模范小学任教,继而在上海《女报》担任编辑,后在淮安敬恭学校任教。1910 年,在山阳高等小学任教,后与周实一道创建淮南社。他还兼任上海、香港、鸠兹、宛平诸报社特约通讯。南社社员李瑞椿创《克复学报》于上海,慕名请他为学报撰稿。他生平持民族主义甚坚,为文慷慨激昂,受到淮安一带知名人士的推崇,却遭到清廷官吏和土豪劣绅的忌恨。

11 月 4 日,清河(今属淮安市)清兵十三协哗变。5 日,乱兵溃散,秩序大乱,邻近的山阳也人心惶恐。面对这种形势,周实回乡后,随即与阮式一起商议保淮之策。他们召集旅宁旅沪回淮学生及本城中学生八九十人在旧漕署西团练局开会议事,成立"学生队",由周、阮分任正副队长。由于当时清政权已瘫痪,山阳无兵可恃,富户豪门惶惶不可终日,士绅亦希望有人出来负守城之责,乃说服团练局供应学生枪弹。

① 杨天石、王学庄编:《南社史长编》,北京:中国人民大学出版社 1995 年版,第 214 页。
② 柳无忌、柳无非编:《柳亚子文集——自传·年谱·日记》,上海:上海人民出版社 1986 年版,第12 页。

周、阮率领队员日夜巡逻，分班在城门口巡查奸宄，使城内秩序井然。绅董见学生队勤劳胜于团勇，因请改名为巡逻部，周、阮分任正副部长。周、阮率领学生们栉风沐雨，荷枪持械，来回巡逻，日夜不辍。当时，清江"乱兵虽近在咫尺，而淮城独能完肤"，不能不归功周阮两人。①

11 月 9 日，清河光复，蒋雁行出任江北都督。12 日，江北都督蒋雁行传檄山阳县反正，并邀山阳官绅赴都督署议事。县令姚荣泽抗令未赴，山阳士绅当即举定周实、顾震福、于述祖、丁乃嘉、潘际炎五人赴会。县令姚荣泽则在暗中派人散布谣言，蛊惑人心，说周阮要"杀官劫绅"，以引起士绅忌恨。

14 日，周实、阮式召开山阳光复大会，到会数千人，独姚荣泽避不到会。会上，首先由周实演说光复理由。接着，阮式即席发言，慷慨陈词，指责姚荣泽"避不到会，即为反对光复之行为"，并痛斥劣绅无状。②这就更加触怒姚荣泽和众多劣绅，由此埋下被害的种子。会后，周、阮两人即积极筹建淮安军政分府。

15 日上午，周实出城欢迎招待江北都督派到山阳的一队官兵。姚荣泽率领卫队三四十人持械到团练局，阮式即面斥其昨日为何不到会场，并严诘漕银数目及存放地点。姚无言以对，答应在三日内造册交清。

当晚，周实归来，阮式向其汇报白天团练局发生的事情，共商应变对策。他们估计姚心怀叵测，于是，"一面草檄，饬其紧守监狱"，"一面与巡逻部员议武力解决之法"。与此同时，姚荣泽与典史周域邠、参将杨建廷也在密谋杀害周、阮计划，"然未得地方绅士之同意，亦未敢仓猝行事"。③姚还连夜派人向蒋雁行密报，诬称山阳"巡逻部将哗变，掳掠全城，请派两营兵来淮镇压"。

16 日，周实令周伟、张冰赴清江向江北都督蒋雁行面请"淮安军政分府印"，以便行使职权，二人遂冒雨前往。

① 杨天石、王学庄编：《南社史长编》，北京：中国人民大学出版社 1995 年版，第 215 页。
② 汪纯青：《淮安光复前后》，扬州师范学院历史系编：《辛亥革命江苏地区史料》，香港：大东图书公司 1980 年版，第 343 页。
③ 杨天石、王学庄编：《南社史长编》，北京：中国人民大学出版社 1995 年版，第 216 页。

17 日上午,姚荣泽召集周域邠、杨建廷及顾震福、秦保愚、于述祖、丁乃嘉、阮钵香、何子久、何钵山等地方劣绅"秘密会于海会庵",定下了杀害周、阮两人的罪恶计划。① 中午,由何钵山出面邀请周实在何宅午餐。餐毕,周途经府学前,有人持姚荣泽名片,请周赴明伦堂议事。周入后,即被连射两弹,打中要害,复连遭五弹射击,当场牺牲。随后,又诱捕阮式,将其捆绑架至学宫,命无赖朱二将阮"刳腹剖胸","肝肠俱出","颗颗饭粒,遗弃满地"。盖当时阮刚吃过午饭,死状极惨。②

姚荣泽毒辣无比,在杀害周、阮二人之后,又贴出"告示",反诬称周、阮勾结土匪,"谋杀练董""抢劫商民",并拘捕周、阮家属,强令出具认罪甘结。周父鸿翥被下狱判刑,监禁十年,在姚荣泽逃走后才被释放。阮式两兄阮保麒、阮玉麒与弟阮锦麒也被迫逃到镇江。两天后,镇江革命军臧在新部抵淮,问及周、阮一案,姚荣泽"卑词屈膝,执礼甚恭,每日盛筵款待",却突然于某夜"携巨款潜逃"南通,托庇于张詧。张詧为张謇之兄,是南通总商会会长,南通光复后又任总司令。

周、阮被害后,周伟、张冰当夜越城出逃,致信柳亚子、朱少屏告哀。不久,周父鸿翥、阮兄保麒、玉麒等先后辗转逃到上海,谋求复仇昭雪。

柳亚子闻讯,震惊愤慨之极,撰七律《哭周实丹烈士》。诗云:

> 龙性堪怜未易驯,淮南秋老桂先焚。三年讵忍埋苌叔,一语无端死伯仁。嚼血梦中犹骂贼,行吟江上苦思君。新亭风景今非故,遗恨悬知目尚瞋。③

11 月 24 日,柳亚子在《天铎报》发表《周烈士实丹传》,公布周、阮惨案真相。12 月 5 日、6 日,柳亚子在《天铎报》、苏州《大汉报》发表《山阳笛》,呼吁为周、阮二烈士昭雪复仇。

不久,柳亚子赴南京任大总统府秘书,饮于桃叶渡酒家,遂赋诗一

① 郭寿龄:《周实阮式年谱》,江苏省政协和淮安市政协文史资料委员会编:《周实阮式纪念集》,1991年印行,第 28 页。
② 汪纯青:《淮安光复前后》,扬州师范学院历史系编:《辛亥革命江苏地区史料》,香港:大东图书公司 1980 年版,第 348 页。
③《哭周实丹烈士》,中国革命博物馆:《柳亚子文集——磨剑室诗词集》(上),上海:上海人民出版社 1985 年版,第 144 页。

首怀念亡友。诗云：

> 桃叶芳名尚未删，秦淮流水自潺潺。我来不洒新亭泪，只哭淮
南周实丹。①

周、阮两烈士惨遭杀害，激起革命同志的无比义愤。伸张正义，惩凶复仇，成为舆情所向，众论所归。许多南社社员、革命志士为之奔走呼号，柳亚子是其中持之最力的一个。后来，他说："在这个时候，我是把全生命都交给周、阮一案的了。"②

柳亚子等南社社员联名上书沪军都督陈其美，告以"虏令无状，一日杀二烈士，不扑杀此獠，无以谢天下"。③ 周鸿礽亦具呈请求昭雪。陈其美随即行文南通，密拿姚贼，解沪讯办。通州军政分府不得不将姚荣泽拘捕，但是，张詧却在姚的运动下拒绝押送上海。

张詧庇护凶手之举，激起极大公愤。一时间，军界、政界、学界、被害者家属的公函、公禀、呈文，雪片般投向沪军都督府。如镇军顾问官周祥骏、阜宁学界曹凤镛等的公函，淮安学团顾振黄等 50 余人、乔树森等 10 余人的公禀，以及阮兄保麒、玉麒的来禀，纷纷要求解押姚荣泽到案对质。于是，陈其美便派员到南通提解。

姚荣泽被拘后不甘坐以待毙，便"挥金四处奔走"，甚至上书临时大总统孙中山。他还策动山阳劣绅假借"山阳公民团"名义通电各报馆，继续诬陷周、阮，唆使皖南同乡会为其辩护。更为恶劣的是，他不仅污蔑陈其美"拘其家属，发封其财产"，而且还使用狡诈手段蓄意挑起事端，让苏州、上海、通州三处对案件事实"参互错乱，争辩不暇"。江苏都督庄蕴宽深受迷惑，竟攻击陈其美"不仁"。孙中山根据姚荣泽呈文，加上听信江苏都督的汇报，便以该案发生地属江苏管辖，批令由江苏都督讯办，并对陈其美颇有微词。这样一来，当陈其美派员来到南通提解时，张詧更是有恃无恐，拒绝解沪。

---

① 《桃叶渡酒家题壁》，中国革命博物馆编：《柳亚子文集——磨剑室诗词集》（上），上海：上海人民出版社 1985 年版，第 145 页。

② 柳无忌编：《柳亚子文集——南社纪略》，上海：上海人民出版社 1983 年版，第 41 页。

③ 《阮烈士梦桃传》，中国革命博物馆等编：《柳亚子文集——磨剑室文录》（上），上海：上海人民出版社 1993 年版，第 303 页。

在这种情况下,陈其美便对蔡冶民说,"这一次要亚子亲自出马了"。随后,陈其美派人请柳亚子到沪军都督府,"起草了一个洋洋数千言的电报"。①这就是2月4日陈其美给南京临时大总统孙文,司法部总长伍廷芳、次长吕天民发出的长电。电文详述周阮被害经过及沪军都督府处理此事的缘由和经过,还指出姚泽荣运用金钱为自己百般开脱的事实,驳斥了姚荣泽对陈其美的污蔑之词,揭露了姚荣泽"运动发封其财产,拘留其家属",俾使沪、苏、通三处"参互错乱,争辩不暇","而彼乃得挟大总统之批,逍遥于法外"的阴谋。电文严正指出:"姚贼于一日而杀两志士,复欲以只手掩尽天下人,使志士埋冤,纪纲堕地。虽满清旧例,本不赞助民军;而民国方兴,岂容悬此冤狱?!"电文还郑重声明:"其美如诬姚贼,愿甘伏法。"最后,电文言辞激烈地表示:"当知吾辈之所以革命者,无非平其不平。今民国方新,岂容此民贼、汉奸戴反正之假面具,以报其私仇,杀我同志?其美不能不为人昭雪,虽粉身碎骨,有所不辞!"②

2月6日,柳亚子与宁调元、朱少屏、高旭、雷昭性、沈道非等6名南社社员也联名致电孙中山,要求饬令张謇将姚荣泽火急解沪,归案讯办,以伸国法。同日,柳亚子和高旭以南社代表名义与克复学报社代表李瑞椿、淮安学团代表顾振黄联名在《天铎报》刊登启事,决定于2月11日为周实、阮式二烈士召开追悼会。

接到陈其美言辞激烈的电文后,孙中山于2月7日下令陈其美,以该案系向沪军都督府告发,同意将该案交沪军都督讯明律办,"免致枝节横生,沉冤莫白"。③与此同时,孙中山饬令江苏都督庄蕴宽将姚案全案卷宗移交沪军都督办理,饬令张謇将姚荣泽及全案卷宗解送沪军都督讯办。

① 柳无忌编:《柳亚子文集——南社纪略》,上海:上海人民出版社1983年版,第40页。
②《陈其美致孙中山、伍廷芳、吕志伊电》,《民立报》1912年2月6日,郭长海、金菊贞编:《柳亚子文集补编》,北京:社会科学文献出版社2004年版,第60—62页。
③《大总统电令沪都督秉公讯办周阮被杀一案文》,《临时政府公报》第11号(2月10日)。不少学者将公报出版时间(2月10日)误为孙中山复电陈其美的时间。据上海《民立报》1912年2月10日载"为周阮案孙总统致陈都督电"末尾标出"总统府　阳",则孙中山复电时间应为2月7日,参见王耿雄:《孙中山史事详录(1911—1913)》,天津:天津人民出版社1986年版,第164页。

当时,南京临时政府实业总长张謇,站在其兄和姚荣泽的一边,主张罚金抚恤周、阮遗族,了结此案。柳亚子于 2 月 9 日在《天铎报》发表《实业总长之金钱主义》一文,予以猛烈抨击。他严正声明:姚荣泽杀害周、阮两同志,"不扑杀此獠,无以伸国法","此法律之问题,而非商贾之问题"。他指责张謇的提议是"异哉妙想天开",讥讽张謇"日与财神为缘,鸡鸣而起,孳孳为利,彼视天下事,奈无一不可以阿堵物了之者,发斯谬论,诚足何怪哉"。他正告张謇,"正宜洁身自好,闭门思过,岂容借民国总长之声威,为满清走狗作走狗哉",并要他转告其兄,及早悔祸,迅速交出凶手,否则,"义旗还指,首在南通;炸弹无知,不知权贵,幸毋殉姚荣泽之鼠首。"①

孙中山致南通电令发出后,"复不得要领"。陈其美"益愤",遂给南通发了一封长长的电报,中云:"如仍庇抗,义旗所向,首在南通","如果诬姚,甘愿伏法"。② 张謇接电后,深知陈其美个性强悍,是说得到做得到的,不禁大为恐惧。

2 月 11 日下午,南社与《光复学报》社、淮安学团,在南京江苏教育总会联合召开"山阳殉义周实丹、阮梦桃二烈士追悼会"。与会男女嘉宾 120 余人。柳亚子书写一副挽联云:"一日杀二烈士,苟民国犹有典型,忍使鲸吞终漏网;奇冤埋八旬余,恨中原尚余胡虏,不曾鸟尽已藏弓。"

下午 2 点,追悼会开始,首先为两烈士默哀。接着,由淮安学团代表顾振黄报告二烈士事略。随后,柳亚子作为南社代表主祭,宣读一份慷慨悲愤的祭文。其后,沪军都督代表徐鉴安及南社社友宁调元、高旭、胡朴安、沈道非等十余人相继演说,"均激昂慷慨,誓殛姚荣泽,为两烈士复仇"。③

张謇既不能公然无视孙中山的明令,更忌惮陈其美的武力威慑,还承受着巨大的舆论压力,便无法再庇护姚荣泽,只得派员将姚荣泽押解苏州,后由陈其美派员赴苏,于 2 月 23 日解到上海。

① 杨天石、王学庄编:《南社史长编》,北京:中国人民大学出版社 1995 年版,第 244 页。
② 杨天石、王学庄编:《南社史长编》,北京:中国人民大学出版社 1995 年版,第 217 页。
③ 杨天石、王学庄编:《南社史长编》,北京:中国人民大学出版社 1995 年版,第 247 页。

姚荣泽被解押到上海后,本应经过审判,获得应有的法律制裁。不料,此案审理过程却波折横生,沪军都督陈其美与南京临时政府司法总长伍廷芳围绕该案审理多次发生激烈争执。

2月18日,临时政府司法总长伍廷芳致电临时大总统孙中山,提出对姚案的审理意见:由他特派精通中外法律之员承审,另选"通达事理、公正和平、名望素著者三人为陪审员",准原告、被告双方聘请律师到堂辩护,审讯时任人旁听。① 次日,孙中山复电,表示同意。此后,伍廷芳便以司法独立为口实,对姚案审理频加干涉,与沪军都督陈其美在审判官的选用和职位安排、姚荣泽聘用外国律师、裁判官必须通晓欧美语言等等问题上屡起争执,导致开庭日期一再拖延。

3月13日,南社在上海愚园举行第6次雅集,到柳亚子、朱少屏、姚光、胡朴安等42人。当夜,众人宴集杏花楼。席间,有人提议为周、阮二烈士编辑遗集。次日,柳亚子在《民声报》上发表《感言》一文,末尾仍念念不忘为烈士复仇之事:"孰杀我南社社友周实丹者,亡清伪山阳县令姚荣泽也。仇首未枭,死者不瞑目,生者将何以为情乎!"②

经过几番激烈争执与妥协后,3月23日,姚泽荣案终于在上海南市市政厅公开审理。此后,又经过3月30日、3月31日两次公开审理。3月31日,承审官丁榕宣布判处姚荣泽死刑。案件宣判后,法庭"特假五分钟,准姚犯发言"。姚荣泽辩称,杀死周阮两人,"系受绅团逼迫,非出己意,哀求轻减"。7名陪审员"共表同情",认为姚案发生在光复未定、秩序扰乱之际,与平静之时不同,姚犯"罪有应得,情尚可原",遂经承审官认可,由陪审员集体禀请大总统"恩施轻减",并当堂提出,如果一旦获得恩减,姚荣泽应缴纳罚款5000两,以4000两作为对周阮两家的抚恤金,1000两充公。不过,4月1日,3名陪审员中途变卦,反对恩减,4名陪审员仍坚持原议,审判官陈贻范、丁榕也表示同意减刑,拟请由伍廷芳电告时任大总统的袁世凯。伍以已辞去司法总长职务为由拒绝,

---

① 《致孙文电》,丁贤俊、喻作凤编:《伍廷芳集》(下),北京:中华书局1993年版,第501页。
② 《上天下地》(十三),郭长海、金菊贞编:《柳亚子文集补编》,北京:社会科学文献出版社2004年版,第96—97页。

后由通商交涉使温宗尧代达。①

柳亚子闻讯拍桌大呼："姚荣泽不死矣！"在他看来，"置小盗于大盗卵翼之下，宁窃国者侯而窃钩者独诛耶？"②柳亚子预料果然分毫不差。4月13日，袁世凯下令特赦，减等治罪。嗣后，承审官竟改为判处监禁十年，附加罚金而结案。后来不到三个月，姚荣泽又获释出狱，逍遥法外！

至此，柳亚子为周、阮二烈士惩凶复仇的全部努力，终于宣告失败。这对于柳亚子来说，不能不说是一大憾事。但是，柳亚子已经竭尽全力，可以问心无愧。

柳亚子为烈士昭雪复仇而大力奔走呼吁，是主持公道的正义之举。他这样做，当然受到革命同志情谊和南社社友友情等情感因素驱动，但更主要的则是出于事关民国荣枯而不能不据理力争的理性考量。对此，后来柳亚子在《阮烈士梦桃传》说得很清楚："或谓胡虏未平，非吾人内讧之秋，不知旧邦新建，首重刑赏，刑赏不明，本实先拨，纵中原廓清，而厉阶终梗，不及十年，国其为沼乎？故今日之争，实关民国之荣枯，又岂仅仅为一人恩怨地哉。"③

然而，柳亚子为烈士复仇的目的却未能实现，他在万分失望之余，不禁为新生的民国产生隐忧。他后来在《南社丛选叙》中指出："新邦初建，想望太平。顾周实丹首义淮上，身死而仇未复，海内已窃窃然忧之，有刑赏不明之憾。"④1913年宋教仁惨遭暗杀后，柳亚子认为，这是当年未能严惩姚荣泽所导致的必然后果。因此，他异常沉痛地指出："余有句：'当年不杀姚荣泽，此日难生宋遁初。'呜呼！前因后果，踪迹昭然，

① 《温宗尧代呈袁总统文》，《伍先生（秩庸）公牍》，沈云龙主编：《近代中国史丛刊·正编》（652），台北：文海出版社1976年版，第80—81页。

② 《阮烈士梦桃遗集叙》，中国革命博物馆等编：《柳亚子文集——磨剑室文录》（上），上海：上海人民出版社1993年版，第316页。

③ 《阮烈士梦桃传》，中国革命博物馆等编：《柳亚子文集——磨剑室文录》（上），上海：上海人民出版社1993年版，第304页。

④ 《南社丛选叙》，中国革命博物馆等编：《柳亚子文集——磨剑室文录》（上），上海：上海人民出版社1993年版，第757页。

揖盗养痈,谁为戎首?虽有倾河之泪,亦何心独为烈士哭哉!"①

为了纪念周、阮二烈士,周实同乡好友周伟(字人菊)编辑周实丹《无尽庵遗集》,阮式的弟弟阮式一(字保麒)编辑《阮烈士遗集》。这两本烈士遗集先后在上海印行。在这过程中,柳亚子给予热情支持和大力协助。他应邀将其所撰《周烈士实丹传》刊入,并披阅《无尽庵遗集》全稿。同时应邀为《阮烈士遗集》撰序,还亲自撰写《阮烈士梦桃传》。

柳亚子为烈士昭雪复仇而奔走呼号,充分显示了其主持正义、仗义执言、疾恶如仇的凛然正气,淋漓尽致地展现了其爱憎分明的情感世界,突出体现了其对南社社友的深情厚谊,从而赢得了社会各界的广泛赞誉和南社社友的深深敬意。

四　南社全盛时代

1912年1月,宁调元来上海。当时,黎元洪、谭延闿、张振武、蓝天蔚等创立民社。宁调元也参与民社的发起工作,并出任民社机关报《民声日报》的总编纂,他两次致书柳亚子坚请加盟。但是,柳亚子当时已入《天铎报》,无法抽身,只能答应帮忙。

2月20日《民声日报》创刊后,柳亚子应约开辟"新刊介绍"专栏,陆续介绍《越社丛刊》和苏曼殊的《潮音》《文学因缘》及马君武的《新文学》、龚定庵的《定庵集外诗》、林崧祁的《林述庵先生遗诗》等。

1912年2月中下旬,随着南京临时政府的取消和孙中山的退位,袁世凯窃取了革命的胜利果实,此前柳亚子反对议和的所有努力均付诸东流。柳亚子"觉得憋不住这口鸟气",便索性"沉饮韬精",和叶楚伧、苏曼殊大吃花酒。②他当时有一首《席上醉吟》便是这方面生活的写照:"花底妆成张丽华,相逢沦落各天涯。妇人醇酒寻常事,谁把钧

---

① 《阮烈士梦桃遗集叙》,中国革命博物馆等编:《柳亚子文集——磨剑室文录》(上),上海:上海人民出版社1993年版,第316页。
② 柳无忌、柳无非编:《柳亚子文集——自传·年谱·日记》,上海:上海人民出版社1986年版,第3页。

天醉赵家?"①

《民声日报》创刊不久,民社和统一党合并为共和党,在政治上与同盟会颇多对抗。宁调元愤而辞职还湘奔丧,柳亚子的专栏文章也就此停止写作。2 月 29 日,《天铎报》发表重公(夏重民)文章,批评章太炎"倡都北京"的主张,并谈及章太炎辛亥革命前与端方的关系,引起章门弟子黄侃(字季刚)的强烈不满。当时,柳亚子通过陈陶遗结识黄侃。黄侃是一个怪人,他是章太炎的高足,绝对不许别人说章太炎的半点坏话。为此,黄侃便找柳亚子大闹起来。

那一天晚上,叶楚伧代表姚雨平在岭南楼请客,却没有请柳亚子。柳亚子很生气,便和俞剑华商量,约了十几位南社朋友也去岭南楼,在叶楚伧请客包间隔壁开了房间吃酒,却用请客票的方法叫叶楚伧付账。叶楚伧只好答应。柳亚子等还叫了几个堂唱,像张娟娟、花雪南、杨兰春等人。正在柳亚子等人开心之际,不料,外面同兴楼又来了请客票,是柳亚子姨丈汪东出面的。柳亚子不好意思不去,便去了同兴楼。黄侃见了柳亚子,便铁青着面孔,为《天铎报》上的短评向柳兴师问罪。亚子辩解道:"我又不是《天铎报》总编辑,你找我干什么呢?"黄侃却很蛮横,偏要柳亚子脱离《天铎报》。亚子一时翻不起面皮,就答应了。《天铎报》的总编李怀霜对此很不高兴,但是,柳亚子已经答应了黄侃,又有什么办法呢?

于是,柳亚子便脱离《天铎报》,转入《民声日报》,主持"上天下地"栏目。其后,《民声日报》内部渐渐发生变化。宁调元走后,继任的杨性恂、汪兰皋都站不住而走了。杨和汪都是宁调元方面的人,他们都走了,柳亚子也不好独留。正在这时,叶楚伧和姚雨平创办的《太平洋报》于 4 月 1 日创刊,声称"以唤起国人对于太平洋之自觉心,谋吾国在太平洋卓越地位之巩固"为宗旨。趁此机会,柳亚子便从《民声日报》社辞职,跳进《太平洋报》社。

在《太平洋报》社,柳亚子与李叔同、曾延年共同负责编辑文艺专

① 《席上醉吟》,中国革命博物馆编:《柳亚子文集——磨剑室诗词集》(上),上海:上海人民出版社 1985 年版,第 146 页。

栏。他们一起商定文艺专栏的体例,并使之成为南社社友发表作品的重要场所。姚锡钧的长篇小说《鸿雪印》、戏剧《博浪椎传奇》,高旭的《愿无尽庐诗话》,苏曼殊的《潮音跋》《断魂零雁记》和许多诗文书札、图画,都登载在文艺专栏中。

当时的《太平洋报》社非常热闹,大家都是熟人,差不多都是南社社友。不是的,也都拉进来了。此时,"可称为南社的全盛时代"。

《太平洋报》的社长姚雨平,顾问陈陶遗和邓树楠,总主笔叶楚伧,主笔柳亚子、苏曼殊、李叔同、林一厂、余天遂、姚锡钧、夏光宇、胡朴安、周伟、陈无我、梁云松以及干事朱少屏、王锡民都是南社社友。

在上海其他报刊中,南社社友亦占据不少位置。如《天铎报》的邹亚云、李怀霜、俞语霜,《民立报》的范鸿仙,《民权报》的戴季陶、汪子实、牛霹生,《时报》的包天笑,《神州日报》的黄宾虹、王无生,《大共和报》的汪旭初,《民国新闻》的陈泉卿、吕志伊、陶冶公、沈道非、林庚白,《民生日报》的黄侃、刘昆孙等。

此时,柳亚子除了在报社工作事务外,主要精力都放到南社工作上。1912 年 3 月 13 日,南社在上海愚园举行第 6 次雅集,到会者有柳亚子、朱少屏、姚光、胡朴安等 42 人。当夜,众人宴集杏花楼。到 5 月份,《南社通讯录》(第三次修订本)也已出版,共有社员 311 人,比第二次修订的通讯录增加了不少人。

可是,《南社丛刻》第 5 集尚无着落。南社第 5 次雅集选出的职员无暇顾及编务:文选编辑员宋教仁正忙于将同盟会同数个小型政党联合改组为国民党,事务极其繁忙;景耀月自教育次长解职以来,做了议员,也朝政治方面发展;王西神去南洋办理银行招股事宜,心思更不在编辑工作上。这样,《南社丛刻》第 5 集的编辑出版工作自然又落到柳亚子头上。好在此时柳亚子的编辑方法是编而不选的,问题倒还简单。麻烦的是柳亚子要把全部诗、文、词稿亲自抄写到每页 24 行、每行 30 格的红纸上。柳亚子把第 5 集的稿子全部抄好后,请胡朴安经手去印。谁知胡朴安却将稿子弄丢了,柳亚子大发脾气,要胡朴安赔偿损失。结果是,由叶楚伧从中调解,由胡朴安负责编辑原来由柳亚子负责的电报,柳亚子重新抄写文稿。到 6 月 1 日,《南社丛刻》第 5 集终于出版。

7月1日，柳亚子辞去《太平洋报》职务，返回黎里省亲。这样，便结束了在上海数月之久的报界生涯。

李叔同设计和题字的《南社通讯录》(第三次改订本)

需要指出的是，从1912年民国成立到1913年"二次革命"爆发前，均可称为南社的全盛时代。其时，反清革命已经取得成功，而袁世凯逆迹尚未昭著，故南社不仅在政治方面颇有影响，而且在舆论界更是呼风唤雨，无人可与抗衡。因此，这一时期，南社除了在上海这一中心活动异常活跃外，还进一步扩展到绍兴、杭州、长沙、广州、北京等地，尤其是北京活动非常活跃，乃至大有取代上海之势。

1912年1月，陈去病在绍兴主持越社机关报《越铎日报》笔政。同年6月，陈去病到杭州，担任《平民日报》总编辑，随后便联络张恭、徐自华等南社社友在杭州《平民日报》馆设立南社通讯处。同年9月25日，陈去病由杭州去湖南移运秋瑾灵柩归葬西湖途中，[①]在长沙烈士祠举行南社临时雅集，共到南社社员19人。

1912年4月，宁调元到广东任三佛铁路总办，与南社粤籍社员蔡哲夫、邓尔雅等诗酒酬酢，讨论文学，并于9月在广州发起成立南社粤支部。同年9月26日，南社社友周伟等人发起重组淮南社。

随着临时政府北迁，北京成为全国政治中心，聚集大批南社社友。他们或直接加入政府，或成为议会议员，或从事文化、新闻、教育工作。1912年8月13日，宋教仁、景耀月、田桐、陈蜕庵、杨杏佛、仇亮六人在《民主报》发表《告在京南社诸社友》的启事，正式宣告南社北京事务所成立。9月，南社北京社友23人在黄兴住所举行南社临时雅集。[②]

---

① 1908年秋，得知清廷即将铲平杭州秋瑾墓的消息后，秋瑾大哥秋誉章雇人将秋瑾灵柩取出，迁往绍兴严家潭浅埋。后秋瑾灵柩运往湖南湘潭夫家墓地暂放。

② 杨天石、王学庄编：《南社史长编》，北京：中国人民大学出版社1995年版，第306页。

1913 年初,高旭等南社社友北上就任众议院议员后,在北京的南社社友大增,活动更为频繁。4 月 27 日,高旭、陈去病等 31 名社友在畿辅先哲祠举行雅集,决定将南社机关部设于北京,推陈去病为南社主任。[①] 如此一来,就意味着北京将取代上海成为南社的总机关。如后文所述,此前柳亚子已于 1912 年 10 月宣布退出南社,致使上海南社总部缺乏坚强领导,竟然对此重大挑战毫无回应。其后,五六月间,北京南社社友在崇效寺、陶然亭等地举行雅集或聚会,活动频繁,气氛活跃。面对北京南社同人的咄咄逼人,勉强主持南社社务的姚光几乎毫无招架之功,直到 6 月 5 日才刊登简单启事,声称北京畿辅先哲祠雅集决议各项,仅为北京交通部事务,而与本部无关。在这种外在挑战下,姚光及上海南社同仁急切盼望柳亚子早日复社主持大计。

然而,7 月中旬"二次革命"爆发后,陈去病南下参加"二次革命",失败后回家隐居。袁世凯在镇压"二次革命"后,不仅疯狂镇压和屠杀革命党人,大肆封闭进步力量主办的报刊,还取消国民党籍议员资格和解散国会。于是,北京南社社友活动不得不沉寂下来,高旭也于同年底回到故乡金山。从某种意义来说,"二次革命"后政治形势的恶化,不仅打断了北京取代上海成为南社总部的势头,而且实际上为柳亚子后来重归南社主持社务扫清了障碍。

五 捧角之争

在 1912 年和 1913 年间,柳亚子还深深迷上京剧,极为推崇京剧演员冯春航,卷入南社同仁之间的春航之争,1913 年又扩大到冯党与贾党之争。

早在 1904 年,柳亚子就很重视戏剧的感化和鼓动作用,并将其视为鼓动革命的重要手段。柳亚子初识冯春航,是在 1906 年。当时冯春航在大新街丹桂茶园,所演《百宝箱》《刑律改良》诸剧,"观之使人肠

---

① 杨天石、王学庄编:《南社史长编》,北京:中国人民大学出版社 1995 年版,第 326 页。

断"。入新舞台后,"芳名尤噪"。惟因"与毛韵珂相龃龉",不能得志于新舞台,遂漫游吴门,入大观戏团演剧。① 1909 年南社虎丘雅集时,柳亚子与俞剑华先期抵达,适逢冯春航在苏州阊门外演出。柳俞两人每醉后前往观剧,大为倾倒。1911 年 2 月,柳亚子赴上海参加南社第 4 次雅集,又逢冯氏来新剧场排演《血泪碑》,柳亚子常偕俞剑华前往观剧,日益沉迷倾倒。柳亚子还写下《海上观剧赠冯春航》七绝二首。其一云:"一曲清歌匝地悲,海愁霞想总参差。男儿纵有心如铁,忍听尊前血泪碑。"

　　1912 年,柳亚子对冯春航演艺倾倒更深。他在其主持《民声日报》"上天下地"栏目接连发表短文,揄扬冯氏所演新剧。社友庞树柏对此大为感慨,有诗云:"独有吴江柳亚子,上天下地说春航。"柳亚子 3 月 7 日的短评更是给予冯春航以极高评价:"海上梨园子弟饰为女郎者,大都雄而不雌,否亦轻浮妖冶,似倡家荡妇,不足与于美人芳草之选也。若夫幽娴贞静,容止不佻,缠绵悱恻,啼笑皆真,以余所见,独有冯春航耳。顾冯长新剧,于旧剧略逊,而新剧中,尤以悲剧为最。往观所演《血泪碑》,真能使人回肠荡气,不可抑制。"②

　　柳亚子转入《太平洋报》后,依旧迷恋冯春航,其时俞剑华已远走南洋。当他正愁"独木不成林",却又来了个林百举。林耳聋,而柳口吃,两人见面往往不说一句话,但这不妨碍他们成为有共同爱好的好友。③林原本不喜观剧,有一次,柳邀他去看冯春航演《儿女英雄传》,林一看大为赞赏,从此成为冯春航的铁杆粉丝,他捧冯春航比柳亚子还厉害。叶楚伧当时填了一阙《菩萨蛮》嘲笑他们,有"什么是相思,分明一对痴"之句。④ 其时,柳亚子主持《太平洋报》文艺专栏,颂扬冯春航不遗余力,同人投赠诗文越来越多,冯春航声名更噪。

---

① 《萧心剑态楼顾曲谈》,郭长海、金菊贞编:《柳亚子文集补编》,北京:社会科学文献出版社 2004 年版,第 121 页。

② 亚子:《上天下地》(六),郭长海、金菊贞编:《柳亚子文集补编》,北京:社会科学文献出版社 2004 年版,第 92 页。

③ 《一厂南归追赠两什》注文:"君耳聋,余口吃,见时恒不作一语",中国革命博物馆编:《柳亚子文集——磨剑室诗词集》(上),上海:上海人民出版社 1985 年版,第 213 页。

④ 柳无忌编:《柳亚子文集——南社纪略》,上海:上海人民出版社 1983 年版,第 54 页。

1912年7月1日,柳亚子辞《太平洋报》职,返回黎里省亲。该报文艺专栏由胡寄尘继任编辑。此前,姚锡钧(字鹓雏)已写好《鹓雏之冯春航观》一文。姚文对"亚子誉春航不容口"颇不以为然,声称,观冯春航所演《血泪碑》"竟全剧而索然","如读北碑,非不端遒,殊少飞动;又如食江瑶柱,多则发风动气。且春航盛名后,其举止尤率易不足观。亚子笃于偏嗜,恐未足为定评也"。① 这篇文章当然被柳亚子摒弃不用。在柳亚子回黎里后,姚锡钧便将该文送给胡寄尘。胡对戏剧素无兴趣,终年不入戏院。他收到姚文后,加按语一并刊出,有云:"亚子之于春航,誉不容口,而鹓雏则力非之,其皆不免于偏乎。虽然,并观两家之说,即春航之真相现矣。"②

柳亚子见报后,怫然大怒,立即致信胡寄尘,有云:"鹓雏恶作剧,未免无赖;兄刻意作调人,奈鹓雏所谓短处,正弟所谓长处,此则议论凿枘,万万不堪令并者也。"③该信于7月8日刊于《太平洋报》。同日刊登的还有姚锡钧对柳亚子关于"恶作剧"指责的公开答复。他认为柳亚子"习于春航久矣","视为天人",但不能"强人而同之","一誉一毁,各行其心之所安可也"。④ 这样一来,便于7月间在《太平洋报》上掀起了一场春航之争。

7月10日,高旭发表《高天梅之冯春航观》,对柳、姚、胡三人看法均不以为然,认为"亚子、鹓雏、寄尘三子,评论春人,饶有秋气"。

7月间,雷昭性(号铁崖)致信柳亚子,盛称汉皋女伶郭凤仙及小子和之美,而视冯春航同于瓦砾。柳亚子随即复信进行反驳:"此不独唐突已甚,比诸呵佛骂祖,自取罪过。"接着,便对雷氏大加奚落:"仆终疑所谓郭凤仙及小子和者,实卑卑无足称道,特足下为之铺张扬厉,故示文人狡狯而已。"⑤杨杏佛读雷、柳两信后,致信柳亚子,指出:自己对凤仙、子和,"昔年在沪均曾寓目,是伶界之好女儿也",否定了柳亚子认为

---

① 姚鹓雏:《姚鹓雏文集·杂著卷》(下),上海:上海古籍出版社2012年版,第798页。
② 杨天石、王学庄编:《南社史长编》,北京:中国人民大学出版社1995年版,第286页。
③ 杨天石、王学庄编:《南社史长编》,北京:中国人民大学出版社1995年版,第286页。
④ 杨天石、王学庄编:《南社史长编》,北京:中国人民大学出版社1995年版,第286—287页。
⑤《致雷铁崖》,上海图书馆编:《柳亚子文集——书信辑录》,上海:上海人民出版社1985年版,第4页。

郭凤仙和小子和"卑卑无足称道"的说法。同时,他也批评雷昭性言之过甚,"然铁崖谓上下五千年,纵横九万里,仅有凤仙、子和,则未免言之过甚,奚落之亦其宜也。"最后,他还一并嘲笑雷、柳和自己的"痴":"铁崖倾倒于凤仙、子和,痴也;而足下之倾倒于冯春航,亦痴也。借人颜色,浪费笔墨,固已痴不可言,而仆以傍观强作解人,则更痴之又痴矣。"①柳亚子遂回复杨杏佛,解释奚落雷昭性的原因是"以铁崖持论,夸侈已甚,又轻诋春航,抑扬颠倒,颇致不平,特一折其角"。②

此后,柳亚子见《太平洋报》上刊出扬冯文字,便欣然喜;见刊出贬冯文字,必去信责问胡寄尘。黎里距离上海数百里,信件两日而达。柳亚子日有书信往返,大抵都为春航。③

当时,雷昭性、高旭、杨杏佛、陈布雷、马小进、林百举、叶楚伧、俞剑华等人先后卷入这场春航之争。在争论中,"又杂以雷(昭性)所赏识之郭凤仙、小子和,高(旭)所赏识之毛韵珂,与冯春航共评判优劣"。结果,涉及春航之争的诗、文、词,竟有一百篇之多,一时煞是热闹。④ 从总体而言,这场春航之争,只是一场无聊的文人捧角之争,并无多大意义。

1912年夏,高燮(字吹万)等创办国学商兑会,柳亚子等许多南社同人亦加入其中。9、10月间,国学商兑会内部围绕是否要尊孔展开激烈争论。高燮主张尊孔,高旭则极力反对,欲以墨代孔,双方争论不休,并吸引众多南社友人参加争论。在争论之余,高燮写诗寄柳亚子,讽刺柳亚子与姚锡钧之间的春航之争。柳随即写下《寄吹万》一首予以回击:"孔墨纷争议总讹,君家何事自操戈!千秋容貌丧家狗,持比冯郎究孰多?"他还在该诗"序"中讽刺"吹万老矣,不解风情",批评二高之间争论是"头巾习气,其可厌恶,不尤甚于余与鹓雏所争者耶!"。柳亚子还把这首诗寄给胡寄尘发表。胡寄尘在发表柳诗的同时,自己写了两首诗并一同发表。一首嘲笑二高争论无聊,另一首则嘲笑柳亚子不能摆脱情感束缚,有云:"万重束缚能超脱,慧眼灵心今所无。独有情禅参不

① 杨天石、王学庄编:《南社史长编》,北京:中国人民大学出版社1995年版,第286页。
② 杨天石、王学庄编:《南社史长编》,北京:中国人民大学出版社1995年版,第287页。
③ 杨天石、王学庄编:《南社史长编》,北京:中国人民大学出版社1995年版,第333页。
④ 杨天石、王学庄编:《南社史长编》,北京:中国人民大学出版社1995年版,第314页。

破,先生毕竟欠工夫。"①大概,这已是春航之争的余波吧。

同年12月,傅尃在《长沙日报》载文,对柳亚子等人沉湎丝竹、喋喋不休地吹捧冯春航颇有微词,称柳亚子"言伶人冯春航事,刺刺不能休,所以标榜揄扬之者,盖无微不至,若将挟之以传者"。他还将南社社友纷纷卷入争论视为"多事",并对"诸君何兴高若是"表示很不理解。②

1913年春,北方名旦贾璧云自京师南下,演出于大舞台,一时异常轰动。贾璧云善演《红梅阁》《梵王宫》等传统京剧,走红京师,颇负盛名。于是,冯、贾争霸舞台,一为南方巨擘,一为北地领袖,双方势均力敌。好冯者有所谓冯党,好贾者有所谓贾党。柳亚子等深深地卷入这场争论之中。

不久,《小说时报》出版《璧云集》。该书除了贾璧云的两张旦角剧照和小传外,主要是罗瘿公、易顺鼎、樊增祥等捧角的诗词,不过是寥寥数十页小册子。为了与之对抗,柳亚子着手编辑《春航集》。6月,柳亚子赴上海,将编就的《春航集》稿交付胡寄尘,准备印行。又和同社好友访冯春航于寓所。冯春航当场将20余帧照片送给柳亚子等,柳亚子以七律一首相赠。诗云:

> 相思十载从何说,今日居然一遇君。说剑吹箫馀感慨,搴兰纫蕙惜芳芬。悬知沧海难为水,只恐仙心或化云。一幅秋山劳汝赠,江湖归去定香薰。③

7月,《春航集》由上海广益书社出版。该书汇集报刊上关于冯春航的剧评文章,厚达240页,其中冯氏剧照就有十几页之多,均全面压倒了《璧云集》。

冯春航善演新剧,贾璧云则长于传统剧目,两者演技也各有千秋,因此,捧冯捧贾,都不免流于一偏。所谓冯党贾党之争,本质上就是文人捧角的无聊之争,并无多大意义。

---

① 杨天石、王学庄编:《南社史长编》,北京:中国人民大学出版社1995年版,第308页。
② 杨天石、王学庄编:《南社史长编》,北京:中国人民大学出版社1995年版,第314页。
③《访春航寓庐奉赠一律,即题其见惠小影》,中国革命博物馆编:《柳亚子文集——磨剑室诗词集》
　(上),上海:上海人民出版社1985年版,第196页。

不过,在冯党与贾党之争中也带有某种政治色彩。柳亚子后来在《柳亚子文集——南社纪略》中指出:"北伶贾璧云南下,《小说时报》出版《璧云集》,我便出版了《春航集》,以为对抗,于是冯党与贾党的斗争颇烈,甚且含有南北斗争的意思。"①

实际上,柳亚子等冯党在争论中采取的最有力策略是竭力将这场争论政治化,不仅将其提升为南北新旧之争,甚至拔高到革命党与旧官僚之争。这在署名裴郎的《冯贾优劣谈》一文中表现尤为明显:

> 璧云靡靡,多亡国之音。又居燕中,久所与狎者,均虏廷亲贵。腥膻之俗习而与化……留连眷慕,发为歌咏,不少故国旧都之感,则虽谓贾党为官僚派之代表可也。春航以夏氏高足……犹忆十年前在丹桂茶园演《玫瑰花》革命新剧,一时名士,咸目为法国自由女神,即其声价可想矣。而吾党中坚诸重要人物,如一厂、楚伧、布雷、剑华、亚子、小进、可生、石子诸君子,又均为十年以来文字鼓吹革命之健者。一薰一莸,背道而驰,吾党与贾党之优劣,自此点观之,不已昭然大定耶。《中华民报》管义华君,谓冯、贾之争,实含有南北新旧之关系;仆谓岂惟南北新旧,即民党与官僚派之奋争、共和主义与专制主义之激斗,皆于是观胜败焉可矣。②

按照上述政治化的解读,冯党便牢牢占据正义制高点。于是,冯党就在争论中大获全胜。其时,宋教仁已经遇刺,"二次革命"即将爆发。因此,柳亚子等卷入冯党与贾党之争,亦含有反对袁世凯的政治用心,就此而言,还是有一定的积极意义。

1913年春,柳亚子又结识新剧旦角演员陆子美。5月初,陆自苏州至黎里演出。柳亚子初观陆子美演《血泪碑》,感其哀婉凄馨,不同凡艳,觉得冯春航绝响有了后继者。因此,他非常赞赏陆氏演技,并写下数千言的剧评《〈血泪碑〉中之陆郎》。陆又继演《红鸾禧》《珍珠塔》《恨海》等剧,柳亚子也为之一一撰写剧评褒扬。其后,柳与陆邂逅酒家,"雄饮剧谭",甚为投缘。在酒酣耳热之际,陆子美多次谈及在"鱼龙杂

---

① 柳无忌编:《柳亚子文集——南社纪略》,上海:上海人民出版社1983年版,第54页。
② 裴郎:《冯贾优劣谈》,柳亚子编:《春航集》,上海:上海广益书局1913年版,杂纂第24页。

第五章 捍卫共和

居"环境下,内心颇多苦衷。柳亚子遂劝其"折节读书",而陆亦"慨然应诺"。鉴于陆子美即将息剧,舞台再无此人踪迹,柳亚子为留"鸿雪旧痕",便汇集剧评诸稿及先后投赠之作,辑《梨云小录》,并撰跋文,以记两人交谊始末。① 柳亚子还撰《陆郎曲》相赠,有云:"不如归卧麋台侧,读书还折平生节。十载名山绝业成,老夫为汝传衣钵。"②

1913年6月,陆子美在吴江芦墟一带演出。柳亚子以诗代简,请陆子美为绘《分湖旧隐图》。随后,柳亚子又赴苏州,重晤陆子美,相偕作十日名园之游。当年秋冬,柳亚子收到陆子美从上海来信,殷勤邀其赴上海观剧。原来,陆子美并未将退出舞台的设想付诸实施,他"还是舍不得浪漫的生活","索性跑到上海民鸣社登台献艺","颇出风头"。③ 故柳亚子赠陆子美诗有云"收拾风华计未真,明珠重现女郎身"。④

1914年5月,柳亚子赴上海参加南社在愚园云起楼举行的临时雅集,这次雅集主要是欢迎柳亚子复社的。在这次上海之行中,柳亚子与陆子美再度相逢,并邀请陆子美参加5月24日举行的临时雅集。两日后,陆子美正式填写南社入社书。⑤ 其时,柳亚子正着手编辑《子美集》,收集了大量褒扬陆子美演技的剧评及投赠诗词。6月间,《子美集》正式出版。

在1914年上海之行后,柳亚子收到卫灵水邮寄来的陆子美所绘《分湖旧隐图》。柳亚子非常钟爱此图,于10月特撰《〈分湖旧隐图〉记》,并广征南社友人题咏、作画。到1920年,集有题画21幅、题尚38幅、题咏234件,柳亚子请人将其装裱成293件册页,⑥置于一个特制的长方形大木盒中,摆设在周寿恩堂的磨剑室内。

---

① 《〈梨云小录〉跋》,中国革命博物馆等编:《柳亚子文集——磨剑室文录》(上),上海:上海人民出版社1993年版,第330页。

② 《陆郎曲》赠子美,中国革命博物馆编:《柳亚子文集——磨剑室诗词集》(上),上海:上海人民出版社1985年版,第191页。

③ 柳无忌编:《柳亚子文集——南社纪略》,上海:上海人民出版社1983年版,第54页。

④ 《得子美海上书却寄》,中国革命博物馆编:《柳亚子文集——磨剑室诗词集》(上),上海:上海人民出版社1985年版,第201页。

⑤ 郭建鹏、陈颖编著:《南社社友录》(二),上海:上海大学出版社2017年版,第820—821页。张明观误认为,陆子美在1913年加入南社,参见张明观:《柳亚子传》,北京:社会科学文献出版社1997年版,第181页。

⑥ 李海珉:《柳亚子与〈分湖旧隐图〉》,《寻根》2011年第3期。

柳亚子沉迷京剧是他在辛亥革命后对袁世凯攫取胜利果实深感失望的表现,也是逃避现实的消极反应。当时就有社友对此略有微词,前述 1912 年底傅専微词就是一例。1913 年柳亚子编辑出版《春航集》后,"朋侪争诩为美谈",而唯独社友陈子范却当面"以玩物丧志,抗言相责"。①

柳亚子一度沉迷京剧,热捧冯春航、陆子美等名伶,并将他们引入南社,还深深地卷入冯党贾党之争,这就淋漓尽致地展现了其爱憎分明的情感世界和有时趋于极端的行事风格,并对后来南社发展产生深远影响:一方面,柳亚子对戏剧宣传作用的高度重视,尊重和欣赏戏剧演员的开明态度,都是值得肯定的,但是,这却引起一些思想保守的南社社友的强烈不满,成为导致后来南社纷争加剧和升级的一个重要诱因,详见后文论述;另一方面,柳亚子过于张扬的个性与不容异议而"强人而同之"的做法,也易遭到非议和引起不满。不过,当时这些不满和非议都潜藏着,直到 1917 年南社纷争和内讧时才暴露出来。

六　出社风波

在柳亚子 1912 年 7 月 1 日从上海返乡后不久,父亲柳念曾即于 8 月 4 日病逝。柳亚子深感悲痛,办完丧事不久又患上疟疾,大病一场,几乎丧命。尽管身心饱受创伤,但他仍然挣扎着料理南社事务。10 月 1 日,《南社丛刻》第 6 集出版。

10 月 27 日,南社在愚园举行第 7 次雅集。柳亚子身体尚未复原,但依然抱病前往参加。参加这次雅集的有柳亚子、高旭、庞树柏、姚光等 36 人。

在雅集上,柳亚子提议修改条例,主要是"改编辑员三人制为一人制"。为什么要做这样的修改呢? 柳亚子曾经这样解释说:"根据经过

---

① 《剧场感旧两绝》注文,中国革命博物馆编:《柳亚子文集——磨剑室诗词集》(上),上海:上海人民出版社 1985 年版,第 199 页。

的情形，第一届编辑员的成绩，我是不能认为满意的；第二、第三届所举的编辑员，索性没有就职，更为失败无疑。我觉得南社的编辑事情，老实说，除了我以外，是找不出相当的人来担任的了。一个人就不容易找，何况要三个人呢？所以我的主张，是改三头制为一头制，人选则我来做自荐的毛遂，这是为了南社的前途，我认为用不着避免大权独揽的嫌疑的。"①

从某种意义上说，柳亚子的提议，不过是正式放弃早就名不副实的"三头制"，通过合法程序对早就由柳亚子一人独揽编辑事务的实际运作情况予以认可而已。柳亚子性情率直，多年成功的编辑经验更让他信心满满，他以为提议肯定能获得大家赞同。不料，他刚一说完，顿时引起高旭的激烈反对。柳亚子后来评述道："他不能了解我的意思，反而对于第二届选举时的革命运动，含有报复的意味，便顽强争辩起来了。"②

这次参加雅集的社友，并非多数是"高党"，但是，柳亚子的军师俞剑华到南洋去了，连能主持大局的陈陶遗、叶楚伧也都没有出席。"来的人大半是马马虎虎的，对于南社的过去情形，简直莫明其妙"，很难理解柳亚子苦心孤诣的计划。听了柳亚子和高旭的争论，在座的社友大都默不作声，也有人认为"众擎易举，独力难成"，还是"三头制"好。柳亚子孤掌难鸣，气得闷不开口。最后只好以投票来解决争论。投票的结果，反对票多于赞成票，因此，条例原封不动，柳亚子修改条例的提议遭到否决。对此，柳亚子"当然很不高兴"。高旭又想起一年以前柳亚子在大庆楼上酒后的谑言，便反嘲道："究竟谁是得道者多助呢？"他还嫌不够，又不无讽刺地嚷着："今天到会的社友，知识程度很高，自然黑白分明，不会受人家的利用了。"③柳亚子听了，气得郁闷极了。

接着，社员们便选举职员，结果如下：文选编辑员为高燮；诗选编辑员为柳亚子；词选编辑员为王西神；书记员为姚光；会计员为胡寄尘；庶务员为胡朴安、汪兰皋、朱少屏三人。

随后，社友们在愚园吃茶点，到丽珠照相馆照相。柳亚子"憋着一

---

① 柳无忌编：《柳亚子文集——南社纪略》，上海：上海人民出版社1983年版，第51页。
② 柳无忌编：《柳亚子文集——南社纪略》，上海：上海人民出版社1983年版，第51页。
③ 柳无忌编：《柳亚子文集——南社纪略》，上海：上海人民出版社1983年版，第51—52页。

肚皮的鸟气","勉勉强强敷衍完了"。晚上,社友们到雅聚园聚餐,柳亚子"喝了许多闷酒",高旭还在"冷语冷言""自鸣得意",柳亚子"更觉难堪"。① 柳亚子回到朱少屏家里(临时寄住),一夜睡不着,便决定翌日登报声明永远脱离南社。

10月28日,柳亚子在《民立报》上刊登通告,宣布:"仆因多病,不能办事,自请出社。"翌日,社友们看了报纸,知道事情弄糟了,连高旭也隐隐有些后悔。于是,赶紧叫人去柳亚子处疏通和劝解,但是,怒气正盛的柳亚子根本不予理睬,他和叶楚伧、苏曼殊、陈陶遗、姚锡钧等游玩好几天后,便扬长而归黎里。

柳亚子出社,新当选的两位编辑员高燮和王西神却不肯就职,南社工作怎么办呢? 为了挽回柳亚子宣布出社的局面,朱少屏出面于11月12日在《民立报》上发表启事,为柳亚子圆场:"南社柳亚子病已全(痊)愈,诗文请径寄黎里,弗由仆转,以免迟误,会计事除汇款由仆代取转交外,余径与柳亚子交涉。"② 不过,16日,南社又发表启事,以上海中华民报馆为暂设通讯机关,要求各社友将诗、文、词稿及通讯稿件寄给该报胡朴安等5人,这实际上又否定了朱少屏启事。

柳亚子看到朱少屏启事后,随即在18日《民立报》上发表《柳亚子脱离南社之再告》,重申脱离南社,坚决否认朱少屏启事:"社事丛脞,仆本孱躯,未堪尽瘁,兼以无识之徒时相掣肘,不得不决然引退。前次既宣告出社,则文选编辑及会计两职当然取消,应由社中更举,而交替之人迟迟未来,仆急于归里,故将存款及报告、收据诸件暂委交朱君少屏代收。今见朱君启事,与仆本怀大相刺谬,殊非爱我之谊,仆决不承认。"③《再告》不再像《通告》那样含蓄,而是公然提及"无识之徒时相掣肘",流露出无法抑制的愤怒,并宣布"决然引退",以示其出社态度之决绝。

柳亚子尽管十分决绝地出社,但是,他仍然把该做的事做完。这时,

<hr />

① 柳无忌编:《柳亚子文集——南社纪略》,上海:上海人民出版社1983年版,第52页。笔者按:原文"憋着一肚皮的乌气"中的"乌气"当为"鸟气"之误。
② 杨天石、王学庄编:《南社史长编》,北京:中国人民大学出版社1995年版,第312页。
③ 杨天石、王学庄编:《南社史长编》,北京:中国人民大学出版社1995年版,第313页。

《南社丛刻》第7集已经付印,但尚未出版。他认为做好工作,全始全终,是他的责任。于是,他便亲自校勘全部文稿。到12月1日,《南社丛刻》第7集出版,柳亚子才觉得无事一身轻。此后,柳亚子有一年半时间没有过问南社事务,其间曾到盛泽、杭州、苏州、上海等地小住或漫游。

1912年底,柳亚子应妻兄郑桐荪邀请,从黎里到盛泽小住。当时正值寒假,郑桐荪从其任教的安徽高等学校返家。苏曼殊自《太平洋报》停刊后,也在该校任教,与郑桐荪成为好友。他们一起从安庆乘船到上海,拉了朱少屏一起经嘉兴来到盛泽。

1913年初,柳亚子偕郑佩宜及柳无忌赴杭州,在西湖秋社拜访陈去病、徐仟慧后,又遍访湖上诸山,流连十多天。其后,柳亚子回到黎里。然后又赴苏州,与陈陶遗、叶楚伧、俞剑华等游览天平、邓尉、寒山寺诸胜景。随后又往上海,会晤社友。在此前后,好友邹亚云于1913年2月病故,社友、《苏报》创办人陈范(字蜕庵)于5月病故,柳亚子先后撰文赋诗哀悼。

南社社友仍然一再劝说柳亚子重新出山,主持南社事务。1913年1月8日,宁调元致书柳亚子,邀请他赴上海一晤,同时批评他"出社之举,何以如此决绝? 窃为通人不取,乞三思之!"①。柳亚子复书宁调元,加以拒绝。不久,宁调元又在上海召开在沪社友谈话会,大家一致同意推举柳亚子出任社长,兼任编辑。1月18日,宁调元又致书柳亚子,劝他复社,接受推举,但柳亚子仍不为所动。

3月16日,南社在上海愚园举行第8次雅集。姚光、高燮、胡朴安等12人参加。这次雅集没有拍照留念,只是在愚园茶话,晚上到雅聚园聚餐。在愚园茶话期间,书记员姚光提出了一个很重要的议案。他认为要维持南社的生命,非请柳亚子重新入社不可,而要柳亚子重新入社,非尊重他的主张,修改条例,改三头制为一头制不可。于是,雅集便通过了《南社第五次修改条例》,将编辑员三人制改为一人制。为了便于劝说柳亚子重新加入南社,并行使单独的编辑职权,社友们还苦心孤诣地设计了一套方案:先叫高燮和王西神在这次雅集中间用书面提出辞职,

---

① 杨天石、王学庄编:《南社史长编》,北京:中国人民大学出版社1995年版,第315页。

"化三为一"，然后请柳亚子复社，照条例行使职权。姚光随后致信柳亚子，告知这些情况，请求柳亚子复社。但柳亚子余怒未消，仍然坚决拒绝。姚光没有办法，只能和会计员胡寄尘勉强推持着南社的运转。

10月8日，南社在上海愚园举行第9次雅集。陈去病、姚光、高燮等16人参加。先是愚园茶话，晚上到醉沤斋聚餐。此次雅集的中心议题仍然是要柳亚子复社。

雅集后，姚光致书柳亚子劝驾，但柳亚子仍然没有答应。按理说，南社第8次雅集已经按照柳亚子原来提议修改了条例，柳亚子复社已经不存在任何障碍了，那么，为什么柳亚子还一再拒绝劝他复社的请求呢？当时，柳亚子对自己以前提议被拒一事尚未全然消气，就是柳亚子所谓"前车可鉴，旧恨未忘"。但是，更为重要的原因则是此时柳亚子对于南社的组织体制又有进一步革新的想法：

> 从前我是主张编辑员单独制的，现在，又发现着这办法的不够了。因为顾名思义，编辑员的权限，只是编辑而已，管不着其他的事情。而我这时候的主张，以为对于南社，非用绝对的集权制，是无法把满盘散沙般的多数文人，组织起来的。我就想进一步的改革，要把编辑员制改为主任制。并且，职员在雅集时由到会者推举，我也觉得不妥当。因为这时候的社友人数，已将近四百人；而照历次雅集到会的人数来计算，至多也只有四十人；那末，有选举权的人，只占全体十分之一，不是太不普遍，太不公平吗？所以应该改为由书记员于一月前分发选举票于全体社友，用通讯选举方法，产生出主任来，任期一年，连举得连任。还有，书记、会计和干事（原来名称是庶务，第五次修改条例改称干事），都是担任事务方面的人材，在集权制范围以内，是不需要推举或选举，而应由主任委托；在必要时，还可以由主任自己兼职的。①

柳亚子十分坦白地把上述想法提出来同姚光商量，作为自己复社的条件。姚光很理解柳亚子，也很信任柳亚子，便致书高旭进行疏通，

第五章 捍卫共和

---

① 柳无忌编：《柳亚子文集——南社纪略》，上海：上海人民出版社1983年版，第60页。

在家隐居的高旭也并不反对。这样，柳亚子复社之事便有了转机。

1914年3月29日，南社第10次雅集在上海愚园举行，到陈去病、叶楚伧、庞树柏、朱少屏等18人。姚光未与会，他委托胡寄尘提出了修改条例的议案，获得了大家一致赞同，修改条例顺利通过。条例完全采纳柳亚子的主张，改编辑员制为主任制：设主任一人，总揽社务，并主持选政，由社友全体投票公举；会计、书记各一人，干事无定额，由主任委任；主任每岁一选举。秋季雅集前一月，由书记部分发选举票给全体社友。社友接票后，即照式填写。俟雅集之日，检视票额，以多数者当选。连举者得连任。会计、书记、干事，随主任进退。这样一来，柳亚子复社的条件就完全成熟了。

胡寄尘把雅集经过情形报告姚光，姚光再致书柳亚子，请求复社。柳亚子见自己主张被全部采纳，"便慨然允许，重行加入，复为社友了"。①

为了欢迎柳亚子重新入社，南社于5月24日在上海愚园云起楼举行临时雅集。与会者有陈去病、柳亚子、叶楚伧、庞树柏、朱少屏、陈布雷等30人。愚园午餐，酒酣以后，分韵赋诗，兴会淋漓。

南社组织甚为松散，确如柳亚子所称满盘散沙。柳亚子提议的实施，是南社组织体制的一次重大改革，表现了这位南社盟主力图加强领导、巩固组织的意向，无疑会强化南社的组织效能。柳亚子重回南社后，很快就担负起领导南社进行反袁斗争的重任。

柳亚子出社与复社的波折，将柳亚子在南社中的重要性彰显无遗，似乎大有非柳亚子南社就无法运转之势，但是，另一方面，柳亚子大权独揽的局面不仅进一步导致南社更加依赖柳亚子，而且无形中会导致柳亚子与其他南社元老之间的关系存在一定紧张。柳亚子一意孤行和过于张扬的个性，也在部分社友中留下不佳印象，从而埋下导致南社纷争加剧和升级的火药。

① 柳无忌编：《柳亚子文集——南社纪略》，上海：上海人民出版社1983年版，第63页。

第六章　南社纷争

一　反袁风云

　　1913年春,在国会大选中,国民党大获全胜,宋教仁正踌躇满志欲筹组责任内阁。3月20日晚10时许,宋在上海火车站遭暗杀,受重伤,两日后逝世。在随后对宋教仁被刺案的调查中,诸多迹象表明袁世凯是幕后黑手的嫌疑最大。柳亚子强忍悲愤,写下《哭宋遁初烈士》两首。诗云:

　　　　忽复吞声哭,苍凉到九原。斯人如此死,吾党复何言? 危论天应忌,神奸世所尊。来岑今已矣! 努力殄公孙。

　　　　不用吾谋恨,当年计岂迁? 操刀悭一割,滋蔓已难图。小丑空婴槛,元凶尚负嵎。伤心邦国瘁,不独恸黄垆。①

　　在第一首诗中,惊闻宋教仁遇刺噩耗,柳亚子痛哭失声,苍凉至极。想到像宋教仁这样热心从事政党政治的人竟然惨遭暗杀,我们革命党人还有什么话好说呢? 在这里,既表达了难以用语言形容的强烈愤慨,也抒发了无法用语言描述的悲愤之情。最后,柳亚子呼吁继承烈士遗志,殄灭公孙,为烈士复仇。

　　在第二首诗中,柳亚子严厉批评了1912年南京临时政府的妥协退

---

①《哭宋遁初烈士》,中国革命博物馆编:《柳亚子文集——磨剑室诗词集》(上),上海:上海人民出版社1985年版,第189页。

让政策,对"不用吾谋"极为抱恨,更对造成"滋蔓已难图"的恶果深以为憾。柳亚子敏感地意识到,宋教仁遇刺将会对国家前途带来重大影响,因此,他不只为社友惨死感到悲痛,更为国家前途感到忧心。

宋教仁被害的教训,惊醒了革命党人。国民党开始谋划武力讨伐袁世凯。7月中旬,"二次革命"终于爆发。国民党人掌控的南方各省先后宣布独立,进行武力反袁。柳亚子一度颇为振奋,在7月21日的《民立报》上发表《北望三章》三首。末首有云:

> 太白终悬竖子头,横空一剑断千愁。东山好为苍生起,忍卧元龙百尺楼。①

可惜,在袁世凯的武力镇压下,"二次革命"很快灰飞烟灭,原为国民党掌控的南方诸省悉数落入袁世凯手中。孙中山、黄兴、陈其美等逃到日本,其他革命党人(包括部分南社社友)亦纷纷出亡日本和美国,也有的遁居山中。眼看原来期盼完全落空,柳亚子"杜门不出,书空咄咄而已"。②叶楚伧逃到黎里避难,在柳亚子家待了10多天才离开。

9月25日,南社社友宁调元被袁世凯、黎元洪杀害于武昌。听到消息后,柳亚子撰《闻宁太一噩耗,痛极有作》两首。诗云:

> 当年专制犹开网,此日共和竟杀身。早识兴朝菹醢急,不应左祖倡亡秦。
>
> 独夫曷丧苍生愿,豪杰成灰白骨哀。血溅武昌他日事,鬼雄呵护复仇来。③

宁调元进行反清革命,仅被关押三年,尚无生命之虞,可在他为之奋斗而建立的共和国中却竟然惨遭处死,这是何等残酷的现实啊!柳亚子在此严厉地抨击袁世凯当局较之清统治者有过之而无不及的专制凶残,沉重地表达了其悲痛至极的心情,乃至说出"不应左祖倡亡秦"的

---

① 《北望三章,借陈汉元韵》,中国革命博物馆编:《柳亚子文集——磨剑室诗词集》(上),上海:上海人民出版社1985年版,第199页。

② 柳无忌、柳无非编:《柳亚子文集——自传·年谱·日记》,上海:上海人民出版社1986年版,第15页。

③ 《闻宁太一噩耗,痛极有作》,中国革命博物馆编:《柳亚子文集——磨剑室诗词集》(上),上海:上海人民出版社1985年版,第198页。

愤激之语。

　　紧接着,一大批南社社友相继遭到袁世凯及其爪牙的杀害,柳亚子也一一赋诗哀悼:11 月 13 日,南社社友、湖南财政司司长杨德邻(字性恂)因反袁被湘督汤芗铭杀害,柳亚子赋五律一首哀悼;次年 3 月,社友陈子范(号勒生)为反袁在上海制造炸弹,失慎牺牲,柳亚子又撰五律一首哀悼;次年 5 月,社友周祥骏(字仲穆)在徐州被军阀张勋杀害,柳亚子为其撰七律二首哀悼。其后,社友范鸿仙在上海被袁世凯死党、上海镇守使郑汝成派人刺杀;社友吴鼐在上海因谋划刺杀袁世凯而被捕,解北京后遇害;社友程家柽在北京谋刺袁世凯,被捕就义。

　　到 1915 年,国事方面很不平静,袁世凯称帝野心日益暴露。日本帝国主义想乘欧战之机独吞中国,便以承认帝制为交换条件,利诱威逼袁世凯接受出卖国家主权的"二十一条"。袁世凯除对个别条款要求日后协商外,竟然于 5 月与日本签订了"二十一条"(也称《中日民四条约》)。柳亚子后来回忆说:"这是光复以来第一次的国耻,民气沸腾,达于极点。可怜我是手无寸铁的书呆子,只好抱着满腔孤愤,寄沉痛于逍遥。"①

　　5 月 9 日,柳亚子乘车前往愚园参加南社第 12 次雅集。他在车中口占诗两首。第一首诗有云"至竟何关家国事? 羞教人说是诗人",则是"说外交形势的日非,痛愤于书生的无用"。②

　　雅集过后,柳亚子和高燮、姚光等携眷同游杭州,以纾解积郁,排遣忧愤。当时,正值冯春航在杭州新舞台演剧,又有杭州众多社友的殷勤招待,柳亚子等便在杭州连夕观剧。5 月 14 日,他与冯春航及杭州社友泛舟西湖,饮酒大醉。"醉后忽及家国事,遂抚膺恸哭,襟袖俱湿"。但"泪从何来",他"亦不自知,惟觉对此茫茫,百端交集,虽欲不哭,又胡能已哉"。哭罢,竟想"纵身入西湖,效屈平抱石故事",却"为友人所阻"。③ 其后,柳亚子等在西泠印社举行南社杭州临时雅集,冯春

---

① 柳无忌编:《柳亚子文集——南社纪略》,上海:上海人民出版社 1983 年版,第 72 页。
② 柳无忌编:《柳亚子文集——南社纪略》,上海:上海人民出版社 1983 年版,第 72—73 页。
③ 《致洪白蘋》,上海图书馆编:《柳亚子文集——书信辑录》,上海:上海人民出版社 1985 年版,第 18—19 页。惟该信写作时间(1917 年 5 月 15 日)标识错误,据张明观考证,应为 1915 年 5 月 15 日。

航于此时加入南社。柳亚子等又在孤山冯小青墓畔为冯春航勒碑纪念。在此时,柳亚子"胜概豪情,自命不可一世,实在是黄连树下弹琴,苦中作乐罢了"。①

柳亚子与高燮、姚光等在杭州流连 20 余天,倦游而归。6 月 2 日,原绍兴都督王金发和南社社友姚勇忱被袁世凯走狗、浙江督军朱瑞杀害。柳亚子刚从杭州返乡便闻噩耗,因作《闻王季高、姚勇忱遇害有作》,有"绝代佳人姚弋仲,可怜生死殉田横"句,后又作《哭勇忱》两首,慨叹其"名高竟杀身","十年剩皮骨,一夕死风波"。7 月 20 日,老同盟会会员、南社社友仇亮(号冥鸿)在北京被杀。消息传来,柳亚子作《哭仇冥鸿》。

同年 8 月间,袁世凯称帝野心昭然若揭,复辟称帝的筹备活动也紧锣密鼓地进行着。其时,杨度、刘师培等 6 人组成"筹安会",大肆进行造势宣传,为复辟帝制制造理论依据。9 月 19 日,官僚梁士诒组织发起"全国请愿联合会",为复辟帝制摇旗呐喊,企图营造深得民心的假象。对此,柳亚子写下《孤愤》。诗云:

> 孤愤真防决地维,忍抬醒眼看群尸?美新已见扬雄颂,劝进还传阮籍词。岂有沐猴能作帝?居然腐鼠亦乘时。宵来忽作亡秦梦,北伐声中起誓师。②

这首诗首联将袁世凯及其周围趋炎附势之徒看成"群尸",并对他们予以强烈谴责与表示深深厌恶。颔联借用"扬雄美新""阮籍劝进"的典故,对歌功颂德的"筹安会"和上表劝进的"全国请愿联合会"进行辛辣嘲讽;颈联借用"沐猴而冠"的典故明示对袁氏的极度鄙弃,断言袁世凯称帝必败,讽刺杨度和梁士诒之流是小人乘机作祟;尾联借梦来预言袁世凯倒行逆施必将以灭亡而告终。

面对南社社友惨遭杀害与袁世凯公然复辟帝制的现实,柳亚子觉得时局日益恶化,苦痛不断加深,可是回天无力,遂于同年 8 月与王德

---

① 柳无忌编:《柳亚子文集——南社纪略》,上海:上海人民出版社 1983 年版,第 73 页。
② 《孤愤》,中国革命博物馆编:《柳亚子文集——磨剑室诗词集》(上),上海:上海人民出版社 1985 年版,第 230 页。

钟、顾悼秋、沈剑双、凌景坚等在黎里结为酒社，"意在效信陵祈死耳"。这一年，他们在一起宴饮高达 13 次之多，每次都喝酒吟诗，特别是中秋前后泛舟于黎里郊外的金镜湖中，竟在舟中连续轰饮三昼夜。

柳亚子、王德钟、顾悼秋等经常狂歌痛饮，喝醉了酒，就在堆满瓦砾的空场上乱跳乱滚，大约是要尽情地发泄心中满腔郁愤之情吧。其间，柳亚子腿部筋骨受了暗伤，竟至不能动弹。柳亚子病足月余，卧床不起，以致未能赴上海参加南社 10 月 27 日举行的第 13 次雅集。

这一年，柳亚子酒社雅集频频，也留下大量诗歌。柳亚子后来自谓"一时赋诗言志，多悲歌慷慨之音"，[1]但亦留下不少伤心诗句："谁使英雄无用武？翻投酒国作宾氓"[2]，"收拾馀生付酒杯，已拚蜡炬尽成灰"[3]，"草草生涯拚纵酒，沈沈心事强为欢"[4]，"馀生忍见莽元年，披发佯狂事可怜"[5]。

经过一番紧锣密鼓的筹备，袁世凯终于粉墨登场，在 1915 年 12 月中旬宣布承受帝位，在居仁堂受文武百官朝贺，改国号为"中华帝国"，以 1916 年为"洪宪元年"，并定元旦举行登基大典。柳亚子痛撰七绝二首。诗云：

> 万里阴霾事可怜，那堪举目望幽燕。尧天舜日匆匆尽，已是穷新闰位年。
>
> 冢中枯骨不须论，紫色蛙声敢自尊。会见亡秦三户士，一麾黄钺定中原。[6]

---

① 《〈销寒社录〉序》，中国革命博物馆等编：《柳亚子文集——磨剑室文录》(上)，上海：上海人民出版社 1993 年版，第 445 页。

② 《酒社第一集》，中国革命博物馆编：《柳亚子文集——磨剑室诗词集》(上)，上海：上海人民出版社 1985 年版，第 231 页。

③ 《酒社第二集》，中国革命博物馆编：《柳亚子文集——磨剑室诗词集》(上)，上海：上海人民出版社 1985 年版，第 232 页。

④ 《酒社第四集》，中国革命博物馆编：《柳亚子文集——磨剑室诗词集》(上)，上海：上海人民出版社 1985 年版，第 232 页。

⑤ 《酒社第八集》，中国革命博物馆编：《柳亚子文集——磨剑室诗词集》(上)，上海：上海人民出版社 1985 年版，第 234 页。

⑥ 《阴霾》，中国革命博物馆编：《柳亚子文集——磨剑室诗词集》(上)，上海：上海人民出版社，1985 年版，第 236 页。

袁世凯帝制自为,开历史的倒车,迅速激起全国人民的无比愤慨和坚决反对。12月25日,蔡锷、唐继尧等在昆明宣布云南独立,组成讨袁"护国军"。1916年元旦,云南军政府成立,由唐继尧任都督。与此同时,护国军在昆明举行誓师大会,发布讨袁檄文,随后出兵讨袁。

得知云南讨袁护国消息后,柳亚子十分高兴,即撰《民国五年元旦》七绝二首。诗云:

> 正朔堂皇日月恢,痴儿空筑受禅台。天南鼙鼓喧阗起,一柱擎天仗异才。
>
> 碧鸡金马旧雄风,保障神皋第一功。我亦椒花新献颂,摩挲杯勺饮黄龙。①

袁世凯称帝后,其手下大将段祺瑞、冯国璋态度消极。护国军兴起后,贵州、广西、广东、陕西、浙江等省纷纷宣布独立。帝国主义列强也拒绝承认袁世凯复辟帝制。在内外交困、众叛亲离的情况下,袁世凯被迫于3月22日宣布撤销帝制,但依然想保留总统职位。这当然不被独立各省所接受,因而反袁风暴仍在持续扩大。

早在1915年2月,前沪军都督、中华革命党重要领导人陈其美从日本返回上海,从事讨袁斗争,但因袁世凯防范严密,未有进展,遂于8月返回东京。同年10月,陈其美再回上海,开展讨袁斗争。他在11月派人成功地除掉袁世凯爪牙、上海镇守使郑汝成,并于12月策动肇和舰起义。

袁世凯宣布撤销帝制后,陈其美派杨虎、何嘉禄前往江阴、吴江等地活动。1916年4月16日,杨虎策反江阴炮台守军起义,占领江阴县城,宣布江阴独立。4月18日,何嘉禄、殷恭壬占领吴江县城,宣布吴江独立。江阴、吴江独立惊动了江苏将军冯国璋,后者遂派兵前往镇压。为避兵燹,柳亚子携眷避居上海。

陈其美在江浙一带呼风唤雨,引起袁世凯、冯国璋的恐惧和仇视,必欲除之而后快。5月18日,陈其美在上海惨遭暗杀。柳亚子闻讯,不

---

① 《民国五年元旦》,中国革命博物馆编:《柳亚子文集——磨剑室诗词集》(上),上海:上海人民出版社1985年版,第239页。

胜悲痛,作《哭陈英士烈士》。诗云:

> 披发呼天那可闻,从知人世有烦冤。十年薪胆关青史,一夕风
> 雷怒白门。生负霸才原不忝,死留残局更何言。苌弘化碧宗周烬,
> 忍向黄垆检断魂。①

然而,陈其美被害也丝毫挽救不了袁世凯的命运。此前,5月8日,独立各省在广东肇庆成立军务院,代行北京政府国务院职权,由此直接与北京政府分庭抗礼。袁世凯一度企图由四川、湖南发起反攻,做垂死挣扎,却因亲信四川将军陈宧和湖南将军汤芗铭先后宣布独立而落空,袁彻底绝望。6月6日,袁世凯在气愤忧惧中病死。

袁世凯死后,黎元洪继任大总统,但实权把持在北洋派大将、内阁总理段祺瑞手中。黎元洪不甘沦为傀儡,便联络北洋派另一干将、副总统冯国璋,与段祺瑞相抗衡。于是,便出现府院之争(总统府与国务院)的局面。柳亚子在后来《自撰年谱》中指出,"时袁逆虽死,而朝局尚未澄清。上海舆论,亦极光怪陆离之至。"柳亚子"慨国难之未已,废然掣眷旋里"。②

返回黎里后,柳亚子与乡里诸子结销夏社于开鉴草堂。开鉴草堂在柳宅周寿恩堂旁边。主人周云,字湛伯,自号酒痴。堂内水榭三楹,有小桥曲折贯通。柳亚子常与乡里诸子在这里消夏避暑,诗酒流连,积诗甚多,后辑成《销夏录》。柳亚子为之作序云:"仆也戎马馀生,江湖息影。追鲁连于东海,秦帝依然;问皋羽之西台,鲁公已矣。哀丝豪竹,中年事竟如斯;西抹东涂,老子兴犹未浅。"③在这里,柳亚子颇有"人到中年万事休"的感慨,流露出报国无门、心灰意冷之意。

同年冬,柳亚子与黎里友人结成销寒社,情绪更为消沉而灰暗。1917年初柳亚子在《销寒社录》序言中感叹"人心尽死,天道宁论?",流

---

① 《哭陈英士烈士》,中国革命博物馆编:《柳亚子文集——磨剑室诗词集》(上),上海:上海人民出版社1985年版,第242页。

② 柳无忌、柳无非编:《柳亚子文集——自传·年谱·日记》,上海:上海人民出版社1986年版,第17页。

③ 《〈销夏录〉序》,中国革命博物馆等编:《柳亚子文集——磨剑室文录》(上),上海:上海人民出版社1993年版,第418页。惟该段文字断句、标点均错谬异常,故笔者参照该文的其他版本重新断句、标点。

露出坠入绝望深渊的情绪。然而,柳亚子最后引用旧时一绝云:"袁安高卧太辛酸,党尉羊膏未尽欢。愿得健儿三百万,咸阳一炬作销寒!"表明他仍有在绝望中奋起的期盼。[①]

在 1913 至 1916 年间,柳亚子深切悼念遇难社友,猛烈抨击袁世凯的专制独裁与倒行逆施,展现出一位坚定反袁斗士的风采。当然,作为敏感诗人,柳亚子也时常流露出严重的消极退隐情绪,每每流连于诗酒之中,亦有其逃避、颓废的一面。

二 南社盟主

在南社创立初期(即南社张园第 3 次雅集前),虽然柳亚子也是一位重要倡议者和组织者,但他主要承担出钱付账和奔走联络等事务性工作,其地位和作用均小于陈去病和高旭。经过南社张园"革命"后,柳亚子在俞剑华协助下从陈去病、高旭手中夺取《南社丛刻》的编辑权,由此直到南社第 7 次雅集,他成为南社不可或缺的关键人物。虽然他并未正式担任过编辑员职务,却实际上操持着南社的编辑大权,并维系南社的正常运转,故也可将他称为南社柱石。他在南社第 7 次雅集上提议改"三头制"为"一头制",实行集权,但遭到众人否决,于是他愤而出社。这一场出社风波,反倒将柳亚子在南社中的重要性彰显出来。为了敦请柳亚子复社,1913 年 3 月南社第 8 次雅集、1914 年 3 月南社第 10 次雅集两次为他修改南社条例,一一满足其愿望和要求,才使柳终于复社。这样一来,柳亚子不仅如愿以偿地当上南社主任,而且享有兼任和任命南社书记、会计、干事等人事大权,由此名正言顺地成为南社盟主。

自从 1914 年 5 月复社后,柳亚子尽管在政治上不时流露出消沉退隐情绪,常常沉湎于诗酒之中,但他始终如一地坚守着南社这一阵地,

---

尽心尽职地履行自己的职守。

如前所述,柳亚子在 1912 年 10 月宣布自行出社后,仍继续完成《南社丛刻》第 7 集的编辑和出版工作。但是,在此后长达一年多时间里,《南社丛刻》只在 1914 年 3 月出版了会计胡寄尘编辑的第 8 集。

1914 年 5 月,柳亚子复社后,便针对《南社丛刻》已脱集多时的情况,采取开快车的办法来加紧工作,先后在 5 月至 10 月间出版《南社丛刻》第 9、10、11、12 集。在八九月间,柳亚子用代理书记员的名义发出通告,召集 10 月 10 日在愚园举行第 11 次雅集,并附发选票请社员通讯选举。

10 月 10 日,南社第 11 次雅集正式举行。由于这次通讯选举中弃权票太多,回收选票只有 87 张,柳亚子以 56 票当选为南社主任。柳亚子决定自兼书记和会计,委托朱少屏、史文钦、汪兰皋、胡朴安、胡寄尘、姚光 6 人担任干事。

1915 年 3 月、5 月,《南社丛刻》第 13 集、第 14 集出版。5 月 9 日,南社在上海愚园举行第 12 次雅集,共有柳亚子、陈去病、叶楚伧、姚光等 42 名社友与会。10 月 27 日,南社第 13 次雅集在上海愚园举行,柳亚子因在此之前酒后足部受伤而未能赴沪与会。此次雅集,到朱少屏、胡寄尘、姚光、叶楚伧等 27 人,检点选票,共 161 张,柳亚子以 152 票继续当选主任,其他职员依旧。

1915 年 12 月中旬,袁世凯悍然宣布实行帝制。随后,蔡锷等在云南组建护国军,出师讨伐袁世凯,沉重地动摇了袁世凯的统治。1916 年 3 月袁世凯被迫取消帝制,后于 6 月 6 日病死。在此种情况下,南社活动日趋活跃,可以说是"兴会飚举"。在 1916 年中,南社先后在 1、4、5、9、11 月出版了《南社丛刻》第 15 集至第 19 集,共有 5 集,这在南社历史上是极其少有的。与此同时,还举行 4 次雅集:4 月 19 日、8 月 20 日先后举行两次临时雅集,6 月 14 日、9 月 24 日分别举行第 14 次、第 15 次雅集,这也是南社历史上绝无仅有的。

1916 年 11 月,柳亚子编辑出版《重订南社姓氏录》,分上下编。上编为"已收到入社书者",计 750 人,其中已故 40 人;下编为"未收到入社书者",计 75 人,其中已故 6 人。合并计算,共计 825 人,其中已故

46 人。

1917 年 4 月 15 日,南社在上海徐园举行雅集,到柳亚子、叶楚伧、朱少屏等 39 人。当时谁也没有想到,这竟然是柳亚子最后一次出席南社雅集。

与此同时,南社在北京、长沙、广州等地的活动也日趋活跃而频繁。1916 年 6 月,傅尃等十余位长沙南社社友在琴庄举行雅集,9 月间傅尃等 30 余位长沙社友在枣园举行第二次雅集。北京南社社友也分别于 1916 年 8 月、9 月、11 月在中央公园、徐园等地举行 2 次雅集和 1 次临时雅集。南社社友蔡守于 1917 年 2 月在广州六榕寺拟发起成立南社广东分社,发函募捐。同年 3 月 25 日,南社广东分社在广州举行第一次雅集,共到社员蔡守、方声涛、谢祖贤等 40 人。①

在 1913 年到 1917 年的四五年中,尽管在袁世凯的百般摧残下,一些南社社友先后遇难或病逝,但是,在柳亚子的领导下,南社还是取得很大发展。到 1916 年 11 月,南社社员已发展到 825 人,比 1912 年 5 月的 311 人增加了 500 余人。对此,柳亚子无疑是功不可没的。当然,南社成员发展过多过滥也带来很大隐患。正如柳亚子后来回顾时所指出的:"因为发展团体起见,招呼的人太多了,不免鱼龙混杂。还有先前很好的人,一变就变坏了。后来差不多无论什么人都有,甚至意见分歧,内讧蜂起,势不得不出于停顿的一途。"②

除促使南社有较大发展外,柳亚子的功劳还集中地体现在他领导的南社在反对袁世凯斗争中发挥了重要作用。辛亥革命推翻清政府,建立民主共和政体,一度让南社社友失去了共同努力的目标与方向。但是,南社社友很快就从为周实、阮式两烈士复仇受挫过程中意识到袁世凯的巨大威胁,故而对袁世凯保持相当警惕。当袁世凯派人暗杀宋教仁,特别是武力镇压"二次革命"后,大批革命党人(包括南社社友)或被迫流亡,或遭到残杀,或者隐居深山。其后,袁世凯又倒行逆施,竟公然复辟帝制。面对袁世凯的疯狂镇压和倒行逆施,柳亚子不仅赋诗悼

江苏历代文化名人传·柳亚子

148

① 杨天石、王学庄编:《南社史长编》,北京:中国人民大学出版社 1995 年版,第 443 页。
② 柳无忌编:《柳亚子文集——南社纪略》,上海:上海人民出版社 1983 年版,第 101 页。

念遇难社友和亡故社友,还在《南社丛刻》发表烈士遗像和社友们哭吊烈士之作,从而有力把南社社友团结起来,并共同猛烈抨击袁世凯的专制统治。

毋庸讳言,袁世凯的强势统治、专制残暴和倒行逆施,宛如一块巨石压在南社同仁头上,压得他们喘不过气。但是,这种外在的强大压力迫使南社社友不得不缩小乃至回避内部分歧,由此强化了南社的凝聚力,维持南社团结和促进南社的发展。不过,当1916年初袁世凯权威开始动摇后,特别是袁世凯死去后,南社社友面临的外部压力骤然消失,使得原来那种把南社社友维系在一起的凝聚力亦不复存在。在这种情况下,许多原来被隐藏的内部矛盾和问题就会逐渐凸显出来。

在这一时期,柳亚子悉心主持社务,促进南社发展,其付出的辛劳与取得的成绩都是有目共睹的,由此赢得广大社友的高度信任和大力支持,这是后来在南社纷争中大部分社员坚定支持柳亚子的理性因素。有关情况前文已经叙及,故不再赘述。与此同时,柳亚子为社友仗义执言、热心搜罗和编辑出版亡友遗文,也赢得了许多社友的敬佩和爱戴,这是后来许多南社社友坚定支持柳亚子的感情因素。因前文并未提及相关情况,故在此稍做介绍。

柳亚子为社友仗义执言之事,在前述为周实、阮式两烈士的昭雪复仇中表现最为突出。此外,还突出地体现在他为社友孙元洗刷冤情一事上。1911年6月,孙在日本被仇家暗害后,不仅多年奔走革命的业绩不为人知,而且被仇家流言中伤,被说成是出卖同志朋友的叛徒密探。

孙元,字竹丹,祖籍江苏上元(今属南京市)人,先人迁居安徽寿州。早岁即以革命自任,东渡日本,加入同盟会,任皖分会会长。1906年回安徽时,路过上海,拿着林立山的信件来健行公学拜访柳亚子,高谈雄辩,目光炯炯。柳亚子惊为人豪,曾为之赋诗,有云"千里皖江凭掌握,会看天际起风云"。不久,孙元与孙毓筠谋划江南起义,事泄后复往日本,与革命党人广通声气,力图再举。1910年,孙元从日本写信给柳亚子要求加入南社。第二年辛亥革命爆发,革命志士纷纷归国,却独独不见孙元。数月之后,柳亚子才获得确切消息,孙为仇家所害,死状甚惨。1912年,柳亚子为撰《孙君竹丹传》,在文末非常感慨地说:"革命建帜以来,死事者多矣,君独为仇家所中,名不列于国殇,论者惜之。"①

1913 年 2 月,柳亚子正在苏州游览天平、邓尉诸山,忽然接到陈陶遗自上海的来信,得知孙元好友钱兆湘想告诉他有关孙元的情况。于是,柳亚子急赴上海,与钱氏相见晤谈,听钱历叙孙氏平生行谊及遭人诬陷情况,并据此撰写《孙君竹丹事略》。原来 1909 年熊成基逃亡日本后,孙元等给予资助。后熊成基返东北,孙元亦返北京。熊氏被奸人出卖后,株连孙元,幸赖友人密告得脱,复返日本,杜门不出。当时旅日皖人有忌恨孙元者,造谣说孙为清政府侦探,说他是出卖熊成基的叛徒。其后,王坚、赵声、宋教仁、钱兆湘、何天炯等孙氏好友先后回国,造谣者更加肆无忌惮,并于 1911 年 6 月引诱孙到东京市外对弈,另有人"伪观局者举哑铃"猛击孙头部,致使其"双目并出",立即死亡。此文大约在宋教仁遇刺后完稿,1914 年 3 月登载在《南社丛刻》第 8 集上。在同期《南社丛刻》上还登载柳亚子撰写的《为孙君竹丹昭雪启》。至此,孙元之冤情才大白于天下,地下英灵得以安慰。

一些南社社友过早的凋零,使他们生前的诗文散落在各地和各种报刊上,搜罗编辑颇为不易。柳亚子自任其责,"为亡故社友保留遗文,使其精魂长存于天地间"。② 仅在 1913 年到 1917 年间,就先后为宁调元、陈范、陈子范、孙元等编辑出版《太一遗书》《蜕翁诗词文续存》《陈烈士勒生遗集》《孙烈士竹丹遗事》。其中,尤以为宁、陈编辑文集费力甚多。

1913 年宁调元就义于武昌。宁生前奔走革命,或身陷囹圄,死后诗文著作随之零落。宁是湖南人,交游之士也以湘籍人士居多。本来编辑其遗集,当以湘籍人士为善。但是,当时"二次革命"失败,许多湖南革命志士遭到通缉,傅尃曾避难深山,其他湘籍人"大半乡居,星散不相闻问"。在这种情况下,柳亚子毅然承担起编辑宁调元遗集的重任。他在傅尃、刘谦等湖南社友的支持下,在 1915 年编辑出版《太一遗书》若干卷。

---

① 《孙君竹丹传》,中国革命博物馆等编:《柳亚子文集——磨剑室文录》(上),上海:上海人民出版社 1993 年版,第 323 页。
② 孙之梅:《南社研究》,北京:人民文学出版社 2003 年版,第 122 页。

1913 年陈范病逝后,其妹婿汪兰皋将遗稿交付柳亚子,请柳亚子担任编辑,但柳亚子"逊谢未遑",将遗稿交还,鼓励他承担编辑。汪兰皋先后编辑成《蜕翁诗词刊存》《陈蜕翁先生文集》,并在友人资助下分别于 1914 年 9 月、12 月刊行。其中,柳亚子分别捐资 50 元、30 元,占捐资总额的 25%、30%。但是,这两本著作遗漏很多。柳亚子又搜集史蕤园以及刘今希、刘约真兄弟等所藏大量遗稿,在傅専的督促下编辑成《蜕翁诗词文续存》,后经汪兰皋最终编定,于 1915 年刊行。

陈子范 1913 年去世后,柳亚子把散见于《南社丛刻》的陈氏诗文汇集成一卷,原计划与宁调元集合刊行世。但是,后来发现,宁的文稿洋洋大观,而陈的文稿则寥寥数纸,如果把两者放在一起则很不协调,只好分别刊印。1916 年,广东的叶竞生在南社雅集上倡议为陈子范刊印文集,柳亚子遂在《民国日报》发表启事,征集遗文。年末,获得江苏宜兴人邹秋士邮寄杂稿若干页。柳亚子遂重新编排,成古近体诗 1 卷、杂文 1 卷、时论 1 卷、短评 1 卷、小说 1 卷,题名为《陈烈士勒生遗集》。该书于 1917 年 1 月刊行。

1915 年,柏文蔚将孙竹丹遗事一束交给柳亚子,请柳亚子编辑。柳亚子不负所托,编成《孙烈士竹丹遗事》,并附跋文一篇。该书于 1917年 1 月刊行。

柳亚子热心搜罗南社亡友遗稿,并编辑出版,从而为南社保存了大量文献,可谓使亡友精魂长存于天地间。这对南社和亡友都是一件无量的功德,也体现柳亚子对社友的深情厚谊。人非草木,孰能无情? 许多社友也因此而发自内心地感激、敬佩和爱戴柳亚子。

早在搜寻宁、陈遗文期间,傅専就深有感慨,发自肺腑地向柳亚子表示感谢和钦佩:"宁、陈遗稿,得公衷刊,此其用心尤堪感泣。当兹沧海横流,尚能文献自任,存吾道于未坠,发潜德之幽光,将使来者有所观,死者无所憾,立不朽之业,守不渝之信,求之并世,已谓难能。又况帝网重重,四方戚戚,有碍斯缍,无罗不张。"[①]这应是后来许多南社社友

① 醴陵傅専钝根:《与柳亚子书》,柳亚子等编:《南社丛刻》第 11 集,扬州:江苏广陵古籍刻印社 1996
　年影印本第 3 卷,第 2033 页。

在南社内讧中支持柳亚子的一个重要原因,尤其是湘籍社友傅尃更是如此。

然而,另一方面,在此期间,柳亚子未能处理好与高燮、蔡守等南社重要元老的关系,埋下了后来南社纷争扩大乃至内讧的隐患。

1915年5月南社第12次雅集过后,柳亚子和高燮、姚光等携眷同游杭州,柳、高、姚三人便刊行《三子游草》,印费由三人分担,书籍也由三人各取一部分。后来,柳亚子在松江一个地方报纸上看到了《三子游草》寄售的广告,原来高燮已经把他分得的书籍出售。柳亚子便写信质问高燮,要他取消广告、停止出售。但是,高燮认为,他分得的书籍,他就可以自由处置,用不着柳亚子干涉。柳亚子则认为,《三子游草》的版权是公共的,至少自己也有一分子,既然事先没有讲明作为卖品,高燮就不应该未征求自己意见而擅自出售。两人为此大起争执,愈闹愈僵,开始还书信往返辩论,后来则"索性在报上登载广告,破口大骂起来"。最后,柳亚子以登报宣布与高燮绝交而告终。

虽然高柳交恶在当时没有对南社产生直接影响,但是,它无疑使高燮对柳亚子产生很恶劣的印象,为其后来卷入"倒柳"风波埋下伏笔,同时也在一定程度上影响一些社友对柳亚子的观感。在柳亚子看来,这一件事在"无意中间",已经替1917年蔡守主导的"倒柳"风潮制造了"一尊可以利用的偶像了"。①

1916年袁世凯死后,柳亚子未同意开除参与支持袁世凯复辟帝制活动的广东社员马小进的社籍,大大地得罪了南社重要领导人蔡守。

景耀月、马小进等十余名南社社友趋炎附势,参与拥护袁世凯复辟帝制活动。袁世凯死后,蔡守等粤社全体一百多名社员联名致书柳亚子,"以马小进(即骏声)违背本社提倡气节宗旨","全体社员不愿与其同社","请亚子除其社籍"。② 对此,柳亚子以南社条例中无开除社员的规定而加以拒绝。

柳亚子所言非虚,当时南社条例中确无开除社员的规定。南社的

---

① 柳无忌编:《柳亚子文集——南社纪略》,上海:上海人民出版社1983年版,第74页。
② 杨天石、王学庄编:《南社史长编》,北京:中国人民大学出版社1995年版,第500页。

前三次条例,对于社友除名一事均无明确规定。直到 1911 年制定的《南社第四次修改条例》第 13 条,才明确规定"凡社友确有妨碍名誉者,候雅集时公议取决除名"。但是,这一条款在南社第 5 次、第 6 次条例修订时都未保留。

柳亚子未同意开除马小进社籍,除南社条例并无开除社员规定外,实际上还别有苦衷。正如后来他在《我和南社的关系》一文中所说:"洪宪称帝,筹安劝进,很有旧南社的分子;可是在炙手可热的时候,大家都不敢开口,等到冰山倒了,却热烈地攻击起来。我以为'打落水狗'不是好汉,所以没有答应他们除名惩戒的要求,然而提倡气节的一句话,却有些说不响嘴了。"①这就是说,柳亚子最主要的考虑是不愿意"打落水狗"。在他看来,当马小进等人参与支持复辟帝制活动之际,也就是在袁世凯炙手可热的时候,将他们除名是理直气壮的正义之举,可是,当时大家并没有这样做,等到袁世凯垮台和死亡后再来开除他们社籍,则显得理不那么直,气不那么壮,似乎不能不带有"打落水狗"的嫌疑。另外,柳亚子可能还虑及,一旦开除马小进,势必波及其他人,牵涉面会太大。当然,柳亚子与马小进私人关系较好也是一个因素。

蔡守和马小进同为南社广东社友,不知两人之间到底有何恩怨纠葛,以至于柳亚子未同意开除马小进社籍竟引起蔡守极为不满,他认为柳亚子"竟殉个人私情"。②因此,当柳亚子 1917 年将攻击和反对自己的朱玺、成舍我驱逐出社时,早就心存不满的蔡守便迫不及待地站出来充当"倒柳"的主帅。

三　论诗启衅

南社社友之间在诗学主张上的不同,早在南社成立之初,就埋下后来纷争的种子。只是辛亥革命前,在反清这一共同目标的掩盖下,南社

① 柳无忌编:《柳亚子文集——南社纪略》,上海:上海人民出版社 1983 年版,第 101 页。
② 杨天石、王学庄编:《南社史长编》,北京:中国人民大学出版社 1995 年版,第 500 页。

成员诗学的不同主张并未明显暴露出来。辛亥革命后,随着反清这一共同目标的消失,南社成员之间诗学主张的分歧才逐步暴露出来,但在初期还处于可控的范围内。

在诗学主张方面,南社社友之间有宗唐宗宋之别,尤其是对清末民初统治诗坛的"同光体"看法尤为分歧。

诗歌是宗唐还是桃宋,自明清以来便一直是诗坛争论不休的话题。清朝末年到民国初年,江西诗派占据诗坛的主流地位,他们以宋代江西人黄庭坚为鼻祖,其代表人物是江西陈三立和福建郑孝胥,一时被称为"同光体"。

柳亚子是力主诗歌宗唐,反对桃宋的,因而很反感当时诗坛的同光体。这里原因大致有三方面:一是受柳亚子幼年学诗的经历和地域文学传统的影响。柳亚子幼年在母亲教导下把唐诗三百首背诵得滚瓜烂熟。他的第三位老师陆阮青教他读杜甫全集,要他学一首背一首。与吴江相距不远的松江是明清复古派的主要基地,几社、复社的主要人物大都出现在这里。几社、复社主张复兴古学,在诗歌上深受明前后七子的影响,主张学习唐诗。柳亚子推崇几社、复社,无形之中也深受影响。二是柳亚子对同光体诗风的排斥和厌恶。同光体统治诗坛达数十年之久,其流弊也日渐明显,柳亚子力主宗唐,也是对同光体的一种纠偏。三是柳亚子论诗首重人品,"因其人而重其诗"。因此,他特别看重诗人的政治立场。柳亚子后来指出:"我呢,对于宋诗本身,本来没有什么仇怨,我就是不满意于满清的一切,尤其是一般亡国大夫的遗老们。"[①]南社诗人胡朴安在《南社诗话》中也一针见血地指出:"亚子之掊击宋诗,非文艺之观念,是政治之观念。因排清朝故,而排清朝之遗老;因排清朝之遗老故,而排清朝遗老所为之宋诗。"[②]

南社中不少人却力主学宋诗,因而推崇同光体诗人。在他们看来,同光体纠正了明前后七子复古的诗风,自有其可取之处。很多人浸淫其中,深受其惠。更重要的是,他们把政治与文学完全分开,并不因同

---

① 柳无忌编:《柳亚子文集——南社纪略》,上海:上海人民出版社1983年版,第149页。

② 曼昭、胡朴安:《南社诗话两种》,北京:中国人民大学出版1997年版,第125页。

光体诗人是清朝官吏和清朝遗老而否定其诗。

早在南社成立的虎丘首次雅集上,诗歌宗唐宗宋之争便已初露端倪。其时,南社以反清革命这一政治目标把众多社员凝聚在一起,在诗学上的不同主张并未影响他们之间的团结。

1911年夏,柳亚子在《胡寄尘诗序》中率先抨击同光体,把宋诗的流行归结为"一二罢官废吏"的倡导,指责他们"身见放逐,利禄之怀,耿耿勿忘,既不得逞,则涂饰章句,附庸风雅,造为艰深,以文浅陋",并严词痛斥他们"日暮途穷,东山再出,曲学阿世,迎合时宰,不惜为盗臣民贼之功狗"。他严正声明,"余与同人倡南社,思振唐音,以斥伧楚,而尤重布衣之诗。"①但是,在当时,这并未引起宗宋诗者的反驳。

辛亥革命推翻清政府,实现南社反清革命的目标。然而,在柳亚子看来,共和民主政权尚面临袁世凯为代表的旧势力的威胁,而同光体独霸诗坛的局面并未改观。为了巩固民主共和政体,仍需继续猛烈抨击同光体。随着南社成员在文坛、舆论界乃至政坛上呼风唤雨,作为南社盟主的柳亚子,为了维护南社的荣誉,也不能再听任同光体持续独霸诗坛。与此同时,另一些南社社员则开始畅谈力主宗宋的主张。这样一来,南社社员之间在诗歌宗唐宗宋上的分歧便开始显现。

1912年2月,柳亚子在《民声日报》盛赞尊唐诗人林菽祁(字述庵)的遗诗,指责郑孝胥、陈三立"貌饰清流,中怀贪鄙","以艰深自文浅陋",痛斥同光体诗风盛行之祸"甚于洪水猛兽"。② 4月9日,柳亚子致书高旭,批评陈三立、郑孝胥诗"刻意求艰深,病在一涩字"。③ 4月24日,南社社员姚锡钧却在《太平洋报》上发表《论诗绝句二十首》,对王闿运、郑孝胥、樊增祥、陈宝琛、陈三立等同光体诗人颇多赞誉,并称赞陈三立为诗界"老导师"。④ 同年11月,社员凌景坚则在《〈近代闺秀诗话〉序》中斥责同光体诗人"诋諆民国","实华夏之罪人","亦炎黄之

① 《胡寄尘诗序》,中国革命博物馆等编:《柳亚子文集——磨剑室文录》(上),上海:上海人民出版社1993年版,第256—257页。
② 杨天石、王学庄编:《南社史长编》,北京:中国人民大学出版社1995年版,第262页。
③ 杨天石、王学庄编:《南社史长编》,北京:中国人民大学出版社1995年版,第270页。
④ 杨天石、王学庄编:《南社史长编》,北京:中国人民大学出版社1995年版,第274—275页。

逆子"。①

1913年宋教仁遇刺,特别是"二次革命"后,大批革命党人(包含南社社友)或被杀害,或被迫出逃,或隐居深山。这一血淋淋的现实客观上要求南社同仁团结一致,共同对抗袁世凯的压迫。因此,在袁世凯气焰熏天之际,南社同仁也未就论诗展开辩论。1914年,柳亚子撰《论诗六绝句》,调侃"老负虚名""古色斓斑真意少"的王闿运,讥嘲郑孝胥、陈三立"枯寂无生趣",抨击樊增祥、易顺鼎的浮艳诗风是"淫哇乱正声"。但是,在当时并未出现反对声音。

然而,当1915年底护国军兴起,袁世凯权威开始动摇之际,尤其是在袁世凯取消帝制乃至忧愤而亡后,南社同仁实际上就失去了团结一致共同对外的凝聚力,此时论诗之争渐多。

1916年1月,姚锡钧在《民国日报》发表诗话,继续称誉同光体诗人,认为陈三立、郑孝胥等"其人生平可以弗论,独论其诗,则皆不失为一代作者矣"②。8月上旬,社员傅尃在《长沙日报》连载诗话,分析陈三立诗歌的艺术特点,对柳亚子的《论诗六绝句》不以为然,断言"亚子宗唐之说益孤掌矣"③。8月23日,社员姚大悲发表诗叙,自述由尊唐而学宋的经过,称赞陈三立的七律源于江西诗派,又自成一家。

到1916年8月底为止,南社同仁之间对于同光体的评价分歧已较为明显,但是,争论范围仅限于南社社友之间,双方较为照顾情面,大都是自说自话,偶有争论,也是点到即止,并未形成激烈辩论的局面。

1916年秋冬,新青年派的胡适、吴虞也以不同的立场卷入围绕同光体的争论,使得争论形势日趋复杂,进而导致南社内部论诗启衅。

1916年10月,《新青年》发表胡适致陈独秀书。胡适提出"文学革命"的主张,并对南社诗人及同光体诗人均不屑一顾,尤以贬损南社为甚。他称,"南社诸人,夸而无实,滥而不精,浮夸淫琐,几无足称者",同时却认为樊增祥、陈三立、郑孝胥之流"视南社为高矣"④。胡适的评论,

---

① 杨天石、王学庄编:《南社史长编》,北京:中国人民大学出版社1995年版,第313页。

② 湘君(姚锡钧):《赭玉尺楼诗话》,《民国日报》1916年1月26日。

③ 杨天石、王学庄编:《南社史长编》,北京:中国人民大学出版社1995年版,第426页。

④ 杨天石、王学庄编:《南社史长编》,北京:中国人民大学出版社1995年版,第432—433页。

对于柳亚子无疑是一个严重刺激,势必激发他捍卫南社荣誉的危机感,同时也在某种程度上增加了他对同光体诗人的厌恶。

1916 年 11 月 17 日,吴虞致信柳亚子,表示完全赞成柳亚子《论诗六绝句》的见解,勉励南社取代同光体成为诗坛主流:"上海诗流,几为陈、郑一派所垄断,非得南社起而振之,殆江河日下矣。"信中还指责陈衍(字石遗)"居然以数人冒《海内诗存》之名,得毋过夸!"①。吴虞的看法,恰恰与胡适评论完全相反,柳亚子收信后必然视吴虞为难得的知音,这是他后来见不得别人批评吴虞而卷入论战的重要原因。其后,吴虞又将诗集《秋水集》寄给姚锡钧。吴在《秋水集》中对陈三立的诗颇多讥讽。12 月 19 日,姚锡钧在《民国日报》上发表诗话,指出:吴虞"诗宗中晚唐,论诗不主西江,尤诋今之为宋诗者,颇与亚子同调,而与余意微相左"。他还明确表示不能完全同意吴虞对陈三立诗的批评。②

1917 年 1 月 19 日,柳亚子复信吴虞,陈述提倡唐音、反对同光体的一贯主张,引吴虞为同调,动员他加入南社。信中有云:"窃幸吾道不孤,私以入社为请,甚以先生不弃鄙陋,惠然肯来,则拔帜树帜,可以助我张目,万幸万幸!"③3 月 5 日,吴虞填写入社书,正式加入南社。

3 月 3 日,社员成舍我在《民国日报》上发表短文《明七子》,批评明七子学唐的弊端。3 月初,社员胡先骕致信柳亚子,恭维同光体。3 月 11 日,柳亚子在《民国日报》新开辟的"文坛艺薮"栏目上发表两首诗对胡氏见解予以嘲讽。诗云:

> 诗派江西宁足道,妄持燕石诋琼琚。平生自有秋千在,不向群儿问毁誉。

> 分宁茶客黄山谷,能解诗家三味无?千古知言冯定远,比他嫠妇与驴夫。④

幸亏胡先骕涵养极好,未予理会,此事就此风吹云散。

---

① 吴虞:《与柳亚子论诗书》,《民国日报》1917 年 4 月 28 日。
② 湘君:《赭玉尺楼诗话》,《民国日报》1917 年 12 月 19 日。
③ 吴虞:《吴虞日记》(上),成都:四川人民出版社 1984 年版,第 290 页。
④ 柳亚子:《妄人谬论诗派,书此折之》,《民国日报》1917 年 3 月 11 日 。

4月23日，柳亚子致信社员杨杏佛，告诉他曾以两诗回报胡先骕，讥笑胡不过是"江西诗派中一小卒"。他还批驳了胡适关于南社不如同光体诗人的论调，讥笑胡适所作白话诗"直是笑话"；提出"形式宜旧，理想宜新"的文学主张；盛赞吴虞诗集，"风格学盛唐"，而学术则宗卢（梭）、孟（德斯鸠），推为"诗界革命"的"健者"。①

4月28日，《民国日报》刊出前述吴虞1916年11月17日致柳亚子的信，由此点燃南社内部论诗启衅的导火线。

6月9日，闻宥在《民国日报》发表《恫簃诗话》，大谈宋体诗的好处和创作体会，并引录郑孝胥未刊诗六首，赞誉其为"清神独往，一扫凡秽，零金片玉，诚可珍也"。6月24日，他又继续在《恫簃诗话》中指出："一二有志之流，所作抗然有幽并气，特质美未学，目空一切，西江诸集，咸加诋諆，坐是复不免有执螳蜋以嘲龟龙之诮矣。如某君以石遗《海内诗录》为庸妄自恣，冒窃天下。夫《诗录》之成，容有未当，至谓庸妄冒窃，则未免失言。"②

闻宥，字子威，号野鹤，江苏松江（今属上海市）人。1901年出生，1916年3月参加《民国日报》编辑工作，同年5月23日经姚锡钧介绍，加入南社，并于翌年4月15日参加南社在上海徐园举行的第16次雅集。年少气盛的闻宥为同光体诗人打抱不平，指责批评同光体的人"质美未学"，嘲笑他们"执螳蜋以嘲龟龙"。他对南社元老柳亚子笔下留情，没有点名，因而将批评火力集中在吴虞身上。柳亚子既看不惯别人对他视为知音的吴虞的指责，也敏感地意识到这是同光派对于批评的反击，显示出同光派独霸诗坛的意图，于是便不由自主地卷入论战。他随即于6月28日、29日在《民国日报》发表《质野鹤》，全面驳斥了闻宥的观点，最后严厉地批评同光派，辞气激烈地表达坚决扫尽同光派的立场，并显示出不容反对的决绝态度。

> 郑、陈诸家，名为学宋，实则所谓同光派，盖亡国之音也。民国肇兴，正宜博综今古，创为堂皇乔丽之作，黄钟大吕，朗然有开国气

---

① 柳亚子：《与杨杏佛论文学书》，《民国日报》1919年4月27日。
② 杨天石、王学庄编：《南社史长编》，北京：中国人民大学出版社1995年版，第449页。

象,何得比附妖孽,自陷于万劫不复耶!其罪当与提倡复辟者同科矣!

> 政治坏于北洋派,诗学坏于西江派。欲中华民国之政治上轨道,非扫尽北洋派不可;欲中华民国之诗学有价值,非扫尽西江派不可。反对吾言者,皆所谓乡愿也。①

面对柳亚子辞气激烈的文章,闻宥也不甘示弱,6月30日—7月3日,在《民国日报》连载《答亚子》一文进行反驳。他声称,郑孝胥、陈三立、陈衍为"近日诗界巨子",称赞这几人"实至名归",断言吴虞"虽竭毕生能事","终不能驾而上之",并声称此"乃天下之公论也"。他盛赞江西派诗人"各有千古,江河不废,精意难泯",声称"虽亚子极力诋毁,更不能损其毫末"。他还驳斥柳亚子对同光派"比附妖孽,罪同复辟"的指责,讽刺柳亚子"徒见蚍蜉撼树,不知自量耳"。针对柳亚子不容他人反对的决绝态度,他也强硬表示,"誓为西江派及郑、陈张目",即使"刃临吾颈,吾亦惟有如是而已"。②

鉴于闻柳之争的火药味已经浓厚,姚锡钧于7月6日在《民国日报》上发表《论诗视野鹤并寄亚子》四首,为闻、柳之争做调人。他认为,作诗不必"主唐奴宋",以免同室操戈;又引钱谦益、张溥为例,主张不应将气节与文采混为一谈。

面对顽固为同光体大唱赞歌的闻宥,柳亚子愤然继续反击,写下《再质野鹤》第一部分寄往《民国日报》社。7月6日—8日,柳亚子《再质野鹤》第一部分在《民国日报》上发表。他猛烈攻击西江诗派,声称"能言诋諆西江始可与适道,可与为学"。③ 其后,柳亚子《再质野鹤》续稿已到,《民国日报》编辑成舍我看到柳亚子文章火药味太浓,便找编辑部主任叶楚伧商量是否继续刊登。叶楚伧力主调停,嘱咐成舍我不再

---

① 《质野鹤》,中国革命博物馆等编:《柳亚子文集——磨剑室文录》(上),上海:上海人民出版社1993年版,第457页。

② 杨天石、王学庄编:《南社史长编》,北京:中国人民大学出版社1995年版,第451—452页。

③ 《再质野鹤》,中国革命博物馆等编:《柳亚子文集——磨剑室文录》(上),上海:上海人民出版社1993年版,第459页。

刊登。① 10日,成舍我在《民国日报》上发表《余墨》,劝柳、闻二人:"何必淘此闲气,倘有佳兴,何不多做几篇大文章,替《文坛艺薮》生色?"11日,叶楚伧在《民国日报》发表《为吾友解纷》一文,希望双方不至再起争端。

不过,7月9日,成舍我刊登松江青年诗人朱玺的《平诗》一文。朱玺,字鸳雏,号孽儿,江苏松江人。1894年生,幼年在孤儿院长大,性情孤僻而倔强。他善诗词,喜戏曲,扮演过旦角。1915年11月9日,加入南社。他比闻宥大几岁,加入南社也稍早些,赶来为小弟助阵。朱玺反驳柳亚子认为同光体诗为"亡国之音"的观点,指出:"若谓其生际逊朝,便为亡国之音,则今之作诗者,须自民国元年学平平仄仄起,然后避此嫌疑矣";他为陈、郑等人辩护,认为他们对于清廷"未尝迎合干进,反噬同种",所作诗"穷愁抑郁,苦语满纸","语意之间,莫不忧国如焚,警惕一切"。他还指出,在南社成员中,诗歌艺术成就较高的,多信服北宋诗人,所以在南社批评学宋,"犹同室操戈也"。文章末尾集中攻击吴虞,对柳亚子则相对客气和缓,有云:"吴又陵《秋水集》小具聪明,便欲自附名作,本不足道。柳亚子太邱道广,竟为所愚,则甚惜之。"②

7月10日,柳亚子在《民国日报》上发表了《论诗五绝答鸳雏》,谢绝了姚锡钧的调停。他声称,闽派与赣派本是一丘之貉,不必强为区别;钱谦益、吴伟业虽有失节行为,但盖棺论定,与今日的晚清"遗臣"还不能同论。

《民国日报》未刊登柳亚子《再质野鹤》续稿,引起柳亚子的强烈不满,他来函相责,大有非登不可之势,叶楚伧不得已,只好叫成舍我继续刊登。于是,《再质野鹤》续稿于17日—21日五日连续刊登才告完毕。续稿中辞气更加激烈,火药味愈见浓厚。如他讽刺闻宥甘心做郑孝胥、陈三立的"驯奴",诘问"其所言""宁复有一顾之价值";他还责问闻"赫然以一身代表天下,此与袁世凯强奸民意何异?"他坚定宣布:"仆向西江派宣战,于兹十年,功罪自任之。"他嘲笑闻是"黄口小儿,乳臭未

---

① 杨天石、王学庄编:《南社史长编》,北京:中国人民大学出版社1995年版,第506页。
② 鸳雏:《平诗》,《民国日报》1917年7月9日。

干";讽刺闻喜读宋诗,尤喜读清人学宋之作,是"替奴才做奴才的奴才",劝谕闻宥摒弃宋诗和清人学宋之作,别创新声。①

针对朱玺的《平诗》一文,柳亚子于7月27日—30日在《民国日报》连续发表《斥鸳雏》。他首先质问朱玺,"若身为中华民国之人,而犹袭同光之体,日为之张目,岂以亡索虏之不足,复欲再亡我中华民国耶?"接着,针对朱玺关于陈郑诸人未尝"迎合干进,反噬同种"的论调,柳亚子用郑孝胥以诗文歌颂公卿,受到端方赏识为例证进行反驳。他还指出:"'穷愁抑郁,苦语满纸',正为士宦未显;'叹老嗟卑',愈足见其无耻。'忧国如焚,警惕一切',彼亦第忧索虏之亡,而平生希望将绝耳。"最后,他盛赞吴虞为"西蜀大儒","诗亦卓然名家",斥责朱玺为"锐头小竖子","胸中有几许墨汁",乃敢猖狂大言,诋为"小具聪明",诬为"本不足道"。②

柳亚子《再质野鹤》续稿和《斥鸳雏》发表后,闻宥、朱玺二人皆要与柳亚子辩论,但都被叶楚伧婉谢。7月29日,闻宥拿着朱玺的6首诗找到成舍我请求帮忙刊登。成拿着这6首诗,找了数家报馆商量刊登事宜,但均遭拒绝。最后,找到《中华新报》陈虚白,才获得同意刊登。7月31日,朱玺七绝《论诗斥柳亚子》6首在《中华新报》上刊登。诗中除继续吹捧郑孝胥、陈三立外,还对柳亚子进行谩骂和人身攻击。有云:"如此厚颜廉耻丧,居然庸妄窃诗盟","竖儿枉自矜蛮性,螳臂当车不解羞","连篇累牍说优娼,丑煞人前唤阿郎。若使冯、陆真有眼,肯将异味请君尝。"③尤其是后一首诗影射柳亚子与冯春航、陆子美有暧昧关系,这已是赤裸裸的人身攻击,完全超出论战范围。

面对朱玺的谩骂和人身攻击,柳亚子盛怒之下,便以南社主任名义,在8月1日起草《南社紧急布告》,宣布驱逐朱玺出社。布告末云:"特此布告天下,咸使闻知。"布告寄来后,叶楚伧"以事出非常",请柳勿

① 《再质野鹤》,中国革命博物馆等编:《柳亚子文集——磨剑室文录》(上),上海:上海人民出版社1993年版,第461—466页。
② 《斥鸳雏》,中国革命博物馆等编:《柳亚子文集——磨剑室文录》(上),上海:上海人民出版社1993年版,第472—475页。
③ 杨天石、王学庄编:《南社史长编》,北京:中国人民大学出版社1995年版,第462页。

登,但柳坚持"非登不可"。① 于是,这份布告便于 8 月 6 日在《民国日报》上刊登。至此,南社同仁这场围绕同光体的争论,以驱逐朱玺出社而告终。

平心而论,宗唐宗宋,只是学诗门径不同,由于各人不同经历和偏好,并无孰优孰劣之分。一方面,清末民初同光体盛行,一些南社社友从个人经历和学诗趣味出发,发自内心地推崇同光体诗人,但是,他们应无赞同同光体诗人政治立场的意思。因此,我们不能将南社内部论诗之争解读为新旧文化的较量和前进与倒退的政治斗争。

另一方面,柳亚子要纠正同光体之偏颇,力主唐音,也自有其合理成分。尤其是,柳亚子论诗首重诗人人品和政治立场,极力反对"诋諆"民国、以清朝遗老自居的同光体诗人,在当时现实政治环境中并非是毫无必要的求全责备。如前所述,民国建立后,共和民主制度缺乏深厚的根基,一再遭到封建专制制度复辟的威胁,先是袁世凯的专制独裁和复辟帝制,后有张勋公然拥戴溥仪复辟。需要指出的是,南社内部论诗之争激烈之时,在 1917 年六七月间,恰逢张勋拥戴溥仪复辟。1917 年 5 月下旬,大总统黎元洪和内阁总理段祺瑞之间的府院之争达到高潮,驻扎在徐州的军阀张勋乘机以调停府院冲突为名,于 6 月 7 日率领"辫子军"北上,14 日抵达北京。6 月 30 日,张勋潜入清宫,召开"御前会议",公然于 7 月 1 日宣布拥戴溥仪复辟。其时,同光体诗人纷纷出场。郑孝胥积极为张勋复辟出谋划策,而陈宝琛则以"帝傅"身份参加"御前会议"。显而易见,在复辟危险尚未排除的现实政治环境中,实际上很难将政治与文学截然分开,故柳亚子极力反对同光体,展现了极为锐利的政治眼光和十分强烈的社会责任感,这无疑是值得高度肯定的。因此,笔者不能苟同有人指责柳亚子"始终没能摆脱传统知识分子的政治文化一元论",责怪其文学批评始终贯穿着缠绕不清的"政治霸权"。② 当然,柳亚子在争论中,对论辩对手的观点缺乏同情了解,而经常显示不容反对的决绝态度,也很让人吃不消。

---

① 杨天石、王学庄编:《南社史长编》,北京:中国人民大学出版社 1995 年版,第 507 页。
② 参见孙之梅:《南社研究》,北京:人民文学出版社 2003 年版,第 368—370 页。

可以说,南社内部论诗之争是一场性质复杂的争论,既有现实政治批判色彩,也有学诗趣味争鸣成分,还包含某种门户争雄的因素。柳亚子反对同光体,虽然不无学诗趣味的因素存乎其间,也夹杂着要压倒同光派的派别考量,但更主要是基于现实政治考量,认为政治和诗学是不可分的,故须大力批判同光体以捍卫中华民国。宗宋派则认为,政治与诗学是两回事,他们从个人学诗经历和趣味出发,大肆鼓吹和极力崇拜同光派。可以说,两者之间的根本差异在于:前者强调政治性,注重社会影响;后者偏重文学性,讲究个人趣味。这样一来,南社内部学诗宗唐宗宋的争论,实际上成为现实政治批判与学诗趣味追求两种不同理念的碰撞和对决,其争论气氛必然是非常激烈的。

在争论中,双方都不免有些意气用事,尤其是柳亚子的情绪激动和肝火过旺与朱玺的谩骂和人身攻击,最终导致论争不可收拾,大伤双方感情。尤为不当的是,柳亚子企图用组织手段来解决思想问题,动用南社主任名义,宣布驱逐朱玺出社,且在社章中找不到确切依据,亦未经过合法程序,其驱逐朱玺布告的语气也极易招人反感。

四　南社内讧

1917 年 8 月 6 日,柳亚子在《民国日报》刊登紧急布告,宣布驱逐朱玺出社,随即掀起轩然大波。

在柳亚子 8 月 1 日起草的《南社紧急布告》寄到《民国日报》后,成舍我当即表示不可发表。他认为,柳亚子与朱玺的争论,是他们两人之间的私事,非南社全体之问题。朱玺对于柳亚子极端侮辱,柳亚子可与他绝交,也可以诉诸法庭,与南社全体何涉?他还认为,自柳亚子吸收冯春航、陆子美加入南社后,"人品已极混杂","近更有帝孽叛党参杂其间","不驱逐此辈",却"以私忿驱逐朱玺",实属违法。当叶楚伧在柳亚子的压力下于 8 月 6 日发布驱逐朱玺的紧急布告后,成舍我随即站出来,向柳亚子发起挑战。他向叶楚伧表示,"将以死力反对柳氏"。他还草拟一份反对柳亚子的广告,交与叶楚伧一阅。叶楚伧阅后,立即将广告撕碎,并对成舍我说:"反对柳亚子者,即反对叶楚伧,余决不许汝以此项文字向各报发表。"①成舍我当即表示辞职,并于8月7日在《中华新报》上刊登《南社社员公鉴》(即此前所拟反对柳亚子之广告)。他明确反对柳亚子以私忿驱逐朱玺出社,认为"查本社定章,并无驱逐社员之明文",柳亚子"何得以一人之私,妄为进退"。他呼吁,"似此专横恣肆之主任,自应急谋抵制,以杜其垄断自私之渐"。②

面对成舍我的出面挑战,柳亚子于8月8日在《民国日报》发表《报成舍我书》予以反驳。他说明文章品节不能判然两途,自己憎恶陈三立、郑孝胥的为人,也憎恶他们的诗作;他指出,自己作为南社主任,有总揽社务之权,当然可以开除朱玺之类"孤雏腐鼠";他对成舍我的反对不屑一顾,谓成氏"谄仆为袁世凯","足下又宁能为孙中山者?""如欲号召徒党,树革命之旗,亦任足下自为之,但视实力何如,毋徒为大言相恫吓也";他嘲讽成氏"鄙视冯、陆为俳优"属观念陈腐,还用朱玺躬演新剧、与伶人周维新结为兄弟等事实说明朱玺也同属俳优,进而诘问成舍我为何鄙夷柳氏结交的冯陆,却赞美自己所亲近的朱玺;文章最后声称,"仆南社代表也,朱玺者南社公敌也",并向成舍我发出为期七天的最后通牒,要成"速绝朱玺,自拔来归",否则就"亦将以逐朱玺者逐足下"。③

8月9日,成舍我在《中华新报》上发表两则启事:一是指责柳亚子嘱咐同乡叶楚伧,禁止他"在各报发表反对柳弃疾之意见",他"以宗旨所在,未便牺牲,且言论自由,初无干涉之余地","只得宣告退出《民国日报》";二是指责柳亚子"霸占南社,违背社章,专横恣肆,甘为公敌",宣布在正式被驱逐以前,"与现在之南社断绝关系"。④

柳亚子于9日起草南社第二次紧急布告,指责成舍我"猖狂妄行","实为害群之马",宣布剥夺其南社社籍,不再认为南社社友,"毋使假借

① 杨天石、王学庄编:《南社史长编》,北京:中国人民大学出版社1995年版,第507页。
② 杨天石、王学庄编:《南社史长编》,北京:中国人民大学出版社1995年版,第466页。
③ 《报成舍我书》,中国革命博物馆等编:《柳亚子文集——磨剑室文录》(上),上海:上海人民出版社1993年版,第477—479页。
④ 杨天石、王学庄编:《南社史长编》,北京:中国人民大学出版社1995年版,第469页。

名义,滋生事端"。① 这份布告于 11 日刊登在《民国日报》上。其时,正值《南社丛刻》第 20 集出版,驱逐朱玺的布告用大字载入,驱逐成舍我的布告不及刊载,便印成单张夹在里面。在驱逐朱玺之后,柳亚子又驱逐成舍我,使得事态进一步升级,并由此引爆南社内部原来积累下来的诸多矛盾,进而导致南社内讧。

在驱逐朱、成出社之后,论诗之争仍在持续,但已经分成旗帜鲜明的两大阵营:一方以《民国日报》为阵地,另一方则以《中华新报》为阵地,双方继续进行争论。如 8 月 9 日,并非南社社友的王无为在《中华新报》上发表《平不平》,标榜陈三立、郑孝胥的诗,主张论诗"不以时代,不以身世,不以富贵贫贱,不以异同"。② 8 月 10 日—12 日,朱玺在《中华新报》上发表长文《斥妄人柳亚子》,反驳柳亚子的指责,声称郑孝胥在辛亥革命后"犹能敛迹自好",陈三立"晚节无恙",攻击吴虞、柳亚子为"狗党狐群,物以类聚"。③ 8 月 12 日—20 日,柳亚子在《民国日报》上连续发表《磨剑室拉杂话》,系统地反驳王无为的论诗主张,全面地阐述了对宋江西派、清末民初同光体诗的看法,还对其开除朱、成出社的做法进行解释。他认为,"宋江西派之诗为不佳,陈、郑学宋之诗更不佳,而民国之人学陈、郑之诗,尤为下劣不堪"。因此,他"反对宋之江西,更反对清之陈、郑","而尤反对民国人学陈、郑者"。④ 8 月 15 日,王无为在《中华新报》上发表《三与太素书》,分析北宋诗的短长,赞誉陈三立、陈衍的诗作为"叹观止"。8 月 15 日—17 日,王无为又在《中华新报》上连续发表了《与野鹤书》,反驳柳亚子的《磨剑室拉杂话》,继续标榜陈三立、郑孝胥的诗,主张论诗"不以时代,不以身世",不"以人废言"。⑤

但是,很快论诗之争偃旗息鼓,"倒柳"与"拥柳"之争却浮上台面。8 月 13 日,《中华新报》刊登南社社员公羊寿《来函》,指斥柳亚子开除朱

---

① 杨天石、王学庄编:《南社史长编》,北京:中国人民大学出版社 1995 年版,第 469 页。

② 杨天石、王学庄编:《南社史长编》,北京:中国人民大学出版社 1995 年版,第 468 页。

③ 杨天石、王学庄编:《南社史长编》,北京:中国人民大学出版社 1995 年版,第 471—474 页。

④ 《磨剑室拉杂话》,中国革命博物馆等编:《柳亚子文集——磨剑室文录》(上),上海:上海人民出版社 1993 年版,第 491 页。

⑤ 杨天石、王学庄编:《南社史长编》,北京:中国人民大学出版社 1995 年版,第 483 页。

玺,要求柳亚子辞去南社主任之职,"另行选举学行兼优者"担任主任。①
这是南社社员首次公开在报章上提出"倒柳"的主张。此论一出,随即
激起巨大反响。

14 日,成舍我在《中华新报》上刊登《南社社友公鉴》,继续指责柳
亚子违背社章、侮辱社友,呼吁社友"苟有伟见,即希见示,以便公开讨
论"。成虽未提及"倒柳"一词,但词意之间,"倒柳"的宗旨已昭然若揭。
他不无煽动地指出:"诸君子同为民国国民,岂有不爱平等、共和者乎?
今柳弃疾以驱逐字样加诸社友之身,是值以奴仆视社友。此风若长,诸
君子忍受之乎?"②同日,郁佐梅、余十眉等 8 人则在《民国日报》上刊登
《南社社友公鉴》,赞成柳亚子驱逐朱成二人,呼吁社友应发表意见,对
于本社代表柳亚子"应极力拥护",对于被驱逐出社者则"视为公敌"。③
至此,南社内部同仁之间"倒柳"与"拥柳"两大阵营正式形成,双方分别
以《中华新报》和《民国日报》为阵地,呼吁社友加入自己阵营。

8 月 16 日,《中华新报》刊登广东南社女社员丁湘田《来函》。丁自
称论诗反对"江西派",但认为"思想自由,人所同具",故她反对柳亚子
"滥用主任之权"将朱玺驱逐出社,尤其谴责柳亚子驱逐朱玺的布告语
气"酷似袁皇帝之命令"。④ 同日,余十眉在《民国日报》发表《与成舍我
书》,认为柳亚子驱逐朱玺出社"亦无不可",同时驳斥成舍我轻视戏剧
艺人的观点。17 日,南社社员黄复、顾无咎、朱剑芒等 14 人在《民国日
报》上发表声明,拥护柳亚子驱逐朱玺,指斥成舍我"假借社友名义",
"谬登启事",企图"混淆视听"以达到"破坏"南社之计。他们表示,"誓
不与此獠并立",并希望各地社友"切勿受欺为幸"。⑤

8 月 18 日,成舍我在《中华新报》上发表《答客问》,攻击柳亚子"已
变狂易",声称柳亚子在禁止各报发表反对之文字方面,比袁世凯势力
还大,并自比为讨袁护国的西南义师。同日,柳亚子在《民国日报》发表

---

① 杨天石、王学庄编:《南社史长编》,北京:中国人民大学出版社 1995 年版,第 481 页。
② 杨天石、王学庄编:《南社史长编》,北京:中国人民大学出版社 1995 年版,第 482 页。
③ 杨天石、王学庄编:《南社史长编》,北京:中国人民大学出版社 1995 年版,第 482 页。
④ 杨天石、王学庄编:《南社史长编》,北京:中国人民大学出版社 1995 年版,第 485—486 页。
⑤ 杨天石、王学庄编:《南社史长编》,北京:中国人民大学出版社 1995 年版,第 486 页。

《报姜可生书》，将朱玺、成舍我、王无为比作是蝇、蚊、虱，认为他们"贻害人类，实非浅鲜"，呼吁"吾党诸子，左提右挈，歼此恶魔"。①

8月19日，成舍我在《中华新报》上继续发表《答客问》，声言"人人有天赋之权"，"诗宗何派，任人自由，干涉之者必反对之"。② 同日，《中华新报》发表利家华《来函》，利指责柳亚子"不能容一反对党"，"若朱、成该逐"，"何不征求同意于南社同人，而贸贸然独行独断"。③

8月20日，成舍我在《中华新报》上继续发表《天问庐杂话》，嘲笑拥柳者为"丰、沛子弟"。同日，南社社员余十眉、朱少屏等52人在《民国日报》上联名发表致成舍我启事，认为柳亚子驱逐朱玺，代表南社全体社友行使职权，完全正当，要成舍我"毋再攻讦"。④

8月21日，南社社友姚光、朱少屏等30人在《民国日报》上联名发表公启，要求南社社员表态，说明柳亚子的举动"表同人公意"。8月25日，南社社员余十眉等52人在《民国日报》上联名发表公启，声称："驱逐败类，所以维持风骚；抵制亚子，实为摧毁南社"。⑤

在"倒柳"与"拥柳"两大阵营相互攻击之中，"拥柳"阵营力量庞大，每每以兵团作战方式出现，而"倒柳"阵营则显得势单力薄，往往只是散兵游勇，几乎没有一个较有分量的人物，由此使两大阵营的争斗呈现一边倒的局面。就在此时（8月下旬），南社重要领导人之一蔡守站了出来，充当了"倒柳"运动的主帅，并促使"倒柳"和"拥柳"之争又具体演变为南社主任争夺战。

如前所述，蔡守对以前柳亚子拒绝开除马小进南社社籍余恨未消，偏又遇上柳亚子竟然以私怨而开除朱玺、成舍我的良机，便迫不及待地站出来充当"倒柳"的主帅。

蔡守站出来充当"倒柳"运动的主帅并不是偶然的，除前述马小进社籍问题外，他还在两件事上对柳亚子颇有意见。

① 《报姜可生书》，中国革命博物馆等编：《柳亚子文集——磨剑室文录》（上），上海：上海人民出版社1993年版，第502页。
② 杨天石、王学庄编：《南社史长编》，北京：中国人民大学出版社1995年版，第488—489页。
③ 杨天石、王学庄编：《南社史长编》，北京：中国人民大学出版社1995年版，第489页。
④ 杨天石、王学庄编：《南社史长编》，北京：中国人民大学出版社1995年版，第489页。
⑤ 杨天石、王学庄编：《南社史长编》，北京：中国人民大学出版社1995年版，第496页。

第一件事是在 1910 年南社第 3 次雅集上朱少屏被选为南社书记，蔡守对此似乎颇有意见，并与柳亚子闹过不愉快。据蔡守声称，对于朱少屏担任南社书记，当时"海上同人多非之"。蔡氏遂致信柳亚子加以嘲讽，有云："朱氏精通蓄书，才堪大用，足下屈为记室，毋乃不可乎？且只闻昔有蛮语参军，而南社安用蛮语记室乎？"看来，蔡守颇反对朱少屏担任书记一职，他用"精通蓄书（外语）"来暗指朱不通中文，讽刺朱不善诗文。而柳亚子复信当然毫不客气，用蔡氏话来说，就是"肆其辱骂"。蔡氏声称，自己"一笑置之"，未再进行辩论，"唯从此声问断绝"。① 由此看来，蔡守早在 1910 年就对柳亚子心存芥蒂。

第二件事是蔡守对柳亚子褒扬冯春航、陆子美，并吸收他们入社极有意见。在这个问题上，不少思想保守的南社社友都有类似看法。如前述朱玺写诗影射柳亚子与冯、陆关系暧昧，就是一个明显例证，但是，吊诡的是，朱玺本人曾亲演旦角，也厕身俳优之中，不知为何却有这种轻视艺人的想法？成舍我鄙视冯、陆为俳优，对柳亚子援引他们入社很不以为然，已见前述，不再赘述。需要稍加补充的是，成氏曾如此指责冯陆入社之事，谓"人文之囿，俳优并蓄"，"风雅之士，市侩同列"。② 而蔡守在这方面的意见则更大。10 月 2 日，他在给高燮信中说："比年来，柳氏专假《丛刻》，表扬其私交淫伶，复引之入社，同人多羞与为伍，切齿久矣。"③10 月 14 日，他在给叶楚伧信中更加激烈地攻击柳亚子："柳氏乃韩、董之徒耳，为人柔曼便辟，美丽自喜，弄脂傅粉，朋比伶人，烛房寻类，得侣冯、陆，以为荣幸，固其宜也。但竟阿所私，而假《南社丛刻》以表扬之，表扬不已，复援引入社，孰甘与为伍耶？"④在蔡氏看来，柳亚子若只是吹捧伶人冯、陆，虽然讨嫌，但倒也可以容忍，而柳竟然假公济私，在《南社丛刻》里褒扬冯、陆，并吸收冯、陆加入南社，这就让很看不起伶人的蔡氏简直觉得"是可忍，孰不可忍"了。

蔡守是南社重要领导人，1909 年曾出席南社首次雅集，1911 年发

---

① 杨天石、王学庄编：《南社史长编》，北京：中国人民大学出版社 1995 年版，第 517 页。

② 杨天石、王学庄编：《南社史长编》，北京：中国人民大学出版社 1995 年版，第 485 页。

③ 杨天石、王学庄编：《南社史长编》，北京：中国人民大学出版社 1995 年版，第 518 页。

④ 杨天石、王学庄编：《南社史长编》，北京：中国人民大学出版社 1995 年版，第 522 页。

起筹建广南社,次年又与宁调元等在广州创立南社粤支部。1917 年 2 月,蔡守在广州发起成立南社广东分社。3 月,蔡守在广州六榕寺召开南社广东分社第一次雅集,参加者竟有 39 人之多。作为南社重要领导人和会员众多的南社广东分社领袖,蔡守的分量是远非才入社一年左右的成舍我、朱玺之流可望其项背的。

作为南社老人,蔡守熟悉南社人事内情和运作制度,很快就提出了切实可行的"倒柳"策略。早在 8 月 18 日,蔡守在《复余一书》中重提了过去柳亚子拒绝开除马小进社籍的旧事,指责柳亚子现在不过"因与朱氏论诗不合","竟以意气用事",宣布驱逐朱玺出社。紧接着,他便透露了一个重要信息:南社广东分社社员,"以为亚子如此狂妄,专以意气用事,不守社章,俟今年秋季选举,必联络湖南全体社员举高吹万(燮)为南社主任。"① 蔡守一下子就直接抓住了"倒柳"的关键所在,确定了通过选举方式来实现"倒柳"目标,并实际上提出了"抬高"和"拉湘"的两大策略。所谓"抬高"就是抬出高燮这尊偶像,便于招揽"倒柳"社员和壮大"倒柳"声势。高燮担任过南社编辑员,又组织过国学商兑会,性情也较为温和,在南社社友中有较大的影响力和较好的人缘,且高氏在 1915 年受到柳亚子痛骂,自然对柳亚子顿生恶感。"抬高"既可借助高燮的影响力,还可利用其对柳亚子的痛恨厌恶心理,尤其是可以借此以分化和拉拢人数最多的江浙社友。此外,还可表示蔡氏自己并无染指南社主任的私心。这确实是一个高招。所谓"拉湘"就是极力拉拢南社湖南社友。南社湖南社友众多,与广东社友交往密切,尤其是南社湖南籍重要社友傅尃在论诗上极不赞成柳亚子宗唐的观点,对柳亚子大捧特捧冯春航也颇有微词,而被驱逐的成舍我恰恰又是湖南籍社友。在蔡氏看来,"拉湘"不仅十分重要,而且是很有希望的。

8 月 20 日,成舍我在《中华新报》上继续发表《天问庐杂话》时,文末似乎漫不经心地提及:"某君告我,柳弃疾此次举动,社友无不非之,只以一时不好翻脸,惟有于下次选举主任不投他的票就是了。"② 这是有人

---

① 杨天石、王学庄编:《南社史长编》,北京:中国人民大学出版社 1995 年版,第 500 页。
② 杨天石、王学庄编:《南社史长编》,北京:中国人民大学出版社 1995 年版,第 490 页。

在报刊上首次披露通过选举"倒柳"的具体策略。

8月25日,《中华新报》刊登《南社广东分社同人启事》,指责柳亚子"不守社章","擅用主任名义"驱逐朱玺、成舍我,"狂妄已极",鼓动社友在秋季选举中一致推举高燮为南社主任。至此,南社广东分社终于站出来公开"倒柳",并将"倒柳"的具体方案公之于众。

8月27日,《中华新报》上刊登前述18日蔡守的《复余一书》,公开披露了南社广东分社准备联合湖南社员推举高燮为南社主任的信息。信中还大揭柳亚子老底,谓柳为人一贯"意气用事,唯我独尊",在以前与高旭、高燮、刘三等人闹意见中,"亦皆亚子之不是也"。① 蔡守这一封信的发表,宣示蔡守公开站到"倒柳"的第一线,充当"倒柳"运动的主帅。

8月30日,《中华新报》刊登南社广东分社启事,声称:"现接各省分社来书,均请联络一致,秋季选举推高吹万为南社主任。"②这种论调,当然并非事实,而意在为"倒柳"运动大造舆论。

蔡守和南社广东分社的加入,极大地增加了"倒柳"阵营的力量,从而改变"倒柳"和"拥柳"争斗中一面倒的局面,使两大阵营争斗更趋激烈。与此同时,成舍我也于8月31日在《中华新报》发表启事,宣布成立"南社临时通信处",登报征求"意见"。这显然是企图从组织联络方面剥夺柳亚子领导南社的权力,并为"倒柳"派另行组织南社主任选举提供必要准备。

然而,蔡守的"倒柳"运动推行颇不顺利。首先是高燮不愿担任南社主任,"抬高"策略无法实行。8月31日,高燮致信蔡守,历数柳亚子的"傲慢自是,专尚意气",指责柳亚子驱逐朱、成为"专横狂妄",也极力赞成广东分社反对柳亚子驱逐朱、成及不承认柳亚子为南社主任,但表示自己不愿担任南社主任。不过,他也提出了两个备选方案:一是推荐黄晦闻、傅专作为南社主任人选;二是建议恢复南社诗、文、词三编辑员分立的旧制。③

---

① 杨天石、王学庄编:《南社史长编》,北京:中国人民大学出版社1995年版,第500页。
② 杨天石、王学庄编:《南社史长编》,北京:中国人民大学出版社1995年版,第502页。
③ 杨天石、王学庄编:《南社史长编》,北京:中国人民大学出版社1995年版,第504页。

与此同时,南社湖南社员并未响应"倒柳"号召,致使蔡守的"拉湘"策略宣告破产。蔡守在"倒柳"方面对于湖南社员寄望很大,并着意联络,似乎也略有成效。8月27日,社友辛大宗在《中华新报》发表《与太素书》,谴责柳亚子把持南社,提议聚集"海内文学革命先觉"和"南社优秀分子",另行组织筹建"新南社";同时声称,得湘中通讯,"三湘南社社员皆耻伍狂妄之伦",将继广东同人之后反对柳亚子,"别竖旗帜矣"。① 但是,这种说法并非事实,很快就遭到傅尃的出面澄清和驳斥。傅尃虽然在论诗上不赞成柳亚子宗唐的观点,但他充分肯定柳亚子主持南社的功劳,且如前所述对柳亚子为亡友编辑出版遗文尤为钦佩和感激,故他在这场南社内讧中坚定地站在柳亚子一边。9月2日,傅尃等21名湖南社员在《民国日报》上发表公启,全面肯定柳亚子,称赞其"道德文章,万流景仰,其撑持社事,尤属苦心孤诣,有功至多",并坚定表示"断不容一二出而破坏"。② 南社湖南社员的表态,无疑是对"倒柳"派的沉重一击。

9月15日,南社淮安社友周伟等8人在《民国日报》上发表启事,盛赞柳亚子主持社务之功,指责广东分社同人启事"语绝悖谬","直欲以破坏主任者破坏全社",痛斥被逐社员成舍我竟然组织所谓"南社临时通信处","直与复辟丑逆雷震春之自称总参谋处无异"。③

9月18日,《中华新报》发表"南社临时通信处"两则紧急通告,声称社员蔡守等156人提议恢复南社三头制"旧章",分举高燮、邓尔雅(溥)、傅尃为诗、文、词主任;为了防止柳亚子"勾结党羽,伙同作弊",选票概由"临时通信处"发出。④ 与之争锋相对的是,9月26日,陈去病等204人联名在《民国日报》上发表启事,指责"南社临时通信处""冒名招摇","欺骗社友",表示"绝对不能承认",提请社员认清由南社书记部所派发的选票,并"一致推举"柳亚子连任。⑤ 至此,南社社员围绕南社主

① 杨天石、王学庄编:《南社史长编》,北京:中国人民大学出版社1995年版,第499—500页。
② 杨天石、王学庄编:《南社史长编》,北京:中国人民大学出版社1995年版,第508页。
③ 杨天石、王学庄编:《南社史长编》,北京:中国人民大学出版社1995年版,第512页。
④ 杨天石、王学庄编:《南社史长编》,北京:中国人民大学出版社1995年版,第513页。
⑤ 杨天石、王学庄编:《南社史长编》,北京:中国人民大学出版社1995年版,第515页。

任争夺战进入白热化阶段。

　　随后,"倒柳"派与"拥柳"派各自散发选票,并推出不同的选举结果。9月27日,"南社临时通信处"在《中华新报》上发表通告全体社员书,散发选票,继续推荐分举邓尔雅、高燮、傅尃为诗、文、词主任,并要求在10月10日前寄回选票。10月11日,《中华新报》发表启事,声称高燮已当选文选主任,"兼揽社务",邓尔雅、傅尃分别当选为诗选、词选主任,要柳亚子"从速交待",并宣布柳亚子驱逐朱玺、成舍我的布告无效。10月17日,南社书记部在《民国日报》公布选举结果,在377票中,柳亚子以362票连任南社主任。① 10月23日,南社书记部再次宣布柳亚子连任,同时公布10月10日以后收到50张选票的得票情况,宣布这50张票无效。

　　虽然蔡守和南社广东分社的加入有力地壮大了"倒柳"阵营,但是,总体而言,"拥柳"阵营要比"倒柳"阵营大得多,人多势众就必然导致在选举上取得压倒性的胜利。可是,"倒柳"派却不甘心承认柳亚子连任的结果,便寻找种种理由来不予承认,百般进行攻讦。11月1日,《中华新报》发表"南社通告",诬称选举柳亚子的"大半非南社社员","纯系凭空捏造","其余也多属盗名背签",要求社员承认邓尔雅、高燮、傅尃为南社主任。② 11月2日,张倾城等63人在《中华新报》又发表《南社同人公鉴》,指责柳亚子"明知同人将另推主任",因而故意"迟寄"选票,表示"绝不承认"选举结果。11月3日,《中华新报》刊登消息,称"粤中社友四十余人,选举高吹万为南社主任",并攻击柳亚子。

　　在"倒柳"运动中,蔡守等人每每以"南社广东分社"的名义对外活动,给人印象是南社广东分社社友都一致反对柳亚子。但是,实际上南社广东分社社友并非铁板一块,而一些并不反对柳亚子的社友却苦于无从解释。然而,前述11月3日《中华新报》刊载的消息给他们提供了一个解释的绝佳机会。12月4日,孙仲瑛等17名南社广东社员在《民国日报》发表启事,称粤中社友"多因故未能投票","并未有选举何人为

① 杨天石、王学庄编:《南社史长编》,北京:中国人民大学出版社1995年版,第522页。
② 杨天石、王学庄编:《南社史长编》,北京:中国人民大学出版社1995年版,第526页。

主任",声明 11 月 3 日《中华新报》所载消息,"显系有人冒名捏造,迹近私衵,同人誓不公认。"①孙仲瑛等 17 名南社广东社员的出面澄清,给予以南社广东社员为主体的"倒柳"派以致命一击,使其一蹶不振,不得不偃旗息鼓。

"倒柳"与"拥柳"两大阵营的互相攻击,形成南社创立以来最大的内讧。内讧不仅严重地伤害了南社的社会形象和声誉,而且极大地恶化了社友之间的感情,因而直接导致南社的衰落和解体。

在大多数社友的支持下,柳亚子得以以高票连任南社主任。但是,经历这场内讧后,柳亚子"受了刺激",觉得心灰意懒,既没有召集雅集,也未出版《南社丛刻》,致使南社社务处于停顿状态。

在 1918 年南社主任改选之前,柳亚子在分寄选票时,附了一封信,以"极为诚恳的态度"声明自己决心洗手不干,请社友改举姚光为主任。10 月 10 日选举揭晓,在 304 票中,姚光以 196 票当选南社主任。

姚光就职后,南社的情形"仍觉暗淡"。一方面,柳亚子辞职,"给大家以泄气的印象",另一方面,当时已处五四运动的前夜,"新文化潮流正在奔腾澎湃的形势中,抱残守缺的南社,就渐渐不为社会所注目,连社友也觉得无甚意味起来了。"②

不过,在姚光的领导下,南社社务还是有所开展。1919 年 4 月 6 日,南社在上海徐园举行第 17 次雅集,与会者有余天遂、姚光等 26 名社友,而柳亚子未赴沪与会。与会者鉴于朱玺事件,修订《南社条例》,规定:"入社须赞成本社之宗旨","得社友三人以上介绍";同时规定:"社友如有违背本社宗旨,损害本社名誉者,得于正式雅集时提议,公决削除社籍"。③ 当时,南社经济已经"很竭蹶",幸亏姚光自出印费,请傅尃编辑《南社丛刻》21 集,并于当年 12 月出版。④

1920 年、1921 年,南社社务完全停顿。1922 年 6 月 11 日,南社在上海半淞园举行第 18 次雅集,高旭等 23 人与会,而柳亚子依然缺

① 杨天石、王学庄编:《南社史长编》,北京:中国人民大学出版社 1995 年版,第 528 页。
② 柳无忌编:《柳亚子文集——南社纪略》,上海:上海人民出版社 1983 年版,第 86 页。
③ 杨天石、王学庄编:《南社史长编》,北京:中国人民大学出版社 1995 年版,第 541 页。
④ 柳无忌编:《柳亚子文集——南社纪略》,上海:上海人民出版社 1983 年版,第 88 页。

席。会上讨论恢复社务,决定设社长一人,文选、诗选、词选编辑主任各一人。会后进行通讯选举,柳亚子当选社长。但柳坚决不肯就任,只好由姚光继续勉强维持社务。到1923年,仍由姚光自出印刷费,请陈去病、余十眉编辑《南社丛刻》第22集,分订上下二册,于1923年底出版。实际上,当时新南社已经于5月宣告成立。此后,南社活动便基本停止。

第七章 沉潜与再起

一 收集吴江文献

南社内讧后，柳亚子心灰意懒，不再过问南社社务，转而开始全力收集和保存吴江文献。

自古以来，吴江就是文学渊薮、人才辈出的地方，特别是明清两代更是著作繁多，作者如林，形成了极为丰富的地方文献。

收集和整理地方文献历来是中国文人的优良传统，吴江文人在这方面表现尤为突出。20世纪以前，吴江人相关的重要成果有潘柽章的《松陵文献》、朱鹤龄的《松陵文征》、顾有孝的《松陵文起》《吴江诗略》、周廷谔的《吴江文粹》《吴江诗粹》、袁景辂的《松陵诗征》和凌退修的《松陵文录》等。自20世纪初开始，陈去病也热心收集和整理吴江文献，成就斐然，先后整理刊印了《吴长兴伯遗集》《吴赤溟先生遗集》《松陵文集》《笠泽词征》《吴江诗录》等。

吴江大胜柳氏在这方面亦颇有成就。柳亚子高祖柳树芳曾辑撰《分湖小识》《分湖诗苑》《胜溪竹枝词》。柳亚子曾祖父柳兆薰著有《松陵文录作者姓氏爵里著述考》。

柳亚子家藏书丰富，其中吴江人作品颇多。在先辈的熏陶下，他"自束发受书"，"即有志里中文献，尤喜考求宋明末造忠臣义士佚民遗老之书"。特别是1902年他结识陈去病后，深受其影响，对吴江文献

"搜讨益力"。①

1907年，柳亚子"读明、清间吴江诸前辈诗文集"，萌生搜罗吴江文献的念头，故他将此视为"搜罗乡邦文献之始"。② 1908年，柳亚子悉心整理百年来家藏松陵旧籍，计140余种，1400余卷，标其目录，成《家藏松陵书目》，并撰序。③

在1917年南社内讧前，柳亚子虽然对吴江文献产生过浓厚兴趣，并有所收集，但因忙于南社社务，收集力度和规模尚较为有限。

1917年南社内讧后，柳亚子便将全部精力投到收集吴江文献上来。收集方式主要有收购、借抄及友朋馈赠三种。

为了收集吴江文献，柳亚子毫不吝惜钱财，几乎发狂似的搜购。1932年，柳亚子曾如此回忆当时情景："凡是吴江人的著作，从古时到近代，不论精粗好歹，一律收藏。这样，便花去了一万多块钱，还加上其他的挥霍，渐渐觉得有'床头金尽'的感慨起来。"④1940年，他又在《自撰年谱》中指出："狂胪乡邦文献，购书万余卷。资用不足，则举债以继之。"⑤由此可见，柳亚子先后花费1万余元巨款，收购万余卷吴江文献，以致用空家底，乃至负债购书。

借抄也是柳亚子收集吴江文献的一个重要途径。有些孤本难以购得，还有些是尚未刊刻的稿本，均须向人告借抄录。家有旧藏的亲朋好友，纷纷给予全力支持。借得稿本后，柳亚子常常亲笔缮写，如《文竹山房集外诗》《月当楼小稿》《甦香画录》《深柳读书堂诗词稿》《太原闺秀比玉集》《二张先生词剩》等。柳亚子平时写字很潦草，常常意到笔不到，很像"扶乩和画符"，甚至有时事后本人也无法辨认，但是，他抄写文献图书时却是一手的工整楷书，一笔不苟，字字清楚。有时，亦雇人抄录，

①《潘节士力田先生遗诗序》，中国革命博物馆等编：《柳亚子文集——磨剑室文录》（上），上海：上海人民出版社1993年版，第313页。
②柳无忌、柳无非编：《柳亚子文集——自传·年谱·日记》，上海：上海人民出版社1986年版，第11页。
③《家藏松陵书目序》，中国革命博物馆等编：《柳亚子文集——磨剑室文录》（上），上海：上海人民出版社1993年版，第216页。
④柳无忌、柳无非编：《柳亚子文集——自传·年谱·日记》，上海：上海人民出版社1986年版，第4页。
⑤柳无忌、柳无非编：《柳亚子文集——自传·年谱·日记》，上海：上海人民出版社1986年版，第18页。

但他要亲自校对。当时无忌、无非年纪尚小，柳亚子亦命他们抄书。无忌抄录了《金苔花馆遗诗》《剪愁吟》《古鲸琴馆唱和集》《敷春草堂倡和诗》《题焦馆诗稿》《思孟阁诗稿》等十余种。无忌、无非还合抄了《宜雅堂诗二集》等。

柳亚子收集吴江文献，还得益于同辈好友的慷慨馈赠。如陈去病赠《竹友轩吟》，顾悼秋赠《琴馀诗》，凌景坚赠《西江游草》，陈以青赠《菇烟芦雪集》，陈祥叔赠《博山诗草》《云巢诗抄》《郭灵芬外集》等。其中，以沈昌直赠书最多，仅医书就赠送《医效秘传》《三家医案》《温热赘言》等人间珍本。①

为了尽可能全面收集吴江文献，柳亚子煞费苦心，真正做到了千方百计，甚至连家谱、志书和文集中零散收录的吴江文献也不放过。如他从同里《顾氏族谱》中摘录了明吴江顾曾唯撰《闽粤杂咏》、顾宽撰《哀母吟》，使这二家诗得以流传。②

在收集吴江文献过程中，柳亚子还进行大量校勘和考订工作。柳亚子非常注意保护文献图书，故在其收藏图书上除了加盖藏书印章外，便不再涂写。稍旧的刻本、稿本和抄本，则很少钤印。不过，他在大量借抄的图书（即抄本）上往往写下题跋（亦称题记）。此类题跋，共有270余则，共约6万字：有些只是简单交代作者、版本、稿本来源和抄写人；对于撰者、辑者及年代缺失不明者，往往详加考订；对于一些有价值的文献，则对各种刊本、抄本进行校勘，交代校勘、增补参订情况。尤其是后两类题跋，充分体现了柳亚子考订的翔实与校勘的精细，为后人了解该书提供了有用的材料，具有重要的目录学和版本学价值。

为了更好地保存吴江文献，1918年冬，柳亚子与同里薛公侠（凤昌）等发起组织吴江文献保存会，志在"纠合同志，各示所藏"，"冀回既倒之澜，而存梓桑文献于百一"。③ 凡保存会同仁，大家互通有无，积极

① 沈津：《柳亚子与吴江文献》，中国国民党革命委员会中央委员会等编：《柳亚子纪念文集》，北京：中国文史出版社1987年版，第119页。

② 沈津：《柳亚子与吴江文献》，中国国民党革命委员会中央委员会等编：《柳亚子纪念文集》，北京：中国文史出版社1987年版，第120页。

③ 沈津：《柳亚子与吴江文献》，中国国民党革命委员会中央委员会等编：《柳亚子纪念文集》，北京：中国文史出版社1987年版，第124页。

交流。柳亚子与吴江藏书家联合起来,由柳亚子拟定 12 个字,"文献流传,后生之责,维桑与梓",一人取一字做代号。其间,柳亚子与薛公侠合编《吴江文献保存会书目》4 卷(油印本)。沈昌直作序,历述吴江藏书及文献保存情况。序后,载明柳亚子亲笔书写的收藏者代号和姓名:"文(柳亚子)献(费伯缘)流(沈颖若)传(金服初),后(薛公侠)生(范烟桥)之(叶叩濂)责(沈丹忱),维(周嘉林)桑(陆赓南)与(顾悼秋)梓(黄病蝶)"。这部书目,计收吴江人著作 740 余种,每条款目下面均标有收藏者代号。由于柳亚子藏书不断增多,故后面还有柳亚子增补款目数十条。其中,柳亚子"文"字号的款目多达 650 余种,为各家之冠。①

为了更好地保护和利用吴江文献,柳亚子还刊印和重印许多有价值的吴江文献。仅在 1920 年,柳亚子就重印凌退修的《松陵文录》、徐山民的《褉湖诗拾》、王旭楼的《话雨楼碑帖目录》、许竹溪的《梦鸥阁诗钞》,校印了范永绥的《梦馀赘笔》、沈达卿的《陆湖遗集》。② 1921 年,重印陈去病《笠泽词征》200 部。1922 年底,刊印《陈梦琴先生诗词选合刻》。1924 年,刊印高祖柳树芳所辑《分湖诗苑》。此外,在这一时期,柳亚子还亲任校勘,并与沈跻庵共同捐资,刊行长洲诸杏庐的《杏庐诗钞》。③

柳亚子在收集和整理吴江文献的同时,还将视野扩大到整个分湖地区,并为此制定了一个宏大计划,分别编辑《分湖全志》《分湖诗征》《分湖词征》《分湖文征》。柳亚子认为,旧志所撰分湖流域范围比较狭隘,应该加以扩大:"西尽梨湖",即西至吴江黎里;"东穷金溪",即东至青浦(今属上海市)金泽;"南包胥塘",即南至嘉善西塘;"北括蚬江",即北至吴江周庄,以成"大分湖"之局,而芦墟、北厍、莘塔和陶庄四地则处于大分湖的中心地带。④ 为了实施这一宏大计划,柳亚子与所属各地友人商定划地分工,如由周芝畦负责陶庄,由蔡文镛负责西塘,由王德钟

① 张明观:《柳亚子史料札记》,上海:上海人民出版社 2008 年版,第 65 页。
② 柳无忌、柳无非编:《柳亚子文集——自传·年谱·日记》,上海:上海人民出版社 1986 年版,第 19 页。
③ 张明观:《柳亚子传》,北京:社会科学文献出版社 1997 年版,第 235—236 页。
④《游分湖记》,中国革命博物馆等编:《柳亚子文集——磨剑室文录》(上),上海:上海人民出版社 1993 年版,第 608 页。

负责周庄,由沈昌眉负责芦墟,由凌景坚负责莘塔,由顾悼秋负责黎里,由陆明桓负责金泽,由柳鸣鸿负责北厍。[1] 后又拟先撰芦墟、莘塔、北厍三小志,以为发凡起例的张本。

在柳亚子主持下,各地友人按照拟定计划和分工,纷纷征访乡里文献,辑录前辈诗文,详记名迹胜景、方言物产。经过数年努力,分湖地区收集了一批很有价值的地方文献,如顾悼秋辑成《禊湖诗拾续编》《笠泽词征补编》,沈昌眉搜得《茶余话异》《盍簪书屋诗》等,周芷畦亦辑录了《柳溪诗征》。但是,由于工程浩大,加之柳亚子后又投身政治活动,因此,这一宏大计划最终并未完成。对此,柳亚子一直深怀愧疚,1940年曾慨叹道:"余素有辑分湖全志、诗征、词征、文征之志,卒卒未就。追抚先型,弥增余愧。"[2]

在1918年至1922年间,柳亚子全力收集吴江文献,并做了大量整理和保存工作,使得许多有价值的吴江文献得以保存下来,并传诸后世。柳亚子堪称收集和保存吴江文献的集大成者,为传承吴江乃至分湖流域文化做出了不可磨灭的贡献。新中国成立后,柳亚子将黎里家中包括这些吴江文献在内的全部藏书捐献给国家。

二 诗酒狂游

1917年南社内讧后,柳亚子除大力搜集吴江文献外,还常常留恋诗酒,甚至一度沉迷在诗酒狂游之中。

如前所述,1915年后柳亚子相继参加酒社、销夏社和销寒社,其中销夏社和销寒社为时甚短,但酒社则一直持续到1920年。在这数年间,"岁以秋节观水嬉于金镜湖头。画舫呼灯,红妆邀月,酒痕墨潘,狼

---

① 《〈柳溪诗征〉序》,中国革命博物馆等编:《柳亚子文集——磨剑室文录》(下),上海:上海人民出版社1993年版,第1161页。

② 柳无忌、柳无非编:《柳亚子文集——自传·年谱·日记》,上海:上海人民出版社1986年版,第21页。

籍淋漓,极一时之盛会焉。"①

在酒社活动中,除前述 1915 年最为频繁外,尤以 1919 年中秋规模最为盛大。当时黄复(字娄生,号病蝶)在北京,柳亚子飞简相招,黄跋涉三千里赴邀。13 人在"闹红舸"中狂吟闹酒三昼夜,作诗词 50 余首,后由黄复汇印成《闹红集》一册。② 其中,柳亚子一人就有十余首。一首诗末四句是:"弥天浩劫笙歌外,照眼空华水月间。尚欲梦中投笔起,此才未合老江关"。③ 愤懑之情,再起之志,深涵其中。

可是,盛会不常。1921 年秋霖雨为灾,又值次妹平权九月"以难产殁",柳亚子遂废中秋酒社。其后,柳亚子于 1923 年在金镜湖重泛画舫,虽得诗甚多,但已是酒社尾声。

在 1920 年前,柳亚子诗酒活动限于黎里,涉足其他地方的聚会则屈指可数。1918 年 5 月,他赴周庄拜访叶楚伧和王德钟,月夜里聚饮于南湖草堂。其后,他又应周芷畦邀请,与余十眉、王德钟、顾悼秋等相聚于陶庄水月庵。这两次聚会,参加的社友不多,而柳亚子亦酒兴不豪,仅各赋诗一首。

自 1920 年底到 1921 年间,柳亚子诗酒活动,从黎里扩大到分湖一带,参加人员之多、持续时间之长以及诗酒豪兴之勃发都是空前绝后的。后来柳亚子将此称为"诗酒狂游",其中明显可见深厚的分湖情结。

1920 年 11 月 29 日,柳亚子堂弟柳公望在吴江芦墟举行结婚典礼。事前,柳亚子与堂弟抟霄、率初、公望等共同邀请诸友前往参加,并仿效元末杨维桢故事,大游分湖。

因陈去病自杭州经嘉善来芦墟,柳亚子等前往迎候。11 月 26 日,柳亚子邀请凌景坚自莘塔来黎里家中,次日偕凌同舟赴西塘,先到西塘社友余十眉家中,再会合蔡韶声、郁佐皋等西塘社友,一道乘船前往嘉善,与陈去病聚首。第三天,柳亚子一行与陈去病分别从水、陆两路返

---

① 柳无忌、柳无非编:《柳亚子文集——自传·年谱·日记》,上海:上海人民出版社 1986 年版,第 19 页。
② 李海珉著,江苏省政协文史资料委员会、吴江市柳亚子纪念馆编:《柳亚子》,1999 年印行,第 45 页。
③《中秋前一夕集闹红舸,次莘安韵》,中国革命博物馆编:《柳亚子文集——磨剑室诗词集》(上),上海:上海人民出版社 1985 年版,第 295 页。

回西塘,余十眉在家中设宴热情招待;下午,乘舟至芦墟,柳公望家中已是红烛高照,贺客满堂。29日,柳亚子一行前往金泽迎亲,回来一起参加柳公望婚礼。

11月30日凌晨大雨,柳亚子一行8人乘坐"晓风残月之舫"(船名),自芦墟出箬头港,驶进烟雨蒙蒙的分湖。他们在来秀桥畔系舟登岸,谒陆隐君祠,过南陆庵、广阳庙,寻卿卿(陆行直家歌伎)墓。当年陆大猷、陆行直父子的桃园别墅,也就是分湖七子与歌伎大跳"十六天魔舞"之地,仅剩一片蔓草荒烟,大家不禁"感慨系之"。① 随后,在来秀桥畔登舟游湖,行半里许,便到柳亚子旧居胜溪老屋。众人稍事休憩,开怀痛饮。下午,乘舟返回芦墟。在芦墟镇东北栅,有供奉明末抗清志士杨廷枢的杨公祠。柳亚子一行人前往拜谒,却因祠门紧闭而未果。当晚,在柳公望家饮酒,柳亚子与陈去病大醉,"狂谈大睆,竟夜不成寐。"②

12月1日,柳亚子等欲游分湖东北隅,却因风雨大作而未成行,仅在湖滨陶冶禅院门外摄影留念。午后,前往镇之南栅拜谒分湖先哲祠。

分湖先哲祠原为光绪年间建立的切问书院。民国初年,切问书院已经完全荒废。1917年6月20日,在杨廷枢殉难270周年忌辰,柳亚子曾偕吴江知事李曒庐和沈昌眉等友人前往杨公祠公祭。席间,柳亚子与芦墟陆欧安、沈昌眉等提议,将荒废的切问书院改建成分湖先哲祠,祀奉陆大猷、陆行直、袁黄、叶绍袁、洪祖烈、李枝芳、陆耀、郭频伽8位分湖流域先哲。同年底,分湖先哲祠落成,柳亚子和李曒庐亦到场致祭。此次前往拜谒,柳亚子自然要向众人介绍一番。嗣后,柳亚子等又从南栅移舟东北栅,欲重谒杨公祠,不料仍然是大门紧锁,只好无功而返。

12月2日,柳公望家宾客相继离开。柳亚子、陈去病则应余十眉等西塘社友之约,再作西塘之游。当夜,柳亚子一行人抵达西塘,余十眉设宴招待。宾主即席分韵联句,盛极一时。次日,柳亚子、陈去病在余

① 《游分湖记》,中国革命博物馆等编:《柳亚子文集——磨剑室文录》(上),上海:上海人民出版社1993年版,第604页。
② 《游分湖记》,中国革命博物馆等编:《柳亚子文集——磨剑室文录》(上),上海:上海人民出版社1993年版,第605页。

十眉等陪同下游览西园,并合影留念。陈去病于当日返杭,柳亚子则再留两宿,直到12月5日晨才冒着风雨返回黎里。

分湖十日狂游,柳亚子撰《吴根越角杂诗百二十首》。在12月31日又撰《游分湖记》一文,记述十日游踪。其后,柳亚子将与诗友唱和之作,辑成《吴根越角集》。

分湖十日狂游结束不久,柳亚子又于12月下旬开始周庄之行。

1918年叔父柳慕曾病故后,柳亚子常去周庄帮助处理家事。江南古镇周庄,因境内有白蚬江(也称东江)流过,故别称蚬江、东江。镇西有贞丰桥,西塊沿河有爿小酒家,名德记酒店。该店地处偏僻,孤垆简灶,并不起眼。但是,酒店地处小桥流水,宾客设酒临风,窗外舟楫往来,飞燕呢喃入窗,鹭鹚捕鱼生趣。店主又有一手烹调佳艺,颇受顾客青睐。店主李氏夫妇年过40才喜得一女,小名阿金。阿金未曾缠足,人称"大脚观音",端庄大方,当垆劝酒,生意颇为红火。①

12月23日夜,柳亚子与陈去病、王德钟、凌景坚、陈巌人、费公直及堂弟抟霄、率初等十余人初集此楼,作长夜之饮。随后又接连三夜宴集于此,诗酒唱酬。直到12月30日,柳亚子才离开周庄返乡。在这次周庄7日之行中,柳亚子竟然有4个晚上在同一地点宴饮,真是非常罕见。一位沈姓诗友的太太见自己丈夫与柳亚子等人迷恋此地,还以为是为酒楼中阿金所迷,便相约几个闺中好友到酒楼打探,却不料酒楼只是一个普通的临河饭店,阿金也不过是一位相貌平常的姑娘,她们怎么也弄不明白柳亚子等人为什么会如此沉醉不归。②

其实,柳亚子等迷的不是阿金而是酒,迷的是借酒浇愁的那种感觉。柳亚子后来说:"我们尽日沉醉于此,差不多像入了迷楼。从前,隋炀帝的迷楼是迷于色,我们这个迷楼是迷于酒。所迷不同,其为迷一也。"③于是,这爿小酒家便被称为迷楼。

---

① 俞前:《巢南浩歌·陈去病诗传》(上),上海:上海文艺出版社2011年版,第211—212页。

② 张明观:《柳亚子传》,北京:社会科学文献出版社1997年版,第241页。

③ 参见张明观:《柳亚子史料札记》,上海:上海人民出版社2008年版,第72页。此语原见于姚鹓雏署名"龙公"所撰长篇纪实小说《江左十年目睹记》(又名《龙套人语》)中第十九回杨无忌所言。而柳亚子《题〈龙套人语〉》一文有云:"第十九回中之杨无忌,即影射余。"(参见《题〈龙套人语〉》,中国革命博物馆等编:《柳亚子文集——磨剑室文录》(下),上海:上海人民出版社1993年版,第1630页。)

1921 年,柳亚子堂弟柳率初将迷楼唱和之作辑为《迷楼集》,并邀擅长书法的郁树敏誊写后交付上海中华书局出版。同年 12 月,柳亚子有第二次周庄之行,与诗友四集迷楼。翌年又将唱和之作辑成《迷楼续集》,堂弟率初曾想将之刊印,但后因资金匮乏而未果。1951 年 2 月,柳亚子在为周庄朱翊新《学习词典》作序时,还深情回忆说,当时周庄文人雅士"尝集里中卖浆家曰迷楼者,酣歌痛饮,穷日夜忘返,予季(弟)率初则刻其诗为《迷楼集》行世矣!"①。

1921 年 2 月中旬,余十眉等西塘社友到黎里回访柳亚子,接连三日集饮于磨剑室,联句唱酬。临别,余十眉等人邀柳亚子重游西塘。因诸事耽搁,柳亚子迟至 11 月 6 日才践约前往西塘,应邀前往聚会的还有陈去病、王德钟等人。

当时西塘镇烧香港有爿小酒店,沿街临水,闹中取静,店老板许某英武豪爽,喜欢结交江湖落拓之士与文人墨客,余十眉戏呼该店为乐国。柳亚子与陈去病等人 6 日抵达西塘后,西塘社友当晚就在乐国酒家设宴招待。众人开怀畅饮,吟情勃发。柳亚子喝得酩酊大醉,由王德钟扶归,不料深夜竟从床上滚下来,为此又吟成七律《坠地》一首,有云"坠地男儿百不聊,如何一跤跌中宵"。② 后半夜闻有鸡啼,柳亚子误以为天将破晓,"苦不得睡",索性起床与陈去病、王德钟、余十眉通宵狂谈,直至次日凌晨。此后一连两日,继续在乐国酒家畅饮酬唱,直到 11月 9 日离开西塘。

此次西塘之行,柳亚子得诗 35 首,辑成《蓬心草》。1922 年,柳亚子将诗稿寄社友索和。其间,柳亚子又吟成《蓬心补草》《蓬心续草》和其他诗作。同年底,柳亚子将《蓬心草》《蓬心补草》《蓬心续草》及社友唱和之作《蓬心和草》《蓬心和草补》《蓬心和草屑》编成《乐国吟》,交无锡锡成书局印行。

在 1918 年到 1922 年的四五年间,柳亚子在政治上十分消沉,也不

① 《〈学习词典〉序》,中国革命博物馆等编:《柳亚子文集——磨剑室文录》(下),上海:上海人民出版社 1993 年版,第 1623 页。
② 《坠地》,中国革命博物馆编:《柳亚子文集——磨剑室诗词集》(上),上海:上海人民出版社 1985 年版,第 391 页。

再过问南社事务，频频留恋诗酒，乃至沉迷在诗酒狂游之中，这是柳亚子一生的迷惘期与颓唐期。不过，这一时期，柳亚子诗兴勃发，吟诗甚多，在1920年12月到1922年5月的一年半中，仅杯天韵的七律就作了150叠，共300多首。

物极必反。在持续四五年低迷消沉后，柳亚子亦将触底反弹，重新振作起来。实际上，当柳亚子沉迷于迷楼、乐国，几乎达到其消极颓废的顶点时，一个急剧而巨大的变化却正在柳亚子思想中酝酿着、积聚着。

1921年春，孙中山领导的护法运动在艰难竭蹶中出现转机。孙中山于5月5日在广州就任非常大总统，发表对内对外宣言，积极准备北伐。消息传来，柳亚子异常兴奋，写下了《五月五日纪事》。诗云：

> 十年三乱究何成？喜见南天壁垒更。率土自应尊国父，斯人不出奈苍生。白宫北美推华盛，赤帜西俄拥李宁。我亦雄心犹健在，梦中无路请长缨。①

"李宁"即列宁。在历经十余年的频频动乱后，柳亚子终于欣喜地从南方看到国家的希望——孙中山。他尊称孙中山为国父，并将孙与华盛顿、列宁相提并论，表达了自己的仰慕和追随之意。他还称自己雄心犹在，连做梦都想奔赴前线以建功立业。

然而，好事多磨。1922年5月9日，孙中山在广东韶关主持北伐誓师大会，兵分三路进攻江西。不料，陈炯明却于6月在广州叛变，派兵围攻总统府，炮击孙中山观音山住所越秀楼。孙中山避躲永丰舰，组织讨叛。不久，因北伐军回师讨叛失利，孙中山被迫离粤，走避上海。

1922年12月，柳亚子撰《〈乐国吟〉序》。他感叹道："呜呼！辛壬之交，神州几几乎有中兴之望矣。王师北伐，度庾岭而饮马章江，破竹之势已成，苟无沮之者，捣黄龙不难也。"他对北伐中断十分惋惜，有云，"天不相华国，出师方捷，蟊贼内讧，十年之功，废于一旦！"文末自称"李

① 《五月五日纪事》，中国革命博物馆编：《柳亚子文集——磨剑室诗词集》（上），上海：上海人民出版社1985年版，第385页。

宁私淑弟子柳弃疾"。他在写好序言后,"得滇桂诸军竞起讨逆之报",感到非常高兴,想喝三大杯酒来预祝他们取得成功。①

柳亚子从孙中山身上看到中国的希望,并十分仰慕李宁(列宁),这都是前所未有的。正是有了这些新变化,柳亚子很快就走出消极颓废,重新振作起来,投身新文化运动,进而投入大革命洪流之中。

三　创办《新黎里》

柳氏自 1898 年从北厍大胜村迁黎里镇,居周寿恩堂整整 24 个春秋。1922 年 9 月,柳亚子举家从周寿恩堂移居本镇五亩园周赐福堂。次年,柳亚子便创办《新黎里》报,积极投身波澜壮阔的新文化运动。

对于新文化运动,柳亚子的认识有一个发展过程。他对新文化运动的许多主张,如反对封建礼教,提倡男女平权,打倒孔家店,提倡民主和科学等等,本来就非常赞同,丝毫不存在抵触心理。但是,新文化运动倡导"文学革命",提倡用白话文代替文言文,提倡用新文学代替旧文学,却让柳亚子一时难以接受。1917 年 3 月 27 日,柳亚子在致吴虞信中表示,对于陈独秀"倡言文学革命",他"未敢赞同"。② 4 月 23 日,他致信杨杏佛,称胡适所作白话诗"直是笑话",并提出了"形式宜旧、理想宜新"的文学主张。③ 因此,柳亚子最初一度激烈地反对过白话文。不过,后来,他改持放任主义态度,对白话文漠然处之,既不表示反对,亦不表示赞成。最后,他觉得作白话文的人,所持的主张大都与他相合;而作文言文去攻击白话文的人,其主张则往往与他相距甚远。于是,柳亚子便渐渐地倾向赞成白话文。与此同时,他也深切感到,"用文言文发表新思想,很感困难",恍然觉得必须有新工具。④ 于是,柳亚子高举

---

① 《〈乐国吟〉叙》,中国革命博物馆等编:《柳亚子文集——磨剑室文录》(上),上海:上海人民出版社 1993 年版,第 651—652 页。

② 《再与吴虞书》,郭长海、金菊贞编:《柳亚子文集补编》,北京:社会科学文献出版社 2004 年版,第 166 页。

③ 杨天石、王学庄编:《南社史长编》,北京:中国人民大学出版社 1995 年版,第 446 页。

④ 柳无忌编:《柳亚子文集——南社纪略》,上海:上海人民出版社 1983 年版,第 101—102 页。

双手拥护文学革命,随即投身于新文化运动中。他的一个重大举措就是创办《新黎里》报。

当时吴江境内创办报刊风气渐开,并初具规模。1921 年 9 月,《蚬江声》半月刊在周庄创刊,不仅开了吴江县定期出版物的先河,而且在宣传新文化与反抗旧势力方面"更是亡秦的胜、广,革命军的急先锋"。①次年 3 月出版第 12 期后,《蚬江声》宣布进行改组,于 10 月 10 日正式改组为《新周庄》。1922 年 1 月,《吴江》半月刊在同里创刊,后于 5 月 11 日改为旬刊。在 1922 年底 1923 年初,《芦墟》半月刊、《盛泽》周刊、《晨光》月刊、《余光》月刊、《觉悟》月刊等相继创刊。

1923 年初,柳亚子会同黎里区教育会等 9 个团体,共 64 人,成立《新黎里》报社。该报为半月刊,社址设本镇县立第四高等小学。柳亚子任总编辑,毛啸岑任副总编辑。

毛啸岑,字兆荣,1900 年出生于黎里。他在省立第三师范学校毕业后,即在县立第四高小任教,1921 年 8 月担任该校校长。自出任《新黎里》副总编辑后,这位有志青年便从此追随柳亚子,开始了他们之间漫长的友谊之路。

经过两个月紧张筹备,《新黎里》于 1923 年 4 月 1 日正式创刊。尽管《新黎里》并非吴江创办最早的报刊,但是,在柳亚子的精心主持和毛啸岑的大力协助下,它很快就在吴江众多出版物中异军突起,后来居上。

《新黎里》运用通俗语言,对广大民众进行爱国教育和时事教育。4月 16 日,《新黎里》出版旅大问题特刊,并登载柳亚子亲自撰写的《对于旅大问题之我见》。文章强烈要求收回被日本霸占的旅顺、大连,痛斥北京政府既无代表国民的资格,更无力争外交的诚意,并大声疾呼:"如果想收回旅大,那末力争外交以外,还须有澄清内治的决心。推倒军阀,改造政府,都是国民肩背上的事情。赶快努力进行罢!"②5 月中旬,

①《四年来百里以内定期刊物出版底年表》,中国革命博物馆等编:《柳亚子文集——磨剑室文录》(上),上海:上海人民出版社 1993 年版,第 794 页。
②《对于旅大问题之我见》,中国革命博物馆等编:《柳亚子文集——磨剑室文录》(上),上海:上海人民出版社 1993 年版,第 661 页。

《新黎里》在显眼位置报导了吴江各团体举行的"国耻纪念"活动,并同时刊载《二十一条最简要的说明》《废止二十一条及附属文件的理由》等文章。

《新黎里》大力宣传劳动神圣、社会主义等新思想。5月1日,柳亚子在《新黎里》刊出《〈吴根越角集〉后序》,公开宣称自己"醉心于马克思之学说,布尔萨维克之主义"。在同日出版的《劳动纪念特刊》上,柳亚子同时发表两篇文章。

在《劳动纪念特刊宣言》中,柳亚子敦促同胞注意八小时工作运动胜利纪念日——"五一"劳动节,公然宣传劳工神圣和社会主义。有云:

> 照社会主义的学说讲起来,不劳动不得食,人人都有劳动的责任。所以劳动者是神圣,资本家便是盗贼⋯⋯所以正名定分,非把工厂收回,由劳工自行管理不兴。至于工作八小时,休息八小时,教育八小时,简直是劳动者最低度的要求,也是劳动史上开头的第一页。①

在《劳动问题和中国》一文中,柳亚子痛斥"中国没有大资本家,不配讲劳动问题"的谬论,同时盛赞湖南的黄爱和庞人栓、湖北的林祥谦和施洋、浙江的李成虎、澳门26烈士等少数觉悟的同胞,称赞他们"却已经将热烈鲜艳的赤血,当做红墨水用,来濡染淋漓大书特书的在那中国劳工运动史上着笔了"。②

5月16日,柳亚子在《新黎里》上发表《劳工与劳农》一文,指出劳农问题"是中国最重要的问题",并全文转引了周庄《蚬江声》所载《田主与佃户》一文,以揭露我国田主"要比西洋的资本家胜过十倍"的专横暴戾,我国佃户"要比西洋的劳工甚十倍"的痛苦辛酸。③

《新黎里》还大力宣扬新的家庭、婚姻和妇女观念,鼓吹改良婚俗。

---

①《新黎里报劳动纪念特刊宣言》,中国革命博物馆等编:《柳亚子文集——磨剑室文录》(上),上海:上海人民出版社1993年版,第663页。

②《劳动问题和中国》,中国革命博物馆等编:《柳亚子文集——磨剑室文录》(上),上海:上海人民出版社1993年版,第665页。

③《劳工与劳农》,中国革命博物馆等编:《柳亚子文集——磨剑室文录》(上),上海:上海人民出版社1993年版,第667—668页。

在 5 月 16 日出版的婚姻问题特刊第 1 号上,柳亚子发表《婚嫁改良浅说》,提出了废除聘礼和妆奁、改良结婚仪节、废除布钞和礼品、废除"份子"与酒席等一整套改良婚嫁风俗的办法。针对有人认为婚姻是一件吉利的事情,一定要欢天喜地、热闹非凡的说法,柳亚子指出:"结婚的意义,是把两个志同道同的异姓,集合在一起,把恋爱做本位,组织新家庭;本来不干第三者的事,何必要贪图热闹!"①

《新黎里》很快就赢得众多进步人士的大力称赞与拍手欢迎,但也触怒了一些顽固的封建保守势力。尤为可怕的是,与柳亚子有私人恩怨的人为了打击柳亚子,便借《新黎里》来罗织罪状。干出这种阴险小人勾当的便是邻镇芦墟的陆氏父子。

如前所述,在 1920 年冬,柳亚子与陈去病等大游分湖之际,曾两次欲谒杨公祠,均因大门紧锁不得入内。1923 年 4 月 9 日,《新黎里》报出刊之后,柳亚子又道经北库来到芦墟,欲谒杨公祠,但祠门依然紧锁。然而,却见祠侧有一座别建的"先哲祠"。经过打听,这祠是芦墟巨富陆映澄(字荣光)所建。上一年,陆氏从地方贿选捞得巨款中拨出一部分建成此祠,并擅自将南栅分湖先哲祠中八位先哲的木主神位搬到这里。此祠无正门可入,石额祠名"先哲祠",废弃了"分湖"两字,落款"后学陆荣光捐建",大约想以此扬名千古。对于此种市侩伎俩,当时镇上就舆论哗然,但无人敢出头与陆氏抗争。

柳亚子对陆氏所为甚为反感,当即挺身而出,遂于次日致信陆氏长子陆树棠,要求陆氏"望于一月之内,鸠工拆去旧额,重辟新门",并严正警告说:"如足下不以为然,仆当纠集同人,迎先哲神位,重归切问书院"。②

柳亚子信中最后通牒意味颇浓,使一向骄横乡里的陆氏大为恼怒。4 月 15 日,陆树棠复信,全盘拒绝柳亚子的要求,还指责柳"以区区细故,而以咬文嚼字之见掀风作浪,故意非难","今始使酒骂座,大逞狂奴

---

① 《婚嫁改良浅说》,中国革命博物馆等编:《柳亚子文集——磨剑室文录》(上),上海:上海人民出版社 1993 年版,第 675—676 页。

② 《致陆树棠》(1923 年 4 月 10 日),上海图书馆编:《柳亚子文集——书信辑录》,上海:上海人民出版社 1985 年版,第 29 页。

故态",最后竟饱含讥讽与不屑地声明"在弟视之,只可付之一笑,实无置辩之价值"①。

柳亚子收信后自然极为愤慨,遂于 4 月 18 日写了 2500 字长信给陆树棠,进行酣畅淋漓的反驳。陆树棠次日再复,仅短短 600 余字,已词穷理尽,却依然饰非拒谏,指责柳亚子"公然辱侮""妄自尊大"。

柳亚子岂能咽下这口恶气? 为了彻底反击陆树棠,5 月 1 日、5 月 15 日,《新黎里》推出"分湖先哲祠正名纪事"附刊两期,将事实真相全部公之于众。陆氏行径,立即激起了吴江和邻县地方人士的公愤。

恰在此时,劳动纪念特刊出版。经过一番密谋,陆映澄三子陆陞云于 5 月 16 日飞章密告于江苏省长韩国钧,诬指柳亚子"散布过激党言论",经常"奔走滇粤,潜蓄异谋","鼓吹其劳农劳工主张,专以煽惑农工各界,希图推翻资本阶级,实行共产主义",并以《〈乐国吟〉后序》自署"李宁私淑弟子"和《新黎里·劳动纪念特刊》为证。②

5 月 28 日,韩国钧下令给吴江县知事刘式譔,指示"《新黎里》应即停刊",并要刘从速查实柳亚子及《新黎里》详情呈报。6 月初,《新黎里》在刚出版第 5 期后,便被勒令停刊。吴江县知事还指令县警察所对柳亚子和《新黎里》从速调查。陆氏阴谋一时得逞,自诩以打倒柳亚子、毛啸岑为"折柳吹毛",并扬言要杀七个半头,头三名便是柳亚子、毛啸岑和沈昌眉。一时之间,谣言四起。

面对黑云压城,柳亚子沉着应对,他一面与沈昌眉等联名上书省署,据理力争,一面吩咐毛啸岑遍游吴江十八市乡,请各界地方人士联名具保复刊。

吴江县警察所负责调查此案者为留佐李涤。李涤,字汝航,喜欢吟诗作画,结交文人墨客,亦是南社社友,且对柳亚子非常仰慕钦佩。李涤深入地方调查,主持正义,返回县警所如实汇报。与此同时,吴江十八市乡各界为柳亚子和《新黎里》抗诬,请求继续发行该报的函呈纷纷送进吴江县署乃至江苏省长公署。

---

① 张明观:《柳亚子史料札记》,上海:上海人民出版社 2008 年版,第 81—82 页。
② 谢静:《从晚清名臣到抗日楷模:韩国钧生涯》,上海:上海人民出版社 2002 年版,第 270 页。

这一切,显然对柳亚子与《新黎里》报大为有利。陆陛云一看大势不好,便急赴北京,并于7月16日呈文向北洋政府内务部控告柳亚子。呈文除了重复前述诬告外,还极力危言耸听:"值此乱机四伏,人心浮动之秋,地方士绅,无不震骇万状……现在该报虽经停刊,而柳亚子等私党多人,野心未已,意图死灰复燃……查内地民智向不开通,一经被其鼓惑,难保不蠢蠢欲动。万一发生罢工、要挟等风潮,实于地方治安大有妨碍。"①

韩国钧根据吴江县的汇报和各公团的函呈,当即决定允许《新黎里》复刊,但要求柳亚子不得任总编辑。同时,他也风闻陆陛云北上告状,便着手准备对策。

《新黎里》于8月1日获准复刊。根据省长公署要求,改由毛啸岑担任总编辑,但实际仍由柳亚子负责。为了避嫌,柳亚子发表文章时改用"重瞳""YT"等化名。

8月13日,内务部行文江苏省长公署,要求将陆陛云的控文予以"咨请查照",并转请吴江县知事"严为防范,以维地方治安"。早有准备的韩国钧7天后便向内务部呈报查处情况:"查此案前据该公民陆陛云函呈,即经令行吴江县知事查明,饬令停版。旋复迭据该县各公团、各绅民先后来呈:柳亚子闭户读书,万无过激思想,系被陆陛云挟嫌朦控,请准继续出版",遂令知事并案查明核办。"嗣据该县知事刘式谦查明呈复前来,当以柳亚子等发行《新黎里》报纸,既据一再饬查,确为公正言论机关,并由各公团等证明,以后决不至有轨外言论发生,所请准予继续发行之处,姑准照办。""至分湖先哲祠争执一案,并应督饬从速理结,勿任宕延,致生枝节。"②

不久,分湖先哲祠奉令迁还切问书院故址。9月12日,吴江县知事刘式谦前往致祭,沈昌眉当众诵读柳亚子撰写的祭文。至此,在分湖先哲祠之争中,芦墟陆氏完败于柳亚子。但是,陆氏未肯善罢甘休,还在伺机报复,到1926年时险些又给柳亚子带来灭顶之灾。

① 中国第二历史档案馆:《柳亚子等所办〈新黎里报〉被控案》,《历史档案》1983年第4期。
② 中国第二历史档案馆:《柳亚子等所办〈新黎里报〉被控案》,《历史档案》1983年第4期。

6月初《新黎里》被停刊后,吴江新文化运动遭受重大打击。当时一般保守势力拍手称快,不料此时《新盛泽》忽然大张旗鼓地创刊。更令人没想到的是,8月1日《新黎里》即复刊。

《新黎里》复刊后,以更坚决态度与更大力度来宣传新文化。在8月1日复刊的第6期上,柳亚子发表《〈新黎里〉与复活》一文,庆贺《新黎里》的幸运复活,还将《新黎里》的复活与基督复活相提并论,并希望复活的《新黎里》"惊破那邪魔外道的妖胆"。① 次年,柳亚子在《对于本报复活周年纪念底感想》中明确宣称,《新黎里》"永远要在进化底轨道上向前走","就是提倡三民主义,宣传新文化,反抗旧势力,不因摧残而有戒心,不因瞻徇而留情面"。②

《新黎里》复刊后,大力宣传进步思想,积极报道反帝爱国运动。如1924年2月16日、3月1日,连续发表柳亚子的《哀悼列宁氏》《拜孙悼李楼随笔》,称颂列宁"伟大的人格"和"伟大的功业",认为列宁的逝世是"世界进化的不幸,人类的不幸"。他还在《国民救国的一条大路》中明确指出:"要想救国,只有一条大路,就是加入孙先生所领袖的中国国民党,帮助孙先生去奋斗"③。其后,《新黎里》还大力报道吴江民众悼念孙中山和参加五卅运动等情况,详情留待后文再述。

《新黎里》复刊后,依然大力关注妇女、家庭和婚姻等社会问题,柳亚子还为此亲自撰写不少文章。在8月1日出版的第2号婚姻问题特刊上,柳亚子同时发表4篇文章。《婚姻制度改革谈》提出结婚绝对自由、组织"小家庭"、取消代办式订婚、尊重再嫁者人格、反对多妻主义、提倡生育节制、实行儿童公育等一系列主张;《女子结婚后姓氏问题》则主张女子应该只用自己的姓名,不要再把男子的姓放在上面;《女子结婚后承受遗产问题》则提出未婚女子有权继承父母遗产,已婚女子有权继承夫家遗产;《第四阶级的婚姻问题》则首次系统地阐述在底层民众

---

① 《〈新黎里〉与复活》,中国革命博物馆等编:《柳亚子文集——磨剑室文录》(上),上海:上海人民出版社1993年版,第706页。

② 《对于本报复活周年纪念底感想》,中国革命博物馆等编:《柳亚子文集——磨剑室文录》(上),上海:上海人民出版社1993年版,第822页。

③ 《国民救国的一条大路》,中国革命博物馆等编:《柳亚子文集——磨剑室文录》(上),上海:上海人民出版社1993年版,第781页。

婚姻问题上亟待采取的对症良药,提出禁止卖买婚、禁止抢夺婚、禁止抢孀逼醮、禁止虐待等一系列主张。

在《新黎里》的有力影响下,吴江及邻县各地闻风而动。此后两年,《新莘塔》《新平望》《新严墓》《新吴江》《新震泽》等"新"字号报刊纷纷并起,一时蔚然成风。与此同时,柳亚子大力促进各报联合,形成集团战斗力,以便更好地在新文化运动中披荆斩棘、奋勇前进。1923年10月,《新黎里》《新盛泽》《新周庄》三家报社,在苏州三新旅社召开会议,结成三角同盟。这种联合趋势不断扩大,到1926年元旦,吴江11家"新"字号报刊,在平望镇召开联欢会,公推柳亚子为主席,议决组织通讯社和报界联合会。

自1923年4月创刊至1926年2月柳亚子去沪主持国民党江苏党务,《新黎里》报共出版62期,另有特刊、增刊20期。发行量从初期的600余份,增至1120份。柳亚子主持的《新黎里》,对于黎里乃至吴江都产生了重要影响,堪称"时代明灯""地方福音"和"改革先锋"。它的影响还大大超出吴江,其发行范围遍及江苏、上海、浙江、广东等14省市,并远涉重洋,销行美国、南洋等地。

四　成立新南社

在1923年初创办《新黎里》后,柳亚子又发起成立新南社,这是柳亚子投身新文化运动的又一大举措。

1917年南社内讧后,柳亚子就不再过问南社事务,致使社务基本上陷于停顿。与此同时,新文化运动却在一日千里地迅猛地发展着。柳亚子除创办《新黎里》外,还在苦苦地思索着如何投身新文化运动这一时代的潮流。

1922年,由于陈炯明发动武装叛乱,护法运动归于失败,孙中山被迫离粤避沪。不久,共产党人李大钊抵达上海,拜会孙中山,对他表示慰问和支持,并就振兴国民党以及国共两党合作问题多次交换意见。孙中山非常兴奋,亲自主盟,接纳李大钊加入国民党。接着,陈独秀、蔡和森、张大雷等亦以个人身份加入国民党。在共产党人帮助下，孙中山决心对国民党进行改组。1923年初，陈炯明被逐，孙中山重返广州，国民党加快了改组的步伐。

孙中山改组国民党之举给柳亚子带来很大启示，柳亚子便有"改组南社为新南社的计划"。正如他后来所说："南社的成立，是以中国同盟会为依归的；新南社的成立，则以行将改组的中国国民党为依归，在契机上可说是很巧妙的了。"①

对于改组南社的计划，叶楚伧给予柳亚子以"很诚挚的鼓励"，并且非常热心地加以推动。叶楚伧当时仍为上海《民国日报》总编辑。1919年中华革命党改组为中国国民党后，该报便已成为国民党的机关报。五四运动爆发后，《民国日报》得风气之先，注重启迪民众思想，鼓吹新文化运动。他认为，南社的基础可以利用，"丢掉未免可惜"，由柳亚子出来主持新南社"最为适宜"。于是，柳亚子便义不容辞地站了出来。②

1923年5月，柳亚子与叶楚伧、胡朴安、余十眉、邵力子、陈望道、曹聚仁、陈德徵共同发起组织新南社。上述8位发起人中的前5位均为南社旧人，后三位则是新文化运动的参加者。当时柳亚子明确指出："新南社的成立，是旧南社中一部分的旧朋友，和新文化运动中一部分的新朋友，联合起来，共同组织的。"③在8位发起人中，除柳亚子、余十眉外，其余6位都是《民国日报》成员。可以说，新南社是以《民国日报》为大本营的。

9月10日，叶楚伧在《广州民国日报》上发表《新南社发起宣言》，发起人增加到16人。《宣言》首先通过与南社的比较揭示新南社的时代性："南社的发起，在民族气节提倡的时代；新南社的孵化，在世界潮流引纳的时代。南社里的一部分人，断不愿为时代落伍者。那一点，新南社孵化中应该向国民高呼声明的。"接着，阐述了新南社的政党性和民众性："南社是应和同盟会而起的文学研究机关，同盟会经几度改革以

---

① 柳无忌编：《柳亚子文集——南社纪略》，上海：上海人民出版社1983年版，第103页。
② 柳无忌编：《柳亚子文集——南社纪略》，上海：上海人民出版社1983年版，第90页。
③ 柳无忌编：《柳亚子文集——南社纪略》，上海：上海人民出版社1983年版，第100页。

后,已有民众化的倾向,新南社当然要沿袭原来的使命,追随着时代,与民众相见。"然后,阐述了新南社的两大使命——"国学整理和思想介绍",即"对世界思潮","愿诚实而充分的向国内输送";"对于国学","愿一弃从前纤靡之风,先从整理入手。"①

在此前后,新南社还公布《新南社组织大纲》7 条,对新南社的宗旨、职员、选举、出版物、临时通信处等做了规定,并决定,新南社将于当年双十节正式成立。

《发起宣言》和《组织大纲》公布后,社员们便陆续填写入社证,加入新南社。

10 月,北京举行国会选举。直系军阀曹锟以金钱收买国会议员 500 余人,贿选为"总统"。其中,南社社员高旭、马小进等 19 人也沦为"猪仔议员"。10 月 3 日,南社社员邵瑞彭拒不受贿,向京师警察厅告发,并通电全国。消息传出,激起全国舆论的强烈声讨。13 日,柳亚子以既痛心又愤怒的复杂心情致电高旭:"骇闻被卖,请从此割席。二十载旧交,哭君无泪,可奈何!"②

新南社成立大会,因叶楚伧、吴孟芙婚事而延期四天,于 10 月 14 日在上海福州路小花园都益处菜馆举行,这也是新南社第 1 次聚餐会。参加成立大会的,有柳亚子、叶楚伧等 38 人。邵瑞彭为避特务暗杀,化装潜逃来沪,当天正好赴会,受到与会者鼓掌欢迎。

会议将《新南社组织大纲》7 条修改为《新南社条例》8 条。条例规定南社的宗旨是:(一)整理国学;(二)引纳新潮;(三)提倡人类的气节;(四)发挥民族的精神;(五)指示人生高远的途径。条例同时规定,新南社设社长 1 人,总揽社务,任期 3 年,由社员投票公举,可连选连任;编辑部主任 3 人,干事 2 人,会计 1 人,皆由社长委任,任期与社长相同。每年在双五节、双十节举行两次聚餐会。

根据新修改的条例,经过选举,当天宣布新南社职员如下:柳亚子为社长,邵力子、陈望道、胡朴安为编辑主任,叶楚伧、吴孟芙、陈布雷为

---

① 柳无忌编:《柳亚子文集——南社纪略》,上海:上海人民出版社 1983 年版,第 91—92 页。
② 杨天石、王学庄编:《南社史长编》,北京:中国人民大学出版社 1995 年版,第 577 页。

干事,胡朴安为会计,余十眉为书记。

10 月 19 日,柳亚子写成《新南社成立布告》,后于 11 月 9 日发表,公布了其主持新南社的大政方针。布告宣称:"新南社的精神,是鼓吹三民主义,提倡民众文学,而归结到社会主义的实行。对于妇女问题、劳动问题,更情愿加以忠实的研究。"①布告还评述旧南社的历史,回顾了柳亚子本人从反对白话文到倾向白话文的经过,进而揭示成立新南社的动机:"但旧南社的旧朋友,除了少数先我觉悟的外,其余抱着十八世纪遗老式的头脑,反对新文化的,竟居大多数。那末,我们就不能不和他们分家,另行组织,和一般新朋友携手合作起来,这新南社便应运而生,呱呱堕地了。"②最后,柳亚子还对新南社宗旨中的"整理国故"和"指示人生高远的途径"提出异议。

这篇文章原本应是新南社成立宣言,但柳亚子写毕给叶楚伧看,叶看后认为个人色彩太浓,不像团体宣言,于是才改为《新南社成立布告》发表。对于这个成立布告,叶楚伧颇为不满,并非仅仅因为其个人色彩过浓,他后来曾多次嘱咐柳亚子,叫他"不要走在国民党的前面"。当时,柳亚子还"实在是莫名其妙"。十余年后,柳亚子才真正理解了。原来布告内有这样的几句话:"新南社的精神,是鼓吹三民主义,提倡民众文学,而归结到社会主义的实行。"而"楚伧所不满意的,也许就是末一句","这又是后来国民党内左右派对立的伏线了"。③

10 月 21 日,南社社员、国会议员田桐在《民国日报》上发表《致南社社友书》,要求南社并除参与贿选的"猪仔议员"。10 月 29 日,柳亚子与于右任、陈去病、叶楚伧等 13 人响应田桐的呼吁,在《民国日报》联名发表《旧南社社友启事》,宣称:高旭等 19 人"贿选祸国,辱及南社,不再承认其社友资格",并望社中同志随时随地"发表同一之态度,为中华民国稍留正气"。④

新南社成立后,在发展社员上进展顺利。1923 年 11 月,《新南社通

---

① 柳无忌编:《柳亚子文集——南社纪略》,上海:上海人民出版社 1983 年版,第 100 页。
② 柳无忌编:《柳亚子文集——南社纪略》,上海:上海人民出版社 1983 年版,第 102 页。
③ 柳无忌编:《柳亚子文集——南社纪略》,上海:上海人民出版社 1983 年版,第 103—104 页。
④ 杨天石、王学庄编:《南社史长编》,北京:中国人民大学出版社 1995 年版,第 583 页。

讯录》出版,自 5 月入社的柳亚子起,至 11 月入社的何凝冰止,共著录153 人。1924 年 2 月,《新南社通讯录续稿》写就,增加 59 人,共计212 人。

1924 年 5 月 5 日,新南社在上海福州路小花园都益处菜馆举行第 2 次聚餐会,到柳亚子、陈去病、邵力子、汪精卫、张继、居正等 30余人。席间,汪精卫、张继、居正、汪兰皋、陈去病、邵力子诸人先后发表演说。至三时余,"摄影而散"。其后,沈雁冰及夫人孔德沚、杨贤江、叶天底等经陈望道介绍加入新南社。后来,新南社社员达到 230余人。

但是,新南社在出版刊物上却遇到很大困难。新南社原有出版《新南社月刊》《新南社丛刊》的计划。这项工作,由社长柳亚子委托邵力子、陈望道、胡朴安三位编辑部主任负责,并由邵力子担任第一届负责人。但是,邵力子忙于办理《民国日报》,社员中撰稿者又少,因此,丛刊根本就没有出版,月刊也只出过一期,就是在第 2 次聚餐会之后出版的。由于出版太迟(本应在 1 月出版),以后也没有继续出版的把握,就将名称改为《新南社社刊》。

1924 年 5 月出版的《新南社社刊》,从形式到内容,都面目一新,颇可一观。共登载论文、诗歌、小说与翻译作品 21 篇,全用白话写作。其中,论文有沈玄庐的《最近的新俄罗斯》、邵元冲的《英国的新村运动》、刘伯伦的《中国的乱源》、李未农的《精神分析底意义历史和学说》、陈德徵的《诗人拜伦底百年祭》、胡怀琛的《中国诗歌实质上变化的大关键》等。白话诗有刘大白的《秋燕》《斜阳》《黄叶》等。

1924 年 9 月 3 日,江浙战争爆发。当时盘踞江苏的直系军阀齐燮元,企图夺取淞沪镇守使何丰林驻守的上海(当时在行政区划上属于江苏),而盘踞浙江的军阀卢永祥和何丰林同属皖系,便出兵助何与齐对抗,由此双方在苏南和上海一带兵戎相见。为避战祸,柳亚子挈家眷住进上海租界。其时,孙中山正联合奉系、皖系缔结反直三角同盟。柳亚子积极支持孙中山的斗争策略,希望卢永祥打败齐燮元。他一边为《民国日报》撰写时评,一边与陈去病组织江苏民治建设会,积极开展活动,为驱逐直系军阀出江苏而摇旗呐喊。

10 月 10 日,新南社第 3 次聚餐会在上海南京路新世界西菜部举行,与会者有柳亚子全家(包括郑佩宜、柳无忌、柳无非、柳无垢)及陈望道、胡朴安、陈去病等 37 人。餐后,赴南京路兆芳照相馆摄影,以留纪念。

当时,柳亚子对卢永祥打败齐燮元抱有殷切期望。8 月 27 日,柳亚子给在杭州的新南社社友、卢永祥的秘书林秋叶、诸贞壮写了一首七绝《寄林秋叶、诸贞壮杭州》。诗云:"勾践当年启霸图,夫差愎谏卒为奴。千秋种、蠡谋臣在,霸越亡吴事有无?"这首诗的命意是"以勾践比卢,夫差比齐,希望林、诸两位做文种、范蠡,建亡吴霸越之功"。[①] 9 月 13 日(旧历八月中秋),双方正打得难分难解。那天,柳亚子和陈去病女儿陈绵祥(时任江苏民治建设会秘书、新南社社员)登楼外楼赏玩月色。陈作了一首中秋赏月诗送给柳,柳便和她一首诗,中有"愿随十万貔貅去,桃叶青溪问莫愁"句,这"自然是想打破南京去吃月饼的意思了"。[②] 然而,事与愿违,直系军阀孙传芳突然率兵由闽入浙,卢永祥节节败退,终于在 10 月 13 日放弃淞沪,通电下野。柳亚子等人在上海制造的倒齐舆论也只好偃旗息鼓。

新南社在第 3 次聚餐会后,便再也没有举行聚会,就此无形中停顿。其原因是江浙战争后柳亚子全力投入到建立国民党组织的革命实践中。对此,柳亚子后来曾做过这样的剖析:

> 经此一番刺激,我们知道运动军阀和掉书袋都没有用处,要革命非唤起民众不可,于是毅然替为新的中国国民党努力,连新南社也丢在九霄云外了,这便是新南社停顿的真原因。[③]

在江浙战争结束,新南社社务停顿之际,柳亚子赋七绝《空言》:"孔佛耶回付一嗤,空言淑世总非宜。能持主义融科学,独拜弥天马克思!"[④]这首诗的大意是,儒家、佛家、基督教、伊斯兰教等各种学说都是

---

① 柳无忌编:《柳亚子文集——南社纪略》,上海:上海人民出版社 1983 年版,第 161 页。
② 柳无忌编:《柳亚子文集——南社纪略》,上海:上海人民出版社 1983 年版,第 162 页。
③ 柳无忌编:《柳亚子文集——南社纪略》,上海:上海人民出版社 1983 年版,第 163 页。
④《空言》,中国革命博物馆编:《柳亚子文集——磨剑室诗词集》(上),上海:上海人民出版社 1985 年版,第 531 页。

空言。全天下唯独将主义和科学融为一体的马克思学说，值得令人信服和崇拜。全诗不用典故，不用比兴，直抒胸臆，一气呵成，旗帜鲜明，堪称一首"诗言志"的佳作。这首诗表明，1922年以来柳亚子对马克思学说和布尔什维克主义的好感乃至沉醉，此时又有了新的飞跃，并形成了较为稳定的价值倾向。这一点，是柳亚子不同于许多南社老友之处，也是他后来长期成为坚定国民党左派的思想基础。后来，柳亚子很清楚这种思想认识对于其人生的重大影响，故他非常看重这首诗，声称"虽寥寥二十八字，自谓足称余之代表作矣"①。

新南社的历史十分短暂，自1923年5月发起，至1924年10月第3次聚餐会后停顿，历时仅一年半。同时，新南社亦无傲人成绩，故往往为人所忽略。然而，亲手创立新南社的柳亚子却总想努力找出新南社的长处，他在1936年2月给曹聚仁的信中强调："南社是诗的，新南社却是散文的了。讲到文学运动，新南社好像已经走出浪漫主义的范围了吧。……所以我说，无论如何，新南社对于南社，总是后来居上的。"②

必须指出的是，新南社建立后，南社并未完全停止活动。当柳亚子等发起筹建新南社后，南社社员李沧萍于1923年6月19日致信姚光，认为南社历史悠久，"不应遽尔中止"，可以恢复活动，与筹组中的新南社各自并行。③

1924年1月1日，南社社员傅尃在长沙发起组织南社湘集。他声称："比年以来，时局变迁，友朋星散，社事日就衰歇，其能岁有雅集，流连觞咏，存念故旧者，厥惟长沙一隅。而海上诸社友又别有新南社之组织，其宗旨盖亦稍异。同人为欲保存南社旧观，爰就长沙为南社湘集，用以联络同志，保持社事，发扬国学，演进文化。"④湘集《简章》规定，"社友入社，不限省籍"，社刊"均以文言为准"。

---

① 《羿楼札记》，中国革命博物馆等编：《柳亚子文集——磨剑室文录》（下），上海：上海人民出版社1993年版，第1278页。

② 柳无忌编：《柳亚子文集——南社纪略》，上海：上海人民出版社1983年版，第251页。

③ 杨天石、王学庄编：《南社史长编》，北京：中国人民大学出版社1995年版，第572页。

④ 杨天石、王学庄编：《南社史长编》，北京：中国人民大学出版社1995年版，第588页。

1924 年 4 月 6 日,南社湘集在长沙刘园举行第 1 次雅集,傅尃被推为社长。10 月 7 日,南社湘集在长沙赐闲园举行第 2 次雅集。11 月,《南社湘集》第 1 期出版。次年 3 月 26 日,南社湘集在湖南省立通俗教育馆召开第 3 次雅集。9 月,《南社湘集》第 2 期出版。1926 年 4 月,曾拟在长沙妙高峰建立固定社址,后因时局变化而未能实现,连社务也停顿了。①

南社湘集共印姓氏录三次,每年一次,最后一次是 1926 年 4 月重订的,从傅尃起,到吴焕熙止,共有社员 129 人。其中,以湖南人最多,广东人次之,江苏人居第三多。②

南社湘集以"保存南社旧观"为号召,以"发扬国学"相标榜,并明言社刊"以文言文为标准",重新汇集一些旧南社社员,因而在一定程度上有隐然与新南社抗衡的意味。不过,也许是吸取南社论诗起衅的教训,新南社与南社湘集尽管主张迥然不同,但并未产生直接冲突。陈去病等部分旧南社社员,既加入新南社,又加入南社湘集。就连南社湘集社长傅尃,也同时加入新南社。

1923 年,正值南社另一创始人陈去病五十寿辰。柳亚子为其撰《陈巢南五十征诗文启》《陈巢南先生五十寿叙》,并叙《浩歌堂诗钞》。

为了陪伴夫人郑佩宜在上海养病,同年柳亚子留沪度岁。同年 12 月,他与陈去病等创岁寒社,以文酒之会砥砺气节。廖仲恺、张继、于右任、汪精卫、汪兰皋、杨杏佛、谢无量、刘三、邵力子、叶楚伧、陈望道、胡朴安,暨何香凝、徐自华、谢景秋、胡漪平(胡朴安女)、陈绵祥诸女士皆参与。

柳亚子就在此时结识了廖仲恺、何香凝夫妇,开始了柳、廖两家长达半个多世纪的通家友谊。

1923 年 11 月底,廖仲恺奉孙中山命自粤赴沪,与各省支部商讨国民党改组事宜。其时,何香凝亦在上海。廖氏夫妇就在此时双双成为新南社社员,亦参与岁寒社活动。

---

① 柳无忌编:《柳亚子文集——南社纪略》,上海:上海人民出版社 1983 年版,第 110 页。
② 柳无忌编:《柳亚子文集——南社纪略》,上海:上海人民出版社 1983 年版,第 110 页。

1924年1月初,国民党"一大"即将在广州召开,廖仲恺应召离沪。柳亚子赋诗赠别,题为《送廖仲恺归粤,兼呈何香凝夫人》。诗云:

> 星云山斗望中遥,才识荆州便故交。早向天南称柱石,恰从海上送征轺。疮痍吴地来苏后,图象云台列宿高。一幅流民新粉本,闺中湘管待重描。①

①《送廖仲恺归粤,兼呈何香凝夫人》,中国革命博物馆编:《柳亚子文集——磨剑室诗词集》(上),上海:上海人民出版社1985年版,第522页。

第八章　革命洪流

一　吴江办党

　　1923 年 12 月,柳亚子以同盟会会员资格,由南社老友叶楚伧、陈去病介绍加入中国国民党。1924 年 1 月,在广州召开的国民党"一大"确定"联俄、联共、扶助农工"三大政策,标志着国共第一次合作的正式形成,由此拉开国民大革命的序幕。

　　在国民党"一大"召开之前,江苏仅有铜山、松江、南京等地有国民党组织,但党员寥寥,且在军阀统治下甚少活动。国民党"一大"召开后,朱季恂、张曙时、顾子扬等江苏代表返回各地后,随即传达大会精神,发展国民党组织。与此同时,大批共产党员和共青团员也加入国民党组织,为国民党注入新鲜血液。到 1924 年 5 月,江苏有国民党组织的县市已达十余个。

　　为了统一指导江苏各地党务工作,1924 年 5 月,经过国民党中央上海执行部批准,国民党江苏省临时党部在松江成立。刘云昭、朱季恂、沈进、顾子扬、张曙时、陈去病、秦毓鎏 7 人为执行委员,其中,刘云昭、朱季恂、沈进为常务委员。① 临时党部成立后,随即派遣委员分头推动工作。后因松江地处偏僻,对于指挥全省党务颇感不便,而南京又是军

---

① 《江苏省党部初期简史》,中国革命博物馆等编:《柳亚子文集——磨剑室文录》(下),上海:上海人民出版社 1993 年版,第 1192 页。

阀孙传芳的大本营,党部不能公开,遂决定将省临时党部由松江迁移到上海。当年 7 月,江苏省临时党部迁往上海法租界望志路永吉里34 号。

1924 年 5 月,柳亚子受国民党江苏省临时党部的委派,返乡秘密组建国民党地方组织。他向本县各区秘密征求党员,先后成立了城区、盛泽、黎里三个区党部。同年夏,邵力子委派复旦大学学生黄雅声到吴江震泽一带发展国民党党员。到七八月间,吴江全县已经建立城区、同里、盛泽、黎里、平望 5 个区党部,已经具备成立国民党吴江县党部的条件。

8 月 24 日,中国国民党吴江县第一次代表大会在盛泽镇东庙书厅召开,宣告国民党吴江县党部正式成立。柳亚子和邵力子、朱季恂、侯绍裘、邵季昂等出席会议。大会选举了县党部执行委员 5 人,监察委员1 人。柳亚子当选为执行委员会常务委员。县党部设在黎里,下设农民协会、工会、学生会、商民协会、妇女解放协会等。

国民党吴江县党部成立不久,江浙战争就于 9 月 3 日爆发,直到 10月 13 日方告结束。在此期间,柳亚子避兵难于上海,吴江党务工作一度停顿。如前所述,经过江浙战争的刺激,柳亚子痛感"要革命非唤起民众不可",便毅然停顿新南社社务,全身心投入吴江党务工作。

10 月 23 日,冯玉祥发动北京政变,推翻以贿选而臭名昭著的曹锟政府,电请孙中山北上,共商和平统一大业。11 月 10 日,孙中山决定北上,争取国家和平统一,并发表《北上宣言》。宣言提出召开国民会议、结束军阀统治、废除不平等条约等主张。不幸的是,抱病北上的孙中山,抵达北京后病情迅速恶化,竟于 1925 年 3 月 12 日与世长辞。

消息传来,举国悲痛。国共两党立即组织各界民众举行大规模的悼念活动,广泛深入地宣传中山先生遗嘱和革命精神,形成了一次规模宏大的革命宣传运动。柳亚子急赴上海,于 4 月 12 日参加在上海公共体育场召开的追悼中山先生大会。在这次大会上,柳亚子初晤恽代英与向警予两位著名共产党人。随后,柳亚子返回黎里,以吴江县党部暨全县各区党部名义发起召开吴江民众追悼中山先生大会,函请各公团、各学校加入。

5月3日,吴江民众追悼中山先生大会在黎里镇市民公所隆重召开,与会者2000余人。上午9时,司仪张应春宣布追悼大会开始。在毛啸岑致辞后,作为大会主席的柳亚子,做了题为《报告孙先生历史》的讲演,详细地回顾孙中山40年来的革命经历和丰功伟绩,深情地追述孙先生逝世前的情景,呼吁民众继承中山先生遗志,把革命进行到底。随后,由国民党江苏省临时党部代表侯绍裘、浙江代表肖楚女分别发表演讲。下午,全县40余团体致祭,各校学生代表发表演说。

会后,举行声势浩大的悼念游行活动,队伍沿三里长街缓缓行进。观者"人山人海","莫不肃然起敬"。[1] 同时,由侯绍裘等10人组成的东、西2个演讲队,分赴各处茶馆演说,散发孙中山遗像、遗嘱。在场群众无不深深感动,其间有人当场要求加入国民党。[2]

5月3日,柳亚子还趁机在《新黎里》报社召开全县各级党部执行委员联席会议,积极推进党务工作。

不久,上海发生英租界巡捕开枪镇压上海爱国学生群众的"五卅"惨案。消息传来,柳亚子随即于6月2日以吴江县党部名义,与全县各区、各公团联合向全国各报馆发表通电,号召全国同胞"一致团结,共同奋斗",以"打倒帝国主义,取消不平等条约,收还全国租借地"。6月3日下午,柳亚子和张应春、毛啸岑等出席第四区分部会议,讨论声援活动,决定由柳、张、毛等五人组成讲演队。当晚,首次演讲就在业余夜校举行。演讲者激昂慷慨,声泪俱下,听讲者无不为之动容。当场有人大呼"外国人岂有此理!",还有人提出拒吸大英牌香烟。[3] 6月14日,在柳亚子提议下,黎里率先成立国民外交后援会,以声援上海人民的反帝爱国斗争。随后,吴江各地相继成立国民外交后援会,反帝怒潮迅速席卷全县。

6月16日,柳亚子在《新黎里》发表《对于上海大惨剧的感想》。他严厉地痛斥帝国主义自鸦片战争以来一方面利用关税制度"吸尽中国人的膏血",另一方面又运用金钱和军械资助军阀反对革命政府或挑动

① 俞前著,吴江市政协学习和文史委员会编:《毛啸岑》,2000年内部印行,第46页。
② 张明观:《柳亚子传》,北京:社会科学文献出版社1997年版,第279页。
③ 江苏省政协文史资料委员会等编:《张应春纪念集》,1999年印行,第132页。

军阀之间展开混战的累累罪行。最后,他旗帜鲜明地指出:"要救中华民国,非中国国民党获取政权不可。而中国国民党第一个主张,就是打倒帝国主义,其目的在取消不平等条约,收还全国租界及租借地。其方法在唤起民众,及联合世界上以平等待我之民族,共同奋斗。"①

6月21日,柳亚子在盛泽镇主持吴江县党部执行委员会第7次会议,成立吴江县国民外交后援会筹备会,议决6月30日全县各市乡罢工、罢市、罢课,公祭上海"五卅"殉难烈士。

6月30日,黎里全镇罢工、罢市、罢课,商店门前白旗林立,标语赫然醒目:"打倒帝国主义!""毋忘五卅,坚持到底!"柳亚子还赴黎里商会分所参加黎里镇的盛大公祭活动。当天,参加公祭的来宾多达3000余人,人人臂缠黑纱。当司仪宣布公祭大会开始后,哀乐响起,全体起立默哀。哀毕,柳亚子致辞。随后,5名主祭人和陪祭人就位,宣读祭文。最后,毛啸岑进行演讲,大会在"打倒帝国主义""取消不平等条约"等口号中结束。会后,又举行2000多人参加的示威游行,沿途大呼口号,声震屋瓦,观者莫不肃然起敬。

6月23日,广州再次发生英国士兵开枪镇压广州爱国群众的"沙基惨案"。7月1日,柳亚子在《新黎里》发表《对于沙面大屠杀的感想》,深刻地剖析惨案发生的历史背景,犀利地揭露沙基惨案真相,最后大声疾呼:"中国五万万同胞,只要有最后一条命未送,最后一滴血未流,还可以激起世界大革命,在重围中杀出一条血路来的。国民记取,快快起来拥护革命政府,打倒帝国主义罢!"②

此外,柳亚子主持的黎里镇国民外交后援会,还多次向广州革命政府和报馆发出电文,提出取消不平等条约、收还国土等主张。柳亚子还大力号召吴江各地为援助上海罢工工人和死难烈士家属进行募捐。6月上旬,仅黎里镇就募捐大洋338元、小洋95角、钱40文,并派人携往上海总商会。

① 《对于上海大惨剧的感想》,中国革命博物馆等编:《柳亚子文集——磨剑室文录》(上),上海:上海人民出版社1993年版,第853—857页。

② 《对于沙面大屠杀的感想》,中国革命博物馆等编:《柳亚子文集——磨剑室文录》(上),上海:上海人民出版社1993年版,第866页。

在柳亚子的影响下,就读沪上的无忌、无非也积极参加反帝爱国学生运动。"五卅"惨案发生后,正在圣约翰大学就读的柳无忌与同学们一起罢课,并在校园内悬挂半旗志哀。校长卜芳济粗暴干涉,公然扯下国旗。无忌与部分爱国师生痛哭流涕,愤而离校。暑期后,由在清华大学任教的舅父郑桐荪帮助,进入该校读书。正在圣玛利亚女校就读的无非,在"五卅"惨案后,与部分同学奋起参加游行示威,却为校方所阻,亦愤而离校,暑期后转入神州女学。

7月14日,柳亚子在黎里县立第四高等小学召集国民党吴江县第二次代表大会,出席代表300余人。会议决定,设立妇女运动部、青年运动部、农民运动部、工人运动部。次日晚,县党部举行提灯示威活动。党员敲锣击鼓,至茶肆公开演讲。演讲者有省党部执行常委朱季恂、侯绍裘及徐蔚南等,民众"蜂拥而往"。① 7月15日至19日,柳亚子在黎里市政公所举办吴江夏令讲习会,约请朱季恂、侯绍裘、姜长林、王一知、沈雁冰、杨贤江、邵季昂来会主讲,宣传革命。

在柳亚子的领导下,国民党吴江县党部工作开展得有声有色,取得骄人成绩,这就为柳亚子后来跻身国民党江苏省党部领导层打下了坚实基础。

二　江苏党务

在1924—1925年江苏省各地国民党组织发展过程中,能与柳亚子领导下的吴江县党部并驾齐驱的,只有朱季恂、侯绍裘领导下的松江县党部。

朱季恂,名肇旸,江苏松江人。1905年曾入柳亚子任教的健行公学学习,翌年因健行公学解散而转学至南洋公学,后加入同盟会。1913年任县立第一高等小学教员。1917年春赴南洋群岛任教数年,1921年

---

① 中共吴江市委党史工作办公室编:《中共吴江地方历史(1921—1949)》(第一卷),北京:中共党史出版社2006年版,第17页。

回国,后在景贤女子中学任教。

侯绍裘,字墨樵,亦为江苏松江人。他曾是朱季恂的学生,1918 年考入上海南洋公学,积极参加五四爱国运动,后因致力于宣传新思潮而于 1920 年被校方开除。其后,在宜兴和桥彭城中学短期任教。1921 年夏,回到松江,与朱季恂之兄朱叔建等接办松江景贤女子专修学校,改为松江景贤女子中学,并兼任教务主任。他进行大刀阔斧的改革,先后邀请恽代英、肖楚女、杨贤江、邵力子、沈雁冰等到松江讲学,很快就使景贤女中焕然一新,成为当时东南地区的名校。

1923 年四五月间,朱季恂、侯绍裘由邵力子介绍加入中国国民党。他们在松江教育界积极发展国民党组织,到当年 9 月,党员已达 34 人。他们以景贤女中为据点,成立"三五社"("三五"即三民主义,五权宪法),公开活动。同年秋,侯绍裘加入中国共产党。与此同时,朱、侯等人还创办《松江评论》,创建"新松江社",致力于进行社会改造。

由于松江国民党党员较多,活动较为活跃,所以朱季恂被选举为国民党"一大"的 3 名江苏代表之一。1924 年 5 月,江苏省临时党部在松江成立,朱季恂当选执行委员,并成为 3 名常务委员之一。6 月 22 日,松江县临时党部成立,下设 5 个区党部,侯绍裘任常务委员兼宣传部主任。其后,江苏省临时党部迁往上海。当时多数执行委员散处各地,只有朱季恂与刘云昭、沈进常驻办公。后因国民党中央补助经费不能按时发放,以致债台高筑,刘云昭、沈进离开上海,只剩朱季恂一人支撑全局,"勇猛精进","艰苦奋斗",因而使得全省"党务日盛"。①

到 1925 年 8 月,江苏先后有吴江、松江、铜山、金山、睢宁、宜兴、丹阳、崇明 8 县成立县党部,青浦、南通、江阴三县成立临时县党部,已经具备召开全省代表大会、选举成立正式省党部的条件。可是,当时江苏在军阀孙传芳的统治下,环境恶劣,且经费拮据,无法召开省代表大会。有鉴于此,江苏省临时党部请示国民党中央上海执行部,并经其核准,决定采取通讯选举的办法来选举省执监委员会。

---

① 《朱季恂、侯绍裘合传》,中国革命博物馆等编:《柳亚子文集——磨剑室文录》(下),上海:上海人民出版社 1993 年版,第 1206 页。

在通讯选举之前,侯绍裘曾于 6 月 12 日就省党部执委人选等事宜征求柳亚子意见。8 月上旬,侯绍裘、姜长林又专程从上海赶到黎里,请柳亚子在吴江推荐一位适合担任省党部妇女部长的人选。柳亚子经过认真考虑后,郑重地推荐张应春。

张应春,原名蓉城,字应春,后改字秋石,1901 年生于黎里镇。其父张农,原名肇甲,号鼎斋,为清末秀才,亦是南社社员。应春与柳亚子四妹均权是黎里女子高等小学同学。1919 年,应春考入上海中国女子体育专门学校。1922 年毕业后,赴厦门厦岭学校任教,[①]后因足疾归家诊治。1923 年秋,赴松江景贤女中任教,经侯绍裘介绍加入中国国民党。1925 年春,回黎里女子高等小学任教。在孙中山追悼大会上,她担任司仪,并登台演讲,"陈词慷慨,一座尽惊",令柳亚子对其刮目相看。[②] 会后游行,她与另一女党员手捧孙中山遗像,昂然走在队伍前列。大会之后,被补选为区分部执行委员。上海"五卅"惨案发生后,她亲自率领学生深入乡村进行演讲宣传,并倡办暑假妇女学校。

8 月 10 日,在省临时党部开箱验票,选举结果揭晓。朱季恂、柳亚子、侯绍裘、董亦湘、刘重民、张应春、戴盆天、黄竞西、宛希俨 9 人当选为执行委员;张曙时、姜长林、杨明暄、黄麟书、姚尔觉 5 人当选为候补执行委员;高尔松、王春林、糜辉 3 人当选为监察委员;李一锷、王觉新、滕仰支当选为候补监察委员。

8 月 23 日上午,在上海大学附属中学召开国民党江苏省党部成立大会。下午,柳亚子与朱季恂、侯绍裘被推选为常务委员,但他"以不能常川驻部辞职",获得批准,改由董亦湘递补。次日,柳亚子出任宣传部部长,朱季恂、侯绍裘、张应春、戴盆天、宛希俨等则分别担任组织部、调查部、妇女部、农工部、青年部部长职务。[③]

会后,柳亚子即返回黎里,但仍时常赴上海参加省党部重要会议,从此他穿梭于黎里和上海两地,兼管江苏、吴江党务。由于柳亚子在吴

---

① 张明观:《柳亚子史料札记》,上海:上海人民出版社 2008 年版,第 143 页。

②《秋石女士传》,中国革命博物馆等编:《柳亚子文集——磨剑室文录》(下),上海:上海人民出版社 1993 年版,第 1067 页。

③ 张明观:《柳亚子史料札记》,上海:上海人民出版社 2008 年版,第 108 页。

江坐镇,故在江苏各地党务中"以吴江为最能稳固进行"。① 侯绍裘因受中共组织委派,于该年八九月间到苏州乐益中学担任教务主任,开始筹建"中共苏州独立支部",亦经常奔波于上海与苏州之间。张应春因患足疾未能赴上海出席省党部成立典礼,先后在芦墟、苏州等地治病,后于10月下旬赴沪就职,并于同年秋由侯绍裘介绍加入中国共产党。

同年10月,董亦湘赴苏留学后,张曙时递补为省党部执行委员。大约在12月中下旬之交,柳亚子重新出任省执行委员会常务委员。其时,省党部机构由原来6部扩大为8部,各部长职务亦略有调整。②

在江苏省党部正式成立前后,国民党内部分歧已经日渐明显。自国共合作伊始,国民党内右派分子就反对国共合作,但是,慑于孙中山的绝对权威,右派分子不敢公开活动。1925年3月12日孙中山逝世后,国民党内右派分子便公然进行分裂活动,并日益猖獗。

1925年5月17日,国民党南京市党员代表大会开幕,准备成立市党部,并选举领导机构。江苏省临时省党部常务委员朱季恂、张曙时等莅会指导、监选。大会正在进行时,第一区党员宋镇峇、邓光禹、高岳生、李宗邺,第二区党员朱丹夫、王亚樵,第六区党员范冰雪,率领第四、五、七等区无党证党员"强行出席","要求参加选举","并唆使流氓殴伤省党部执行委员朱季恂、张曙时",致使大会流产。柳亚子随即以中国国民党吴江县党部名义致电国民党中央执行委员会,严厉痛斥国民党右派分子的捣乱和破坏行为,并要求将他们"永远革除党籍"。③

同年6月,破坏南京市党部成立大会的沈冰雪等,又唆使拒不履行登记手续取得党员资格的沈进、陈去病、何海樵三人,自称临时执行委员,"擅开会议","欲将省党部迁往南京"。柳亚子当即以吴江县党部名义通电国民党中央及全省各级党部,要求将范冰雪"永远开除党籍",并严令训诫沈进、陈去病、何海樵,"在未取得党员资格以前,不得干预党

①《中国国民党江苏省党部工作报告》,中共江苏省委党史工作委员会编:《第一次国共合作在江苏(1923—1927)》,1995年内部发行,第72页。

② 张明观:《柳亚子史料札记》,上海:上海人民出版社2008年版,第107—109页。

③《请严惩南京反动派电文》,中国革命博物馆等编:《柳亚子文集——磨剑室文录》(上),上海:上海人民出版社1993年版,第845—846页。

务"。^① 这样,柳亚子与南社老友陈去病也因政治立场对立而使两人友谊产生裂痕。

在国民党江苏省第一届省执监委员会选举中,20 名执监委员和候补执监委员均为共产党员和国民党左派人士,而国民党右派分子却无一人当选。这就引起国民党右派分子的强烈不满,他们指责江苏党务完全"被共产分子所把持"。落选的所谓临时党部执行委员陈去病、沈进、范雄毅等亦联名呈报中央,认为选举中有舞弊等情况,并通电反对,"誓不承认"。^②

1925 年 11 月,林森、居正、邹鲁、叶楚伧等十余名国民党中央执行委员和监察委员在北京西山碧云寺孙中山灵前召开伪国民党一届四中全会(史称"西山会议")。会上通过了开除共产党加入国民党之党员党籍、取消共产党人在国民党内之中央部长职务、解除鲍罗廷的顾问职务等决议。会后,在上海环龙路 44 号另立伪中央党部。与此同时,宋镇岙等于 11 月 5 日在南京非法组建国民党右派市党部。

江苏省党部立即在《申报》公开声明,凡西山会议派的伪中央党部的一切决定,概不承认。与此同时,柳亚子也于 11 月、12 月连续 4 次召集吴江县党部执委会,对西山会议"表示义愤",声明不承认非法成立的伪南京市党部,查询发电附和西山会议的党员的意向,开除附和党员的党籍。^③

12 月 29 日,应共产党员恽代英的请求,柳亚子在《中国国民》第 15 期发表《告国民党同志书》,从理论和事实两个方面,系统地驳斥西山会议派散布的反对联俄、联共和扶助农工的谬论,最后严厉地谴责西山会议派:"林森、戴季陶一般人,自己不肯站在革命的前线上奋斗,反而去勾结反革命的势力,甚至于去领导反革命的势力,要掀起党内轩然的大波,图谋倾覆广州中央执行委员会以及中央执行委员会所产生的国民

---

① 《对范冰雪、沈进、陈去病、何海樵等人的揭露和谴责》,中国革命博物馆等编:《柳亚子文集——磨剑室文录》(上),上海:上海人民出版社 1993 年版,第 846 页。
② 江苏省地方志编纂委员会编:《江苏省志·国民党志》,南京:江苏人民出版社 2006 年版,第 58 页。
③ 中共吴江市委党史工作办公室:《中共吴江地方历史》(第一卷),北京:中共党史出版社 2006 年版,第 17 页。

政府,至少亦减损其威望,增多其纠纷,以为快心之举,这不是明明白白地叛党叛国叛总理吗？全国同志,人人得而声讨之矣！"①

1926年1月,国民党"二大"在广州召开。朱季恂、侯绍裘、张应春、刘重民、顾子扬5人作为江苏代表出席会议。在会上,柳亚子当选第二届中央监察委员,朱季恂则当选为第二届中央执行委员。

2月17日,柳亚子与张应春、毛啸岑经过嘉兴前往上海。2月21日至23日,柳亚子在上海景贤女中分校出席江苏省各市县党部联席会议。随后于22—28日,参与举办全省干部寒假训练班。柳亚子当时非常忙碌,心情却很兴奋。2月22日,柳亚子在给儿子柳无忌的信中说:"现在开寒假训练班,有趣得紧！""这几天,开会忙,听讲忙,谈话忙,甚至于看影戏忙。"他还表示:"我一定住在上海了。"②

寒假训练班结束后,柳亚子便留沪参与主持省党部工作,自此结束了黎里、上海两处奔波的局面。当时,侯绍裘也离开苏州回到上海工作。省党部执监委员一时群集,原来办公场所永吉里34号无法容纳,故江苏省党部又新租了永吉里41号作为各部办公室及宿舍。这样,江苏省党部便有两处办公场所,永吉里34号由朱季恂主持工作,柳亚子等一些人则在永吉里41号办公。

在省党部,柳亚子和朱季恂有师生之谊,侯绍裘则是朱季恂的高足。还有一起住在那里读书兼养病的范志超,则是侯绍裘在松江景贤女中的学生。因此,柳亚子称范为"三传弟子",范志超则一直称呼柳亚子为"太老师"。柳、朱、侯、范,则被戏呼为"四世同堂"。

在省党部,柳亚子全力协助张应春工作。当年3月8日,张应春主编的《吴江妇女》创刊。柳亚子不仅亲自撰写《发刊词》,还发表《革命和妇女》等文章。当时妇女部的宣言檄文,亦大都出自柳亚子手笔,侯绍裘因而戏呼柳为"妇女部秘书"。

省党部环境恶劣,生活清苦,且工作繁忙,但他们配合默契,感情

①《告国民党同志书》,中国革命博物馆等编:《柳亚子文集——磨剑室文录》(上),上海:上海人民出版社1993年版,第908页。
②《致柳无忌》(1926年2月22日),上海图书馆编:《柳亚子文集——书信辑录》,上海:上海人民出版社1985年版,第61页。

交融。柳亚子乐于身处朝气蓬勃的青年群中,他和张应春、史冰鉴(妇女部秘书)、姜长林等,常常深夜倾谈,黎明即起,却毫无倦容。

1926年2月,国民党中央执行委员会、广州国民政府决定:3月12日下午3时,在南京紫金山中茅山坡举行中山先生陵墓奠基典礼。

3月11日8时15分,柳亚子与省党部及松江、苏州等地代表乘专列抵达南京。当代表们走下火车时,国民党右派在车站"啸聚多人",高呼"打倒跨党分子"的口号,并以手杖、木棒等猛击各代表,致使省党部常务委员侯绍裘、南京市党部妇女部长陈君起等受伤。①

次日下午3时许,中山陵奠基典礼仪式正式举行。典礼刚一结束,国民党右派分子就高喊"打倒跨党分子""孙文主义学会万岁"等口号,并用旗杆、铁棍、木棒在省党部、南京市党部队伍中猛击,继而又用石子乱掷。侯绍裘、严绍彭、李汉玺、丁晓峰、赵薪传、陈君起等,"均受重伤"。② 柳亚子一见右派分子打人,就随即后退,由张应春、汪元勇、唐蕴玉三位女将军"保驾下山"。天雨路滑,下山后,唐蕴玉扶着柳亚子,忽然在平地滑了一跤,两个人都跌倒。柳亚子只损失一件破皮袍,唐蕴玉的一件新狐皮旗袍却被糟蹋了。幸好,两人都没有跌伤。

3月14日,江苏省党部代表返回上海。当夜,柳亚子在给柳无忌的信中说:"南京的反动派真混蛋!造谣和打人,是他们的看家本领。这一次打了两回,我们很吃亏,然而他们的兽性也完全暴露了。"③次日,柳亚子与中央监委邓泽如、中央执委朱季恂、吴玉章等联名致信广州国民党中央执委会,愤怒控诉南京右派的暴行,严正要求:"请中央发表宣言,明白暴露其罪状,并申明除广州以外,一切未经党部批准、擅自组织之孙文主义学会,均与本党无关,以揭破其阴谋。"④

南京国民党右派分子不遗余力地攻击和打击国民党左派和共产党

①《江苏省党部、上海特别市党部、南京市党部的报告》,中共江苏省委党史工作委员会编著:《第一次国共合作在江苏(1923—1927)》,1995年印行,第75页。

②《江苏省党部、上海特别市党部、南京市党部的报告》,中共江苏省委党史工作委员会编著:《第一次国共合作在江苏(1923—1927)》,1995年印行,第75页。

③《致柳无忌》(1926年3月14日),上海图书馆编:《柳亚子文集——书信辑录》,上海:上海人民出版社,1985年版,第64页。

④《致中央执行委员会联名信》,中国革命博物馆等编:《柳亚子文集——磨剑室文录》(上),上海:上海人民出版社1993年版,第1033页。

人,甚至不惜公然勾结军阀孙传芳。3月12日上午,国民党右派伪南京市党部在秀山公园举行纪念中山先生逝世一周年纪念会。当时五卅工人公学学生柳春发因散发南京市党部的传单,就被右派通知警察拘捕,先送警察厅,后解到地检厅。教员邵世桂前去保释,亦被拘留。柳亚子为此找到时任江苏省长的南社旧友陈陶遗,设法营救。陈说,现在人在地检厅总不要紧,若送孙传芳的联军司令部,事情就糟了。不料柳亚子回到上海,这师生两人果真被送到联军司令部,并要"严查党羽",致使中山大学分校附中的许多学生纷纷逃往上海。陈陶遗还托人传话,嘱咐柳亚子和朱季恂、侯绍裘、高尔松切莫再去南京。柳亚子在信中向柳无忌叙及此事。①

柳亚子到省党部工作后,还密切关注吴江党务。可是没过多久,柳在3月23日就已发现"吴江的党""很靠不住"。在南京读书的张耀德回乡发起盛泽孙文主义学会,煽动不少人加入。张还邀请南京右派分子高岳生到盛泽演讲,大肆散布西山会议派谬论。他们还企图筹组国民党右派吴江县党部。对此,柳亚子非常警惕,毅然决定于4月4日偕张应春回吴江,出席4月5日在同里镇召开的国民党吴江县第五次代表大会,并拟从上海多请几个人去讲演,以鼓舞士气,振作精神。②

3月29日,西山会议派在上海召开伪国民党第二次全国代表大会,通过了《肃清共产分子案》等决议案。次日,柳亚子即在《中国国民》特刊第1期发表《揭破伪代表大会的真相》,从政策、纪律和事实三个方面对西山会议派进行有力驳斥。

4月5日,国民党吴江县第五次代表大会在同里镇侍御坊(亦称陈家牌楼)如期召开。柳亚子、张应春、侯绍裘、杨之华等经由苏州赴会。在柳亚子的坐镇下,大会发出通电,反对西山会议派非法召开的第二次伪全国代表大会。

柳亚子平时不善料理生活,全赖夫人郑佩宜一手打理。自从1926

---

① 《致柳无忌》(1926年4月1日),上海图书馆编:《柳亚子文集——书信辑录》,上海:上海人民出版社 1985年版,第72页。

② 《致柳无忌》(1926年3月23日),上海图书馆编:《柳亚子文集——书信辑录》,上海:上海人民出版社 1985年版,第68页。

年2月独自驻沪工作后,虽有张应春等关心照料,却难免衣着欠整,饮食粗淡,以至当时在上海读书的柳无非给母亲信中说他"狼狈不堪",这让郑佩宜感到很不放心。于是,乘柳亚子回吴江开会之机,郑佩宜便跟随柳亚子一道来到上海,共居永吉里,操持一切。

在参与主持国民党江苏省部工作的这一时期,柳亚子与朱季恂、侯绍裘、张应春等国民党左派和共产党人密切合作,团结战斗,结下了极为深厚的战斗友谊。柳亚子后来称之为"生命史中最热烈的一段"。①

三 拂袖南都

1926年4月28日上午10时,中央监察委员柳亚子,从上海乘船前往广州,准备出席即将召开的国民党二届二中全会。与他同行的还有夫人郑佩宜及侯绍裘、胡鸣鹤夫妇。他们约在4月底抵达广州。5月8日,中央执行委员朱季恂也携学生范志超抵达广州。这一行人同住在客尘学旅,后来柳亚子夫妇移住陈绵祥女士宅中。

1926年广州之行是柳亚子第一次到广州。5月1日,柳亚子独自一人乘洋车出席庆祝"五一"工人群众大会。他虽然不解粤语,亦不识演讲者为何人,但闻掌声如雷,红旗招展,"心目为之爽然"。② 这表明,柳亚子对广州的最初印象并不坏。其后,柳亚子又先后拜谒黄花岗烈士墓园、廖仲恺墓、朱执信墓和史坚如祠堂。在这期间,柳亚子心情却逐渐变得沉重起来。

当时,广州革命形势一片大好,国民革命军正在酝酿北伐。但是,柳亚子却敏锐地发现了大革命正潜藏着巨大危机。这个危机就来自于

---

① 1931年柳亚子致姜长林信,转引自《南社盟主柳亚子》,《郑逸梅选集》(第四集),哈尔滨:黑龙江人民出版社2001年版,第338页。

②《一九四九年五月一日为中国工人阶级行将解放全国之第一年,首都举行盛大庆祝典礼,前此惟一九二六年五月一日在广州亦有举动,然而小巫见大巫,相去远矣!八用毛主席韵》,中国革命博物馆编:《柳亚子文集——磨剑室诗词集》(下),上海:上海人民出版社1985年版,第1581页。

权力日渐集中的蒋介石。

1925 年 8 月廖仲恺遇刺后,与刺廖嫌犯关系密切的胡汉民、许崇智等被驱逐出广州,而担任黄埔军校校长的蒋介石,则取代许崇智担任国民革命军第一军军长,在广东军界地位迅速攀升。随后,蒋介石又领导第二次东征,扫除广东军阀的残余势力,统一广东,身价亦随之倍增。1926 年 1 月国民党"二大"后,蒋介石当选为中央执行委员,随后又出任国民革命军总监。3 月 18 日,黄埔军校驻广州办事处主任欧阳格称"奉蒋校长的命令",通知海军局代理局长、中共党员李之龙,速派有战斗力的军舰到黄埔听候调遣。当李之龙调中山舰开抵黄埔,立即谣言四起,被说成要劫持蒋介石等等。3 月 20 日凌晨,蒋介石以"共产党阴谋暴动"为由,在广州卫戍司令部宣布紧急戒严,逮捕李之龙,扣押中山舰,派兵包围省港罢工委员会和苏联顾问办事处,逮捕和监视共产党人。中国共产党在苏联顾问的干预下,采取妥协退让政策,致使共产党员被迫退出国民革命军第一军。当时广东国民政府主席、著名左派汪精卫也负气出走。

不过,蒋介石在"中山舰事件"后一面假意"自请从严处分",一面则继续伪装"革命",打击右派,如下令拘留在中山舰事件中假传命令的欧阳格,启用左派担任广州市公安局局长,由此掩盖其右派的本来面目。"中山舰事件"后,汪精卫负气远走国外,蒋介石于 4 月 16 日当选为军事委员会主席。胡汉民自 4 月底从莫斯科返回广州,逗留数日后又匆匆离开,由此蒋介石成为广州政局中的核心人物。

"中山舰事件"发生时,柳亚子尚在上海。但是,他当时就意识到,报纸所载的"共产派倒蒋""完全是胡说","但反动派陷害共产派,是确实的。"他认为,"中山舰事件"只是蒋部下的"孙文主义学会的人在那里捣鬼"。但是,"蒋已觉悟",声明"不歧视共产分子"。于是,柳亚子还天真地以为,"蒋此次如能彻底觉悟",把反动派乘机解决一下,倒是"未始非福"。① 可见,当时柳亚子也未看清蒋介石的本质。

柳亚子到广州后,尽管蒋介石还未撕下"左派"的面具,但柳亚子经

---

① 《致柳无忌》(1926 年 4 月 1 日),上海图书馆编:《柳亚子文集——书信辑录》,上海:上海人民出版社 1985 年版,第 70—71 页。

过实地观察,极其敏锐地意识到,大权在握的蒋介石是一个王敦式的阴谋家、野心家,将会背叛革命,这就使得柳亚子心情沉重起来,并产生了深深的忧虑。这种忧虑的情绪便在柳亚子拜谒廖仲恺墓后写下的一首诗中有所流露。其诗云:

> 乱草斜阳哭墓门,从知人世有烦冤。风云已尽年时气,涕泪难干袖底痕。何止成名嗤阮籍,最怜作贼是王敦。匹夫横议谁能谅,地下应招未死魂。①

在这首诗中,柳亚子除了抒发对廖仲恺的哀悼外,还明确做出蒋介石将会像王敦谋反那样背叛革命的惊人预言,并诉说除了地下廖先生外没有人理解自己这一惊世骇俗议论的苦闷之情。

为了力挽危局,柳亚子毅然和朱季恂、侯绍裘一起面见蒋介石,这也是柳亚子首次面晤蒋介石。会晤中,柳亚子用商议的口吻,提出一些有关政局的意见。蒋介石不以为然,柳亚子便和朱季恂、侯绍裘"很不客气的教训了他一顿"。后来,柳亚子在1950年底曾经详细回忆双方对话的情景。柳亚子责问蒋介石:"到底是总理的信徒,还是总理的叛徒? 如果是总理的信徒,就应当切实地执行三大政策。"蒋介石狡辩道:"政策和主义不同,主义亘古不变,政策不妨变通一下。"柳亚子立即予以驳斥:"你不懂得政策和政略的分别。政略是可以随时变换的,政策就不应该轻易放弃。就以政略而论,必须环境变化,才有变通的必要。总理生前,为了反帝反封建反买办资产阶级,所以定下了伟大的三大政策。现在,帝国主义鸱张犹昔,北洋军阀虎负如前,而买办资产阶级,以广州而论,就曾挑起了商团之变。这些都是事实胜于雄辩,难道你身负党国重任,还能瞠目不睹吗?"蒋介石一时无话可答,"面红耳赤,默不作声"。柳亚子等人则拂衣而去。②

在与蒋介石当面交锋后,柳亚子断定,蒋介石一定要做陈炯明第

---

① 《十五年五月,黄花岗谒廖仲恺先生墓》,中国革命博物馆编:《柳亚子文集——磨剑室诗词集》(上),上海:上海人民出版社1985年版,第533页。
② 《在毛主席的旗帜下奋勇前进》,中国革命博物馆等编:《柳亚子文集——磨剑室文录》(下),上海:上海人民出版社1993年版,第1584—1585页。

二,而且乱子一定闹得比陈炯明更大。回到客尘学旅,柳亚子和朱季恂、侯绍裘便分头活动,却毫无办法。当夜,柳亚子独自拜访正在黄埔军校担任教官的中共重要领导人恽代英。

柳亚子向恽代英陈述对蒋介石采取非常措施的主张,即找人去"把蒋介石一枪打死"。但是,恽代英并不答应,说:"北伐大业未成,我们还需要留着他打仗呢!"柳亚子则不以为然,随即慷慨陈词道:"北伐为的是什么,不是目的在求中国之自由平等吗?倘然让这种总理的叛徒去统一中国,结果一定比北洋军阀还要糟糕……照我的主张,就非立刻出重赏求勇夫,把这个王八蛋打死了再讲。不然,将来的后果,我就不忍再言了。"恽代英还是未被说服,却转而调侃柳亚子道:"人家叫我们共产党做过激党,认为洪水猛兽。你老哥的看法,却比我们共产党还要深刻到几十倍。那末,应该在过激党上面,再加一个过字,把'过过激党'四字来做你老哥的徽号吧!"柳亚子再也沉不住气,立起身来拉住恽代英的手,郑重说道:"吾谋适不用,勿谓秦无人。我们好朋友好同志,玩笑是玩笑,正经是正经,你今天不赞成杀蒋介石,怕蒋介石将来会杀你呢!"言罢,柳亚子不禁泫然泪下。代英亦深为感动,说道:"我们好好的再考虑一下吧!"①于是,两人抚然而别。

柳亚子不幸而言中! 1931年恽代英被蒋介石杀害于南京。柳亚子曾作悼诗,有云:"百粤重逢日,轩然起大波。我谋嗟不用,君意定如何?矢日盟犹在,回天事已讹。苍茫挥手别,生死两蹉跎。"诗末自注:"余在广州,曾建议为非常可骇之事,君不能用。"②

柳亚子后来为了证明自己有科学的预见,曾多次提及其1926年预见蒋介石将背叛革命,便向恽代英建议除掉蒋介石,却未被接受,而恽代英其后果然惨死于蒋介石之手一事。对此,我们应如何认识和评价?在蒋介石反革命迹象尚未昭著时,柳亚子即洞察蒋介石必将背叛革命,其政治预见力确实非同凡响,但是,他提出的刺蒋方案则并不高明,颇

①《在毛主席的旗帜下奋勇前进》,中国革命博物馆等编:《柳亚子文集——磨剑室文录》(下),上海:上海人民出版社1993年版,第1585—1586页。
②《有悼五首,二十年七月三十日补作》,中国革命博物馆编:《柳亚子文集——磨剑室诗词集》(上),上海:上海人民出版社1985年版,第668—669页。

有简单鲁莽之嫌。1926年春，广东国民革命政府面临的首要任务是进行北伐，打倒北洋军阀统治，统一中国。当时，蒋介石尚在革命阵营之中，仍属可以联合与团结的对象。当然，对初露叛萌的蒋介石要加以高度警惕，并及早谋划预防之策，但要彻底解决问题则需留待北伐完成之后。柳亚子虽然能够预见蒋介石将背叛革命，却未能精准判断1926年广东革命政府所面临的时局，提出切实可行方案。他提出的刺蒋方案太过简单鲁莽，势必导致广东革命阵营内部发生巨变，自乱阵脚，从而破坏北伐大业。从某种意义上说，柳亚子在1912年和1926年两次充分展现出惊人的政治预见能力，同时也彻底暴露了其拙于精准判断具体政局和提出有效现实对策的弱点。

在告别恽代英后几天，柳亚子在珠江畔一座茶楼里与共产党人毛泽东进行首次会晤。1924年国共合作后，毛泽东先后在国民党"一大""二大"当选中央候补执行委员。1925年10月，担任国民党中央宣传部代理部长。1926年5月初，他主办第六届农民运动讲习所。两人一见如故，茗茶叙谈，纵论国事，彼此留下深刻的印象。柳亚子对毛泽东的才华大为倾倒，倍加推崇。

5月15日，国民党二届二中全会正式开幕。蒋介石等在会议上提出限制共产党人活动的"整理党务案"。该案规定：加入国民党的共产党员在国民党中央和省党部、特别市党部任执行委员的总数不得超过三分之一，不得担任国民党中央机关的部长；加入国民党的共产党员名单交国民党中央执行委员会主席保存；共产国际和中国共产党对加入国民党的共产党员的指示，须先交两党联席会议讨论。

在苏联顾问鲍罗廷的坚持下，中国共产党没有采取毛泽东等人力主坚决反击的正确建议，而是对蒋介石采取退让政策，致使该案在大会5月17日表决时得以通过。不过，在当天议案表决前后，柳亚子与时任国民党中央妇女部长的何香凝和时任国民党中央海外部部长的彭泽民表示激烈反对。在表决前，何香凝慷慨陈词，强烈反对该案，并"连顿其足"；柳亚子"义愤填膺"，几乎气得失去知觉，只能连连"拍掌"应和，半个字也讲不出来；彭泽民气得手脚发抖，不能发言，会后对着中山先生遗像独自"痛哭"。此事一时流传甚广，柳亚子后来将其视为二届二中全会的"痛史"。①

正在这时,深感失望的柳亚子得到母亲病危的电报。其时,60余岁的柳母费漱芳竟然得了天花,病情一度危重。于是,柳亚子不等会议结束,便借机离会,匆匆北归。

离别广州之际,柳亚子百感交集,赋诗一首《将去广州有作》。诗云:

> 几年梦想越王台,游屐匆匆亦自猜。温峤过江犹有母,士衡入洛愧非才。立谈岂合倾豪俊,抉目犹堪证去来。潭水伊人渺何处?苍茫万感不禁哀。②

四 杜门黎里

柳亚子北归途经上海时,会晤时任中共中央总书记的陈独秀。柳亚子要求加入中国共产党,说:"要我革命,就允许我加入C.P.(即中国共产党的英文缩写——引者注),否则我回吴江隐居了。"③他还建议反击蒋介石。但是,陈独秀既未同意柳亚子加入中共的要求,也未能采纳柳亚子的反蒋建议。柳亚子只好失望地返回黎里。幸好,此时母亲已经痊愈。

柳亚子北返后,国民党二届二中全会按照"整理党务案"规定,将担任国民党中央部长的共产党员全部撤换,致使国民党内共产党人和左派势力大为削弱。蒋介石出任组织部长、军人部长和军事委员会主席,后在北伐前又出任国民革命军总司令。西山会议派分子叶楚伧、邵元冲也分别攫取中央党部秘书长、青年部长等要职。由此,国民党的党、政、军大权,实际上都落入蒋介石及右派分子手中。

---

① 柳无忌、柳无非编:《柳亚子文集——自传·年谱·日记》,上海:上海人民出版社1986年版,第226页。

② 《将去广州有作》,中国革命博物馆编:《柳亚子文集——磨剑室诗词集》(上),上海:上海人民出版社1985年版,第533页。

③ 张明观:《柳亚子史料札记》,上海:上海人民出版社2008年版,第125页。

柳亚子回到黎里后,情绪低落,杜门不出。他后来回忆说:"知天下事未可为,始浩然有退志。"①柳亚子在 6 月 9 日致姜长林信中说:"我身体果然不好,但精神上更苦痛,在暑假期内,已决定杜门养病了。"②在这年暑假期间,杜门不出的柳亚子与儿子柳无忌开始了他们的苏曼殊研究,此事后文再叙。

柳亚子之所以决定杜门不出,主要是他惊人地预见蒋介石必将背叛革命,因而对大革命前景极为忧虑。然而,他的应对方略却不为被共产党人所采纳,这使他深感无能为力,精神上倍感痛苦。他在致姜长林信中感叹道:"总之,我们已前功尽弃了。从前总希望北伐成功,但就现在局面而论,即使北伐成功,也还有问题。我以为蒋介石至多能做克伦斯基而决不是列宁。"又云:"一切毛病,我以为在党太没有实力,而实力完全为蒋所把持,所以要党有希望,非倒蒋不可。""我始终不相信蒋是一个为党的利益而革命的人,他要北伐,只是扩张他自己的势力,满足他自己的欲望而已。"③

不过,这一次柳亚子杜门黎里,与他 1913 年宣布自行退出南社和1918 年辞去南社主任职务便决不过问南社事宜的决绝,稍有不同。尽管多次拒绝到上海出席省党部会议和主持省党部工作,但柳亚子仍时常关心省党部的工作,并不时出谋划策,甚至一度有到上海工作的打算。

国民党二届二中全会后,朱季恂因担任广东国民政府委员而留粤工作,侯绍裘也滞留广州。面对二届二中全会后急剧变化的形势,江苏省党部必须召开会议,采取因应对策。因此,省党部委员迫切希望柳亚子到上海主持工作。不过,柳亚子并未同意,他于 6 月 9 日告诉姜长林,自己暑假期间杜门养病,并明确告知不能参加 6 月 27 日的会议。但是,他还是忍不住要为省党部同志出谋划策。

---

①《秋石女士传》,中国革命博物馆等编:《柳亚子文集——磨剑室文录》(下),上海:上海人民出版社1993 年版,第 1068 页。

②《致姜长林》(1926 年 6 月 9 日),上海图书馆编:《柳亚子文集——书信辑录》,上海:上海人民出版社1985 年版,第 75—76 页。

③《致姜长林》(1926 年 6 月 9 日),上海图书馆编:《柳亚子文集——书信辑录》,上海:上海人民出版社1985 年版,第 76—77 页。

当时,西山会议派分子邵元冲、叶楚伧分别就任国民党中央青年部长、中央秘书长。对此,江苏省党部拟向广州国民党中央发电抗议。柳亚子也意识到,"楚伧做秘书长,结果中央党部一定弄成西山会议前的四十四号,此事太糟糕。"因此,柳亚子对省党部这一计划予以坚决支持,尽管他知道"虽然在事实上不会发生效力",但是,"可以表示左派的没有死完"。①

二届二中全会通过了"整理党务案"后,江苏省党部执行委员刘重民、姜长林都争着要辞出委员职务。对此,柳亚子向姜长林表示,"名义上的辞职"是可以的,"但实际上还是要干的"。②

由于朱季恂、侯绍裘留在广州,柳亚子又在黎里杜门不出,因此江苏省党部群龙无首,无人主持工作。6 月 11 日,他在致姜长林信中分析说:"季恂不来,是身体的缘故","绍裘呢,我想你们既然叫他来,他一定会来的"。③ 6 月 15 日,柳亚子复信姜长林,一再表明不能出来工作,并建议"还是一定叫"侯绍裘回来主持工作。④ 6 月底,侯绍裘被中共上海组织调回上海,主持国民党江苏省党部工作,并担任中共党团书记长。

6 月下旬,柳亚子接到上海《国民通讯》社邵季昂(中共党员)来信,获悉叶楚伧等将决心破坏江苏省党部、南京市党部,即将借口"不合组织",派员前来改组。6 月 29 日,柳亚子立即致信姜长林,通报消息,提出对策。他认为,江苏省党部除了共产党员委员超过三分之一以外,并没有"不合组织"的地方。因此,他建议姜长林等"应该即日辞掉"执行委员,报告中央,"以杜借口"。他还要姜长林提醒南京市党部也要处理好共产党委员不得超过三分之一的事宜。为了预防即便江苏省党部按照三分之一规定进行改组后,叶楚伧依然要求"改组"的状况,他还建议

---

① 《致姜长林》(1926 年 6 月 9 日),上海图书馆编:《柳亚子文集——书信辑录》,上海:上海人民出版社 1985 年版,第 76—77 页。

② 《致姜长林》(1926 年 6 月 9 日),上海图书馆编:《柳亚子文集——书信辑录》,上海:上海人民出版社 1985 年版,第 77—78 页。

③ 《致姜长林》(1926 年 6 月 11 日),上海图书馆编:《柳亚子文集——书信辑录》,上海:上海人民出版社 1985 年版,第 81 页。

④ 《致姜长林》(1926 年 6 月 15 日),上海图书馆编:《柳亚子文集——书信辑录》,上海:上海人民出版社 1985 年版,第 86 页。

省党部应召开会议,"讨论预备抵抗"的具体对策。①

6月27日,邵季昂致信柳亚子说:"仲甫为了民校(指国民党——笔者注)局势的紧张和一切问题,切盼你仍能不顾身子好不好,来沪一行,商谈一些办法。他昨天仍对我说:我们既不能不要省、市党部,如何此时便可置之不顾? 他语意很沉痛,所以我热望你无论如何必须来一次。"7月6日,陈独秀又亲自致信柳亚子,提及对于"党事"有许多事实与计划,非与柳亚子"面谈不可",望日内即能来此小住数日。② 但柳亚子均未赴上海。

7月上中旬,侯绍裘等联名致信柳亚子,恳请其赴上海主持工作。7月12日,侯绍裘收到柳亚子拒绝的复信后还不死心,当即致信柳亚子,邀请其至上海商量迎汪复职事宜。其时,中共中央正在策划迎接汪精卫复职事宜,希望借此恢复国民党左派在国民党和国民政府中的主导地位,以削弱和抑制蒋介石的军事独裁倾向。

8月中旬,王觉新曾亲赴黎里,面请柳亚子赴上海主持工作,结果是无功而返。8月17日,柳亚子致信姜长林,在表达对王的歉意后,恳切希望省党部同志不要指望自己:"你们要依靠我,那是不行的,我简直是一只纸糊老虎,你们倘然要依靠时,就会连人带虎而跌倒的。"③

9月6日,柳亚子偕家人赴上海送柳无忌到北京上学。其间,柳亚子逗留数日,曾面见陈独秀,采访苏曼殊早年情况。此前,侯绍裘等听说柳亚子要到上海,便开会决议邀请柳亚子来沪主持省党部工作,柳亚子也答应了。不料,柳亚子来上海数日后便于10日径直返回黎里。对此,侯绍裘深感失望,只好写信请柳亚子返乡后再来沪工作。柳亚子曾复信同意,但却一直未见行动。

9月13日,侯绍裘、张曙时、黄竞西、戴盆天联名致信柳亚子,催促柳亚子来上海工作,并商量组建国民党苏、浙、皖、沪四省市党部联合会

① 《致姜长林》(1926年6月29日),上海图书馆编:《柳亚子文集——书信辑录》,上海:上海人民出版社1985年版,第91页。
② 张明观:《柳亚子史料札记》,上海:上海人民出版社2008年版,第126—127页。
③ 《致姜长林》(1926年8月17日),上海图书馆编:《柳亚子文集——书信辑录》,上海:上海人民出版社1985年版,第94页。

事宜。9月16日，侯绍裘又单独致信柳亚子，告知有大量宣传工作和对外接待工作需要柳亚子到上海来主持和处理，亟盼柳亚子来沪。9月18日，柳亚子致信姜长林，以"家庭方面种种滞碍"和"精神实在也够不到"等原因加以拒绝，他明确表示："请你们死了心，不必再来等我，千万千万！"①针对戴盆天即将前来黎里的讯息，他便敏感地意识是请自己到上海工作，立即加以婉谢。

尽管柳亚子事先已经婉谢，戴盆天还是亲赴黎里一行，并颇有收获。柳亚子答应赴沪，但不愿出席10月中旬在广州召开的国民党中央、各省市联席会议，他还提出三个条件：（一）认为广州会议无大意义，要求侯亦不去广州赴会；（二）来沪后不做具体工作；（三）与侯绍裘同住。侯绍裘等完全同意柳亚子的后两个条件："第二个条件，我们尽管只向你请示请示，不要你琐屑躬亲"，"第三条件，可以遵办"。但是，出于多种考虑，江苏省党部却没有接受柳亚子的第一个条件。当时省党部开会决定，由侯绍裘、张曙时同去广州。为此，侯绍裘还于9月21日去信予以恳切解释，希望得到柳亚子的谅解。②

尽管侯绍裘等没有满足柳亚子提出的第一个条件，但是，这似乎并未改变柳亚子赴沪主持工作的打算。9月27日，在沪就读的柳无非在家信中说："你们到上海的时期，为什么又要改变了？你们到几时能来？定了吗？请早些来吧！"③但不知何故，后来柳亚子并未赴沪工作。直到10月10日，柳亚子为逃避孙传芳的通缉，才悄然来到上海隐住，却并未与江苏省党部同志联系。

五　四处避祸

当柳亚子决定不问政治而在黎里家中埋头研究苏曼殊之际，政治

---

① 《致姜长林》（1926年9月18日），上海图书馆编：《柳亚子文集——书信辑录》，上海：上海人民出版社1985年版，第96页。
② 张明观：《柳亚子史料札记》，上海：上海人民出版社2008年版，第128—130页。
③ 柳无非：《致柳亚子、郑佩宜》（1926年9月27日），上海图书馆历史文献中心近代文献部编：《柳亚子家书（1887—1958）》，长沙：岳麓书社1997年版，第520页。

并没有放过他,两次大祸接踵而至,迫使他不得不四处逃亡避祸。

第一次大祸是来自五省联军总司令孙传芳的搜捕。1926年7月,国民党中央通过《北伐宣言》,随即在广州举行隆重的誓师典礼,拉开国民革命军北伐的序幕。北伐军进展迅速,首先进占长沙,随后攻克汉阳、汉口、武昌,一举击败吴佩孚的主力。10月,广州国民政府发表讨伐孙传芳宣言。国民革命军不久攻占南昌,孙传芳主力被歼。如前所述,芦墟陆映澄父子与柳亚子有隙,此时便借机向孙传芳密告柳亚子。10月10日前后,孙传芳密令吴江县署,立即逮捕柳亚子与毛啸岑,有"严拿究办,以正纲法"等语。幸亏有人连夜报讯,柳亚子走避平望,而毛啸岑则远去西塘。稍后,柳亚子化名唐隐芝,偕郑佩宜一起赴沪,居法租界贝勒路(今黄陂路)恒庆里。

北伐军占领两湖和江西后,随即向长江中下游推进。1927年1月中旬,国民革命军沿长江东下,2月17日占领杭州。2月底进驻黎里。3月下旬占领吴江,攻占苏州。3月21日,上海工人举行第二次武装起义。23日国民革命军进驻上海市区,24日攻占南京。至此,长江以南地区完全为国民革命军所占领。

随着北伐战争的节节胜利,蒋介石叛迹也日渐昭著。1927年初,国民政府自广州迁都武汉,蒋介石悍然反对,在南昌另树一帜,与武汉临时中央党政联席会议对抗,挑起迁都之争。与此同时,蒋指使其党羽在江西捣毁赣州总工会,下令通缉并枪杀总工会委员长、共产党员陈赞贤,制造"赣州惨案"。

与此同时,宁汉分裂局势亦已形成,双方都试图拉拢和争取柳亚子。武汉国民政府选任柳亚子为江苏省政府委员兼教育厅长,南昌行营亦以江苏省政务委员兼上海政治分会委员相属,但柳亚子均辞勿就。

黎里和吴江被北伐军占领后,柳亚子以为自己已解除了危险,遂于4月初偕郑佩宜迂道杭州返回故里。孰料,又一次更大的危险正在悄然向他逼近。

3月26日,蒋介石抵达上海,随即密谋策划进行"清党"。3月28日,蒋介石指使吴稚晖、张静江等在沪召开所谓国民党中监委常委会议,通过吴稚晖所提《纠察共产党谋叛党国案》。4月2日,吴稚晖等8

人召开所谓国民党中监委全体紧急会议,通过吴稚晖所提《请查办共产党》呈文。会议确定197名"应先看管者的名单",柳亚子列名第23。十天后,大约就在柳亚子自杭州返抵黎里之际,蒋介石在上海发动"四·一二"政变,大肆捕杀共产党人和革命志士,离开上海的柳亚子幸运地逃过了一劫。

4月18日,南京国民政府成立,随即发布秘宁第一号令。令称:"共产党图谋倾覆本党,逆迹昭著,中央监察委员会举发,并致训令国民革命军总司令蒋中正,于最短期间亟清叛乱。""各地共产党首要、次要危险分子,均应从严拿办,着国民革命军总司令、各军长官、各省政府通令所属一体严缉,务获归案重办。"通缉令开列中共党员及国民党左派人士193人,柳亚子列名第21。

柳亚子返回家乡后,即被陶省三举报。陶是国民党黎里区分部干部,与柳亚子同住周赐福堂,两家所居只隔一对对子门。在"四·一二"政变后,陶省三背叛革命,监视柳亚子行动,当柳亚子从上海返乡后,他即向国民党当局告密。① 南京政府在上海的东路军政治部主任兼特别军法处长陈群,指令驻苏州第10独立旅旅长张镇派出军警,在5月8日深夜直扑黎里搜捕柳亚子。

当危险悄然向柳亚子逼近时,他却对此一无所知,毫无防范。幸好,靠着周赐福堂的复壁和夫人郑佩宜的机智应对,柳亚子才侥幸地逃过一劫。

柳亚子住宅周赐福堂,共有五进。前面三进是所谓轿厅、花厅之类;第四、五进有楼上、楼下。第五进楼上有柳亚子的藏书室数间。楼下凉快,每逢夏天,柳亚子夫妇和子女搬到楼下消暑。第四进楼上靠东边几间,是柳亚子母亲和已经出嫁妹妹们的卧室,靠西几间为柳亚子夫妇及子女居住。楼上最西边那间房通后面第五进,板壁是深褐色,其中一处有短门可开启,里面为一个狭小黑暗可以藏身的地方,就是复壁(亦称夹壁)。旧时,为避土匪袭击,苏南大宅往往筑有此种密室。就是这间小小的复壁,在关键时候救了柳亚子一命。

---

① 张明观:《柳亚子史料札记》,上海:上海人民出版社2008年版,第138页。

当天深夜,柳亚子一家人都已熟睡,忽然柳亚子三妹公权手持烛台,走来告知柳亚子夫妇,外面有不寻常的叩门声。郑佩宜思路灵敏,立刻意识到定是有人来抓柳亚子。她机智镇静,让柳亚子起床穿衣,藏身复壁。随后又吩咐用人搬几个箱子把复壁小门挡住,不露一点痕迹。自己则回到睡房,依旧卧着,叫侍女阿吟睡在旁边。柳亚子女儿无非和无垢两人同卧一床,郑佩宜叮嘱两个女儿不要起来,照样躺在床上。

果然,敲门的是国民党派来的一小队士兵。他们把大门打开,冲进屋内,指名捉拿柳亚子。他们抓到一个男仆,不见柳亚子,便到处搜查。柳亚子三妹公权的乳母被胁迫,带他们到楼下楼上各处寻人。因房子大,间数多,待士兵们走到柳亚子夫妇卧室时,柳亚子早已躲进复壁。

无非和无垢睡在床上,听到士兵们咔嚓咔嚓的脚步声由远而近,进入她们的卧室。几个士兵问郑佩宜:"柳亚子在哪里?"郑沉着地回答:"不在家里。"一个士兵说:"有人昨天还看见他。快说出来,柳亚子究竟到哪里去了?"郑不予睬理。一个士兵走到无非和无垢床前,揭开帐子,用手电照着她们,并问:"柳亚子在哪里?"她们冷冷地说:"不知道。"士兵们问不出什么,又找不到柳亚子,走到书桌旁,看见柳无忌的半身大照片,把它丢在地上,以泄怒气。

在这紧张的空气中,柳亚子在复壁中,自忖难逃劫难,口占绝命词二十八字,瞑目待尽。有云:

> 曾无富贵娱杨恽,偏有文章杀祢衡。长啸一声归去也,世间竖子竟成名。[①]

不久,危急形势终于发生戏剧性变化。几个士兵终于在楼下天井角落里找到一个穿长袍的男子,如获至宝,高声嚷道:"柳亚子在这儿!"一个为首的士兵问道:"你是柳亚子?"这人实为当时在柳家做客的柳亚子三妹夫凌光谦,因为害怕,期期艾艾地说不出话来。另一士兵说:"不

---

① 《绝命词》,中国革命博物馆编:《柳亚子文集——磨剑室诗词集》(上),上海:上海人民出版社 1985 年版,第 534 页。其实,"曾无富贵娱杨恽,偏有文章杀祢衡","后始悟为南社亡友淮安周实丹遗句"。参见《书烈亚同志所藏中山先生遗墨后》注文,中国革命博物馆编:《柳亚子文集——磨剑室诗词集》(下),上海:上海人民出版社 1985 年版,第 1835 页。

错,就是他!他是哑子,柳哑子。"那批士兵不是本地人,而是北方人,北方话"亚""哑"同音,他们就误将凌光谦当成柳亚子,随即便把凌光谦带走。①

士兵走后,当时天还未明,柳亚子才从复壁中出来,大家都为柳亚子侥幸脱险而默默庆幸,可是危险还未完全解除。柳家人与柳家雇工张荣生(柳亚子称其为小大)商议让柳亚子安全离开黎里去上海的办法。张荣生连夜赶到镇郊南河村,请农民孙阿六立即准备船只,佯装运稻草到柳家出售,将船停在柳宅背后河港里。柳亚子穿上乡下人衣服,打扮成渔民模样,悄然登上孙阿六小船。小船从黎里一路摇到上海,走了好几天水程。

第二天,柳母费漱芳又让张荣生乘轮船到苏州柳亚子舅舅费仲深家,告知黎里发生的一切,请他设法营救凌光谦。费仲深通过交涉,打通关节,很快就使凌光谦获释。

与此同时,柳夫人郑佩宜在家中打点什物,带着无非和无垢以及阿吟,自黎里赶去上海。等到柳亚子乘船到达时,郑佩宜及两个女儿已在码头上迎接,一家人又欢乐地相聚,随后暂寓西门路润安里。

当时,南京国民党中央通过《清党原则》,并组成中央清党委员会,紧锣密鼓地布置清党事宜。因此,柳亚子逃到上海后,仍未彻底摆脱危险,还有随时被捕的可能。为了安全起见,柳亚子便借一个契机,亡命东瀛。

其时在上海美专习画的唐蕴玉,是柳亚子妻妹郑佩亚的好友。她受正在日本举办画展的业师王济远邀请,拟赴日本深造。柳亚子征得唐的支持,毅然决定一起乘桴东瀛。他仍用假名唐蕴芝,又名唐瑛,和唐兄妹相称。郑佩宜改名佩平,柳无非改名唐婉仪,同行赴日。无垢留沪上学,与其姨母郑佩亚同住。

5月15日晨8时,柳亚子一行登上"上海丸"轮,朱少屏、郑佩亚与无垢前往送行。半个小时后,"上海丸"启碇出发,一路顺利,16日经过长崎,于17日上午12时抵达神户。次日,王济远派学生郭谷尼及日本

---

① 柳无忌、柳无非、柳无垢:《我们的父亲柳亚子》,北京:中国友谊出版公司1989年版,第54—56页。

青年画家德永懒牛，从京都前往神户迎接。当晚6时，柳亚子一行人抵达京都，与王济远同寓吉田山上的东洋花坛。

柳亚子一行人在京都逗留了半月，先后参观王济远个人展览会、赴大阪参观佛兰西（法兰西）美术展览会，还在日本友人热情陪伴下，游览圆山公园、岚山、琵琶湖、金阁寺等风景名胜，并在游览中寻访苏曼殊在日遗迹。

6月2日，柳亚子一行人随王济远赴东京，次日午前抵达，暂寓神田区日华学会。在中国留学生李盛钧、殷体新陪同下，连日游览上野公园、神宫外苑和井之头公园，一边觅租住房。6月13日，柳亚子携眷移居东京郊外井之头公园附近的日本住宅，榜其门曰"乐天庐"。

6月19日，因人体模特案被孙传芳通缉而流亡日本的刘海粟登门拜访柳亚子。当时刘氏正在日本办画展。两人相谈甚欢。数日后，柳亚子应邀参观刘海粟画展。此后，柳亚子还至东京府美术馆，参观明治、大正名作展览会，后又游览了浅草公园。

当年暑期，柳无忌从清华大学毕业，即将赴美留学。他先抵上海，与姨母郑佩亚、妹妹柳无垢及侍女阿吟自沪乘船东渡日本，于7月6日抵达东京，与家人团聚于乐天庐。当天傍晚，一家人即去井之头公园闲步，领略异国风情。两天后，又同去《朝日新闻》社，参观现代中华名家书画展览会，拜访王济远、刘海粟等人，午餐后游日比谷公园。不久，全家又作箱根之游，谒箱根神社，游芦之湖，游强罗公园，返乐天庐已是夜深时分。平日，柳亚子与无忌常常促膝叙谈，继续进行苏曼殊研究。闲暇之时，一家人亦常玩牌以消遣。这一个多月，虽然避难东瀛，但是，一家人在乐天庐中还是其乐融融。

时间过得很快，郑佩亚、唐蕴玉因为学校即将开学而先行归国。8月23日，全家陪同柳无忌到横滨，翌日送他乘坐美国邮船杰克逊总统号赴美留学。

柳无忌走后，又在乐天庐给无非、无垢授课，亲自教读《曼殊诗集》《左传精华录》《定庵词》。此外，他还十分关注国内革命文学动态，经常阅读国内各种进步期刊。

1928年初，国内政局渐定。在杨杏佛和朱少屏力劝之下，柳亚子决意返国。4月2日傍晚,柳亚子偕妻女及女佣阿吟离开居住将近十月的乐天庐,至神田区日华学会暂寓一晚。3日晨,柳亚子一行人赴东京车站,乘车于晚9时半抵达神户。4日10时,登上"上海丸"轮。5日,船过长崎,柳亚子一行上岸作短暂停留后,复登船继续航行。6日下午1时,船抵上海,柳亚子一行安全返回故国,受到朱少屏和郑佩亚等人的迎接。

在东瀛亡命近一年中,柳亚子撰写诗80题、160余首,后编成《乘桴集》于1928年印行。从1927年5月15日东渡到1928年4月6日返国,柳亚子几乎每天都写日记,很少间断,只是当时活动较少,内容简略。后分别编入以"江南唐瑛"署名的《乘桴日记》和以"隐芝居士"署名的《乘桴日记第贰》。

第九章　上海十年

一　虚衔元老

1928 年 4 月,柳亚子自日本返回上海,这一方面说明南京政府对柳亚子的通缉令已然取消,其回国后安全不成问题,但另一方面也表明,柳亚子有意与南京政府缓和关系。从此,柳亚子与南京政府保持十余年藕断丝连的关系。从某种意义上说,柳亚子虽然对于国民党背叛孙中山三大政策感到极其不满,但是,他作为中山先生的忠实信徒,还无法与中山先生创立的国民党彻底决裂。这种情况,在何香凝等一大批国民党左派身上也同样存在着。

柳亚子归国后不久,即于 4 月 26 日赴南京,拜谒孙中山陵寝,并感赋二绝。其一云:"沧海龙归雾气昏,尚留灵爽奠中原。扪心欲诉年时事,孽子孤臣泪暗吞。承平歌颂吾何与,地老天荒证此情。不奏通天台下表,岂关才谢沈初明。"①其后,南社老友于右任在安乐酒家招饮,同席者有叶楚伧、姚锡钧、朱少屏等南社友人。柳亚子即席赋诗一首,有"评量家国诸公在,老我还容一放狂"句。

同年 8 月,柳亚子以中央监察委员身份赴南京出席国民党二届五中全会。其间,他偕夫人郑佩宜与朱少屏重谒中山先生陵寝,并赋诗一

---

①《十七年四月二十六日,重过秣陵谒中山陵寝,感赋二绝》,中国革命博物馆编:《柳亚子文集——磨剑室诗词集》(上),上海:上海人民出版社 1985 年版,第 563 页。

首。其中有"旷观马、列三千界,掩迹华、拿第一才"句,高度赞扬孙中山的革命业绩。柏文蔚招饮于玄武湖上,于右任、何香凝等 10 余人参加。此外,狄膺、姚尔觉、唐九如等也先后宴请柳亚子,柳"兴趣甚高"。但是,柳亚子对二届五中全会却颇为厌恶,在给女儿信中先后提到"真不想理这断命的魂灵头会"①,"又要开魂灵头会,倒楣之至!"②当时有报纸造谣说,柳亚子跟着蒋介石到了上海。柳亚子在给女儿的信中说:"你们看见了,会相信吗?"③由此可见,他对蒋氏心中仍不无厌恶之感。

在 1929 年 3 月国民党"三大"上,柳亚子被排斥出中央监察委员会。1931 年九一八事变后,面对严重的国难危机,原本四分五裂的国民党不得不稍微弥补分歧,做出团结御侮的姿态。12 月下旬,宁、粤、沪三方宣告统一,在南京召开四届一中全会,柳亚子以二届中央监察委员的资格重新当选中央监察委员。1935 年,他又在国民党五届一中全会上当选为中央监察委员。然而,他只出席国民党中央召开的重要会议,仅担任上海市通志馆馆长这一闲职,沦为边缘化的虚衔元老。就这样,柳亚子与南京政府保持了十余年藕断丝连的关系,直到 1941 年 4 月因为皖南事变仗义执言而被开除国民党党籍。

在上海十年中,柳亚子与国民党中央关系有所改善,生活是稳定而舒适的,这一点可从柳亚子住房条件改善中略窥一斑。他先是住在西门路润安里,后移英租界派克路(今黄河路),1929 年春又迁法租界贝勒路恒庆里。1932 年春,为避战火波及,一度暂避于英租界一品香旅馆,随后迁居法租界辣斐德路 424 号。该处房子不大,柳无忌夫妇回国省亲时,柳亚子为他们在附近租赁一处房子暂住。1936 年春,他们又从辣斐德路 424 号搬到 1257 号,最后定居于 557 号。这是一栋带有阁楼的三层洋房,住宅宽敞舒适,后面带有大片翠绿茵茵的草地,前临林木葱郁的顾家宅花园。

---

① 《致柳无非、柳无垢》(1928 年 8 月 8 日),上海图书馆编:《柳亚子文集——书信辑录》,上海:上海人民出版社 1985 年版,第 98 页。
② 《致柳无非、柳无垢》(1928 年 8 月 10 日),上海图书馆编:《柳亚子文集——书信辑录》,上海:上海人民出版社 1985 年版,第 100 页。
③ 《致柳无非、柳无垢》(1928 年 8 月 13 日),上海图书馆编:《柳亚子文集——书信辑录》,上海:上海人民出版社 1985 年版,第 101 页。

在这一时期,柳亚子子女均学业有成,成家立业。

柳无忌于1931年6月在美国耶鲁大学获博士学位,旋赴伦敦继续进修。翌年4月,与浙江嘉善人高蔼鸿结为夫妻。7月末,新婚的柳无忌夫妇从欧洲归国。柳无忌任南开大学英文系教授,而高蔼鸿则任南开中学英文教师。

柳无非于1930年夏自大同大学文预科毕业,8月赴美就读罗林斯大学。次年,获史密斯大学奖学金,转学该校,后于1933年3月归国。翌年1月20日,与浙江新昌人陈麟瑞在沪结婚。陈麟瑞也是清华大学毕业生,后赴美留学,1933年归国后,任沪郊真茹暨南大学外文系主任。婚后,柳无非一度在上海美新小学任教英语,后一直在家操持家务。

柳无垢,在九一八事变之际,还是大同大学附中学生,激于爱国义愤,积极宣传抗日,并参加上海中学生赴南京请愿活动。1932年9月,入清华大学社会学系学习。1935年3月因参加清华"时事座谈会"被捕,经父亲柳亚子多方营救后出狱。同年9月赴美,入罗林斯大学社会学系学习,翌年7月完成大学学业。1937年春,进入威斯康星大学研究院继续深造,同年夏回国。

这一时期,柳亚子"游屐纵横",行踪遍及江浙地区的南京、镇江、扬州、无锡、苏州、杭州、宁波、海宁、绍兴等城市,还两度远游,留下大量纪游诗。

1928年8月27日,柳亚了应友人邀请,偕家人往游莫干山,观剑池瀑布,游塔山公园,寻龙潭碧波,行碧坞道中。数天后,转往杭州,吊曼殊墓于西湖。翌日又前往海宁观潮。

1929年4月,柳亚子应邀担任江苏省通志编纂委员会委员,偕夫人郑佩宜及友人朱少屏等来到江苏省省会镇江,游金山及北固山,后渡江游焦山。其间,曾拜谒赵声先烈祠庙。随后,又抵达扬州,泛舟瘦西湖,游平山堂及小金山等诸名胜。5月2日,自镇江往游无锡,然后返回上海。

1932年10月,廖夫人何香凝自浙江上虞白马湖驰书召游。在一·二八抗战后病倒的何香凝,其时应廖仲恺先生生前好友、国民党元老经亨颐邀请,在白马湖休养。经氏时任春晖中学校长,在白马湖畔筑有长松山房。10月14日,柳亚子夫妇偕朱少屏、徐蔚南乘海轮前往宁波,游天童寺、阿育王寺,随后于16日乘火车抵达上虞车站,在经亨颐的热情导引下,来到白马湖畔的长松山房。在这里,柳亚子等与何香凝、经亨颐晤谈游览三日。其间,柳亚子还见到经亨颐十六七岁的女儿经普椿。随后,柳亚子离开长松山房,渡曹娥江至绍兴,复渡钱塘江而抵西湖,赋诗苏曼殊墓塔下。柳亚子此行诗兴颇浓,留下了《浙游杂诗八十首》,于1933年在《文艺春秋》上刊发。

1934年1月20—25日,国民党四届四中全会在南京召开。在会议即将结束的24日,柳亚子偕郑佩宜来到南京,有诗云"冰炭填胸无穷意,早拼袖手看神州",流露出不问政治的超然心态。在宁三日,柳亚子夫妇先后游览燕子矶、雨花台、灵谷寺、牛首山等地,同行的有于右任、邵力子、张继、朱少屏等人。柳亚子除纪游诗外,还写下《秣陵杂赠三十首》《秣陵续赠三十首》,遍赠国民党"中枢人物"。

1月27日,柳亚子夫妇与朱少屏夫妇、吴开先夫妇沿京杭公路南下杭州,途中撰写《赴杭州途中杂纪二十一首》。在杭州,柳亚子盘桓数日,遍游诸名胜,留下《杭州杂诗五十八首》,后于1月31日返回上海。

4月1日,柳亚子夫妇陪同母亲费淑芳北游。3日,抵达天津,在柳无忌、高霭鸿夫妇陪同下,参观南开大学校园。7日,抵达北平,寓于柳亚子妻兄、清华大学教授郑桐荪家,先后游览颐和园、西山八大处、双清别墅,拜谒碧云寺孙中山衣冠冢。4月15日,柳亚子一行南返,于16日抵达济南,先后游览千佛山、趵突泉、五龙潭、大明湖等名胜,并应邀在齐鲁大学演讲。4月19日,抵达青岛,游滨海公园和中山公园,21日登崂山。23日返济南,乘车南下,后过泰安返回上海。此次远游,柳亚子先后写下《北行杂诗》《鲁游杂诗》各百余首。

1935年二三月间,柳亚子夫妇偕无非随上海市政府组织的观光团南游菲律宾。同游的有朱少屏、潘公展、王济远等20余人。2月20日晨,自上海乘杰克逊总统号沿东海南下。经香港,抵马尼拉,住宿一周,环游碧瑶名胜、北寒山瀑布等地。3月4日,乘俄罗斯皇后号海轮北返。6日抵达九龙。7日晨与朱少屏、潘公展等献花圈于黄花岗七十二烈士遗冢,并到朱执信、廖仲恺墓地凭吊。3月10日,返回上海。此次远游菲律宾,柳亚子撰下209首诗,集成《南游集》一卷。

柳亚子与南京政府保持着十余年藕断丝连的关系,但并未参与多少实际政务,仅仅是一名虚位元老。造成这种情况的原因是不难理解的:一方面,以蒋介石为核心的南京政府,当然不会重用左派色彩浓厚的柳亚子,至多不过给予中央监察委员的虚衔;另一方面,柳亚子虽然不愿与国民党彻底决裂,但是并未从内心真正认同南京政府的内外政策,因此,他也有意无意地与南京政府保持着若即若离的关系。

对于这一段经历,柳亚子心中不无惭愧。1931年10月24日,他在给姜长林信中自责,自己与姜"同是一个临阵脱逃的渺小者"。① 1935年2月,他南游菲律宾归途路过广州时,想起朱少屏、侯绍裘、张应春等烈士,不禁悲从中来,愧疚丛生,赋诗一首,有云:"埋血故人都宿草,横胸奇泪尚新亭。草间怜我空偷活,泉下逢君已隔生"。②

后来,因皖南事变而与蒋介石政权决裂后,他回头审视这一段历史时,倍感愧疚,常陷入深深自责,每以吴梅村自比。吴梅村,明末清初著名诗人,名伟业,字骏公,江苏太仓人。曾师事张溥,为复社成员。明亡,曾被迫仕清,一年后借口母丧告假归里,晚年终以出仕清朝为耻。1949年3月26日,柳亚子在赠张曙时诗中有"叛朝伪命吾曾辱"之句,并自注云:"余清党后遁逃日本,以杨杏佛、朱少屏之劝返国,曾与蒋逆委蛇,以视殉节诸公,实多惭德矣。"③同年4月26日,他在寄赠陈毅诗中有"词华伟业惭千古,裙带麻姑瞬廿秋"之句,并自注:"蒋匪中正篡党时,余以不死为恨,草间偷活,瞬息二十馀年,每诵吴梅村'故人慷慨多奇节'句,不知吾涕之何从也!"④柳亚子毫不讳言这一段历史,常常主动

① 《致姜长林》(1931年10月24日),上海图书馆编:《柳亚子文集——书信辑录》,上海:上海人民出版社1985年版,第133页。

② 《别广州一首,万感填膺,不自知其言之悲也》,中国革命博物馆编:《柳亚子文集——磨剑室诗词集》(上),上海:上海人民出版社1985年版,第810页。

③ 《赠张曙时,三月二十六日作》注文,中国革命博物馆编:《柳亚子文集——磨剑室诗词集》(下),上海:上海人民出版社1985年版,第1545页。

④ 《五月二十六日卓午,始闻上海解放捷报,盖瓮山隐僻,如坐瓮中也。百感交萦,辄有是作,兼寄陈仲弘将军沪渎》注文,中国革命博物馆编:《柳亚子文集——磨剑室诗词集》(下),上海:上海人民出版社1985年版,第1623页。

提及,并深表愧疚与自责,这就充分体现其光明坦荡的胸怀与严于律己而勇于自我解剖的品质。

二　悼亡、救亡与营救

　　尽管柳亚子与国民党政权保持十余年藕断丝连的关系,但是,他深切悼念死难的国民党江苏省党部同仁及共产党人,积极从事抗日救亡活动,大力营救共产党员和左翼作家。凡此种种,无不说明柳亚子在内心深处并不真正认同南京政府的内外政策,乃至流露出对南京政府的诸多不满和反抗,从而展现出一位国民党左派的本色。

　　早在亡命东瀛时期,柳亚子就深切痛悼国民党江苏省党部的各位先烈。

　　1927 年 6 月 10 日夜半,柳亚子忽在梦中见张应春手牵其衣,告以党祸已迫,速自为计,柳亚子"惊愕"而醒。[1] 翌晨,便从四妹均权信中得知应春在南京殉难的噩耗。柳亚子不禁回想起 1926 年 9 月张应春送他返回黎里时的情景。当时,张应春冒大风雨赴沪杭南站送行,话语絮絮不停。列车开动后,柳亚子还远远望见她穿着绿色雨衣,戴着一顶男人帽子,挥动手绢告别。想到这一幕情景,柳亚子万分悲痛,赋诗一绝。诗云:

　　　　血花红染好胭脂,英绝眉痕入梦时。挥手人天成永诀,可怜南八是男儿![2]

　　不久,侯绍裘、刘重民、黄竞西遇难消息纷至沓来。朱季恂则先于当年 3 月 12 日呕血病逝于广州。柳亚子悲痛欲绝,写下哀悼朱季恂、

①《张应春烈士传》记为"六月十四日夜半",该文末尾注明出处为《人物》1981 年第 6 期,参见王晶垚等编:《柳亚子选集》(上),北京:人民出版社 1989 年版,第 312 页。该文实际上是由柳亚子的《秋石女士传》改写而来。查《秋石女士传》(《社会月报》1935 年第 1 卷第 11 期)记为"六月十日夜半",而柳亚子当天所作诗题中更是明确注明"六月十日夜"。

②《六月十日夜,梦张秋石女士,翌晨闻其噩耗,感成一绝》,中国革命博物馆编:《柳亚子文集——磨剑室诗词集》(上),上海:上海人民出版社 1985 年版,第 550 页。

侯绍裘、张应春的《三哀诗》。诗云：

> 十载艰难呕血身，竟拚皮骨委劳薪。如君早死犹为福，胜我江湖作浪人。朱季恂
>
> 指天誓日语分明，功罪千秋有定评。此后信陵门下士，更从何地觅侯生？侯墨樵
>
> 英绝眉痕故自奇，难忘病榻絮心期。罡风吹堕华鬒劫，倘遣魂归后土祠。张秋石①

不久，柳亚子又赋《消息一首》，有云："浩劫弥天谁始难？横流遍地我无归。伤心怕望中原路，鬼火青嶙带血飞"②，诉说自己的悲痛之情。随后，柳亚子又撰《感旧五绝句》，痛悼、追忆国民党江苏省党部诸多革命旧侣。

1928年4月归国后，柳亚子仍不断悼念江苏省党部殉难战友。同年8月，柳亚子利用赴南京出席国民党二届五中全会之机，一心寻访张应春骸骨，却终不可得。他欲为张应春、侯绍裘昭雪，亦因时机未到，只得留待将来。9月，柳亚子游莫干山时，又梦见张应春，醒后赋诗一首。

为志纪念，1928年柳亚子游南京时请友人陈树人绘《秣陵悲秋图》一幅。"秣陵"是南京古名，"悲秋"即为悼念张应春（秋石）。柳亚子自题小序，号召朋旧广为题咏。有云：

> 呜呼，此亡友秋石女士成仁纪念也……锦裙罗袜，难寻碎玉之墟；青冢黄昏，绝少埋魂之窟。嗟夫！嗟夫！尚忍言哉！戊辰八月，余游斯地，河山犹是，人物已非。爰驱车林薄间，携樽酒奠之。更乞陈子树人，绘图以纪。呜呼！返魂无术，何来不死之香；文字有灵，庶慰沉冤之魄！凡我朋旧，幸题咏焉。是为序。③

---

① 《三哀诗》，中国革命博物馆编：《柳亚子文集——磨剑室诗词集》（上），上海：上海人民出版社1985年版，第556页。

② 《消息一首》，中国革命博物馆编：《柳亚子文集——磨剑室诗词集》（上），上海：上海人民出版社1985年版，第556页。

③ 《礼蓉招桂龛缀语》，中国革命博物馆等编：《柳亚子文集——磨剑室文录》（下），上海：上海人民出版社1993年版，第1115—1116页。

朋旧纷纷响应,赋诗填词作曲哀悼张应春,题咏墨迹积成一巨册,计有84首诗、19阕词和4首曲。另外,南社老友诸贞壮也绘一幅《秣陵悲秋图》,并题诗悼念。

同年10月,柳亚子与老友沈昌眉频频通讯,商量修建张应春衣冠冢之事。在沈昌眉的斡旋和张氏族人的赞助下,最后选定在莲荡滩无多庵西的张家土地修建衣冠冢。三载蹉跎,衣冠冢于1931年冬建成。于右任应柳亚子之请,书写"呜呼秋石女士纪念之碑",勒石竖立冢前。其间,柳亚子与沈昌眉为悼念张应春颇多唱和之作。

1928年11月张应春诞辰翌日,柳亚子补奠一律,悼念张应春。

1929年2月,柳亚子撰《书空》一绝:"书空咄咄几人谙,中散平生七不堪。痛哭刀头张一妹,可怜我已负虬髯。"①

1930年1月,柳亚子为其家中悬挂的张应春遗像题诗一首:"犹见英姿飒爽来,梦魂无路可追陪。三年地下苌弘血,一赋江南庾信哀。乱世经纶钩党狱,漫天烽火髑髅杯。蹉跎我已悲心死,愧对眉痕日几回。"②同年5月1日,满怀悲痛地撰写《秋石女士传》,记述张应春短促而辉煌的革命历程。

1932年底,柳亚子主要利用《秣陵悲秋图》题咏之作辑录成《礼蓉招桂龛缀语》1卷32则。张应春名蓉城,就义前曾托名金桂华,柳亚子归国之后,即题书斋为"礼蓉招桂之龛",并请人治印一枚。有的学者误以为全部题咏之作都编入《礼蓉招桂龛缀语》,这是不准确的,有些题咏之作并未编入。《礼蓉招桂龛缀语》除《秣陵悲秋图》题咏之作外,还有柳亚子五年来悼念张应春的诗词以及柳亚子与沈昌眉等友人悼念张应春的唱和之作。

虽然《礼蓉招桂龛缀语》中上述三方面的诗词曲早就撰成,但是,柳亚子在辑录时还是煞费苦心,不仅要精心编排,而且要进行简短而精彩的点评,有时还抒发辑录时的感慨。《秣陵悲秋图》题咏之作甚

---

① 《书空一首,十八年二月六日作》,中国革命博物馆编:《柳亚子文集——磨剑室诗词集》(上),上海:上海人民出版社1985年版,第589页。

② 《题秋石遗像,一月廿七日作》,中国革命博物馆编:《柳亚子文集——磨剑室诗词集》(上),上海:上海人民出版社1985年版,第648页。

多,柳亚子巧妙地将同类的、有联系的编排在一起。如第二则将陈树人、诸贞壮两人画作及题诗放到一起,称赞它们"并皆佳妙",并抒发作者心中的感慨:"树人新有西河之恸(指丧子之痛——引者注),余晤之海上,凄咽不欢;而贞壮且埋身黄土矣。文人多厄,念之惘然。"随后,提及料理诸贞壮后事的朱钵文的题图四绝句。柳亚子悼念张应春的诗词颇多,但柳亚子并未将其按照时间顺序进行简单罗列,而是巧妙地将其与友人题咏之作或唱和之作编排在一起。如第28则,先叙陈绵祥的题诗四绝句,接着提及1928年中秋偕陈绵祥游莫干山时,柳亚子夜中梦见张应春,成诗两绝。第二天,陈绵祥索诗,柳亚子又赋诗一绝。

《礼蓉招桂龛缀语》不仅体现出柳亚子和友人对张应春的深切悼念,而且具有极高艺术价值,其中不少诗词均为上乘之作,为诗词爱好者所激赏。

需要指出的是,柳亚子辑录《礼蓉招桂龛缀语》是缘于《时事新报》副刊《青光》主编黄天鹏的约稿。柳亚子也不负所望,推出短小精悍的精品力作。

《礼蓉招桂龛缀语》1932年12月1日辑录完毕,当日即在《青光》栏目登载,至翌年2月10日刊载完毕。1948年初,应柳亚子要求,陈君葆在其主编香港《华侨日报》副刊《文史》周刊上重新刊登《礼蓉招桂龛缀语》,但登21则后因《文史》周刊停刊而中止。经过陈君葆的多方努力,后11则于1959年八九月间在《大公报》副刊《艺林》登载完毕。[①]

1928年柳亚子自日本归国后,除频频赋诗悼念张应春外,还先后悼念和追忆黄竞西、侯绍裘等人。

1929年5月,柳亚子在镇江与友人谈及黄竞西殉国事,感赋一首,有云:"酒悲君我共,邻笛恸山阳。"[②]

1929年秋,柳亚子阅读叶圣陶长篇小说《倪焕之》,发现小说中的

---

① 学界关于《礼蓉招桂龛缀语》发表情况颇多错谬,笔者曾著文进行订正,参见叶扬兵:《柳亚子等悼念张应春烈士的〈礼蓉招桂龛缀语〉之辑录与发表》,《档案与建设》2017年第10期。

② 《酒后偕立佛絮语亡友黄竞西殉国事,感成此什》,中国革命博物馆编:《柳亚子文集——磨剑室诗词集》(上),上海:上海人民出版社1985年版,第596页。

王乐山酷似侯绍裘,便将该书寄给姜长林阅读。姜长林阅后亦有同感,认为《倪焕之》中之王君"确系裘兄,就使不是真实的写他,也必是用裘兄为蓝本无疑"。对此,柳亚子极表赞同,并做了进一步论证:"弟见廿一章'真象一只猴子',及廿九章述王君死状,亦以为必是裘兄也。中间一切议论行为,亦确确为裘兄写照,叶君诚今世之有心人矣。"①15 年后,柳亚子还在一首长诗中提及此事,有云:"江东叶弟旧知音,说部当年落我手。天老地荒倪焕之,墨樵影事怜君厚。"自注:"圣陶撰说部《倪焕之》中有亡友墨樵故事,余读之至涕不可抑。"②当然,王乐山只是叶圣陶创作的艺术人物,并非以侯绍裘为原型,但他身上确有一些侯的影子。柳亚子和姜长林如此关注王乐山的做法,实际上反映出他们对亡友的深切悼念与深情怀念。

1929 年,柳亚子还先后撰《存殁口号六首》《续存殁口号六首》,共悼念和怀念死者、生者各 12 人,其中就有江苏省党部旧友朱季恂、侯绍裘、张应春、宛希俨、刘重民、黄竞西、史冰鉴、王觉新、姜长林、邵季昂,共计 10 人,将近占了一半。

1934 年,柳亚子撰写《江苏省党部初期简史》初稿,后于 1938 年定稿。1938 年,柳亚子还撰成《朱季恂、侯绍裘合传》,记述朱、侯两位战友勇猛精进、艰苦卓绝的斗争业绩。文末有云:"怀贤悼逝,感慨奚穷。弥自惭其草间偷活耳!"③既表达对先烈的深切悼念和深情怀念,也流露出因自己向南京政府妥协而起的愧疚之情。

除哀悼江苏省党部先烈外,柳亚子还沉痛哀悼大革命失败后殉难的左联五烈士、共产党人恽代英和国民党左派领袖邓演达。

1931 年 2 月,李求实、柔石、胡也频、冯铿、殷夫 5 位左联青年作家在上海龙华被秘密杀害。8 月 4 日,柳亚子痛撰《存殁口号五绝句》,后

---

① 《致姜长林》(1929 年 10 月 8 日),上海图书馆编:《柳亚子文集——书信辑录》,上海:上海人民出版社 1985 年版,第 108 页。

② 《辑庚白〈丽白楼自选诗〉一卷成,腾附录十种,寄叶圣陶成都,以梓行之事相属,九叠九字韵》,中国革命博物馆编:《柳亚子文集——磨剑室诗词集》(下),上海:上海人民出版社 1985 年版,第 1203—1204 页。

③ 《朱季恂、侯绍裘合传》,中国革命博物馆等编:《柳亚子文集——磨剑室文录》(下),上海:上海人民出版社 1993 年版,第 1208 页。

又撰《续存殁口号两首》,沉痛哀悼五位左联烈士,同时深切怀念奋战在左翼文化运动前列的鲁迅、潘汉年、李初黎、田汉和丁玲等。

1931年4月29日,恽代英在南京雨花台英勇就义。柳亚子闻耗,于7月30日补作《有悼五首》,追怀往事,挥泪痛悼。第一首诗有云:"忽报恽生殉,凄然双泪流"。随后的三首诗则分别追忆初见恽代英、恽代英鼓励撰文反驳西山会议派、向恽代英建议除掉蒋介石等三件往事。末一首诗有云:"憔悴泣黄垆","诗成忍自哦",对恽代英殉难表示沉痛哀悼。①

1931年8月,大革命失败后继续从事反对蒋介石活动的国民党左派领袖邓演达在上海被捕。宋庆龄竭力营救,柳亚子也与何香凝联名致电营救,但均告无效。同年11月,邓演达在南京遭秘密杀害。柳亚子闻讯后,撰写《哭邓择生》四首。第一首诗云:"恶耗传闻杂信疑,伤心此度竟非虚。爱书三字成冤狱,谁向临安救岳飞?"第二首则愤怒地谴责国民党当局"自坏长城檀道济"。②

柳亚子对大革命时期殉难的国民党江苏省党部旧友以及大革命失败后就义的左联烈士、共产党人恽代英,国民党左派领袖邓演达的沉痛悼念,不仅表明柳亚子内心深处并未动摇自己革命左派的坚定立场,而且展现了对国民党当局的不满与抗议。

1931年9月18日晚,日本军队突然向东北军北大营发起进攻,炮轰沈阳城。囿于不抵抗政策的束缚,东北军几十万人一枪不发,撤进关内。日军随即在一周之内占领辽宁、吉林两省,并于10月间大举向黑龙江省进犯。

东北大片领土沦陷后,柳亚子密切关心事态发展,心中充满忧虑和无奈。10月6日,他致书姜长林,内称:"现在,中国人只管退让,它们(日军——引者注)只管进攻,恐怕连上海都要变做第二个东北了,奈

---

① 《有悼五首》,中国革命博物馆编:《柳亚子文集——磨剑室诗词集》(上),上海:上海人民出版社1985年版,第668页。

② 《哭邓择生》,中国革命博物馆编:《柳亚子文集——磨剑室诗词集》(上),上海:上海人民出版社1985年版,第673页。

何!?"①姜长林回信则较为乐观,认为日本帝国主义进攻东北,它的末日就更近了,上海也不会变成东北第二。柳亚子 10 月 14 日复信承认,姜的看法"也许是真理",但是,他还是忧心忡忡地指出,"事情的变化,又谁能逆料呢？听说蒋主席预备放弃南京,退守洛阳。那末,沿江各省,都会变成东北,更无论上海了。奈何!"②

11 月初,日军猛攻黑龙江省嫩江桥。中国守军马占山率部奋力抵抗,并通电全国:"誓死力抗,一切牺牲,在所不惜。"马占山率先冲破不抵抗的禁令,并击退进犯嫩江桥的日军,一时人心大振。11 月 8 日,柳亚子在《申报》上看到这个消息,心中"极快活",但对事态发展并不乐观,"不知明日如何耳"。针对日本人说马占山"联俄"的说法,柳亚子向姜长林明确表示:"其实中国人只有此一条路好走,可惜衮衮诸公都是迷而不悟,奈何!"③16 日,柳亚子再次致信姜长林,称赞马占山将军"总算替中国人挣了一口气吧!"他还希望马占山"更进一步",采取联俄方法才好。"不然,孤军困斗,总怕难以支持。"④果不其然,在日军重兵反扑下,马占山部寡不敌众,被迫弃守嫩江桥,黑龙江大部也随即沦陷。12 月下旬,日军又大举进犯锦州,一举占领东北三省。

国难当头,旅居海外的何香凝毅然从法国巴黎归国。11 月 28 日,何香凝回到上海,柳亚子亲往码头迎接。他们驱车赴法租界莫利哀路,会晤宋庆龄,交换对时局的意见,共商抗日救亡大计。

12 月 19 日,宋庆龄在《申报》发表"时局宣言",痛斥国民党当局的不抵抗政策,号召革命者奋起斗争。24 日,何香凝的"时局宣言"亦在《申报》发表。对此,柳亚子深深感叹道:"整个的国民党,弄得只剩两个

---

① 《致姜长林》(1931 年 10 月 6 日),上海图书馆编:《柳亚子文集——书信辑录》,上海:上海人民出版社 1985 年版,第 131 页。
② 《致姜长林》(1931 年 10 月 14 日),上海图书馆编:《柳亚子文集——书信辑录》,上海:上海人民出版社 1985 年版,第 132 页。
③ 《致姜长林》(1931 年 11 月 8 日),上海图书馆编:《柳亚子文集——书信辑录》,上海:上海人民出版社 1985 版,第 136 页。
④ 《致姜长林》(1931 年 11 月 16 日),上海图书馆编:《柳亚子文集——书信辑录》,上海:上海人民出版社年 1985 版,第 137 页。

女人,中山有灵,真要痛哭了。"①

很快,柳亚子与何香凝一道投入抗日救亡运动的洪流。当时,国民政府通令制止全国学生赴京请愿抗日,并大肆逮捕请愿学生。柳亚子与何香凝立即联名致电南京国民党中央,要求释放被捕学生。随后,柳亚子与何香凝发起组织救济国难书画展览会,以筹募抗日救亡经费。柳亚子任筹备委员,积极参与筹备工作,并撰写了诸多题画诗。

12月28日,救济国难书画展览会在先施公司二楼东亚酒店大厅开幕,共展出国内各大名家书画约2000多件。书画展览会历时6天,义卖作品700余件,共筹款2万余元。在结束会上,经何香凝提议,三分之一款项用于捐助各抗日团体救伤医药费和援助反日罢工工人,其余款项则用于创办国难妇女救护训练班,开展救护工作。会上,柳亚子被推为救济国难书画展览会经理委员会常务委员、国难妇女救护训练班董事。

1932年1月28日,日军突袭上海,进攻闸北。驻守上海的十九路军奋起抗战,粉碎了日军企图24小时占领上海的迷梦。柳亚子和何香凝等积极呼吁上海人民及全国人民大力支持十九路军。创办不久的国难妇女救护训练班,立即改组为国难战士救护队,开赴闸北前线,开展紧急救护工作。

在上海人民全力支援下,十九路军官兵斗志昂扬,使敌人受到沉重打击。但是,国民党当局在军火、经费和增援部队等方面都迟迟不予支持,致使孤军奋战的十九路军伤亡惨重,战斗难以继续下去。柳亚子与宋庆龄、何香凝等"驰电政府,为十九路军乞援,辞意激迫,顾复电不得要领,书空咄咄而已"②。3月2日,十九路军终因兵力悬殊,腹背受敌,被迫放弃庙行、江湾、闸北阵地。5月5日,中日双方签订《淞沪停战协定》。

《淞沪停战协定》签订后,在东北(其后扩大到热河)仍有大量抗日

① 《致姜长林》(1931年12月24日),上海图书馆编:《柳亚子文集——书信辑录》,上海:上海人民出版社1985年版,第140页。
② 《五十七岁自传》,张明观、黄振业编:《柳亚子集外诗文辑存》,上海:上海人民出版社2011年版,第203页。

义勇军在艰苦卓绝地从事抗日斗争。为此,何香凝和柳亚子创办国难救护队,拟奔赴东北进行救护。他们还分别担任国难救护队后方理事会主席、副主席,办理海内外募捐及后方有关事宜。同年6月、11月,国难救护队先后派出两批队员赴热河、辽宁等地,开展战地救护工作。

在1931年11月至1932年年底的一年多时间中,柳亚子与何香凝密切合作,并肩战斗,为推动中华民族抗日救亡运动做出巨大贡献。在此期间,柳亚子的坚决抗日与联苏(俄)主张已初见端倪,这与国民党当局的不抵抗政策和消极抵抗方针形成鲜明对比。

在上海十年中,柳亚子还利用其国民党元老的身份,大力营救被捕的共产党人和文化界进步人士。

早在1931年6月15日,第三国际远东局负责人牛兰夫妇在上海租界被捕,8月10日被引渡给南京政府司法当局。1932年7月初,牛兰夫妇被关押到南京宪兵司令部监狱。为了抗议受到不公正的待遇,他们进行绝食。7月10日,柳亚子与郁达夫、田汉、方光焘、洪深、陈望道、茅盾、丁玲、谢冰莹等30余人,在汉口路老半斋菜馆集会。由柳亚子领衔,联名致电国民党当局:"牛兰夫妇,绝食八日,危在旦夕,请立即释放,以重人道。"①与此同时,宋庆龄也大力开展营救活动。在各方压力下,牛兰夫妇逃脱死刑的厄运,被判无期徒刑,后于1937年日军轰炸南京时乘乱逃出监狱。

1932年10月15日,陈独秀在上海被捕,数日后解往南京。10月23日,柳亚子与蔡元培、杨杏佛、朱少屏等8人联名致电国民党当局进行营救。次年4月,江苏高等法院判处陈独秀有期徒刑13年,一年后由最高法院改判为8年。

1933年3月28日,廖仲恺和何香凝之子廖承志在沪被捕。何香凝获讯,即于29日通电全国,呼吁援救。宋庆龄及其主持的中国民权保障同盟随即展开大力营救。柳亚子也为营救廖承志而多方奔走呼吁。

30日,柳亚子在柳无非的陪同下,到上海江苏高等法院第二分院

---

① 《要求释放牛兰夫妇电》,郭长海、金菊贞编:《柳亚子文集补编》,北京:社会科学文献出版社2004年版,第207页。

刑事一庭,旁听廖承志一案的审讯。当晚,又陪同患病的何香凝与上海市长兼警备司令吴铁城进行交涉。被藤椅抬来的何香凝大声嚷道:"我要坐牢!你们把我关起来吧,不然你们就放人!"柳亚子也附和道:"廖夫人坐牢,我也作陪。"吴铁城不知所措,只好急电向蒋介石请示,蒋介石则暗示可以交保获释。柳亚子陪同何香凝一直坐到深夜,直至得到吴铁城同意保释的答复,才送何香凝返回寓所。

3月31日下午,第二次审讯结束,廖承志被移送上海市公安局。柳亚子即与事前相约的国民党元老吴稚晖和律师吴凯声,前往公安局,坐索交保。次日凌晨,在何香凝、柳亚子的联名担保下,廖承志获释出狱,回到母亲家中住居。廖承志因祸得福,结识了经常前来看望母亲的经普椿,并与其热烈相恋。同年8月,廖承志给母亲、柳亚子、经普椿三人各留下一封告别信,悄然离开上海,奔赴川陕根据地,加入中国工农红军。

1933年5月14日,左翼作家丁玲、潘梓年在上海租界突遭特务绑架。5月23日,柳亚子与蔡元培、杨杏佛、胡愈之、洪深、邹韬奋、叶圣陶、郁达夫、陈望道等联名致电南京国民政府行政院长汪精卫等人,吁请"量予释放"或"从宽办理"。① 其后,丁、潘于1936、1937年先后获释。

1934年2月27日,廖仲恺、何香凝之女廖梦醒(亦名仙霏)的夫婿李少石在沪被捕。廖梦醒奔告母亲,而何香凝时仍卧病,拜托柳亚子设法营救。柳亚子便认廖梦醒为义女,尽谒国民党四元老,群策群力,多方营救。虽然李少石未获释放,但仗营救之力,未被杀害,先后监禁于南京及苏州反省院,在抗战全面爆发后方获释出狱。

1935年4月,曾以《从军日记》一举成名的著名女作家谢冰莹在日本东京被捕入狱。早在1931年底,谢冰莹首次拜访柳亚子,便与柳结成忘年之交。1933年春,谢因遭遇情感变故而绝望欲死,幸得柳亚子多方劝慰,才得以走出困境。1934年秋,谢东渡日本,入早稻田大学研

---

① 《营救丁玲、潘梓年电》,郭长海、金菊贞编:《柳亚子文集补编》,北京:社会科学文献出版社2004年版,第208页。

究西洋文学。次年 4 月 14 日夜,因拒绝欢迎赴日朝拜的伪满洲国皇帝溥仪,被日本警察拘捕。[①] 此时,曾任国民党江苏省党部候补执委的姚尔觉(字潜修)亦在日留学,立即致电柳亚子:"冰入狱,速电营救。"柳亚子立即给中国驻日大使许世英和中国留日学生监督周宪文各拍一封电报,请他们设法营救。三个星期后,谢冰莹被保释出狱。

然而,更为艰难的救援,柳亚子便无能为力了。1935 年春,中共重要领导人瞿秋白被俘,杨之华致信柳亚子,请求柳"谒孙夫人营救"。其时,柳亚子正值脑疾大作,杜门谢客。鉴于孙夫人营救邓演达失败的往事,柳亚子预料营救瞿秋白更无可能,便黯然回复道:"接来信,怅然。孙夫人被监视,我亦一样,心有余,力不足,事与愿违。千万保重身体"。[②]

柳亚子沉痛悼念大革命中死难的国民党江苏省党部同志、大革命失败后遇难的左联五烈士、恽代英、邓演达等,积极从事抗日救亡活动,大力营救共产党员和文化界进步人士,这些做法不仅展现了柳亚子对国民党当局内外政策的诸多不满,凸显了其与国民党当局之间的貌合神离,也为其日后逐渐走上与国民党当局彻底决裂之路奠定了坚实的基础。

三　苏曼殊研究

1928 年 4 月归国之初,柳亚子继续从事苏曼殊研究,并在 1929 年出齐了《曼殊全集》全五册。

如前所述,1926 年暑期,柳亚子与儿子柳无忌便开始苏曼殊研究,但两人在研究动机上稍有不同。

对于柳亚子来说,卷入苏曼殊研究的最初动机,既有对于已故南社友人的一份责任,也有对这个奇特和尚朋友身世的几分好奇。

---

① 参见叶扬兵:《谢冰莹第二次日本之行起止时间及在东京被捕时间考》,《新文学史料》2018 年第 2 期。

② 杨之华:《怀念革命诗人柳亚子》,中国国民党革命委员会中央委员会等编:《柳亚子纪念文集》,北京:中国文史出版社 1987 年版,第 54 页。

1918年5月2日,这位断鸿零雁一代奇僧在上海广慈医院与世长辞,终年35岁。柳亚子闻耗,写下《哭苏曼殊》四章。诗云:

> 白马投荒计未能,歌姬乞食亦何曾。鬓丝禅榻寻常死,凄绝南朝第一僧。

> 壮士横刀事已非,美人挟瑟欲何依?七年絮语分明在,重展遗书涕似縻。

> 文采风流我不如,英雄延揽志非疏。千秋绝笔真成绝,忍对荒城饮马图。

> 潇潇暮雨过吴门,一水红梨旧梦痕。无那落梅时节近,江城五月为招魂。①

苏曼殊凄婉绮丽的诗歌、萧疏淡远的绘画、凄婉动人的爱情小说以及怪诞童稚的行为,都给朋友和读者留下深刻印象。苏曼殊逝世当年,南社社友王德钟(字玄穆)辑其遗诗,编成《燕子龛遗诗》。柳亚子为其作序,并资助付印。在此前后,为苏曼殊印行的作品集子,还有蔡守(字哲夫)辑《曼殊上人妙墨册子》、冯秋雪编《燕子龛诗》、沈尹默编《沈尹默书曼殊上人诗稿》、周瘦鹃编《燕子残稿》、段庵旋编《燕子山僧集》等。②不过,这些集子收集的作品往往不全,特别是大量书札、杂文和翻译作品都未收集。按照柳亚子的一贯做法,把这位和尚朋友的作品都收集起来,自然是义不容辞的责任。

苏曼殊生前交友广泛,但友人仅知其与自己交往的一鳞半爪,因此,世人对苏曼殊整个生平事迹知之甚少,尤其是对其身世和早年情况几乎一无所知。苏曼殊逝世后,柳亚子撰写《苏玄瑛传》,粗略地梳理其生平大致情况,后被收入《燕子龛遗诗》中。这是最早研究苏曼殊生平事迹的文章,而此前只有章士钊在文章里零星提及苏曼殊的一些生前轶事。1923年,杨鸿烈撰写《苏曼殊传》,大胆地提出《断鸿零雁记》是

---

① 《哭苏曼殊》,中国革命博物馆编:《柳亚子文集——磨剑室诗词集》(上),上海:上海人民出版社1985年版,第284页。
② 《重订苏曼殊作品索引》,柳无忌编:《柳亚子文集——苏曼殊研究》,上海:上海人民出版社,1987年,第71页。

苏曼殊自传的猜想，并据此首次提出苏曼殊是日本人的看法。他还深入分析苏曼殊的诗、言情小说、翻译文学、美术、杂文及翻译作品，并给予高度评价。[①] 也许是杨鸿烈的大胆猜想刺激了柳亚子，也激活了他心中对苏曼殊身世曾经有过的朦胧怀疑，因而他也很想弄清苏曼殊身世之谜。但是，由于柳亚子先后忙于新南社、《新黎里》及大量党务工作，这一愿望一直未能付诸实施。

柳无忌对苏曼殊研究则纯粹出于兴趣。1924 年，柳无忌在上海圣约翰大学读一年级，英文水平可以阅读原著，极为喜爱雪莱、拜伦的诗歌。读了拜伦英文的《哀希腊》后，颇为兴奋，但因里面典故颇多，有些不易理解，便想找一些中译本参阅。父亲给他提供了苏曼殊、马君武、胡适三种中文译本。胡适的离骚体译本，不合他的胃口；马君武的七言古体诗译本，虽然很有气魄，但太自由，与原文有些不符。比较起来，他最喜欢的是苏曼殊五言古体诗译本，并由此引起对苏曼殊的兴趣。他阅读了父亲提供的苏曼殊作品，欣喜地诵读着"雨笠烟蓑归去也，与人无爱亦无憎"，"芒鞋破钵无人识，踏过樱花第几桥"等诗句，觉得这个苏和尚好可爱呀，便与他结上"文学因缘"。[②]

苏曼殊曾将自己多年翻译的英文诗歌以及辑录的英译汉诗汇编成《潮音集》，并用英文写下《〈潮音〉序》。在序中，他纵论拜伦与雪莱两诗人，从成长经历、个性、诗歌风格方面将二人进行比较。大致在 1924 年初，柳无忌便将《〈潮音〉序》翻译成中文，实际上迈出苏曼殊研究的最初一步。这篇文章便被柳亚子推荐发表在 1924 年 5 月出版的《新南社社刊》中。

由于苏曼殊翻译的《哀希腊》用典太多，颇为晦涩难懂，因此，柳无忌便尝试用白话文来翻译《哀希腊》。同年夏，柳亚子手录英国诗人拜伦《哀希腊》的四种中译本(译者分别为苏曼殊、马君武、胡适、柳无忌)，以鼓励无忌把《哀希腊》译为白话。亚子用钢笔蘸四种不同颜色的墨水端正地缮写这四人的译诗，无忌则用第五种颜色的墨水抄出英诗原文，

---

① 杨鸿烈：《苏曼殊传》，柳亚子编：《曼殊全集》(4)，北京：北新书局 1928 年版，第 156—218 页。

② 《我不认识的苏曼殊》，柳无忌：《柳无忌散文选——古稀话旧》，北京：中国友谊出版公司 1984 年版，第 17—18 页。

并加后记。1925 年 10 月,柳无忌翻译的《哀希腊》在《清华文艺》第 1 卷第 2 期上发表。① 自此,柳无忌对苏曼殊的兴趣与日俱增。

1926 年暑期,柳无忌自清华大学回家度假,此时柳亚子正杜门不出,心情抑郁忧闷。为转移父亲情绪,亦出于自身日渐浓厚的兴趣,柳无忌便怂恿父亲一起进行苏曼殊研究。对于这一请求,柳亚子欣然应允,除了前述原因外,还饱含着扶持儿子研究的舐犊情深,亦略带排遣心中苦闷之意。

于是,父子俩便在炎热夏天埋头于苏曼殊研究中,并萌生出编写一部苏曼殊年谱的计划。次年初,柳无忌曾生动地记述他们的工作状态:

> 正是去年炎暑时,酷热的阳光晒得人昏糊沉闷,父亲同我起始做这《曼殊年谱》的工作……一时的高兴吧,热汗淋漓在赤裸的背上,我们走到这被太阳炙得焦烫的书楼,爬上高低的搜寻着关于曼殊的报纸书籍。有时我们得意地找到了新发现,也有时无精打采的翻看到许多不相干的作品。顿然作年谱的计划钻进了我脑筋中,试试罢;好在我只任誊录整聚的工作,一切的材料都由父亲供给着。吃过了夏天的早夜粥,见电灯起始发光亮,见电灯闭煞了眼,终夜的我们伏在书桌旁,写着《年谱》的草稿。蚊声特别嗡闹得利害,瞌睡虫已扰乱了睡的神经;但是外面有些微风,凉飕飕的,夏天的深夜真可爱。我们就划了火柴,拿出烛盘,室内照耀着微暗昏黄的洋蜡光,于是我们继续着做写《年谱》的工作。已有微淡的曙光射进碧纱窗内,东方发白了,在床上还听见我们谈论关于曼殊身世的许多疑问;这样《年谱》的初稿总算完工大吉。②

当年 7 月,柳无忌便写出《苏曼殊年谱》初稿。在此期间,柳氏父子又开始着手编辑《曼殊全集》,柳亚子独自担任庞大的抄录工作,而柳无忌则负责添加新式标点。

暑期结束,9 月初旬,柳亚子偕家人赴沪,送无忌返回北京上学,并

① 叶雪芬编:《柳无忌年谱》,北京:社会科学文献出版社 1992 年版,第 18 页。
② 柳无忌:《〈苏曼殊年谱及其他〉序》,柳亚子、柳无忌:《苏曼殊年谱及其他》,北京:北新书局 1928 年正月再版,前言第 1—2 页。

特地在 6 日拜访曼殊旧友陈独秀，了解苏曼殊生前事迹。返乡之后，柳亚子继续伏案埋头，"迷隐在曼殊的研究中"。[①] 10 月 10 日前后，为了逃避军阀孙传芳的追捕，柳亚子走避平望。稍后，化名唐隐芝，偕郑佩宜一起赴沪，居法租界贝勒路恒庆里，继续从事《曼殊全集》的编辑工作。与此同时，他在 1926 年下半年还先后撰写《苏玄瑛新传》《苏玄瑛新传考证》《苏曼殊作品索引》《苏曼殊诗年月考证》《苏曼殊文年月考证》《关于苏曼殊的画》《记陈仲甫先生关于苏曼殊的谈话》等一系列文章。

柳无忌返回清华大学后，在课余继续从事苏曼殊研究。他将自己和父亲柳亚子的苏曼殊研究文章发表在《语丝》上，引起了读者们的关注。如 1926 年 12 月在《语丝》第 109 期上发表了他本人的《日本僧飞锡〈潮音〉跋及其考证》和柳亚子的《对于飞锡〈潮音〉跋的意见》。1927 年 5、6 月，他在《语丝》第 131、132、135 期连续发表《苏曼殊及其友人》。他还在《语丝》上与读者就苏曼殊研究展开通信讨论，掀起了一股曼殊研究热潮。与此同时，他和柳亚子分别与郑桐荪、章士钊、陈去病等苏曼殊老友通信联系，向他们了解或求证苏曼殊的情况。他还在《语丝》和报纸上刊登征求苏曼殊遗著的启事，宣布他们父子二人编辑苏曼殊全集的计划，向曼殊故友及海内外爱好文学之士广泛征求苏曼殊作品。此外，他在 1927 年 5 月《清华周刊》第 409 号、410 号的"学术研究"栏目连续发表《苏曼殊年谱》。

辛勤耕耘换来丰硕成果。1927 年，柳无忌编辑的三本著作：《曼殊逸著两种》《苏曼殊诗集》《苏曼殊年谱及其他》先后由北新书局出版。

《曼殊逸著两种》收录苏曼殊撰《岭海幽光录》与《娑罗海滨遁迹记》。这是柳无忌从贵阳王绍余寄赠的日本东京刊印之《民报》第 22 号、23 号中辑录的，并加上新式标点。

《苏曼殊诗集》则收录苏曼殊遗诗 84 首，是当时最全的曼殊诗集。诗集以仿宋体印刷，非常精致美观。

---

① 柳无忌：《〈苏曼殊年谱及其他〉序》，柳亚子、柳无忌：《苏曼殊年谱及其他》，北京：北新书局 1928 年正月再版，前言第 3 页。

《苏曼殊年谱及其他》则是柳氏父子苏曼殊研究成果的汇集。该书于1927年12月出版,后于1928年1月再版,署名改为柳亚子、柳无忌编。该书除柳无忌撰写的《苏曼殊年谱》《苏曼殊作品提要》《日本僧飞锡〈潮音〉跋及其考证》外,还收录柳亚子1926年撰写的大量研究苏曼殊的文章。另外,柳亚子1927年在日本所作的《苏曼殊年谱后序》也被收入。该书还有长达187页的附录,汇集了柳氏父子与陈去病、郑桐荪、章士钊、葛克信、赵景深、黄岂凡、徐沈玉、邵冰如、罗建荣、周作人、方略等苏曼殊老友以及苏曼殊爱好者围绕苏曼殊研究而展开的通信。[①]

其后,《曼殊全集》的编辑工作进展顺利。据柳无忌1927年4月3日撰写的《〈曼殊全集〉序》,全书已有一千五六百页。这就是说,在柳亚子1927年5月东渡日本前,《曼殊全集》已经完成编辑工作。

柳亚子东渡日本后,仍继续从事苏曼殊研究。他撰写《苏和尚杂谈》等长文,校录《曼殊书札集》,还亲自到京都金阁寺实地考察。此前,在研究苏曼殊时,曾发现苏曼殊亲手交给他的金阁寺飞锡所撰《〈潮音〉跋》,当时即疑为苏曼殊所作。柳亚子到金阁寺参观时特地询问,结果发现并无飞锡其人,更证明以前的判断无误。柳亚子因此作诗感叹道:"廿载知名金阁寺,驱车今日竭来过。南天飞锡人何在?信是三郎狡狯多。"[②]

有些著作根据1928年12月27日柳亚子作的《校后杂记》推断《曼殊全集》5册于1928年12月后相继出版。殊不知,《曼殊全集》1、2、3册早已出版。据笔者掌握版本的资料,《曼殊全集》第1册于1927年10月付排,在1928年2月初版,同年7月再版,同年12月三版;第2册于1928年2月付排,7月初版,12月再版;第3册于1928年5月付排,同年8月初版,12月再版;第4册于1928年10月付排,同年12月初版;第5册于1928年8月付梓,到1929年4月才出初版。需要说明的是,柳亚子1928年4月自日本归国后,在8月间对《曼殊全集》进行修改,亲自加以校对,这期间又将他在日本撰写的《苏和尚杂谈》等文收录进

---

① 柳亚子、柳无忌:《苏曼殊年谱及其他》,北京:北新书局1928年正月再版,附录第1—187页。
② 《金阁寺》,中国革命博物馆编:《柳亚子文集——磨剑室诗词集》(上),上海:上海人民出版社1985年版,第543页。

去,另外又加收刘三提供的苏曼殊书信数十封,故全书已经由最初的一千五六百页增至一千九百余页。

《曼殊全集》前三册是主要是曼殊作品。第1册收录诗、译诗、文章(含序跋类、杂文类)、书札,还收入了柳亚子的《苏玄瑛新传》《苏曼殊年表》《曼殊诗岁月考》《曼殊文岁月考》等文章。其中,苏曼殊的诗比《苏曼殊诗集》多收了3首,达到87首。译诗则增添原文,以供读者参阅。文章除搜集大量序跋外,比《燕子龛残稿》多收十余篇文章。书札比《燕子龛残稿》多收了四五十封。第2册是杂著集和译小说集。杂著收录《燕子龛随笔》《岭海幽光录》。其中,《岭海幽光录》是新发现的,而《燕子龛随笔》先后登载过七八处,由柳亚子参照各种版本订定。译小说则收录《惨世界》《娑罗海滨遁迹记》。第3册是小说集,收录《断鸿零雁记》《天涯红泪记》《绛纱记》《焚剑记》《碎簪记》《非梦记》6部小说。其中,《天涯红泪记》《非梦记》,市面很少流传。《绛纱记》《碎簪记》被一些人认为非苏曼殊所作而摈弃,但柳氏父子考证它们确是曼殊所作,将其收入。《断鸿零雁记》则由柳亚子参照《太平洋报》版本、广益版本及其后各种版本校正。

《曼殊全集》后两册是附录。第4册收录友人为曼殊作品和作品集写的序跋、题记,友人给曼殊的书札以及友人对曼殊的回忆文章,还有柳亚子、柳无忌父子及杨鸿烈等人对苏曼殊的研究文章。第5册收录对苏曼殊的朋友及作品的回忆、考订和研究的文章,以及友人提及苏曼殊的诗话、笔记和珍闻,并大量收录友人与苏曼殊唱和以及友人怀念、悼念苏曼殊的诗作。

随着前述著作的先后出版,柳氏父子筚路蓝缕开启的苏曼殊研究,终于取得突破性的进展:一是大致地勾画苏曼殊的身世大纲,特别是对苏曼殊20岁(即1903年)以后的经历记述大致确实可靠;二是成功地收集了苏曼殊的遗著和相关研究资料,为世人阅读和研究苏曼殊提供了一套可靠而珍贵的资料。尤其是他们对苏曼殊作品搜集之全、版本考订之精、文字校对之严都是空前少有的,因而后人编辑苏曼殊作品集往往只能在此基础上稍加调整而已。

《曼殊全集》出版后,畅销全国,打破了当时各种书籍的销行记录,其中《曼殊全集》第1册到1932年11月已经出了七版。同时,柳氏父子也成功地将这位传奇式的南社爱国诗人推向广大读者,并掀起一股持续不断的苏曼殊热。

毋庸讳言,柳氏父子在苏曼殊研究上取得辉煌成就的同时,也留下重大缺憾。这就是他们误信苏曼殊《〈潮音〉跋》,并把《断鸿零雁记》看成苏曼殊的自传,因而弄错了他的血统与少年经历。

朋友们对苏曼殊的血统和身世并不清楚,这在很大程度上与苏曼殊本人的认知有关。据柳亚子后来分析,曼殊早年自认为是个中日混血儿,父亲是广东商人,母亲是日本人,也就粗略地如此告诉了朋友。但后来曼殊对自己的身世产生怀疑,却又不肯明言,遮遮掩掩。

早在1912年,苏曼殊日本之行归来,曾将一篇署名"日本僧飞锡"的《〈潮音〉跋》手稿交给柳亚子。跋文申述苏曼殊原名宗之助,父母均为日本人。柳亚子当时并未在意,即将此文刊发于6月9日至13日的《太平洋报》文艺附刊。

此文发表不久,刘三就来报馆责问苏曼殊:"我们向来知道你是半个中国人,半个日本人。但照飞锡的文章讲起来.你变了一个完全的日本人了,究竟是怎么样一回事呢? 你须宣布真相才好。"苏曼殊答:"这不成什么问题,马马虎虎就算了。"刘三又说:"这是你的终身大事,如何可以马马虎虎?"苏曼殊并不作声,独自吸着雪茄烟。当时,柳亚子和陈去病均在场。等到曼殊、季平走后,陈去病说:"照我看起来,大概曼殊是一个油瓶儿子,难怪他不肯宣布真相。"[1]不过,当时柳亚子对此并未十分在意,而当1926年柳亚子向陈去病询问苏曼殊身世时,陈去病却全然忘却说过苏曼殊是油瓶儿子的话。[2]

1912年,苏曼殊还在《太平洋报》上发表小说《断鸿零雁记》,当时大家都以为它是一部小说,并没有把它和曼殊本人联系起来。

1918年苏曼殊病逝后,柳亚子在《苏玄瑛传》中依据南社广东社友

---

① 《对于飞锡〈潮音跋〉的意见》,柳亚子、柳无忌:《苏曼殊年谱及其他》,北京:北新书局1928年正月再版,第250页。
② 柳亚子:《跋陈去病〈与柳亚子论曼殊身世函〉》,柳亚子、柳无忌:《苏曼殊年谱及其他》,北京:北新书局1928年正月再版,附录第3页。

马小进的叙述,仍然称苏曼殊是中日混血儿,只是柳亚子自己并不十分确信。1923年杨鸿烈关于《断鸿零雁记》就是苏曼殊自传的大胆推测,深深地刺激了柳亚子,并由此激活了柳亚子对苏曼殊身世的朦胧怀疑。柳亚子便联想到《〈潮音〉跋》手稿似乎是和《断鸿零雁记》有关系的,便找出手稿匆匆看了一遍,但后来忙于别的事情,遂又"搁起不提"。①

1926年夏天,柳亚子与柳无忌开始研究苏曼殊时,又将《〈潮音〉跋》手稿这篇古董翻出来仔细研读,并与《断鸿零雁记》进行对比,很快便有了惊人发现。

《〈潮音〉跋》虽然署名为飞锡,自称是曼殊远亲,写于金阁寺,但是,柳氏父子怀疑它是曼殊本人所作,实际上并无飞锡其人。因为其所述苏曼殊前半生事迹"历历可数","倘是他人做的,恐不能如此详细"。且《〈潮音〉跋》的"风格与曼殊的文笔一致",甚至还有一些相同的字句。②柳亚子东渡日本后,曾到京都金阁寺询问后进一步确认并无飞锡这个人。既然《〈潮音〉跋》是曼殊本人所作,其真实性自然不容置疑,因此,柳氏父子便将它作为"研究曼殊身世问题者的中心之核",③乃至把它看成"研究曼殊血统问题的唯一证物"④,不料却由此被引入歧途。

更为令人吃惊的是,《〈潮音〉跋》中苏曼殊身世与《断鸿零雁记》小说主人公三郎身世竟然有着惊人的相似。

在跋文中,苏曼殊"始名宗之助,自幼失怙,多病寡言,依太夫人河合氏生长江户……五岁,别太夫人,随远亲西行支那,经商南海,易名苏三郎,又号子谷。始学粤语"。跋文还提到曼殊王父(即祖父)忠郎。⑤

在小说里,主人公三郎"母为日本产"。他"呱呱坠地,无几月,即生

---

① 柳亚子:《对于飞锡〈潮音跋〉的意见》,柳亚子、柳无忌:《苏曼殊年谱及其他》,北京:北新书局1928年正月再版,第251页。

② 柳无忌:《日本僧飞锡〈潮音〉跋及其考证》,柳亚子、柳无忌:《苏曼殊年谱及其他》,北京:北新书局1928年正月再版,第241—243页。

③ 柳亚子:《对于飞锡〈潮音〉跋的意见》,柳亚子、柳无忌:《苏曼殊年谱及其他》,北京:北新书局1928年正月再版,第252页。

④ 苏和尚杂谈》,柳无忌编:《柳亚子文集——苏曼殊研究》,上海:上海人民出版社1987年版,第319页。

⑤ 柳无忌:《日本僧飞锡〈潮音〉跋及其考证》,柳亚子、柳无忌:《苏曼殊年谱及其他》,北京:北新书局1928年正月再版,第233、237页。

父见背"。他的生父宗郎,"旧为江户名族"。其后,三郎的母亲河合氏携带他"托根上国",把他认给一位"父执"做义子,以便使他"离绝岛民根性","长进为人中龙。"母亲侨住三年后东归,托付乳母照顾三郎。①

不难看出,苏曼殊与小说主人公的身世有惊人相似之处:两者都叫三郎;父亲早逝,母亲河合氏,都是完全日本血统的。略有不同的是,在跋文中,苏曼殊始名宗之助,祖父为忠郎,未提及父亲名字,而小说主人公父亲为宗郎。如果说《断鸿零雁记》是小说,尚可置之不理,但《〈潮音〉跋》可是苏曼殊亲手交给柳亚子的,是怎么也回避不了的。因此,柳氏父子便否定苏曼殊是中日混血儿的传统看法,认为他完全是一个日本人。也正因为《断鸿零雁记》与《〈潮音〉跋》有相合之处,所以柳氏父子虽不像杨鸿烈那样断定其完全就是苏曼殊的自传,但认为其也带有部分自传的性质。于是,他们在研究苏曼殊时也将其作为重要参考资料。

当然,《〈潮音〉跋》所述苏曼殊身世与小说主人公三郎的身世也有很大矛盾之处。在跋文中,苏曼殊5岁告别母亲,随远亲西行。小说主人公则是由母亲携带赴中国,三年后母亲才东归。如何解释这两者之间的矛盾呢?柳氏父子在听信《〈潮音〉跋》关于曼殊父母都是日本人的说法后,进一步提出大胆推测,以揭示出曼殊企图遮盖的身世隐情:曼殊"生父见背"后,其母与"广东产,商于日本"的苏某结婚,于是,"曼殊当然做了苏某的义子,当然同着他母亲跟苏某到广东来"。②

柳亚子还细致分析了苏曼殊发现自己身世后的痛苦与对待自己身世的矛盾心理。在他看来,苏曼殊早年并不知道自己是油瓶儿子,大约20岁以后28岁前才知道,因此精神上深感"痛苦":他最爱中国,学问、思想都完全"中国化",但偏偏发现中国并不是他真正的祖国,"这是何等的伤心!"他很爱他的母亲,却顽固地信守妇女从一而终的观念,怎么好提及母亲再嫁之事,无怪乎"他常常嚷着'身世有难言之恫'了"。因此,曼殊对待自己身世问题很矛盾,一方面"实在是讳莫如深",另一方

①《断鸿零雁记》,柳亚子编:《曼殊全集》(3),北京:北新出版社1928年版,第14页。
②《对于飞锡〈潮音〉跋的意见》,柳亚子、柳无忌:《苏曼殊年谱及其他》,北京:北新书局1928年正月再版,第254页。

面似乎也"不愿意（将生身父亲）一笔抹杀"。所以,他在写《断鸿零雁记》时,他先抬出一个生父宗郎,自称河合三郎,以表明自己是一个日本人。不过,他却讳言母亲再嫁之事,便将继父改成了义父。后来,曼殊又在同样的心理中写下《〈潮音〉跋》。在写作中,他发现让"母亲到一个异国的男子家庭中去'侨居三年',虽然藉口于'父母爱子之心无所不至',但在事实上终觉不自然"。于是,他便奋笔将这一段删去,变成了"五岁别太夫人（河合氏）,随远亲西行支那,经商南海",这样,原来的"义父"苏某便成为"远亲"。①

由于对《〈潮音〉跋》深信不疑,柳氏父子也就据此叙述苏曼殊早年经历。因跋文中缺少具体时间,柳氏父子便从跋文写作时曼殊已经28岁（"弹指阇黎年二十有八"）进行倒推。加上《〈潮音〉跋》叙述早年之事甚少,柳氏父子便从《断鸿零雁记》中找了一些他们认为是带有自传性质的资料。这样一来,柳氏父子对曼殊早年经历的记述出错也就在所难免。

柳亚子、柳无忌父子弄错了苏曼殊的血统的主要原因是误信《〈潮音〉跋》,另一个原因就是未能到苏曼殊家族中进行调查。不过,这一点倒并非柳氏父子的疏忽,而是因为当时他们对苏曼殊家族所知甚少而无从调查。

1927年2月,香山人方略致信柳无忌,指出柳亚子断定苏曼殊是一个油瓶儿子的证据,"并未十分充足",但"这于大师身世十分重要,似应慎密考查"。他认为,曼殊义父苏某既是香山人,而他的生母又曾到过广东,"欲证明大师是否是随母改嫁的,似向其家族或邻里中人调查,较为可信"。不过,方略曾在邑中询问多人,但亦无法确知苏某究为何乡何里人。他明确表示,"如先生能查悉苏某姓名居里,则弟可助调查也。"②柳无忌在回信中表示,很赞同方略关于向曼殊家族及邻里中人调查的见解,但同时也很无奈地告诉他,自己从陈去病给父亲柳亚子的信

---

① 《对于飞锡〈潮音〉跋的意见》,柳亚子、柳无忌:《苏曼殊年谱及其他》,北京:北新书局1928年正月再版,第255—257页。

② 方略:《关于曼殊大师》,柳亚子、柳无忌:《苏曼殊年谱及其他》,北京:北新书局1928年正月再版,附录第178页。

中仅仅知道"苏某是一个茶叶商人,很有赀财,妻妾子女甚多"这一点有限的信息。鉴于冯秋雪在《〈燕子龛诗〉叙》中提到苏某有一个儿子叫苏墨斋的,和苏曼殊关系最好,柳无忌便向方略建议"最好从调查苏墨斋入手","如能查到苏墨斋是何乡何里人,则他的家族或邻里,自然也就容易找到了。"柳无忌还为他提供了进行调查的具体线索,就是编印《燕子龛诗》的冯秋雪以及其弟冯印雪及友人黄沛功先生,"他们大概都认识苏墨斋的,先生如能找到他们三人,或许他们可给先生以调查方面的助力。"①

1927 年 4 月,柳无忌在《苏曼殊年谱及其他》的《校勘后记》中提到,据郑桐荪来信说:在英国的广东朋友卢君,愿托人至曼殊的家——中国的家及其日本母亲双方——进行实地调查。"这实在是研究曼殊身世血统的最重要一事,我们静候好音吧!"②

由上可知,柳氏父子和一些人早就意识到,要弄清苏曼殊身世,就必须找到苏曼殊家族进行调查,但是,当时苦于缺乏曼殊家族的具体信息,难以开展调查。至于前述的方略和卢君调查之事,后来并无下文。

柳氏父子关于苏曼殊完全是日本血统的惊人发现,在当时引起很大震动,除了少数人仍心存疑虑外,很多人都深信不疑,却不免有些遗憾。实际上,对于自己的惊人发现,柳氏父子同样在心理上也颇为矛盾:一方面,他们有发现"真相"后的强烈喜悦,另一方面也不免对苏曼殊在血缘上竟然与中国毫无关系而略存遗憾和稍感不安。1927 年 1 月,柳无忌说,自己和父亲的贡献是,"只把他(苏曼殊)贴上油瓶字样卖给日本人"了,"这于我们(是)很不安似的","但不这样又有什么法子想呢?"他表示:"或许将来有重行翻案的一日,我个人希望着,但不知这一天在哪里?"③1927 年 10 月,柳亚子在《苏和尚杂谈》一文中,也无可奈何地感慨道:"从去年夏天起,发愿做苏曼殊研究的工作,到现在一年有

---

① 柳无忌:《答方略先生》,柳亚子、柳无忌:《苏曼殊年谱及其他》,北京:北新书局 1928 年正月再版,附录第 181—182 页。

② 柳无忌:《校勘后记》,柳亚子、柳无忌:《苏曼殊年谱及其他》,北京:北新书局 1928 年正月再版,附录第 190—191 页。

③ 柳无忌:《〈苏曼殊年谱及其他〉序》,柳亚子、柳无忌:《苏曼殊年谱及其他》,北京:北新书局 1928 年正月再版,前言第 4—5 页。

半,所成就的,只证明曼殊是一个日本血统的油瓶儿子。在情感上讲起来,似乎是很对不住老朋友的,然而发现的证据如此,又有甚么办法呢?"①

《曼殊全集》5册出版后,柳亚子的苏曼殊研究仍在继续。此前,他于1928年12月27日在《曼殊全集》第5册写下的《校后杂记》,就预告了自己新的研究计划——继续编辑《曼殊余集》:一是在五册《曼殊全集》以外又陆续搜集了苏曼殊的新资料,计有曼殊的遗诗10首、书札26篇,还有他人关于曼殊的作品三四十篇;二是对于曼殊的血统问题有了新的发现:"曼殊的血统问题,我们是根据《潮音跋》和《断鸿零雁记》而主张的。但最近和我通信的,有曼殊的堂弟苏维骥,表兄林紫垣,旧友冯自由诸人,他们都以为曼殊是香山苏杰生的亲生儿子。此问题现尚在继续调查及研究中,一切材料,当在《余集》内发表。"②这里,柳亚子第一次指出苏曼殊父亲的名字,预示着柳亚子对苏曼殊身世的"翻案"工作已经有了初步进展,由此标志着柳亚子已迈入苏曼殊研究的新阶段。

其实,柳亚子获得"翻案"的线索纯属偶然。1928年8月,柳亚子得知苏曼殊旧友萧纫秋处藏有曼殊的画稿手卷,立即登门拜访。在萧氏处,柳亚子发现"孙文题"的《曼殊遗墨》,其中甚多曼殊的画稿、杂记和照片,还有袈裟、戒牒等物,即向萧氏借出,摄影制版,编成《曼殊遗迹》,后由上海北新书局于次年出版。在与萧纫秋接洽的过程中,他偶遇苏曼殊旧友田桐,并进而于同年9月联系上苏曼殊香山同乡、早年好友冯自由。

与冯自由取得联系是柳亚子苏曼殊研究的一个重大转折点。通过与冯自由的通信,柳亚子第一次知道了苏曼殊亲生父亲的名字叫苏杰生和其在横滨山下町的住址,也第一次听说曼殊曾入大同学校,并经冯自由介绍与苏曼殊在天津的表兄林紫垣取得联系。③ 随后经林紫垣介

---

① 《苏和尚杂谈》,柳无忌编:《柳亚子文集——苏曼殊研究》,上海:上海人民出版社1987年,第283页。

② 《〈曼殊全集〉校后杂记》,柳无忌编:《柳亚子文集——苏曼殊研究》,上海:上海人民出版社1987年版,第430页。

③ 《曼殊之血统问题及其少年时代》,柳无忌编:《柳亚子文集——苏曼殊研究》,上海:上海人民出版社1987年版,第130页。

绍,又与广东省中山县恭常都沥溪乡堂兄苏维骤取得联系。后又通过苏维骤介绍,与苏曼殊在日本的异母兄苏煦亭和侄儿苏绍贤,以及居在广东的苏曼殊在横滨大同学校、早稻田大学的同学(均为同房住宿)张文渭取得通信联系。

从 1928 年 9 月到 1929 年 11 月,柳亚子在与苏曼殊亲属和早年朋友长达一年多的通信联系中,不断提出问题,获得答复。各人回答有相同地方,也有相互矛盾抵触之处。柳亚子便针对相互矛盾地方,进一步追问,再获答复。对于曼殊亲友不尽相同的回答,柳亚子反复进行比较和推敲,采取最可信的说法,对不予采信的说法也给予合理的解释。就这样,到 1929 年 11 月,柳亚子才彻底弄清了苏曼殊家世、血统及早年经历:苏曼殊为广东香山苏杰生亲生,生母并非河合仙,而是苏杰生在日本家中的一名叫贺哈家的日本女佣。在苏杰生使该女怀孕后,便让她托言辞工,出外赁房住居,生下曼殊后不久即由河合仙抚养。与此同时,苏曼殊自 15 岁到 20 岁的早年经历也得以完全澄清。

对于苏曼殊身世真相大白,柳亚子感到极为兴奋。他说:"我们从此打破《〈嘲音〉跋》和《断鸿零雁记》的胡说八道,从此把曼殊揭去油瓶字样再贴上私生子的商标,从此打倒完全日本血统说而收还失地似的恢复他郑成功第二的地位,不是一件快心的大事情吗?"[1]当然,20 世纪七八十年代以后,有些学者又根据苏曼殊的早年同学与妹妹的说法,进一步确定曼殊生母是河合仙的远房亲戚或河合仙的妹妹河合若子。[2]

柳亚子在研究苏曼殊初期弄错了苏曼殊的血统身世,实在该由苏曼殊自己负责。正如柳亚子所说:"玄瑛身世,颇自隐秘,其所言又多诡谲。余误惑于《潮音跋》暨《断鸿零雁记》之文,遂铸大错,以玄瑛为宗郎血胤,其实非也。"柳亚子还进而分析苏曼殊这样做的原因:"玄瑛于河合氏亲子之爱甚笃,殆终身不知非河合氏所生;即河合氏亦必不愿使玄瑛知自有其生母。真相既蔽,故矛盾滋多。抑河合氏再嫁之事,玄瑛心

①《曼殊之血统问题及其少年时代》,柳无忌编:《柳亚子文集——苏曼殊研究》,上海:上海人民出版社 1987 年版,第 176 页。
②柳无忌:《苏曼殊研究的三个阶段》,柳无忌编:《柳亚子文集——苏曼殊研究》,上海:上海人民出版社 1987 年版,第 524—528 页。

知之而不甚明晰,或亦有自疑其非我族类之心,斯所以纠纷而不可理解欤?"①由此可见,苏曼殊终生以为河合仙是自己生母,这是弄错自己身世的关键。也许他知道河合仙再嫁之事,但又并不完全清楚,也许他怀疑自己不是中国人,结果把自己身世弄得迷离诡谲。至于苏曼殊在《〈潮音〉跋》中亲自承认自己是日本血统,并承认有一个祖父忠郎,在柳亚子看来,这只能用苏曼殊患有精神病来解释。好在柳亚子听说,"有许多天才的人都是有精神病的",似乎这样一来便并不辱没苏曼殊这个举世公认的天才。②

由于新材料的发现,柳亚子于 1929 年 12 月撰成《苏杰生年表》,于 1931 年撰成《重订苏曼殊年谱》,1932 年 6 月、9 月分别撰成《苏玄瑛正传》《苏曼殊传略》,从而改正了初期有关曼殊血统的错误,弄清了曼殊早年经历,为此后苏曼殊研究奠定了坚实基础。

1932 年 7 月,柳亚子出任上海通志馆馆长,开始从事上海市志稿的编撰工作,原来计划编辑的《曼殊余集》编辑工作遂停顿下来。

为了便于读者低价购买《曼殊全集》,以广为普及,柳亚子的朋友高尔柏、高尔松兄弟在征得柳亚子同意后,编辑普及本《曼殊全集》,由高氏兄弟的开华书局在 1933 年出版。开华版普及本《曼殊全集》分为创作小说、翻译小说、诗、译诗、书信、杂文、随笔、序跋、附录等类,共 600 余页,全书售价仅 1 元。全书分为 5 册,即曼殊小说集、曼殊译作集、曼殊诗集、曼殊书画集、曼殊杂文集,亦可分册购买,价格则更为低廉。

开华版删除北新版的附录部分,却增添了北新版《曼殊全集》未及收录的作品,文末还附录《重订苏曼殊年谱》《苏曼殊传略》,以纠正北新版的错误。因此,柳亚子在序言中称,普及版可说是"最近唯一的善本"。③ 但是,开华版非柳亚子亲自编辑,校对不严,印刷粗糙,在社会上的影响还远不及北新版。

①《苏玄瑛正传》,柳无忌编:《柳亚子文集——苏曼殊研究》,上海:上海人民出版社 1987 年版,第 49 页。

②《冯自由〈苏曼殊之真面目〉笺注》,柳无忌编:《柳亚子文集——苏曼殊研究》,上海:上海人民出版社 1987 年版,第 276—277 页。

③《普及版〈曼殊全集〉序》,柳无忌编:《柳亚子文集——苏曼殊研究》,上海:上海人民出版社 1987 年版,第 433 页。

《曼殊余集》编辑工作进展缓慢，除事务缠身而无暇兼顾外，还有一个原因，则是《曼殊的血统问题及其少年时代》一文写作的难产。柳亚子准备利用与苏曼殊亲属及朋友长达一年多时间的通信来详细考证曼殊的血统和少年时代经历，这在写作上有很大难度。1928 年 12 月，柳亚子在《曼殊全集》的《校后杂记》中即预告该文，后来又答应李小峰将该文刊登在《北新》半月刊 1929 年第 4 卷第 1、2 号合刊上，但因当时柳亚子脑疾发作，无法构思，只好临时凑成《苏杰生年表》充数。① 后来因其他事务缠身和脑疾发作而无法写作。但是，柳亚子始终未曾忘却编辑《曼殊余集》的计划。在上海孤岛时期的"活埋庵"中，柳亚子毅然完成了这一夙愿。

自 1939 年 10 月起，柳亚子一边撰写涉及曼殊家世、身世和作品的多篇考证文章，一边编纂《曼殊余集》。到 1940 年 3 月，《曼殊余集》才告完工。该书篇幅浩瀚，共计 2500 页，均由柳亚子亲手抄录。全书共分 12 册，第 1 册正文，为苏曼殊诗集、文集、书札集、杂著集之补遗。附录 11 册，分年谱、传略、书目、史料、研评、杂碎、专著、通讯、题序、诗话及笔记、诗歌和插图等 12 类。②

正文一册，为补北新版《曼殊全集》之缺，其中大部已见于开华版普及本。《曼殊余集》最重要的部分，为年谱类至诗歌类的 10 册附录，是苏曼殊研究资料的丰富宝库。其中尤为珍贵的是柳亚子新撰或重订的文章，以及曼殊旧友和曼殊崇拜者及研究者给柳亚子的 117 篇大多未发表过的书信。

《曼殊余集》收入柳亚子新撰的重要文章有《曼殊之血统问题及其少年时代》《曼殊的戒牒问题》（下篇）。前者完成于 1939 年 11 月，长达 7 万余字，详叙与曼殊亲属及朋友长达一年的通信过程，同时加以评述和考订，从而令人信服地完成了对曼殊血统和少年时代的考订。从某种意义上说，该文是一篇非常精彩的访谈史杰作，在史学研究方法上具有重要的开拓意义。后者作于 1939 年 10 月，详尽考订曼殊出家的地

①《苏杰生年表》，柳无忌编：《柳亚子文集——苏曼殊研究》，上海：上海人民出版社 1987 年版，第 8 页。
②《〈曼殊余集〉总目》，柳无忌编：《柳亚子文集——苏曼殊研究》，上海：上海人民出版社 1987 年版，第 480—495 页。

点、寺院与时间。此外,还收录 1939 年增补和修订的《重订苏曼殊年表》《重订苏曼殊作品索引》。这些对于曼殊身世及作品的研究,均有极为重要的价值。

除《曼殊之血统问题及其少年时代》披露柳亚子与曼殊亲属和早年同学的通信外,柳亚子在 1928—1929 年间还收到了曼殊老友和曼殊崇拜者及研究者的大量来信。其中,有苏曼殊老友 29 人的 72 封来信,有苏曼殊崇拜者和研究者 24 人的 45 封来信。[①] 这些来信对于参证或研究苏曼殊都有一定价值,且大多未发表,因此柳亚子将其全部收入"通讯类",其珍贵程度可想而知。

从内容来看,《曼殊余集》的名称有可议之处,这一点柳亚子早就意识到了。在第一册正文首页,有柳亚子 1940 年 12 月 11 日题字:"钱杏邨先生云:'除正文一册仍名曼殊余集外,其余十一册,应改名苏曼殊研究。'其说极是,当从之。"[②]不过,《曼殊余集》并未印行,其手稿现藏国家图书馆。

自 1926 年至 1940 年,柳亚子的苏曼殊研究持续 15 年之久,先后撰写 41 篇研究文章,现全部收录于《柳亚子文集——苏曼殊研究》。柳亚子在苏曼殊作品的搜集和考订、苏曼殊血统和生平的梳理和考订以及苏曼殊研究资料的整理和汇集上均取得辉煌成就,不仅为此后的苏曼殊研究开辟了一条康庄大道,奠定了这位南社爱国诗人在近代中国文学史上的应有地位,还为苏柳友谊留下了一段佳话。

四　上海市通志馆

1932 年春,柳亚子出任上海市通志馆馆长,一直持续到 1937 年秋。在长达六年的时间中,柳亚子精心谋划,多方探索,为上海通志的编撰

[①]《〈曼殊余集〉:通信一束前言》,柳无忌编:《柳亚子文集——苏曼殊研究》,上海:上海人民出版社 1987 年版,第 474—475 页。

[②] 柳无忌《柳亚子与苏曼殊——永恒的友谊》,柳无忌编:《柳亚子文集——苏曼殊研究》,上海:上海人民出版社 1987 年版,第 499 页。

做了大量卓有成效的工作。

编修志书是中国悠久的历史文化传统。1927年南京政府成立后，国内政局的相对稳定为编志工作提供了良好环境。南京政府内政部相继发布几项修志法规，掀起了20世纪30年代中国修志热潮。

1929年南京政府内政部颁布的《修志事例概要》明确要求，"各省应于省会所在地设立省通志馆，由省政府聘请馆长一人、副馆长一人及编纂若干人组织之"；其最后一条则说明，"各特别市兴修志书，准用本概要之规定。"①据此，上海市也紧锣密鼓地进行通志馆的筹备工作。

1930年1月，上海特别市教育局向上海特别市政府呈文要求设立通志馆。同月24日，市政会议批准教育局的请求，决定于1930年7月成立上海市通志馆，并随后委派教育局局长陈德征、参事唐乃康、社会局局长潘公展三人负责筹备事宜。但是，筹备工作进展缓慢，原定7月成立的计划无法实现。为了扭转这一局面，1931年4月，改组成立13人组成的筹备委员会，特聘汤济沧、赵正平、瞿宣颖3名专家为专任委员，具体负责筹备事宜。② 筹备期间的主要工作是拟定各种规章制度，开始向社会征集资料，编制《上海史表长编》，向上海市政府提出编纂《上海年鉴》等建议。

尽管通志馆筹备不顺利，但是，馆长人选却早已确定为柳亚子。1931年初，时任国民党中央政治会议委员兼任陆海空军总司令部秘书长的邵力子专门从南京到上海，劝说柳亚子担任上海市通志馆馆长。柳亚子说："馆长不成问题，编辑主任怕不容易找吧，除非是请教徐蔚南兄。"对此，邵力子表示"极端的同意"。后来，"事情生了波折"，此事便耽搁了年余。③ 1932年1月，上海市政府正式聘请柳亚子、朱少屏担任正副馆长，但是，柳亚子、朱少屏却拒不就职。据笔者分析，这应当是柳亚子争取实权的策略，旨在为通志馆争取最大自主权，即自行主导人事安排、经费开支和决定编辑方针。

① 郭卫校勘：《中华民国行政法令大全》(上)，上海：上海法学编译社1933年版，第705、707页。
② 袁燮铭：《上海市通志馆筹备始末》，《档案与史料》2002年第6期。
③《关于上海市通志的话》，中国革命博物馆等编：《柳亚子文集——磨剑室文录》(下)，上海：上海人民出版社1993年版，第1099页。

为了打破僵局,上海市市长吴铁城不得不请邵力子出面斡旋。在这位旧友面前,柳亚子坦诚直言,若真授予实权,为上海史成一真实记录,自当担此职责,但须约法三章:一、志书编辑方针、通志馆人事安排,不得受外界干涉;二、志稿须突破"官书"惯例,使用白话撰写;三、通志纪年,一律以公元为主,年号为辅。结果,邵力子全部接受三项条件,柳亚子和朱少屏随即宣布就职。①

1932 年 7 月 14 日,上海市通志馆正式成立,设在法租界萨坡赛路(今淡水路)291 号。

柳亚子走马上任后,便主抓两件大事:一是亲自组织起强有力的编纂队伍。编纂人员虽少,但力量很强,形成了老中青的梯队。如徐蔚南、吴静山和胡怀琛等老辈著述甚丰,蒯斯曛、席涤尘、蒋慎吾、李纯康等则是承上启下的中坚,胡道静、郭孝先等是肯负责任、能写作的青年学人。② 此外,还聘请董枢、钟贵阳、乐嗣炳、沈家饴为特约编纂。二是拟定全志编目、各编总目和子目。他亲自同老、中两辈编辑共同商定,全志共分 25 篇,纵横各个方面都照顾到,并且考虑上海在近代史上的特征,于 25 篇中设立《公共租界》《法租界》2 篇。每篇总目、子目也一并

① 胡道静口述、袁燮铭整理注释:《关于上海通志馆的回忆》,《史林》2001 年第 4 期。近年来,胡训珉对"约法三章"说提出质疑(参见《〈民国上海市通志稿〉整理偶得》,载上海市地方志办公室、上海市地方史志学会编:《上海方志研究论丛》(第 3 辑),上海:上海书店出版社 2017 年版,第 271—273 页),但是,其质疑的三点理由均不能成立:(1)胡道静只是普通编纂人员,与其回忆的亲历者口气不相合。这种说法实际上怀疑胡道静不能亲自听到柳亚子的叙述,但质疑并不能成立。因为"约法三章"事关通志馆的大政方针,柳亚子素来毫无城府,他完全有可能向有密切业务往来的编纂同事且又是值得信任的世家子弟胡道静提及"约法三章"之事。(2)"约法三章"本身有凑数之嫌疑。这种观点认为馆长柳亚子完全可以主导人事和编辑方针,怀疑"约法三章"并无必要,纯属多此一举。诚然,民国时期,主官基本上可以主导人事安排,这是毫无疑义的。问题是,上级部门有时候为了酬庸和安插私人而强迫某一部门接受特定人员的可能性也是存在的。这就需要有完全的人事主导权,以排除外界干扰;通志馆代表政府修志,一般情况下,并非馆长一人即可主导编辑方针。如柳亚子主张使用白话文,当时引起很大争议,由此更反证有完全主导编辑方针的必要;(3)柳亚子本人并未提及"约法三章",这种说法更是毫无说服力可言。因为不说并不代表不存在。如在柳亚子撰写"我和南社的关系"之前,他从未提起过南社的张园"革命",但这不代表张园"革命"不存在。相反,从柳亚子的个性和经历来看,他提出"约法三章"是很有可能的。理由有二:(1)柳亚子勇于任事,不惮揽权,往往会理直气壮地要求"付我全权",其在南社的经历就是一个典型的案例。(2)新中国成立后柳亚子在筹建文史馆过程中多次以是否参加文史馆来力争在筹建南明史料小组时"付我全权"。

② 胡道静:《柳亚子与上海市通志馆》,吴汉民主编:《20 世纪上海文史资料文库》(第 6 辑),上海:上海书店出版社 1999 年版,第 317 页。

拟定。每编约 10 万字,全书至少 250 万字。这样一来,通志馆的工作便迅速步入正轨,并进一步加大志料(即修志的史料)的征集和整理工作。

志料是编纂志书的基础。通志馆早在筹备期间,就开始着手征集志料,并取得积极进展。通志馆成立后,全面开展志料的征集工作。但是,最初的设想过于乐观:"当全志编目、各编总目子目拟定",分工编纂后,原计划"用两个月时间搜求志料,用三个月时间整理考证并加编制,预计初稿的完成,当不出五个月以外……不料着手工作以后,发现志料采集的困难,远非预想所及"①。为此,通志馆不得不调整计划,进一步加大征集志料的力度,并综合采取通函征询、广告征集、派员征访、实地调查等多种方式和途径。

通函征询 上海通志馆以修通志名义,向上海市各个机关、团体、学校、公司等广发信函,调查各个机构团体的详细状况,包括其组织成立发展历史及具体工作情况等。随函附有调查表,请求"依式填就"。调查表则根据通志的编目进行精心设计,分类极细,共有 28 种之多。其中,仅学校的调查表,就有小学、中学、职业学校、民众学校等 8 类,还有学艺团体、中外公司、报社、医院、上海名人等类别,务求精确明了。与此同时,征求机关团体的内部印刷和出版的章程、期刊、书籍等。②

广告征集 上海通志馆还在《申报》等报刊上刊登《征集史料启事》,征求各类史料:(1)"关于上海之一切史料";(2)各机关、各团体、各学校、各工厂、各公司及各市区之"史料、统计图表及照片","愈详愈佳";(3)"关于各种纪载上海之书籍";(4)关于人物的传略及照片;(5)天时、地理、人文、风土等"种种变迁之纪载"。③

派员征访 上海通志馆还派员赴藏书机构征访资料,尤以对上海旧志和上海图书馆的征访最具代表性。通志馆经过两年搜寻,才获知

---

① 《发刊词》,上海市通志馆编:《上海市通志馆期刊》第 1 卷第 1 期。
② 吕志伟:《民国时期上海修志人收集史料的方法——以上海市通志馆为例》,《上海方志研究论丛》(第 3 辑),上海:上海书店出版社 2017 年版,第 289 页。
③ 《上海市通志馆征集史料启事》,《申报》1932 年 10 月 25 日,张明观、黄振业编:《柳亚子集外诗文辑存》,上海:上海人民出版社 2011 年版,第 121 页。

自清康熙时就散佚近三百年的明朝弘治《上海县志》，"尚存一孤本"于浙江宁波天一阁。"复经二年余之商洽，幸得假录副本，并摄其全影"。① 乾隆四十九年(1784)《上海县志》，"为时虽不甚久"，但"存世者极为稀少"，亦经商之于藏书家平湖葛氏，"得以钞录其全帙"。② 胡道静则承担赴上海众多图书馆(有中外、公私、大小之别)征访资料的重任，通过逐日走访，克服种种困难，掌握了上海各家图书馆的沿革、机构设置、藏书特色和数量以及运作方式等基本情况。

实地调查 通志馆编纂们赴各地历史遗址遗迹进行实地调查。如实地考察乌泥径旧址、陆文裕遗迹、青龙镇镇市，并赴高桥、北桥、龙华等区搜查古迹，其所收获，"订正旧志中讹漏处不少"。③

通过几年不懈的搜集，截至1936年底，通志馆收藏1万多种文献：史志1500种，杂志创刊号1400种，报纸2814本，年鉴50种，碑帖143种，家乘35本，图表70种，照片162种，行规35种，征信录950本，机关刊物272种，单行小册203本，乡贤著作131种，其他2532种。通志馆还收藏1632件从清咸丰五年至宣统三年(1855—1911年)的县档，并按行政、民事、刑事三大类划分。④ 这些丰富而翔实的史料，为上海市通志的撰写奠定了坚实的基础。

在收集资料的基础上，上海市通志馆还对搜集的志料进行系统整理，将征信录、西文书籍、杂志创刊号、上海地图、清代上海县署档案和上海市政府出版图书六大类目录分别编写成《上海市通志馆收藏图书目录》第1号至第6号。为了编纂方便，通志馆以通志各编目为准分类编制报纸索引卡4万多张，按学科分类编制杂志索引卡2500张。⑤

此外，上海通志馆还出版一些稀见而有价值的文献。如1935年，以上海通社名义编辑出版一套汇集元、明、清三朝有关上海发展文献的

① 柴志光主编：《浦东古旧书经眼录》，上海：上海远东出版社2009年版，第4页。
② 熊月之主编：《稀见上海史志资料丛书·上海市大观》(7)，上海：上海书店出版社2012年版，第270页。
③ 熊月之主编：《稀见上海史志资料丛书·上海市大观》(7)，上海：上海书店出版社2012年版，第270页。
④ 上海市年鉴委员会编：《上海市年鉴》(民国二十六年)，1937年，第56—64页。
⑤ 上海市年鉴委员会编：《上海市年鉴》(民国二十六年)，1937年，第56—64页。

丛书——《上海掌故丛书》。该书收录乡贤著作 14 种,共计 31 卷,其中,元人撰、明人撰各 1 种,其余 12 种均为清人撰,汇为 1 集 10 册。这些书,有的从未刊行过,有的散佚已久,当时搜集实属不易,至今对研究元明清上海地区政治社会经济史仍具有重要参考价值。1937 年,通志馆将明弘治《上海县志》摄影后,交由中华书局于 1940 年影印出版,书后附有柳亚子 1937 年所写叙述旧志源流和访书经过的题跋。

柳亚子在主持通志馆工作期间,展现出两种截然不同的办事风格:一是行政上举重若轻的风格。照例,馆长主持馆务,应该天天去办公。但是,柳亚子举重若轻,放手让下面人分工负责,自己并不上班。举凡馆中一切事务,如编预算、去市政府领款、发薪水、雇事务员等,都由副馆长朱少屏一手包办;把通志的编辑事宜,交由编纂主任徐蔚南全权负责,其他编纂,则分别负责撰写各自承担的任务。二是在审稿上严格精细的作风。柳亚子并不承担具体的撰稿任务,但他在家中以惊人的精力倾注于审阅志稿。每一篇稿,他都认真、反复地审核,对于记述有无错误或矛盾,结构安排是否恰当,内容有无缺失,文字是否确切等,一一仔细考虑,向写稿者用商榷口吻提出修改意见。编纂们写的志稿,每完成一个章节,就由听差送到柳宅。他审阅时发现问题,随即写信由听差送给作者。编纂们写去的复信,他往往又有批复。他一人审阅十几位编纂撰写的文稿,有时一位编纂会在一天内收到他好几封信。这一切常常令知情者惊叹不止。

随着研究工作深入和编纂工作推进,《上海市通志》编纂计划也有相应调整,完成初稿时间从最初的半年逐渐延长到四五年。到 1937 年全面抗战爆发时,已经完成沿革、公共租界、法租界、政治、外交、金融、学艺、社会事业 8 编初稿,地文、工业、大事记 3 编初稿即将完成,其中沿革、公共租界、法租界 3 编已审订为定稿,准备付排,而剩余的 14 编尚在进行中。[1] 1936 年底,上海市通志馆与中华书局订立合同,由该书局印刷出版。开卷的 3 编——《沿革编》《公共租界编》《法租界编》亦已先行排版,并陆续印出校样。但是,由于全面抗战爆发,通志馆暂行解

① 胡朴安:《市通志馆之过去与现在》(1946 年 4 月 22 日),《上海市政公报》第 3 卷第 8 期。

散,这 3 编已排版的文稿未能公之于世。

除编撰上海市通志外,柳亚子还围绕这一中心工作,采取一系列颇具开创性的举措,如出版《上海市通志馆期刊》,支持成立上海通社创办专栏,编辑和出版《上海市年鉴》,举办讲学和展览等社会服务活动。

出版《上海市通志馆期刊》 到 1933 年 4 月,学艺、法租界、社会事业、金融 4 编初稿已经完成,公共租界、外交、沿革 3 编初稿即将完成。在通志撰稿过程中,采集志料的困难日益凸现出来。在这种情况下,上海市通志馆决定出版《上海市通志馆期刊》,将完成的通志初稿编印出来,向学者请教,并征求"大众的批评"。同时,借此宣传上海市通志的重要,希望世人在"志料的搜罗上予以援助和便利"。①

1933 年 6 月,《上海市通志馆期刊》创刊号出版。此后,按季出版,至 1935 年 3 月,共出 2 卷 8 期,收录有关上海沿革、公共租界、法租界、地文、政治、外交、金融、工业、教育、学艺、社会、附录等 12 个方面的专题论文 58 篇。

《上海市通志馆期刊》旨在向各正式机关及专门学者征求意见,不公开发售,故每期印数极其有限。期刊出版后,广受欢迎,"极为中外人士所重视",广西省政府、湖南中山大学,香港英国人士及美国哈佛大学等纷纷索取期刊。② 然而,每每"尚未遍赠,即已承索无遗",而本市及各地团体个人往往因未得阅读,迭向函索,通志馆"无以为应,深以为憾"。1934 年 6 月,在期刊出版满年之时,通志馆将一年所出期刊,重加细校,添印 300 份,汇订成册,聊应需要。③

由于经费缺乏,《上海市通志馆期刊》于 1935 年 3 月后停刊。但是,期刊备受赞赏,有的甚至已译为英、日文。考虑到期刊供不应求,通志馆又于 1935 年取期刊中自成段落且重要者抽印十种,每种印 500 份,定价出售:(1)吴淞江;(2)上海的风雨;(3)上海的银行;(4)上海的日报;(5)上海图书馆史;(6)上海的定期刊物;(7)上海的文艺团体;

---

① 《发刊词》,上海市通志馆编:《上海市通志馆期刊》第 1 卷第 1 期。
② 《上海研究消息》,《大晚报》1934 年 2 月 12 日,转引自陈鸿:《乱世修志——上海市通志馆研究》,华东师范大学 2009 届硕士毕业论文。
③ 《市通志馆出版期刊汇订本》,《申报》1934 年 5 月 27 日。

(8)上海在太平天国时代；(9)关于上海的书目提要；(10)上海新闻事业之史的发展。

《上海市通志馆期刊》的创办，实际上为通志馆开辟了一个学术切磋和业务交流的专业平台，扩大了通志馆在学界和方志界的影响，从而为通志馆的修志工作创造了一个良好环境。

支持成立上海通社 1934年，在柳亚子鼓励支持下，徐蔚南、吴静山发起组织上海通社，其他编纂全部加入，另亦有少数社会人士参加。因此，柳亚子指出，上海通社与上海市通志馆的关系是"孪生的姊妹"。上海通社是一个探索上海史的业余学术团体，其宗旨是"以客观的立场，用科学的方法整理上海历史，研究上海现代文化"。他们上班撰写通志文稿，业余写作，发表读者喜闻乐见的地方史文章。

上海通社首先同《大晚报》进行合作，在《大晚报》上开辟"上海通"周刊专栏，刊载有关上海的掌故文章，亦有社会政治、自然地理和人物传记等，受到读者的热烈欢迎，取得巨大成功。其后，上海通社相继在《时事新报》《民报》上开设《老上海》版、《上海研究》号(在出至第24次后易名为《上海通》，取代《大晚报》的《上海通》)。此外，上海通社还向《申报》《时报》《大美晚报》等报不定期提供稿件。①

1936年5月，《上海研究资料》出版，由中华书局印行。此书为上海通社1934年、1935年在《大晚报》的《上海通》周刊及各报上陆续发表的各种文字"加以取舍、修订，汇印而成"②，共收录16门48篇文章。柳亚子在序言中指出，这本40万字论文集，既"表示了上海通社的成绩，同时也表示了通志馆的成绩"，"我们是应该何等的欣喜呀！"他还特别强调，这40万字巨著都是通志馆同人的业余工作，"希望读者诸君欣赏我们的成绩，尤其希望读者诸君能够了解我们穷干、苦干、实干的精神！"③ 1937年，上海通社又将1936年间陆续发表的74篇文章汇集成40余万

---

① 陈鸿：《乱世修志——上海市通志馆研究》，华东师范大学2009届硕士毕业论文；王慧：《"欲凭文字播风潮"：南社人与上海市通志馆》，《理论界》2015年第3期。

② 《凡例》，上海通社编：《上海研究资料》，上海：上海书店1984年影印本，《凡例》第1页。

③ 柳亚子：《〈上海研究资料〉叙》，上海通社编：《上海研究资料》，上海：上海书店1984年影印本，柳序第2—4页。

字《上海研究资料续集》。因抗战爆发,此书延至 1939 年 8 月由中华书局印行。

1984 年,上海书店将《上海研究资料》及其续集影印出版。《上海研究资料》及其续集,虽然溯及上海古代历史,但主要记载的是鸦片战争后上海的政治、经济、文化、社会等方面的变化,因而至今仍是研究近代以来上海社会历史的主要参考资料之一。

上海通社的组建,实际上为上海市通志馆建立了一个专业学术社团(相当于今天的学会)。上海通社在报刊上刊登普及性文章,引起市民对上海史的浓厚兴趣,不仅有力推动上海史研究,而且还实际上搭建了一个宣传推广上海市通志的大众化平台,扩大了上海市通志馆和上海市通志的社会影响,有利于获得政府和社会更多的支持和帮助。

编辑和出版《上海市年鉴》 早在 1931 年 8 月,上海市通志馆筹备委员会即向上海市政府提出编纂《上海年鉴》的建议,认为其既可"供留心现势者之需要",又可"备勒成通志之采撷"。[1]

1934 年,通志馆决定将编纂年鉴计划付诸实施,每年编印一部《上海市年鉴》。编写年鉴主要是为了"使寰球人士,咸知上海之所以为上海",[2]同时也是为了保存史料以备将来修志之用,因为"一市有一市的年鉴,然后一市通志可以根据年鉴以修"[3]。1934 年 12 月,年鉴编纂委员会成立,由徐蔚南任主席,其余 10 位编纂为委员,具体负责年鉴编辑工作。经过几个月奋斗,1935 年 4 月,《上海市年鉴》(民国 24 年)正式出版。年鉴除特载和大事概要外,有土地、人口、天时、气象、党务、行政、司法、外交、军事、财政、租界、金融、教育、交通、工商业、农业、渔牧、学艺、宗教、社会事业、时事日志、名人录等 20 余项,甚为详备,全鉴长达 1247 页,堪称皇皇巨著。

1935 年年鉴刊行后,社会反响极佳,"各界已咸称便利,中外报社视之若为上海资料之无穷库藏,竞相取材,继续不断,且有誉为我国空前创作,足以弥补百年来近代史之缺憾者。"1936 年,中外热心之

① 上海市政府指令第 11416 号(1931 年 8 月 10 日),《上海市政府公报》第 99 期。
② 柳亚子:《〈上海市年鉴〉序》,上海市年鉴委员会编:《上海市年鉴》(民国 24 年),1935 年,第 2 页。
③ 胡朴安:《〈上海市年鉴〉序》,上海市年鉴委员会编:《上海市年鉴》(民国 35 年),1946 年,第 1 页。

士,纷纷垂询,请求继续刊行。而吴铁城市长亦认为,《年鉴》"足资多方参考,不可或缺,年辑一编,势已成为必然之举"①。1936年、1937年,通志馆循照旧例,设年鉴委员会,略加改进,又相继编辑出版两部年鉴,比第一部年鉴篇幅更为宏大,内容更为严谨详尽,亦获舆论界一致好评。

《上海市年鉴》的编纂,首次成功地把发源于西方的年鉴引进到方志工作中来,将为现实服务与储备修志资料有机结合起来,从而拓展了方志工作的新领域。

举办讲学和展览 上海市通志馆同人还通过讲座、播音和展览等方式服务社会,扩大社会影响。自1935年起,通志馆编纂就应相关机构和学校的邀请,举办关于上海历史方面的讲座。从1936年4月2日开始,上海市广播电台特辟《上海历史》一栏,每周一次,邀请通志馆编纂对电台听众做历史演讲,宣扬上海历史。据统计,至1937年7月21日,上海市通志馆同人演讲61人次,播音总时长30多小时。②1937年,通志馆与上海市博物馆合作兴办上海文献展览会,"关于历史部分展览品之征集与陈列,悉由该馆规画布置,深得当时参观者之赞许。"③

1937年八一三淞沪抗战失利后,通志馆被迫停止工作。其后,"曾将较为完整之资料,装十二大箱,寄存在中华书局货栈之内,其较为普通之资料,则悉数寄存于震旦大学图书馆。"④

抗战胜利后,恢复后的上海市通志馆归拢分藏各处的资料,一度继续编撰上海市通志,稍后则主要从事编纂和出版上海市年鉴工作,其后改组为上海文献委员会。

1949年上海解放后,前述重要文献和资料,几经辗转,保存在上海市历史博物馆。现在留存下来相对比较完整的稿件实际只有沿革、公

① 《弁言》,上海市年鉴委员会编:《上海市年鉴》(民国25年),1936年,第1页。
② 曾荣:《民国通志馆与近代方志转型》,北京:社会科学文献出版社2018年版,第145页。
③ 熊月之主编:《稀见上海史志资料丛书·上海市大观》(7),上海:上海书店出版社2012年版,第270页。
④ 胡朴安:《市通志馆之过去与现在》(1946年4月22日),《上海市政公报》第3卷第8期。

共租界、法租界、地文、政治、党务、外交、教育、金融、宗教、学艺、社会事业、风土、大事记 14 编,实际字数为 355.3 万字;尚未完成的 11 编则仅存目录和 21 箱资料,①其中多数为原始资料,手稿仅占小部分,且大多残缺破损。② 2012 年 7 月,上海市地方志办公室和上海市历史博物馆进行协商,决定将藏于上海市历史博物馆的 14 编通志稿整理出版。因为原稿件的前 3 编在民国时期已经完成排版审校,由这 3 编内容整理汇编成的《民国上海市通志稿》(第 1 册)于 2013 年率先出版。其后,民国时期尚未完全定稿的志稿则按照原稿假定篇目顺序继续整理,最终汇编为 2019 年出版的《民国上海市通志稿》第 2、3、4 册,计约 730 万字。

柳亚子在担任上海市通志馆馆长期间,成绩卓异,硕果累累,并产生重要而深远的影响。

第一,为后人研究上海历史提供大量珍贵而可靠的资料。

不仅民国《上海市通志》中收集保存大量经过整理的资料,尤其难得的是,还保存了上海市通志馆当年由各方面学者专家征集和收藏的大量珍贵资料。故有人指出:"民国《上海市通志稿》和上海市通志馆馆藏资料是研究上海近代史以及中国近代史的重要文献和资料宝库。"③

第二,《上海市通志稿》在方志学上具有极高的学术价值。

《上海市通志》率先采用白话文,在当时开风气之先,极具前瞻性。柳亚子当年确定的"详今略古"的修志原则,至今仍广泛运用于当代修志实践。在体例上,融继承和创新于一体,采取对旧志斟酌损益、新增门类,并"注重反映时代特性和地域特征"。④ 为了反映近代上海租界林立的状况及其对上海政治、经济、社会、文化等多方面的深刻影响,柳亚

---

① 朱敏彦、胡训珉:《民国时期旧志整理出版探讨——以民国〈上海市通志稿〉为例》,张英聘主编:《第三届中国地方志学术年会两岸四地方志文献学术研讨会论文集》,北京:方志出版社 2014 年版,第 668—669 页。

② 胡训珉:《〈民国上海市通志稿〉整理偶得》,载上海市地方志办公室、上海市地方史志学会编:《上海方志研究论丛》(第 3 辑),上海:上海书店出版社 2017 年版,第 277 页。

③ 朱敏彦、胡训珉:《民国时期旧志整理出版探讨——以民国〈上海市通志稿〉为例》,张英聘主编:《第三届中国地方志学术年会两岸四地方志文献学术研讨会论文集》,北京:方志出版社 2014 年版,第 669 页。

④ 曾荣:《民国通志馆与近代方志转型》,北京:社会科学文献出版社 2018 年版,第 166—167 页。

子在拟定通志篇目时,就考虑"上海在近代史上的特征",专门设立公共租界和法租界两编。

上海市通志馆,"实以科学方法研究地方史料之首创者"。① 上海市通志还力图把西方先进的科学运用到修志中。如风土编的方言记部分运用现代语言学的方法来研究上海方言,使用国际音标,重点描写上海方言的声韵调系统及拼合情况,保存有大量记录当时语音的字表,附有发音示意图,并联系古代音韵来观察上海话的古今变化,对研究上海方言具有十分重要的意义。尤其值得一提的是,方言记的撰写者吸收了20世纪30年代世界上非常先进的实验语音学的理论和方法,用 X 光照相机"直接摄取上海音系基本音位的发音部位图,在图上测定上海音系基本音位的绝对音值"。②

胡训珉指出,《民国上海市通志稿》在方志学上有很高学术价值,在新旧方志学之间,树立起一个特征鲜明的标杆。它的问世,可以为当代新方志的编纂工作提供一个参照和借鉴的范本。③

第三,上海市通志馆在方志发展史上具有重大开拓意义和深远影响。

柳亚子的编刊、创办上海通社并办报刊专栏、编纂《上海市年鉴》、举办讲学和展览等大胆探索,拓展了上海市通志馆的业务范围,扩大上海市通志馆的社会影响,从而有力地促进了上海市通志的编撰工作。这些大胆探索和成功实践,不仅在当时引起高度关注和产生重大反响,而且对于当代修志机构的业务范围、机构设置等方面都产生极为深远的影响,这可视为柳亚子对方志事业的一大贡献。曾荣称赞上海市通志馆在中国方志发展史上,"建立起一个以修志为主业,编鉴、创刊、兴社、办报、讲学等多业并举的发展格局,由此从修志机构的业务拓展、人事运作与发展动力三个方面,展示了修志机构长效化运作在近代方志

① 柳亚子:《〈上海市年鉴〉序》,上海市年鉴委员会编:《上海市年鉴》(民国 24 年),1935 年,第 1 页。
② 罗昕、刘欣雨:《〈民国上海市通志稿〉:一部"有态度"的地方志》,《澎湃新闻》2019 年 8 月 13 日。
③ 胡训珉:《〈民国上海市通志稿〉整理偶得》,上海市地方志办公室、上海市地方史志学会编:《上海方志研究论丛》(第 3 辑),上海:上海书店出版社 2017 年版,第 279 页。

发展史上的积极意义。"①

五 南社的纪念与回顾

1927年后,南社辉煌历史已经过去,但是,南社巨大影响依然存在,许多南社社员还活跃在文化界和政界。此时,南社社员之间原来因政治主张不同而形同决裂的局面亦不复存在。于是,一些南社社友颇想恢复南社。

1928年11月12日,陈去病、朱梁任等发起在苏州虎丘冷香阁举行南社20周年纪念,有40人到会。柳亚子获邀参会,但因患疟疾而未能赴会。这次会议准备恢复南社,并提出11条决议案,但后来并未取得任何进展。

1933年10月4日,陈去病在故乡同里病逝,终年60岁。柳亚子闻耗,即撰七绝一首。诗云:"壮思翻海洗天河,老抑雄心掩薜萝。文献松陵今已矣,书城难挽鲁阳戈。"②次年3月4日,柳亚子、胡朴安等南社社友与上海市市长吴铁城在上海西藏路宁波同乡会为陈去病举行追悼会。与会者600余人,柳亚子作为南社代表宣读祭文。会毕,在北四川路新亚酒店晚宴,举行南社临时雅集,到社友与非社友109人。会上,柳亚子仿《东林点将录》与《乾嘉诗坛点将录》,开拟梁山水泊英雄《水浒传》一百零八人名单,推蔡元培为"托塔天王"晁盖,以"天魁星呼保义"宋江自居。

1935年11月10日,柳亚子等南社同人,公葬陈去病于苏州虎丘南麓冷香阁下。当晚在城内中央饭店晚宴,举行南社临时雅集,到社友18人。

在1934年、1935年两次南社临时雅集中,都有人提议恢复南社。柳亚子对此坚决反对,他认为南社早已成为历史名词,"复兴非但是不

---

① 曾荣:《民国通志馆与近代方志转型》,北京:社会科学文献出版社2018年版,第135页。
② 《哭陈巢南,十月四日》,中国革命博物馆编:《柳亚子文集——磨剑室诗词集》(上),上海:上海人民出版社1985年版,第704页。

必要,并且也是不可能。"不过,他表示,"替南社做纪念是可以的。"①由于柳亚子坚决反对恢复南社,大家也就闭口不提。但是,此后,南社社友每每碰到柳亚子,常常追问着南社究竟用怎样方式来纪念呢?并且到几时才可以有纪念的方式呢?柳亚子禁不住人家这样的逼迫,终于在 1935 年 12 月竖起了南社纪念会的大旗。

　　1935 年 12 月 29 日,柳亚子与陈陶遗在西藏路晋隆西菜社联名请客,到会的有 21 人,宣告南社纪念会正式成立。这次聚会实际上是南社纪念会的第一次聚餐会。柳亚子被推为当然会长。席上,柳亚子分发了《南社纪念会宣言》《南社纪念会条例》。《宣言》重申南社已为历史名词,恢复南社"不特事实上不可能,在理论上也非必要"。不过,"南社的文学是绝对不需要复活的了,南社的精神却还有可以纪念的价值。""我们现在发起这南社纪念会,一方面是追慕过去的光荣,一方面还希望未来的努力。"②《条例》则称:"本会以纪念南社及新南社过去在文坛历史上之光荣为宗旨。""南社社友及新南社社友为本会当然会员","非社友而表同情于南社及新南社者",可经当然会员二人以上之介绍,"得加入为志愿会员"。③ 南社纪念会附设于上海市通志馆内,由通志馆的三位编纂蒋慎吾、郭孝先和胡道静分任书记、会计和庶务。

　　1936 年 2 月 7 日,恰逢旧历元宵节,南社纪念会在上海福州路同兴楼举行第二次聚餐。截至 2 月初,填表登记南社纪念会的当然会员有 182 位,志愿会员 215 位,共计有 397 位。当日出席聚餐会的共有 151 人,分为 14 桌,参加人数之多,为历次南社聚餐会之最,柳亚子称之为"灵山一会"。这次聚餐会推举蔡元培担任南社纪念会名誉会长,郭孝先、蒋慎吾、胡道静分别改任会计部主任、文书部主任、事务部主任,并增设编辑部,推举徐蔚南为编辑部主任,计划出版《南社纪念会月刊》及《南社纪念会丛书》。

　　可是,在南社纪念会召开第二次聚餐会后不久,柳亚子于 1936 年 3 月间脑病发作,百举俱废。如此一来,南社纪念会就未召开正式雅

① 柳无忌编:《柳亚子文集——南社纪略》,上海:上海人民出版社 1983 年版,第 128 页。
② 柳无忌编:《柳亚子文集——南社纪略》,上海:上海人民出版社 1983 年版,第 130 页。
③ 柳无忌编:《柳亚子文集——南社纪略》,上海:上海人民出版社 1983 年版,第 131 页。

集和聚餐会，原来的编辑计划几乎未能进行。月刊根本就未出版，丛书只出版《柳溪诗徵》1册，这是已故南社社友周芷畦的遗著，由中华书局印行。

南社的巨大影响与南社纪念会声势浩大的活动，引起了社会上的瞩目，因此，就常常有人找柳亚子写南社历史。但柳亚子觉得南社历史较为复杂，一时不知从何说起，总觉得写不起来。

1935年下半年，黄萍荪创办《越风》半月刊，又托人来请柳亚子写一些，柳自己不想写，便介绍社友胡寄尘来写。胡寄尘写了一篇《南社的始末》，在《越风》第1期发表。胡寄尘写了九章，柳亚子认为"是很足够的了"，胡寄尘却说："这只是南社历史的'一斑'，希望有人出来做'全豹'的工作。"①同时，又常常有人在报纸副刊上写些南社杂记，但不正确的居多。这样一来，柳亚子觉得自己"似乎不能不有所表示了"。1935年12月14日，柳亚子便写下《读南社补记后答张破浪先生》，纠正了南社社友张破浪的一些错误说法，并表示准备写一篇《我和南社的关系》，把自己对于南社的见解完全表达出来。

此后，柳亚子便开始着手写作。由于当时柳亚子精神处于亢奋状态，《我和南社的关系》一度写得较快，并将部分内容在刊物上发表出来。与此同时，柳亚子还撰写了《我和朱鸳雏的公案》《南社雅集在上海》《我对于南社的估价》《关于新南社及其他》《南社纪念会聚餐记》《南社大事记》6篇文章和通信。

然而，过了几个月，到1936年3月，柳亚子脑疾突然发作，神经处于麻木状态，《我和南社的关系》便耽搁下来。直到1938年下半年脑疾稍轻后，柳亚子才勉强续笔完稿。1940年11月，在即将离开上海赴香港之前，他将《我和南社的关系》与其他7篇文章汇集在一起编成《南社纪略》，交给开华书局印行。同年12月，该书随即出版，堪称神速。

作为南社的"二十五史"，《南社纪略》以柳亚子个人亲身经历为主线，全面地叙述了南社从酝酿到解体，解体之后的"新南社"以及"南社

---

① 柳无忌编：《柳亚子文集——南社纪略》，上海：上海人民出版社1983年版，第1页。

纪念会"数十年的历史。

柳亚子是撰写南社历史的最恰当人选。他不仅是南社重要首倡者之一,而且长期担任南社编辑工作,几乎亲历南社各个重大事件。更为难得的是,柳亚子注意保留文献,有关南社历史的零碎资料都有留存。例如历次雅集通知、陆续寄来的入社书,都是极易丢弃的东西,柳亚子把它们全都保存起来。这样,每次雅集的时间、参加人员都有确切依据。当然,南社成立前的酝酿过程和某些雅集资料依然缺乏,但柳亚子利用自己的诗作和通过查阅报刊将其补齐。

柳亚子是个性鲜明的人物,主观色彩和自我意识都非常浓厚,因此,《南社纪略》便不可避免带上柳亚子的个人认识和主观偏好。然而,从总体上来说,《南社纪略》一书基本上体现了史书客观求实的原则。如张家花园的"革命",如实地记载了柳亚子和俞剑华密谋夺取南社编辑权的经过,也平实叙述柳亚子因第7次愚园雅集自己主张未被采纳而出社的风波以及后来重新入社的经过。值得肯定的是,他能较为客观地评价南社的历史作用,并正确地看待南社内部纷争。早在1936年,柳亚子就在"开场白"指出:"有许多人的记载,把南社评价过高,夸张它对于革命的功绩。这在我,是觉得很惭愧的。要我写南社历史的人,都希望我写些南社和革命有关的历史,这在我,也不能使得希望者满意。"[1]他并不讳言和回避南社内部纷争,而是坦然直陈:"讲南社的历史,倒有一部分是'内讧'的历史。所谓'内讧',也并不一定和思想的斗争有关,甚而至于只是些个人意见的争持吧了。"[2]尤为难得的是,他在回顾南社时还表现出深深的忏悔之情,这在《我和朱鸳雏的公案》一文中表现最为明显。该文一开篇便表明写作动机:"一方面,我是在求解除良心上的痛苦;一方面,也算对于鸳雏亡友并当时的一干关系人,作一个忏悔的告白吧。"[3]在文中,他又自我检讨"那时候,我正是年少气盛,狂放到不可一世";[4]在文末,他

① 柳无忌编:《柳亚子文集——南社纪略》,上海:上海人民出版社1983年版,第1页。
② 柳无忌编:《柳亚子文集——南社纪略》,上海:上海人民出版社1983年版,第1—2页。
③ 柳无忌编:《柳亚子文集——南社纪略》,上海:上海人民出版社1983年版,第149页。
④ 柳无忌编:《柳亚子文集——南社纪略》,上海:上海人民出版社1983年版,第150页。

沉痛地指出："这一次的公案，自然鸳雏是最冤枉的了。首难的是野鹤，结果却退出了是非之场。帮凶者大有人在，歪诗还是人家做了用他名义来发表的，而他老人家又不肯出头更正，实做了顶凶。在我也肝火旺得一塌糊涂，几乎逢人便骂，终于搅散了南社的道场。……这样，（鸳雏）闹得四面碰壁，自然他内心也很苦痛，后来便郁郁而亡，年纪好象还不满三十吧。我虽不杀伯仁，伯仁由我而死，我是觉得很痛心的。"①这里的追悔和自责之情溢于言表。

---

① 柳无忌编：《柳亚子文集——南社纪略》，上海：上海人民出版社1983年版，第153—154页。

第十章 全面抗战八年

一 全面抗战之初

1937年7月8日晨,柳亚子因为牙病,正在一位医生处候诊,看到报纸,才知道日本帝国主义在卢沟桥挑起战火。其时,柳亚子还处于神经极度衰弱时期,杜门谢客,不问世事。

柳亚子在1938年写成的《我和南社的关系》的"结尾"中,曾对自己的病症做过详尽的描述:

> 自从一九二七年(民国十六年)以来,我的神经衰弱症便开始发作了。其实呢,也可以说是有些神经变态,变态的现状怎么样?就是在短时期中间神经兴奋,像火一般的狂热,甚么事情都高兴做,并且一天能写几千言的白话文和几十首的旧体诗。而在长时期中间却神经麻木,像冰一般的奇冷,甚么事情都不高兴做,并且不论诗和文章,一个字都写不出来。这是屡试而屡验的事情。……一年中有四五个月神经兴奋,七八个月神经麻木,过了这七八个月,又会兴奋起来了。①

上文中,柳亚子将自己所患之病称为"神经衰弱症"。但在大多数时候,他将此病称为"脑疾"。实际上,柳亚子患的是典型的躁狂抑郁症

① 柳无忌编:《柳亚子文集——南社纪略》,上海:上海人民出版社1983年版,第141—142页。

（简称躁抑症）。

躁抑症是一种情感精神障碍疾病，主要表现是显著而持久的情感高涨或低落，并伴有思维和行为的改变。躁狂期的典型表现为情绪高涨、思维敏捷和言语动作增多，这就是柳亚子所说的"神经兴奋"。而抑郁期的典型表现则为情绪低落，思维迟钝及言语动作减少，这也就是柳亚子所说的"神经衰弱"。

据柳亚子自己分析，他的病症起源于 10 岁时受到俞文伯老师的影响与刺激，前文已有述及。到 1927 年后，他的脑疾便开始周期性发作，只是最初症状尚较为温和，但到 1935 年底后，便变得极其强烈。

从 1935 年底到 1936 年 3 月为止，是柳亚子神经兴奋时期，也是柳亚子的躁狂期。他不仅"搅成了南社纪念会"，而且帮助开华书局出版《南社诗集》，还开始动笔来写《我和南社的关系》一文。1936 年 3 月间，柳亚子和朱少屏、秦毓鎏等畅游宜兴、无锡，回到上海后，一个不高兴，忽然老病复发，进入神经衰弱期，也就是抑郁期。他非但不能继续写作《我与南社的关系》，而且"连已写成的也认为多事，失掉了发表的勇气"①。

随着日本帝国主义步步紧逼，蒋介石在华北事变后对日政策逐渐强硬，同时对共产党军队由军事围剿改为"剿抚"并用，但是，他仍然顽固坚持"攘外必先安内"的国策，试图"收编"共产党军队和压制抗日救亡运动。1936 年 11 月，蒋介石悍然下令逮捕全国各界救国会领袖沈钧儒、章乃器、邹韬奋、李公朴、沙千里、王造时、史良 7 人，制造震惊全国的"七君子"事件。12 月上旬，蒋介石又亲率党政大员到西安，企图逼迫张学良、杨虎城进剿"红军"。张学良、杨虎城在百般劝谏无效的情况下，毅然于 12 月 12 日发动震惊中外的西安事变，扣留蒋介石及其随行大员，并通电全国提出了改组南京政府、停止一切内战、开放民众爱国运动等八项抗日主张。中国共产党从民族大义出发，确定促成事变和平解决的基本方针，并派周恩来等到西安，参加谈判，迫使蒋介石做出停止"剿共"、联合红军抗日等六项承诺。随后，张学良亲自陪同蒋介石

---

① 柳无忌编：《柳亚子文集——南社纪略》，上海：上海人民出版社 1983 年版，第 142 页。

回南京,使西安事变得以和平解决,由此结束十年之久的内战,并促成以国共合作为基础的抗日民族统一战线的初步形成。对于外面形势的巨变,当时处于神经麻木时期的柳亚子并未参与其中。他后来不无愧疚地回忆说:自己当时"心上冷冷热热,总觉得没有投身大时代的勇气,只做了一个可怜的旁观者"。①

1937 年暑假开始,柳无忌夫妇自天津返沪度假。柳无非一家从真茹暨南大学搬到柳亚子寓所。无垢也于数月前自美归国。合家团聚,真是难得的鸥梦重圆。

1937 年秋柳亚子全家合影

7 月 7 日,日军突然在卢沟桥发动进攻,炮轰宛平城,中国驻军奋起抵抗,由此中国人民艰苦卓绝的全面抗战终于拉开序幕。8 年后,柳亚子仍清楚记得他从报上得知卢沟桥炮火消息时,自己还在牙医诊所候诊。

7 月 28 日、30 日,日本军队相继占领北平、天津。7 月 31 日,蒋介石发表《告抗战全体将士书》,称"既然和平绝望,只有抗战到底",由此宣告抗战全面爆发。8 月 13 日,日军重兵进攻上海,妄图三个月内灭亡中国,中国军队奋起反抗,第二次淞沪抗战爆发。

① 柳无忌、柳无非编:《柳亚子文集——自传·年谱·日记》,上海:上海人民出版社 1986 年版,第 216 页。

　　七七事变的第二天，中共中央发布通电，号召全中国军民团结起来抵抗日本侵略。7月15日，中共中央将《中共中央为公布国共合作宣言》送交蒋介石。《宣言》提出发动全民族抗战、实行民主政治和改善人民生活三项基本要求，重申中共为实现国共合作的四项保证。9月22日，国民党中央通讯社发表了《中共中央为公布国共合作宣言》。次日，蒋介石发表谈话，实际上承认共产党的合法地位。至此，抗日民族统一战线正式形成，第二次国共合作开始。

　　全民族共同抗战局面的形成，使柳亚子振奋起来。他自谓："数年积愤，为之一摅。自恨孱躯，不能执干戈以卫社稷耳！"①于是，本来在神经衰弱时期从不过问外事的柳亚子，也一改常态，频频在报刊上发表文章和接受记者采访。

　　平津沦陷以后，全国舆论意识到日本有可能利用交通便利，进一步占领华北数省，因此，大家目光都聚焦于华北抗战。但是，柳亚子在8月1日从报上阅读了察北匪伪活动频繁的消息后，立即意识到问题严重性，随即于8月2日在《申报》发表《维护察北》一文。他指出，察绥是我们的西北屏障，"故我们欲保全西北诸省的完整，应当竭力维护察绥领土主权的安全。"②

　　8月29日，柳亚子在《申报》发表《大时代下青年的使命》，呼吁广大青年"际此国脉绝续的非常时期"，要"齐一意志步伐来肩负'抗敌救亡'的使命"。③

　　10月27日，《救亡日报》上刊载柳亚子接受采访的实录。记者问："国共两党携手抗日，先生感想怎样？"柳亚子明确回答："这正是遵守孙中山先生的遗教。"他同时表示："抗战中的农工生活问题，联合友邦问题，都须照着孙先生所指示的做才行。"④据记者报道："从柳先生眼里所

① 柳无忌、柳无非编：《柳亚子文集——自传·年谱·日记》，上海：上海人民出版社1986年版，第30页。

②《维护察北》，中国革命博物馆等编：《柳亚子文集——磨剑室文录》（下），上海：上海人民出版社1993年版，第1189页。

③《大时代下青年的使命》，中国革命博物馆等编：《柳亚子文集——磨剑室文录》（下），上海：上海人民出版社1993年版，第1190页。

④ 杨天石：《柳亚子与国共合作》，中国国民党革命委员会中央委员会等编：《柳亚子纪念文集》，北京：中国文史出版社1987年版，第138页。

射出的光芒看来,革命的火焰显然又在他的心中燃烧起来了。"①

全面抗战爆发初期,国民党江苏省党部时期的同事姚尔觉和干女儿谢冰莹的到访,打破了柳亚子神经衰弱时期很少见客的旧习。

抗战全面爆发后,在日本留学的姚尔觉立即返回国内,来到上海。淞沪抗战爆发后,正在衡山养病的谢冰莹,很快就率领湖南妇女战地服务团,前往上海开展战地救护工作。

姚尔觉和谢冰莹两人到上海后,先后来看望柳亚子。谢冰莹还在柳亚子家会客室住了几夜。尽管柳亚子当时处于神经衰弱时期,又患有失眠、肠胃病,但是,姚、谢两人的到来,还是为柳亚子带来不少生气与活力。柳亚子在姚、谢两位陪同下,前往拜访郭沫若。柳亚子1926年5月上旬曾在广州接受江苏旅粤同乡会宴请时,得识时任中山大学文学院院长的郭沫若。大革命失败后,郭被迫逃亡日本,从事学术研究。郭在全面抗战爆发后即从日本回国,在上海小住。柳郭二人谈起1926年首次会晤,彼此都有沧海桑田、不胜今昔之感。姚尔觉还介绍一些青年男女到柳宅谈天说地,柳亚子也扶病见客。柳亚子在廖梦醒陪同下,赴陈志皋、黄定慧夫妇举办的茶会,除重逢郭沫若外,还会晤田汉、夏衍、范长江等人。黄定慧提议创办一个新的刊物——《熔炉》,志在促进国共合作,大家均表赞同。可惜,当天正值大场失守,淞沪抗战已近尾声,这个刊物并未办起来。

9月间,柳无忌女儿光南、柳无垢儿子光辽先后出生。柳无垢儿子出生在9月18日,后来柳亚子特地为其起名"光辽",以铭记收复河山之志。

柳亚子还鼓励和支持干女儿谢冰莹和儿子柳无忌为国家抗战做贡献。10月3日,柳亚子为谢冰莹写了一首五绝《送冰莹赴前线》:"三载不相亲,意气还如旧。歼敌早归来,痛饮黄龙酒。"当10月中旬中日军队在大场激战时,柳无忌冒着日军轰炸,单身自沪赴南京,黑夜翻车,幸未受伤。随后,从南京乘轮去长沙,参加北大、清华、南开三校联合组织

① 杨天石:《柳亚子》,吕慧鹃、刘波、卢达编:《中国历代著名文学家评传》(第6卷),济南:山东教育出版社2009年版,第366页。

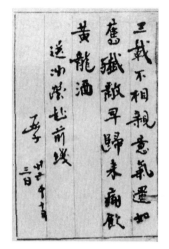

1937 年 10 月 3 日柳亚子
《送冰莹赴前线》

的临时大学。年假回沪，挈妻女远走昆明，任教于由临时大学改组的西南联合大学。

尽管中国军队在淞沪抗战中英勇作战，粉碎日军企图三个月灭亡中国的迷梦，但是，由于敌我力量悬殊，淞沪抗战在持续三月之久后最终失败。11 月 12 日，除租界以外的上海市区全部沦陷，大批进步文化人士纷纷撤往香港和内地。

许多友人也劝柳亚子离开上海，可是，柳亚子一身是病，四海无家，能走到哪里去呢？当时何香凝、廖梦醒拟赴香港，也劝柳亚子同行。不过，柳亚子觉得"经济上毫无办法"，总不能到香港做叫花子吧，便谢绝了她们的好意。11 月 26 日，柳亚子偕夫人郑佩宜同往何寓为她们送行，彼此握手送别，廖梦醒忽然"失声痛哭"，何香凝也"热泪盈眶"。① 柳亚子夫妇只好掉头不顾而去。回到家中，柳亚子又是彻夜难眠。

二　孤岛活埋庵

上海沦陷后，除城市中心为公共租界的中区、西区和法租界，日军尚未能进入外，上海四周都为沦陷区所包围，形似"孤岛"。

柳亚子在孤岛中蛰居寓所，以王夫之"七尺从天乞活埋"句意，自题寓庐为"活埋庵"。从此，柳亚子在活埋庵度过三年时光。这期间，他主要从事南明史研究，这一点留待后文再叙。此外，他还继续进行苏曼殊研究，并完成《南社纪略》的撰述工作，已见前文论述，不再赘述。

在孤岛时期，一度鸥梦重圆的大家庭也四处流散。1938 年底，柳

---

① 柳无忌、柳无非编：《柳亚子文集——自传·年谱·日记》，上海：上海人民出版社 1986 年版，第218 页。

无忌潜回上海接走妻子高霭鸿和女儿柳光南。1939年9月，柳无垢又离沪去香港，在孙夫人宋庆龄主持的保卫中国同盟工作。留下无非一家，在上海孤岛陪伴柳亚子夫妇。当时住在一起的还有柳无垢儿子光辽和从苏州避难而来的柳母费漱芳。

柳亚子在"活埋庵"中潜心著述，闭门谢客。在三年之中，柳亚子总共出门仅六七次。其中前三次在1938年，均跟经亨颐有关：一次是经普椿与廖承志在香港结婚，赴经氏沪寓家宴庆贺；第二次经氏病重，去广慈医院问疾和谈话；第三次则是经氏病故，去殡仪馆吊唁。次年，柳亚子撰七律《追悼经颐渊先生》，有句"早死羡君成解脱，余生留我砺坚贞"。后又为撰《经颐渊先生传》。

1938年，南社老友胡寄尘和刘三也相继病逝。柳亚子撰《胡寄尘挽词》七律两首，次年撰《亡友胡寄尘传》。刘三殁后，柳亚子拟为其刊行《黄叶楼遗稿》，历经战乱久久未果，至20世纪50年代初交北京图书馆珍藏。直到1996年，《黄叶楼遗稿》才得以出版。

1938年12月，汪精卫潜逃越南河内，公开发表"艳电"，叛变投敌，随后又于1939年春在日本特务保护下回到上海，开始筹组伪政权。某天，当柳亚子翻出《江楼秋思图》题咏册时，看到上面同时有廖仲恺和汪精卫的题词，不禁感慨万千，当即赋诗一首：

> 欲追构桧真可诧，便学张刘岂有成。千载薰莸今日判，忍从地下哭同盟。①

"构桧"即南宋宋高宗赵构、奸相秦桧，"张刘"指金人所立傀儡"大楚皇帝"张邦昌、"大齐皇帝"刘豫。柳亚子对汪精卫竟然像赵构、秦桧一样卖国求荣感到很诧异，预言他必将像甘当傀儡的张邦昌、刘豫那样失败。看到廖仲恺与汪精卫等大善大恶终于在今日判然分别，柳亚子禁不住想同地下的廖仲恺先生一道为曾有过汪精卫这样的"同盟者"而痛哭一场！

在活埋庵中，柳亚子潜心著述。他对自己的才能和影响有着清醒

---

① 《〈江楼秋思图〉旧卷，仲恺先烈暨夫已氏并有题句，展视忾然，为赋一绝》，中国革命博物馆编：《柳亚子文集——磨剑室诗词集》（上），上海：上海人民出版社1985年版，第850页。

的认识。友人柳非杞总是将廖仲恺与苏曼殊相提并论,柳亚子很不以为然,便在信中严肃指出:"廖先生不死,也许中国历史不是这样写法,那是真的。曼殊不死,则不会比我高明到那里去,怕也只有躲在上海租界内发牢骚吧了。此人是天才,但只是文学家的天才,不能搅实际工作,和我是同病相怜呢。"①他明知自己无力左右政治,但还是密切关注时事,并不时发表看法。

由于中日力量悬殊,加上蒋介石执行片面抗战路线,到 1938 年底,中国大半国土沦陷于日寇之手。但是,因蒋介石在全面抗战之初全力抗战,并与中国共产党通力合作,故柳亚子积极拥护蒋介石领导,并对抗战胜利充满信心。1938 年 12 月,柳亚子致信邵力子,称"最高当局抗战决心万流景仰,对于合作问题推心置腹,尤佩荩筹"。当然,柳亚子也如实地指出存在不足,如党政机构"未克尽量革新",民众动员"尤见顾忌疑虑",希望邵力子等老成谋国之士能进献忠言。②

抗日战争进入相持阶段后,蒋介石非但没有进一步广泛动员民众开展全面抗战,反而渐趋消极抗日、积极反共。1939 年 1 月,中国国民党五届五中全会确立"溶共、防共、限共、反共"的方针,并决定建立"防共委员会"和大肆进行反共宣传。会后,又散发《异党问题处理办法》《限制异党活动办法》等一系列的反共秘密文件。此后,国民党方面便大肆进行反共宣传,对陕甘宁边区加强军事封锁,还在敌后与八路军、新四军频频制造摩擦。

面对国民党内出现的反共逆流,柳亚子挺身而出,奋起批驳。1939 年 5 月,他在南社老友陆丹林于香港主编的《大风》上公开载文,赞美共产党人以国家民族利益为重的宽广胸襟和坚定意志:"试观边区之对中央,血祭十年,仇深如海,一旦联合对外,慨然愿受领导而不辞。此其胸襟之广阔,意志之坚定,真足以惊天地而泣鬼神。"③

---

① 《致柳非杞》(1940 年 1 月 13 日),上海图书馆编:《柳亚子文集——书信辑录》,上海:上海人民出版社 1985 年版,第 184 页。

② 《与邵力子书》,郭长海、金菊贞编:《柳亚子文集补编》,北京:社会科学文献出版社 2004 年版,第 223 页。

③ 《聊当面谈》,郭长海、金菊贞编:《柳亚子文集补编》,北京:社会科学文献出版社 2004 年版,第 224 页。

10 月 27 日,柳亚子草拟一封给蒋介石的电报稿,内称:"抗战已到紧要关头,对外联苏与对内联共,均应有进一步的表示。外交毋落人后,政权亟宜开放。至最后胜利目标,当以收复东北四省为最低条件。"此电因国民党驻沪代表拒绝代发而未能发出。柳亚子后来愤慨地在稿末写道:"贾生危言,宜为绛、灌所不喜,存此以示千秋万世云尔。"①

稍后,中共叛徒叶青在《大风》第 64 期上撰文称:"国民党适宜于中国,共产党不适宜于中国,因而国民党应该存在,共产党不应该存在。"②对此,柳亚子认为"极荒唐",感到很"生气"。于是,柳亚子便写信去责问陆丹林,陆答以该期非自己主编,系由他人编入。但是,柳亚子还是不依不饶,复信声明不再为该刊写稿。

1940 年 4 月 29 日,柳亚子向友人柳非杞表明自己臧否人物、衡量是非的标准:"主张团结的就是好人,主张磨擦的就是坏人",而"反×(共)就是汉奸"。③ 6 月 11 日,柳亚子致信陆丹林,再次坚决表示"摩擦事弟绝端反对"。④

尽管抗日民族统一战线内部出现反共逆流,但这丝毫未能动摇柳亚子对抗战必胜的信心。6 月 27 日,柳亚子做了一个奇特的梦。他梦见在莫斯科拜见斯大林,劝其乘德英在欧洲大战之际,先定远东。具体办法是"以飞机千架,毁灭东京,并遣红军百万,突破东四省,代中国收复失地,则中苏邦交自然巩固矣"。梦醒后,柳亚子写成一首七绝《纪梦》。诗云:

轰炸千机毁日京,红军百万定辽宁。男儿愧负仪秦舌,寰宇何年见太平。⑤

---

① 《拟上蒋总裁电稿》,中国革命博物馆等编:《柳亚子文集——磨剑室文录》(下),上海:上海人民出版社 1993 年版,第 1231 页。

② 杨天石:《柳亚子与国共合作》,中国国民党革命委员会中央委员会等编:《柳亚子纪念文集》,北京:中国文史出版社 1987 年版,第 139 页。

③ 《致柳非杞》(1940 年 4 月 29 日),上海图书馆编:《柳亚子文集——书信辑录》,上海:上海人民出版社 1985 年版,第 190 页。

④ 《与陆丹林书》,中国革命博物馆等编:《柳亚子文集——磨剑室文录》(下),上海:上海人民出版社 1993 年版,第 1252 页。

⑤ 《纪梦》,中国革命博物馆编:《柳亚子文集——磨剑室诗词集》(上),上海:上海人民出版社 1985 年版,第 862—863 页。

蛰居孤岛活埋庵期间,柳亚子始终面临着去留的抉择。留沪毋庸多言,去则有重庆、香港两个选择。重庆路途遥远,需要较多路费,旅行也是令人头疼的问题,但抵达后生活应当不成问题。香港较近,所需路费相对稍少,但到港后却需要不断支出生活费。

1937年冬,经亨颐自浙江来上海居住,柳亚子便去与他商量去留问题。柳"以沪居多流言为虑",愿同经氏一起西赴渝都。经"辞以老病",且笑着安慰柳亚子说:"奴辈宁能污我二人耶?"①柳亚子遂未西行。何香凝邀请柳亚子同赴香港,柳亚子也因顾虑缺少生活费而谢绝。

1938年12月,柳亚子致信邵力子,有云:"屡思振翮高飞,而蜀道艰难,阮囊羞涩,苦无以供行李之赀,又自愧樗材,疏慵衰病,倘竟冒昧遄征,在公既无补时艰,而在私恐徒为故人之累。用是踟躇,计未能决。兄将何以教我耶?"②这里,柳亚子实际上想西赴重庆,但苦于缺乏路费,又不知自己是否受欢迎,故先行向邵力子试探,并盼望能获帮助。1939年2月,柳亚子在给陈绵祥信中再次表示:"欲西行,又以阮囊羞涩,蜀道艰虞为虑。"③不难看出,在上海沦陷初期,柳亚子尚倾向西赴重庆,但因缺乏经费和路途遥远而颇有顾虑,其时似乎对赴香港还甚少考虑。

1939年5月,汪精卫回到上海活动。翌年3月,汪伪政权在南京粉墨登场。汪伪政权成立前后,汪伪特务在上海租界内大肆进行绑架和暗杀活动,使得柳亚子处境更加险恶。这就迫使柳亚子不得不考虑离沪问题,但是,结果却多次无法成行。

1940年4月9日,柳亚子致信友人柳非杞说,"我本有离沪之意,但后来又不成功"。④ 20天后,他又进一步透露具体情况:"最初有人要我

---

① 《追悼经颐渊先生,用陈树人韵,八月六日作》注文,中国革命博物馆编:《柳亚子文集——磨剑室诗词集》(上),上海:上海人民出版社1985年版,第852页。

② 《与邵力子书》,郭长海、金菊贞编:《柳亚子文集补编》,北京:社会科学文献出版社2004年版,第223页。

③ 《致陈绵祥》(1939年2月18日),上海图书馆编:《柳亚子文集——书信辑录》,上海:上海人民出版社1985年版,第174页。

④ 《致柳非杞》(1940年4月9日),上海图书馆编:《柳亚子文集——书信辑录》,上海:上海人民出版社1985年版,第187页。

去香港,似乎可以每月给我港币三百元。后来,又不说起了。"①

4月29日,柳亚子致信柳非杞,要他转告老友张继:"我现在暂不离沪,因去香港没有钱,到重庆则身体太坏,亦不适宜也。"②他还进一步解释自己不适宜住在重庆的原因:"局面倘好,我会兴奋而死;倘不好,则将愤激而死。尤其是后者,觉得颇不值得。现在,重庆还有叶青这种人在那里张牙舞爪,我又何必到重庆来讨闲气受呢?曰叶青者,不过代表云耳,自然背面还有一大批混帐东西存在也。"③显而易见的是,柳亚子不愿赴重庆的原因是不满于那里的政治氛围。鉴于香港《大风》上也刊登叶青、简又文等散布反共谬论的文章,柳亚子甚至连香港也不想去:"我现在不愿去港,因为有简又文一班狗才在那儿,令人见了生气。上海很奇怪,除汉奸刊物外,尚无人敢公开提倡摩擦,似乎反比香港好一些"。④不过,此时柳亚子对香港反感程度,要明显轻于重庆。

既然暂时无法离沪,柳亚子便立下必死的决心,绝不愿为日伪所利用。1939年5月26日,柳亚子在给友人信中明确表示:"万一有变,誓当仰药自尽,以明素志,决不苟且求活也。"⑤同年10月,柳亚子给儿女们立下遗嘱:"余以病废之身,静观时变,不拟离沪。敌人倘以横逆相加,当誓死抵抗。成仁取义,古训昭垂,束发读书,初衷具在。断不使我江乡先哲吴长兴、孙君昌辈笑人于地下也。"⑥1940年6月28日,柳亚子将一年前写就遗嘱再录一通,一份交给长女柳无非,一份寄给时在昆明西南联大任教的儿子柳无忌。

1940年11月12日,朱舜华女士来拜访柳亚子,成功地说服柳亚子

---

① 《致柳非杞》(1940年4月29日),上海图书馆编:《柳亚子文集——书信辑录》,上海:上海人民出版社1985年版,第191页。

② 《致柳非杞》(1940年4月29日),上海图书馆编:《柳亚子文集——书信辑录》,上海:上海人民出版社1985年版,第189页。

③ 《致柳非杞》(1940年4月29日),上海图书馆编:《柳亚子文集——书信辑录》,上海:上海人民出版社1985年版,第190页。

④ 《致柳非杞》(1940年4月29日),上海图书馆编:《柳亚子文集——书信辑录》,上海:上海人民出版社1985年版,第191页。

⑤ 《致陈绵祥》(1939年5月26日),上海图书馆编:《柳亚子文集——书信辑录》,上海:上海人民出版社1985年版,第178页。

⑥ 《遗嘱示儿辈》,中国革命博物馆等编:《柳亚子文集——磨剑室文录》(下),上海:上海人民出版社1993年版,第1232页。

1939 年写,1940 年再录的遗嘱

定下离开上海的决心。朱舜华是廖夫人何香凝的旧人,曾在 1932 年一·二八事变后参加柳亚子和何香凝组织的国难救护队,因此,柳亚子"很相信她"。上海沦陷后,柳亚子和她多次讨论去留问题,她始终劝柳亚子不必走。不过,她这一次来看柳亚子,却劝柳非走不可,并为柳亚子做出详尽分析:"听说汉奸想来绑你的票,我相信你不会软化的,他们也不敢动手杀害你。绑去以后,他们一定以上宾之礼待你,三日一小宴,五日一大宴,也许你的老酒会喝得很过瘾。不过,这时候内外隔绝,他们一定不让你和朋友见面,一方面却盗用你的名字,捏造你的文章,今天一个宣言,明天一个通电,闹得满天星斗起来。当然,朋友会相信你的人格,也相信他们捏造的文章一定不会象样,是瞒不过明眼人的。但是,西子蒙不洁,你又何苦来呢?为了你,为了国家民族,我还是劝你走的好。你到了大后方,总也不见得会默默无闻吧。与其著书传世,何如以政治主张来挽救国家民族的重要呢?"①听了这一明白犀利的分析,柳亚子当即下决心离开上海。

不过,"万事皆备,只欠东风"。所谓"东风"就是花花绿绿的钞票。事情凑巧,当时由重庆派来上海指挥秘密工作的党政大员吴开先,恰恰住在柳亚子家里,他答应提供柳亚子前往香港的路费及以后的生活费。这样,问题解决了。此时,又逢柳无垢从香港返回上海探望儿子光辽,于是旅途中照料的人也有了。12 月 12 日晚,柳亚子夫妇、无垢、光辽及女工友阿曼一行 5 人,悄然登上"亚洲皇后"轮船。翌日,轮船便开往香港。

---

① 柳无忌、柳无非编:《柳亚子文集——自传·年谱·日记》,上海:上海人民出版社 1986 年版,第 222—223 页。

三　香岛羿楼

1940 年 12 月 17 日,柳亚子一行 5 人抵达香港对海的九龙半岛码头,廖梦醒与毛啸岑、沈华昇夫妇前来迎接。抵港之初,柳亚子一行人暂寓九龙德成街。翌年 1 月 11 日,迁居柯士甸道 107 号 2 楼。柳亚子根据"后羿射日"的神话故事,将自己住所命名为"羿楼",以表抗日决心。

抵港当日,柳亚子便偕家人前往双清楼拜见廖夫人何香凝。三载阔别,何香凝风采依旧,廖梦醒、经普椿也在家,还有经普椿和廖承志结婚后生下的两个女儿廖坚、廖虹。大家相见甚欢。数日后,廖夫人又请柳亚子一家吃饭,廖承志和李少石也从对海的香港岛赶回相聚。柳亚子十分高兴,当即赋诗一首:

> 门第双清旧廓恢,依然兰玉秀庭阶。云台小耿无双士,玉镜温郎第二才。报国十年誓薪胆,深谈一夕接风雷。只惭老我衰颓甚,努力终期后起来。①

其时,宋庆龄在港主持保卫中国同盟。抗战之初在苏州以倡议组织"老子军"而闻名全国的张一麐(字仲仁),亦客居香港。柳亚子经同乡王绍鏊介绍与其结识,颇有一见如故之感。老朋友彭泽民自南洋返抵香港,以行医为生。柳亚子与其相见,不禁想起了国民党二届二中全会上的往事,一时悲喜交集。

柳亚子经张一麐介绍,参加香港新文字学会,始识许地山、马季明、冯裕芳、陈君葆、张英、孙源诸人。又由叶恭绰(字誉虎)介绍,参加广东丛书编印委员会,任顾问,新交冼玉清女士、徐信符、黄慈博诸人。

另外,柳亚子还与马小进、平智础、陆丹林等南社旧友往来频繁,讲起革命历史,彼此都有沧桑今昔之感。他还重晤和结识了范长江、夏衍、胡风、乔冠华、杨刚、郁风、袁水拍等新老朋友。

---

① 柳无忌、柳无非编:《柳亚子文集——自传·年谱·日记》,上海:上海人民出版社 1986 年版,第225 页。

柳亚子来香港后,顿觉海阔天空,非常兴奋,心情大好。他频频参加各种聚会,广交新朋旧友,诗兴大发。

1月4日,香港文化界人士为柳亚子赴港举行欢迎茶会,宋庆龄出席。会上,柳亚子即席讲话,却不会粤语;许地山为他当翻译,却不会沪语,学着硬译,逗得全场捧腹大笑。当夜,又赴英京大酒店参加上海市政府旅沪同人"七七"月会。7日,赴桂园参加原上海市政府专员吴公虎举行的宴会。稍后,赴"面壁斋"参加许地山夫妇的茗叙。9日,偕廖夫人到畅园拜访方叔平将军,进行深谈,并留饭。16日下午,又参加方叔平将军在畅园举行的宴会。22日夜,赴保卫中国同盟总部参加叶浅予和戴爱莲的婚礼。

在柳亚子兴奋地参加各种聚会之际,皖南事件正悄然发生。1941年1月4日,新四军军部及所属支队9000余人奉令北移,由泾县云岭出发,准备从镇江撤往苏北。1月6日,当新四军到达茂林地区时,遭到国民党军的包围袭击,新四军血战7昼夜,除2000余人分散突围外,其余全部壮烈牺牲或被俘。军长叶挺于12日与国民党谈判时被扣,副军长项英等遇害。

柳亚子抵达香港时,正是皖南事变前夜。1月6日,皖南事变实际上已经开始发生,但由于国民党当局封锁消息,远在香港的柳亚子等尚蒙在鼓中。1941年1月初,为了制止国内日渐高涨的政治逆流,柳亚子与何香凝、宋庆龄、彭泽民一起商议,决定发表联名宣言。1月中旬,宣言起草完毕。宣言沉痛指出:"不料最近讨伐共军之声竟甚嚣尘上,中外视听为之一变。国人既惶惶深忧兄弟阋墙之重见今日,友邦亦窃窃私议中国抗日之势难保持。倘不幸而构成剿共之事实,岂仅过去所历惨痛又将重演,实足使抗建已成之基础,隳于一旦。而时势所趋,又非昔日。则我国家民族以及我党之前途,将更不堪设想矣!"①最后,宣言强烈要求,"遵守总理遗训,力行吾党国策,撤消剿共部署,解决联共方

---

① 《撤销"剿共"部署,解决联共方案,发展抗日实力》,中国革命博物馆等编:《柳亚子文集——磨剑室文录》(下),上海:上海人民出版社1993年版,第1264页。

案,发展各种抗日实力,保障各种抗日党派。"①

当宣言印刷稿送往香港各报社准备发表之际,皖南事变的消息传来,震惊港岛。1月17日,国民党军委会发布通令,诬蔑新四军为"叛军",宣布取消新四军番号,将军长叶挺革职交付军法审判。18日,重庆《新华日报》公开发表周恩来题字:"为江南死国难者志哀",题诗:"千古奇冤,江南一叶,同室操戈,相煎何急!?"为了争取叶挺将军获释,柳亚子等一度被迫同意取消发表宣言。故此宣言虽未在香港和大后方报刊发表,但已在社会上流传。2月9日,延安的《新中国报》予以刊载。

面对国民党当局拒绝释放叶挺,柳亚子"痛苦极了",他一方面与宋庆龄、何香凝、彭泽民等继续交换意见,写信给重庆的要员们进行交涉,另一方面则只能通过作诗来发泄心中牢骚。

当时范志超从马尼拉给柳亚子寄了两首诗,请柳改正。柳亚子给她改了几句。两首诗如下:

> 将军意气本英豪,三字沈冤祸怎逃。自坏长城檀道济,曾摧强虏霍剽姚。东窗缚虎谋何亟,南海屠鲸志漫劳。万一风波真不幸,墓门华表刺天高。

> 赤手空拳善用兵,朱仙转战早闻声。云霓得雨民心附,山岳麈兵敌阵惊。可惜秦头终压日,遂教李令失收京。功高不赏休流涕,已有千秋万岁名。②

从上述两首诗中,便可以想见柳亚子和范志超的愤慨。此外,柳亚子还写下"已惊瘠地穷天会,犹见燃萁煮豆人","只是阋墙成恸哭,江南一叶泪纵横"等诗句,以表达其悲愤之情。

到香港之初,柳亚子生活颇感愉快。他在1941年1月5日致柳非杞信中说:"我暂时不想来重庆。因为香港天气,对我非常好,舍不得走

---

①《撤销"剿共"部署,解决联共方案,发展抗日实力》,中国革命博物馆等编:《柳亚子文集——磨剑室文录》(下),上海:上海人民出版社1993年版,第1266页。

② 柳无忌、柳无非编:《柳亚子文集——自传·年谱·日记》,上海:上海人民出版社1986年版,第229—230页。

开也。"①这说明柳亚子虽然颇为喜欢香港,但尚未完全排除到重庆的可能。但是,皖南事变后,柳亚子对国民党当局感到非常不满,便于2月13日告诉柳非杞"决计不来重庆了"。②此前,张继曾来信劝柳亚子去渝参与编纂国史,柳立即复信加以回绝,叫他去看四个人的联名信,并愤慨地说:"倘党国之不存,史于何有?"③

2月初,国民党中央通知中央监察委员柳亚子赴重庆出席即将于3月召开的国民党五届八中全会。但是,柳亚子于2月10日发出快邮代电予以答复,实际上拒绝赴重庆出席会议。2月18日,国民党中央海外部长吴铁城从南洋返回重庆,途经香港时,奉命亲自前往柳宅劝驾,亦遭到柳的坚决拒绝。同日,柳在写给朋友的信中表明心迹:"重庆不想去,去了做顺民,我不愿意。和他们碰顶子,也犯不着。那末,还是不去的好了。"其时,他敏感地意识到自己在香港"已成为某派的敌人"。④

3月上旬,柳亚子又进入神经衰弱期。在这期间,他主要继续从事南明史研究。不料,他2月10日发出的快邮代电却产生了始料未及的强烈反应。他在代电中尖锐地指出:"此次新四军不幸事变,中枢负责人士,借整顿军纪之名,行排除异己之实。长城自坏,悲道济之先亡;三字沉冤,知岳侯之无罪。舆论沸腾,士民切齿,而当事者犹未闻有悔祸之心,何也?"他还强烈要求国民党中央"开诚布公""严惩祸首""厚抚遗黎",并"公开大政""团结友党",同时表示"余虽无状,要当抠衣扶杖,乐观太平耳"。如果这一要求不能满足,他就绝不妥协:"三军可以夺帅,匹夫不可夺志。西山采蕨,甘学夷齐;南海沉渊,誓追张陆,不愿向小朝廷求活也。"⑤这一辞气激烈、态度决绝的代电,抵达重庆后,大大地触怒

①《致柳非杞》(1941年1月5日),上海图书馆编:《柳亚子文集——书信辑录》,上海:上海人民出版社1985年版,第231页。

②《致柳非杞》(1941年2月13日),上海图书馆编:《柳亚子文集——书信辑录》,上海:上海人民出版社1985年版,第231页。

③《致柳非杞》(1941年2月13日),上海图书馆编:《柳亚子文集——书信辑录》,上海:上海人民出版社1985年版,第232页。

④《致柳非杞》(1941年2月18日),上海图书馆编:《柳亚子文集——书信辑录》,上海:上海人民出版社1985年版,第235页。

⑤《为皖南事变发往重庆的亲笔代电》,中国革命博物馆等编:《柳亚子文集——磨剑室文录》(下),上海:上海人民出版社1993年版,第1267页。

了蒋介石。于是,柳亚子于4月2日在五届八中全会上被开除党籍。自此,柳亚子与南京政府保持了十余年的藕断丝连关系宣告终结,此后他走上与南京政府的决裂之途。

9月中旬,柳亚子才从神经衰弱中逐渐恢复过来。这一转变得益于两件事的促成:一是王济远从南洋来到香港,将赴美国,要柳写诗为其送行。当时,柳已经半年未作诗,可是,王是柳避难日本时的东道主,后来又同游过马尼拉,如此深厚交情,柳实在无法推脱,结果便把一首五言律诗《送王济远赴美利坚国》逼了出来;二是许地山先生不幸逝世后,9月21日香港文化界召开哀悼大会,但柳亚子未能与会。新文字学会的朋友们要替许地山出纪念特刊,便请求柳写一些纪念文字。当时,柳觉得半年多不用的脑筋,要复活起来,实在没有把握。不过,他还是尝试写下《关于许地山先生的二三事》,居然写成功了。此后,柳亚子便如长江大河,一发而不可收,又进入神经极度兴奋时期。

皖南事变后,国内政治气氛趋向反动和沉闷,使文化界及各党各派人士纷纷来香港活动。救国会的邹韬奋、乡治派的梁漱溟、青年党的曾琦、第三党的张云川和李伯球,都来到香港,中国民主政团同盟也非正式地公开了。邹韬奋和梁漱溟,都来访问柳亚子,与他进行数次长谈。范长江主持的《华商报》、梁漱溟主持的《光明报》、茅盾主持的《笔谈》、邹韬奋主持的《大众生活》以及端木蕻良主持的《时代文学》,也纷纷约请柳亚子撰写文章和发表旧诗。

从1941年9月到12月,柳亚子在茅盾主编的《笔谈》上发表了"羿楼日札"12则,为《笔谈》增色不少。其中8则是谈辛亥革命前后的掌故,涉及章太炎、邹容、孙中山、廖仲恺、宋教仁、陈英士、赵声、吴禄贞等人,其余4则则涉及柳亚子本人、何香凝以及南明抗清志士张家玉。茅盾事后曾怀着感激之情回忆说:"读者因柳先生之文而购《笔谈》者,比比皆是。"①柳亚子1941年11月7日撰写的《一年来对于南明史料的工作报告》也发表在《笔谈》上。

① 茅盾:《〈柳亚子诗选〉序》,中国国民党革命委员会中央委员会等编:《柳亚子纪念文集》,北京:中国文史出版社1987年版,第59页。

10 月 5 日、13 日,柳亚子先后在《光明报》上发表《我也来谈谈所谓"春秋大义"之类》《从易君左想到叶青》,对易君左的反共谬论进行尖锐质问,并给予辛辣讽刺。

10 月 10 日是中华民国诞生日,亦称双十节,源自对 1911 年 10 月 10 日武昌起义的纪念。柳亚子在 10 月 10 日、11 日分别在《光明报》《华商报》上发表《从辛亥革命到现在》《双十节的感想》两文。前一文回顾辛亥革命以来历史,进而指出:"抗战四年,政治上的进步还不够,于是要求民主政治成为普遍的舆论。民主、团结、进步口号,成为时代的主流,掀天撼地般风涌起来了。回想三十年前的今日,清廷是以违反民意而灭亡的,……"①这些说法无疑具有强烈的现实针对性。后一文则叙述清政府灭亡的历史,并指出,在三十年以后"旧事重提","总也不是完全没有意义的事情吧",②其借古讽今的用意十分明显。

10 月 19 日,柳亚子参加了香港文化界举行的鲁迅逝世五周年纪念会,并发表演讲。他讲的是吴江官话,坐在旁边的便衣巡捕是广东人,一句也听不懂。③ 同日,他还赋诗一首,末云:"团结未坚愁抉目,澄清有待漫伤神。沪郊展墓知何日?护樗难忘民族魂。"④

11 月 8 日,孙中山老友李铁夫由吴涵真等陪同,前来羿楼拜访柳亚子。18 日,柳亚子偕吴涵真到九龙城画室回访李铁夫。李铁夫时年 70 余岁,童颜鹤发,矍铄非凡,思想十分进步,和柳亚子非常谈得来。在此前后,两人还在多次聚会中相见晤谈。

11 月 12 日为孙中山先生诞辰。当日,茅盾、夏衍、于伶、乔冠华、胡绳一行前往羿楼拜访。柳亚子赋呈一律,诗云:"入座朋簪笑语哗,天龙八部礼天花。扪心历历百年史,款客匆匆一盏茶。各有肺肝期报国,相

---

① 《从辛亥革命到现在》,中国革命博物馆等编:《柳亚子文集——磨剑室文录》(下),上海:上海人民出版社 1993 年版,第 1292 页。
② 《双十节的感想》,中国革命博物馆等编:《柳亚子文集——磨剑室文录》(下),上海:上海人民出版社 1993 年版,第 1293 页。
③ 《致柳非杞》(1941 年 10 月 30 日),上海图书馆编:《柳亚子文集——书信辑录》,上海:上海人民出版社 1985 年版,第 239 页。
④ 《鲁迅先生逝世五周年》,中国革命博物馆编:《柳亚子文集——磨剑室诗词集》(下),上海:上海人民出版社 1985 年版,第 936 页。

怜吴越半无家。萍踪难得成高会,明镜明朝鬓不华!"①与此同时,柳亚子还于8日、12日分别在《大众生活》《华商报》上发表《对于孙先生诞辰的感想和建议》《国父诞辰感言》两文。在前一文中,柳亚子概述当时国际国内的严峻形势,严肃指出,要争取抗战的胜利和建国的成功,"自然非坚持着民主、团结、进步的三大原则不可了",并提出了十项政治主张。② 在后一文中,柳亚子回顾了中山先生的革命历史,缅怀中山先生的丰功伟绩,并大力呼吁:"我们要以孙先生四十年致力于目的在求中国之自由平等而革命的精神自勉,我们要唤起民众及联合世界上以平等待我之民族共同奋斗,我们要继续孙先生的遗训,踏着无量数殉国殉道诸先烈的血迹而前进。"③

美洲洪门致公党领袖司徒美堂于1941年11月20日由美国抵达香港,拟赴重庆出席国民参政会。11月26日,柳亚子、邹韬奋、梁漱溟、彭泽民等百余名文化界人士在温莎餐室为司徒美堂举行盛大欢迎会,柳亚子和刘清扬女士两人的演说,最为激昂慷慨,博得全场热烈掌声。后来,柳亚子赠刘清扬诗有云:"登坛叱咤千军废,刘柳齐名岂偶然"。

11月28日,柳亚子出席邓演达殉国十周年纪念会。同日,在《光明报》发表《邓择生先生殉国十周年纪念感想》,表达深切哀悼和极为惋惜之情:"倘然留他到现在,对日寇急需反攻,而对国内又急需团结时,我想他真是一个适宜于任重致远的人才吧。"④同时,他还赋诗二首,有云:"长城自坏嗟何及? 谁纵夷氛恣乱华!"⑤

12月7日夜晚,柳亚子赴九龙俱乐部出席方叔平将军举办的盛大

---

① 《中山先生诞辰值玄珠、一之、怀晨、蒲足、之杰诸君小集畀楼,赋呈一首》,中国革命博物馆编:《柳亚子文集——磨剑室诗词集》(下),上海:上海人民出版社1985年版,第943页。

② 《对于孙先生诞辰的感想和建议》,王晶垚等编:《柳亚子选集》(上),北京:人民出版社1989年版,第424页。

③ 《国父诞辰感言》,中国革命博物馆等编:《柳亚子文集——磨剑室文录》(下),上海:上海人民出版社1993年版,第1323页。

④ 《邓择生先生殉国十周年纪念感想》,中国革命博物馆等编:《柳亚子文集——磨剑室文录》(下),上海:上海人民出版社1993年版,第1311页。

⑤ 《十一月二十八日为邓择生先生殉国十周年纪念,感赋二首,仍叠哗字匡字韵索愚公先生和》,中国革命博物馆编:《柳亚子文集——磨剑室诗词集》(下),上海:上海人民出版社1985年版,第951页。

生日招待会。他看了孙总理韶关北伐誓师典礼的影片后,心情很激动,便又起来讲话,直到半夜才返回羿楼。

12月8日早晨,日军突然进攻九龙。这天,柳亚子先看望何香凝,随后又去看望著名女作家萧红。早在当年秋天,柳亚子到端木蕻良寓所拜访时,恰遇刚从医院返家的萧红,这是两人的首次见面。萧红躺在病榻上与柳亚子殷勤握手,两人一见如故,相谈甚欢。其后,柳亚子又两次去看望萧红,给病中萧红以极大慰藉和温暖。一次,柳亚子带去一束菊花,萧红即将瓶中插花全部取出,插上菊花。萧红曾想赠柳亚子一首诗,当她吟出第一句"天涯孤女有人怜"时,便"怆然挥泪",无法再继续说下去。8日,萧红听到隆隆枪炮声,心神不宁,就要端木蕻良写信请柳亚子前来。萧红一见柳亚子,就拉住不放,要柳一直陪着她。但这怎么能行呢,柳亚子只有好言抚慰一番,才黯然告别。

12月9日,柳亚子一行五人加上4个月前才从重庆来港探亲的儿媳蔼鸿、孙女光南,趁着黑夜匆匆登上一只小船渡海而去。他们辗转来到西摩道柳无垢工作的保卫中国同盟本部。翌日,廖夫人何香凝和经普椿、廖坚一家三代也来了。大家都挤在地板上过夜,非常狼狈。到了12日,九龙陷落。廖夫人三代到李济深媳妇家里去住,而柳亚子等一行人则先移居罗便臣道无垢一个同学家中,后又进入皇后大道公主行的难民收容所。25日,香港沦陷。柳亚子夫妇带着一个粤籍女工友阿五,再上罗便臣道,却在路上碰到烂仔抢劫,幸而身体没有受到伤害。此时,无垢和光辽、蔼鸿和光南及阿曼,则住在另外一个地方。柳亚子等在罗便臣道住了几天,又觉得不安全,再搬到云咸街。此时,柳亚子几乎想不到还有生离香港的一天。

幸而天无绝人之路。1942年元旦,柳亚子姨侄徐文烈领来一个年轻人小潘。他是廖承志的部下,受廖委托,拟用船将柳亚子和何香凝送走。为了安全起见,柳亚子一行人决定兵分两路,郑佩宜、光辽、阿曼留港,无垢则伴柳亚子同行。

四　桂林岁月

早在 1938 年武汉、广州沦陷后，许多进步文化工作者相继汇聚桂林。1941 年底香港沦陷后，大批进步文化人士从香港撤退到桂林。众多进步文化工作者在桂林广泛开展各项进步文化活动，使得这座南方小城一时享有抗战"文化城"的美誉。

1942 年 1 月，柳亚子和柳无垢离开香港后，经历了一场历时数月颠沛流离的行程，先后经过海丰、兴宁、老隆、曲江、衡阳等地，于 6 月 7 日晨辗转抵达桂林。在桂林两年多时间中，柳亚子参与了战时桂林进步文化活动，创作了大批诗文，为蓬勃发展的桂林抗日文化活动添加了生气与异彩。其间，神经衰弱和神经兴奋的几度交替，也在柳亚子的生活和文学创作上明显地反映出来。

1942 年 6 月 7 日晨，柳亚子父女到达桂林车站，便去文化供应社找陈此生，不料那天是星期日，此生未来办公。柳亚子情急之下，只好自报家门，说要找时任文化供应社出版部主任的宋云彬。实际上，此前，柳亚子与宋云彬并无一面之雅，他只是从茅盾的《牯岭之夏》知道"宋大少爷"之名，后来从茅盾那里得知"宋大少爷"就是宋云彬。文化供应社的人当然知道柳亚子的大名，便领柳亚子父女来到丽君路宋云彬寓所。至此，柳宋两人开始了长达 20 余年的密切交往。在宋宅，柳亚子不仅受到热情招待，还重晤茅盾、孔德沚、金仲华、夏衍，始识邵荃麟、葛琴、傅彬然、叶圣陶、范洗人等。翌日，陈此生、李任仁来拜访柳亚子，李重毅还请柳亚子吃了一顿久未享用的大餐。三日后，于伶、柏李夫妇来访，并在美丽川菜馆宴请柳亚子。席上，柳亚子喜晤田汉、欧阳予倩，并即席赋赠田汉一绝。诗云：

> 万里投荒吾未死，五年重见子犹雄。黄尘六月桂林市，谁识人间有卧龙？①

---

① 《六月七日晨抵桂林，越三夕，于伶、柏李招饮，喜晤田寿昌，赋赠一绝》，中国革命博物馆编：《柳亚子文集——磨剑室诗词集》(下)，上海：上海人民出版社 1985 年版，第 998 页。

数天后,柳亚子经田汉介绍,认识了著名戏剧家熊佛西。其后,柳亚子又相继会见许多老朋友,还在桂林结识不少新朋友。

到达桂林后,柳亚子先后得知儿媳高蔼鸿和孙女柳光南以及毛啸岑、沈华昇、毛安澜、徐文烈诸人,都已过桂入蜀,心里稍安。但是,老妻郑佩宜、外孙柳光辽和女佣阿曼的下落却久无消息,让柳亚子心头压着一块大石头。幸好,6月27日,郑佩宜带着光辽和阿曼,也辗转来到桂林,与柳亚子、柳无垢重新团聚。在黄宝珣女士的帮助下,柳亚子等从环湖旅馆搬出来,住进信义路的两间房子。

不久,柳亚子得到萧红和林庚白在香港去世的噩耗。萧红自1941年12月8日与柳亚子分别后,先由端木蕻良等陪同渡海,后又在香港岛辗转多地,终因病势沉重而于1942年1月22日香消玉殒,骨灰葬于浅水湾头。柳亚子想起病榻握手,想起萧红"天涯孤女有人怜"的断句,不禁百感交集,撰七绝《悼萧红女士》:"杜陵兄妹缘何浅,香岛河山梦已空。私爱公情两愁绝,剩挥热泪哭萧红。"①次年,柳亚子在《更生斋随笔》中又撰写《记萧红女士》,回忆与萧红交往过程。

柳亚子诗友林庚白本来在重庆,因为羡慕文化人在香港聚集热闹,便于1941年12月1日携眷飞港。不料一周后,太平洋战事突起,九龙沦陷。林为人告密,说他是国民党中央委员,要他出来做汉奸,致使林不得不四处逃亡躲避。1月19日下午,林庚白偕夫人林北丽行抵天文台道(今巴利道)时,遭日军开枪射击。林北丽右臂受伤,当场昏厥。林庚白背部中弹,伤重不救而死,后被埋葬在天文台道菜园一角。柳亚子想起30载交谊,痛惜至极,撰七律《哭林庚白》:"万里匆匆赴难来,祢衡黄祖发深哀。赤明龙汉三千劫,典册高文一代才。不信死生关运命,终怜躯干委尘埃。交情卅载浑难忘,善怒能狂只自悲。"②次年,柳亚子在《更生斋随笔》中撰写《记林庚白》。后又应林北丽之请,撰写《林庚白家传》。

---

①《悼萧红女士》,中国革命博物馆编:《柳亚子文集——磨剑室诗词集》(下),上海:上海人民出版社1985年版,第1000页。

②《哭林庚白》,中国革命博物馆编:《柳亚子文集——磨剑室诗词集》(下),上海:上海人民出版社1985年版,第1000页。

在噩耗连连之际,柳亚子不禁深切关心阿英、范志超、胡道静等旧友安危,在1942年下半年写下3篇回忆文章。

重庆《文坛》第4期刊载消息:"阿英已全家离沪,惟已抵何地,尚无消息。"柳亚子见了,既为阿英全家离沪而高兴,但又为阿英全家不知到达何地而挂念,遂于7月27日撰写《怀念阿英先生》,回忆在沪时与阿英交谊。文末表达自己的殷切希望:"希望他能到一个理想的地方,专心写作、研究,替文学和历史开辟出些光明灿烂的前途来!"①后又撰《杂谈阿英先生的南明史剧》。

香港沦陷后,马尼拉也告沦陷。柳亚子深深担忧在该市任教的范志超的安全,便于8月24日撰写《怀念志超女士》,回忆与范志超自大革命时期以来的交往,默默祝祷其有朝一日脱险归来。

1942年8月6日《大公晚报》刊载消息:"《东南日报》由金华西迁江山衢州之时,中途全车被炸,损失惨重,该报编辑胡道静氏且有不幸消息。"②柳亚子为之惊骇和痛心,但多方打听还无法证实消息确否,因此,心中十分牵挂,难以忘怀,便于11月间撰写《怀念胡道静兄》,回忆自己与胡寄尘、胡道静父子的两代交谊,希望道静仍在人间。当年底,柳亚子从曹聚仁处获悉,胡道静已安抵屯溪,报上消息确系误传。

在怀念旧友的同时,柳亚子还频频撰文,坚决维护团结抗战,痛斥一切破坏抗战的反动谬论。

1942年11月1日,柳亚子撰写《民国三十二年的希望》。在国际方面,希望以斯大林格勒保卫战为转捩点,在2个月内奠定打垮希特勒匪帮的基础,并在1943年取得反法西斯战争的胜利;在祖国方面,"希望各党各派精诚合作,改进政治,大举反攻。对外要达到消灭伪满,收复台湾,完成朝鲜独立,扶助日本革命的目的。对内要建设成功一个真正三民主义的中华民国。"③11月12日,又撰《一九四三年的期望》,专门

---

① 《怀念阿英先生》,中国革命博物馆等编:《柳亚子文集——磨剑室文录》(下),上海:上海人民出版社1993年版,第1334—1335页。

② 《怀念胡道静兄》,中国革命博物馆等编:《柳亚子文集——磨剑室文录》(下),上海:上海人民出版社1993年版,第1365页。

③ 《民国三十二年的希望》,中国革命博物馆等编:《柳亚子文集——磨剑室文录》(下),上海:上海人民出版社1993年版,第1364页。

阐述了"解决日本问题的途径",即从政治上促成日本的革命。

在抗战进入相持阶段后,复古读经的议论再度甚嚣尘上。1942年有人在国民参政会上提出读经议案,提倡小学生读经。柳亚子得知后,即于1943年初撰写《关于读经问题及其他》予以驳斥。他痛斥让小学生去读佶屈聱牙的经书,"废时伤脑,简直是对中国下一代国民开玩笑。"他指出,在20世纪40年代,"决不能再把过去封建时代的废铜烂铁,搬出来当作国宝用。"①

针对有人将南宋亡国归咎于文人雅士的说法,柳亚子撰《闲话南宋》进行驳斥。他开篇便直截了当地指出:南宋政权的覆灭,"当然是政治腐恶的结果",接着便通过秦桧、韩侂胄、史弥远、贾似道4位南宋丞相加以论证。他认为,南宋的文人并不好做,在奸人当政的情况下,只有作些歪诗,将南宋亡国责任归咎于文人雅士"太不公平"。就连文天祥这样顶天立地的伟人,"因为怀才不遇,有时候便不得不有所寄托。""不知者说他是雅兴勃发,其实他正是一把辛酸泪眼,无地可挥呢。"因此,文人雅士"并没有对不起祖国","只有从秦丞相到贾丞相以及他们的帮闲们,才真真是民族的罪人。"②

柳亚子在桂林时期发表的上述文章,后由《野草》编辑秦似辑成一卷。由于开首几篇都是怀念旧友的,故柳亚子题名《怀旧集》。《怀旧集》当时付梓未果,直到1946年才由耕耘出版社印行。

抵达桂林之初,虽然柳亚子频频会见旧友新朋,但因他自香港沦陷后即转入神经衰弱时期,加上又牵挂夫人郑佩宜和外孙柳光辽的安全,故诗作寥寥。等到郑佩宜和光辽抵达桂林后,他心情才放松下来,诗作稍多,但神经仍然兴奋不起来。因此,到1942年底,他在桂林总共才作了百余首诗。其间,他游览和聚会活动日益增多。9月24日农历中秋节,王昭仪招游牯牛岭,登山步月。10月18日农历重阳节,郭咏琴、撷韩兄弟招游五权村,凭吊清代亡命客韦铁髯先生的墓道;10月28日,朱

---

① 《关于读经问题及其他》,中国革命博物馆等编:《柳亚子文集——磨剑室文录》(下),上海:上海人民出版社1993年版,第1373—1374页。

② 《闲话南宋》,中国革命博物馆等编:《柳亚子文集——磨剑室文录》(下),上海:上海人民出版社1993年版,第1375—1378页。

荫龙又做东道主人,招游阳朔。参加这些活动后,柳亚子精神逐渐振奋起来。

1943 年元旦,柳亚子迁居丽君路 23 号,自题其居为丽君庐。当日,柳亚子赋诗两首,有云:"慷慨思投笔,艰难愧枕戈","安得收京阙,归耕淞水阳"。[①] 由于住居环境渐佳,柳亚子神经开始兴奋起来,吟情稍纵。

2 月 5 日农历春节,苏联塔斯社副社长诺米洛茨基自重庆来桂林,偕萨空了、郁风来拜访柳亚子,并带来了周恩来的问候信和钞币。柳亚子请他们在绿宫喝酒,并赋诗一首:"四海皆秋一室春,嘉宾莅止值嘉辰。绿宫酒熟豪情纵,赤帜风翻捷报频。彼得城头庆飞雪,中山门下愧传薪。大同运会行看始,腾跃山颠更水湑。"[②] 此时,柳亚子已进入神经兴奋时期。3 月 17 日旧历花朝节,方镇华邀吃狗肉,漫游相思江—桃花江,柳亚子写了纪事诗 20 首。3 月 19 日,任中敏邀游穿山汉民中学,斗诗叶子,喝葡萄酒。3 月 23 日,陈诵洛邀请柳亚子等 28 人乘卡车游雁山广西大学,游玩一整天,柳亚子作了一首一百韵的五言古诗,真是洋洋巨观。4 月间,林北丽携两个孩子从曲江移居桂林,何香凝、经普椿也携廖坚、廖登来到桂林。此时,文酒之宴,络绎不绝,柳亚子诗也愈作愈多。4 月份得诗 65 首,到 5 月份得诗则高达 108 首,打破了以前纪录。其间,5 月 28 日是柳亚子 57 岁生日,由黄宝珣、张安娥、叶仲寅、任绮雯、田汉、熊佛西、朱荫龙、孟超、端木蕻良、章伯钧等联名发起,在嘉陵馆举行庆祝大会,到者百余人。后来,为了纪念这次盛会,尹瘦石还绘成《漓江祝嘏图》,亦称《百寿图》。柳亚子居中,而祝寿者环绕左右,如众星托月。

物极必反,盛极而衰。6 月份,柳亚子作诗减少到 47 首。到 7 月,柳亚子便进入神经麻木时期,从 7 月到 12 月仅作了 25 首诗。9 月 28 日,78 岁的柳母费漱芳在苏州病逝。恶耗传到桂林时,已是 11 月中旬,柳亚子万分悲痛。12 月 5 日,桂林文化界友人在丽君路广西佛教会为

① 《元旦试笔两首》,中国革命博物馆编:《柳亚子文集——磨剑室诗词集》(下),上海:上海人民出版社 1985 年版,第 1023 页。

② 《国际友人诺米洛茨基君来访,余宴之于绿宫餐厅,赋呈一首》,中国革命博物馆编:《柳亚子文集——磨剑室诗词集》(下),上海:上海人民出版社 1985 年版,第 1031 页。

柳母举行祭奠大会,李济深主祭,李重毅和欧阳予倩陪祭,田汉撰祭文,尹瘦石绘遗像。

到 1944 年 2 月下旬,柳亚子神经又逐渐兴奋起来。4 月,写诗竟有 172 首,5 月写诗又 174 首,6 月稍少,但也还有 72 首。其中有不少柳亚子的得意之作,尤其是 4 月 12 日的《阳九行》和 5 月 11 日的《汉家行》被柳亚子誉为"更足方驾杜陵,无惭诗史之目"。

《阳九行》写于蒋介石发动四一二反革命政变的这个惨痛纪念日。柳亚子强烈地谴责蒋介石发动四一二反革命政变的罪行及带来的严重后果:"可怜无限青年血,赢得头衔染左右","夷狄生心藩镇骄,官僚鼓腹工农瘦"。最后,愤怒地斥责了吴稚晖、蒋介石等祸首:"追原祸始属纤儿,撞坏家居摧户牖。痛定思痛今何时,忍听豺狼尚咆吼"。①

《汉家行》写于 1944 年 5 月 11 日。当时,柳亚子得知美国副总统华莱士将来华调处国共关系,便将心中对蒋介石政权的愤慨倾泻而出。"廿年专政苦纷纭",是对蒋介石政权近 20 年统治的总体概括。"旷林龙战师旅陈,岛贼鲸吞烽燧又",是谴责蒋介石热心内战,致使日本侵略者发动了侵华战争。"半壁炎兴尚阋墙,收京回纥偏求友"则谴责蒋介石在抗战中依然热衷于兄弟阋墙(即反共),而对收复失地则寄希望于美国。"工农四野苦诛求,冠盖盈庭分左右","朱门酒肉苍生哭,将军囊橐官兵瘦"则描绘了蒋介石统治下尖锐对立的局面。"四海困穷自昔嗟,永终天禄那能久。何人奋臂倡驱除,附会乘除吾敢后"则表达了柳亚子决心推翻蒋介石政权的决心。②

在 1943—1944 年间,柳亚子一度重燃南明史研究的热情,这一点留待后文再叙。更为重要的是,柳亚子还撰写了自传《五十七年》。

早在香港时,由于胡仲持、廖沫沙等敦请柳亚子为《华商报》撰写长篇文章,柳亚子便萌生撰写长篇自传《五十五年》的念头,拟以个人生活为经,以中国政治和国际局势为纬,写起来不至于枯燥。但因太平洋战

---

① 《阳九行一首,四月十二日作》,中国革命博物馆编:《柳亚子文集——磨剑室诗词集》(下),上海:上海人民出版社 1985 年版,第 1159—1160 页。

② 《汉家行一首,五月十一日,十一叠九字韵》,中国革命博物馆编:《柳亚子文集——磨剑室诗词集》(下),上海:上海人民出版社 1985 年版,第 1205—1206 页。

争爆发,柳亚子未及开笔撰写,便匆匆逃离香港。抵达桂林后,创办《文学创作》月刊的熊佛西,不仅聘请柳亚子担任顾问,还屡屡约请柳亚子撰写自传。由于神经兴奋不起来,柳亚子先后写了《榕斋读诗记》及有关南明史料的文字来应付。到 1943 年春神经兴奋起来后,柳亚子才于 4 月中旬答应开笔撰写。当时柳亚子 57 岁,便题为《五十七年》。《五十七年》拟分三集:《少年时代》《中年时代》《壮年时代》,并预计半年内完成。其时,柳亚子正处于神经兴奋时期,"往往感情奔放,歌哭无端",一写就是洋洋万言。结果是,从 4 月中旬到 6 月就写下 4 章七八万字,但才从 1 岁写到 17 岁,而后面 40 年则一点边也未碰到。这样一来,原来预定半年完成的计划就无法完成。由于感情"太激昂",柳亚子写作起来感到"很吃力"。① 更要命的是,7 月后,柳亚子又进入神经衰弱时期,简直无法写作。直到 1944 年 3 月间,神经重新兴奋起来的柳亚子又用 20 余天时间补写第五章从癸卯到丙午(即 17 岁到 20 岁),共增加了 2.5 万字。

《五十七年》记述柳亚子少年时代(即 20 岁以前)的经历,详细地叙述了其家世、童年读书和幼年性情与青年时代求学和革命以及恋爱婚姻等,因流畅的文笔、奔放的感情以及绘声绘色的描述而堪称一篇绝佳的自传,后收入《柳亚子文集——自传·年谱·日记》,至今仍是了解柳亚子早年情况的宝贵资料。可惜的是,由于该书写作匆忙,流亡中又缺乏资料,故亦有不少错讹之处。

在桂林期间,柳亚子还积极参加桂林各种进步文化活动。1942 年 10 月 19 日,熊佛西来丽君庐邀柳亚子出席鲁迅先生逝世六周年祭。刚出大门,尹瘦石便气急败坏地跑来,说省政府禁止集会,特务队把艺术馆团团围住,禁止出入。原来欧阳予倩怕柳亚子脾气大,会同特务发生冲突,闹出大乱子来,就让尹瘦石来报信,叫柳亚子千万不要去。柳亚子听了,怒不可遏,站在门口,把省当局大骂一顿,熊佛西和尹瘦石也陪

第十章　全面抗战八年

---

① 柳无忌、柳无非编:《柳亚子文集——自传·年谱·日记》,上海:上海人民出版社 1986 年版,第 208 页。

着骂，这才出了一肚子恶气。①

1942 年 12 月、1944 年 3 月，柳亚子连续当选文协桂林分会第五届、第六届理事。1944 年 4 月 16 日，在庆祝文协重庆总会成立六周年大会上，柳亚子发表演讲，要求把"抗战、团结、民主"作为文艺创作的三大目标。当日，他赋长诗一首予以庆贺，末云："抗敌协会今六周，兰薰玉洁期长寿。雄才匡济拓心胸，元气淋漓开户牖。渝都桂岭祝厘同，爆竹声中睡狮吼。"②

在戏剧方面，柳亚子与田汉、熊佛西、欧阳予倩三位戏剧大师交往密切，多次观看他们编演戏剧，还先后题诗赠叶仲寅、金素秋等演员。他还与青年剧作家张泰朗合作，拟定编撰 12 本南明史剧的宏伟计划，但因战事关系，仅写出《江左少年》《吴日生》《翠湖曲》3 本。这 3 本戏剧均由柳亚子提供资料和创意，而由张泰朗执笔撰写。

1944 年春，西南第一届戏剧展览会（简称"西南剧展"）在桂林隆重开幕。柳亚子兴致勃勃地前往观剧，并参观戏剧资料展览，还常常当场赋诗。在 5 月 19 日西南剧展闭幕典礼上，柳亚子与宋云彬代表桂林文协分会向艺术家们赠旗，旗上"为民主而戏剧"六个大字即为柳亚子所书，柳亚子还在大会上"陈词慷慨"，阐述其意义。

在绘画方面，柳亚子热心扶持青年画家尹瘦石之事更是广为人知。柳亚子到桂林后，与江苏宜兴青年画家尹瘦石在异乡相见，一见如故，结为忘年之交。尹瘦石仰慕柳亚子的道德文章，更为其深厚的史学造诣所折服。在柳亚子的影响和启发下，尹瘦石创作了大量历史人物画。

1942 年 10 月，尹瘦石以柳亚子为原型画成一幅屈原像。柳亚子甚为赞赏，即撰七绝《为瘦石题屈大夫遗像》："张楚亡秦计已讹，骚经一卷自嵯峨。水深浪阔蛟龙怒，未敢题诗赠汨罗。"③此事很快传开，许多朋

---

① 《鲁迅先生九周年祭》，中国革命博物馆等编：《柳亚子文集——磨剑室文录》（下），上海：上海人民出版社 1993 年版，第 1463 页。

② 四月十六日为中华全国文艺界抗敌协会重庆总会成立六周年纪念，桂林分会举行庆祝，赋诗一首奉贺，中国革命博物馆编：《柳亚子文集——磨剑室诗词集》（下），上海：上海人民出版社 1985 年版，第 1166—1167 页。

③ 《为瘦石题屈大夫遗像》，中国革命博物馆编：《柳亚子文集——磨剑室诗词集》（下），上海：上海人民出版社 1985 年版，第 1012 页。

友纷纷写诗作文吟咏其事,成为抗战时期文坛的一个佳话。

1944 年 4 月,尹瘦石在桂林艺术馆举办画展,柳亚子予以大力支持。尹瘦石的画,除了屈原和伯夷、叔齐像外,还有描绘南宋文天祥在狱中的《正气歌图》、描绘郑成功亲率海军大举围攻南京的《延平王海师大举规复留都图》、描绘史可法喋血梅岭的《史可法督师扬州图》、描绘瞿式耜和张同敞两位抗清志士殉国史实的《瞿、张二公殉国史画》12 幅、描绘想象中日本革命后柳亚子夫妇跃马东京的《樱都跃马图》等。除了伯夷、叔齐像外,柳亚子为其他画都题诗或题词,并赋诗二首推介尹瘦石画展,有云:“图成正气天应泣,血写双忠鬼亦啾。赵宋朱明今已矣,樱都跃马我昂头”,“阁部衣冠梅岭冢,延平勋业蚝滩潮”。[①] 在柳亚子的大力配合和热情推介下,尹瘦石画展取得很大成功,并有力地激励了桂林军民的抗日士气。

1944 年 5 月,日军向湘北发动大规模攻势,长沙、衡阳相继告急,桂林局势骤紧。在此紧急关头,柳亚子与桂林进步文化界人士一起,为了支援和鼓舞抗日前线将士,安定民心,保卫大西南,发起多次声势浩大的抗日救亡活动。

在柳亚子和田汉的精心策划组织下,5 月 25 日,在省立桂林艺术馆举行诗歌朗诵会。前后历时 4 个多小时,与会者心情激动而兴奋,柳亚子亦全神贯注。

不久,柳亚子又与桂林进步文化人士发起扩大动员抗战宣传周,开展大规模的全民支前募捐活动。6 月 16 日—18 日,柳亚子还与李济深、龙积之、封祝祁、陈树勋、李任仁等德高望重的名流组成长老团,乘坐大卡车沿途呼吁市民募捐,获得民众的热烈响应。

然而,“闻道前军气不扬,汨罗江水断人肠”。在桂林抗战宣传如火如荼之际,6 月 16 日,长沙失守。日军继续南下,直逼衡阳,桂林岌岌可危。6 月 26 日,桂林当局下达强迫疏散令。柳亚子夫妇带着阿曼离开了住居年余的丽君庐。此前,无垢和光辽,随美国新闻处疏散到贵阳。

①《四月十一日观瘦石画展》,中国革命博物馆编:《柳亚子文集——磨剑室诗词集》(下),上海:上海人民出版社 1985 年版,第 1158—1159 页。

仓皇撤离桂林时,柳亚子觉得比离开香港时更加凄惨。这在其当天为王昭仪题《牯牛岭春明馆画册》的七言两绝中表现尤为明显。诗云:

> 棋局无端黑白更,弈秋敛手对枯枰。阴平穷寇非难御,忍学重光挥泪行。

> 旧馆春明无限娇,江山如此马蹄骄。君看瞿孔循环史,何日重来奏凯饶。①

在桂林疏散时,朋友们纷纷商量行止,有的主张去重庆,有的却主张东走八步,拥护李济深,别开新局面,组织东南联防政府。当时,驻在八步的广西第一区行政专员兼保安司令李新俊别号柏林,是李济深的学生。而先于 6 月 13 日赴八步就任临江水利垦植公司顾问的廖尚果,别号青主,也正是李济深的先头部队。廖尚果的太太王青君,是柳亚子 1925 年在家乡办党时的党员,在桂林见面以后又拜柳亚子为师学诗,连廖尚果也连带成为柳的学生。因此,柳亚子决定撤到八步,准备参与筹组东南联防政府,可见此时他颇想在政治上有所作为。

6 月 26 日,柳亚子夫妇离开丽君庐后,稍事停留,便于 28 日搭乘李济深家属所乘船只,离开桂林,驶过阳朔,在平乐下船。停留数天后,于 7 月 3 日改乘汽车前往八步。

7 月 4 日,柳亚子等抵达八步,受到李新俊专员和廖尚果夫妇的热情接待。抵达八步之初,廖尚果对柳亚子说,日军志在打通湘桂路,桂林必然不守,到那时,李济深、梁漱溟和何香凝以及一般文化界朋友,便要在八步建立东南联防政府。这一席话,使得柳亚子精神异常兴奋。7 月 7 日,八步当局在灵峰台举行纪念抗战 7 周年大会,柳亚子未被邀请与会,却自告奋勇地跑去参会,并即席演讲。

按照柳亚子当时的估计,倘若战局好转,暑假便可回到桂林;倘若形势恶化,桂林失陷,李济深就会来八步启动建立东南联防政府的计划。然而,现实的情况却是局势既不好转,也不恶化,中日双方老是在衡阳城下僵持着,这让柳亚子觉得"不耐烦起来了",并在 8 月初出现了

---

① 《六月二十二日,强迫疏散令下,将去桂林,为羽仪题〈春明馆〉画册》,中国革命博物馆编:《柳亚子文集——磨剑室诗词集》(下),上海:上海人民出版社 1985 年版,第 1243 页。

神经衰弱症状。① 其时,衡阳也告沦陷。

在夫人郑佩宜和友人林北丽的大力劝说下,柳亚子决定西赴重庆。8 月 31 日,柳亚子与林北丽搭车从八步抵达平乐。9 月 2 日,郑佩宜和阿曼也乘坐李新俊安排的车子抵达平乐,与柳亚子会合。9 月 4 日,柳亚子夫妇乘船溯江而上,于 8 日返回桂林。此时,日军已进逼桂林,桂林当局下达了第二次强制疏散令。林北丽在林庚白老友、时任国民党中央党部副秘书长狄膺的帮助下,获得两张由桂林至重庆的飞机票,转赠给柳亚子夫妇(林怕柳亚子不接受,未告知实情,托言说是柳无忌、柳无垢找狄膺设法弄到的)。② 9 月 12 日,柳亚子夫妇登上飞机,飞往山城重庆。

五　南明史研究

在抗日战争时期,柳亚子先后在上海、香港和桂林等地从事南明史研究,搜集了大量珍贵史料,并取得较为丰硕的研究成果。

所谓南明史,就是明亡后明宗室为延续明统在南方相继建立几个政权的历史。它上起 1644 年弘光帝在南京建国,下迄 1683 年延平幼王郑克塽出降为止,共计 40 年,先后经历了南明三帝一监国(弘光帝朱由崧、隆武帝朱聿键、鲁监国朱以海、永历帝朱由榔)、延平三王(延平王郑成功、嗣王郑经、幼王郑克塽,他们虽非明王朝后裔,却一直沿用永历年号)。

早在清朝初期,就有一些明朝遗民着力进行南明史研究,以寄托其故国之思,总结明亡的历史教训,甚至也略有鼓吹对抗清政府之意。其后,在"文字狱"的严酷打击下,南明史研究陷入低潮。进入清中期后,随着政治控制的放松,许多学者对南明史进行较为深入研究,取得了诸多成果,迎来南明史研究的第一次高潮,但当时绝大多数成果未能广泛

---

① 柳无忌、柳无非编:《柳亚子文集——自传·年谱·日记》,上海:上海人民出版社 1986 年版,第263—265 页。
② 张明观:《柳亚子史料札记二集》,上海:上海人民出版社 2014 年版,第 150 页。

刊行。到 19 世纪末 20 世纪初,在反清革命日渐高涨的背景下,出现了南明史研究的第二次高潮,柳亚子实际上也参与其中。

据柳亚子回忆,"研究南明史料,本来是我髫年时就有的嗜好。"①他曾指出:"余自束发受书,即有志里中文献,尤喜考求宋明末造忠臣义士侠民遗老之书。"②1903 年,他从家中旧书堆里找出了 20 卷本《南疆逸史》和《海甸野史》两部抄本来。看了这两部书后,他大致了解了南明史实轮廓,并由此对"南明史实最初发生兴趣"。③ 次年冬,他"读夏存古、张苍水诸家集,并及全谢山《鲒埼文内外集》",这是他"搜讨南明故事之始"④。与此同时,他在与陈去病交往中,也参与一些南明史籍的搜集和整理工作,还无意中获得明末吴江抗清志士吴易(日生)的《客问十三篇》。尽管柳亚子在青年时代收集的南明史籍较为有限,也未进行深入研究,但是,他已初步形成对南明史的浓厚兴趣,从而为后来进行南明史研究埋下伏笔。

在青年时代,柳亚子把主要精力投入反清革命宣传工作。他对南明抗清志士及其事迹的表彰和歌颂,也主要是鼓动有志之士进行反清革命。由于他侧重进行反清革命宣传,所以,自 1904 年后,他对于南明史实倒逐渐"生疏起来"。⑤

在 20 世纪三四十年代,随着日本帝国主义侵略步步深入,直至发动全面侵华战争,中国学术界掀起了南明史研究的第三次热潮,以宣扬民族气节,鼓舞爱国热情,激励抗战斗志,并从南明历史中汲取深刻教训。在这一阶段,柳亚子也积极投身其中,并产生较大影响。

1939 年夏天,柳亚子蛰处上海孤岛"活埋庵"中,在百无聊赖之中埋头翻阅有关南明史的书籍,借此破愁解恨。

---

① 柳无忌、柳无非编:《柳亚子文集——自传·年谱·日记》,上海:上海人民出版社 1986 年版,第 222 页。
② 《潘节士力田先生遗诗序》,中国革命博物馆等编:《柳亚子文集——磨剑室文录》(上),上海:上海人民出版社 1993 年版,第 313 页。
③ 《我的南明史料研究经过》,柳无忌编:《柳亚子文集——南明史纲·史料》,上海:上海人民出版社 1994 年版,第 293 页。
④ 柳无忌、柳无非编:《柳亚子文集——自传·年谱·日记》,上海:上海人民出版社 1986 年版,第 9 页。
⑤ 《我的南明史料研究经过》,柳无忌编:《柳亚子文集——南明史纲·史料》,上海:上海人民出版社 1994 年版,第 293 页。

在翻阅神州国光书局排印本《南疆逸史》44卷时,柳亚子觉得不大痛快。因为这部书是纪传体,共有圣安帝(弘光帝)、思文帝(隆武帝)、永历帝以及鲁监国4篇纪略,另有传记40篇。照例,看了圣安帝、思文帝、永历帝3篇纪略,对于南明大事,"应该可以一目了然",可是,因为分作3篇,"不相衔接","看起来总觉不大方便"。再加上多了一篇《鲁王监国纪略》,其时代上起隆武,下逮永历。于是,要看1645到1652年间的事情,翻了《思文帝纪略》和《永历帝纪略》不够,还得去翻《鲁王监国纪略》,使柳亚子觉得太累赘了。更为严重的是,1652年以后的鲁监国事迹,《南疆逸史》完全失载。而郑氏延平三王自1646年南澳举兵到1683年东宁出降的事迹,仅在郑成功传中"稍有纪载","但也简略得很"。这样一来,柳亚子便萌生了"编写《南明史纲》的野心"。[①]

柳亚子想借鉴朱熹的《通鉴纲目》来编写南明史研究著作,只是有纲无目,故名《南明史纲》。大约经过两个多月的搜求,柳亚子辑成《南明史纲》初稿6卷。该书所辑,起自1644年弘光帝监国南京,迄于1683年延平幼王东宁出降,实为南明40年编年史。有了这部《南明史纲》,南明大事便可一目了然。当时吴江沦陷,黎里家藏史籍无法取用,再加上柳亚子当时收集的南明史籍很有限,故该书内容尚显单薄。因《南疆逸史》等著作都用干支纪日,但"又不能备详月朔","每使读者坠入五里雾中"。[②]于是,柳亚子便发愤编写了《南明史纲历日表》。由于资料阙如,柳亚子只能推补到1662年为止,较《南明史纲》所辑缺后21年。

1939年底,柳亚子写长达万言的长信给阿英,对其南明史剧《碧血花》提出了许多具体建议,两人由此频频通信,就南明史剧及南明史实进行深入切磋。其间,两人还见过一面。阿英则对柳亚子研究南明史给予鼎力相助,不仅为柳亚子搜购大量南明书籍,还将市面上买不到而自己收藏的许多南明书籍慨然相借。经过阿英介绍,柳亚子还从郑振铎处借得《华延年室题跋》、傅以礼长恩阁传抄本《南疆逸史》等珍稀书籍。

①《我的南明史料研究经过》,柳无忌编:《柳亚子文集——南明史纲·史料》,上海:上海人民出版社1994年版,第293—294页。
②《〈残明大统历〉跋》,柳无忌编:《柳亚子文集——南明史纲·史料》,上海:上海人民出版社1994年版,第423页。

《华延年室题跋》基本上是有关南明的史料，卷末附录《残明大统历》和《残明宰辅年表》各一卷，非常珍贵。前者记述从弘光元年（1645）到永历三十七年（1683）的南明 39 年的朔晦干支。后者则详列南明三帝和鲁监国的所有宰相姓名及其升迁罢免年月。柳亚子当即以 3 天时间抄下《残明大统历》和《残明宰辅年表》。

傅以礼长恩阁传抄本《南疆逸史》为温睿临晚年定稿的 56 卷足本，内容颇多补缀，为纪传本南明野史中最具价值的稀世珍本。借得此书后，柳亚子废寝忘食，仅以 20 日之功，抄录了副本 8 册，又以 15 日校对勘定。

本来，1939 年 8 月柳亚子完成《南明史纲》《南明史纲历日表》后，便将其搁置起来。在获得大量南明史料后，柳亚子对南明史研究的雄心迅速复活，开始进行修订工作。到 1940 年 10 月完成了《南明史纲》的第二次稿本，同时又续写《南明史纲历日表补遗》，以补后 21 年。

1940 年底离沪赴港前，柳亚子还"拼命赶写"《南明后妃宗藩志》。它包括"南明后妃传"1 卷、"南明追尊三帝传"1 卷、"南明储贰传"1 卷、"南明诸王传"若干卷、"南明宗室传"若干卷。

自 1940 年 4 月到 10 月间，柳亚子还零零碎碎地撰写了十多篇传记。11 篇用文言文写成，有《夏允彝完淳父子合传》《吴易传》《孙璋传》《吴志葵传》《徐弘基传》《周之藩传》《杨娥传》《赵夫人传》《郭良璞传》《吴炎潘柽章合传》《王锡阐戴笠合传》。2 篇用白话文写成，有《明季吴江民族英雄吴日生传》《江左少年夏完淳传》。阿英劝柳亚子集合起来，编成《南明人物志》第一辑，由他介绍书店出版，但柳亚子来不及整理便离沪赴港。

此外，柳亚子还完成了《南明史料书目稿本》1 册以及《补遗》3 册。

柳亚子 1939 年夏天从事南明史研究时，"不过把她当作消愁解恨的活宝罢了"。但弄到后来，"似乎上了瘾似的"。等到 1940 年 12 月离开活埋庵以前，"瘾头已弄得很深，实在有些舍不得走"。① 但是，为了他

---

①《一年来对于南明史料的工作报告》，柳无忌编：《柳亚子文集——南明史纲·史料》，上海：上海人民出版社 1994 年版，第 312 页。

的安全起见,除前述朱舜华女士外,许广平、王任叔等都力劝他远赴香港。阿英也竭力劝柳亚子走,他怕柳亚子留恋那些从他那儿借来的史料而不肯走,便向柳亚子慨然表示:"除了关于延平王一部分,我想写一部《延平春秋》,还须留用外,其余,你一概带走好了。"①于是,柳亚子便带着100余种南明史料到了香港,寄居在"羿楼"之中,继续从事南明史研究。

到香港后,阿英又从上海继续给柳亚子寄来大批南明史料。再加上其他朋友的帮忙,到1941年12月太平洋战争爆发前,柳亚子羿楼藏有的南明史料已经达到好几百种。柳亚子的南明史研究也取得一些进展。他一面增补了屈大均的《皇明四朝成仁录》,同时将他的《南明史纲》再次进行修订,扩编为8卷本,但仍定名为《南明史纲初稿》。同年,该书稿在友人陆丹林主编的香港《大风》半月刊上陆续登载,拟将8卷分为8编,每编又分为上下,到1941年底全部刊完。从84期至102期,共刊出第1至第7编和第8编上半部。《大风》半月刊102期在1941年12月5日印行,数日后香港即为日军侵占,《大风》停刊,《南明史纲初稿》未得刊全(只缺第8编下),真所谓功亏一篑。

柳亚子将《南明后妃、宗藩志》书稿带到香港后,录出正、副2本。正本交《华商日报》的胡仲持,拟编入《羿楼丛书》;副本的《后妃传》部分,交茅盾拟于《笔谈》上先行刊出。二者均因战事发生而未果。

太平洋战争爆发后,香港沦陷。柳亚子仓皇逃亡,历时半年,辗转来到桂林,所有南明史料及研究手稿均遗留在羿楼。在桂林,他时刻关心着羿楼中南明史料的下落,每每遇到从香港过来的人,总是向他们打听消息。他听说日军占领羿楼后,把他的"一切书籍和文件都烧掉了"。对此,柳亚子感到万分悲痛,并觉得非常对不起阿英等朋友。他在《怀念阿英先生》一文中沉痛地说道:"在我这真是生命以外最大的损失,而对于阿英先生也真是一万分对不住他的。"②在悲痛之余,为了尽可能挽

---

① 《一年来对于南明史料的工作报告》,柳无忌编:《柳亚子文集——南明史纲·史料》,上海:上海人民出版社1994年版,第312页。
② 《怀念阿英先生》,中国革命博物馆等编:《柳亚子文集——磨剑室文录》(下),上海:上海人民出版社1993年版,第1334页。

回藏书被毁所带来的损失，他还接连写了《还忆劫灰中的南明史料》和《续忆劫灰中的南明史料》两文，"想把已焚史料的名称和内容默写出来，作为留恋的纪念"。① 后来，又根据相关史料和回忆写下了《羿楼旧藏南明史料书目提要》。

其实，在羿楼的南明史料及南明研究手稿并未像柳亚子听说的那样化为劫灰，而是经历了一个奇异遭遇，最后又部分回到柳亚子手中。

痛失羿楼收藏的南明史料，对柳亚子是一个沉重打击，他对于南明史研究一度"万念俱灰"。1942 年初秋，他结识明朝王室后裔朱荫龙。朱时任广西大学教授，又是广西省通志馆编纂，致力文史研究，家中藏书颇丰，其中南明史籍尤多。他对于南明史研究亦夙有兴趣，且对南明史实非常熟悉，如数家珍。朱积极鼓动柳亚子继续开展南明史研究，并表示愿将自己所收藏南明史料全部贡献出来。在朱荫龙的鼓动下，柳亚子再次燃起对南明史研究的热情。

1943 年 3 月中旬，柳亚子收到张继邀其赴渝修南明史的来信。柳亚子觉得这倒是一个研究南明史的好机会，便与朱荫龙起草《南明史编纂意见书》暨南明史拟目，寄给张继，后也在桂林《大千》杂志上发表。《意见书》建议于国史馆中设立《南明史》撰修处，并要求将《南明史》撰修处设在桂林。但是，柳亚子的这一设想未能实现。其后，柳亚子便忙于撰写《五十七年》，根本无暇顾及南明史研究。

1944 年 3 月，柳亚子《五十七年》撰写工作告一段落后，便重启南明史研究计划。此时，他已经放弃争取国民党官方机构支持的念头，转而独立自主开展工作。同年 5 月，他与宋云彬和朱荫龙等创办"南明史料纂征社"，自任社长，宋云彬和朱荫龙任副社长。他们准备在朱荫龙所拥有的南明史料基础上，进一步广泛地征集资料，开展研究。他们拟订了一个庞大的研究计划，计划编著《南明纪年》《南明纪事本末》《南明史》。同时，他们还计划进行史料整理，准备创办《南明史料月刊》，介绍南明史料的收集整理和研究状况，并编辑出版《南明史料汇编》《南明史

---

① 《还忆劫灰中的南明史料》，柳无忌编：《柳亚子文集——南明史纲·史料》，上海：上海人民出版社 1994 年版，第 328 页。

料新编》。可惜,不久日军重兵进逼桂林,柳亚子不得不紧急避难,后又飞赴重庆,南明史编撰计划再次化为泡影。

在很长时间内,学术界都认为柳亚子在羿楼收藏的南明史料和研究手稿都已化为劫灰,对此均表扼腕叹息,莫不引以为极大遗憾。但是,到了 20 世纪 80 年代初,事情却出现了戏剧性的转折。

著名记者陆谷苇无意中从一位医生朋友那里看到几本汪伪时期在上海出版的《古今》杂志。其中有一篇文章似乎把柳亚子"南明史料"在香港的辗转下落讲得颇为清楚。后来,他又从医生朋友那里找到了《古今》文史半月刊第 55 期(发行于 1944 年 9 月 16 日),上面赫然刊登王瑞丰(字念忱)的《柳亚子南明史稿收藏记》。

王瑞丰在《柳亚子南明史稿收藏记》开头便说:"可是天下事往往出乎人的意料之外,这批作品同很多有关书籍,任谁也想不到在大战中又数易藏主之后,仍安然无恙,更在一个故事化的经过中重整卷帙,妥为收藏起来。"①接着,便详细地叙述了事情的原委和经过,并具体列出了柳亚子南明史研究书稿和南明史料的详细目录。

原来,日军占领香港后,羿楼沦为日军情报班班长黑木清行的官邸。此前在华北与黑木清行打过交道的王瑞丰,在黑木家吃饭时,从书房里看到何香凝画的一幅梅花上有柳亚子题诗,便意识到这是柳亚子书房。他先是在一位辛子女士帮助下,取了一份柳亚子自撰年谱,后又经过黑木允许取出了柳亚子所著南明史研究手稿。不久,黑木突然患病辞官远去,房子由他亲戚八木田留守,同时还住着黑木认识不久的女友交际花张莉莉。张莉莉交际很广,弄得门庭若市,且经常将书画随便送人,引起了八木田强烈不满。一次,八木田对王瑞丰说:"王先生,请您把我那里的书籍都拿来吧。不然,她今天送人,明天送人。"王瑞丰不敢怠慢,立即跟着八木田,在张莉莉的怒视下,检出与南明史料有关的书籍"捆载而归"。② 王瑞丰还花了几十元军用票,订制夹板,将它们整

---

① 王瑞丰:《柳亚子南明史稿收藏记》,柳无忌编:《柳亚子文集——南明史纲·史料》,上海:上海人民出版社 1994 年版,第 441 页。

② 王瑞丰:《柳亚子南明史稿收藏记》,柳无忌编:《柳亚子文集——南明史纲·史料》,上海:上海人民出版社 1994 年版,第 442—443 页。

理装潢起来。他在离开香港时,将这批书籍寄放在一位朋友家中。他在该文发表前不久,还从香港朋友那里收到书籍完好的回音。文末,他还表示希望能早点原璧归赵。

从王瑞丰文章来看,至少在1944年9月前不久,柳亚子在羿楼收藏的南明史料和研究手稿都还完好地保存着。这真是一个出乎意料的发现,由此燃起人们重获这批珍贵史料的希望。

陆谷苇所获得的信息,迅速通过柳亚子的姨侄徐孝穆传给在美国的柳亚子长子柳无忌。1982年5月11日,柳无忌在《香港大公报》刊登了启事《寻书:柳亚子旧藏南明史料》,正式披露王瑞丰文章的内容,希望借助大公报的读者找到寻书的线索,并盼望王瑞丰及其知己好友和亲属告知南明史料的下落。但是,此文发出后似乎并未收到有价值的回音。

从20世纪80年代初开始,柳无忌便主持编辑《柳亚子文集》。在编辑过程中,柳无忌发现从北京图书馆获赠复印件和缩微胶卷中有大量柳亚子南明史研究手稿,他从中得出新的判断:"当时以为遗失的书,大部分有物归原主的可能性。"在他看来,王瑞丰文章发表时,柳亚子尚在重庆,当然没有看到。但他于1945年底自重庆返回上海后,会有友人把王氏文章告诉他。经过这条线索,柳亚子可能找到王氏,从而取回了这些"南明史稿"。除了合理推测外,柳无忌还有重要证据:柳亚子于1941年在香港时的主要工作为补辑屈大均的《皇明四朝成仁录》,并编成目次。而北京图书馆赠他的缩微胶卷中,正好有《皇明四朝成仁录》《皇明四朝成仁录目次》《皇明四朝成仁录屈、徐两本目录》3种;王瑞丰文中提到的有《南明杂传》(一册全)与《夏太史遗稿》(一册全),而北京图书馆的胶卷中亦有此二种稿本;王文提到的《夏太史遗稿》,系以中文打字机打出,而北京图书馆所藏此书,同为打字本。①

后来,柳无忌又在北京图书馆赠送缩微胶片中发现《夏太史遗稿》末页有柳亚子亲笔题跋:"此册与《玉樊丙戌集》两册,太平洋战后,落日

---

① 柳无忌:《柳亚子南明史稿收藏记》编者按,柳无忌编《柳亚子文集——南明史纲·史料》,上海:上海人民出版社1994年版,第445页。

本情报部手,盖余香岛寓庐,自署羿楼者,为日人所占据也。山东王念忱仗义取归,依余题署制夹版,仍自港携沪,归余赵璧。呜呼,王君诚可谓义薄云天者矣!……余以此二册经历艰辛,颇拟赠诸北平图书馆,以公同好,且志王君之高谊于无穷云。一九四九年七月四日,吴江柳亚子记于北平颐和园益寿堂之北窗下。"①

　　前述柳亚子在《夏太史遗稿》题跋中只言及该书与《玉樊丙戌集》两册系王瑞丰归还,当然并不是说王瑞丰仅归还这两本,而是因为其时柳亚子只决定将上述两书捐给北平图书馆。不过,事情也非许多学者想象的那样:王瑞丰已经将柳亚子羿楼南明史籍和南明研究手稿全部归还柳亚子。1948 年 1 月 2 日,柳亚子致姜长林信中说,南明史料"遗失在十分之七八以上",②可见,王瑞丰归还的只是柳亚子羿楼南明史料和南明研究手稿的一小部分,而大部分则遗失了。

　　对于王瑞丰在何时、何地将这批南明史料归还给柳亚子,目前有三种不同的说法。第一种说法是 1945 年底柳亚子从重庆返回上海后,按照友人的提示,找到王瑞丰,取回旧藏,这是柳无忌的推测,前文已经叙及。第二种说法是王瑞丰在 1947 年在香港转交给柳亚子,这是 1987 年李镛根据走访王瑞丰家属而提出的看法。柳无忌 1982 年发出寻找南明史料旧藏的启事后,并非毫无回音。李镛得知这一信息后,即利用治病和业余时间在沪宁一带查访资料和线索,找到了王瑞丰的亲属和友人。据王瑞丰长子王世然回忆说:其家在抗战胜利前后由济南迁上海居住。"家父收藏柳亚子的史稿,家人是知道的,但老人从未把书带回上海。1947 年后我父亲因公务及私事多次赴港。他和孙隆吉(即其父存放南明史稿和南明史料的友人——引者注)在香港亲手将书还给了柳亚子。"③第三种看法是全国解放后在北京归还给柳亚子。耿素丽

第十章　全面抗战八年

315

---

① 《柳亚子南明史稿收藏记》编者按,柳无忌编:《柳亚子文集——南明史纲·史料》,上海:上海人民出版社 1994 年版,第 446 页。
② 《致姜长林》(1948 年 1 月 2 日),上海图书馆编:《柳亚子文集——书信辑录》,上海:上海人民出版社1985 年版,第 340 页。
③ 李镛:《柳亚子旧藏南明史料下落之谜》,《文教资料》1987 第 5 期。

认为，"这批书籍与文稿被运至北京，完璧归赵"。①

实际上，要回答上述问题，需要找到柳亚子与王瑞丰直接联系的资料。目前，除了前述柳亚子《夏太史遗稿》题跋外，这方面资料还有收入柳亚子文集的一首诗。1946 年 1 月 7 日，柳亚子曾经写了《应王念忱之嘱为〈导报〉题诗》。诗云：

> 中日朝鲜旧弟兄，阋墙半纪苦纷争。但教世道归民主，终见潮流晋太平。纳粹法西宜扑灭，自由康乐定完成。樱花红遍扶桑岛，万户千门一笑迎。②

1945 年 10 月，汤恩伯在上海成立日侨管理处，王瑞丰担任宣导课科长，负责对日侨进行"感化"教育。他还主持出版《导报》半月刊，宣扬民主，批判黩武主义，以后又增印日文版，共出 13 期。郑振铎、田汉等文化名人都曾应邀为《导报》撰文。柳亚子应王瑞丰之邀为《导报》题诗也是很自然的事情。柳亚子的题诗也很切合《导报》办刊的宗旨。1 月 7 日，距离柳亚子 1945 年 12 月 30 日从重庆飞回上海仅有区区数日。在这几天中，柳亚子从友人处得到线索并找到王瑞丰的可能性微乎其微。最为合理的解释是，早就想物归原主的王瑞丰密切关注柳亚子的动态，故在柳氏刚刚返回上海后数天即主动找上门来，除了请柳亚子为《导报》题诗外，自然会将其收藏羿楼南明史料和研究手稿之事向柳亚子和盘托出。当然，此时有关南明研究的手稿和南明史料未必已经运回上海，但是，从柳亚子前述《夏太史遗稿》题跋中所说"仍自港携沪，归余赵璧"来看，书籍应是王氏亲自或委托香港朋友运回上海，在上海归还给柳亚子的。但是，具体归还时间还无法确定，不过笔者认为 1946 年上半年可能性最大。再回过头分析前述三种看法：柳无忌推测的时间大致是对的，只是他没想到是王瑞丰主动找上门来；因王瑞丰从未将柳亚子旧藏放在家中，其子王世然自然也不清楚其父是何时归还柳亚

---

① 耿素丽：《国家图书馆藏〈南明史料书目〉述介》，中国历史文献研究会编著《中国历史文献研究会成立 30 周年纪念集》，上海：华东师范大学出版社 2009 版，第 495 页。
②《应王念忱之嘱为〈导报〉题诗，一月七日作》，中国革命博物馆编：《柳亚子文集——磨剑室诗词集》（下），上海：上海人民出版社 1985 年版，第 1829 页。

子的,他只是从其父 1947 年多次赴香港和柳亚子同年也到了香港而做出推断,但实际上并不准确;耿素丽则是依据前述柳亚子 1949 年 7 月 4 日在颐和园益寿堂写下的题跋,误以为是王氏运送到北京归还柳亚子的。

柳亚子十分珍视羿楼所藏南明史料和南明史研究手稿,王瑞丰将其妥善保存起来并归还给他,这对于柳亚子来说简直就是一件无量功德!柳亚子为人性情率直,向来快意恩仇,可是,令人疑惑的是,柳亚子在很长时间内却从未披露片言只语,以致连至亲好友也一无所知。仔细一想,这里恐怕有柳亚子不得已的苦衷。笔者的推测是,王瑞丰文章发表在汪伪期刊《古今》上,且其自述与日军情报班班长有些交情,在抗战胜利后惩办汉奸的情况下,倘若贸然将此事公开,恐怕对于王瑞丰有些不利,因此柳亚子对此事秘而不宣。但是,1949 年 7 月柳亚子准备将《夏太史遗稿》等捐献给北平图书馆时,还是忍不住要感谢王瑞丰的义薄云天。

六　重庆交游

1944 年 9 月 12 日,柳亚子夫妇在重庆下了飞机,坐轿子来到廖梦醒家中,见到分别数月的柳无垢和光辽。此前,柳无垢和光辽从昆明来到重庆,寄居在廖梦醒家中。随后,廖梦醒也赶回家中,请柳亚子夫妇在其家中住居。但柳亚子考虑廖梦醒家中十分局促,便未答应。

不久,第十八集团军驻渝办事处龙科长来拜访柳亚子,两人畅谈时局。此时正值国民参政会召开,林伯渠和董必武都在重庆,谈判国共合作问题。龙科长说:"一时不容易谈得拢,但远景终是光明的。"临走前,他表示回去报告林董二老,有时间就来看望柳亚子。

稍后,沈华昇和徐文烈都在接到柳无垢电话后赶来看望柳亚子。应沈华昇邀请,柳亚子夫妇、柳无垢和光辽便暂寓毛啸岑、沈华昇在合众保险公司的宿舍。次日,柳无忌、高蕴鸿夫妇也携带女儿柳光南进城看望父母。其时,柳无忌在中央大学任教,高蕴鸿在南开中学任教,都住在城外沙坪坝。

9 月 12 日晚,林伯渠、董必武到廖梦醒家拜访柳亚子,因柳已离开,怅然而返。9 月 13 日,沈钧儒先到廖梦醒家拜访柳亚子,得知柳已迁居,遂又赶到合众保险公司宿舍看望柳亚子,这种盛情高谊让柳亚子非常感动。随后,茅盾、孔德沚夫妇以及范洗人、傅彬然、叶圣陶、经普椿等也来看望柳亚子夫妇。此外,居正、邹鲁、叶楚伧、邵力子、陈树人、狄膺等几个国民党方面的老朋友亦前来拜访,于右任则请柳亚子吃了一顿饭。

柳亚子抵渝之初,还处于神经衰弱时期,情绪很抑郁。因此,在城内住了十余天,柳亚子便想去乡间休息。9 月 22 日,柳亚子夫妇搬到沙坪坝柳无忌家中——南开中学教职员宿舍津南村 10 号。次年 1 月,柳亚子夫妇借住津南村 11 号。在津南村,柳亚子夫妇住居一年多时间。

虽然津南村风景优美,但柳亚子总觉闷闷不乐,每天只有看《新华日报》一件事情。当然,柳亚子也还看看书,但却总看不到脑子里去。直到 10 月下旬,林伯渠、董必武又到津南村拜访柳亚子。柳亚子觉得"孔北海亦知世间有刘备",精神不禁"为之一振"。① 但是,因担心国内团结问题和日军日益进逼的军事进攻,这种短暂的精神振奋转瞬即逝,柳亚子仍旧复归于抑郁低沉之中。

11 月 11 日,柳亚子接到郭沫若邀请喝酒的来信,这实际上是郭沫若为柳亚子接风洗尘。傍晚,一辆小汽车来接柳亚子夫妇。柳亚子以为是郭沫若的车,谁知车到红岩村却开了进去,说是去接副部长。柳亚子问副部长是谁,司机老段说是周恩来,柳亚子这才知道车是十八集团军办事处的。周恩来忽然来重庆,完全出乎柳亚子意料。车到红岩嘴山下,周恩来早已等在那儿,见了柳亚子,赶紧握住他的双手,柳亚子觉得自己"冰冷的肌肤,都被他传染得温热了"。② 询问之下,柳亚子才得知,周恩来是由美国大使赫尔利坐飞机去延安接来重庆的,正和董必武

① 柳无忌、柳无非编:《柳亚子文集——自传·年谱·日记》,上海:上海人民出版社 1986 年版,第 272 页。
② 柳无忌、柳无非编:《柳亚子文集——自传·年谱·日记》,上海:上海人民出版社 1986 年版,第 272 页。

一同与国民党进行谈判。他昨天才到，今天就临时赶来赴会。

车子很快就到了郭沫若住所天官府 4 号，此时，已是高朋满座。除郭沫若和夫人于立群外，有沈钧儒、董必武二老，有王若飞、王炳南、徐冰、张晓梅、陈家康等八路军办事处人员，有马寅初、黄齐生、冯乃超夫妇。此外，还有廖梦醒、阳翰笙、夏衍、胡风、于伶、乔冠华、胡绳等老熟人。晤谈一会后，众人便移至天官府 7 号开宴。郭沫若"酒量甚高，酒兴亦甚豪"，[1]几乎把柳亚子灌醉。宴罢，众人余兴不减，仍回郭寓晤谈。沈钧儒表演太极拳，还有人扭起从延安学来的秧歌舞。郭沫若请柳亚子讲话，柳亚子只说了两句："世界的光明在莫斯科，中国的光明在延安。"郭沫若则顺势接道："重庆的光明，今夜在天官府。"[2]大家哈哈大笑，尽欢而散。这是柳亚子抵渝后破天荒的盛举。

盛会过后，空气又趋沉闷，听说谈判没有结果，董必武和周恩来都返回延安。接着，日军在黔桂路猛进，独山失陷以后，重庆也紧张起来，人心惶惶，不可终日，幸亏敌人忽然向后转，才在平安吉庆声中度过 1944 年年关。

进入 1945 年后，柳亚子便遇到一连串聚会。1 月 3 日，沈钧儒和王若飞、郭沫若、徐冰到津南村拜访柳亚子，并送来一大瓮花雕酒。柳亚子到金刚饭店叫来一席菜，请他们吃了一顿。柳亚子笑着说："你们今天，可说是携瓮就教了。"那天，柳亚子喝得很醉，客人告别后，还拉了儿子无忌到南开中学环游一圈。

1 月 11 日，柳亚子夫妇应邀到虎头岩出席《新华日报》创刊七周年纪念会。柳亚子除了重晤沈钧儒、马寅初二老和乔冠华、胡绳及其太太小吴外，还见到《新华日报》总编辑潘梓年和总经理熊瑾玎以及戈宝权、石西民、章泯诸人。晚上有十几席的宴会，柳亚子又被灌醉了。酒后看秧歌，有"兄妹开荒"等节目，柳亚子非常高兴。在发言时，柳亚子仍旧重复了天官府洗尘宴会上的那两句话，公开宣称："世界的光明在莫斯

---

① 柳无忌、柳无非编：《柳亚子文集——自传·年谱·日记》，上海：上海人民出版社 1986 年版，第273 页。

② 柳无忌、柳无非编：《柳亚子文集——自传·年谱·日记》，上海：上海人民出版社 1986 年版，第273 页。

科,中国的光明在延安!"①当晚,柳亚子夫妇就住在乔冠华房间里,乔冠华则进城去看望他的夫人龚澎。

1月12日,柳亚子夫妇进城到郭沫若寓所天官府4号参加为沈钧儒补行生日的庆祝会。柳亚子首次见到了左舜生、章伯钧、陶行知、邓初民、张申府、高崇民、许宝驹、王昆仑等人,高兴极了。13日,柳亚子夫妇应邀赴章伯钧家宴,还见到刚从贵阳来到重庆的旧友林北丽。当天晚上,返回津南村。

在1945年年初的一连串聚会中,柳亚子连醉三次,心情转好,但脑筋仍未完全好转。不过,自1945年元旦起,柳亚子开始恢复写诗。当日,柳亚子赋诗一首:"杜陵卷里夔巫壮,李白篇中蜀道难。怜我西来屡绪劣,肯将才笔换江山。"其后,柳亚子又相继写了少量题赠诗。1月3日,沈钧儒和郭沫若来访后,柳亚子读了沈钧儒、郭沫若为1944年11月11日聚会写的诗后,也补赋一首。诗云:

> 良宵差遣旅怀宽,盟誓心期葆岁寒。万族疮痍愁未已,十觞酪酊醉相看。栖皇海内多麟凤,颠倒人间愤履冠。惟有桥陵云物美,中原北望共凭栏。②

在这首诗中,柳亚子对国民党当局的愤懑不满与对共产党人的希冀期望形成了鲜明对比,堪称"中国的光明在延安"的绝佳诠释。

1月26日,柳亚子乘坐红岩村派来的车子赴郭沫若寓所参加欢迎周恩来的茶话会。其时,周恩来又从陕北来到重庆。在茶会上,周恩来报告当前政治形势。第二天,林北丽、尹瘦石、陈迩冬等友人前来拜见。晚上,柳亚子和马寅初去看话剧《林冲夜奔》,觉得很好。直到次日,才返回津南村。2月6日,柳亚子又应邀进城赴邓初民、谭平山等6人的宴请。主客是周恩来,他因国共谈判没有结果又即将回延安去。

---

① 柳无忌、柳无非编:《柳亚子文集——自传·年谱·日记》,上海:上海人民出版社1986年版,第274页。

② 《次韵奉酬衡老、鼎兄,一月三日补赋》,中国革命博物馆编:《柳亚子文集——磨剑室诗词集》(下),上海:上海人民出版社1985年版,第1295页。

3月28日,由沈钧儒、王若飞、郭沫若发起,在天官府街7号为柳亚子做了一次59岁的"假生日"。原来郭沫若不知道柳亚子生日日期(5月28日),就写信去问柳亚子友人柳非杞,柳非杞复信告知,但字迹很潦草,结果郭沫若误认"五"为"三",就提前两个月为柳亚子做生日。柳亚子后来打趣说:"郭沫若识别字,这不是海外奇谈吗?"[①]那天非常热闹,在重庆的各党各派领袖差不多都到了,参加者有四五席之多。郁风和黄苗子最后到场,送来一双大蜡烛,郭沫若把蜡烛点起来,煞是好看。宴罢又回到郭沫若寓所。阳翰笙在日记中记道:"大家在郭老家纷纷致词,向这一民主的老战士道贺;柳老在致词时说得异常的激愤而严肃,使得我非常感动。"[②]当晚,柳亚子赋诗二首,后一首末句"张楚过秦青史在,兴亡无用问蓍龟"表达了对中国未来的坚定信心。

郭沫若领导的文化工作委员会频频开展进步文化活动,引起国民党当局的嫉恨和仇视,于3月30日被勒令解散。4月8日,柳亚子和沈钧儒等16人在广东酒家发起聚餐会,慰劳郭沫若和文工会同人。席间,众人纷纷发言肯定郭沫若和文工会的成绩,同时也对国民党当局解散之举予以强烈谴责。柳亚子愤慨地说:"现在黄钟毁弃,瓦釜雷鸣。我们却应该把瓦釜毁弃掉,让黄钟大吕之音雷鸣起来!"[③]

4月9日晚上,柳亚子赴沈钧儒和章伯钧在特园为董必武举行的饯行宴席。董必武刚从延安抵渝,不日将赴美国旧金山,代表共产党出席联合国成立大会。

5月28日,柳亚子夫妇与毛啸岑、沈华昇、张西曼、林北丽、尹瘦石、陈迩冬等13人在合众保险公司宿舍举行柳亚子59岁生日聚餐会。参加人数不多,但兴致颇好。

6月4日,柳亚子赴曾家岩50号八路军办事处参加王若飞等为郭沫若举行的饯行宴席。郭氏不日将赴莫斯科,出席苏联科学院成立220周年纪念大会。

---

① 柳无忌、柳无非编:《柳亚子文集——自传·年谱·日记》,上海:上海人民出版社1986年版,第275页。

② 阳翰笙:《阳翰笙日记选》,成都:四川文艺出版社1985年版,第363页。

③ 阳翰笙:《阳翰笙日记选》,成都:四川文艺出版社1985年版,第369页。

6月24日,柳亚子赴重庆文化界在西南实业大厦举行的茅盾50寿辰暨文学工作25周年庆祝大会,高度肯定茅盾"有所为"和"有所不为"的优秀品质。翌日,赴沈钧儒、宋庆龄和史良在史良寓所为茅盾夫妇举行的午宴。

8月9日,柳亚子起床盥洗完毕后,便照例在走廊上伫立,等候《新华日报》。不久送报工友来了,口中嚷着"好消息、好消息"。柳亚子接过一看,在《新华日报》"增张"中印着八个大字:"苏联今日对日宣战"。联苏抗日,本是柳亚子八年来一贯主张,而苏联出兵东北更是柳亚子期盼已久的梦想。不料,现在,这一梦想终于成真了,好日子即将来到了。柳亚子极为高兴,即赋七律《八月九日闻苏联参战喜极有作》。诗云:

> 盲云毒雾蔽山城,一檄经天众眼明。从此红军眷东顾,好教黔首庆西成。独夫残焰行同尽,民主吾曹合共荣。倘遣骁腾能直下,乌兰万里接延京。[1]

翌日黄昏,突然传来日本政府乞降的消息。顿时,外面鞭炮声大作。紧接着,南开中学学生举行庆祝大游行,喊口号,吹口琴,敲锣打鼓,各种各样的声音应有尽有。到了半夜,《新华日报》又出号外。整个重庆沸腾起来了!柳亚子异常激动,一夜无眠。12日,柳亚子补赋一首《八月十日夜电传倭寇乞降》。诗云:

> 殷雷爆竹沸渝城,长夜居然曙色明。负重农工嗟力竭,贪天奸幸侈功成。横流举世吾滋恨,义战能持国倘荣。翘首东南新捷报,江淮子弟盼收京。[2]

日本投降,标志着中国人民历经艰难的十四年抗战终于取得最后胜利。饱尝数年辗转流徙之苦的柳亚子长长地松了一口气。

---

① 《八月九日闻苏联参战喜极有作》,中国革命博物馆编:《柳亚子文集——磨剑室诗词集》(下),上海:上海人民出版社1985年版,第1307页。

② 《八月十日夜电传倭寇乞降,十二日补赋一首》,中国革命博物馆编:《柳亚子文集——磨剑室诗词集》(下),上海:上海人民出版社1985年版,第1307页。

第十一章 争取和平与民主

一 渝州唱和

如前所述,柳亚子对抗战胜利感到十分欣喜,但是,不久阴云又重新笼罩在他心头。日本投降后,蒋介石为了重建独裁统治,竟然企图垄断中国战区的受降权,不允许对抗日战争做出重大贡献的中国共产党领导的武装力量参加受降,这当然引起中国共产党人的坚决反对。于是,双方围绕受降问题展开激烈交锋。到1945年8月中旬,形势一度剑拔弩张,内战似乎有一触即发的危险。对此,柳亚子心情日益沉重,一度非常悲观,甚至觉得苏联参战太迟,日本投降太早,弄成中国内战恐难幸免的局面。

不过,蒋介石在抗战胜利之初还不敢冒天下之大不韪,悍然发动内战。原因是多方面的:抗战胜利后,饱经战争之苦的全国人民渴望和平;美苏两大国也不希望看到中国发生内战;在抗战中日益壮大起来的中共领导的武装力量,也不容小觑;更为重要的是,蒋介石的嫡系军队远在西南边陲,调往内地尚需时日。因此,蒋介石便玩弄起两手策略,一面加紧调运军队,收编伪军,积极进行内战准备,另一方面则玩弄起和谈伎俩,在8月14日、20日和23日,蒋介石连续发出三封电报,邀请中共领导人毛泽东赴渝谈判。他预料毛泽东绝不会同意赴重庆谈判,便可借机将挑动内战的责任推到共产党人身上。柳亚子也觉得,蒋介石并未提出表达和平谈判诚意的具体条件,毛泽东怎么会答应赴重庆谈判呢？然而，为了顺应全国人民争取国内和平、避免爆发内战的愿望，也为了揭露蒋介石"假和谈"、真备战的阴谋，8月28日，毛泽东偕周恩来、王若飞自延安飞抵重庆。这个振奋人心的消息，顿时轰动整个山城重庆。柳亚子在震惊之余，心头不禁浮现了与毛泽东交往的情景。

如前所述，早在1926年夏，柳亚子和毛泽东在珠江畔茶楼茗茶叙谈，彼此留下深刻印象，但此后两人即天各一方，未再相见。

不过，柳亚子却密切关注毛泽东的讯息，并在大革命失败后两次赋诗怀念。大革命失败以后，毛泽东在湖南领导了秋收起义，随后又创立井冈山根据地，点燃中国革命的星星之火。柳亚子于1929年写下《存殁口号六首》，每首怀念两位人物，前者为殁者，后者为生者。第一首怀念孙中山和毛泽东。诗云："神烈峰头墓草青，湖南赤帜正纵横。人间毁誉原休问，并世支那两列宁。"①1931年夏秋，毛泽东率领红军粉碎国民党第三次重兵围剿。翌年春，柳亚子撰写《怀人四截》，其一即为怀念毛泽东。诗云："平原门下亦寻常，脱颖如何竟处囊。十万大军凭掌握，登坛旗鼓看毛郎。"②在20世纪20年代末30年代初，正值中国革命的低潮，但柳亚子却对毛泽东青眼有加，极为推崇，乃至竟将其与孙中山并列，这不能不令人钦佩柳亚子识人的惊天本领。

这一时期，由于处于被封锁和被围剿的环境下，毛泽东在很长时间内未能获得柳亚子的讯息。直到1937年6月，他在延安收到何香凝寄赠的画集中看到柳亚子题诗，便在复信中称赞柳氏为"人中麟凤"，并请何代为致意问候。③

1941年4月2日，柳亚子因为皖南事变仗义执言而被国民党五届八中全会开除党籍。4月13日，吴玉章、林伯渠、张曙时等自延安致电慰问柳亚子，有云："尚望本革命之初衷，凭奋斗之勇气，再接再厉，不屈

---

① 《存殁口号六首》，中国革命博物馆编：《柳亚子文集——磨剑室诗词集》（上），上海：上海人民出版社1985年版，第639页。

② 《怀人四截》，中国革命博物馆编：《柳亚子文集——磨剑室诗词集》（上），上海：上海人民出版社1985年版，第675页。

③ 《致何香凝》（1937年6月25日），中共中央文献研究室编：《毛泽东书信选集》，北京：人民出版社2003年版，第96页。

不挠。为民族争生存,为国家留正气。民国前途,实深利赖。同盟旧侣,愿共勉之。"①其时,柳亚子正值神经衰弱时期,并未答复。直到同年11月,神经兴奋起来的柳亚子便写诗回复,并将已经成为中共领袖的毛泽东列为第一读者。诗云:

> 弓剑桥陵寂不哗,万年枝上挺奇花。云天倘许同忧国,粤海难忘共品茶。杜断房谋劳午夜,江毫丘锦各名家。商山诸老欣能健,白头相期莫夏华。②

其中,"粤海难忘共品茶"明显表明是以毛泽东为主要倾诉对象。毛泽东收到后,因忙于事务而未能作复,但请董必武、林伯渠、吴玉章等赋诗作答。此后,董必武、林伯渠、吴玉章等人便与柳亚子开始诗文书信往来。

1944年5月13日,在桂林的柳亚子收到董必武从重庆寄来的预祝柳亚子58岁寿辰的七律,随即次韵一首作答。诗云:

> 整顿乾坤入酒觞,新诗寿我剑花芒。朝无虚听言终渎,民有偕亡日曷丧。誓以心肝酬党国,岂贪姓字上旗常。平生管乐襟期在,倘遇桓昭试一匡。③

在诗中,柳亚子流露出对蒋介石政权的不满和痛恨,却对共产党领导的延安政权表达了向往和仰慕,末句还明确向毛表明自己想做管仲、乐毅一流人物的抱负。此次,亦暂未收到毛泽东回复。

直到1944年11月21日,毛泽东才从延安致信已经抵渝的柳亚子。全文如下:

> 广州别后,十八年中,你的灾难也受得够了,但是没有把你压倒,还是屹然独立的,为你并为中国人民庆贺!"云天倘许同忧国,粤海难忘共饮茶",这是你几年前为我写的诗,我却至今做不出半

---

① 《我党吴林张三老电慰柳亚子》(1941年4月13日),《新中华报》1941年4月20日。
② 《寄毛润之延安,兼柬林伯渠、吴玉章、徐特立、董必武、张曙时诸公》,中国革命博物馆编:《柳亚子文集——磨剑室诗词集》(下),上海:上海人民出版社1985年版,第947页。
③ 《次韵和必武见寿新诗,分寄润之、伯渠、玉章、特立、恩来、颖超、曙时诸子,时五月十三日也》,中国革命博物馆编:《柳亚子文集——磨剑室诗词集》(下),上海:上海人民出版社1985年版,第1207页。

句来回答你。看见照片,样子老一些,精神还好吧,没有病吧? 很想有见面的机会,不知能如愿否?①

1945 年 5 月 26 日,柳亚子又赋诗《延安一首》,寄给毛泽东。诗云:"工农康乐新天地,革命功成万众和。世界光明两灯塔,延安遥接莫斯科。"

想罢往事,柳亚子思绪又回到现实中来。不过,对于这次毛泽东赴渝能不能实现国内和平的任务,柳亚子心中仍存有很大疑问。

8 月 30 日下午,柳亚子应邀赴曾家岩张治中公馆与毛泽东晤谈。19 年后,两位惺惺相惜的友人终于再次聚首。柳亚子后在《八年回忆》中对于这次晤谈有如下描述:

> 觉得他这次是抱着大仁、大智、大勇三者的信念而来的,单凭他伟大的人格,就觉得世界上没有不能感化的人,没有不能解决的事件。经过这次的谈话,便把我心中的疑团完全打破,变做非常乐观了。总之,我信任毛先生,便有信任中国内部没有存在着不能解决的问题,还不必诉之于武力了。②

看到毛泽东正在做着惊天动地的大事情,而自己却还是一介书生,故我依然,身心多病,柳亚子不禁有些自惭形秽。当夜,柳亚子一夜失眠,却在枕上作成一首诗送给毛泽东。诗云:

> 阔别羊城十九秋,重逢握手喜渝州。弥天大勇诚能格,遍地劳民乱倘休。霖雨苍生新建国,云雷青史归同舟。中山卡尔双源合,一笑昆仑顶上头。③

9 月 6 日下午,毛泽东偕同周恩来、王若飞乘车到沙坪坝津南村 11 号回访柳亚子。宾主畅谈一小时余,才依依惜别。客人离去前,邻居卢子才之子卢国琦以纪念册索题,毛泽东、周恩来、王若飞分别题词,柳亚

---

① 《致柳亚子》(1944 年 11 月 21 日),《毛泽东书信选集》,北京:人民出版社 2003 年版,第 221 页。

② 柳无忌、柳无非编:《柳亚子文集——自传·年谱·日记》,上海:上海人民出版社 1986 年版,第 214 页。

③ 《八月二十八日,喜闻润之来渝,三十日下午相见于曾家岩畔,赋赠一首》,中国革命博物馆编:《柳亚子文集——磨剑室诗词集》(下),上海:上海人民出版社 1985 年版,第 1311 页。

子亦为之题诗一首:"兰玉庭阶第一枝,英雄崇拜复何疑。已看三杰留鸿爪,更遣髯翁补小诗。"①

自从与毛泽东见面后,柳亚子心境大变,一年多神经衰弱时期宣告结束,转而进入神经兴奋时期。此时,柳亚子吟情大开,诗作频频。9月12日,柳亚子收到老朋友熊佛西自贵阳的来信,说他即将返回上海,准备将《文学创作》复刊,请柳亚子撰写2万多字的《八年回忆》。次日,柳亚子即开笔撰写。神经兴奋起来的柳亚子往往下笔数千言,写作进展神速,到19日便完成了3.5万字的《八年回忆》。该书记录了柳亚子自全面抗战爆发到抗战胜利的八年中在上海、香港、桂林、重庆等地辗转流徙的坎坷经历,后被收入《柳亚子文集——自传·年谱·日记》中。

柳亚子撰毕《八年回忆》后,便与尹瘦石共同筹备举办柳诗尹画联展。10月2日,柳亚子应邀前往红岩村与毛泽东叙谈。此行,他还带着尹瘦石前往,向毛泽东介绍尹瘦石,请求让尹为毛绘像。毛泽东欣然应允,并约定10月5日下午绘像。尹瘦石即先行告别,毛柳则进行约定谈话。归后,柳亚子兴奋异常,连作两诗。诗云:

后车载我过磻溪,骏骨黄金意岂迷。兴汉早闻三足鼎,封秦宁用一丸泥。最难鲍叔能知管,倘用夷吾定霸齐。心上温麐生感激,归来絮语告山妻。

得坐光风霁月中,矜平躁释百忧空。与君一席肺肝语,胜我十年萤雪功。后起多才堪活国,颓龄渐老意犹童。中山卡尔双源合,天下英雄见略同。②

10月3日,柳夫人郑佩宜突患盲肠炎,入中央医院治疗。4日,毛泽东致信柳亚子,问候柳夫人病情,并重申了"前途是光明的,道路是曲折的"的著名论断。他还高度评价柳亚子的诗,有云:"先生诗慨当以

---

① 《卢国琦纪念册,润之、恩来、若飞都有题字,余亦继声》,中国革命博物馆编:《柳亚子文集——磨剑室诗词集》(下),上海:上海人民出版社1985年版,第1315页。
② 《润之招谈于红岩嘴办事处,归后有作,兼简恩来、若飞》,中国革命博物馆编:《柳亚子文集——磨剑室诗词集》(下),上海:上海人民出版社1985年版,第1333页。

慷，卑视陆游陈亮，读之使人感发兴起。可惜我只能读，不能做。但是万千读者中多我一个读者，也不算辱没先生，我又引为自豪了。"①

10月6日，柳亚子收到毛泽东信后，随即赋诗二首。第一首末句"驰笺问疾殷勤甚，合走深山慰病妻"，流露出对毛关心体贴的感激之情。第二首诗颔联"独夫民贼终为虏，团结和平合奏功"显示了对中国前途的坚定信心，尾联"三年待纵冲天翼，风起云扬尔我同"则期望三年后自己与毛泽东一起展开冲天翼，风起云扬，成就一番功业。② 随后，他又针对毛对其诗的称赞而赋诗一首："瑜亮同时君与我，几时煮酒论英雄？陆游、陈亮宁卑视，卡尔、中山愿略同。已见人民昌陕北，何当子弟起江东。冠裳玉帛葵丘会，骥尾追随倘许从。"末句再次表达追随之意。③

10月5日，尹瘦石应约前往红岩村为毛泽东绘成图像一幅。柳亚子后为之题诗一首："恩马堂堂孙列健，人间又见此头颅。鸾翔凤翥君堪喜，骥附骖随我敢吁。岳峙渊渟真磊落，天心民意要同符。双江会合巴渝地，听取欢虞万众呼。"④前四句是称赞毛泽东是马克思、恩格斯、列宁、孙中山一流的人物，表达追随之意。后四句则称颂毛泽东受到人民的拥护与爱戴。

柳亚子在频频赋赠毛泽东同时，还向毛泽东索求七律《长征》。当时，柳亚子要完成亡友林庚白的遗愿，编一部《民国诗选》，为扩大选诗范围，便拟收入毛泽东的七律《长征》。这首诗曾被斯诺的《西行漫记》披露，因而在国统区有所流传。柳亚子根据当时流传的版本抄了一份，请毛泽东亲笔书录，并校正传抄过程中出现的错字。

---

① 《致柳亚子》（1945年10月4日），中共中央文献研究室编：《毛泽东书信选集》，北京：人民出版社2003年版，第237页。

② 《十月六日得润之书问佩宜无恙否，兼及国事，感赋二首》，中国革命博物馆编：《柳亚子文集——磨剑室诗词集》（下），上海：上海人民出版社1985年版，第1336页。

③ 《润之书来，有"尊诗慨当以慷，卑视陈亮、陆游，读之使人感发兴起"云云，赋赠一首》，中国革命博物馆编：《柳亚子文集——磨剑室诗词集》（下），上海：上海人民出版社1985年版，第1338页。

④ 《瘦石为润之绘像，即题一律，用余自题肖像韵》，中国革命博物馆编：《柳亚子文集——磨剑室诗词集》（下），上海：上海人民出版社1985年版，第1338页。但诗词集中有两字有误，分别是"恩马堂堂斯（孙）列健"，"龙（鸾）翔凤翥君堪喜"，现据林北丽和张明观意见修改，参见张明观：《柳亚子史料札记二集》，上海：上海人民出版社2014年版，第174页。

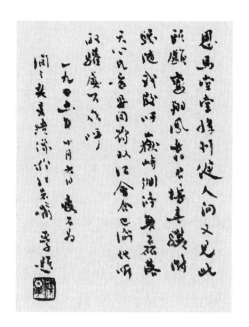

1945年柳亚子为尹瘦石为毛泽东绘像题诗手迹

10月7日，毛泽东复信柳亚子，并随信抄录1936年2月作的《沁园春·雪》。词云：

> 北国风光，千里冰封，万里雪飘。望长城内外，惟余莽莽；大河上下，顿失滔滔。山舞银蛇，原驱（驰——1957年毛泽东修订）蜡像，欲与天公试比高。须晴日，看红装素裹，分外妖娆。

> 江山如此多娇，引无数英雄竞折腰。惜秦王汉武，略输文采，唐宗宋祖，稍逊风骚，一代天骄，成吉思汗，只识弯弓射大雕。俱往矣，数风流人物，还看今朝。

柳亚子捧读毛词，惊喜莫名，但他富有收藏经验，很快发现毛泽东写在信笺上的咏雪词略有微憾，即没有题上下款，并且没有署名和印章。于是，柳亚子便带着纪念册，赶到毛泽东住处。毛泽东应柳亚子之请，在纪念册上重写一遍咏雪词，并加上了"亚子先生教正"的上款和"毛泽东"的落款，但因毛未带印章无法用印。柳亚子便自告奋勇地说："我送您一枚吧。"柳亚子返家后，即请青年篆刻家曹立庵连夜为毛泽东篆刻朱文"润之"、白文"毛泽东印"两方，盖在毛泽东题写在柳亚子纪念册上的《沁园春》咏雪词上。后来,柳亚子又将纪念册与两方印章托周恩来带回延安。

毛泽东自 1945 年 8 月 28 日抵渝后,与国民党方面展开了 40 多天的谈判。10 月 10 日,国共双方终于达成《政府与中共代表会谈纪要》,即《双十协定》。次日,毛泽东从重庆飞返延安。

柳亚子于 10 月 8 日得知毛泽东即将返回延安,便赋诗两首送别。他一方面表达了对毛泽东的殷切期望,如"鹏展倘能移溟渤,鹰扬定遣霸青齐","卷土重来定许同",同时也再三表露出恋恋不舍之意,如"相思相见知何日,却似荀郎别艳妻","离愁莽莽情难遣"。①

柳亚子收到毛泽东的《沁园春·雪》一词后,并未立即和作。10 月 21 日,尹瘦石来沙坪坝津南村柳亚子住所,与柳商量柳诗尹画联展事宜。他见过毛泽东两幅《沁园春·雪》手迹,认为柳亚子纪念册上已有题款和印章完备的墨宝,便向柳索求毛泽东在信笺上的手迹。柳亚子慷慨相赠,并亲笔写了一段跋文。此时,柳亚子已决定写作和词。两日后,和词写就。词云:

> 廿年重逢,一阕新词,意共云飘。叹青梅酒滞,余怀惘惘;黄河流浊,举世滔滔。邻笛山阳,伯仁由我,拔剑难平块垒高。伤心甚,哭无双国士,绝代妖娆。
>
> 才华信美多娇,看千古词人共折腰。算黄州太守,犹输气概,稼轩居士,只解牢骚,更笑胡儿,纳兰容若,艳想秾情着意雕。君与我,要上天下地,把握今朝。②

该词上阕写柳亚子的复杂心情,既有重逢的喜悦,也有感叹自己功业无成的惆怅,还有对李少石之死的悲痛和内疚。下阕则盛赞毛泽东"让千古词人共折腰"的文学才华,连苏轼(曾任黄州太守)、辛弃疾(号稼轩)、纳兰容若(清代著名词人)等都不在话下。

---

① 《闻润之将返延京,赠别成此三用溪、中韵》,中国革命博物馆编:《柳亚子文集——磨剑室诗词集》(下),上海:上海人民出版社 1985 年版,第 1340 页。

② 《沁园春·次韵和毛润之初到陕北看大雪之作,不能尽如原意也》,中国革命博物馆编:《柳亚子文集——磨剑室诗词集》(下),上海:上海人民出版社 1985 年版,第 1812 页。

经过一月的紧张筹备，柳诗尹画联展于 10 月 24 日在中苏文化协会举行预展，并于 25 日正式揭幕，至 28 日方告落幕。展出的作品有柳亚子的数十首诗和尹瘦石近 100 幅画。柳亚子还将其和毛泽东《沁园春·雪》的和词，一并展出。

预展时，周恩来、王若飞、郭沫若等前来观展。联展开幕当天，重庆文艺界及各方人士 100 多人出席开幕式。开幕当日，《新华日报》为联展出版了"柳诗尹画联展特刊"（字为毛泽东返回延安前亲笔题写），刊发郭沫若、茅盾、徐悲鸿、翦伯赞、丰子恺、端木蕻良、陈迩冬等人的评论文章，予以隆重推介，并给予高度评价。如郭沫若的《今屈原》，盛赞柳亚子诗"于严整的规律中寓以纵横的才气，海内殆鲜敌手"，并高度评价柳亚子"独特而优越的性格"，即"在外表上不大拘形迹，而操持却异常谨严。他的正义感，峻峭到了极端，使他具有着'见善如不及，见不善如探汤'的原子弹式的情操"。① 茅盾的《"柳诗""尹画"读后献词》声称，柳亚子"虽然用文言写旧体诗，可是思想内容完全是新的，比起专写语体新诗的朋友们的作品来，反而更加新了"，因此，盛赞柳亚子"是彻底实行了'旧瓶装新酒'的诗坛的革命家"。② 于是，前来参观者络绎不绝，柳诗尹画联展轰动一时。

其后，柳亚子将抄录的毛泽东《沁园春·雪》和他自己的和词，一并送到重庆《新华日报》馆，请求发表。这时毛泽东已经返回延安。报馆负责人告诉柳亚子，发表毛泽东作品须经他本人同意，故须向延安请示。柳亚子嫌这样太费时间，便要回抄录的毛词，但要求先发表自己的和词，这一要求获得同意。11 月 11 日，柳亚子的和词便在《新华日报》上刊出，但这样一来，倒更激发起读者对毛泽东原唱的好奇和兴趣。其时，《新华日报》社内也纷纷传颂毛泽东的原唱。

同年 11 月初，重庆《新民报晚刊》编辑吴祖光得到了传抄的毛词，率先于 11 月 14 日以《毛词〈沁园春〉》为题在该报副刊"西方夜谭"刊

---

① 郭沫若：《今屈原》，原载 1945 年 10 月 25 日《新华日报》，中国国民党革命委员会中央委员会等编：《柳亚子纪念文集》，北京：中国文史出版社 1987 年版，第 38 页。

② 茅盾：《"柳诗""尹画"读后献词》，原载 1945 年 10 月 25 日《新华日报》，中国国民党革命委员会中央委员会等编：《柳亚子纪念文集》，北京：中国文史出版社 1987 年版，第 40 页。

出,后面加上一段跋文:"毛润之氏能诗词似尠为人知。客有抄得其沁园春咏雪一词者,风调独绝,文情并茂,而气魄之大乃不可及。据氏自称则游戏之作,殊不足为青年法,尤不足为外人道也。"①11月28日,重庆《大公报》将《新民报晚刊》发表的毛泽东原唱和《新华日报》发表的柳亚子和词剪辑下来,合并发表。这样一来,便顿时轰动山城,也由此掀起了一场轩然大波。

当时,赞美者和反对者都大和特和,且评论迭出,实际上展开了一场异常激烈的政治宣传攻防战。反对者百般挑剔,着力攻击毛的"帝王思想",亦颇指责毛之狂妄自大,乃至把发动内战的罪责妄加在毛身上。与此同时,对柳词也颇多攻击和讥讽。于是,郭沫若亦填新阕,奋起反击,极力称赞毛词和柳词。紧接着,黄齐生、聂绀弩和远在山东解放区的陈毅,均有唱和之作。

在此期间,国民党当局暗中下达通知,要求会作诗词的国民党党员人人撰写《沁园春》词,以便从中挑选若干首意境、气势和文笔超过毛泽东的,以国民党主要领导人名义公开发表,把毛词的影响压将下去。然而,应征词作不少,却均为平庸之作,直到最后也没有一首拿得出手。此事极为保密,国民党败退台湾以后亦秘而不宣,直到20世纪80年代中期,才由当年参与其事的一位国民党要员透露出来,为曾在台湾台南神学院任教的政论家孟绝子获悉。1984年9月,孟绝子率先在其著作《狗头·狗头·狗头说》(系李敖主编:《万岁丛书》之一)中的《1948年的民心——西湖边的诗情画意》一文中公之于众。②

柳亚子与毛泽东在重庆诗词唱和,有力地扩大了中国共产党在国统区的影响,并为中国文坛留下了一段佳话。更为重要的,它不仅彰显出柳亚子的中共挚友形象,还体现了柳亚子与毛泽东之间非同寻常的深厚友情。

---

① 尹凌:《毛词〈沁园春·雪〉研究》,见周永林编著《〈沁园春·雪〉论丛》,重庆:重庆出版社2003年版,第22、24页。

② 辛夫:《国民党在毛泽东〈沁园春·雪〉发表之后》,原载《海峡两岸》1992年第5期,周永林编著《〈沁园春·雪〉论丛》,重庆:重庆出版社2003年版,第101页。

二　重庆风云

抗战胜利后,柳亚子在重庆活动甚多。除前述与毛泽东诗词唱和外,柳亚子还积极参加民主活动,为争取国内和平与民主而奔走呼号。如果说,前者更多地体现柳亚子的中共挚友形象及其与毛泽东的深厚情谊,那么,后者则集中地展现出柳亚子民主斗士的形象。

在全面抗战中后期,不满于蒋介石的独裁统治、要求实行民主的呼声日渐高涨,并相继出现中国民主同盟(简称"民盟")、三民主义联合会(简称"民联")等组织。

1939 年 11 月,为了坚持民主与团结抗战,国民参政会的一些党派领袖与无党派人士秘密组织了统一建国同志会。皖南事变后,在统一建国同志会的基础上,于 1941 年 3 月 19 日在重庆特园召开大会,正式成立中国民主政团同盟,并于同年 10 月公开活动。到 1942 年,参加中国民主政团同盟的有三党三会,即中国农工民主党、国家社会党、中国青年党、救国会、职业教育会、乡村建设会。1944 年 9 月 19 日,中国民主政团同盟在重庆特园召开全国代表会议,决定将中国民主政团同盟改名为中国民主同盟,改政团入盟为个人身份入盟,从而扩大了民盟组织的社会基础,吸引大批爱国进步知识分子加入其中,使民盟组织得到进一步的巩固和发展。

1943 年 2 月,谭平山、王昆仑、陈铭枢、杨杰等在重庆发起组织"民主同志座谈会",以座谈时事的形式,联系和团结国民党上层人士。同年 8 月,在座谈会的基础上,开始筹建三民主义同志联合会。自 1944 年上半年起,开始以民联名义吸收成员,开展活动。

柳亚子早在香港、桂林期间就频繁与许多后来成为民盟、民联领导人的知名人士交游。在桂林后期,他曾拟追随李济深在八步组建东南联防政府。从某种意义上说,东南联防政府也带有明显的民主特点,可惜后来未能实现。抗战胜利后,民盟和民联活动更趋积极,活动日益增多。柳亚子也先后加入民盟、民联组织,并担任重要领导职务。

1945 年 9 月,柳亚子由沈钧儒介绍加入民盟,并在 10 月召开的临时全国代表大会上被增选为中央执行委员。柳亚子自谓:"二十岁入中国革命同盟会,五十九岁入中国民主同盟,总算四十年没有变,这一点我颇自骄。"①不过,他只担任执行委员,未参与民盟内部的决策事宜。

10月28日,柳亚子赴重庆特园参加民联举行的第一次全体大会。大会通过决议,号召"国民党内民主进步的同志团结起来,改正错误路线,共谋恢复党的新生命,实行革命的三民主义"。会后,柳亚子与谭平山、陈铭枢、朱蕴山、王昆仑、郭春涛当选为中央常务干事,并出任文教委员会主任委员,由此柳亚子得以跻身民联的核心领导层。不过,民联的实际核心是谭平山,后来加入的柳亚子在民联中根基不深,他虽然挂名文教委员会主任委员,但实际工作则由郭春涛、许宝驹和甘祠森三人具体负责。

在国共重庆谈判期间,柳亚子除与毛泽东诗词唱和外,还写了大量谴责国民党当局的诗作。如9月26日作的《咏史四首》愤怒地谴责了国民党当局在抗战胜利后的奇闻怪状,如"狂胪七万吨黄金,换取头衔地下军","自作聪明耳目锢,贪官污吏遍中华","三十四年不倒翁,朝秦暮楚一时雄","助敌十年应寸磔,厚颜万甲侈生还"。②9月27日作的《受降将军歌一首》,不仅描述受降将军的种种丑态,而且还将矛头直接指向国民党最高当局,"爱钱怕死见明训,沐猴使鹤谁祸胎。使乎使乎观其主,盍不引咎归草莱。"③

与此同时,柳亚子频频撰文,畅谈政见,呼吁国内和平与团结。9月25日,柳亚子撰写《解决国是问题的最后方案》,对国共谈判中拟议的政治协商会议提出了应当议决和执行的六个方面内容:关于惩办汉奸、释放政治犯、取消特务机关、救济灾民、扶助工商业等八项具体政策;由包括国共两党在内的各党各派领袖和无党无派领袖来共同组织联合政府;由各党各派来共同组织联合统帅部;改组五院及其所隶属各

---

① 《致陈迩冬》(1945年10月12日),上海图书馆编:《柳亚子文集——书信辑录》,上海:上海人民出版社1985年版,第322页。

② 《咏史四首,九月二十六日作》,中国革命博物馆编:《柳亚子文集——磨剑室诗词集》(下),上海:上海人民出版社1985年版,第1324页。

③ 《受降将军歌一首,九月二十七日赋》,中国革命博物馆编:《柳亚子文集——磨剑室诗词集》(下),上海:上海人民出版社1985年版,第1324—1325页。

部会;重新划分省区,实行自下而上的自治选举制度;修改国民大会组织法和代表选举法,重新选举。

10月10日,柳亚子在《新华日报》上发表《今年的双十节》,回顾辛亥革命以来的历史,阐述团结对于中国革命的重要性,还提出当前的主要任务是:"把握民主的潮流,完成孙先生的遗教,召开政治会议,组织联合政府,组织联合统帅部,实行民选政权,创造出一个独立自由富强的三民主义新中国。"①

10月12日,因鲁迅逝世9周年纪念将届,柳亚子应《大公晚报》副刊编辑罗承勋敦请,赋七律二首。诗中有云"迅翁遗教堂皇在,不作空头文学家","血荐轩辕吾岂吝,伤心无地用英雄",表达对鲁迅的敬仰之情与继承鲁迅遗志的坚定信念。② 10月19日,他参加有五百余人的鲁迅忌辰纪念大会,并大声朗读自己的诗篇。会后,柳亚子又在《文萃》第5期发表纪念文章《鲁迅先生九周年祭》。

抗战胜利后,柳亚子还为朱少屏、李少石两位挚友的遇难而深感痛心。

早在太平洋战争爆发后不久,柳亚子就听到老友朱少屏在马尼拉殉难的传闻,但柳亚子一直心存侥幸,希望这个消息并不确切。1945年9月,柳亚子从《中央日报》所载华人公墓中看到朱少屏的名字,终于确认朱少屏已经殉难。柳亚子悲从中来,遂于9月11日赋诗悼念,有云"恶耗四年今证实,交情卌载欲无言"。③

1945年10月8日下午,柳亚子自沙坪坝寓所前往曾家岩50号周恩来公馆。恰逢毛泽东、周恩来正在出席张治中为毛泽东举行的欢送会,故由周恩来的英文秘书李少石接待。柳亚子与李少石是熟人,且为忘年诗友,两人相谈甚欢。当日下午,李少石乘车送柳亚子返家,两人在车上仍谈兴甚浓。李少石把柳送回沙坪坝后,仍乘原车

---

① 《今年的双十节》,中国革命博物馆等编:《柳亚子文集——磨剑室文录》(下),上海:上海人民出版社1993年版,第1457页。

② 《十月十二日,为鲁迅先生逝世九周年纪念前七日,〈大公报〉罗承勋索诗有作》,中国革命博物馆编:《柳亚子文集——磨剑室诗词集》(下),上海:上海人民出版社1985年版,第1348页。

③ 《少屏殉难,诗以哀之,九月十一日作》,中国革命博物馆编:《柳亚子文集——磨剑室诗词集》(下),上海:上海人民出版社1985年版,第1313页.

返回。因该车另有他用，司机行车过快，在途中撞倒一名国民党士兵，并招致国民党士兵枪击，李少石不幸中弹，送医院后抢救无效而早逝。

当天深夜，柳亚子获知噩耗后，在万分悲痛的同时，又陷入深深的自责，便写信给李少石夫人廖梦醒说："要是我不弄这牢什子的旧诗……不想在车中把我的满意之作念给他听……他又如何会冤冤枉枉的死去呢？'我虽不杀伯仁，伯仁因我而死'，是古今历史上最痛心的事情。想到这里……为了减轻我的罪孽起见，我真想请你去找一枝手枪来，把我打死，使我瞑目在九泉之下吧。"① 随后，他又含泪写了一首长诗哭悼李少石。

国共签署《双十协定》后，于 10 月 12 日正式对外公布，一度给国人带来和平、民主、团结的希望和曙光。然而，蒋介石根本未把《双十协定》放在眼里，在协定公布的第二天（10 月 13 日）就密令国民党将领"遵照中正所定剿匪手本，督励所属，努力进剿，迅速完成任务"。② 到 11 月初，国共双方又在华北、华中爆发军事冲突。

为了制止内战，柳亚子频频撰文，呼吁制止内战。11 月 12 日，柳亚子在《新华日报》发表《纪念总理诞辰，呼吁制止内战》，沉痛指出：在"全国人心都渴望着和平建国"之际，"而偏有自称继承总理衣钵的人，在那儿欺骗盟军，勾结敌伪，对边区和解放区作大规模的屠杀。我想，总理在天之灵，也应该赫然震怒的吧！"最后奉劝国民党当局"赶快悬崖勒马，诛晁错以谢天下"。③

同日，柳亚子撰写《总理诞辰八十周年纪念》，深刻阐述孙中山联俄联共和扶助农工三大政策的伟大意义，论述了违背三大政策带来的种种恶果。文章还尖锐指出：中共领导的边区和解放区，在实行孙中山《建国大纲》中的民主自治方面，已经取得了非凡成就；但是，"一般戴起

---

① 《致廖梦醒》（1945 年 10 月 9 日），上海图书馆编：《柳亚子文集——书信辑录》，上海：上海人民出版社 1985 年版，第 320 页。

② 《胡宗南十月二十四日致高树勋电》，中国人民解放军政治学院党史教研室编：《中共党史参考资料》（第 10 册），第 55 页。

③ 《纪念总理诞辰，呼吁制止内战》，中国革命博物馆等编：《柳亚子文集——磨剑室文录》（下），上海：上海人民出版社 1993 年版，第 1484—1485 页。

总理帽子,自称为三民主义信徒的人",却在"利用盟军,勾结敌伪",大肆进攻边区和解放区,"屠戮人民大众"。①

11 月 23 日,柳亚子撰写《胜利以后的感想》,严厉痛斥了国民党"达官贵人富商大贾"在抗战中"升的是国难官","发的是国难财",还强烈谴责国民党当局在抗战胜利后的胡作非为:在沦陷区,"勾结敌伪,纵容汉奸",鱼肉百姓,以致上海、南京一带都出现了"盼中央,望中央,中央一到更招(遭)殃"的童谣;在解放区,则利用美国军械和借款以及日伪的残余,大肆屠杀人民。②

在频频撰文的同时,柳亚子还积极参加反对内战的民主活动。11 月 13 日,柳亚子赴特园参加重庆各界反对内战联合会筹委会,并做了发言。阳翰笙在日记中记述道,"发言时亚子先生的态度最激昂有力",不禁由衷地感叹道:"他真是一位值得敬佩的老青年"。③ 该会于一周后宣告成立,其大会成立宣言大声疾呼,"我们站在老百姓的立场,唯一的主张是:内战必先停止,是非再付公论。"

面对国民党当局执意挑起内战,国内反对内战、要求民主的呼声不断高涨。11 月下旬,昆明爆发青年学生反对内战和抗议军警暴行的爱国民主运动,不料却遭到国民党当局的悍然镇压和大肆屠杀。12 月 1 日,国民党特务和军警冲进西南联大、云南大学等校园,毒打学生和教师,并向学生聚集的地方投掷手榴弹,造成了死亡 4 人、重伤 29 人的一二·一惨案。死亡的除 3 名学生外,还有为保护学生而不幸在西南联大牺牲的南菁中学教员于再。

一二·一惨案消息传来,柳亚子义愤填膺,随即与宋云彬于 12 月 6 日致电昆明各校罢课联合委员会,强烈谴责国民党法西斯的暴行,并给学生送去深切慰问和巨大鼓励。电云:"同学们为反对内战而牺牲,暴徒以手榴弹为武器,穷凶极恶,亘古未闻。欲哭无泪,人间何世。特电

① 《总理诞辰八十周年纪念》,中国革命博物馆等编:《柳亚子文集——磨剑室文录》(下),上海:上海人民出版社 1993 年版,第 1489 页。
② 《胜利以后的感想》,中国革命博物馆等编:《柳亚子文集——磨剑室文录》(下),上海:上海人民出版社 1993 年版,第 1491—1493 页。
③ 阳翰笙:《阳翰笙日记选》,成都:四川文艺出版社 1985 年版,第 442 页。

慰问,万望继续奋斗,俾竟全功。为死者复沉冤,为生者争民主。临电哀号,伏惟努力。"①

12月9日,柳亚子赴长安寺参加陪都各界追悼昆明被难师生大会,并被选为主祭团成员。当日,他还赋诗一首,悼念被难烈士。

12月16日,美国宣布将派总统特使马歇尔赴华调停"国共军事冲突"。21日,柳亚子在《新华日报》上发表《致马歇尔将军书》,严正指出:美国自赫尔利将军使华以来,"外交政策,渐入歧途,袒护独裁,干预政治,驯至于制造中国之内战,敝国人民不胜遗憾"。柳亚子还强烈要求美国政府,"勿与人民为敌,勿与民主为仇,速撤驻华之兵,速罢祖蒋之吏,勿以军械与空运制造中国之分裂,勿以租借法案与政治借款鸩毒中国之民萌"。②

在积极参加政治活动的同时,柳亚子还在10月间偕张西曼、郭沫若、熊瑾玎、田汉、林北丽等发起"革命诗社",自任社长,张西曼为主编。《"革命诗社"征诗启》有云:"爰纠民主歌手,创立革命诗社,配合时代,争取光明。""革命诗社"以张西曼创办的《民主与科学》为阵地,在1945年1卷9—10期与11—12期除刊登了毛泽东的《沁园春·雪》及郭沫若、柳亚子和词外,还先后在"革命诗选"栏目刊登张西曼、尊疑、刘百钧、吴藻汉、郭沫若等人的十余首诗作。但是,不久《民主与科学》即停刊。因此,"革命诗社"实际影响相当有限。

三　答客难

1945年12月下旬,政协会议即将召开。中共方面提名柳亚子作为社会贤达代表出席政协会议,但是遭到国民党当局的否决。已经无望参加会议的柳亚子,不欲留渝,迫切希望返回上海故寓。

---

①《为昆明"一二·一"学生爱国运动,致昆明各校罢课联合委员会慰问电》,中国革命博物馆等编:《柳亚子文集——磨剑室文录》(下),上海:上海人民出版社1993年版,第1498页。
②《致马歇尔将军书》,中国革命博物馆等编:《柳亚子文集——磨剑室文录》(下),上海:上海人民出版社1993年版,第1503—1504页。

柳亚子为机票事煞费苦心，其姨侄徐文烈更是为此四处奔走。徐文烈几次到中航公司都没有买到票，便多次走访军委会办公室主任姚琮，请他设法帮忙。姚时为中将军衔，对柳亚子执弟子礼甚恭，曾宴请过柳亚子，席间谈诗兴浓。徐持柳亚子亲笔信到军委会办公室，姚都亲自接待，"开始似乎表示可以帮忙，结果还是一场空"。正在柳亚子无法可想之际，邵力子到机房街合众保险公司楼上看望柳亚子夫妇（当时柳亚子夫妇寄住在同乡好友毛啸岑住处）。当晚，经柳夫人说明购买机票的困难，"面请邵力子设法解决"。于是，不数日，邵力子通知徐文烈"去取回机票两张"，柳亚子夫妇"始得启行"。① 毋庸置疑，邵力子帮忙购买非常紧张的机票，确实帮了柳亚子一个大忙，体现出他们之间的深厚友情。

可是，邵力子当晚还对柳亚子"讲了许多不相干的话"，②除"替现政府尽力辩护以外"，好像并无其他中心思想。③ 勉强归纳起来，就是向柳亚子倾诉其对于苏联和中共的不满。这些不满大致可归结为七个方面的问题：一是关于专政和特务问题。他"好像觉得"，"因为苏联是一党专制的国家，所以中国也就应该是国民党一党专政的国家，尤其是中共不应该反对国民党一党专政。更因为苏联是一个有特务的国家，所以中国也就应该是一个有特务的国家，尤其是中共不应该反对国民党有特务"。④ 二是关于窃取政权问题。他对《新华日报》关于国民党篡夺政权的说法觉得"非常愤怒"，并表示他已和中共交涉，要求《新华日报》予以更正。三是关于内战问题。他说，"苏联成功以后，是有过内战的，所以中共不应该反对内战"。⑤ 四是关于毛泽东思想或毛泽东主义问题。他对延安方面热心拥护毛泽东，喊出"毛泽东思想"和"毛泽东主义"的

① 徐文烈：《柳亚子搭机记》，国际南社学会主编：《国际南社学会丛刊》第4期，1993年出版，第65页。
② 《答客难》，中国革命博物馆等编：《柳亚子文集——磨剑室文录》（下），上海：上海人民出版社1993年版，第1507页。
③ 《答客难》，中国革命博物馆等编：《柳亚子文集——磨剑室文录》（下），上海：上海人民出版社1993年版，第1508页。
④ 《答客难》，中国革命博物馆等编：《柳亚子文集——磨剑室文录》（下），上海：上海人民出版社1993年版，第1508页。
⑤ 《答客难》，中国革命博物馆等编：《柳亚子文集——磨剑室文录》（下），上海：上海人民出版社1993年版，第1512页。

口号来,觉得"非常奇怪","太狂妄了"。他好像讲,"连重庆方面都还没有提出'×××思想'和'×××主义'的口号呢。"[①]五是关于政策和政府问题。他"对政府诸要人财阀独占工业商业的荒谬举动","一万分的赞成",而以中共反对为不当,"说他们别有用心"。[②] 他认为让私人发展资本,是有背于孙中山先生的遗训的,只有经政府包办,才合于社会政策。六是关于现实经验问题。他说柳亚子"缺少现实的经验","接触的方面太少",言外之意是,似乎说柳亚子是"被人包围,受人利用似的"。[③]七是关于忍耐和让步问题。他以苏联对资本主义国家的"忍耐"和让步、中共对国民党政权的"忍耐"和"让步"为例,反复劝说柳亚子要"忍耐"和"让步"。

不难看出,邵力子讲话的宗旨大致有二:一是竭力为蒋介石与国民党政权及其政策进行辩护,大力攻击和指责毛泽东与中共,但他往往以苏联为例进行论证的角度则显得十分特别;二是规劝老友柳亚子,劝他不要受人利用,劝他对蒋介石和国民党政权要"忍耐"和"让步"。

对于邵力子的言论,柳亚子当时听了很不爽,但强忍着并未作答。一是当时柳亚子白天整日工作,早上5点钟就起来写作,到晚上八九点时,"精神万分疲惫",所以对邵力子"只能采取守势","没有痛痛快快的反攻了";[④]二是邵力子是以"三十年老交情的资格"来的,"似乎还带着劝我明哲保身的好意","并且口口声声十二分的了解我,十二分的尊重我,甚至于还是十二分的客气,连称呼都用'您'而不用'你'"。柳亚子虽然"听了不入耳之言","郁怒到面红耳赤的地位","但是滚到嘴边的话",还是"没有讲出来"。"因为倘然话匣子一开",就可能会"拍案顿足

① 《答客难》,中国革命博物馆等编:《柳亚子文集——磨剑室文录》(下),上海:上海人民出版社1993年版,第1513页。

② 《答客难》,中国革命博物馆等编:《柳亚子文集——磨剑室文录》(下),上海:上海人民出版社1993年版,第1514页。

③ 《答客难》,中国革命博物馆等编:《柳亚子文集——磨剑室文录》(下),上海:上海人民出版社1993年版,第1515页。

④ 《答客难》,中国革命博物馆等编:《柳亚子文集——磨剑室文录》(下),上海:上海人民出版社1993年版,第1507页。

大骂起来"①。几年后,柳亚子在1950年11月又旧事重提,声称:"弟迩时倦极",不欲置辩,"又思辩则非拍案大骂或至挥拳不可"。这样就似非报邵力子为自己"弄飞机票之道",因此,柳亚子"隐忍缄口",未予回击。②

然而,对于柳亚子这样感情充沛又很坦率的人来说,实在是难受极了。结果是,"憋了一肚皮的鸟气","精神上感到非常苦痛"。"神经受了刺激,又是一夜的失眠"。③ 于是,次日,柳亚子便奋笔疾书,写下《答客难》一文,对邵力子的讲话进行痛快淋漓的全面回击。首先,针对邵力子喋喋不休地诉说对苏联和中共的不满,柳亚子指出,"我虽然同情苏联,可是苏联并不是我的'洋爸爸';我虽然同情中共,但我只能做中共的'严师诤友',而决不是中共的'孝子顺孙'。所以,这些不满于'苏联'和'中共'的话对于我都是'无的放矢'"。④ 随后,他又针对邵力子的7种观点逐一加以驳斥。

对于专政和特务问题,柳亚子首先声明,"中共并不是苏联的附庸,苏联的事情,一切和中共无关";同时还指出,"苏联只是一个工农阶级的国家,而共产党是代表工农利益的,当然可以由她来专政。"而中国,则"还是一个多阶级的国家",国情与苏联不同。清党后的国民党实际上放弃孙中山先生扶助农工的政策,已经"变成了一个代表大地主大资本家的政党。难道这种代表大地主大资本家的党,可以在中国专政吗?",⑤"但退一万步讲,就算'苏联是一个有特务的国家',那末,清党以后的国民党,在主义上反苏反共,在制度上却来学苏学共,邯郸学步,进退维艰,却先失夫了自己的故步。"⑥

---

①《答客难》,中国革命博物馆等编:《柳亚子文集——磨剑室文录》(下),上海:上海人民出版社1993年版,第1507页。

②《与某兄书》,王晶垚等编:《柳亚子选集》(上),北京:人民出版社1989年版,第638页。

③《答客难》,中国革命博物馆等编:《柳亚子文集——磨剑室文录》(下),上海:上海人民出版社1993年版,第1507—1508页。

④《答客难》,中国革命博物馆等编:《柳亚子文集——磨剑室文录》(下),上海:上海人民出版社1993年版,第1508页。

⑤《答客难》,中国革命博物馆等编:《柳亚子文集——磨剑室文录》(下),上海:上海人民出版社1993年版,第1509页。

⑥《答客难》,中国革命博物馆等编:《柳亚子文集——磨剑室文录》(下),上海:上海人民出版社1993年版,第1510页。

对于窃取政权问题,柳亚子指出,"说现在的国民党篡窃政权倒也是不冤枉的"。① 针对邵力子关于同盟会和国民党的政权是从清政府和北洋军阀那里夺过来的说法,柳亚子明确指出这是完全错误的。因为"政权是应该属于老百姓的",清政府和北洋军阀,"都不过是从老百姓手上篡夺政权的匪盗罢了"。不论是同盟会,或者是国民党,从清政府、北洋军阀政府手中收还了政权,"就应该还给老百姓,至少应该还给能够代表老百姓利益的政党才行。"可是,辛亥革命后,同盟会却将政权私相授受给袁世凯,造成北伐以前十余年的混乱场面。北伐成功后,国民党政权却违反民意,利用北洋余孽的官僚政客,制造国共内战和国民党内部的火并局面,以致发生了从"九一八"到"八一三"惨剧连续上演的情景。"难道,这种政党,这种政府,还能说是代表老百姓的利益吗? 违反老百姓利益的政党所组成的政府非篡窃而何?"②

对于内战问题,柳亚子指出,"内战有应该反对的,也有应该赞成的,就看主动的一方,是否是代表革命势力,或是代表反革命势力而定。"③"至于甚么叫革命,甚么叫反革命,这当然又要以替老百姓服务,或者反替老百姓造殃来断定了。"他旗帜鲜明地声明,"由代表革命势力的一方主动来发起内战",他都赞成;"由代表反革命势力的一方主动来发动内战",他都反对。他明确指出,"苏联政府讨伐白党匪徒的内战是属于前者的","而现在中国的政府所发动的内战,恐怕是属于后者的吧。"④

关于毛泽东思想或毛泽东主义问题,柳亚子指出,"毛润之今年还只有五十四岁,他将来的造就,是未可限量的。即以现在而论,在中国这样困难的环境中,居然在他领导之下,造成了边区和解放区,使得老百姓能够丰衣足食,能够有自己的政权,还不是一个伟大的人物吗? 一

---

① 《答客难》,中国革命博物馆等编:《柳亚子文集——磨剑室文录》(下),上海:上海人民出版社 1993年版,第 1510 页。

② 《答客难》,中国革命博物馆等编:《柳亚子文集——磨剑室文录》(下),上海:上海人民出版社 1993年版,第 1511 页。

③ 《答客难》,中国革命博物馆等编:《柳亚子文集——磨剑室文录》(下),上海:上海人民出版社 1993年版,第 1512 页。

④ 《答客难》,中国革命博物馆等编:《柳亚子文集——磨剑室文录》(下),上海:上海人民出版社 1993年版,第 1512—1513 页。

定说他比不上马恩列斯，除了中国人自己看不起中国人以外，还有什么话好讲？"①

关于政策和政府问题，柳亚子声明，我们并不抽象地反对"政府包办"，但先决的问题是"这包办一切的政府，是不是代表老百姓利益的政府罢了"。"现在的政府，是已经到了天怒人怨，众叛亲离的地位了。捧着洋爸爸的大腿，扼死一切中国工商业的生命。这种举动，只要是一个有良心的中国人，都应该站出来反对的。"②

关于现实经验问题，柳亚子骄傲地声明："我一身傲骨，不肯奔走权门……不过，我的政治眼光，却自信是中国第一人，怕毛润之还比不上我，更无论馀子碌碌了。讲我被人包围，受人利用，那更是一个笑话呢。"③

关于"忍耐"和"让步"问题，柳亚子当晚就苦笑地对邵力子说，"忍耐和让步是可以的，但也要有个限度才兴（行）呀！"在《答客难》中则进一步以孙中山为例加以说明，最后指出：孙中山对"反革命者"，"非但不'忍耐'，不'让步'，而且愈来愈激烈。"④

从七个方面全面反驳了邵力子的观点后，柳亚子意犹未尽，又在明朝政治问题和毛泽东《沁园春·雪》问题上进一步阐述了自己与邵力子不同的观点。

关于明朝的政治问题，柳亚子指出，"明朝的政治也实在并不高明"。不过，"要说明朝政治是中国历史上最要不得的政治，我却期期以为不可的。"⑤

他指出，明太祖的流氓、明成祖的篡位、明毅宗的亡国，"都是不可

① 《答客难》，中国革命博物馆等编：《柳亚子文集——磨剑室文录》（下），上海：上海人民出版社 1993 年版，第 1514 页。

② 《答客难》，中国革命博物馆等编：《柳亚子文集——磨剑室文录》（下），上海：上海人民出版社 1993 年版，第 1514—1515 页。

③ 《答客难》，中国革命博物馆等编：《柳亚子文集——磨剑室文录》（下），上海：上海人民出版社 1993 年版，第 1515—1516 页。

④ 《答客难》，中国革命博物馆等编：《柳亚子文集——磨剑室文录》（下），上海：上海人民出版社 1993 年版，第 1517—1518 页。

⑤ 《答客难》，中国革命博物馆等编：《柳亚子文集——磨剑室文录》（下），上海：上海人民出版社 1993 年版，第 1518 页。

争辩的事实",但紧接着反问道:"中国的政治,哪一朝是清明的? 中国的皇帝,又哪一个是好人呢?"随后便以唐、宋两朝为例,列举各个皇帝的种种不堪,得出的结论是:"中国的政治是没有一朝好的,中国的皇帝也没有一个像人的,不是独夫民贼,就是低能儿症……又何必独苛责于明朝呢?"①

关于毛泽东《沁园春》问题,柳亚子认为,毛泽东是"政党的领袖""人民的领袖","自然口气阔大","不同于钩章摘句的小儒"。人家看见他引了秦皇汉武、唐宗宋祖和成吉思汗,"便以为他有帝皇思想","这完全是狗屁不通的话"。他认为,"中国人脑筋中间所孕育着的只有奴才思想,奴才哲学",别人一提到帝皇,便以为他自己"在想做皇帝了"。"他们又哪儿知道二十世纪是人民的世纪,只有人民的领袖,没有反动的帝皇,菲唐薄宋,正是毛润之伟大的表示吗?"他评论说,"《沁园春》说得好:'俱往矣,数风流人物,还看今朝。'不是正告一般独夫民贼,说专制的寿数已终,人民的世纪开始,你就做到秦皇汉武唐宗宋祖以及成吉思汗一流人的地位,还不是一钱不值"。因此,他认为,"诬蔑毛润之的人,只是表示他自己脑中的不干不净罢了"。他还指出,"中国有气节有见识的文人,本来是'菲尧舜'而'薄汤武'的"。如浪漫文人龚自珍还有"平生志亦薄汤武,不薄秦皇与武皇"的诗句,"你也说他有帝王思想吗?"②

在上述两个问题上尽情发挥后,柳亚子还不肯罢休,又特别重提了两件旧事:一是1912年柳亚子与邵力子围绕南北议和的争论。他紧接着反问道:"从现在看起来,到底谁是谁非呢?"二是1926年夏柳亚子等与蒋介石争论及邵力子的态度。当时柳亚子与朱季恂、侯绍裘到广州后,曾面见蒋介石,并"很不客气的教训了他一顿",结果是闹得"不欢而散"。但是,当时在场的邵力子"却坚守金人之戒,箝口不作一语"。等他代表蒋介石送柳亚子等时,朱季恂"便拍拍他的肩头",很沉重地说:

---

① 《答客难》,中国革命博物馆等编:《柳亚子文集——磨剑室文录》(下),上海:上海人民出版社 1993 年版,第 1518—1520 页。

② 《答客难》,中国革命博物馆等编:《柳亚子文集——磨剑室文录》(下),上海:上海人民出版社 1993 年版,第 1520—1521 页。

"某某同志,你也是一个中国国民党的中央委员,希望你不要忘掉自己的地位,放弃自己的责任,我们才对得住孙先生,对得住为革命而牺牲的先烈呀。"柳亚子再一次反问道:"究竟我和季恂、绍裘的主张对呢?还是人家的主张对呢?"最后,柳亚子严肃地指出:"前事不忘,后事之师,我希望我们这位有三十多年交情的老朋友仔细考虑一下,不要随随便便再在社会上面散播他的毒菌了吧!!!"①

柳亚子写好《答客难》后,"初欲公开",但被夫人郑佩宜"力阻而止"。柳亚子又欲送给邵力子一阅,也因夫人"坚持不可"而作罢。② 平心而论,邵力子以老朋友的身份来看望柳亚子,尽管他为蒋介石集团辩护与指责中共和毛泽东的意图是非常明显的,但其言论是私下的而非公开宣扬的,所以,柳亚子要公开加以驳斥,似乎也未必恰当。从这个角度来说,柳夫人劝阻其发表是不无道理的。

不过,就双方争论的内容来看,柳亚子无疑是一位旗帜鲜明的国民党左派,他猛烈地抨击了蒋介石政权的独裁和内战政策,热情地赞扬毛泽东和中国共产党的政策和成绩,而邵力子则基本站在蒋介石和国民党政权一边,为其各种政策进行辩护,而对于毛泽东和中共则颇多攻击与指责。两者政治立场迥然不同,其言论正误高下不言而喻。不难看出,尽管柳邵两人之间私交深厚,但当时在政治立场上却是尖锐对立的,反映了他们之间复杂而微妙的关系。

《答客难》一文充分展现出柳亚子坚定的国民党左派立场,故历来受到学界高度重视,并颇多阐发。其实,该文还有助于人们进一步认识邵力子在1926—1945年间的政治立场。

由于《答客难》一文在柳亚子生前从未发表,直到1989年才收入《柳亚子选集》,因此,学界很多人并不知道客人就是邵力子。不过,在编辑柳亚子著作时,柳无忌、徐文烈等人应该是知情的,却有意回避了。其后,张明观等少数研究深入者也是知道的,但也避而不谈。据笔者分析,这种回避的做法,应当是基于维护邵力子"联共"与"和平老人"形象

①《答客难》,中国革命博物馆等编:《柳亚子文集——磨剑室文录》(下),上海:上海人民出版社1993年版,第1522页。
②《与某兄书》,王晶垚等编:《柳亚子选集》(上),北京:人民出版社1989年版,第638页。

的考量。对此,笔者认为,我们应当还原历史真相,无须为贤者讳,对于邵力子当时错误言论(包括赞成内战的言论)应当如实指出,但这丝毫不会损害邵力子后来积极推动北平和谈,并顺应历史潮流站到人民一边的伟大功绩和光辉形象。

四　争取光明

1945年12月30日,柳亚子夫妇乘飞机返回阔别五年之久的上海,重返辣斐德路557号旧寓。

抗战期间,柳无非、陈麟瑞及他们的儿子君石、女儿君华,还有柳夫人郑佩宜的妹妹郑佩亚,一直留守沪寓。此前,柳无垢挈儿子光辽,随美国新闻处于1945年10月迁沪,后于1946年3月调入上海美国总领事馆。1946年1月5日,柳无忌、高薇鸿携女儿光南亦自重庆返沪。于是,1946年初,柳亚子一家三代人终于在辣斐德路557号重新聚首,鸥梦重圆。可惜团聚时间不长,两个月后,无忌携妻女赴美,任教于佛州罗林斯大学。

柳亚子在享受天伦之乐的同时,密切注视时局变化,积极投身民主运动,为争取国内和平与民主而斗争。

1946年元旦,也就是柳亚子回到上海的第三天,他写下《元旦试笔》诗一首:"不死居然六十年,岂徒留命看沧田。中山衣钵堂堂在,努力神州着祖鞭。"[1]在诗中,柳亚子流露出不愿意坐看沧桑巨变,要为实现中山先生新三民主义而继续奋斗的昂扬斗志。

1月12日,柳亚子在沪寓接受《周报》记者采访,就中国前途问题、《致马歇尔将军书》、军队国家化和解决东北问题以及对中国共产党的意见等提问畅谈自己的看法。

针对记者关于中国前途问题的提问,柳亚子首先表达对中国民主

---

[1]《元旦试笔》,中国革命博物馆编:《柳亚子文集——磨剑室诗词集》(下),上海:上海人民出版社1985年版,第1829页。

化前途的坚定信心："对中国的政治民主化,我个人可以肯定地说一声:是绝对乐观的! ……因为民主政治在今日中国的迫切需要,已经不是谁,或是那一部分人的肯不肯的问题,而是国际,国内,以及历史的轮子,早给安排好了,必须向这唯一的道路进行的。"随后,柳亚子提请大家纠正两个错误的观念:"第一,不相信光明会来到是错误的。第二,等待着光明自己会来临,这也是不对的。"因此,柳亚子强调,"我们不单是只相信政府的一纸诺言,就算了事,主要的还得靠我们人民自己去切实的把握与推动这一运动"。①

面对记者关于对中国共产党的意见的提问,柳亚子毫不犹豫地给予极高评价:"这是中国一个优秀的政党,而中共的成就,完全由于广大人民的支持,因为他真正的在替人民谋幸福,否则,就决不能造成今天这样的局面。而中国的政局,又不能不说,是因为有了这样强大而进步的反对党——中国共产党的存在,才会有今天这渐趋明朗的日子的。"②

柳亚子不仅呼吁民众用实际行动去争取光明,而且亲自上阵为争取民主而大声疾呼。

1946 年 1 月 13 日上午,上海各界在玉佛寺为昆明一二·一惨案中遇难的于再烈士举行追悼大会。柳亚子冒着严寒,在女婿陈麟瑞陪同下出席大会。他与宋庆龄、马叙伦、沙千里、郑振铎、许广平、金仲华组成主席团,并发表了慷慨激昂的演讲。他愤怒地谴责蒋介石政权屠杀爱好和平民主人士的暴行:"于再君不是死于抗战结束之前,而是死于抗战结束之后;不是死于我们的敌人的脚下,而是死于我们本国人的手中。机关枪和手榴弹已被用来屠杀爱好和平的人民,就因为他们要求一个统一的中国和一个民主的政府。"最后,他坚定地表示,"民主政治只有通过斗争才能实现,而绝不是靠着恩赐。我们愿为民主而斗争,追随着于再和其他烈士们的血迹前进,去完成他们遗留下的未竟之志。"③

---

① 《1946 年答记者问》,中国革命博物馆等编:《柳亚子文集——磨剑室文录》(下),上海:上海人民出版社 1993 年版,第 1523—1524 页。
② 《1946 年答记者问》,中国革命博物馆等编:《柳亚子文集——磨剑室文录》(下),上海:上海人民出版社 1993 年版,第 1527 页。
③ 《于再烈士追悼大会演说词》,中国革命博物馆等编:《柳亚子文集——磨剑室文录》(下),上海:上海人民出版社 1993 年版,第 1530 页。

柳亚子的演讲在国统区产生了强烈影响，还引起远在延安的毛泽东注意。毛泽东于 1 月 28 日致信柳亚子，称"阅报知先生已迁沪，在于再追悼会上慷慨陈词，快何如之"，并以"相期为国努力"与柳共勉。①

1 月 14 日，柳亚子为国际友人福尔曼先生的《中国解放区见闻》撰写序言，热情讴歌中共领导下解放区的成就，并期望它"应该成为民主自治示范区"，"应该成为国内最先实行三民主义的实验区"。他还用"纪念旧时的奋斗，开辟方新的天地"来高度概括《中国解放区见闻》翻译和出版的伟大意义。②

1 月 15 日，柳亚子又撰《听到了杨潮先生死耗以后的悲愤》，对学者兼记者杨潮被当作政治犯关押而致死表示莫大悲愤，强烈谴责蒋介石政权以莫须有罪名摧残人才的罪恶行径，并坚决表示，"我们要为死者复仇，要为生者争取生命和自由的保障，我们要清算一切国家民族的罪人，我们要揭发一切的罪恶和一切的黑幕。"③

4 月 30 日，柳亚子亲赴玉佛寺参加"四八"烈士追悼大会。当年，4 月 8 日，王若飞、秦邦宪（博古）、叶挺、邓发和黄齐生以及叶挺夫人李秀文、女儿叶扬眉等自重庆飞往延安，因飞机在黑茶山失事而不幸遇难。柳亚子与宋庆龄、黄炎培、马叙伦、马寅初、陶行知等 24 人组成大会主席团。潘梓年在代表中共方面致答谢词时指出：各界人士参加"四八"烈士追悼会，"这不是为了共产党和私人感情，而是为了追悼民主战士，因为大家都要民主"。④

5 月 28 日是柳亚子六十大寿，沪上亲友本有祝贺的提议。其时，国民党六届二中全会推翻政治协商会议的各种决议，并频频调动军队，一时之间内战阴云密布。目睹时局恶化，柳亚子忧心如焚，哪里还有心情过寿，便婉言辞谢亲友的美意。当日，仅有家人及几位至亲在家中吃了

---

① 《致柳亚子》（1946 年 1 月 28 日），中共中央文献研究室编：《毛泽东书信选集》，北京：人民出版社 2003 年版，第 247 页。
② 《〈中国解放区见闻〉序》，中国革命博物馆等编：《柳亚子文集——磨剑室文录》（下），上海：上海人民出版社 1993 年版，第 1531—1532 页。
③ 《听到了杨潮先生死耗以后的悲愤》，中国革命博物馆等编：《柳亚子文集——磨剑室文录》（下），上海：上海人民出版社 1993 年版，第 1533—1534 页。
④ 中国共产党代表团驻沪办事处纪念馆编：《上海周公馆——中共代表团在沪活动史料》，上海：上海人民出版社 1994 年版，第 306 页。

一顿便饭。

但是,中国共产党与进步文化人士却没有忘记柳亚子,纷纷致电祝寿或举行集会庆祝,向这位为和平民主而大声疾呼的老朋友和老战士表示衷心祝贺和崇高敬意。当日,周恩来、董必武、陆定一、邓颖超、廖承志、李维汉从南京致电柳亚子:"今日为先生六旬大寿,特电申贺,并祝老当益壮,继续为中国之和平、民主、团结、统一而奋斗。"中共领导下解放区的延安文化界、张家口文化界都举行集会庆祝柳亚子六十大寿,并驰电致贺。《晋察冀日报》还出版祝寿特刊,刊出尹瘦石所绘柳亚子像,萧三所撰介绍文字《国士无双一亚子》以及邓拓、杨朔等人的贺诗。此外,重庆文化界进步人士也举行餐聚并致电庆祝。

不久,时局急剧恶化。6月26日,国民党当局悍然撕毁停战协定,调集30万大军向解放区发动军事进攻,全面内战终于爆发。柳亚子心神黯淡,文思枯竭,除1946年年初撰写几首诗外,终年未作诗文。

同年10月,国民党军队攻占中共华北重镇张家口。随后,国民党政权公然违背政协决议,悍然宣布于11月12日在南京召开"国民大会"。中国共产党对此坚决反对,宣布拒绝参加伪"国大"。除了国家社会党、中国青年党外,其他民主党派也表示不愿参加所谓"国民大会"。

1947年2月,国民党政府先后通知中国共产党驻北平军调部和驻南京、上海、重庆等地担任谈判联络工作的代表全部撤退。随后,又下令"通缉"毛泽东等中共领导人,宣布将在参政会中的中共参政员予以除名,并取消给中共保留的"国大"代表及国民政府委员的名额。至此,国民党蒋介石集团彻底关上国共谈判的大门,国内和平已经完全无望。

在上述形势下,再向国民党政权争取和平民主,已经无异于与虎谋皮。1947年2月初,柳亚子作《无题一首》。诗云:"炊粱易醒春婆梦,簧火难完拳帝尸。伫听春雷平地起,人民粉碎法西斯。"[1]这首诗便道出了

---

①《无题一首》,中国革命博物馆编:《柳亚子文集——磨剑室诗词集》(下),上海:上海人民出版社1985年版,第1422页。

急盼推翻蒋介石国民党政权的心声。与此同时,柳亚子也有着对未来的美好向往与热切期盼。他在 2 月 23 日(苏联红军节)赋诗一首。诗云:

> 马恩斯列堂堂在,我有孙毛誓勿疑。来日大同新世界,五洲万国尽红旗。①

2 月 9 日,上海百货业职工为反对美国把中国殖民地化,在南京路劝工大楼举行"爱用国货、抵制美货运动委员会"成立大会,并邀请郭沫若、邓初民、马叙伦、马寅初等到会演讲。国民党当局派出大批特务扰乱会场,野蛮殴打与会代表,打伤群众数十人,永安公司职工梁仁达伤重致死。柳亚子愤慨至极,赋七绝《为上海劝工大楼血案作》。有云:

> 卖国者荣爱国死,国仇民贼太披猖。谎言无耻成何用,血债终当以血偿。②

5 月 20 日,京、沪、苏、杭 16 所学校的 6 000 余学生在南京举行抢救教育危机联合大游行,向正在举行的国民参政会四届三次会议请愿。队伍在珠江路遭到国民党军警的血腥屠杀,学生死伤百人以上。次日下午,柳亚子与许广平等 17 人举行座谈会,声援学生的合法请愿运动,称赞其行为"值得敬爱",同时严正指出国民党当局的镇压行为"不免有违法嫌疑",谴责国民党当局"犯了历史重大错误"。③

五　筹建民革

如前所述,在 1945 年 10 月,谭平山、柳亚子等在重庆正式成立民联。次年 3 月,李济深飞赴重庆参加国民党六届二中全会,企图阻止国

---

① 《二月廿三日红军纪念节有作》,中国革命博物馆编:《柳亚子文集——磨剑室诗词集》(下),上海:上海人民出版社 1985 年版,第 1425 页。

② 《为上海劝工大楼血案作》,中国革命博物馆编:《柳亚子文集——磨剑室诗词集》(下),上海:上海人民出版社 1985 年版,第 1423 页。

③ 《柳亚子、许广平等各界人士十七人,认为学生请愿运动合法行为值得敬爱》,转引自张明观:《柳亚子史料札记》,上海:上海人民出版社 2008 年版,第 264 页。

民党内反动势力撕毁政协决议,但未能如愿。李济深决定双管齐下,一面在重庆开展民主活动,一面指示在广州的蔡廷锴等人加紧国民党民主促进会的筹建工作。

由于民联的领导人大多是李济深过去的老朋友和老部下,因此,他们对李济深来到重庆非常高兴,纷纷前去看望,向他介绍民联的情况,请他担任民联的"指导员",并希望李济深将来能领导民联。李济深正在为筹备国民党民主促进会而加紧活动,他不大可能去"指导"甚至领导别的党派,但民联的邀请却使李济深产生一个新的想法,即把国民党内不满蒋介石内战独裁政策的各派民主势力都联合起来。他与冯玉祥以及民联领导人交换意见,得到他们的一致赞同。

与此同时,在蔡廷锴、李章达等领导下,经过紧张筹备工作,中国民主促进会(简称"民促")于 1946 年 4 月在广州秘密召开成立大会,通过《成立宣言》,产生领导机构。

5 月底,李济深与冯玉祥、谭平山、王葆真等人一起乘"民联"号轮船由重庆前往南京。6 月,蒋介石挑起全面内战,深感失望的李济深便转赴上海。其后,蒋介石悍然召开由国民党一手包办的国民大会,公然破坏政协决议,并要求中共撤退谈判代表,彻底关上国共谈判的大门。

李济深目睹时局,深感争取和平、反对内战已经无望,便决定离开上海赴香港,加紧筹组国民党民主派的工作。临行前,柳亚子赠七绝一首为李济深送行。诗云:

　　　　大盗横行公理死,中山衣钵属吾曹。期君好展回天手,南海风云起怒潮。[1]

2 月 23 日,李济深秘密乘船离沪赴港。此前,在国民党当局的压迫下,蔡廷锴、李章达被迫离开广州,民促总部也不得不迁往香港。3 月 9 日,李济深在香港发表《对时局的意见》,强烈谴责蒋介石的倒行逆施,呼吁停止内战,恢复中山先生的革命精神,实行各党派联合建国。3 月

①《送李任潮南渡》,中国革命博物馆编:《柳亚子文集——磨剑室诗词集》(下),上海:上海人民出版社 1985 年版,第 1424 页。

11 日，民联香港发言人发表谈话，表示支持李济深的意见。

从 4 月底开始，李济深便在香港先后多次召集民促、民联高级干部开会，共商国民党民主派联合之事，决定在保留民促、民联的同时，成立国民党民主派的联合组织。

为集中力量和统一斗争步调，5 月间，李济深、何香凝联名写信给在上海的民联领导人谭平山、柳亚子、郭春涛、陈铭枢，有云："国民党民主派，集中力量，正名领导，对内对外，紧要万分，盼先生等迅即来港，共同筹策一切。"①

其时，解放战争形势发生重大变化。1947 年 6 月，人民解放军在基本粉碎国民党军队重点进攻后，开始战略大反攻。10 月，人民解放军总部发表宣言，提出"打倒蒋介石，解放全中国"的号召。与人民解放军在战场上取得节节胜利相呼应，国民党统治区人民反内战、反饥饿、反迫害的爱国民主运动蓬勃发展，形成了反对国民党统治的第二条战线，使得蒋介石政权陷入空前的全面危机。

面对军事上的惨重失败和国统区人民日益高涨的反抗浪潮，蒋介石政权日益严厉镇压民主党派，残酷迫害民主人士。1947 年 7 月，国民党政权公布所谓《戡平共匪叛乱总动员令》，并且训令各级国民党组织，对民主党派的中下层分子，只要反对国民党，就"一律格杀勿论"。10 月，国民党当局则宣布民主同盟"为非法团体"，要"严加取缔"。著名爱国人士、民盟中央常委杜斌丞惨遭杀害。民盟许多成员也遭到逮捕或绑架，民盟成员主持的报刊社亦被捣毁。

柳亚子辗转收到秘密口信时，已经是 10 月份。其时，他已经风闻国民党特务拟对他和王绍鏊等知名民主人士狠下毒手。于是，他便决定秘密离沪，前往香港再展宏图。柳无非夫婿、时任上海国际劳动局秘书的陈麟瑞，适逢因公赴国外开会，途经香港，便以假名多购了一张赴港机票。

10 月 18 日，柳亚子秘密偕同女婿陈麟瑞飞港，机中口占七绝四首。

①《何香凝、李济深等写给柳亚子等人的密信》，王晶垚等编：《柳亚子选集》（上），北京：人民出版社1989 年版，第 580 页。

其一云："机声震耳讶雷砲，万里云涛一苇杭。又是弃家亡命日，扶馀岛畔蛰龙翔。"①柳亚子此行虽然是弃家亡命天涯，但心境却颇为开朗，这缘于他希冀能像蛰伏的龙那样昂首飞翔，在香港大展宏图。

此行是柳亚子第二次赴港。他抵港后，先暂寓半岛酒店，旋迁坚尼地道 52 号二楼。这里已是国民党民主派联合代表大会筹备处。柳亚子精神异常兴奋，全身心地投入国民党民主派联合组织的筹建工作。

当时，组织命名是一个十分突出的问题，众人意见纷纭，分歧较大。很多人嫌弃"国民党"三个字，认为它已被蒋介石搞臭了，如不明确是国民党左派，不易被人接受。早在 5 月 4 日，蔡廷锴就提议定名"民主和平运动大同盟"，认为这个名称最能迎合当时反独裁、反内战运动的需要，但是，李济深则认为这个名称容易让人误解为民众团体，实际上把它否决了。后来有人提名"中国民主党"，但当时已经有了中国民主党，并且还在活动。故这一建议也遭到大家否定。柳亚子带来上海方面的意见，提议定名为"国民党民主派同盟"。很多人认为，这个名称比以前所有关于组织命名的建议都好，可以考虑。于是，李济深立即设法征求在美国的冯玉祥、上海的宋庆龄的意见。冯于 10 月 16 日回复表示同意，而宋庆龄则捎口信给何香凝表达了自己的看法。

在 10 月 26 日举行的座谈会上，柳亚子指出，"国民党民主派同盟"，可以理解为国民党中、左派同盟，不至于给人们一种印象，把国民党全包下来，实际上也是包不下来的。他声称，这个名称不是他个人的意见，是经上海一部分民联负责人商定的。倘若不用，宜再征求他们的同意。何香凝则坚决主张定名为"中国国民党革命委员会"，认为这样可以更好地团结可以团结的力量，从而有效地分化国民党。但是，何香凝不知是受宋庆龄的嘱咐，还是考虑宋庆龄的安全，在会上未将这一内情公开。会后，何香凝与柳亚子私下交换意见，说明这是宋庆龄的倡议。柳亚子立即表示完全赞同，并愿主动去做上海方面的工作。这样一来，大家便初步统一思想，一致同意定名为"中国国民党革命委员会"

---

① 《十月十八日自上海至香港机中口占》，中国革命博物馆编：《柳亚子文集——磨剑室诗词集》（下），上海：上海人民出版社 1985 年版，第 1432 页。

（简称"民革"）。

早在 5 月 4 日召开的座谈会上，大家都认为李济深是理所当然的领导人，但是，李济深通过 7 月赴美的朱学范向冯玉祥表达请其担任领导人的意向。8 月，朱学范返回香港时带回冯玉祥的回信，要李济深"当仁不让"。10 月，柳亚子来港后，李济深在与何香凝、柳亚子交换意见时，把朱学范赴美和冯玉祥回信的事说了，柳亚子也表示李济深担任领导"确系众望所归"。但李济深表示，如孙夫人宋庆龄能出来担任领导则更好。①

在 10 月 26 日召开的座谈会上，李济深一再谦让，建议请宋庆龄出来领导。会上，经过普遍征求意见，大家表示：孙夫人如能南下领导，则民革更有威望。随后大家又接受何香凝的提议，用联名上书敦请的方式请宋庆龄来港主持民革。于是，柳亚子执笔，撰成《致孙夫人书》（亦称《上孙夫人书》），与彭泽民、何香凝、李章达、陈其瑗、李济深联合署名。不过，宋庆龄经过慎重考虑，认为她保持特殊身份对革命更为有利，决定不参加民革，但对民革成立表示赞同和支持。

10 月 31 日，中国国民党民主派联合代表大会举行第一次筹备会，11 人参加会议。会议主席李济深报告发起召集联合代表大会及成立筹备会经过，柳亚子报告本月 28 日谈话会决议及以前历届谈话会经过，邓初民报告上海情形。会议主要讨论筹委会下设机构、人选及出席代表大会的人选问题。会议决定秘书处由柳亚子任秘书长，李章达、郭春涛为副秘书长，另有邓初民等 6 人为秘书；财务委员会推举何香凝为召集人，李济深等 8 人为委员，梅龚彬为秘书；文件起草委员会推举柳亚子为召集人，谭平山等 9 人为委员。出席代表大会的人选，决议"除秘书处提出之名单外，请各委员提名，统交第二次筹委会通过"。②

11 月 8 日下午举行第二次筹备会，15 人出席会议。会议除追认或增设筹委会下属机构和人事变动外，主要讨论和决定两个问题：（一）代表大会的开幕式决定在 11 月 12 日召开，至于正式会议则视各地重要

---

① 朱学范：《我与民革四十年》，北京：团结出版社 1990 年版，第 57 页。
② 尚明轩：《何香凝传》，北京：北京出版社 1994 年版，第 326 页。

代表到达情形而定;(二)柳亚子和邓初民、朱蕴山提出的开除蒋介石国民党籍案,决定保留下会讨论(后决议送请大会讨论)。

11月11日,召开第三次筹备会议,19人出席会议。会议主要讨论秘书处所拟《中国国民党革命委员会组织法草案》和文委会所提的《中国国民党革命委员会成立宣言》,并通过了即将召开的代表大会开会秩序、代表大会主席团组织规程及人选和代表大会代表名单。

11月12日上午10时,在香港坚尼地道52号举行中国国民党民主派联合代表大会开幕式,出席代表38人。在大会秘书长柳亚子主持下,会议一切准备工作做得精心周到。会场正中,高悬着柳亚子亲笔手书的"一旅兴夏"匾额。"一旅兴夏",是说夏朝少康中兴,仅凭一成一旅。柳亚子此举用意明显而意味深长:国民党民主派虽暂时为数不多,但民主派联合起来,以"一旅兴夏"的信心,重树中山旗帜,就可推翻蒋介石政权,实现国民党的重生和再造。

大会选举宋庆龄、李济深、何香凝、冯玉祥等22人为大会主席团成员,推宋庆龄为总主席、李济深为副总主席、何香凝为大会主席团主席。大会首先由李济深致开幕词,接着由何香凝、彭泽民、王卓山、蔡廷锴、陈其瑗、朱蕴山、张文和何公敢先后发表讲演,随后由柳亚子报告大会筹备经过。最后,摄影散会。

开幕式结束的同日下午和17日下午,召开了两次国民党民主派联合代表大会主席团会议。17日上午和24日上午,召开了两次秘书处会议。17日上午,还召开了文委会会议。

在11月24日上午举行的第二次秘书处会议上,秘书长柳亚子任会议主席,由于"李南溟副秘书长,王顾问、何顾问、梅顾问、陈顾问"均未出席,引起柳亚子不满,他在会上唱《打倒军阀》歌表示欢迎。之后,柳亚子即辞秘书长一职①。

12月25日上午,在坚尼地道52号举行国民党民主派联合代表大会。出席会议的有李济深、何香凝、蔡廷锴、谭平山等93人(包括代为出席者20人)。大会推选李济深、何香凝、王葆真、张文、何公敢、蔡廷

第
十
一
章
　
争
取
和
平
与
民
主

---

① 尚明轩:《何香凝传》,北京:北京出版社1994年版,第328页。

锴、朱蕴山、谭平山和邓初民 9 人为主席团成员。因柳亚子辞去秘书长职务,推选何公敢为大会秘书长。① 大会着重听取和讨论了大会相关文件的起草、修改和审查事宜。

1948 年 1 月 1 日,中国国民党革命委员会在香港坚尼地道 52 号召开成立大会。李济深、何香凝、谭平山、柳亚子、蔡廷锴等 90 人出席会议。大会正式通过了《中国国民党革命委员会成立宣言》《中国国民党革命委员会行动纲领》《中国国民党革命委员会组织总章》《告本党同志书》4 个文件。大会公推宋庆龄为名誉主席、李济深为主席。选举中央执行委员 43 人,候补执行委员 18 人;中央监察委员 13 人,候补监察委员 5 人。在翌日举行的第一次中央执监委全体会议上,选举李济深、何香凝、冯玉祥等 16 人为中央常务执行委员,选举柳亚子为监察委员会主任。

大会在《成立宣言》和《行动纲领》中郑重宣布:"脱离蒋介石劫持下的反动中央,集中党内忠于(孙)总理、忠于革命之同志,为实现革命的三民主义而奋斗。""当前之革命任务为推翻蒋介石卖国独裁政权,实现中国之独立、民主与和平。""愿与全国各民主党派、民主人士携手前进,彻底铲除革命障碍,建设独立、民主、幸福之新中国"。"民革"的成立,标志着国民党民主派与国民党反动派公开决裂,将国民党爱国民主力量的联合和斗争大大地推进了一步。

毋庸置疑,柳亚子在香港积极参与筹建民革,并在其中发挥了重要作用,由此成为民革的重要领导人之一。不过,仔细分析起来,柳亚子赴港后在筹建民革过程中的态度和实际发挥的作用,以 1947 年 11 月 24 日为界,前后发生明显变化。

在前期,柳亚子积极参与各项筹备活动,并担任秘书长要职,发挥了重要作用。亲历其事的朱学范曾回忆说:在 11 月 8 日、11 日先后举行的第二次和第三次筹备会上,柳亚子"情绪特别高"。"他以秘书长身份对这两次会议作了充分准备,主动参加《成立宣言》和《行动纲领》的讨论,并表示愿意由他根据大家的意见作进一步修改。"在 11 月 12 日

---

① 尚明轩:《何香凝传》,北京:北京出版社 1994 年版,第 328 页。

中国国民党民主派联合代表大会上,柳亚子"兴高采烈地担任大会秘书长",不仅手书"一旅兴夏"匾额,还准备一块红绸请大家签名,"毫无不愉快的迹象"。①

如前所述,柳亚子11月24日召开秘书处会议,很多人未出席,引起他不满,这应当是他态度发生转变的开始。而柳亚子态度发生根本性转变的标志则是其提出辞去秘书长职务。按照柳亚子一贯倔强而固执的个性,他一旦提出辞职要求,就会即时自动生效,而绝无挽回余地。故柳亚子提出辞职之时,也就是他辞职生效之时。

11月24日柳亚子尚以秘书长身份主持会议,到12月25日已由何公敢接任秘书长,显而易见,柳亚子辞去秘书长当在11月24日至12月25日之间。不过,还可根据相关线索将时间范围进一步缩小。谭平山于11月31日抵香港后匿居未出,柳亚子于12月1日侦知其在六国饭店,便前往拜访,"居然握手",并"喜赋"七律一首。② 可以设想一下,如果当时柳亚子已辞去秘书长职务,性情直率的他绝对不会如此作为。由此可以推断,柳亚子在11月24日会议后虽然已有不满,但并未立即提出辞去秘书长职务,故辞职时间应不早于12月1日。12月15日,柳亚子致信谭平山,告知已经向李济深辞去秘书长职务,并将其主持起草或亲自起草的"宣言""组织法""国际""文化"四件文稿寄给谭平山,颇有交卸之意,故柳亚子提出辞职也不晚于12月15日。因此,虽然不能确定柳亚子辞职的具体日期,但大概可确定在12月上半月。

在确定柳亚子辞职的大致时间后,亦有必要弄清其辞职的原因。最主要的原因是他"重树中山旗帜"的主张,未获得众人赞同。

自从柳亚子由上海到达香港后,就想"重树中山旗帜"。这在11月初柳亚子起草的《致孙夫人书》中表现最为明显。书信开篇就开门见山地提出:应海内外大多数党中同志要求,"特发起于本年十一月十二日总理诞辰纪念日,在香港开一党内民主派代表会议,讨论本党新生与实现国内民主和平等问题。"接着,宣布只承认国民党第一次、

第十一章 争取和平与民主

---

① 朱学范:《我与民革四十年》,北京:团结出版社1990年版,第61—62页。
②《谭平山大兄来港匿居不见,余侦之于六国饭店,居然握手,喜赋此什,兼示蕴弟、颖妹》,中国革命博物馆编:《柳亚子文集——磨剑室诗词集》(下),上海:上海人民出版社1985年版,第1447页。

第二次全国代表大会及由其产生的中央执行机关和由其制定的政纲政策,拟于代表会议中指出蒋介石"背叛总理、背弃遗教"等罪行,"否认他一手把持下的反动中央",并召集"第三次全国代表大会",建立正式中央指导机关,"为革命的三民主义之实现而奋斗"。① 在这里,柳亚子试图通过将蒋介石把持下的反动中央排除在国民党之外,重新确立国民党的"党统",从而实现国民党的重生。按照这一设想,筹建中的国民党民主派组织,实际上并不是一个新型政党,而是1924年改组国民党的重生。柳亚子亲书"一旅兴夏"匾额,也借用少康中兴的典故来表达期望国民党实现重生和中兴的意涵。"重树中山旗帜"可以增强号召力和凝聚力,故一度得到国民党民主派大多数人的赞同和支持。其后,柳亚子在修改梅龚彬、陈此生起草的《成立宣言》《行动纲领》时,又将其"重树中山旗帜"的精神贯彻进去,以致在讨论中"意见尤为分歧"。11月下旬,谭平山、陈铭枢等到香港后也对"国民党第三次全国代表大会""本党新生"等提法表示异议。② 如此多的人反对柳亚子的"重树中山旗帜",原因就在于他们逐渐意识到该主张的核心是重建国民党党统。

柳亚子"重树中山旗帜"的主张,不仅有重建国民党党统的内核,而且还涉及民革的指导思想、政党定位等复杂内涵,故在当时就曾引起激烈讨论。

据朱学范介绍,一些人极力主张,"本党革命之目的,在实现革命的三民主义,建立民有、民治、民享之中华民主共和国","三民主义之理论,仍为今日中国革命之正确指导理论,中国国民党仍为中国革命之领导政党,三大政策仍为实现三民主义反帝反封建之必要手段","吾人始终认为三民主义为救中国之唯一良方,吾人更深信在目前中国民族民主革命阶段中,坚持两大任务与三大政策的中国国民党,仍不失其革命领导地位。"但是,何香凝坚决反对把这种意见写入文件之中。最后修改的《成立宣言》做了折中处理,一方面仍保留一段:"今日之革命任务,

---

① 《与彭泽民等致孙夫人书》,中国革命博物馆等编:《柳亚子文集——磨剑室文录》(下),上海:上海人民出版社1993年版,第1537页。
② 朱学范:《我与民革四十年》,北京:团结出版社1990年版,第69—70页。

即辛亥以来尚未完成之反帝反封建的三民主义革命任务。故三民主义之理论，仍为今日中国革命之正确指导理论，中国国民党仍为中国之领导政党，三大政策仍为实现三民主义反帝反封建之必要手段。"另一方面，为尊重何香凝的意见，又加上了几句："所不同者，今日之三大政策，已随国际与国内革命环境之演变，必须加以充实与发展耳。"①

柳亚子显然赞成前一种主张。他在12月7日撰写的《从中国国民党民主派谈起》系统地阐述了他的观点。他明确宣布，他自己"举双手赞成"做中共的朋友，"但要我做他的尾巴，我是不来的。老实讲，我是中国第一流政治家，毛先生也不见得比我高明多少，何况其他？"②他还强调，"好像毛先生也承认过新民主主义并没有超出总理三民主义的范围。那末，在我看来，倒正是中共在做我们的尾巴，哪儿是我们做中共的尾巴呢？"③他又说："民盟是新招牌，本党是老招牌；中国有一句俗语，叫做'三斤嫩姜，不及一斤老姜'……"④显而易见，柳亚子强调三民主义的指导作用，坚持确立国民党民主派在中国政坛的领导地位。他在《拟中国国民党民主派联合代表大会国际宣传决议（草稿）》中曾这样设想推翻蒋介石政权后的全国新政局："在人民解放军打倒蒋政权以后，必然要召开新的政治协商会议，成立民主联合政府。此会议与政府应包括：A. 国民党民主派，B. 中共，C. 民主同盟以及其他各党各派和无党无派之民主人士，而尤以国民党民主派为主力。"⑤

综上所述，柳亚子"重树中山旗帜"的实质就是试图在重新确立国民党党统的基础上，进一步确立三民主义在意识形态上的指导权和民革在中国政坛上的领导权。令人惊奇的是，尽管柳亚子与毛泽东暨中共关系十分密切，但他在筹建民革过程中却并未对中共有丝毫客气与

---

① 朱学范：《我与民革四十年》，北京：团结出版社1990年版，第82页。

② 《从中国国民党民主派谈起》，中国革命博物馆等编：《柳亚子文集——磨剑室文录》（下），上海：上海人民出版社1993年版，第1542页。

③ 《从中国国民党民主派谈起》，中国革命博物馆等编：《柳亚子文集——磨剑室文录》（下），上海：上海人民出版社1993年版，第1544页。

④ 《从中国国民党民主派谈起》，中国革命博物馆等编：《柳亚子文集——磨剑室文录》（下），上海：上海人民出版社1993年版，第1547页。

⑤ 《拟中国国民党民主派联合代表大会国际宣传决议（草稿）》，王晶垚等编：《柳亚子选集》（上），北京：人民出版社1989年版，第592页。

相让之意。这也许与柳亚子同国民党的深厚渊源、根深蒂固的正统意识以及素来不甘居人下的心态都不无关系。

然而,柳亚子"重树中山旗帜"的主张完全脱离现实,不仅是一厢情愿的幻想,而且还是相当有害的。很明显,在蒋介石悍然挑起全面内战和公然违背政协协议后,各民主党派在国共之间形成第三种势力的企图即宣告破产,它们再无任何骑墙余地,不是依附蒋介石集团,就是逐渐靠拢中共阵营。其后,随着蒋介石政权日渐削弱,中共力量却逐渐强大起来。在这种现实形势下,对于柳亚子"重树中山旗帜"的主张,其他民主党派恐难答应,中共就更无法接受。尤为严重的是,它可能严重影响乃至破坏民革与中共及其他民主党派之间的合作关系。因此,很多

人难以接受或强烈反对柳亚子的主张。

与此同时,柳亚子在民革对内政策上也与其他人迥异。当时很多民革人士希望能够尽快地分化国民党政权,争取更多人以推翻蒋介石独裁政权。他们还希望在国民党军政人员中进行策反工作,并为此做出精心部署和付出巨大努力。但是,柳亚子对此却很不以为然。他强调,国民党民主派第一个重大的责任是"肃清内部",即对那些标榜反蒋而"向美帝国主义暗送秋波的败类,以及报纸哗传宋子文所要收买的叛徒","应该先来警告他们",如果不听警告,就立刻开除他们,"不使他们寄生在本党以内,发生微生虫的作用"。①

柳亚子并不反对瓦解蒋介石政权,却反对从事军事策反工作。在他看来,蒋介石的 200 万大军自有人民解放军来解决,不是投降便是被歼灭。他认为,"要我们去揽这些破破烂烂成事不足败事有馀的军队",不仅会"给我们背上掮着大包袱",而且还会"把我们辛辛苦苦从毛坑内捞出来,并且洗过清水,薰过沉香,加过油漆的金字招牌,又添上了几堆大粪了"。"因为一揽军队,一般官僚、军阀、政痞、党棍之流,他们都会摇身一变,化作民主分子、进步分子,到党内来把持一切,而真正的民主分子和进步分子,反被排斥到外面去,这样的中国国民党,难道还有她

---

① 《从中国国民党民主派谈起》,中国革命博物馆等编:《柳亚子文集——磨剑室文录》(下),上海:上海人民出版社 1993 年版,第 1548 页。

的前途吗?"①

　　应该说,柳亚子吸取了辛亥革命和国民大革命中招降纳叛和容留大量投机分子以致破坏革命队伍纯洁性,乃至造成革命夭折的沉痛教训,是有其一定道理的。但是,他因此而拒绝吸收可能的同盟者和可争取人员则明显带有严重的关门主义倾向。而柳亚子之所以如此主张,除了汲取历史教训外,可能也与其爱憎分明、疾恶如仇的个性有关,也凸显其在政策灵活性上的欠缺。后来,事实证明,民革在策反和争取国民党军政人员起义与接受和平改编上发挥了重要作用。此外,柳亚子将解决蒋介石军队的重任完全交给人民解放军,却企图在政治上占据老大地位,实在是太过天真。

　　坦率地说,柳亚子前述政见均有脱离实际的理想化嫌疑。更要命的是柳亚子本人又很自负,性情刚直而缺乏柔性,很难听得进别人的意见,这就与其他人产生很大分歧。他 11 月 24 日会议之所以召集不起来,估计就是他拒绝听取别人意见导致的。但他自己却没有认识到这一点。如他在 12 月 15 日致信谭平山,埋怨有人反对他起草的"宣言","但又不闻其反对之理由",甚至推测他们只是因为"出于柳亚子之手笔"而"加以反对而已"。他还对谭平山"服从多数"的意见很不以为然。② 这样一来,柳亚子的秘书长工作实际上也干不下去。而柳亚子的个性也必定是决然抽身而退,故其辞职乃是必然之事。幸好,有李济深从中调和,最后通过了四个兼容不同意见的文件。

　　柳亚子因其主张不被众人接受而辞去秘书长一职后,也不可避免地对民革主要领导人李济深、谭平山等产生不满。

　　虽然柳亚子对于自身政治才能估计过高,但如前所述,在抵达香港之初,他对于李济深的领导还是毫无异议的。由于民联核心领导人谭平山未到香港,柳亚子作为民联方面的代表,出任民革秘书长要职,并担任文件起草委员会召集人,积极参与各项筹备活动,情绪非常高涨。

①《从中国国民党民主派谈起》,中国革命博物馆等编:《柳亚子文集——磨剑室文录》(下),上海:上海人民出版社 1993 年版,第 1549—1550 页。
②《与谭平山书》,郭长海、金菊贞编:《柳亚子文集补编》,北京:社会科学文献出版社 2004 年版,第 279页。

然而,谭平山抵达香港后,柳亚子作为民联代表的地位亦不复存在。尤其是谭平山等人对于柳亚子"重树中山旗帜"的主张极为不满,更使柳亚子无法在秘书长位置上再干下去。由此,也就不难理解柳亚子对谭平山颇有意见。其后,李济深出于兼容并包和巩固内部团结的目的,对谭平山也多有调和迁就之处,这不免又引起了柳亚子的不满。1947年12月9日,柳亚子在《从中国国民党民主派谈起》一文中坦率地表露了他对于民革领导层的看法。他认为,自孙中山逝世后,国民党就没有领袖,并且是永久没有领袖了。"我们是没有家长的孤儿,只能姊妹兄弟,相依为命,大家通力合作,重振门风吧!"接着便纵论国民党领袖。宋庆龄、何香凝两位老姐姐"都是本党第一流人物,当然我们应该尽量地尊敬她们,拥护她们",但是,倘若要把她们当做杨老令婆,来代替杨老令公,"那还是不够的"。"再讲大哥哥,那末,不论年龄,要讲权威和声望,除了小区区以外,不客气,任潮先生自然是首屈一指的了。我们也应该尽量地尊敬他,拥护他,推他为大哥哥。不过,倘然有些冲昏了头脑的人,要把大哥哥来代替父亲,这是比地球更大的笑话。"[1]至于他自己,柳亚子则骄傲声称"我有科学的预见","不论本党或中共,听我的话一定成功,不听我的话一定失败"。[2] 12月21日,柳亚子在诗中有"薰莸杂进鱼龙耻,领袖无人党部偏","痴聋早办成翁媪,其奈丹商不象贤"等句,[3]明显流露出对民革领导层的深深失望。

柳亚子辞去秘书长后,他对民革的态度便消极起来(即他所谓"疲于政治")。他虽然仍然参加重要会议,但不再过问筹建民革的具体事务。于是,他就有意识地从文学中来寻找精神寄托和慰藉。

12月10日,柳亚子起草《扶余诗社启》,拟创立扶余诗社。其主旨是"以推动新诗,解放旧诗为天职",并希望将来在此基础上成立全国性的诗协。这反映了他对民革失望后开始寄情于文学的微妙变化。不

---

① 《从中国国民党民主派谈起》,中国革命博物馆等编:《柳亚子文集——磨剑室文录》(下),上海:上海人民出版社1993年版,第1544—1545页。

② 《从中国国民党民主派谈起》,中国革命博物馆等编:《柳亚子文集——磨剑室文录》(下),上海:上海人民出版社1993年版,第1551页。

③ 《前题二首,十二月二十一日补作》,中国革命博物馆编:《柳亚子文集——磨剑室诗词集》(下),上海:上海人民出版社1985年版,第1459页。

过,他还在启事中大发议论,曲折而隐晦地表达他的政治理想和对人物的褒贬:一是他借赞扬虬髯客张志坚在海外扶余"称霸南天"的传说寄托自己别树一帜的政治理想;二是他对张志坚不吝赞扬之辞,对李世民则大加挞伐,推崇红拂女而对李靖则颇有微词,令人不免怀疑其中隐含春秋笔法。

12月20日,柳亚子等20余人在华南救济总会举行茶叙,纪念林庚白殉难一周年,并宣布扶余诗社正式成立。柳亚子当场赋诗二首,末云"诗坛毛瑟三千在,唤起工农共荷戈"。此时,民革筹备工作尚在紧锣密鼓进行中,而柳亚子却有此闲暇,可知其已不再过问民革筹备工作。

在民革召开成立大会前二日(即12月30日),柳亚子迁居九龙宝灵街1号4楼前座,自称"史楼"。

辞去民革秘书长一职,对于柳亚子的政治雄心而言,无疑是一大挫折。12月21日,柳亚子在一首诗中有"破甑已矣原休顾,一恸终怜故剑缘"句,其意是我本来应像后汉孟敏那样对于摔破的饭甑绝不回头再看一眼,可是,我因为故剑情深实在无法割舍,结果还是忍不住大哭起来,这就描述出其受挫于民革之后想故作潇洒决然不顾但又实在无法割舍的矛盾心情。他还自注云:"写至此又恸哭不止,吾其终为神经病患者乎?"①可见,此事对其刺激之深。

对于自己政治上受挫,柳亚子在诗中实际上也有一些隐约的分析与反思。他在12月4日写给朱蕴山和梅龚彬的诗中分别有"犯上云长原傲慢","龙性难驯原叔夜",分别把自己比作傲慢犯上的关羽、桀骜不驯的嵇康,这可以看成是他对自己性格的反思。② 他在12月21日诗中有"降心早拟善周旋"句,③意思是自己早应该准备委屈自己,降低心志,善于在众人中进行周旋,这大概是他对自己为人处世的反思。笔者之所以不厌其烦指出此点,是因为后来柳亚子在政治上遇挫时,他还会有

①《前题二首,十二月二十一日补作》,中国革命博物馆编:《柳亚子文集——磨剑室诗词集》(下),上海:上海人民出版社1985年版,第1459页。

②《十二月四日,寰翠阁茗话,示蕴山兼简电龙》,中国革命博物馆编:《柳亚子文集——磨剑室诗词集》(下),上海:上海人民出版社1985年版,第1450页。

③《前题二首,十二月二十一日补作》,中国革命博物馆编:《柳亚子文集——磨剑室诗词集》(下),上海:上海人民出版社1985年版,第1459页。

类似的想法。

尽管柳亚子辞去民革秘书长职务一事对其冲击很大,但是,好在柳亚子不再是 30 年前的狂奴故态,也学会一些自我克制,尚能勉强顾全大局。他虽然写下了情绪激烈的《从中国国民党民主党派谈起》长文,全面阐述自己的主张,但生前却从未公开发表。他亦未公开地表露自己的不满,以至于参与筹建民革的朱学范竟丝毫未发现柳亚子有任何不快之处。这对于性情直率的柳亚子来说,真是十分难能而可贵的。

不过,柳亚子还是向朱蕴山等少数深交者表达过自己的不满。据朱蕴山回忆,1947 年秋柳亚子应民革筹备之约来港,与他交换意见,"曾有卷土重来树立中山旗帜怀抱"之意。他"对李济深领导民革有不同意见,对谭平山亦有异议",为此特赠诗一首以劝解柳亚子。诗云:

> 霸业萧条问粤南,廖朱而后感才难。何须争取中山钵,变作红旗一样看。①

其后,"亚子因意见不调,辞民革秘书长职务,退居九龙,流连诗酒,情绪上有消极之感"。朱蕴山便特过海到九龙访问,作诗以劝慰柳亚子。诗云:

> 酒因肠热频频醉,诗为心伤每每狂。还是废诗还废酒,两难割爱费商量。②

---

① 《柬呈亚子并平山》,《朱蕴山诗文集》,北京:团结出版社 2008 年版,第 65 页。
② 《过海访亚子留饮戏酬》,《朱蕴山诗文集》,北京:团结出版社 2008 年版,第 65 页。

第十二章　新中国成立前夕

一　奔向光明

在解放战争取得全国胜利已成定局的形势下,1948 年 4 月 30 日,中共中央发布了《纪念"五一"劳动节口号》,提议召开由民主党派、人民团体及社会贤达参加的新的政治协商会议,讨论成立民主联合政府。这一主张随即获得各民主党派和民主人士的热烈响应。6 月 4 日,柳亚子和冯裕芳、茅盾、章乃器、朱蕴山、胡愈之、邓初民、侯外庐等在港的 125 位民主人士联名发表声明,热烈响应中共"五一"号召。

自 1948 年 9 月到 1949 年 1 月,人民解放军连续发起辽沈、淮海、平津三大战役,基本上歼灭国民党军主力,进入全国革命胜利的前夜。在此期间,在中共的安排和协助下,各民主党派领导人分批陆续进入解放区。

自从 1947 年辞去民革秘书长一职后,倍感挫折的柳亚子实际上就不再参与民革事务,心情当然也好不起来。这一情况持续一年之久,直到他被毛泽东电邀北上才得以改变。故柳亚子自谓,在港"病废经年,郁郁不乐。毛主席电召北行,始有生意"。[1] 1949 年 2 月底,在中国共产党的周密安排下,柳亚子夫妇暨陈叔通、马寅初等 20 余名民主人士,乘"华中"号轮船秘密离港北上。

---

[1]《〈光明集〉卷一〈华东集〉序》,中国革命博物馆编:《柳亚子文集——磨剑室诗词集》(下),上海:上海人民出版社 1985 年版,第 1508 页。

2月27日,柳亚子夫妇登上"华中"轮。次日中午12时,"华中"轮顶着风浪,自港启航北上。柳亚子想到即将北上进入解放区,共商建国大计,心情既欣喜又兴奋,当即赋诗一首。诗云:"六十三龄万里程,前途真喜向光明。乘风破浪平生意,席卷南溟下北溟。"① 他还抑制不住欣喜兴奋之情,又作歌颂毛泽东、朱德总司令的《拟民谣二首》。当时连柳亚子夫妇在内的同舟者27人(其中年幼者仅1岁),柳亚子竟连写27首诗相赠,连自己与夫人也不例外,不难想见其情绪之高昂与诗兴之勃发。

3月1日船过厦门后,风浪转小。船上举行首次晚会,有平剧清唱、民歌、粤剧、魔术、讲故事及集体游戏。柳亚子兴致颇佳。轮到叶圣陶说笑话,他以谜语代之。他以"我们此行"为谜面,请打《庄子》一篇名。宋云彬猜中为《知北游》,意即知识分子北上。② 宋索取奖品,要叶圣陶作诗一首,并要柳亚子和之。

叶圣陶当夜得七律一首,有云"翻身民众开新史,立国规模俟共谋"。柳亚子和作次日即成,表达了奔向光明的喜悦和30年来功业无成的惭愧。诗云:

> 栖息经年快壮游,敢言李郭附同舟。万夫联臂成新国,一士哦诗见远谋。渊默能持君自圣,光明在望我奚求。卅年匡济惭无补,镜里头颅黯带羞。③

晚上,又举行第二次晚会。先由陈叔通讲述民国议和秘史,接着柳亚子谈民初革命,认为"一以无民众基础,二以孙中山不能统御众人,当时无强有力之政党,故致徒有民国之招牌"。④ 随后,叶圣陶破天荒地与宋云彬合唱昆曲《天淡云闲》。徐铸成讲豆皮笑话,有趣之至。王芸生

---

① 《二月二十八日启程有作》,中国革命博物馆编:《柳亚子文集——磨剑室诗词集》(下),上海:上海人民出版社1985年版,第1508页。
② 宋云彬:《红尘冷眼——一个文化名人笔下的中国三十年》,太原:山西人民出版社2002年版,第108页。
③ 《云彬兄嘱和圣翁舟中纪事之作,步韵成此。崔颢吟成,李白搁笔。自惭其粗疏无当也》,中国革命博物馆编:《柳亚子文集——磨剑室诗词集》(下),上海:上海人民出版社1985年版,第1512页。
④ 叶至善等编:《叶圣陶集》(第22卷),南京:江苏教育出版社1994年版,第29页。

谈宋子文轶事,暴露宋"完全洋奴态度,荒唐不成体统"。[1] 最后,全体人员合唱《义勇军进行曲》,尽欢而散。

此后两日,船上或召开座谈会,各抒己见,而欢乐的晚会依然不可缺少。有人讲古论今,饶有趣味;有人频展歌喉,别有风味;有人讲笑话,有人畅抒己见。总之,众人欢聚一堂,尽欢而散。

3月5日下午5时,"华中"轮结束了历时六天的海程,顺利抵达已是解放区的烟台,受到军队及烟台市府人员迎接。柳亚子等随即乘车到市区,会见贾参谋长、徐市长,并为他们的热情招待而赋诗相赠。

翌日,华东局秘书长郭子化、宣传部部长匡亚明自青州远道前来迎接,柳亚子又各赠七绝一首。当夜,柳亚子出席烟台市党政军民欢迎大会,并应邀慷慨陈词,后观平剧《四杰村》《群英会》。柳亚子还各赋一绝纪事。

3月7日午后,由郭、匡两氏陪送,柳亚子一行人乘汽车继续西进,当夜抵达莱阳三里庄。柳亚子夫妇借宿军属马大姐家。马略识字,能言拥护毛主席八项和平条件和打倒国民党反动派等口号。柳亚子为其文化水准之高而大为感慨,遂敬赠七绝二首。

3月8日为三八国际妇女节,距此一里的村中,露天举行妇女群众庆祝大会。叶圣陶、刘尊棋、沈体兰暨数位女士前往参加。柳亚子亦欲前往出席,因当时风大,为郭、匡两氏劝阻。夜晚风息后,柳亚子一行人出席露天举行的欢迎晚会。会上,郭氏致简短欢迎词,接着便是演出,演出节目有花鼓戏《拥护毛主席八项条件》与改良平剧《公平贸易》《努力生产支援前线》《南泥湾开荒》等。演员均为解放军战士,"声容俱茂"。柳亚子在日记声称,演出结束后,"余被推讲话,大呼'拥护毛主席,拥护中国共产党,打倒蒋介石,打倒美帝国主义!'兴奋至于极度矣。"[2]但是,据叶圣陶日记载,"亚老感动甚深,自动要求当

① 柳无忌、柳无非编:《柳亚子文集——自传·年谱·日记》,上海:上海人民出版社1986年版,第333页。

② 柳无忌、柳无非编:《柳亚子文集——自传·年谱·日记》,上海:上海人民出版社1986年版,第334页。

众致词。"①宋云彬也在日记中说："柳亚老自请讲话，颇慷慨而得体。"②由此可见，完全是柳亚子主动要求讲话的，可以想象其异常兴奋的情形。归后，柳亚子又赋七绝三首，末绝云："老夫又纵仪秦舌，一唱能教万和来。民众翻身今日事，元凶早上断头台。"③

3月9日晨，在郭、匡两氏伴送下继续乘车西进，中午在平度短暂歇息。晚8时抵潍坊，受到郭石市长的热情接待。次日上午，观看专场苏联影片《空中漫游记》，中午赴潍坊市招待茶会，并进午餐。

老同盟会员、国民党元老居正（觉生）曾于1916年在潍县（后改为潍坊市）率领中华革命党人举行反袁起义，一度轰动全国。可惜，后来居正始终追随蒋介石反共。柳亚子到了潍坊，便自然想起居正。又由居正想到覃振、于右任。覃振曾与居正一样"为山西派巨子"，但"晚年极悔悟"。于右任虽然同情共产党，倾向国共合作，但为重名所累，始终未脱离蒋介石羁绊。想起这些人，柳亚子不禁为自己一直坚持进步和革命而颇感欣慰和自豪。于是，柳亚子怀着无限感慨，赋诗一首。诗云：

> 周村潍县讨袁地，往事难忘居觉生。屈膝宁堪长事贼，靦颜何以见同盟。迷途覃振差能返，不死于髯误重名。后辙前车惊世变，老夫慷慨矢忠贞。④

3月10日下午6时，柳亚子一行人换乘胶济铁路专车西进，于当晚8时抵达华东局及华东军区所在地青州。华东局政治部主任舒同、参谋长袁仲贤及山东军区司令员许世友等11位首长在车站热情迎候，随后驱车来到市内晤谈，彼此相谈相欢。柳亚子诗兴大发，连赋七绝11首分赠诸人。

11日下午，柳亚子等赴华东局招待茶会。晚餐开宴，柳亚子饮葡

① 叶至善等编：《叶圣陶集》（第22卷），南京：江苏教育出版社1994年版，第35页。
② 宋云彬：《红尘冷眼——一个文化名人笔下的中国三十年》，太原：山西人民出版社2002年版，第111页。
③《三八节，赴欢迎晚会有感》，中国革命博物馆编：《柳亚子文集——磨剑室诗词集》（下），上海：上海人民出版社1985年版，第1516页。
④《九日至潍县，今为潍坊市，市长郭石来迓，子化、亚明仍伴送同行，宵谈极欢畅，诗以纪之》，中国革命博物馆编：《柳亚子文集——磨剑室诗词集》（下），上海：上海人民出版社1985年版，第1517页。

萄酒 20 杯,"飘飘然有仙意了"。① 宴后,柳亚子又赴华东局欢迎晚会,并应邀登台演讲。后又观看平剧《空城计》《三岔口》《御碑亭》。柳亚子12 时归,未及观看压轴的《芦花荡》。

12 日下午,柳亚子等乘车至城北 40 里外萧庄,参观收容的国民党军官俘虏团。柳亚子被推为代表,向被俘的国民党军官发表讲话,嘱咐他们"放下屠刀,诞登彼岸"八字。②

13 日下午,柳亚子等到大礼堂讯问战犯杜聿明。柳亚子等严厉责问,杜则"唯唯而已"。下午 5 时许,舒同等华东局领导为柳亚子一行饯行,柳亚子喝了一杯白兰地和五杯土酒,"颇有醉意"。③

13 日晚上 7 时许,柳亚子等乘卧车离开青州西行,于次日晨 6 时抵达济南车站,受到济南市委书记刘顺元、市长姚仲明、教育局局长李澄之等热情迎接。随后,柳亚子等乘车至石泰岩饭店小憩,这是柳亚子1934 年奉母北游之旧地。令人欣喜的是,柳亚子在此与老友朱少屏之女朱青意外相逢。他在刘顺元、朱青的陪同下,游历了大明湖、趵突泉等名胜,深以不能久留为憾。

李澄之是山东临沂人。早年参加五四运动,1924 年加入中国国民党,成为坚定的国民党左派。大革命失败后,他脱离国民党,从事教育工作。九一八事变后,开展抗日救亡活动。1938 年秋,回鲁南积极从事抗日宣传教育工作,取得显著成效。1945 年 12 月 16 日,以周恩来为首的中共代表团抵达重庆参加政治协商会议。李澄之以代表团顾问的身份随同前往,在重庆广泛宣传共产党的政策和解放区的建设成就,并在民主党派中积极开展统战工作。柳亚子见到李澄之,不由得想起1945 年 12 月 30 日离开重庆时,李和王若飞二人用车送其到机场的情景,便写下《赠澄之两截句》,怀念李澄之的深情厚谊,也痛悼王若飞等牺牲的"四八"烈士。诗云:

① 柳无忌、柳无非编:《柳亚子文集——自传·年谱·日记》,上海:上海人民出版社 1986 年版,第335 页。

② 柳无忌、柳无非编:《柳亚子文集——自传·年谱·日记》,上海:上海人民出版社 1986 年版,第336 页。

③ 柳无忌、柳无非编:《柳亚子文集——自传·年谱·日记》,上海:上海人民出版社 1986 年版,第336 页。

春申访我思前度,历下逢君又此时。更忆嘉陵江上别,桃潭春水系人思。

渝州痛史何堪说,见汝无端念若飞。更感歼良黄鸟痛,秦邦宪与叶希夷。①

见到老友朱少屏之女朱青后,柳亚子喜出望外。其时,朱青已是一名英姿飒爽的解放军女战士。柳亚子在欣喜之余,也感慨不已,即赠朱青七律一首。

3月14日下午4时,柳亚子等乘火车北上,过黄河铁桥,至桑梓店,换乘汽车。因月夜迷路,汽车一度陷夹沟中,后又在公路侧倾覆,所幸人员均告无恙。15日6时,一行人抵达德州,受到市长兼书记张持平的周到招待,柳亚子也热情赋诗相赠。

3月16日晨,柳亚子等乘大汽车开往沧州,并于当夜8时半抵达沧州。先是入住招待所,不久有专车从天津开来,遂上车住宿,共在沧州停留两夜。16日晚,因"在车站等候较久",柳亚子向招待人员发脾气,"既而悔之",遂作二绝。② 尽管自香港北行途中,柳亚子始终感到欣喜和兴奋,但是,他还是在此第一次发了脾气。不过,这只是他一时冲动反应罢了,并无深意。

17日晚7时许,邓颖超、杨之华等从石家庄来到沧州,登上专车。她们亦前往北平,参加即将召开的全国第一次妇女代表大会。柳亚子与杨之华、邓颖超两位老友相见,不禁回想当年往事,遂各赋诗二首相赠。当晚10时,专车出发。

3月18日晨5时,专车路过天津时,连贯、何惧、赵范三人登车前来迎接。上午10时,专车抵达北平。

经过二十多天的行程,柳亚子终于来到北平,实现了奔向光明的夙愿。在这二十多天中,柳亚子心情欣喜兴奋,诗作连连。

---

① 《赠澄之两截句》,中国革命博物馆编:《柳亚子文集——磨剑室诗词集》(下),上海:上海人民出版社1985年版,第1522页。

② 叶至善等编:《叶圣陶集》(第22卷),南京:江苏教育出版社1994年版,第44页。

二　欣喜与牢骚

柳亚子一行人在北平车站,受到叶剑英市长暨沈钧儒、郭沫若、李德全、许广平等数十人热情迎接。柳亚子当即赋诗6首,有云"今日新都惊喜萃,还疑梦里见光明"①,表达了初到北平的欣喜之情。

随后,柳亚子一行人住进东交民巷的六国饭店,柳亚子夫妇下榻138号房间。叶剑英市长在六国饭店宴请民主人士。下午,拜访者纷至沓来,宾客如云。当晚,柳亚子又赋诗一首,有云"扪心真喜见光明",再次表达欣喜之情。②

3月19日上午,李济深、谭平山、蔡廷锴、朱学范、王昆仑、梅龚彬等先行到达北平的民革人士前来拜访,柳亚子在客厅与他们会见。下午,赴北京饭店,出席民盟总部临时工作委员会常会。柳亚子提议开除梁漱溟,会议决议由秘书处撰文申斥,并声明断绝关系。这虽然未能如柳之愿,但总算"差强人意"。当晚,叶剑英宴请民主人士,柳亚子与陈叔通作为代表发言,柳大呼万岁,"颇得意"。柳亚子还"尽黄酒十余大杯",称"数年来无此乐事矣"。③

可是,柳亚子的兴奋心情很快就开始发生微妙变化。20日晚,他参加李维汉和周扬主持的学术工作者会议,在招待宴会上"饮酒仅七杯,颇不痛快"④。21日晚,听完罗迈(李维汉)部长时事报告后,柳亚子赋诗两首。第二首诗末云:"狂奴故态今犹昔,国策方针定岂摇。但愿陈抟驴背稳,安排饮酒读离骚"⑤,隐约流露出远离政治的消极

---

① 《抵北平感赋》,中国革命博物馆编:《柳亚子文集——磨剑室诗词集》(下),上海:上海人民出版社1985年版,第1533页。

② 《三月十八日,东交民巷六国饭店夜坐有作》,中国革命博物馆编:《柳亚子文集——磨剑室诗词集》(下),上海:上海人民出版社1985年版,第1536页。

③ 柳无忌、柳无非编:《柳亚子文集——自传·年谱·日记》,上海:上海人民出版社1986年版,第340页。

④ 柳无忌、柳无非编:《柳亚子文集——自传·年谱·日记》,上海:上海人民出版社1986年版,第341页。

⑤ 《三月二十一日夜听罗迈部长报告时事问题有作,君即渝沪时代之李维汉也》,中国革命博物馆编:《柳亚子文集——磨剑室诗词集》(下),上海:上海人民出版社1985年版,第1538页。

心态。

3月22日，柳亚子在早晨3时半醒来，4时起床，"写诗及大小便"。其间给在上海（当时尚未解放）的友人毛啸岑写了一封信。因上海尚未解放，故信中用了隐语，内称："弟此次押货内渡，平安到达，已与此间主顾接洽，估计有利可赚，甚为高兴。"①这说明，当时柳亚子预料到北平后将会受到重用。

3月22日下午，柳亚子电约梅龚彬来到103号房间，"密谈甚久"。② 此前，李济深于1949年2月28日在北平召集民革中央联席会议，议决推举李济深、朱蕴山、李德全、陈邵先、梅龚彬和朱学范6人为民革政协代表，希望增加何香凝、柳亚子、张文3人代表民革参加会议。

大约通过这次密谈，柳亚子获知自己仅仅是候补代表之一，可能无法出席新政治协商会议。如果说，柳亚子在1945年被国民党当局排除在旧政协会议之外时就很感恼怒，那么，在新政协会议中竟也无自己的一席之地，这对原本预料会受重用的柳亚子来说，其震动之大是不难想象的。

3月24日下午，柳亚子赴中国妇女第一次全国代表大会，被邀讲话，"尚未垮台为幸！"归至北平饭店聚餐，喝黄酒不少。又出席文协筹委会，"未列名常委，从此可以卸肩了"。③ 其实，虽然柳亚子文名大著，但人们往往将其视为党派领袖，故这种安排也是可以理解的。然而，对在政治上刚刚受挫的柳亚子来说，则难免有一种巨大的失落感，他虽故作轻松地表示"从此可以卸肩了"，但也流露出抑制不住的酸意。

3月25日上午，柳亚子来到宋云彬房间与胡愈之长谈。宋云彬在日记中记述道："亚老近来兴奋过度，又牢骚满腹，每谈必多感慨"。胡愈之谈到张申府，"谓张之大病在不肯忘其过去之革命历史。彼与毛泽

---

① 《致毛啸岑》（1949年3月22日），上海图书馆编：《柳亚子文集——书信辑录》，上海：上海人民出版社1985年版，第348页.

② 柳无忌、柳无非编：《柳亚子文集——自传·年谱·日记》，上海：上海人民出版社1986年版，第342页。

③ 柳无忌、柳无非编：《柳亚子文集——自传·年谱·日记》，上海：上海人民出版社1986年版，第343页。

东氏在北大图书馆有同事之雅,周恩来加入中共,亦由彼介绍,遂以革命先进自居。初不知此等思想实为一沉重之包袱,不将此包袱丢去,未有不流于反革命者。"①胡批评张申府"以革命先进自居",并非无的放矢,而是觉察柳亦有此病,故出言规劝。

3月25日下午,毛泽东抵达北平。柳亚子与一大批民主人士前往西郊机场迎接。柳亚子与李济深等民主人士"同乘第一号车",检阅军队而返。晚上,毛泽东又派车接他们赴宴。当日赴宴人员共两桌,除毛泽东、周恩来、郭沫若、李维汉4人外,还有18名民主人士。柳亚子同乘1号车检阅,又是少数参加宴会的民主人士,这无疑是难得的礼遇与殊荣!柳亚子几天来郁积在心的不快便一扫而空,当晚连作七律四首,情绪非常兴奋。诗中既有称颂领袖的,如"中国于今有列斯",也讴歌解放军威武的,如"伫看荼火军容盛,正是东征西怨时",还有追溯革命友谊的,如"二十三年三握手,陵夷谷换到今兹。珠江粤海惊初见,巴县渝州别一时",更少不了表达祝福和期盼的,如"燕都定鼎汝休辞","中山衣钵君能继,大道之行天下公"。②

3月28日上午,柳亚子应邀赴北师大作"认识现实"的报告,上天下地,无所不谈。中午,至玉华台赴范志超宴请。晚上赴长安大剧院观戏,归时已是深夜1点。当晚,柳亚子写下《感事呈毛主席一首》。此诗初稿与后来公开发表稿略有不同。初稿如下:

> 开天辟地君大健,俯仰依违我大难。醉尉夜行呵李广,无车弹铗怨冯驩。周旋早悔平生拙,生死宁忘一寸丹? 安得南征驰捷报,分湖便是子陵滩。

首句"开天辟地君大健"称颂毛泽东丰功伟绩,末联"安得南征驰捷报,分湖便是子陵滩"则说等到江南解放后,我就要像严光那样回故乡

---

① 宋云彬:《红尘冷眼——一个文化名人笔下的中国三十年》,太原:山西人民出版社2002年版,第115页。

② 《三月二十五日毛主席自石家庄至北平,余从李锡老、沈衡老、陈叔老、黄任老、符宇老、俞寰老、马寅老之后赴机场迎迓。旋宴检军队,阵容雄壮,有凌乎不可犯之概。是夜宴集颐和园益寿堂,归而赋此》,中国革命博物馆编:《柳亚子文集——磨剑室诗词集》(下),上海:上海人民出版社1985年版,第1544—1545页。

分湖隐住了。这些意思都很清楚明白,学界并无争议。但是,迄今为止,学术界对于其他句子的理解,特别是柳亚子的"牢骚"为何却是众说纷纭,莫衷一是。

"俯仰依违我大难"是理解柳亚子"牢骚"的关键所在。"俯仰""依违"都是偏意复合词,前者偏在"俯",后者偏在"依",连起来解释说,要我柳亚子屈居人下、依附别人实在是太难了。这里既有表白兼反思的意味,与柳亚子在香港的"犯上云长原傲慢","龙性难驯原叔夜"有异曲同工之妙,但更多的则是牢骚,即他不愿在民革中屈居别人之后,更埋怨自己未受到重视。后来正式发表时,改为"说项依刘我大难"。"说项"是用了逢人说项的典故,意思即说别人好话,"依刘"则用了王粲"依刘表"的典故,意即依附别人。[①] 因此,修改前后的意思相同,只是前者直接浅白,而后者用典含蓄而更具文采。

"醉尉夜行呵李广"是说我(柳亚子)像贬为庶人的李广受到"醉尉"呵斥一般。从 5 月 21 日毛泽东给柳亚子的复信来看,具体所指是"某同志妄评大作"。后发表时改为"夺席谈经充五鹿",所用典故虽有不同,但还是表达自己受到轻慢之意。"无车弹铗怨冯驩"表面上是埋怨出门无车的待遇,深层次则埋怨自己像冯驩一样未受到应有的重视。笔者不赞成许多学者关于柳亚子所谓"要车""要官""要房"的看法,认为无需过细地一一落实,只要了解其本质上都不过是反映柳亚子觉得

---

① 1996 年初,陈东林首次提出柳亚子的"牢骚"是"反对国共和谈"的说法。他指出,3 月 26 日,柳亚子从电台广播中得知,中共代表团将于 4 月 1 日和国民党代表团举行和平谈判,感到不能理解,第二天便写出《感事》诗。不少学者均把"说项依刘我大难"解释为柳亚子不满于同国民党进行和谈,并说这就是柳亚子的最大"牢骚"所在。对此,笔者难以苟同。理由有二:(1)"说项依刘"是两个典故。柳亚子诗中都用过:"飘零王粲漫依刘"(参见《感事》,中国革命博物馆编:《柳亚子文集——磨剑室诗词集》(上),上海:上海人民出版社 1985 年版,第 143—144 页。)"说项翻愁阮大铖"(参见《赠吴辰伯》,中国革命博物馆编:《柳亚子文集——磨剑室诗词集》(下),上海:上海人民出版社 1985 年版,第 1546 页)。从未有人将"说项依刘"当成一个典故来用,更不能将之解释为"说服项羽接受刘邦领导",因为历史上找不到说服项羽接受刘邦领导的典故。(2)柳亚子应该是 3 月 25 日晚从毛泽东谈话中获悉国共和谈的信息,而不是 26 日从广播中得知的。据黄炎培当天日记,"餐毕,谈和战问题。毛表示,和谈是有利于大局的,但决不轻易渡江,亦决不停战。"(参见《黄炎培日记(1947.9—1949.12)》第 10 卷,北京:华文出版社 2008 年版,第 203 页。)柳亚子当晚回去后,还很兴奋,连作律诗四首,可见柳亚子对于国共和谈并无明显的抵触情绪。

未受到重视和重用即可。①

"周旋早悔平生拙"是柳亚子的自我反思,认为自己的处境大概是平生不善周旋的缘故。这与前述柳在香港时的"降心早拟善周旋"虽然角度稍有差别,但基本思想仍然一脉相承。后发表时改为"头颅早悔平生贱",则是说,与死去的烈士相比,我的头颅是低贱的,由此流露出柳亚子对大革命失败后一度"草间偷活"的惭愧和悔恨。此种自我反思较原作更为深刻而真诚,但却不如原作那样能直接反映他当时的真实想法。"生死宁忘一寸丹?"则向毛泽东表明他对革命事业的满腔热忱和赤胆忠心。

总之,柳亚子在诗中向毛泽东表达了自己的苦闷和满腹牢骚,流露出他怀才不遇、想归乡隐居的消极情绪。其"牢骚"的症结在于柳亚子怀才不遇,认为自己未受到应有的重视和重用。这种"牢骚",有时柳亚子会直接说出来,但有时则以对其他民主人士的不满和嘲笑的方式曲折地表达出来。因为在柳亚子看来,他政治才能极高,很有预见性,又最早、最坚决反对蒋介石,还与毛泽东有着深厚的革命友谊,理应受到重用,可是,他却看到中共重用一些曾经坚决反共的民主人士,收容一些起义和投诚的民主人士,因而不免有些不满乃至加以嘲笑,这实际上

---

① "要车说"虽能勉强成立,但过于肤浅。"要官说"则明显在时间上对不上。倒是马以君的"要房说"似乎颇有说服力,值得重视,并需要进行认真回应。马以君从柳亚子的诗歌、书信尤其是日记等进行细心考察,发现了一条若隐若现的线索,就是柳亚子对居住条件不满意,并不断寻求解决的办法。他频繁与招待人员接触,并从 138 号房间换到 136 号房间;当时流传"一流民主人士住北京饭店,二流民主人士住六国饭店"。柳亚子关于分湖的自注有"余家世居""第宅宏大"等,说的都是房子,所以马以君认为柳亚子的"牢骚"是由房子引起的。(参见马以君:《柳亚子、毛主席唱和诗实指试探》,《广播电视大学学报》1999 年第 4 期)应该承认,柳亚子对住房很重视是实情,他频繁找人调换房间也是事实,但是,这与柳亚子的"牢骚"毫无关系:(1)北京饭店的条件较六国饭店稍好一些,但民主人士入住则是分批安排的。从东北辗转先期抵达北平的李济深等民主人士被安排居住在北京饭店,而柳亚子等后来辗转来到北京的民主人士,包括黄炎培(毛泽东到北京后第二天就单独会见他)在内则安排在六国饭店,并不存在"一流民主人士住北京饭店,二流民主人士住六国饭店"的现象;(2)柳亚子后来移居颐和园益寿堂并非是毛泽东为了改善其居住条件,而是另有原因。1949 年 4 月 21 日,宋云彬日记有云:"今日传言,当局为防空袭,北京、六国、永安等饭店所住民主人士,将设法疏散云。"(参见宋云彬:《红尘冷眼——一个文化名人笔下的中国三十年》,太原:山西人民出版社 2002 年版,第 122 页)显而易见,随着国共和谈破裂和解放大军渡江南下,原本在国共和谈期间尚处于安全的这些饭店,有可能成为空袭的目标,故有转移疏散的必要。(3)柳亚子在分湖自注提及祖宅"第宅宏大"时,这是他想到回到分湖隐居时不由自主地想到祖宅,并非意在要毛泽东为其解决住房问题。

第十二章　新中国成立前夕

375

就是变相的"牢骚"。

毛泽东收到诗词后,忙于运筹帷幄,并未立即答复。因此,柳亚子牢骚郁闷在心,有时不免需要发泄一番。4月5日上午,柳亚子赴中山公园来今雨轩出席民盟联欢会。沈钧儒、章伯钧上座,柳亚子与黄炎培"踞其左右",柳亚子觉得"亦颇不恶"。柳亚子"发言三次,攻讦右派,使彼辈体无完肤,甚为痛快"①。

4月6日上午,柳亚子赴北京饭店听取罗迈报告国共和谈的经过。罗迈报告毕,柳亚子"即发表冗长之演词,历述彼与民革关系及在民革之地位,结语则谓余愿归入文化界,请罗先生今后不以余为党派人物云云"。② 这直接明白地表达了他对自己政治地位的不满,牢骚意味颇浓。

同日下午,柳亚子出席文协筹备会第二次会议,会议因故中止后,又赴华北文艺界协会暨华北文化艺术工作委员会谈话会。这次会议未邀党派人士出席,"柳老作不速之客也"。柳亚子又在会上发言,"述及彼与民革、民盟关系"。柳亚子在文艺界会议上高谈自己与民革、民盟关系,这表明他对自己在文艺界的地位也颇为不满。当时参加会议的宋云彬"急书一字条劝止",柳亚子立即接受。宋云彬在日记称赞柳亚子"雅量可佩",同时也感叹"亚老近来颇牢落"。③

4月7日下午2时,宋云彬赴柳亚子房间出席民盟小组会议,并获悉柳夫人应对柳亚子兴奋过度的妙计:"亚老近来兴奋过度,当有种种不近人情之举,其夫人深为忧虑,特与医师商,请以血压骤高为辞,劝之休息。3时许,医师果来为亚老验血压,验毕,连称奇怪,谓血压骤高,宜屏去一切,专事休养。亚老信之,即作函向民革、民盟请假,并决定两个月以内不出席任何会议。柳夫人之计善哉!"④柳亚子则在日记写道:血压"较前增加至十度以外","颇有戒心","以后当决

① 柳无忌、柳无非编:《柳亚子文集——自传·年谱·日记》,上海:上海人民出版社1986年版,第349页。
② 宋云彬:《红尘冷眼——一个文化名人笔下的中国三十年》,太原:山西人民出版社2002年版,第118页。
③ 宋云彬:《红尘冷眼——一个文化名人笔下的中国三十年》,太原:山西人民出版社2002年版,第118页。
④ 宋云彬:《红尘冷眼——一个文化名人笔下的中国三十年》,太原:山西人民出版社2002年版,第118页。

心请假一月，不出席任何会议，庶不至由发言而生气，由生气而骂人，由骂人而伤身耳！"①

自4月7日后，柳亚子即不再参加党派会议，但是，他并未完全停止活动。4月16日，他在中山公园来今雨轩召开南社、新南社临时雅集，来宾80余人，中共领导人周恩来、叶剑英、李立三、杨之华、连贯等人出席。柳亚子担任主席，宋云彬在日记中记道："今日亚老乐哉！"②

4月22日，齐燕铭奉毛泽东之命到六国饭店拜访柳亚子，拟迎柳亚子夫妇到西郊万寿山之颐和园益寿堂休养。对此，柳似乎并不高兴，他在日记中自嘲道：自己"或将与不辨菽麦的载湉小丑，同其命运欤！"，流露出担心自己受到闲置的心理。③ 翌日，柳亚子夫妇等乘汽车诣园中相宅，却觉得很满意，"其圆满超出意外"。25日，柳亚子夫妇移住益寿堂。柳亚子在欣喜之余，又流露出担心在政治上受冷落的隐忧，故其当日诗作中有"心犹依魏阙，身已落湖湄"之语。④

4月24日，柳亚子与李济深等30余人在一起用餐。据柳亚子日记记载，"食菜用鸡尾酒形式，彼辈为任潮进一特别面，任言太多，谁要谁分取，余言分我一杯羹可耳！后来纪事诗中，有'分我杯羹惭李密'句，正此意也。"⑤柳亚子的"分我杯羹"这一微妙举动，表明柳亚子颇有想与李济深并驾齐驱之意，实际上隐含着他对李济深领导民革的不满，"惭李密"更是将这种不满表露无遗，牢骚意味颇浓。只是后来发表时，为照顾李济深面子而改为"分我杯羹容李广"，变成赞扬李济深包容自己（李广），已与原意大相径庭。

4月29日上午，柳亚子夫妇偕友人外出游玩，归来后收到毛泽东的

---

① 柳无忌、柳无非编：《柳亚子文集——自传·年谱·日记》，上海：上海人民出版社1986年版，第350页。

② 宋云彬：《红尘冷眼——一个文化名人笔下的中国三十年》，太原：山西人民出版社2002年版，第120页。

③ 柳无忌、柳无非编：《柳亚子文集——自传·年谱·日记》，上海：上海人民出版社1986年版，第358页。

④《四月二十五日，偕佩妹移居万寿山颐和园松青斋内之益寿堂有作》，中国革命博物馆编：《柳亚子文集——磨剑室诗词集》（下），上海：上海人民出版社1985年版，第1571页。

⑤ 柳无忌、柳无非编：《柳亚子文集——自传·年谱·日记》，上海：上海人民出版社1986年版，第358—359页。

答诗。诗云：

> 饮茶粤海未能忘,索句渝州叶正黄。三十一年还旧国,落花时节读华章。牢骚太盛防肠断,风物长宜放眼量。莫道昆明湖水浅,观鱼胜过富春江。①

该诗首联回顾两人从广州到重庆的深厚友谊,颔联则叙述收到柳亚子诗作的欣喜之情,颈联则微讽不能牢骚过甚,尾联则规劝柳亚子留在北平。

收到毛泽东的诗后,柳亚子十分高兴,当即接连赋诗两首,大约表达三层意思:一是表达感谢之意,如"东道恩深敢淡忘","养士君倾醴酒黄";二是称颂毛泽东的度量与气魄,如"唐尧汉武讵能量","风度元戎海水量";三是明确放弃归隐的念头,如"昆明湖水清如许,未必严光忆富江","倘遣名园长属我,躬耕原不恋吴江"。② 次日,柳亚子与妻子和妻兄郑桐荪(清华大学教授)"深谈颇久",估计是商量行止问题,后用诗向妻子、妻兄表达留住北平之意:"白首天涯兄妹共,未须归梦绕鲈江。"③

5月1日午后,毛泽东突然携妻子江青、女儿李讷来拜访柳亚子。当时柳亚子午睡方醒,毛泽东便先到对面余心清处略谈一会。等柳亚子起身、穿戴好之后,毛泽东再来益寿堂与柳亚子畅谈诗歌,后又一起出门散游,穿过画廊,乘画舫游昆明湖一周而返。柳亚子到北平后不久,即欲往西山碧云寺拜谒孙中山衣冠冢。但招待所同志因考虑治安无法保障,未予安排。柳亚子移住颐和园后,离碧云寺更近,拜谒之念更加迫切。柳亚子便趁机向毛泽东提出,毛一口答应。当日,柳亚子赋诗一首,向毛泽东表达惭愧与感谢之意,有云:"朽木难雕午梦忘,衣冠颠倒讶苍黄","南阳讵敢劳三顾,北地犹堪赋百章"。④

---

① 李海珉:《风物长宜放眼量:读柳亚子"牢骚"诗手稿》,《档案与建设》2000年第5期。

② 《次韵奉和毛主席惠诗》《叠韵寄呈毛主席一首》,中国革命博物馆编:《柳亚子文集——磨剑室诗词集》(下),上海:上海人民出版社1985年版,第1577页。

③ 《赋呈郑桐荪内兄索和,兼示佩妹,七用前韵》,中国革命博物馆编:《柳亚子文集——磨剑室诗词集》(下),上海:上海人民出版社1985年版,第1579页。

④ 《偕毛主席游颐和园有作,九用前韵》,中国革命博物馆编:《柳亚子文集——磨剑室诗词集》(下),上海:上海人民出版社1985年版,第1582页。

5月5日,毛泽东派秘书田家英和卫士以双车接送柳亚子到香山拜谒孙中山衣冠冢,范志超、余心清也同行。随后,柳亚子一行人被接至毛泽东住处赴宴,除主人毛泽东夫妇及李讷外,还有朱德总司令和田家英秘书作陪。众人"谈诗论政,言笑极欢"。柳亚子称"自揆出生六十三龄,平生未有此乐也!"。① 3时,柳亚子等被送回住处。

当日,柳亚子为拜谒孙中山衣冠冢赋诗4首。在诗序中,柳亚子称赞中共领袖毛泽东"实为真正继承孙先生衣钵之人","先圣后圣,其揆一也"。他"忝属孙先生之信徒,又为毛主席之挚友","悲喜交集"。故其诗中有云"主义三民我诅忘,新民共产接青黄","终怜友党传衣钵,一恸昭陵泪满江"。② 同时又为赴毛泽东宴会赋诗2首,称赞毛泽东,有云"卡尔、中山两未忘,斯、毛并世战玄黄",并表达极度欣喜之情,有云:"老夫最喜葡萄酿,恨不诗肠化大江"。③

5月6日,李济深夫妇、王昆仑夫妇及朱蕴山来益寿堂拜访。5月9日,廖夫人何香凝也携两个孙子来访。在柳亚子看来,这些人到访,虽属朋友间往还,但柳却从中感受到毛泽东访问后他地位的提高。故其5月13日赠友人诗中有云"主席还都我始尊"。④

可是,柳亚子尚不满足于地位的提高,还想进一步发挥实质性作用。5月12日,柳亚子致函毛泽东,建议设立国史馆,并希望在江苏省人民政府挂职。14日,他在颐和园中看到掘泥工人荷锄歌咏而归,十分高兴,认为在毛主席"生产第一"的正确领导下,"中国真正走上太平大同之道矣",便欣然赋诗一首。⑤ 同日,他在赠徐冰

① 《五月五日马克思诞辰赴毛主席宴集》诗序,中国革命博物馆编:《柳亚子文集——磨剑室诗词集》(下),上海:上海人民出版社1985年版,第1590页。
② 《恭谒孙中山先生之灵堂有感》,中国革命博物馆编:《柳亚子文集——磨剑室诗词集》(下),上海:上海人民出版社1985年版,第1586—1687页。
③ 《五月五日马克思诞辰赴毛主席宴集》,中国革命博物馆编:《柳亚子文集——磨剑室诗词集》(下),上海:上海人民出版社1985年版,第1590页。
④ 《午梦初还,林溪宗人偕张晓梅、王世英两同志来访,赋赠三首,四、五、六用村频韵》,中国革命博物馆编:《柳亚子文集——磨剑室诗词集》(下),上海:上海人民出版社1985年版,第1606页。
⑤ 《偕佩妹暨世英、林溪、晓梅散步园中,见鱼塘掘泥工人荷锄结队,歌咏而归,别有风趣。在毛主席"生产第一"的正确领导下,中国真正走上太平大同之道矣,喜赋一首,七用村频韵》,中国革命博物馆编:《柳亚子文集——磨剑室诗词集》(下),上海:上海人民出版社1985年版,第1607页。

诗中有"龙虎风云世未从，生惭才略逊毛公"句，①表达对毛泽东的钦佩之情。

看到毛泽东迟至 17 日仍未回复，柳亚子便沉不住气，又开始流露出幽怨的情绪。当日爬山，"颇有崎岖之感"，诗中有自注云："荃不察余之中情兮，翻信谗而齐怒，余自谓也。"②傍晚，有客人来访，柳亚子夫妇送客出门，柳夫人邀请客人登景福阁，却遭到哨兵阻拦，柳亚子"大骂拂衣而归"。③

5 月 18 日，陈迩冬、钟敬文等人来访。柳亚子赋诗一首，末云："吾辈坚贞原不愧，笑他措大过长江。"诗后自注云，"琵琶多于饭甑，措大多于鲫鱼"，"过江名士多于鲫，独有王敦是可儿"，"以此两典配合，则措大等于名士，名士等于鲫鱼，宜有过江之可能矣！"他还直言不讳地指出，"若现住北京饭店四百十六号之李俊龙，正其人也。"④在嘲笑李俊龙等人的背后，隐藏着抑制不住的牢骚。

5 月 19 日，毛泽东仍未回复，柳亚子实在按捺不下，再次以诗代函："负气我甘同杜牧，怜才公岂逊奇章……欲借头衔荣父老，今宵归梦落吴江。"⑤辞气中已经颇有些情绪，意在催促毛泽东早作答复。

5 月 20 日，柳亚子和何香凝香港时期的旧作一首，有云"三仁我辈原无忝，群小投机别有心"。⑥ 意思说，自己与何香凝、宋庆龄被谢觉哉称为国民党"三仁"是当之无愧的，而许多来北平的人则是别有用心来投机的，这实际上也在曲折地表达了未被重用的牢骚。

---

① 《叠韵和徐冰两首》，中国革命博物馆编：《柳亚子文集——磨剑室诗词集》（下），上海：上海人民出版社 1985 年版，第 1607 页。

② 《五月十七日张香池、李泽霖、蔡贤初、罗西欧偕来，同心清看芍药，又至颐和饭店旁小坐，缘山径而归，颇有崎岖之感，四六用毛主席韵》，中国革命博物馆编：《柳亚子文集——磨剑室诗词集》（下），上海：上海人民出版社 1985 年版，第 1612—1613 页。

③ 柳无忌、柳无非编：《柳亚子文集——自传·年谱·日记》，上海：上海人民出版社 1986 年版，第 367 页。

④ 《五月十八日，陈迩冬、钟敬文、边波过访，喜出望外，四八用毛主席韵》，中国革命博物馆编：《柳亚子文集——磨剑室诗词集》（下），上海：上海人民出版社 1985 年版，第 1614 页。

⑤ 《呈毛主席一首，五三用前韵，五月十九日作》，中国革命博物馆编：《柳亚子文集——磨剑室诗词集》（下），上海：上海人民出版社 1985 年版，第 1616 页。

⑥ 《次韵奉酬廖夫人香岛旧作》，中国革命博物馆编：《柳亚子文集——磨剑室诗词集》（下），上海：上海人民出版社 1985 年版，第 1618 页。

5月21日,柳亚子终于收到毛泽东回信。毛泽东告诉柳亚子,黄波拉女士住处和孙中山衣冠冢守卫人员的生活问题都已解决。此前,柳亚子曾向毛泽东反映黄绍竑侄女黄波拉到北平后食宿困难和孙中山衣冠冢守卫人员生活困难,向毛泽东求助。毛泽东在百忙中对柳亚子反映的这两个具体问题予以解决。但是,对于柳亚子要求筹建国史馆和挂职江苏的两项要求却未立即答应,并在信中风趣地说,"此两事我都在泼冷水,好在夏天,不觉得太冷否?"①柳亚子阅信后,"颇有啼笑皆非之慨",不难想见其失望之情。②

应该指出,毛泽东当时未同意柳亚子前述两项要求,是因为这两者均系国家大事,需要经过必要程序才能最后确定。实际上,后来柳亚子的这两项要求在某种程度上得到了满足。如他出任中央文史研究馆副馆长和华东军政委员会副主席。

由于毛泽东未即时答应柳亚子的两项要求,故他颇为失望。5月26日,他始获上海解放的捷报,赋诗四首,兼寄陈毅。在诗题中,有云"翁山隐僻","如坐瓮中也",③流露出深深的寂寞。

5月28日,朋友们在中山公园为柳亚子祝寿,柳亚子赋诗两首致谢。第一首诗有云:"草间偷活劫余身,金谷生惭石季伦。往事休提容恸哭,潮流前进似车轮。"一方面回想起往事,他为自己"草间偷活"而感到惭愧,另一方面,他又为难以追上滚滚向前的时代潮流而内心忧伤。第二首诗有云:"六十三龄未死身,伯夷伊尹两非伦。招邀敢负群公意,惭愧难追历史轮。卡尔谋猷堪建国,中山衣钵孰传神?昆明湖水依然绿,未拟鹰扬起渭滨。"④首联感叹自己既不像商朝贤相伊尹那样成就一

① 《致柳亚子》(1949年5月21日),中共中央文献研究室编:《毛泽东书信选集》,北京:人民出版社2003年版,第293页。

② 柳无忌、柳无非编:《柳亚子文集——自传·年谱·日记》,上海:上海人民出版社1986年版,第368页。

③ 《五月二十六日卓午,始闻上海解放捷报,盖瓮山隐僻,如坐瓮中也。百感交萦,辄有是作,兼寄陈仲弘将军沪渎》,中国革命博物馆编:《柳亚子文集——磨剑室诗词集》(下),上海:上海人民出版社1985年版,第1623页。

④ 《五月二十八日,为余六十三岁初度,诸友宴集于中山公园上林春,群贤毕集,任老首倡索和,叠韵成二律奉教》,中国革命博物馆编:《柳亚子文集——磨剑室诗词集》(下),上海:上海人民出版社1985年版,第1625页。

番大业,也不能像商末伯夷那样隐住西山,可见其心中纠结。颔联是为自己难追历史车轮而感到惭愧;颈联是说,毛泽东的才能谋略堪当建国,可是有谁来继承孙中山的衣钵呢?尾联是说,自己不能像姜尚那样从渭水边崛起,流露出对自己难以施展政治抱负的深深失望。

此后一段时间,柳亚子心情颇为不爽。6月5日下午,柳亚子夫妇去拜访宋云彬、傅彬然等友人,门房请其登记。柳亚子大怒,谓此系官僚主义,不顾径入。警卫随之入内,以配枪做恐吓状。柳亚子大怒,拿起办公桌上的墨水瓶向警卫掷去,结果墨水却溅了柳夫人一身。傅彬然等忙出来向柳亚子道歉,申斥警卫一番,方才平息柳亚子怒火。①

6月6日,柳亚子赋诗《六月六日在韶九胡同有作两首》。第一首有云"老悖还须粥粥量"。诗中自注云:高祖古楂"性刚不能容物",与其女婿发生冲突,"一怒致呕血",遂取老子语,自号粥粥翁。柳亚子自叹"余殆得其遗传独多欤"。这里,柳亚子既有对自己个性的反思,也有效法高祖克制意气用事之意。但他接着又说:"使酒灌夫原谩骂,沉湘正则岂佯狂。英雄惯作欺人语,未必牢骚便断肠。"②这明显表达了他对毛泽东"牢骚过盛防肠断"劝解的不以为然,个中牢骚意味颇浓。

6月7日,柳亚子在和黄炎培诗中有云"新贵雍容人尽健,晨星寥落我奚之?"③,牢骚意味更是展露无遗。

综上所述,柳亚子到北平后,经常处于欣喜与牢骚的变奏之中。初到北平,柳亚子原以为会受到重用,故心情兴奋而欣喜。但是,不久,柳亚子得知自己仅是民革出席政协会议的候补代表,又未列名文协常委,感到自己未被重视和重用,故牢骚频发,并写诗向毛泽东倾诉。毛泽东复诗劝解,并携妻女亲往拜访,后又设家宴招待,给予柳亚子罕见的礼遇与尊崇。对此,柳亚子自然感到十分欣喜,但是,他并不就此满足,除向毛反映一些具体问题要求解决外,还进一步提出建立国史馆和在地

---

① 宋云彬:《红尘冷眼——一个文化名人笔下的中国三十年》,太原:山西人民出版社 2002 年版,第 131 页。

②《六月六日在韶九胡同有作二首》及注文,中国革命博物馆编:《柳亚子文集——磨剑室诗词集》(下),上海:上海人民出版社 1985 年版,第 1633 页。

③《任老五月二十九日见寿之作,余今日始见,追和一首》,中国革命博物馆编:《柳亚子文集——磨剑室诗词集》(下),上海:上海人民出版社 1985 年版,第 1635 页。

方政府任职的两大要求。毛泽东迟迟未回复,柳亚子牢骚渐多。其后,毛泽东迅速而痛快地解决了柳亚子反映的两个具体问题,但碍于政治程序而未立即同意其两大要求,这就使得柳亚子牢骚更多。

三　艰难调适

6月15日,新政协筹备会议召开。此前,柳亚子曾对毛泽东声明:"什么会我都不想参加",不过将来联合政府成立,"希望留一个位置给我"。毛则表示,"预备会不必出席,正式会是要的"。柳亚子说:"倘然一定要我去出席,那末,临时再考虑吧。"因此,这次会议并未通知柳亚子出席。①

不过,13日夜,周恩来曾到柳亚子住处拜访,是为了向他"打个招呼"。不巧的是,柳亚子当晚早睡,柳夫人正在洗澡。② 周恩来为了不惊动他们,便悄然离去。14日,柳亚子才从住在谐趣园的徐冰处得知此事,便赋诗一首,驰寄一律给周恩来,回顾两人的友谊,向周表示感谢和歉意。此前,周恩来曾于5月29日在谐趣园设宴为柳亚子庆祝生日,但柳亚子当时在城中,并未参加。在柳亚子看来,这只是"虚惠而已",故柳在诗中还要求周在6月下旬为他补庆生日,有云"汤饼终期补下旬"。③

柳亚子未参加新政协筹备会议,是他自己要求的,他对此也想尽力表现超脱一些,但是,心中难免屡屡泛起被闲置的失落与寂寞,心情并不平静。14日,汪树滋赠他玉佩一枚,据说是章太炎当年大闹袁世凯总统府所持之扇坠。柳为此赋诗一首:"师门昔困龙泉寺,弟子今居益

---

① 《致沈华昇》(1949年6月16日),中国革命博物馆等编:《柳亚子文集——磨剑室文录》(下),上海:上海人民出版社1993年版,第1733页。

② 《致沈华昇》(1949年6月16日),中国革命博物馆等编:《柳亚子文集——磨剑室文录》(下),上海:上海人民出版社1993年版,第1733页。

③ 《是夜以倦极早睡,恩来忽来访,树兄辞以入梦,未开阁延宾也。翌晨徐冰来谈,始悉其事,驰寄一律,六月十四日作》,中国革命博物馆编:《柳亚子文集——磨剑室诗词集》(下),上海:上海人民出版社1985年版,第1642页。

寿堂。传钵传衣两无分,剩持玉佩瓣心香。"①所谓"传钵",乃指继承中山先生事业。所谓"传衣",乃指继承章太炎当年在总统府箕踞而骂的精神。柳亚子感叹"传钵传衣两无分,剩持玉佩瓣心香",可以想见其心中的无奈与寂寞。

6月15日,柳亚子为友人题诗云:"不信诗人竟平澹,侧身天地我蹉跎",显示出心中的寂寞与不甘。② 同日,汪树滋携友再来颐和园垂钓,柳赋诗一首相赠,末云:"不言息妫蹊桃李,健饭廉颇鼎重轻。更喜凌晨同下钓,一竿烟水傲公卿。"还在诗后自注云:"公卿者,今之公仆也。当然钓徒可以傲之矣!"③廉颇健饭,说明柳亚子自信还堪重用,可是,他只能像息妫一样不言,不难想见其心中的失落和无奈,只能以"一竿烟水傲公卿"来进行自我安慰。

柳亚子未参加新政协筹备会议,却不甘寂寞,很快便开始着手筹组北平市文献研讨会(简称"文研会")。柳亚子等人到北平后,发现琉璃书肆等地古籍被论斤两出卖,感到很痛惜。5月29日,友人孙荪荃在柳亚子生日答谢宴会上,提议创设北平市文献保存委员会(后在筹备过程中改为北平市文献研讨会),以抢救木版书籍。柳亚子对此甚为赞成,积极开展筹建活动,还起草《文研会缘起》。

6月19日上午,柳亚子赴听鹂馆开文研会筹备会议。柳亚子在日记中写道:"通过举余为主席,俨然黄袍加身,拟推老毛为名誉主席,未知其肯入我彀中否也?"④其当选主席的得意之情溢于言表,而他略带狡黠地抬出毛泽东这杆大旗,但又流露出对这一做法能否有效并无把握的忐忑之情。他不称呼毛泽东为毛主席或毛公而称为"老毛",似乎微妙地反映了其心中的某种不满。此后,柳亚子便忙于散发《文研会缘起》和开会通知。26日,北平市文献研讨会在中山公园成立,与会一百

---

① 《谢树兄赠徐杭师玉佩有作》,中国革命博物馆编:《柳亚子文集——磨剑室诗词集》(下),上海:上海人民出版社1985年版,第1643页。

② 《题马香孙〈陶陶吟〉,集定庵句》,中国革命博物馆编:《柳亚子文集——磨剑室诗词集》(下),上海:上海人民出版社1985年版,第1643页。

③ 《树兄入城挟其友王戟门来园共钓,诗以赠之》,中国革命博物馆编:《柳亚子文集——磨剑室诗词集》(下),上海:上海人民出版社1985年版,第1644页。

④ 柳无忌、柳无非编:《柳亚子文集——自传·年谱·日记》,上海:上海人民出版社1986年版,第371页。

余人。但是,此后文研会并无开展任何活动。据说是被周恩来用先打电话后写信函的方式叫停的。①

鉴于柳亚子自来北平后,"精神亢奋","言动屡越常轨","而二三无聊之徒复围集其周遭,图有所凭借",宋云彬于 6 月 27 日给柳亚子写了一封长信进行规劝。② 原文如下:

> ……第一桩事情,我觉得您的那篇《文研会缘起》写得不大实际,而且容易引起误会,容易被人当作把柄来攻击您。例如您说"残劫之余,艰于匡复,司农仰屋,干部乏材,国脉所关,敝屣视之"。如果有人把它演绎一番,那么,"司农仰屋"不就是说人民政府的经济没有办法吗?"干部乏材"不就是说干部都是无能的,都是要不得的吗? 最后两句,不是说人民政府轻视文化吗? ……亚老请您想想,万一真的被反动派当作把柄来作反宣传,您不是要懊悔吗? 而说事实绝非如是。即"国脉所关,敝屣视之"来说,可以说决无其事。中共确是重视文化的,赵城藏经之抢救,不是最现实的例子吗? 过去确有论斤两卖旧书的……真正"宋元故籍",旧书店老板识货得很,哪里肯论斤两卖出来。不但宋元故籍,就是明刻本,他们也当作宝贝的。我在这里颇认识些旧书店老板,这是事实,我敢向您负责这样说的。
>
> 根据上面所说的理由,我觉得亚老这次发起"文研会"是一桩不必要的事情,同时觉得做的有点儿过火了。亚老有四十年革命历史,没有人不景仰。到过延安的几位朋友曾经对我说,他们在延安的时候,一谈到国民党的老前辈像亚老、廖夫人、孙夫人,没有不表示敬意的。这是事实,决非我说的阿谀的话。亚老又是一个热情横溢的人,常常感情盖过了理智,尤其在神经兴奋的时候。现在颇有人利用亚老这一个弱点(热情横溢原不能说是弱点,可是过分兴奋,任凭感情做事,就成为弱点了),怂恿亚老,

① 张明观:《柳亚子史料札记》,上海:上海人民出版社 2008 年版,第 304—305 页。
② 宋云彬:《红尘冷眼——个文化名人笔下的中国三十年》,太原:山西人民出版社 2002 年版,第 137 页。

戟刺亚老,说得不客气一点,利用亚老来抬高自己身份,或作进身的阶梯。而亚老又往往遇事不多加考虑,对人不多加分析,纯凭一腔热情,或挺身替人家打不平(其实有些并不是不平的事情),或具名替人家作保荐,于是抗议之书、绍介之函,日必数通,何亚老之不惮烦也?

这样发展下去,有几种不好的结果是可以预料得到的:一、一些怕受批评,怕招是非的朋友,不敢多跟亚老接近了(我得声明,我还不至于这样),而一些来历不够明白,心里颇怀鬼胎的人,倒多围集到亚老的周围来了。他们不会对亚老有所规箴,只是阿谀顺旨,起哄头,掉花枪,非把亚老置之炉火之上不可。二、常常接到亚老的抗议书或绍介信的领袖们,觉得亚老实在太难服侍了,或者竟觉得柳老先生太多事了,于是最初每函必复,后来渐渐懒于作复了。这样,自然会引起亚老的不快,增多亚老的牢骚。三、一些素来对亚老感情不很融洽的人,更加会拿"亚老神经有毛病"或"亚老又在发神经了"等等恶意中伤的话来作宣传。我的愚见,以为像亚老那样有光荣的革命历史的人,有崇高的地位的人,在今天最好不多讲话,不多做不必要的事情,逢到有应该由亚老站出来讲话的时候才来讲话,"夫人不言,言必有中"。这样,亚老的德望和地位必然会一天天增高。否则"杀君马者路旁儿",我虑亚老之马力将竭矣。率直陈词,不避冒渎,死罪死罪。①

从信中所述可知,柳亚子所写《文研会缘起》确实"不大实际",还"容易引起误会"和"被人当作攻击的把柄",甚至发起文研会本身就无必要。如此一来,也就不难理解周恩来为何要叫停文研会。尤为严重的是,柳亚子到北平后,"精神亢奋,言动屡越常轨",也确有可议之处。宋云彬对柳亚子冲动行为带来的三种后果分析也很到位,他请求柳亚子谨言慎行的建议更是难得的金石之言。

6月28日,周恩来来到柳亚子住处,随后偕柳亚子夫妇赴听鹂馆晚

① 宋云彬:《红尘冷眼——一个文化名人笔下的中国三十年》,太原:山西人民出版社2002年版,第136—137页。

餐,酒菜很丰盛。柳亚子乘舟而去,徒步而归,"颇有醉意"。周恩来此次宴请,显然是对前述柳亚子要求为其补庆生日的回应。但是,周恩来的宴请应当还有其他目的,他很有可能在此次餐会中解释了叫停北平市文献研讨会的原因,这样倒符合周恩来绵密细致与温和有礼的行事风格。

7月1日,宋云彬收到柳亚子的复函,谓"辱荷惠笺,深感厚爱,昔称诤友,于兄见之矣",然又谓"事之委曲不尽然者",宋云彬不由感叹"亚老仍未能了解余之真意也"。①

7月2日上午,柳亚子乘车赴中南海出席全国文学艺术工作者代表大会。他会晤众人,看到熊佛西、陈迩冬、尹瘦石等人非常高兴,但未见到宋云彬出席,感到非常诧异。其实,会议开幕时,宋云彬"见亚老与白石老人招呼,方起立欲与语,则已振铃开会。散会已十二时,不见亚老,或早已退席,可谓失之交臂矣"②。

7月4日,宋云彬收到柳亚子来信。据宋氏日记记载,"谓在文代大会未见余出席为异,又谓前函尚多意气之辞,自在听鹂馆与周恩来等作一夕谈后,日来魂梦都安,更觉心平气静矣。"③看来,周恩来谈话已经对柳亚子发生作用。

7月8日,宋云彬致信柳亚子,进一步解释前一封信的真意所在,并为柳亚子的转变而感到高兴:"其实文研会事不过借作引子,真意所在,乃欲劝告亚老稍抑感情,遇事多加考虑,不因一时冲动,贻人口实耳。亚老来平以后,言论行动过分兴奋,确有不少人造作蜚语,必欲使亚老言行不为当代所重而后快。云心所谓危,不敢不告。兹读来示,知亚老自听鹂馆一夕谈,作风态度均有所改变,为之大慰。……"信末还附诗一首:"屈子感情原激昂,贾生才调亦纵横。倘逢盛世如今日,未必牢骚

① 宋云彬:《红尘冷眼——一个文化名人笔下的中国三十年》,太原:山西人民出版社 2002 年版,第 138 页。
② 宋云彬:《红尘冷眼——一个文化名人笔下的中国三十年》,太原:山西人民出版社 2002 年版,第 138 页。
③ 宋云彬:《红尘冷眼——一个文化名人笔下的中国三十年》,太原:山西人民出版社 2002 年版,第 139 页。

诉不平。"①

7月15日,柳亚子复信曹美成,有云:"我因身体关系,毛主席要我在颐和园静养,不问一切外事。现在在研究南明史料,颇有兴趣,其他则暂时不管,也许永远不管了。……现在民联由平山主持,我亦懒得过问。你如来平游玩,甚为欢迎。其他,则请与平山接洽,与我无关也。"②不难看出,此时柳亚子除对南明史研究有兴趣外,已经不问一切外事,尤其是对民联事务更是毫无兴趣,避之唯恐不及。

7月19日,柳亚子致信姜长林,称"精神没有以前的兴奋,也没有以前奋勇直前的气概(什么都懒于顾问了)"③。这里,柳亚子的转变,一方面是心理调适的结果,但另一方面也预示着柳亚子的神经衰弱时期即将到来。

7月21日,宋云彬接到柳亚子复信并附诗一首。诗云:"屈子怀沙逢乱国,贾生赋鵩值休明。忏除结习我知勉,不作苏俄叶赛宁。"④末句表明柳亚子决心勉励忏除旧习,不作曾经热情讴歌十月革命却在革命后失望自杀的叶赛宁那样人物。这显然是向宋云彬表明接受其规劝,并努力改正旧习以适应新环境。由此可见,柳亚子已经完成了艰难的心理调适。

7月24日,宋云彬到颐和园益寿堂拜访。柳亚子"精神又由亢奋而转入消沉"。柳夫人对宋云彬说:"亚老在故乡有稻田千亩,解放后人民政府征粮甚亟,每亩□斗□升,折缴人民币,无垢因此售去美钞六百元。"又云:"乡间戚友为无法缴纳征粮款,纷纷来函请亚老向政府说情者,亚老皆置之不理。"想不到柳亚子竟能如此冷静处置,宋云彬不由感叹道:"此亚老识大体处也,谁谓亚老有神经病哉。"⑤

① 张明观:《柳亚子史料札记二集》,上海:上海人民出版社2014年版,第279—280页。
②《致曹美成》(1949年7月15日),上海图书馆编:《柳亚子文集——书信辑录》,上海:上海人民出版社1985年版,第363页。
③《致姜长林》(1949年7月19日),上海图书馆编:《柳亚子文集——书信辑录》,上海:上海人民出版社1985年版,第364页。
④ 宋云彬:《红尘冷眼——一个文化名人笔下的中国三十年》,太原:山西人民出版社2002年版,第143页。
⑤ 宋云彬:《红尘冷眼——一个文化名人笔下的中国三十年》,太原:山西人民出版社2002年版,第143页。

需要指出的是,柳亚子在 1949 年 7 月 24 日前后精神由亢奋而转入消沉,并不能简单归因于政府征收粮款之事的刺激,而应从柳亚子的神经兴奋与衰弱的周期来理解。柳亚子 1949 年 2 月 28 日自港北上,神经便至兴奋状态,到 1949 年 7 月 24 日前后,神经兴奋已经持续近 5 个月之久,已达到往常四五个月兴奋时期的上限,故其神经由兴奋转入衰弱乃必然之事。

第十三章　步入新中国

一　颂歌与诤言

1949 年 10 月 1 日,中华人民共和国宣告成立,中国从此进入一个新时代。

此前,9 月下旬,柳亚子出席中国人民政治协商会议第一届全体大会,当选为中央人民政府委员。10 月 21 日,以周恩来为总理的中央人民政府政务院成立,柳亚子任文化教育委员会委员。

因颐和园冬季天气寒冷,柳亚子夫妇于 11 月初从益寿堂移居城内北京饭店。柳一度"局居一室中,局促不堪",以致"杜陵穷巷,时吟逼仄之诗;冯驩长铗,每动无车之叹"。[①]

1950 年 9 月 11 日,柳亚子夫妇自北京饭店迁寓北长街 89 号。新寓位于北海之南,故宫之西,中山公园之北。其东厢房紧靠筒子河,风景绝佳。这是个北方旧式四合院,红砖绿瓦,雕梁画栋,修葺一新。两扇红漆大门,装有一对锃亮泛光的铜环。柳亚子自谓:"王侯第宅皆新主,居然朱门华桷矣。"[②]

---

① 《致朱荫隆(龙)》(1950 年 10 月 14 日),上海图书馆编:《柳亚子文集——书信辑录》,上海:上海人民出版社 1985 年版,第 384 页。

② 柳无忌、柳无非编:《柳亚子文集——自传·年谱·日记》,上海:上海人民出版社 1986 年版,第 380 页。

此时,政务院为柳亚子配备两位警卫员,又配置一辆小轿车。迁居后,柳亚子精神好转,开始记日记和写诗。柳亚子在给儿子柳无忌信中说:"我有了房子,精神更好,大非昔比了。这样,在情绪上是好的,但对身体而言,则为祸为福,真难预料。"①

大约经历一年多的静养与调适,柳亚子终于放弃了政治上的万丈雄心,从此不再看到他因未受重用而牢骚满腹。

柳亚子精神兴奋后,正值新中国即将迎来成立一周年之际,各种庆祝会频频举行。柳亚子均兴致盎然地前往参加,心情十分愉快,并每每赋诗填词,颂歌迭出。

9月26日是中秋佳节,又临近国庆日。毛泽东在北京饭店宴请战斗英雄及劳动模范,规模甚大,共千余人。柳亚子应邀出席,并任大礼堂第23席主人。他热情为代表签名,饮酒亦多。第四野战军战斗英雄从隔席前来索诗,柳亚子即赋七绝一首。诗云:

> 战斗英雄百战功,誓当跨海更征东。麦魔授首台澎复,自古元凶岂善终?②

9月29日夜,周恩来总理在北京饭店设宴招待全国各民族代表。柳亚子任第35席主人,客为内蒙古文工团团员,均年少英挺,皆能汉语。柳亚子兴高采烈题名,频频干杯,"喝酒不少",并赋诗一首。诗云:"旧憾扫如烟,新欢共一天。弟兄联姊妹,围坐话樽前。"③

9月30日下午,柳亚子赴中山公园音乐堂,参加全国政协主持的国庆庆祝会,聆听周恩来总理《为巩固和发展人民的胜利而奋斗》的报告。当天为农历八月十九日,恰是武昌起义三十九周年纪念日,柳亚子赋七绝一首。诗云:"武昌首义八一九,合璧联珠历旧新。只有后先无畛域,

---

① 《致柳无忌、高镠鸿》(1950年9月28日),上海图书馆编:《柳亚子文集——书信辑录》,上海:上海人民出版社1985年版,第378页。

② 《九月二十六夜,毛主席宴全国英模代表于北京饭店大礼堂,值第四野战军战斗英雄从隔席来索诗,成二十八字应之》,中国革命博物馆编:《柳亚子文集——磨剑室诗词集》(下),上海:上海人民出版社1985年版,第1666页。

③ 《九月二十九日夜,周恩来总理欢宴各民族代表于北京饭店大礼堂》,中国革命博物馆编:《柳亚子文集——磨剑室诗词集》(下),上海:上海人民出版社1985年版,第1667页。

牺牲同是为人民。"①当夜,柳亚子又赴北京饭店,出席毛泽东主席主持的国庆招待酒会。

　　10月1日,柳亚子登天安门检阅台,出席盛大的国庆典礼。上午11时,典礼开始举行,下午4时半结束。柳亚子在检阅台前赋诗一首。诗云:

　　　　联盟领导属工农,百战完成解放功。此是人民新国庆,秧歌声里万旗红。②

　　当晚8时,燃放烟火。柳亚子在筒子河畔小阳台上凭栏观看,不仅空中美景煞是好看,而且"水中倒影,顿成巨观",而"爆裂声尤令人兴奋也"。③

　　10月3日,中南海怀仁堂举办国庆歌舞晚会,西南各民族文工团、新疆文工团、吉林省延边文工团、内蒙古文工团联合演出。柳亚子偕郑佩宜一起前往观看,坐于毛泽东主席前排。应毛泽东之请,柳亚子即席赋《浣溪沙》一阕,以纪各民族大团结盛况。词云:

　　　　火树银花不夜天。弟兄姊妹舞翩跹。歌声唱彻月儿圆。
　　　　不是一人能领导,那容百族共骈阗? 良宵盛会喜空前。④

　　毛泽东事后步韵奉和,即《浣溪沙·和柳亚子先生》。词云:

　　　　长夜难明赤县天,百年魔怪舞翩跹,人民五亿不团圆。
　　　　一唱雄鸡天下白,万方乐奏有于阗,诗人兴会更无前。⑤

　　10月4日、5日,柳亚子连续两晚赴怀仁堂观看中央戏剧学院舞蹈

①《九月三十日,中山公园音乐堂举行国庆庆祝会,系以一诗》,中国革命博物馆编:《柳亚子文集——磨剑室诗词集》(下),上海:上海人民出版社1985年版,第1667页。
②《十月一日第一届国庆节,即中华人民共和国建国一周年纪念日也,天安门上检阅台前作》,中国革命博物馆编:《柳亚子文集——磨剑室诗词集》(下),上海:上海人民出版社1985年版,第1668页。
③柳无忌、柳无非:《柳亚子文集——自传·年谱·日记》,上海:上海人民出版社1986年版,第387页。
④《浣溪沙》,中国革命博物馆编:《柳亚子文集——磨剑室诗词集》(下),上海:上海人民出版社1985年版,第1814页。
⑤《浣溪沙·和柳亚子先生》(1950年10月),中央文献研究室编:《毛泽东诗词集》,北京:中央文献出版社2003年版,第75页。

团演出的《和平鸽》舞剧。此剧由院长欧阳予倩编剧,戴爱莲女士导演并主演。由舞剧歌颂和平,联想到朝鲜燃起的战火,柳亚子遂赋《浣溪沙》一阕。词云:

> 白鸽连翩奋舞前。工农大众力无边。推翻原子更金圆。
>
> 战贩集团仇美帝,和平堡垒拥苏联。天安门上万红妍。[1]

毛泽东读到柳词,于11月又和新词一阕,即《浣溪沙·和柳(亚子)先生》。词云:

> 颜斶齐王各命前,多年矛盾廓无边,而今一扫纪新元。
>
> 最喜诗人高唱至,正和前线捷音联。妙香山上战旗妍。[2]

柳亚子对新中国和毛泽东的歌颂和赞扬是发自内心的,但是,这丝毫不妨碍其向中共进献诤言。每当得知有人遇到冤屈或不合理待遇时,素喜打抱不平的柳亚子便会仗义执言,向毛泽东或有关部门领导反映情况。

10月5日上午,南社老友张卓身之子张堂恒,因其在贸易部工作的爱人"无端被捕,又不公开",遂拜访柳亚子,寻求帮助。柳亚子听后,觉得"甚可骇异",便嘱咐张堂恒持自己亲笔信函去拜访最高人民法院副院长张志让和贸易部副部长沙千里,请他们加以"调护"。[3]

10月5日下午,柳亚子赴政协全委会双周座谈会。会上,李济深为虚云老和尚抗诬,柳亚子则引其堂弟柳率初来信中有"上级干部实在好,中级干部真真少,下级干部一团糟"之谣,积极支持李济深。不料却遭到陈其瑗、刘清扬的反对。[4] 数日后,柳亚子写赠刘清扬七绝四首,末绝云:"一唱雄鸡白日中,危言无罪圣人聪。规君莫作模棱语,领袖忧劳

---

① 《浣溪沙》,中国革命博物馆编:《柳亚子文集——磨剑室诗词集》(下),上海:上海人民出版社1985年版,第1815页。

② 《浣溪沙·和柳(亚子)先生》(1950年11月),中央文献研究室编:《毛泽东诗词集》,北京:中央文献出版社2003年版,第162页。

③ 柳无忌、柳无非编:《柳亚子文集——自传·年谱·日记》,上海:上海人民出版社1986年版,第389页。

④ 柳无忌、柳无非编:《柳亚子文集——自传·年谱·日记》,上海:上海人民出版社1986年版,第389页。

重整风",对刘提出坦诚的批评和劝告。①

　　10 月 11 日,柳亚子决定到故乡吴江一行。下午 4 时,柳亚子夫妇与华东人民政府主席饶漱石、水利部副部长钱正英等同赴车站,乘列车南行。13 日晨 6 时许,列车抵达上海,陈毅市长、潘汉年副市长到车站迎接。

　　柳亚子夫妇返回上海故居后,会晤众多亲朋好友。下午 3 时,陈毅市长来访,相谈甚欢。柳亚子在日记中称"极痛快,此儿大可人意"。②16 日,饶漱石、陈毅在百老汇宴请柳亚子。

　　18 日,柳亚子夫妇乘火车赴无锡,游鼋头渚,参观培南中学。柳亚子本想回一趟阔别 23 年的故乡吴江黎里,但因乡下治安未完全恢复,故被陈毅和中共苏南区党委统战部劝阻,柳亚子深以为憾。

　　21 日,柳亚子等乘车赴南京,谒孙中山陵及廖仲恺墓,游伪总统府,游玄武湖。23 日,离宁返沪。途中,据报告有人窥伺,柳亚子虞有意外,即于 24 日凌晨 4 时,在火车上写下遗嘱:"为此声明,柳亚子不怕(论)在何时何地,有何意外,决为蒋匪帮毒手。我死以后,立刻将此嘱在报纸公开宣布为要!!!"又云:"我死后裸体火葬,一切迷信浪费,绝对禁止;于公墓买一穴地,埋葬骨灰,立碑曰:'诗人柳亚子之墓'足矣!"③

　　10 月 28 日中午,柳亚子在南京路上海饭店请客。晚上,会见一些老友。

　　10 月 29 日下午,柳亚子在沪寓举办园游会招待亲友,取藏书数百册,分赠来宾。他于座上朗诵毛泽东《沁园春·雪》,"兴会高昂"。当晚,离沪返京。

　　在沪期间,柳亚子将黎里家中旧藏的明清以来古籍图书、吴江文献与南社时期编印的各种书刊,全部捐献给上海文管会,另有私人信札

---

① 《刘清扬大姊索诗,写赠四绝》,中国革命博物馆编:《柳亚子文集——磨剑室诗词集》(下),上海:上海人民出版社 1985 年版,第 1669 页。

② 柳无忌、柳无非编:《柳亚子文集——自传·年谱·日记》,上海:上海人民出版社 1986 年版,第 391 页。

③ 《第二次遗嘱》,中国革命博物馆等编:《柳亚子文集——磨剑室文录》(下),上海:上海人民出版社 1993 年版,第 1570 页。

400 余包。与此同时,柳亚子还把沪寓藏书也捐给上海文管会。

柳亚子返回北京后,又频繁参加各种政治活动,情绪更为兴奋。11 月 7 日为苏联十月革命胜利 33 周年纪念日。柳亚子赴苏联大使馆招待会,与刘伯承、聂荣臻诸将军碰杯轰饮,"飘飘然有仙意"。当晚,赴中苏友好协会总会开会,端木蕻良嘱撰新诗,以记抗美援朝运动。子夜返寓后,柳亚子即援笔撰成《抗美援朝之歌》。此诗写作一气呵成,"如有神助者"。写罢,他"掷笔启扃,仰天大笑而罢"①。翌日,民革中央召集第二次抗美援朝扩大座谈会,与会者 50 余人。会上,柳亚子当场朗诵《抗美援朝之歌》,全场响起雷鸣般掌声。12 月 8 日,柳亚子获知抗美援朝大捷报,连作诗 8 首。1951 年 1 月 5 日,柳亚子闻汉城解放,欣然赋诗一首。诗云:"瑞雪缤纷照眼明,星驰捷报喜遄征。麦魔授首期非远,一鼓先看下汉城。"②

1950 年 11 月底,自视甚高的柳亚子在和张平江女士的诗中由衷地表达了他对毛泽东的钦佩和信服之情。如"平生兀傲今低首,第一人才毛泽东","虬髯不王扶余岛,拥护湘潭毛泽东"。③ 12 月 18 日,他在致柳无忌信中说:"国内情形大体很好,当然也有不能尽如人意的地方。中国是一个大国,又是几千年封建制度和百余年殖民统治的国家,哪儿会一下就能够使人满意呢? 讲一句良心实话,毛主席真是太伟大了,你相信吗?"④这里,柳亚子所言很有分寸,也有分析和解释,可见他对毛泽东的钦佩之情确乎是发自内心的。

1950 年底,柳亚子了解到吴江土改反霸斗争存在严重偏差,便于 12 月 23 日致信毛泽东:"亚子家苏南吴江县,顷闻故乡有人来言,土改反霸问题,干部操之过激,颇多'乱捕,乱打,乱杀及各种肉刑和变相肉刑',与中央政令抵触,闻之颇深惊讶,不敢不言。请能行文华东军委会

① 《跋自撰书抗美援朝歌赠李世璋手卷后》,中国革命博物馆等编:《柳亚子文集——磨剑室文录》(下),上海:上海人民出版社 1993 年版,第 1579 页。

② 《闻汉城解放有作,时一月五日也》,中国革命博物馆编:《柳亚子文集——磨剑室诗词集》(下),上海:上海人民出版社 1985 年版,第 1724 页。

③ 《次韵和平江四首》,中国革命博物馆编:《柳亚子文集——磨剑室诗词集》(下),上海:上海人民出版社 1985 年版,第 1689 页。

④ 《致柳无忌》(1950 年 12 月 18 日),上海图书馆编:《柳亚子文集——书信辑录》,上海:上海人民出版社 1985 年版,第 398—399 页。

及苏南行政公署,彻底一查,不胜大幸!"对于柳亚子反映的情况,毛泽东非常重视。翌日,毛泽东即将柳信批转华东军政委员会,并致信饶漱石:"柳亚子先生一信,说吴江县事,请一并调查酌复。"同月 29 日,华东军委会将此信批转苏南行政公署,饶漱石还致信陈丕显,要求"据实调查处理并复中央"。①

二　政党活动的困境

自 1948 年以来,国民党民主派就存在着民联、民促和民革三个独立组织。1949 年国共和谈破裂后,国民党和谈代表张治中、邵力子等人,以及程潜等高级起义将领,也参加人民民主统一战线,形成了国民党内爱国民主派的第 4 支力量。

新中国成立后,为了响应毛泽东建议,李济深领导国民党民主派开始酝酿合并事宜,并于 1949 年 11 月 12 至 16 日召开国民党民主派代表会议(也称"四方会议")。

经过"四方会议",国民党民主派统一合并于民革之中,并选举产生了新一届的中国国民党革命委员会中央委员会和中央团结委员会。11 月 22 日,中国国民党革命委员会中央委员会举行全体会议,选举李济深、何香凝、谭平山、陈铭枢、蔡廷锴、蒋光鼐、程潜、张治中、邵力子、柳亚子、朱蕴山、陈劭先等 21 人为中央常务委员。

国民党民主派合并成民革后,民革领导层人事发生较大变动,特别是张治中、邵力子等跻身民革领导层,并在民革中央常务委员会中排名位居柳亚子之前。对此,进取心很强的柳亚子也许不无意见,但因其自1949 年 7 月后进入神经衰弱期,无力问事,也就无从计较。

1950 年 9 月中旬后,神经兴奋起来的柳亚子,又精神抖擞地参加民革各种会议。自 9 月 12 日到 10 月 7 日,柳亚子先后出席民革中央第一小组会议、民革中常会第 34 次会议、民革团结委员会第 1 次会议以

---

① 莫宏伟:《苏南土地改革研究》,合肥:合肥工业大学出版社 2007 年版,第 232 页。

及民革中常会第 35 次会议、第 36 次会议、第 37 次会议。柳亚子不仅频频出席会议,还积极推荐人才。如在 10 月 3 日召开的民革中常会第 36 次会议上,就通过柳亚子所提名的朱荫龙、陈迩冬、曹美成三人为团结委员会委员。10 月 14 日,柳亚子致信朱荫龙告知这一消息,内称:"弟在民革,本属备员,顷决参与大计矣! 民革有团结委员会之设,意在网罗豪俊。弟将兄与迩冬同付提名,已得表决通过,现将聘书转奉,希检收示复为幸!"①由此可见,柳亚子此时已经愉快地参与民革事务,已然接受张治中、邵力子等位居前列的现实,这对柳亚子而言是十分难能而可贵的。

10 月间,柳亚子赴上海期间,会晤旧友广西南宁人梁烈亚。梁氏是老同盟会员,曾担任孙中山先生的机要员。1934 年柳亚子漫游齐鲁时,曾受到当时任职于山东省电政管理局的梁氏热情招待,由此结为朋友,一度颇有音信往来。梁氏珍藏有裱褙成册的中山先生墨宝,他从容叙述此册由来,"并言久蛰思伸,嘱以此册携献民革李主席任潮兄,欲得一团委头衔,以尽瘁于本党,并为联合战线有所贡献。"柳亚子认为,李济深"求贤若渴,料不拒烈亚于门外",便携册北归,后复制 20 份,分送诸友。②

柳亚子于 10 月 31 日返回北京,即于次日(11 月 1 日)会晤李济深,叙述梁烈亚近况,似有推荐之意。据柳亚子称,李礼贤下士,厚重虚怀,即欲以团委请梁担任。在柳亚子看来,梁担任团结委员会委员,"原则上亦已通过矣!"不料一星期后,因民革二届二中全会开会在即,"有人主张俟会毕再提"。柳亚子"愤极","顿足拍案","大骂彼辈为官僚主义"。③ 然而,这也无济于事,梁烈亚担任团结委员会委员之事,仍然要拖到二届二中全会闭幕后才能决定。

随后,在 11 月 12 日孙中山诞辰纪念会会上,柳亚子一度与老友邵

---

①《致朱荫隆(龙)》(1950 年 10 月 14 日),上海图书馆编:《柳亚子文集——书信辑录》,上海:上海人民出版社 1985 年版,第 384—385 页。

②《跋中山先生墨宝后》,中国革命博物馆等编:《柳亚子文集——磨剑室文录》(下),上海:上海人民出版社 1993 年版,第 1571 页。

③《致梁烈亚》(1950 年 11 月 30 日),上海图书馆编:《柳亚子文集——书信辑录》,上海:上海人民出版社 1985 年版,第 393 页。

力子发生尖锐冲突。

邵力子是柳亚子南社老友,与柳私交颇厚,但两人在新中国建立前政见却大不相同,前文已有叙述。1949年4日1日,邵力子随南京政府和谈代表团飞赴北平,与中共中央展开北平和谈,也下榻在六国饭店。

这期间,柳亚子与邵力子频繁互相拜访,这在柳亚子日记中都有记载。如4月11日,邵力子与张治中到柳亚子住处拜访。邵力子与柳亚子大讲张继"怕老婆丑史"。[①]14日,"早餐后据佩妹(即柳夫人郑佩宜——引者注)报告,仲辉(邵力子字仲辉——引者注)老婆傅学文已来,戏成一截示仲辉云:'鸳鸯两两集燕都,牛女无需怨渡河。从此红幡栽汉帜,梦中应会莫斯科。'倘亦所谓春秋之笔欤?"[②]15日,柳亚子夫妇回访"邵力子、傅学文夫妇"。17日,邵力子秘书张剑雷到柳亚子住处拜访。不难看出,柳亚子和邵力子尽管所持的政治立场不同,但并未影响到他们之间的私人情谊。不过,柳亚子写给邵力子的诗大有调侃之意,似含春秋笔法。

国共和谈失败后,邵力子与张治中等和谈代表毅然与蒋介石集团决裂,留在北平参加新中国的建国大业。新中国成立后,通过"四方会议",邵力子也加入民革,并列名在柳亚子之前。柳亚子对此当然不无想法,但从他精神兴奋后重新积极参加民革各项会议来看,他似乎亦未计较。

不料,在1950年11月12日孙中山先生诞辰84周年纪念会上,邵力子在发言中公开指责柳亚子"只知文学而不知政治",柳亚子大怒,次日给邵力子写了一封长信,这就是《柳亚子选集》中收录的《与某兄书》。在信中,柳亚子表达以下几层意思:

第一,对邵力子公开指责表示不解和愤怒,并予以驳斥。

柳亚子首先对比自己与邵力子在大革命失败后所走的不同道路:"中间兄附子翼,开府陕甘;弟虽亦曾失节,有梅邨不死之恨,但魏延反

---

① 柳无忌、柳无非编:《柳亚子文集——自传·年谱·日记》,上海:上海人民出版社1986年版,第352页。
② 柳无忌、柳无非编:《柳亚子文集——自传·年谱·日记》,上海:上海人民出版社1986年版,第353页。

骨,自问犹存也。"①意思说,邵力子在大革命失败后,追随蒋介石,担任甘肃、陕西省政府主席等封疆大吏,而自己虽亦曾"失节",与蒋介石政府保持了十多年之久的藕断丝连关系,但毕竟还是有着"魏延反骨",对蒋介石政权存有反抗思想,这一下就把两人过去的政治立场进行鲜明对比,其高下正误不言而喻。

紧接着,柳亚子强烈地表达了对邵力子公开指责的不解和愤怒。柳亚子指出,尽管两人政治主张早就不同,但是,我"忠厚待人",又遵照"毛主席宽大为怀之旨",故兄入燕都以来,"未有公开挑战之举,得罪于兄","乃昨者兄逞最后十五分钟之雄辩,忽然一矢相加,此复何说? 吾辈既同在联合战线大帜之下,苟有异同,何妨召集座谈会,从容讨论;乃必于大庭广众之中责弟知文学而不知政治,坏人名誉之谈,轻易出口,殊莫名开罪之由。"他进而严重质疑邵力子公开指责自己的动机,"岂兄欲报渝州旧怨耶,抑为昏庸老朽、投机分子之徒强作拔刀之助耶?"②

随后,柳亚子又驳斥了邵力子对自己不懂政治的指责。他虽以文学名世,但却对自己政治才能极为自负。他声明,"以弟自料,文学不过结三千年之旧局,而政治则足以自开生面。"③

第二,埋怨张治中"昏庸"和"不能控制会场",并怀疑张治中主持会议与邵力子发言似有"阴谋作用"。

此次召开的孙中山先生诞辰纪念会,由张治中主持。会议首先由何香凝登台发言,柳亚子对此衷心"拥戴",毫无意见,"后即投小笺请求朗诵",而张治中则"一言不发"。假使张治中事先宣布,何香凝后,尚有谭平山、邵力子发言,柳亚子表示,自己"虽心耿耿,亦不能不接受"。结果是,何香凝发言后,柳亚子"既动足",而谭平山"亦上台","几成笑话"。④ 因此,柳亚子责怪张治中"昏庸","不能控制会场"。这里,柳亚子埋怨张治中主持会议不力,实质是计较发言顺序,也反映出他内心深处尚不满于"四方会议"后民革领导人的排名顺序。

①《与某兄书》,王晶垚等编:《柳亚子选集》(上),北京:人民出版社1989年版,第637页。
②《与某兄书》,王晶垚等编:《柳亚子选集》(上),北京:人民出版社1989年版,第637页。
③《与某兄书》,王晶垚等编:《柳亚子选集》(上),北京:人民出版社1989年版,第637页。
④《与某兄书》,王晶垚等编:《柳亚子选集》(上),北京:人民出版社1989年版,第637页。

尤为严重的是,柳亚子还把张治中主持会议情况与邵力子的批评联系起来,"以形式观之,颇似有阴谋作用"。柳亚子声称,孙中山先生诞生纪念会后,即有○○○、○○○、○○○诸人来会见他,为其"大抱不平"。且言邵力子来北京"一年有半","故态依然,殊为失望"。"更虑诱惑落伍同志使其右倾,政治上坏倾向更大。"①他们还主张,要柳亚子请求中常会召开座谈会,以"辟兄之谬妄",但柳亚子未予采纳。这里,显然有借他人之口来显示邵力子等人"消极"影响的意味,同时着力凸显自己的宽厚。

第三,暗指邵力子无自知之明,并重提两件旧事。

柳亚子称,"人苦不自知,弟则自知甚明,平生矜才使气,不可一世,犹是四十年前南社狂奴故态耳!情感冲决,而无法控制,倘举一二小事,即足致老友死命,此又何必。"②接着便简略地提到1926年会晤蒋介石之事和1945年12月13日邵力子在重庆来访时的谈话,实际上是在翻邵力子的历史"老账"。柳亚子声称"自知甚明",实际上则暗指邵力子无自知之明。在柳亚子看来,只要他举出一二件小事(即前述所提两件旧事),就"足致老友死命"(意即动摇邵力子的政治地位),但"此又何必",显示他并不愿公开之意,这实际上是指责邵力子并无批评自己的资格,同时也凸显柳亚子"自谓无负于人,不意人之有负于我也"的感慨。

第四,阐述了对民革指导思想的见解,并批驳邵力子的意见。

如前所述,在1948年民革成立之初,民革内部对于民革指导思想就有不同的看法。在1949年11月召开的"四方会议"期间,民革内部围绕指导思想再次发生争论。一些人认为会议文件上有"新民主主义"之词句,不如改为"革命的三民主义",更有民革本色和特点。结果在李济深的调和下,形成了一段折中的文字:"确认革命的三民主义之发展在现阶段已与新民主主义汇流,并愿为建设新民主主义的人民共和国而奋斗"。③ 但是,两者之间的分歧并未消除。

---

① 《与某兄书》,王晶垚等编:《柳亚子选集》(上),北京:人民出版社1989年版,第638页。
② 《与某兄书》,王晶垚等编:《柳亚子选集》(上),北京:人民出版社1989年版,第638页。
③ 朱学范:《我与民革四十年》,北京:团结出版社1990年版,第244—245页。

到 1950 年秋冬,民革内部围绕指导思想又一次发生争论,尤其突出地表现在柳亚子与邵力子之间。

与 1947 年"重树中山旗帜"迥然不同,此时柳亚子极力主张以新民主主义作为民革的指导思想,并在 1950 年 11 月上旬对此做了系统阐述。他指出,"表面上是毛主席紧接着完成了孙中山的革命事业","而在精神上,一个是资产阶级革命,一个是无产阶级革命,是不同的。"[①]他论述孙中山"三民主义"发展历程,并给予高度评价。同时也指出,"当然,我们不能盲从瞎信,说总理一切的一切都是对的";"我们熟读总理的遗教,要能够做到批判和扬弃的地位";"总理遗著中,最要不得的,我个人以为是《三民主义》一部书。讲民生主义的一部分,既然残缺不全,而上面两部分,毛病亦大。"[②]最后,他明确指出,"今天民革的领导思想是毛泽东思想的新民主主义,而不是革命的三民主义。"[③]大概在此前后,柳亚子曾经"效法领导党习用语",说了"焚烧《三民主义》本本儿"。也许正是这句话深深地触怒了邵力子,以致脾气温和的邵力子在大会上公开斥责几十年的老友。

邵力子则主张以"革命的三民主义"作为民革的指导思想。所以,柳亚子在《与某兄书》中加以批驳。邵力子把"某氏叙跋""奉为至宝",作为其主张的依据。这里"某氏叙跋"可能是中共某一重要领导人为某一书所作的序跋,可能含有以"三民主义"为指导思想的字句。对此,柳亚子则指出,"该书为重庆新华书店出版,领导党未握政权,故其言如此耳!"柳亚子还表示,自己心仪孙中山,但"吾爱吾师,吾尤爱真理"。他承认,自己"效法领导党习用语",说"焚烧《三民主义》本本儿","自属过激"。但是,他又声明这是受到邵力子所赏识的徐蔚南的影响,还尖锐地指出,"好象诋马克思为病理家而非生理家,反对阶级斗争一节,即在

① 《孙总理与毛主席——兼论新三民主义和毛泽东思想》,王晶垚等编:《柳亚子选集》(上),北京:人民出版社 1989 年版,第 633 页。
② 《孙总理与毛主席——兼论新三民主义和毛泽东思想》,王晶垚等编:《柳亚子选集》(上),北京:人民出版社 1989 年版,第 634 页。
③ 《孙总理与毛主席——兼论新三民主义和毛泽东思想》,王晶垚等编:《柳亚子选集》(上),北京:人民出版社 1989 年版,第 636 页。

其内",并由此咄咄逼人地反问道:"此与今日新民主主义合耶?否耶?"①

第五,强烈要求邵力子为自己恢复名誉。

柳亚子最后表示,"弟虽草间偷活,愧对侯、张,然岂甘与樊哙为伍,特以南社旧谊隐忍到今耳! 今兄公然败坏我名誉,以两家(郑与O,非柳与O也——引者注:O为遮盖的姓,可还原为邵)累世交情,弟亦不忍报复。特系铃解铃,责在我兄。如何在民革群众中为弟湔濯'沉酣文学而不懂政治'的谰言,唯兄实利图之。"他还声称,邵力子"万一无圆满答复",则他"唯有拂衣去民革耳,不能匿怨友人,觍然称兄为同志也"。②

402　　　11月19日,宋云彬前往柳亚子处拜访。他在日记有如下记载:"亚老近来又大兴奋,喜管闲事。前数天'民革'开会纪念孙中山,邵力子讲话,谓亚老长于文学,不懂政治,亚老大怒,书一长函致邵,尽嬉笑怒骂之能事,经人劝阻,未发出,今日以原稿交余阅看,相与大笑。"③笔者分析,此信未发出,应当还是受到柳夫人的劝阻。这里似乎显示,经过数日后,柳亚子的怒气已经有所缓解了。

因对邵力子、张治中颇有意见,故柳亚子对原来他对其颇有微词的李济深、谭平山的态度大为好转。11月12日晨,柳亚子赋诗八首,有云:"稍怜棋局艰收拾,辛苦苍梧独臂撑""早分虬髯让仙李,尚思仲父辅桓公",④前两句是称赞李济深(李是广西苍梧人)独立支撑民革,后两句则表达自己早就像虬髯客避让李世民一样将民革的领导权让给李济深,但还是希望像管仲辅佐齐桓公那样辅佐李济深。同月,柳亚子赋诗四首赠谭平山,末首有句"苍髯华发应珍重,一老天留是我师"⑤。因谭平山虽年仅55岁但已满头白发,故柳亚子向谭平山表达了珍重身体和

① 《与某兄书》,王晶垚等编:《柳亚子选集》(上),北京:人民出版社1989年版,第638页。

② 《与某兄书》,王晶垚等编:《柳亚子选集》(上),北京:人民出版社1989年版,第638—639页。

③ 宋云彬:《红尘冷眼——一个文化名人笔下的中国三十年》,太原:山西人民出版社2002年版,第211页。

④ 《书烈亚同志所藏中山先生遗墨后》,中国革命博物馆编:《柳亚子文集——磨剑室诗词集》(下),上海:上海人民出版社1985年版,第1837页。

⑤ 《中山先生致廖、谭、蒋三人书墨迹印本题后,即示平山四首》,中国革命博物馆编:《柳亚子文集——磨剑室诗词集》(下),上海:上海人民出版社1985年版,第1685页。

敬佩之意。

与此同时,邵力子也觉察到其发言激怒了柳亚子,便有意识地宴请柳亚子,以便缓和两人关系。对此,柳亚子虽然不无芥蒂,但仍应邀前往。如 12 月 9 日,他自北总布胡同 24 号与李一平赴邵力子、傅学文夫妇在陕西巷恩成居举行的宴会。12 月 11 日晚,他偕夫人一道出席陈邵先、张佩瑜、邵力子、傅学文 4 人在文化俱乐部举行的宴会。也许感受到邵力子诚意,柳亚子对其怒气渐消。

12 月 12 日,柳亚子写了一首诗给邵力子:"寰中笔墨君能健,皮里阳秋我自知。解作平心静气语,瓣香合拜李澄之。"①

李澄之前文已有叙述,兹不赘述。1950 年 9 月 27 日,民革山东省分部筹备委员会正式成立,民革中央派李澄之、范予遂等 11 人为筹备委员,由李澄之负责召集。由于兼职太多、工作太忙,李澄之致电民革中央谦辞不就,改由范予遂为召集人,一时传为佳话。

柳亚子诗的前两句,称赞邵力子笔力雄健,但也毫不客气说自己是能够准确评判人物的。后两句则是说,让我们双方平心静气,都来向主动谦让的李澄之学习吧。不难看出,柳亚子此时对邵力子的怒气已消,有意与邵力子和解。

从前述柳亚子为梁烈亚争取团结委员会委员而大怒及其与邵力子的冲突来看,柳亚子的个性确实不太适合从事复杂的政治工作,但好在柳亚子已经在一定程度上学会自我调适。

柳亚子推荐梁烈亚担任团结委员会委员之事最后以流产而告终。12 月 7 日,柳亚子致信梁烈亚,告知民革二届二中全会"已胜利结束",至于提名委员的问题,"稍缓当由中常会提出讨论"。② 可是,到次年 2 月 9 日,柳亚子致信梁烈亚,内称:"弟对民革不当家","关于中央者,请向任潮建议,关于沪地者,请与吴艺五、武和轩诸同志直接洽商可也。"③

---

① 《示力子一首》,中国革命博物馆编:《柳亚子文集——磨剑室诗词集》(下),上海:上海人民出版社 1985 年版,第 1704 页。

② 《致梁烈亚》(1950 年 12 月 7 日),上海图书馆编:《柳亚子文集——书信辑录》,上海:上海人民出版社 1985 年版,第 397 页。

③ 《致梁烈亚》(1951 年 2 月 9 日),上海图书馆编:《柳亚子文集——书信辑录》,上海:上海人民出版社 1985 年版,第 421 页。

此外,柳亚子还曾向李济深推荐友人金绍先(云渠)担任民革中央秘书,但因有人说其与陈立夫有关系而告吹。其后,金绍先离京赴重庆工作。12月10日,柳亚子赋诗四首为金送行,其三有云:"荐贤深愧欧阳表,众女蛾眉奈怨啼",并自注:"曾介君参民革中秘,主事者弗能用"。①

综上所述,1950年秋,神经兴奋的柳亚子又重新参与民革事务,但是,冲动的个性和浓重的书生气,使他在民革内部频频受挫,在政党活动中陷入困境。

三 南明史志遗愿

如前所述,柳亚子在抗日战争时期两度从事南明史研究,均遭战火而中止。1949年3月他到达北平后不久,即有完成南明史研究的夙愿,后来更是将此作为晚年的精神寄托。可惜,后来柳亚子因病而未能完成这一宏愿,但是,他还是为南明史研究做出重大贡献。

柳亚子于1949年3月抵达北平后,最初颇为热衷政治,其后迁居颐和园益寿堂,始有志于重修南明史。同年5月12日,柳亚子致信毛泽东,建议创设国史馆。5月21日,毛泽东回信婉拒。然而,顽强的柳亚子仍未放弃,他在5月23日致信钱杏邨(阿英),内称:

> 撰晚明史籍考之谢刚主先生(谢国桢——引者注)现住西长安街同德医院,弟尚未与相见,兄或要先与晤谈否?兄之南明剧本计划,怎么样了?弟则决心此次必须将南明史搅好,一俟桂林好友朱琴可(荫龙)兄来北平后,便可着手筹备起来。②

不难看出,柳亚子密切关注南明史研究动态,注意结交谢国桢等南

---

① 《门人阳新金云渠(继先)来告别,言新拜西南军委会司法部工作嘉命,行将挈眷之官渝州,诗以送之,得四首,十二月十日作》,中国革命博物馆编:《柳亚子文集——磨剑室诗词集》(下),上海:上海人民出版社1985年版,第1699页。

② 《致钱杏邨》(1949年5月23日),中国革命博物馆等编:《柳亚子文集——磨剑室文录》(下),上海:上海人民出版社1993年版,第1731页。

明史研究大家,并有等桂林好友朱荫龙到北平后即行筹划研究的计划。另据柳亚子 6 月 19 日日记,"刚主来益寿堂,谈久,甚款洽。"①因未得到毛泽东的支持,柳亚子还在 5 月底与天津实业家李烛尘联系,盼其赞助"每月十万金"的修史费用,并赋诗云"市义挥金多旧例,李公倘许胜毛公"。②

大约在 7 月初,柳亚子开始重拾南明史研究。7 月 9 日,柳亚子将从王重民处借得的屈翁山《皇明四朝成仁录》校印本十二卷与其在香港的"校辑残本七卷"进行互校,"颇有兴趣"。10 日,虽有客人来访,"仍校《成仁录》"。11 日,"校《成仁录》竟日,兴味醰醰也"。③ 12 日,柳亚子致信毛啸岑,称"我近来兴趣在南明史一方面,其他都不想顾问,作风又一变了"④。又如前述 15 日柳亚子致信曹美成,称"现在在研究南明史料,颇有兴趣,其他则暂时不管"。⑤ 遗憾的是,7 月下旬,柳亚子进入神经衰弱时期,其对南明史研究也告中辍。

1950 年 9 月中旬,柳亚子迁住北长街新寓,进入神经兴奋期。令柳亚子高兴的是,在此前后,他获知中央有创设文史馆的意向及初步设想:中央文史馆设馆长一人、副馆长两人及编修若干人。下设文字改进委员会、史料征纂委员会,每一委员会设正副主任各一人,再分设小组。史料征纂委员会拟分地志、南明史、清史、太平天国史、中华民国史各组。初定由毛泽东老师符定一担任馆长,由柳亚子和叶恭绰担任副馆长,并分别兼任史料征纂委员会主任暨南明史小组组长和文字改进委员会主任。

其后,柳亚子进一步联系南明史研究有关专家。南明史研究大家、

① 柳无忌、柳无非编:《柳亚子文集——自传·年谱·日记》,上海:上海人民出版社 1986 年版,第 371 页。
② 《李烛尘来书,以余近体诗真元通叶为疑,诗以解之,并订醵金修史之约》,中国革命博物馆编:《柳亚子文集——磨剑室诗词集》(下),上海:上海人民出版社 1985 年版,第 1624 页。
③ 柳无忌、柳无非编:《柳亚子文集——自传·年谱·日记》,上海:上海人民出版社 1986 年版,第 376—377 页。
④ 《致毛啸岑》(1949 年 7 月 12 日),中国革命博物馆等编:《柳亚子文集——磨剑室文录》(下),上海:上海人民出版社 1993 年版,第 1740 页。
⑤ 《致曹美成》(1949 年 7 月 15 日),上海图书馆编:《柳亚子文集——书信辑录》,上海:上海人民出版社 1985 年版,第 363 页。

无锡钱海岳曾致信柳亚子,称其"已编成南明史纪、志、表、传一百二十卷,都二百万言"。柳亚子 10 月中旬自北京南下的一个重要目的就是到无锡亲自拜访钱海岳,并"借稿北上"。① 柳亚子还新结识南明史研究专家湖南人罗介丘。罗"曾发现闯王不死于九宫山,因决心与南明戮力抗清,故为蝉蜕之计,以全部军队交堵胤锡(南明隆武帝手下的湖广巡抚——引者注)指挥,己则削发为僧,居湖南石门县某寺,死后即葬其地,龛题'奉天玉和尚'云云"。柳亚子嘱咐他将这一发现写成文章。就在离京南行的当天(10 月 11 日)上午,柳亚子还抽空给政务院总理周恩来写了一封长信,就有关南明史研究问题,"建议种种,颇冀其能达到目的也"。②

10 月 14 日,柳亚子在上海致信朱荫龙,告知上述信息,并郑重声明:"南明史宿愿,一阻于太平洋战役,再阻于湘桂撤退,然此身一日不死,此心亦一日耿耿不忘。"柳亚子还向朱荫龙谈到南明史研究计划:在史委下成立南明小组,除钱、罗两先生外,还拟请朱荫龙与陈迡冬为其臂助,"如此则阵容完整,壁垒俨然",可以竟"诸先辈未大成之业"。他还乐观地说:"昔中山先生曾谓经过惠州诸役,始信革命可及身而见,弟今日亦有此想"。③

10 月 18 日,柳亚子到无锡,拜访钱海岳,相谈甚欢,后又一道泛游太湖,并借得钱氏书稿北归。柳亚子返京以后,又将北京寓所存藏的"后明史料"(即"南明史料")、"南社文库""革命文库"等书籍,全部捐赠给北京图书馆。北京图书馆为此特辟一研究室,柳亚子随时可以前往,进行研究工作。

因周恩来迟迟未回复柳亚子信中的种种建议,其后柳亚子又向政务院秘书长齐燕铭写过信,但亦未得到答复。11 月中上旬,柳亚子再次给齐燕铭写了一封长信,推荐 36 名史料征纂委员会委员和 17 名文

---

① 《致朱荫隆(龙)》(1950 年 10 月 14 日),上海图书馆编:《柳亚子文集——书信辑录》,上海:上海人民出版社 1985 年版,第 385 页。

② 《致朱荫隆(龙)》(1950 年 10 月 14 日),上海图书馆编:《柳亚子文集——书信辑录》,上海:上海人民出版社 1985 年版,第 385 页。

③ 《致朱荫隆(龙)》(1950 年 10 月 14 日),上海图书馆编:《柳亚子文集——书信辑录》,上海:上海人民出版社 1985 年版,第 385 页。

史馆馆士,并就文史馆的相关问题畅谈自己看法。

　　该信一开头就咄咄逼人,大兴问罪之辞,内称:"迭奉数笺,度均察入,留中不复何也? 文史馆究竟要弟参加否? 史委会究竟要弟主持否? 请以明确的态度办理为要。弟性急人,且生长都市,一切都求迅速,不耐农村作风之迟缓也。"①在信中,他还郑重声明:"史委会如政院不设立,或设立而不照亚子主张付我全权,亚子即决不与文史馆发生关系,特此第四次郑重声明,盖亚子参加文史馆,其用意即在出版《南明史》。"②信末,他又直言不讳地提出,"贵党已入主中央,进入城市,请改变作风,弗再停留在农村打游击之阶段。"③由此可见,柳亚子对于政务院迟迟不回复他关于史委会的种种建议感到非常不满,颇有怨言。更为重要的是,柳亚子还以是否参加文史馆为筹码,力争设立史委会并由他全权主导,这不由得令人想起了当年他在接任上海通志馆馆长前向邵力子"约法三章"的情景。

　　柳亚子在信中还毫无顾忌地大谈符定一与叶恭绰之间的人事纠纷,并旗帜鲜明站在叶恭绰一边,主张设立诗委会且由叶恭绰兼任主任。不过,他同时声明,"提出之权在我辈,批准之权在政院,倘政院不赞成,亚子即罢休,决不会像史委会一样的以去就相争。"④

　　柳亚子还谈及文史馆的办公地点和机构设置上的种种传闻,对此他实际上并无异议。但是,他却对自己未被征求意见而表示强烈不满。他指出,自己忝为内定副馆长之一,"似不应屏诸局外",使自己"茫然在五里雾中","故不能不提起质问"。他还直言不讳地说,"问者,闻究竟确实与否,质者如果确实,何以不与亚子协商,有问罪

① 《与齐燕铭书》,中国革命博物馆等编:《柳亚子文集——磨剑室文录》(下),上海:上海人民出版社1993年版,第1604页。
② 《与齐燕铭书》,中国革命博物馆等编:《柳亚子文集——磨剑室文录》(下),上海:上海人民出版社1993年版,第1608页。
③ 《与齐燕铭书》,中国革命博物馆等编:《柳亚子文集——磨剑室文录》(下),上海:上海人民出版社1993年版,第1612页。
④ 《与齐燕铭书》,中国革命博物馆等编:《柳亚子文集——磨剑室文录》(下),上海:上海人民出版社1993年版,第1608页。

的意义。"①

　　在寄出这封辞气激烈的信后，柳亚子不久就收到回音，并根据反馈意见将南明史组员压缩到 16 人。11 月 17 日，柳亚子致信姚鹓雏，称"政务院秘书长齐燕铭顷有信来"，嫌他提出的 16 人南明史组组员"规模太大"，"有'当再考虑'云云"。②

　　11 月 29 日，柳亚子致信朱荫龙，内称："文史馆局面小变，史料委员会取消，改为史料组，然任务无大差别。弟任组长，兄任第三席组员，已决定。速来为妙，开馆则须到明春也。"③

　　12 月 18 日，柳亚子致信柳无忌，内称："我想写一部《后明史》，要明年上半年，把它搞成功，很紧张呢。（现在还没有开始，不过材料已不少了。）"④

　　12 月 25 日，柳亚子致信姚鹓雏，内称："南明史现改定为'后明史'，总名则称史料，因弟不敢僭史学之名也。组员人数，极受限制，至多四、五人。"⑤

　　1951 年 1 月 7 日，柳亚子将书斋命名为"籀史斋"，说"余有志辑后明史，殆四十余年矣。硁硁微抱，老而弥坚"⑥。

　　2 月 7 日，柳亚子致信朱荫龙，称"惟经济甚紧，工作人员，每人月薪只肯出小米五百斤，约合人民币五十万元耳！未知兄能咬牙忍耐，度此难关否？如何之处，复我为幸！弟则甚盼得兄相助（同事连兄共六人），了此心愿也"。⑦

①《与齐燕铭书》，中国革命博物馆等编：《柳亚子文集——磨剑室文录》（下），上海：上海人民出版社 1993 年版，第 1610 页。
②《致姚鹓雏》（1950 年 11 月 17 日），上海图书馆编：《柳亚子文集——书信辑录》，上海：上海人民出版社 1985 年版，第 391 页。
③《致朱荫隆（龙）》（1950 年 11 月 29 日），上海图书馆编：《柳亚子文集——书信辑录》，上海：上海人民出版社 1985 年版，第 392 页。
④《致柳无忌》（1950 年 12 月 18 日），上海图书馆编：《柳亚子文集——书信辑录》，上海：上海人民出版社 1985 年版，第 399 页。
⑤《致姚鹓雏》（1950 年 12 月 25 日），上海图书馆编：《柳亚子文集——书信辑录》，上海：上海人民出版社 1985 年版，第 401 页。
⑥《"籀史斋"题名跋》，王晶垚等编：《柳亚子选集》（上），北京：人民出版社 1989 年版，第 646 页。
⑦《致朱荫隆（龙）》（1951 年 2 月 7 日），上海图书馆编：《柳亚子文集——书信辑录》，上海：上海人民出版社 1985 年版，第 418 页。

2月21日,柳亚子致信朱荫龙,内称:"弟近来脑病复发,情况低沈;而文史馆事至今未见正式发表,闻中间颇多波折,令人头痛。现希望兄稍缓行期,候正式聘书到手后,再行奉函邀请,免得发生困难。"①后来,直到1951年7月,中央文史馆方正式成立。其时,柳亚子又患上动脉硬化,身体状况不佳。从后来朱荫龙等并未赴京工作来看,很可能本来就是应柳亚子坚决要求而拟设立的历史小组最终未能设立。

然而,实际上,柳亚子在1951年初已经正式启动南明史研究。他抓的第一件工作便是拟对谢国桢1933年出版的《晚明史籍考》进行增补与修订,并拟定《重订晚明史籍考编制计划》,对宗旨、编制方法、编制步骤乃至考订、抄写、编纂、出版等方面都有具体设想。柳亚子还进行一些前期准备工作。如已将浙江海盐朱(希祖)家、吴江柳(亚子)家捐赠给北京图书馆的晚明书籍"检查完毕"。"可增者约百数十种,可补者约二三十种,现已抄成者约六十种,未抄者约八十馀种,估计月馀可以抄竣。"遗憾的是,这一工作也因柳亚子病情恶化而告中辍。1954年8月18日夜,柳亚子在此计划上又写了一段文字:"此亦改编《晚明史籍考》计划之一种……计划定而余病作,一切都成幻梦,念之惘然!"②

尽管柳亚子未能实现完成南明史的夙愿,但是,他还是为南明史研究留下了极为宝贵的财富。

在柳亚子捐献给北京图书馆(现为国家图书馆)的南明史料中,有《南明史纲》的草稿、初稿、第二次稿本,均为6卷本,但未发现在香港修订的8卷本《南明史纲初稿》。好在8卷本的《南明史纲初稿》除第8编下外,均已在香港《大风》半月刊上发表。因此,柳无忌便以《大风》发表的印刷件为底本,参照各种6卷本的稿本,补齐了未发表的第8编,收入《柳亚子文集——南明史纲·史料》中。

在柳亚子捐献给北京图书馆的南明史料中,有《南明人物志》稿本。全书共分为上下编。上编是用文言撰写的传记,共分为:(1)奇女传2篇;(2)义士传6篇;(3)遗民传2篇;(4)诸王传72篇;(5)宗室传20

① 《致朱荫隆(龙)》(1951年2月21日),上海图书馆编:《柳亚子文集——书信辑录》,上海:上海人民出版社1985年版,第423页。
② 张明观:《柳亚子史料札记二集》,上海:上海人民出版社2014年版,第316—318页。

篇。前三者全是柳亚子的手记;后两者则是请人缮录的。下编则是白话文撰写的 4 篇传记,亦由他人代抄。头两篇是柳亚子撰写的《吴日生传》《夏完淳传》,后两篇则是中央大学汪辟疆教授在重庆发表有关夏完淳及其家中几位女诗人的文章。由此可见,这个《南明人物志》稿本应当是在 1949 年后柳亚子在北京研究南明史时编写的。这些成果,除了汪辟疆的 2 篇传记和篇幅浩瀚的"诸王传"和"宗室传"的绝大部分(仅收诸王传 8 篇和宗室传 2 篇)外,都收入《柳亚子文集——南明史纲·史料》。

特别要指出的是,柳亚子捐献给北京图书馆的资料中还有他于 1940 年写成的《南明史料书目》4 册(书目 1 册,补遗 3 册)。在编辑《柳亚子文集》时未发现,亦未刊印,其后才被发现。该书目收录了许多被清廷以政治原因、民族原因而焚毁的图书,网罗极为丰富。《南明史料书目》辑录南明弘、隆、永三朝及鲁王监国时期的书目就有 1600 余条,远远多于谢国桢《晚明史籍考》收录明季万历至清康熙平定三藩事件期间的书目 1100 余条。该书目一大特色是注重珍本、异本的搜讨,许多难以一见的野史稗乘赖此目而为人知。书目还于各书之下注明版本,并注重考察图书的文字增删、篇帙分合情况和版本流传经过、存佚情况。① 因此,学术界普遍认为,柳亚子的《南明史料书目》4 册具有极高的目录学价值,是研究南明史的重要参考资料。

令人遗憾的是,柳亚子 1940 年所著的《南明后妃宗藩志》全稿已经散佚,但好在该书的下半部内容被柳亚子收入《南明人物志》内。

柳亚子的南明史研究主要集中在抗日战争时期,尤其是 1939—1941 的三年中。战争期间的环境闭塞和辗转流离,使柳亚子缺乏安全而稳定的研究环境。1949 年后,他在北平重拾南明史研究,不久又因脑动脉严重硬化而被迫放弃。尽管如此,柳亚子还是在南明史研究中做出卓越贡献,尤其是在南明史料收集和书目编写上取得令人瞩目的成就。

---

① 耿素丽:《国家图书馆藏〈南明史料书目〉述介》,《中国历史文献研究会成立 30 周年纪念集》,上海:华东师范大学出版社 2009 版,第 498 页。

四 最后岁月

1951 年 2 月,柳亚子先是陷入神经衰弱,接着又罹患严重动脉硬化,活动减少,无复作诗,大部分时间居家与亲人相聚。其时,柳无垢已于 1949 年冬来北京,任职外交部,但离家甚远,每星期仅回家一二次。

如前所述,1951 年 2 月后,柳亚子因病被迫停止南明史研究的计划。与此同时,柳亚子也不再劝说柳无忌返国,续写自传《五十七年》和编定诗文集计划也告中止。

1946 年柳无忌赴美讲学,到 1948 年初已有两年。鉴于国内战事尚酣,1948 年 2 月,柳亚子在香港致信柳无忌、高霭鸿,劝他们暂时不必考虑回国之事:"你们在美国好吗? 我看,还是住下去,不要打算还来的计划。等到天下太平以后,再讲还来的话吧。"[1]然而,形势变化太快,1949 年初柳亚子预计很快就可"天下太平",柳无忌夫妇"在美国再住一年或两年,等局面安定以后,还来教书"是"不成问题"的。[2]

柳亚子 1949 年 6 月 14 日在北平致信柳无忌、高霭鸿等:"你们行止,究竟如何? 极为挂念。南开朋友通信否? 要你们还去否? 请告我!……南开万一没有信来,你也可以写信给他们,问问他们意见如何? 是不是欢迎你们还来,然后决定大计,好吗?"[3]不难看出,柳亚子催促柳无忌与南开大学联系,其盼子归国之意非常明显。

1950 年 9 月 26 日,柳亚子亲自写信给南开大学教务委员会主席杨石先,询问柳无忌到南开工作的可能性。次日,杨复信,表示欢迎柳无忌到南开任教,并将系主任之职虚位以待。柳亚子感到很满意,便于 28 日写信告诉柳无忌、高霭鸿这一信息,并颇为恳切地劝导说:"倘然我来替你们作主的话,你们应该尽可能的早日还来。不然,夜长梦多,一切

---

① 《致柳无忌、高霭鸿》(1948 年 2 月 10 日),上海图书馆编:《柳亚子文集——书信辑录》,上海:上海人民出版社 1985 年版,第 342 页。

② 《致柳无忌》(1949 年 1 月 11 日),上海图书馆编:《柳亚子文集——书信辑录》,上海:上海人民出版社 1985 年版,第 346 页。

③ 《致柳无忌、高霭鸿、柳光南》(1949 年 6 月 14 日),上海图书馆编:《柳亚子文集——书信辑录》,上海:上海人民出版社 1985 年版,第 354—355 页。

都很难讲。你们既然不想永久做白华,又何必恋恋于金元帝国的物质繁华呢!"①10月4日,柳亚子再次致信无忌加以催促,"希望你们赶明年暑假中还来,不要再拖,再拖就迟了。"②12月18日,又一次致信柳无忌:"你们还国的问题,我是主张愈早愈好的。现在人家问起我,你在哪儿,我好象很不好意思似的,怎么样好呢? 据杨石先来信,好象你们还来,以明年暑假前为宜。"③

1951年2月18日,柳亚子致无忌信有云:"我最近精神又较差,一切都不能很快的进行了。你的行止,我主张归国是原则。"④这是柳亚子写给柳无忌的最后一封家信。但是,柳无忌出于多种考虑,一直未能返国。

如前所述,柳亚子在桂林曾撰写自传《五十七年》,但仅写到20岁。自清末至新中国成立后的半个多世纪中,柳亚子写下了数量庞大的诗文,但却仅出版了《乘桴集》《南社纪略》《怀旧集》等寥寥数种。1950年12月18日,柳亚子致信柳无忌,有云:"续完《自传》,我也有此心愿,但大概须等明年下半年或后年再讲。……诗文全集,也正想编定。政务院答应替我请一个秘书,先抄起来再讲。讲印行,还是将来的事情吧!"⑤其后,柳亚子选定南社老友姜可生为其私人秘书。1951年初,姜可生赴北京柳亚子家中为柳抄写诗稿。其后,柳亚子病情恶化,无法再编诗文集,故姜可生几个月后也离京南返。自然,原来续写自传的计划就更无从谈起了。

1953年1月,华东军政委员会改为华东行政委员会,柳亚子任华东行政委员会副主席。为就近照顾双亲,柳无非于1953年自上海抵北

---

①《致柳无忌、高嬛鸿》(1950年9月28日),上海图书馆编:《柳亚子文集——书信辑录》,上海:上海人民出版社1985年版,第378页。

②《致柳无忌》(1950年10月4日),上海图书馆编:《柳亚子文集——书信辑录》,上海:上海人民出版社1985年版,第381页。

③《致柳无忌》(1950年12月18日),上海图书馆编:《柳亚子文集——书信辑录》,上海:上海人民出版社1985年版,第398页。

④《致柳无忌》(1951年2月18日)(原认定日期错为1950年——笔者注),上海图书馆编:《柳亚子文集——书信辑录》,上海:上海人民出版社1985年版,第366页。

⑤《致柳无忌》(1950年12月18日),上海图书馆编:《柳亚子文集——书信辑录》,上海:上海人民出版社1985年版,第399页。

京,女婿陈麟瑞亦调北京《中国建设》杂志社工作。从此,无非一家定居北京。同年夏季,柳亚子曾偕亲属游北戴河、青岛,又偕郑佩宜重赴颐和园小住。

1954年5月,何香凝与廖承志、周元亮、潘素、吴镜汀合作绘画一幅,为柳亚子庆祝68岁寿辰。六七月间,柳亚子患急性盲肠炎,在北京医院开刀,住院近一月。同年9月,出席全国人民代表大会第1届全体会议,当选为常务委员会委员。同年柳亚子还难得留下少量文字:一是7月为姚鹓雏遗著《龙套人语》(即《江左十年目睹记》)题序,仅百余字;二是10月为《何香凝女士画集》题序,也只有二百余字。

到1955年,柳亚子健康状况大为不佳。据宋云彬1955年8月3日日记:"(上午)十时半,赴北长街看柳亚子。亚子腹大如鼓,行动蹒跚,青年豪气消磨殆尽,恐不久人世矣。夫人及其女无垢与余谈往事,亚子但默座,气咻咻然。辞别归来,倍觉酸楚。"①

1956年2月,民革召开第3次全国代表大会,柳亚子再度当选为中央常务委员。同年11月12日,他抱病出席孙中山诞辰90周年纪念大会,由人搀扶着勉上主席台就座。此后,柳亚子健康状况更差。

1958年6月10日早餐时,柳亚子突然手不能握箸,有些发烧,请医生来家诊治,打针服药,但体温有增无减。15日,民革中央委员屈武前来看望柳亚子,劝他住院治疗。16日,在夫人郑佩宜的陪同下,柳亚子住进北京医院。医生前来诊视柳亚子病况,要他去透视室检查,当时精神尚好。但此后休温一直不降,病情日重。21日上午,中医前来会诊,表示病情很难挽救。廖承志来探视时,柳亚子已不能说话。下午7时20分,柳亚子停止呼吸,离开人世,享年71岁。

当晚,党和国家领导同志与诸友好成立治丧委员会,由林伯渠、周恩来、宋庆龄、李济深、沈钧儒、郭沫若、黄炎培、陈毅、李维汉、陈叔通、吴玉章、何香凝、廖承志13人组成。次日,柳亚子遗体在北京医院入殓,灵柩移中山公园中山堂。亲友们到灵堂吊唁,络绎不绝。

---

① 宋云彬:《红尘冷眼——一个文化名人笔下的中国三十年》,太原:山西人民出版社2002年版,第390—391页。

6月24日上午,首都各界人民公祭柳亚子大会在中山堂举行,由刘少奇、周恩来、李济深、沈钧儒、郭沫若、陈毅、黄炎培、李维汉、吴玉章、陈叔通10人主祭。参加公祭大会的,有全国人大常委会委员,国务院各部门、最高人民法院与最高人民检察院的负责人,北京市副市长,以及亲友等共600余人。主祭人刘少奇委员长献花篮,人大常委会委员吴玉章致悼词。公祭后,10时半开始起灵,沿用中国古代的执绋仪式。执绋的有刘少奇委员长、周恩来总理和其他参加公祭的人员。11时半,柳亚子灵柩安葬于八宝山革命公墓。

翌年清明时节,汉白玉墓碑竖起,上有何香凝题写的"柳亚子先生之墓"。同年6月21日,为了纪念柳亚子逝世一周年,何香凝的《纪念柳亚子先生》和杨之华的《怀念革命诗人柳亚子先生》分别在《人民日报》《光明日报》上发表。同年底,柳无非、柳无垢选辑的《柳亚子诗词选》由人民文学出版社出版。该书选辑了柳亚子自1903—1951年间写的500余题近千首诗词。

1963年,为提前准备1966年冬的孙中山诞辰一百周年纪念会,周恩来总理批示中国革命博物馆大力搜集孙中山和同盟会元老廖仲恺、朱执信、何香凝、柳亚子等人的文物,又批示人民出版社出版他们的文集,还派齐燕铭动员柳亚子家属捐赠遗物。柳无非、柳无垢等即将柳亚子遗留的文物6000余件交中国革命博物馆收藏。

在捐赠给中国革命博物馆的6000件文物中,有柳亚子请曹立庵篆刻的两个印章:一个印文是"兄事斯大林,弟畜毛泽东"。另一枚印文为:"前身祢正平,后身王尔德;大儿斯大林,小儿毛泽东"。这是1945年毛泽东赴重庆谈判期间,柳亚子除请曹立庵为毛泽东治印外,也请其为自己刻的两枚闲章。

前一枚中的"兄事""弟畜"典出《史记·季布栾布列传》,季布和季心兄弟是著名的游侠。季心因打抱不平杀了人逃往吴国,躲在吴丞相袁丝家里,他"长事袁丝,弟畜灌夫、籍福之属"。"畜"通"蓄",义同"爱护",意思是季心以待兄长的态度尊敬袁丝,以对弟辈的态度爱护灌夫、籍福等人。这枚闲章的字面意思就是,自己像对待兄长一样对待斯大林,像对待弟辈一样对待毛泽东,柳亚子以此表明对两位革命家的尊重、爱护和追随。

后一枚印章中"大儿""小儿"语,典出于《后汉书·祢衡传》:东汉建安初年,在京城许都(今河南许昌)聚集了全国许多"贤士大夫",但祢衡(字正平)只看得起孔融(字文举,曾任北海相)和杨修(字德祖)两人,他常说:"大儿孔文举,小儿杨德祖,余子碌碌,莫足数也。"这里的"大儿""小儿",是"孺子""男儿"的意思,是对杰出人物的一种尊崇称谓。辛亥革命前邹容在其影响巨大的名著《革命军》中,就曾用过"大儿华盛顿,小儿拿破仑"的说法,以表示对这两位杰出人物的尊崇。此前,柳亚子请曹立庵为其刻过一枚印章:"大儿孔文举,小儿杨德祖;前身陶彭泽,后身韦苏州",这也是援用祢衡语,以表示对前两人的崇拜,而又以后两者自况。尤其值得提及的是,在篆刻"大儿斯大林,小儿毛泽东"印时,柳亚子还特意交代曹立庵刻了如下边款:"余倩立庵治印,援正平例,有大小儿语。北海齿德,远在祢上,正平德祖,亦生死肝胆交,绝无不敬之意,斯语特表示热爱耳。虑昧者不察,更乞立庵泐此,以溯其朔,并缀跋如左。一九四五年。亚子。"①可见,"大儿斯大林,小儿毛泽东"正是表达对斯大林和毛泽东的敬重,抒发拥护和赞助革命之情。

1979年11月,茅盾在第4次全国文代会和中国作协第3次会员代表大会联席会议上发表重要讲话,有云:"现在谈继承遗产,应当从《诗经》《楚辞》直到章太炎、柳亚子;我认为柳亚子是前清末年到解放后这一长时期内在旧体诗词方面最卓越的革命诗人。"次年,茅盾再次明确指出:"柳先生的诗,反映了前清末年直到新中国成立后这一长时期的历史,亦即从旧民主主义革命到社会主义革命的历史,称之为史诗,是名副其实的。"②由此,柳亚子在中国文学史上的地位得到明确肯定。

在1981年首都各界纪念辛亥革命70周年大会上,胡耀邦代表中共中央发表重要讲话,将柳亚子列为33位辛亥革命时期著名风云人物

---

① 曹立庵:《"亚子先生今不朽"——斥康生制造的"反动印章案"》,中国国民党革命委员会中央委员会等编:《柳亚子纪念文集》,北京:中国文史出版社1987年版,第294页。

② 茅盾:《〈柳亚子诗选〉序》,中国国民党革命委员会中央委员会等编:《柳亚子纪念文集》,北京:中国文史出版社1987年版,第60页。

之一。

1983 年 6 月 21 日,全国政协隆重举行柳亚子逝世 25 周年纪念大会,中共中央政治局委员胡乔木发表重要讲话,高度评价柳亚子:"柳亚子先生是一位忠贞的爱国主义者,坚定的民主主义革命者,杰出的革命诗人,是中国国民党革命委员会的创始人之一,中国共产党的忠实的朋友。"①同日,王昆仑在《人民日报》发表题为《诗人·学者·战士》的纪念长文。

纪念大会之前,在江苏吴江黎里镇举行了柳亚子故居揭幕典礼,在北京出版柳无忌编著的《柳亚子年谱》。

在此前后,徐文烈笺、刘斯翰注的《柳亚子诗选》在广东出版。《怀旧集》由上海书店据耕耘出版社本重印。《苏曼殊全集》由北京中国书店据北新书局本影印。与此同时,还出版杨天石和刘彦成的《南社》、郑逸梅的《南社丛谈》等南社研究的专著,由此开始对南社进行有意识的系统研究。更为重要的是,自 1983 年起,卷帙浩繁的《柳亚子文集》由上海人民出版社逐卷出版。

1987 年 5 月 28 日,民革中央、中国现代史学会、中国作家协会在苏州联合举办纪念柳亚子一百周年诞辰暨南社发起 80 周年学术讨论会,历时 4 天。参加这次学术讨论会的,有国内外学者 60 余人。热烈的气氛,活跃的思想,预示着被长期忽视的柳亚子和南社的研究,将迎来一个蓬勃的春天。

在此期间,民革中央和中国革命博物馆出版《柳亚子纪念文集》,新建立的柳亚子纪念馆和苏州博物馆、上海图书馆分别举办纪念展览。《柳亚子先生百印谱》钤印本和《柳亚子先生手札》影印本,亦印行问世。

1989 年 5 月,国际南社学会在海外正式成立,柳无忌被推为主席。这个学会横跨欧、美、澳、亚四大洲,会员来自各界各业。学会以团结学人,推动南社研究,"以期填补南社在国际汉学研究中的空白"为目标。该会编辑的《国际南社学会丛刊》《国际南社学会通讯》《南社丛书》,嗣

---

① 胡乔木:《在柳亚子先生逝世 25 周年纪念会上的讲话》,中国国民党革命委员会中央委员会等编:《柳亚子纪念文集》,北京:中国文史出版社 1987 年版,第 14 页。

后陆续印行。同年,王晶垚、王学庄、孙彩霞合编的 2 卷本《柳亚子选集》,柳无忌、柳无非、柳无垢合著的《我们的父亲柳亚子》,均在北京出版。

1990 年 11 月 13 日,中国南社与柳亚子研究会在北京正式成立。该会由 150 名海内外人士联名发起,旨在进一步探讨南社与柳亚子的历史贡献,整理出版南社的文化遗产,奠定南学基础,发展海峡两岸和海内外的文化交流。同年,国内创办专门性学术刊物《南社研究》,翌年开始编辑印行。随后,广东南社研究会、云南南社研究会和江苏南社研究会也相继成立。

国际南社学会主编的《南社丛书》,是一项抢救现尚幸存的南社资料,为研究成果提供面世园地,推动南学研究的巨大工程。自 1995 年至 2006 年,由中国人民大学出版社与社会科学文献出版社陆续出版 20 余种。

历经十余春秋,《柳亚子文集》于 1994 年全部出齐。这部文集,包括《南社纪略》《书信辑录》《磨剑室诗词集》(上下 2 册)、《自传·年谱·日记》《苏曼殊研究》《磨剑室文录》(上下 2 册)、《南明史纲·史料》,共计 7 集 9 册,300 余万字。

1997 年,张明观经过多年潜心研究,推出了长达 60 余万字、详细记述柳亚子一生事迹的《柳亚子传》。2008 年、2014 年、2017 年,张明观又先后出版《柳亚子史料札记》《柳亚子史料札记二集》《柳亚子史料札记三集》,深入考订柳亚子研究中的诸多细节,对前人著述中错谬、自相矛盾之处及含混不清的地方都进行纠正与厘清。此外,周广秀于 2002 年出版的《箫剑诗魂——柳亚子评传》也颇为可观。

与此同时,学术界对南社研究也不断深入,取得了辉煌成就。1995 年出版的杨天石、王学庄编的《南社史长编》,汇集了贯穿南社发展始末的巨量史料,其中以许多罕见的报刊、文集、日记、书信等原始材料尤为珍贵,从而为南社研究提供很大便利。1996 年,江苏广陵古籍刻印社将《南社丛刻》22 集影印出版(共 8 册)。自 21 年世纪初以来,学术界连续推出孙之梅的《南社研究》、林香伶的《南社文学综论》、栾梅健的《民间的文人雅集——南社研究》、卢文芸的《中国近代文化变革与南社》、陈春香的《南社文人与日本》、张春田的《革命与抒情：南社的文化政治与中国现代性(1903—1923)》、汪梦川的《南社词人研究》7本南社研究力著(其中,6本是在博士论文基础上修改而成)。

关于柳亚子《感事呈毛主席》诗中的"牢骚",也始终是学界感兴趣的话题。许多学者纷纷撰文进行探讨,众说纷纭,并先后引起了两次争鸣热潮。个性鲜明的柳亚子在明清文人群、民国名流群和当代知识分子群中都格外引人注目,故一些学者在研究相关群体时往往对柳亚子进行个案研究,深入剖析其"牢骚"和个性,其间,既不乏许多富有启发意义的创见,也掺杂了一些谬误和偏见。

结　语

在全面再现柳亚子丰富多彩、极富传奇的一生后,我们再来具体分析柳亚子独特而鲜明的个性特征,并总结和评述其一生的主要贡献及影响。

一　独特而鲜明的个性特征

纵观柳亚子的一生,他具有极为独特而鲜明的个性特征,主要有以下几点:

第一,赤子之心。柳亚子曾为外孙柳光辽写过一个条幅"大人者赤子之心者也"。条幅上的这句话,源自《孟子·离娄》章,意思是能成就大事、有德行的人物,总会有像初生婴儿那样纯洁善良、天真自然的人格品质。柳亚子把这句话写成条幅送给外孙,可见这句话在其心中的地位,他似乎在向外孙传授自己的人生经验,也似乎寄托着对外孙为人处世的殷切期望。

柳亚子毕生始终保持着热爱祖国、热爱人民的赤子之心,同时在与朋友交往中一贯保持着天真、直率和真诚的赤子之心。赤子之心可贵之处有二:一是纯而不杂,即未受名利等后天因素的污染而保持纯洁善良的本初状态,近乎发自本能,丝毫不掺杂个人功利的考量,因而是无私的。二是真而不伪,即未受虚伪掩饰的天真自然状态,因而是真诚的,其中,既有对信念的真诚信仰,亦有对朋友的真诚相待。惟其无私,方能胸怀博大,视野开阔,从而准确地把握社会发展潮流。惟其信念真诚,方能带来真信仰,激发内心深处的热情,产生极其强大的内生力量。惟其待人真诚,方能赢得信任和爱戴。看似毫无用处的赤子之心,实际上却成就了柳亚子的崇高信念和高贵灵魂,构成柳亚子内心力量的不竭源泉。

第二,思想前进。柳亚子所处的时代是一个不断变革的时代,他总是随着时代发展而不断前进,并以"思想前进"而著称。在晚清,他从恪守传统孔孟之道,转向服膺西方人权民主思想,再到信奉孙中山的"民族""民权""民生"的三民主义。在民国,1920 年代初,他开始以李宁(列宁)私淑弟子自居,推崇马克思主义学说,其后,一直坚定信奉孙中山以"联俄、联共、扶助农工"为核心的新三民主义。新中国建立后,他又进一步拥护新民主主义和社会主义。

思想前进是不断变革的时代在柳亚子身上留下的鲜明时代印记,这却并非同一时代绝大多数人所能做到,主要还是得益于柳亚子诸多特异之处。如他笃信进化论,深信社会是不断向前发展的;他不计功利地关心国家大事,摆脱了政党利益和个人名利的羁绊,能够超然地审视和把握社会潮流;他喜欢延揽青年,及时吸收丰富而新鲜的思想营养;他能以诗人敏锐的直觉,惊人准确地把握社会发展潮流。

第三,个性刚强。柳亚子是一介文弱书生,个性却十分刚强,主要表现在以下四个方面:一是好胜。喜欢超过别人或压倒别人,而不甘落于人后或不肯示弱于人,这在幼年时期就有明显表现。青年时期在政治上有过雄心壮志,晚年一度以第一流政治家自许。好胜天性使柳亚子刚健进取,奋发有为,当仁不让,勇于任事,敢于负责,在南社中成就一番事业。其流弊之一是好争执,易争斗,常常导致人事纠葛和摩擦。流弊之二是过高地估计自己及自己所属政党,从而提出不切实际的政治主张。二是倔强。绝不受外在势力或别人的压制和摆布,奋起抗争,勇于反抗,展现出叛逆反抗的不屈不挠精神。其流弊则是有时不听别人的劝说,固执己见。由此,柳亚子虽具有强悍的战斗力,但其协调沟通能力则稍显欠缺。三是坚韧。脾气急躁的柳亚子在文字工作上却很有韧性,非常执着,锲而不舍,有常人难以企及的毅力。他能下大功夫,有时可以连续抄书或抄稿几百页乃至上千页,并能亲自校对。为了解决一个学术问题,可以不厌其烦地多方咨询。四是刚正。为人刚强正直,不逢迎附和,在原则问题和大是大非问题上,充满磅礴的正义感,坚持真理,坚守原则,旗帜鲜明地拥护真理,而对谬误则绝不姑息,也绝不听之任之。为了坚持原则,毅然下定决心"舍生取义",展现出凛然不可侵犯的浩然正气。其流弊是在面对非原则性问题和并非黑白分明的问题时,有时过于坚信自己的主张,不容异议且"强人而同之",对不同观点则缺乏理解与包容。

第四,感情洋溢。柳亚子是一个充满激情的诗人,理智与情感在他身上严重不平衡,洋溢奔放的情感往往完全压倒微弱的理智,并在很大程度上主导或左右其行为。这带来三大优点:一是热情。柳亚子对事业和主义均充满热情,这是他干事创业的强大内驱力,也是他为常人所不及之处。二是真实。柳亚子喜怒哀乐,皆发于中而形于色,为人坦诚,从不虚伪做作。他襟怀坦白,光明磊落,勇于进行自我解剖,坦承自己的弱点或错误。三是爱憎分明,疾恶如仇,对朋友则侠肝义胆,充满深情厚谊,这为他赢得大量朋友和广大的支持者。与此同时,感情洋溢也不可避免带来三个缺点:一是有时认识存在主观偏向,不尽符合客观现实。强烈感情不可避免地影响他对人和事进行客观认识和判断,尤其妨碍他精准判断时局和提出切实可行的应对之策。二是过于激烈。他哀乐过于人,感情过于激烈,很少中道而行,行事往往趋于极端。在春航之争及冯党贾党之争中表现尤为明显。三是易于冲动。他有时不免任性而为,爱发脾气,敢怒敢骂。

"个性刚强"再经过"感情洋溢"这个放大器的放大,就会形成柳亚子两个突出的个性缺陷:一是"好胜"天性与"激烈""易于冲动"相结合,就会形成"狂傲不可一世"的"狂"。二是"倔强"与"激烈"相结合,便会形成难以理喻的"倔"。

早在1944年南社社友朱凤蔚(劲草)就曾在《南社影事》中感叹道:"柳亚子的性情,多么倨傲怪僻,而且固执得令人可怕,无论什么事,只要他的意志,业已决定,任凭错误到如何程度,你要打消他的成见,中止他已成定的计划,任你说得唇焦舌敝,休想摇动他一丝半毫! 这种性格,有时好到极点,有时却坏到极点。不过立品之高峻,实在无人能及。"在南社 1100 多名社友中,要找出一个人有"与亚子类似的品性,实实在在,找不出第二人"。① 这一段话,可谓对柳亚子独特而鲜明乃至富有争议的个性特征之绝佳说明。

二 政治参与的特色和政治影响

柳亚子最热衷进行政治活动,而贯穿其一生政治活动的主题就是爱国。纵观柳亚子的一生,其政治参与活动具有以下几个特色:

第一,展现了与时俱进的时代风貌。面临着不断变革的时代,柳亚子本着爱国爱民的赤子之心,始终追求真理和追求光明,与时俱进,在历史重要关头,始终站在人民和进步一边,随着时代发展而不断前进,充分展现了鲜明时代风貌。

第二,具有强烈的战斗性。他以造反者、革命者和反对者的身份出现在政治舞台上,先后同清政府、袁世凯、北洋军阀、西山会议派、新军阀蒋介石、以蒋介石为代表的南京政府做坚决斗争,展现出革命斗士的非凡风采。

第三,具有浓厚的理论性。他惯于写诗作文,办报办刊,以"笔杆子"进行理论宣传和文字鼓吹工作,而很少从事政治方面的实际工作。他的言论高扬个人意志,犀利雄辩,具有强大鼓动性和战斗性,但有时不免带有浓厚的书生论政色彩,较为缺乏务实精神和变通思维。他长于把握社会发展潮流和未来大势,有时对未来政局发展具有惊人的预见能力,可谓看得深,看得远。遗憾的是,他似乎并不擅长精准判断当前时局并提出确实可行的应对方略。

第四,具有鲜明的个人色彩。除了第一次国共合作时期外,他的政治活动较为缺乏政党组织的坚实支撑。清末民初,他主要依托南社这一松散的革命文学团体来扩散其政治影响。1924 年后则以坚定的国

---

① 劲草:《南社影事》,马以君主编《南社研究》第 6 辑,广州:中山大学出版社 1994 年版,第 199 页。

民党左派立场而著称,更多地依靠党国元老和文化名流的身份来发挥个人政治影响。

第五,体现了中国古代士大夫传统的深厚影响。他充分继承和大力弘扬中国传统士大夫的优良品质,尤其深受明末清初分湖地区抗清志士的影响,由此使其人格魅力和道德情操大放异彩。与此同时,他还深受"达则兼济天下,穷则独善其身"传统士大夫行为模式的影响,尤其是分湖地区隐逸文化的影响,曾三度产生退隐思想。此外,"狂傲不可一世"、名士脾气等传统士大夫习气也在他身上打下深刻烙印。

柳亚子是伟大的爱国者、坚贞的民主主义战士,他对中国近现代政治发展变迁持续产生着积极影响:他长期主持南社,团结社友,以笔为戈,在舆论界鼓动革命风潮,在清末民初的反清革命和反对袁世凯的斗争中发挥了积极而重要的作用。1924年后,作为孙中山的忠实信徒、坚定的国民党左派人士和中国共产党的老朋友,他积极赞助和坚决维护国共合作,持续同各种反动分裂势力进行坚决斗争,并俨然成为抗击反共逆流的中流砥柱。1941年皖南事变前后,他积极参加抗日民主运动,后于1945年秋先后加入民盟、民联,在1947年参与筹建民革并成为民革的创始人之一,从而在呼吁抗日民主、反对蒋介石独裁专制、争取和平与民主、筹建和建设新中国等方面发挥了有益的影响。

柳亚子在"立德"方面表现非常突出,他在政治参与过程中所展现出来的各种优秀品质和精神风貌尤其令人赞叹不已。不计功利关心国事的赤子之心,"天下兴亡,匹夫有责"的爱国情怀,"当今之世,舍我其谁"的担当意识,勇于反抗、永不屈服的铮铮铁骨,"富贵不能淫,贫贱不能移,威武不能屈"的浩然正气,主持正义、打抱不平的侠义精神,追求真理和追求光明的与时俱进精神等,均汇集于柳亚子一身,使柳亚子的人格魅力和气节情操散发出迷人芬芳和夺目光彩,从而大大丰富和充实了中华文脉的精神内涵。

柳亚子在半个多世纪的写作生涯中,写诗 7000 首以上,写词 150 余阕,作文言文四五百篇,作语体文数十篇,文学创作成果极为丰富,且总体上质量上乘。与此同时,他参与创办并长期主持南社,后又创办新南社、南社纪念会等,在创立和主持文学社团方面表现卓越,并产生极大影响。

柳亚子本质上是一个典型文人,尤其是一个充满激情的诗人,但是,他又有着极其深厚的政治情结和非常强烈的政治使命感,这就给他的文学创作带来两大特点:一是文学创作与政治紧密相连,并自觉地服务于政治。在青少年时期,日益严重的民族危机使得救亡图存、救国救民成为柳亚子刻不容缓的政治使命。故从 1903 年在《江苏》发表第一篇文章《郑成功传》时,柳亚子便将文学创作与政治紧密相连,并自觉地服务于政治,从而使其文学创作带有强烈的政治功利性。柳亚子创办南社和新南社,就是有意配合中国同盟会进行反清革命和配合改组的中国国民党开展国民革命。柳亚子对文学评价的根本标准便是政治正确,故他论诗首重人品,尤其看重诗人的政治立场。因此,其文学作品往往洋溢着爱国主义、民主主义激情,具有进步的思想性和强烈的战斗性。二是经常在政治、文学之间进行变轨,使文学创作与政治参与形成此消彼长的"跷跷板"关系。当他不能真正参加实际革命斗争时,或在政治方面受挫时,就会转而主要从事文学活动。如在清末民初的反清和反袁斗争中,柳亚子未能参加实际革命战斗,而是以诗文来进行文字鼓吹,由此成就南社的空前发展与辉煌成就。1947 年底,柳亚子辞去民革秘书长一职后,便筹组扶余诗社,想从文学中来寻求慰藉和精神寄托。相反,1923 年柳亚子建立新南社后,却因他很快投入办党的实际工作并取得突出成绩,反倒造成新南社成果寥寥、无疾而终的局面。

此外,1927 年柳亚子躁郁症周期性发作后,特别是 1936 年初严重爆发以来,柳亚子的生活和文学活动便呈现出周期性。其后,柳亚子躁郁症状况日益加重,躁郁周期渐长,这就不可避免地使得全面抗战中后期直到 1952 年初其生活特别是文学创作中表现出的周期性明显拉长。

柳亚子堪称中国近现代著名诗人、著名文学家和著名社团活动家，在中国近现代文学史中占有很高的地位，主要体现在以下两个方面：

第一，柳亚子主持的南社在清末民初文坛上大放异彩，在中国近现代文学史上写下浓墨重彩的一笔。南社汇集大批时代歌手，推出风行一时的革命文学，其向上承接黄遵宪、梁启超的"诗界革命"，向下开启五四新文化运动的先河。再扩而言之，南社文学一方面沐浴着中国古典文学绚烂的落日余晖，一方面又映照着中国现代文学依稀可见的曙光。在这方面，南社盟主柳亚子的领导之功不容小觑。更为重要的是，在清末民初，柳亚子的诗、词、文在南社众多人物中均堪称翘楚，具有丰富的历史内容和很高的艺术价值，故每每成为中国近代文学史的重点论述对象，获得深刻分析与高度肯定。

第二，柳亚子的旧体诗词堪称自晚清到新中国建立初期半个多世纪艺术记录的"诗史"。在 1917 年新文化运动兴起后，旧体诗词地位一落千丈，往往被众多文学史著作摒弃在外。这种情况，直到 20 世纪 70 年代末 80 年代初茅盾高度肯定柳亚子旧体诗词后才开始有所改变。柳亚子以激情诗人而闻名，创作成果自然以诗词居多，其诗词创作时间跨度之大，产量之高，与历史重大事件联系之紧密，是无人能出其右的。他以诗词记录了自晚清到新中国建立初期半个多世纪广泛而深刻的变化，堪称诗史。半个多世纪的风云变幻，在柳诗中大都留下或浓或淡的痕迹。时代主题的切换和变奏，在柳诗中亦有脉络可寻。尤为难得的是，在近现代史波澜壮阔变迁的大背景下，柳诗再现了他半个多世纪的心路历程，其中，喜怒哀乐的心灵颤动都清晰可见。

四　学术研究的特点与学术贡献

柳亚子热衷进行政治活动，娴熟于文学创作，一旦两者皆不可得时，才埋头于学术研究。1917 年南社内讧后，他不再打理南社事务，开始大力搜集吴江文献，并进行相关研究。在 1926 年到 1937 年间，柳亚子在政治活动上沉寂下来，反倒在苏曼殊研究和编纂上海市通志等领域做出突出贡献。1938年后，柳亚子在无法从事政治活动和文学创作时，多次集中精力致力于南明史研究。可以说，柳亚子从事学术研究主要出于兴趣与爱好，虽然他用力不甚多，但研究领域却很集中，且颇有自己的特点，故能取得极其骄人的学术成就。

柳亚子的学术研究具有以下四个特点：一是研究领域均属中国传统学术范畴，如文献学、目录学、方志学和历史学，尤其以文献收集、整理和考订见长，大多偏重于客观性研究。二是带有强烈的感情色彩。他对吴江文献抱有深厚的乡邦情怀，对苏曼殊更是带着南社老友的深情厚谊，对上海市通志也存有极其特殊的情感，他对汉族统治代表的南明小朝廷也怀着深厚情感。正是这些强烈情感激发和支撑着他从事研究的热情。一般来说，过强的感情色彩会影响学术质量，但是，由于其学术研究多偏于客观性研究，故弊端并不明显。三是对传统学术的继承和超越。他基本上沿袭传统学术路径，如他在南明史研究中采用的是纲目体例、传记体和书目等形式，他在编纂上海市通志上也继承了传统志书的体例。与此同时，他还大力超越传统学术，在学术研究上有不少创新之处。如他通过同苏曼殊亲友长达一年多的通信联系，考订出苏曼殊血统和早年经历，实际上开创了访谈史学方法。在上海市通志馆中，他不仅率先采用白话文，确定了详今略古的编辑方针，运用科学方法整理史料，而且采取了创办专业期刊、组建学术组织、开辟大众宣传平台等一系列举措，大大拓展地方志业务范围，对当代中国方志机构的部门设置和业务范围都产生了深远影响。四是善于借用众人之力。在收集吴江文献过程中，他参与组织吴江文献保存会，还充分发挥其友朋众多和人脉丰沛的优势。在苏曼殊研究中，他也充分发挥交际广泛、人脉丰厚的优势，向苏曼殊朋友和社会人士征集大量苏曼殊的作品和书信，还与苏曼殊朋友及苏曼殊研究者通信，进行广泛交流和深入研讨。在上海市通志馆，他精心组织强有力编纂队伍，知人善任，放手让副馆长朱少屏、编纂部主任徐蔚南各负其责。在南明史研究中，他先后得到阿英、郑振铎、胡朴安等许多朋友真诚无私的帮助，又与朱荫龙、宋云彬、谢国祯、钱海岳等众多的南明史研究专家进行探讨。由于善于借用众人之力,有时还注重团队协作,使得其学术研究具有起点高、收效快、影响大的特点,这是一般学者无法望其项背的。

柳亚子堪称吴江文献收集的集大成者,其收藏之丰富与考订之精细,都令人赞叹不已。他是苏曼殊研究的重要开创者,并成功地掀起一股苏曼殊研究的热潮,至今仍是苏曼殊研究无法忽视的高峰。他主持上海市通志馆,收集极其丰富而翔实的史料,基本完成具有很高水准的10余编志稿,并采取创刊、办社、办报、编鉴等一系列创造性措施,对方志的近代转型与当代发展都产生了极为深远的影响。他收集极为丰富的南明史书籍,并在研究上取得令人瞩目的成绩。他在上述四个领域中均卓然成家,确属难能可贵,尤其是他在苏曼殊研究和方志学上堪称学术大师。因此,柳亚子在近现代学术史占有一席之地,并从学术研究角度进一步诠释、传承和丰富了中华文脉。与此同时,柳亚子对吴江文献、上海方志文献和史料以及南明文献的收集、保存和传承都做出了不可磨灭的贡献,可谓功在华夏,利在千秋,善莫大焉!

五　主盟南社的贡献和缺憾

明末复社与南社堪称中国历史上两个影响最大的民间文人社团,犹如闪耀在灿烂历史星空中耀眼的双子星座。南社社员从成立时的17名,经过14年发展后竟多达1100余人。有人说南社"几乎荟萃了当时中国的全部文化精英",这当然是夸大之辞,但是,南社确乎是名流荟萃,人才济济,集一时之选。其不少成员在近代中国文学、新闻出版、政治、经济、教育、学术、科学、宗教、艺术等众多领域均卓有建树,南社也就因此成为近代中国规模最大、名气最为响亮的文学社团和文化社团。前文已简略论及南社的政治影响和文学地位,这里不再赘述。鉴于长期主持南社是柳亚子一生中最重要的活动之一,笔者在此略论柳亚子主盟南社所做出的贡献与带来的缺憾。

柳亚子当之无愧是南社第一人,他在南社发展史上的作用无人可比。不过,他主盟南社之路经历了一个发展过程。南社初创之际,年轻的柳亚子主要承担提供资金、奔走联络等辅助性工作。到南社第 3 次雅集时,柳亚子和俞剑华联手策划了南社张园"革命",把陈去病、高旭等从编辑员要职赶下来,由此开始自己承担编辑《南社丛刻》的重任,并实际掌控了南社社刊编辑大权。同时,他还以书记和会计名义与社友建立密切联系,并主持南社雅集活动。如此一来,柳亚子成为南社不可或缺的关键人物,实际维持南社的运营,可谓南社柱石。在南社第 7 次雅集上,社友们未同意柳亚子关于将南社编辑员由三人制改为一人制的提议,于是,柳亚子愤然出社。柳亚子的出社,反而将他对南社的重要性彰显无遗。为了敦请柳亚子复社,南社先后两次修改条例,满足柳亚子的全部要求。柳亚子这才欣然宣布复社,并于 1914 年 10 月在第 11 次雅集上当选为南社主任,享有任命会计、书记和干事的人事权,可谓名正言顺的南社盟主。

在主盟南社过程中,柳亚子全身心经营南社,无私奉献,做了大量具体细致工作。与其他社员积极投入个人事业相比,柳亚子则对南社之事始终念兹在兹,并全身心地投入其中。他除了 1912 年上半年在上海参与办报活动外,并未从事其他职业,一直专心致志经营南社。每期《南社丛刻》,从征稿、审查、圈点、断句起,一直到抄写、发排、校对,基本上由他一人包办。他还与各地社友保持密切联系,频频信函往还,或进行诗词唱和,或一起看戏评戏,还不时举办诗酒文会。除了劳神费力外,他还出钱维持南社的运营,并屡屡资助亡友遗文的出版刊行。

柳亚子主盟南社所做出的贡献主要表现在以下几个方面:一是为南社提供了坚强有力的领导。他刚健有为,奋发进取,敢于任事,敢于负责,多谋善断,充当了南社的领导核心,并与朱少屏等密切配合而组成南社领导核心。他满怀赤子之心,心地纯正,毫无城府,深受社友信任和信仰,甚至其天真率直、任性而为的特点在一些社友眼中也显得可爱,因而具有强大的凝聚力和号召力,可视为南社的灵魂。他与社友保持密切联系,且南社雅集诗酒文会往往让人享有狂欢之感,故对不少社友具有很强的吸引力。二是充当南社代言人。他对南社社友中为革命赴汤蹈火、断头沥血者,彰功表德、揭发覆藏。如他为周阮二烈士昭雪复仇而奔走呼号,还为社友孙元洗刷沉冤,并经常赋诗作文哀悼遇难或亡故社友。三是承担绝大部分《南社丛刻》的编辑任务。他不仅改进了《南社丛刻》编辑体例,使其质量大幅提高,而且独立编辑 22 集中的 17 集。四是保存大量南社文献。他先后为遇难或亡故社友编辑刊行遗文 20 余种,撰文评论 20 多名社友的文学成就,整理记载南社史事,为南社历史保存了不少珍贵的文献。

当然,柳亚子不是神而是人,而且是非常有个性的人,故柳亚子主盟南社也不可避免地带来一些缺憾。柳亚子当选南社主任后,其大权独揽无疑导致南社更加依赖柳亚子,由此给南社的未来发展埋下了重大隐患。与此同时,在南社发展过程中,除了南社内部由来已久的论诗之争外,还逐步累积了四种与柳亚子密切相关的内部矛盾:一是柳亚子在迈向主盟南社之路过程中与高旭、蔡守等重要领导人之间存在着紧张关系。二是南社总部中心上海与北京、广州、长沙等分社中心之间也存在一定程度的竞争关系。在 1913 年前后,即在柳亚子出社期间,南社北京分部一度活动极其活跃,大有取代上海总部之势,但"二次革命"失败后,国民党势力遭到沉重打击,北京分部于无形中消散。1916 年后,南社广东分社和湖南分社势力大增,亦有对上海总部形成某种挑战之势。三是南社内部因柳亚子个性和行为方式而累积下来的不满情绪。柳亚子大捧京剧演员冯春航和陆子美,并吸引他们加入南社,引起蔡守、朱玺、成舍我等人的严重不满。四是柳亚子与高燮、蔡守等南社重要人物之间的人事纠葛和恩怨情仇。不过,在袁世凯高压统治下,南社同仁不得不团结一致,共同对外,故这些矛盾有些潜藏着,有些虽有所显露,但并未彻底暴露出来。

随着 1916 年袁世凯死亡,南社长期面临的外在压力骤然消失,南社内部论诗之争便日趋升温,并在 1917 年激烈爆发。在争论中,双方都不免意气用事,导致柳亚子宣布驱逐朱玺出社,接着又开除成舍我社籍,使得事态不断升级,并彻底引爆南社内部原来积累下来的诸多矛盾,最终造成南社内讧。南社内讧本质上是对于柳亚子领导南社的信任投票,呈现为"拥柳"与"倒柳"两派之争,并具体演变为南社主任争夺战。尽管柳亚子在主任争夺战中最终胜出,但是,心高气傲的他已心灰意冷,无意打理南社事务。在遭受内讧重创和失去柳亚子主持后,南社只能无奈走向衰落和解体之途。从某种意义上说,南社的衰落和解体也是柳亚子主盟南社带来的不可避免的缺憾。

参考文献

一　文献类(期刊、报纸、文集、资料汇编)

[1] 陈学恂主编:《中国近代教育史教学参考资料》,北京:人民教育出版社1987年版。

[2] 陈颖选编:《贞毅先生陈陶遗诗文集》,上海:上海科学技术文献出版社2015年版。

[3] 丁贤俊、喻作凤编:《伍廷芳集》,北京:中华书局1993年版。

[4] 郭长海、郭君兮编:《陈去病诗文集·补编》,北京:社会科学文献出版社2009年版。

[5] 郭长海、金菊贞编:《高旭集》,北京:社会科学文献出版社2003年版。

[6] 郭长海、金菊贞编:《柳亚子文集补编》,北京:社会科学文献出版社2004年版。

[7] 郭建鹏、陈颖编著:《南社社友录》,上海:上海大学出版社2017年版。

[8] 江苏省政协和淮安市文史资料委员会编:《周实阮式纪念集》,1991年内部印行。

[9] 中国留日学生江苏同乡会编:《江苏》第1—12期。

[10] 柳无忌编:《柳亚子文集——南明史纲·史料》,上海:上海人民出版社1994年版。

[11] 柳无忌编:《柳亚子文集——南社纪略》,上海:上海人民出版

社 1983 年版。

　　［12］柳无忌编:《柳亚子文集——苏曼殊研究》,上海:上海人民出版社 1987 年版。

　　［13］柳无忌、柳无非编:《柳亚子文集——自传·年谱·日记》,上海:上海人民出版社 1986 年版。

　　［14］柳亚子:《怀旧集》,上海:耕耘出版社 1946 年版。

　　［15］柳亚子编:《曼殊全集》第 1—5 集,北京:北新书局 1928—1929 年版。

　　［16］柳亚子编:《南社诗集》第 4 册,上海:开华书局 1936 年版。

　　［17］柳亚子等编:《南社丛刻》第 1—22 集,扬州:江苏广陵古籍刻印社 1996 年影印本。

　　［18］柳亚子、柳无忌编:《苏曼殊年谱及其他》,北京:北新书局 1928 年版。

　　［19］曼昭、胡朴安:《南社诗话两种》,北京:中国人民大学出版社 1997 年版。

　　［20］民革中央宣传部编:《中国国民党革命委员会历史资料选编》,1985 年编印。

　　［21］桑兵主编:《辛亥革命稀见文献汇编·复报》第 11 册—第 12 册,北京:国家图书馆出版社 2011 年版。

　　［22］上海市年鉴委员会编:《上海市年鉴》(民国二十四年),1935 年版。

　　［23］上海市年鉴委员会编:《上海市年鉴》(民国二十五年),1936 年版。

　　［24］上海市年鉴委员会编:《上海市年鉴》(民国二十六年),1937 年版。

　　［25］上海市通志馆编:《上海市通志馆期刊》第 1—8 期,1933 年—1935 年版。

　　［26］上海通社编:《上海研究资料》,上海:上海书店 1984 年影印本。

　　［27］上海通社编:《上海研究资料续编》,上海:上海书店 1984 年

影印本。

[28] 上海图书馆编:《柳亚子文集——书信辑录》,上海:上海人民出版社1985年版。

[29] 上海图书馆历史文献中心近代文献部编:《柳亚子家书(1887—1958)》,长沙:岳麓书社1997年版。

[30] 沈云龙主编:《近代中国史丛刊·正编》第652册,台北:文海出版社1976年版。

[31] 宋云彬:《红尘冷眼——一个文化名人笔下的中国三十年》,太原:山西人民出版社2002年版。

[32] 王晶垚等编:《柳亚子选集》上、下册,北京:人民出版社1989年版。

[33] 吴虞:《吴虞日记》,成都:四川人民出版社1984年版。

[34] 熊月之主编:《稀见上海史志资料丛书·上海市大观》(7),上海:上海书店出版社2012年版。

[35] 阳翰笙:《阳翰笙日记选》,成都:四川文艺出版社1985年版。

[36] 杨天石、王学庄编:《南社史长编》,北京:中国人民大学出版社1995版。

[37] 叶至善等编:《叶圣陶集》(第22卷),南京:江苏教育出版社1994年版。

[38] 张明观、黄振业编:《柳亚子集外诗文辑存》,上海:上海人民出版社2011年版。

[39] 张夷主编:《陈去病全集》第1—5册,上海:上海古籍出版社2009年版。

[40] 中共江苏省委党史工作委员会编著《第一次国共合作在江苏(1923—1927)》,1995年内部发行。

[41] 中共中央文献研究室编:《毛泽东诗词集》,北京:中央文献出版社2003年版。

[42] 中共中央文献研究室编:《毛泽东书信选集》,北京:中央文献出版社2003年版。

[43] 中国革命博物馆编:《柳亚子文集——磨剑室诗词集》上、下

册,上海:上海人民出版社 1985 年版。

〔44〕中国革命博物馆等编:《柳亚子文集——磨剑史文录》上、下册,上海:上海人民出版社 1993 年版。

〔45〕中国国民党革命委员会中央委员会等编:《柳亚子纪念文集》,北京:中国文史出版社 1987 年版。

〔46〕中国史学会主编:《辛亥革命》(一),上海:上海人民出版社 1957 年版。

〔47〕朱蕴山:《朱蕴山诗文集》,北京:团结出版社 2008 版。

二 著作

〔1〕陈春香:《南社文人与日本》,北京:商务印书馆 2013 年版。

〔2〕冯自由:《革命逸史》,北京:金城出版社 2014 年版。

〔3〕傅国涌:《1949 年:中国知识分子的私人记录》,武汉:长江文艺出版社 2005 年版。

〔4〕谷苇:《文坛漫步》,长沙:湖南人民出版社 1985 年版。

〔5〕郭延礼:《中国近代文学发展史》第 3 卷,北京:高等教育出版社 2001 年版。

〔6〕黄波:《真实与幻影 近世文人之心灵画像》,南京:江苏文艺出版社 2012 年版。

〔7〕李湄:《梦醒——母亲廖梦醒百年祭》,北京:中国工人出版社 2004 年版。

〔8〕江苏省地方志编纂委员会编:《江苏省志·国民党志》,南京:江苏人民出版社 2006 年版。

〔9〕江苏省政协文史资料委员会等编:《张应春纪念集》,1999 年印行。

〔10〕柯平:《都是性灵食色——明清文人生活考》,重庆:重庆出版社 2006 年版。

〔11〕李海珉著,江苏省政协文史资料委员会等编:《柳亚子》,1999 年印行。

〔12〕栾梅健:《民间的文人雅集——南社研究》,上海:东方出版中

心 2006 年版。

[13] 梁启超:《清代学术概论》,北京:人民出版社 2008 版。

[14] 林香伶:《南社文学综论》,台北:里仁书局 2009 年版。

[15] 柳无忌:《柳无忌散文选——古稀话旧》,北京:中国友谊出版公司 1984 年版。

[16] 柳无忌、柳无非、柳无垢:《我们的父亲柳亚子》,北京:中国友谊出版公司 1989 年版。

[17] 柳无忌、殷安如编:《南社人物传》,北京:社会科学文献出版社 2002 年版。

[18] 卢文芸:《中国近代文化变革与南社》,北京:社会科学文献出版社 2008 年版。

[19] 莫宏伟:《苏南土地改革研究》,合肥:合肥工业大学出版社 2007 年版。

[20] 任访秋主编:《中国近代文学史》,郑州:河南大学出版社 2009 年版。

[21] 尚明轩:《何香凝传》,北京:北京出版社 1994 年版。

[22] 邵迎武:《柳亚子诗歌新探》,北京:中国人民大学出版社 1996 年版。

[23] 邵迎武:《南社人物吟评》,北京:社会科学文献出版社 1994 年版。

[24] 邵迎武:《苏曼殊新论》,天津:百花文艺出版社 1990 年版。

[25] 邵盈午编:《民国范儿:风流总被雨打风吹去》,上海:东方出版社 2012 年版。

[26] 孙之梅:《南社研究》,北京:人民文学出版社 2003 年版。

[27] 王彬彬:《并未远去的背影》,广州:广东人民出版社 2010 年版。

[28] 王学斌:《最好与最坏的时代:局中人》第 1 部,上海:东方出版社 2013 年版。

[29] 汪梦川:《南社词人研究》,上海:上海古籍出版社 2015 年版。

[30] 吴汉民主编:《20 世纪上海文史资料文库》第 6 辑,上海:上海

书店出版社 1999 年版。

［31］吕慧鹃、刘波、卢达编：《中国历代著名文学家评传》第 6 卷，济南：山东教育出版社 2009 年版。

［32］谢静：《从晚清名臣到抗日楷模：韩国钧生涯》，上海：上海人民出版社 2002 年版。

［33］谢荣滚：《赤子情深：陈君葆传》，广州：广东人民出版社 2012 版。

［34］杨天石、刘彦成：《南社》，北京：中华书局 1980 版。

［35］俞前著，吴江市政协学习和文史委员会编：《毛啸岑》，2000 年内部印行。

［36］曾荣：《民国通志馆与近代方志转型》，北京：社会科学文献出版社 2018 年版。

［37］张春田：《革命与抒情：南社的文化政治与中国现代性（1903—1923）》，上海：上海人民出版社 2015 年版。

［38］张明观：《柳亚子史料札记》，上海：上海人民出版社 2008 年版。

［39］张明观：《柳亚子史料札记二集》，上海：上海人民出版社 2014 年版。

［40］张明观：《柳亚子史料札记三集》，上海：上海人民出版社 2017 年版。

［41］张明观：《柳亚子传》，北京：社会科学文献出版社 1997 年版。

［42］张炯等主编：《中华文学通史》第 5 卷，北京：华艺出版社 1997 年版。

［43］郑逸梅：《南社丛谈》，上海：上海人民出版社 1981 年版。

［44］智效民：《长袍与牢骚：教科书上看不到的民国》，南京：凤凰出版社 2013 年版。

［45］中共吴江市委党史工作办公室编著：《中共吴江地方历史（1921—1949）》第 1 卷，北京：中共党史出版社 2006 年版。

［46］周广秀：《箫剑诗魂——柳亚子评传》，北京：中国社会科学出版社 2002 年版。

[47] 周永林编著:《〈沁园春·雪〉论丛》,重庆:重庆出版社 2003年版。

[48] 朱学范:《我与民革四十年》,北京:团结出版社 1990 年版。

三 论文

[1] 陈东林:《毛泽东和柳亚子诗中的"牢骚"指什么?》,《北京日报》1996 年 11 月 15 日。

[2] 陈东林:《拭去历史的尘封——还柳亚子在文学史上应有的地位》,《南京理工大学学报》(社会科学版)1996 年第 1 期。

[3] 陈福季:《论说历史人物应当客观公允——评黄波的〈寂寞一诗翁,重说柳亚子〉》,《南京理工大学学报》(社会科学版)2009 年第 4 期。

[4] 陈鸿:《乱世修志——上海市通志馆研究》,华东师范大学 2009 届硕士毕业论文。

[5] 陈友乔:《柳亚子"牢骚"之解读——从柳亚子〈七律·感事呈毛主席〉谈起》,《武汉科技大学学报》(社会科学版)2009 年第 4 期。

[6] 崔闽:《柳亚子与国共合作》,《近代史研究》1987 年第 6 期。

[7] 冯锡刚:《〈七律·和柳亚子先生〉中牢骚一解》,《党的文献》2005 年第 2 期。

[8] 耿素丽:《国家图书馆藏〈南明史料书目〉述介》,中国历史文献研究会编著《中国历史文献研究会成立 30 周年纪念集》,华东师范大学出版社 2009 版。

[9] 管继平:《卅载文字因缘在——姚鹓雏致函柳亚子之后》,《档案春秋》2015 年第 10 期。

[10] 管林:《亚子先生今不朽,诗文湖海同长久——论柳亚子在中国文学史上的贡献》,《华南师大学报》1987 年 3 期。

[11] 郭长海:《〈民间的文人雅集——南社研究〉一书中的两处失误》,《长春师范学院学报》(人文社会科学版)2009 年第 2 期。

[12] 郭隽杰:《关于柳亚子的"牢骚"》,《随笔》1994 年第 3 期。

[13] 郭寿龄:《关于"淮南社"》,淮安县政协文史资料研究委员会

《淮安文史资料》第 7 辑,1989 年印行。

〔14〕胡道静口述、袁燮铭整理注释:《关于上海通志馆的回忆》,《史林》2001 年第 4 期。

〔15〕胡训珉:《〈民国上海市通志稿〉整理偶得》,上海市地方志办公室、上海市地方史志学会编:《上海方志研究论丛》第 3 辑,上海:上海书店出版社 2017 年版。

〔16〕李海珉:《风物长宜放眼量:读柳亚子"牢骚诗"手稿》,《档案与建设》2000 年第 5 期。

〔17〕李海珉:《柳亚子才是名至实归的"南社第一人"》,《南京理工大学学报》(社会科学版)2015 年第 2 期。

〔18〕李海珉:《柳亚子与〈分湖旧隐图〉》,《寻根》2011 年第 3 期。

〔19〕李海珉:《解析柳亚子的牢骚——〈周恩来批评柳亚子牢骚太盛〉读后》,《炎黄春秋》2004 年第 9 期。

〔20〕李坚:《柳亚子与南社广东社友》,《岭南文史》1994 年第 2 期。

〔21〕李镛:《柳亚子旧藏南明史料下落之谜》,《文教资料》1987 第 5 期。

〔22〕柳光辽:《南社诗歌研究中的一桩陈年公案——柳亚子〈七律·感事呈毛主席〉的"牢骚"新探》,《南京理工大学学报》(社会科学版)2014 年第 4 期。

〔23〕柳光辽:《也谈柳亚子的牢骚——孙有光先生〈周恩来批评柳亚子牢骚太盛〉一文质疑》,《南京理工大学学报》(社会科学版)2004 年第 5 期。

〔24〕刘松林:《柳亚子一生钟情南明史研究》,《世纪》2002 年第 4 期。

〔25〕刘讷屿:《梨园内外的战争——20 世纪第二个十年上海京剧界的冯贾党争》,《文艺研究》2013 年第 7 期。

〔26〕吕志伟:《民国时期上海修志人收集志料的方法——以上海市通志馆为例》,上海市地方志办公室、上海市地方史志学会编:《上海方志研究论丛》第 3 辑,上海:上海书店出版社 2017 年版。

〔27〕马以君:《柳亚子、毛主席唱和诗实指试探》,《广播电视大学

学报》(哲学社会科学版)1999年第4期。

　　[28] 彭伟:《1917年南社唐宋诗之争原因探微》,《南京理工大学学报》(社会科学版)2007年第4期。

　　[29] 史全生:《关于柳亚子对南明史的研究》,《民国档案》1994年第4期。

　　[30] 孙彩霞:《第一次国内革命战争时期的柳亚子》,《历史档案》1989年第2期。

　　[31] 孙有光:《周恩来批评柳亚子牢骚太盛》,《炎黄春秋》2004年第6期。

　　[32] 王飚:《辛亥革命理想的坚定守望者——柳亚子》,《南京理工大学学报》(社会科学版)2011年第6期。

　　[33] 王国平:《柳亚子与南明史》,《苏州大学学报》1989年第1期。

　　[34] 王晶垚:《如何评价柳亚子》,《近代史研究》1989年第2期。

　　[35] 汪梦川:《文化政治化的悲剧——以南社为例的反思》,《燕山大学学报(哲学社会科学版)2009年第1期。

　　[36] 温应时:《南社社友姓氏录考》,马以君主编:《南社研究》第2辑,中山大学出版社1992年版。

　　[37] 吴海丰:《蔡哲夫失节说考辨》,《岭南文史》2010年第1期。

　　[38] 谢国桢:《爱国诗人柳亚子与南明史乘》,《历史教学问题》1981年第1期。

　　[39] 邢棠:《也谈柳诗"牢骚"的原因》,《中共党史研究》1995年第6期。

　　[40] 徐文烈《为柳亚子的"牢骚"辩》,香港《明报》月刊1995年1月号。

　　[41] 杨天石:《柳亚子与国共合作》,《复旦学报》(社会科学版)1984年第1期。

　　[42] 姚锡佩:《南社风云和诗人之梦》,《人民日报》1990年7月5日。

　　[43] 叶扬兵:《〈答客难〉的考证和解析》,《学海》2014年第4期。

　　[44] 叶扬兵:《关于中央文史研究馆筹建的两个时间》,《党的文

献》2018 年第 2 期。

［45］叶扬兵：《近 60 年柳亚子研究综述》，王庆五、樊和平、余日昌主编：《江苏蓝皮书·2017 年江苏文化发展分析与展望》，北京：社会科学文献出版社 2017 年版。

［46］叶扬兵：《柳亚子等悼念张应春烈士的〈礼蓉招桂龛缀语〉之辑录与发表》，《档案与建设》2017 年第 10 期。

［47］叶扬兵：《皖南事变后柳亚子对黄慕兰态度的微妙变化——兼及"柔黄"考证和.解读》，《广东党史与文献研究》2018 年第 1 期。

［48］叶扬兵：《谢冰莹第二次日本之行起止时间及在东京被捕时间考》，《新文学史料》2018 年第 4 期。

［49］叶扬兵：《〈与某兄书〉的考证和解析》，吴江区政协文史委员会编：《吴江文史资料》第 28 辑，2013 年印行。

［50］殷茵：《柳亚子和周恩来之间的"疙瘩"》，《名人传记》2009 年第 2 期。

［51］虞云国：《1950 年姚鹓雏与柳亚子的交往》，《东方早报》2015 年 11 月 8 日。

［52］袁小伦：《从〈磨剑室文录〉看柳亚子晚年议政》，《社会科学论坛》2002 年第 12 期。

［53］袁燮铭：《上海市通志馆筹备始末》，《档案与史料》2002 年第 6 期。

［54］曾景忠：《谁是南社第一人——论陈去病与南社的创立和发展》，《南京理工大学学报》（社会科学版）2015 年第 1 期。

［55］曾彦修：《我所知道的柳毛赠答诗中"牢骚"问题的史实背景》，《中共党史研究》1994 年第 6 期。

［56］曾彦修：《也谈"说项依刘"》，《中共党史研究》1995 年第 5 期。

［57］张春田：《重思南社的文化政治与"近代性"》，《杭州师范大学学报》（社会科学版）2012 年第 5 期。

［58］张杰：《论南社第一人争议的若干问题》，《南京理工大学学报》（社会科学版）2016 年第 3 期。

［59］赵自立：《柳诗"牢骚"的前前后后》，《人物》1996 年第 1 期。

［60］中国第二历史档案馆:《柳亚子等所办〈新黎里报〉被控案》,《历史档案》1983 年第 4 期。

［61］仲勉:《关于"淮南社"》,马以君主编:《南社研究》第 6 辑,广州:中山大学出版社 1994 年版。

［62］周永珍、柳光辽:《解读〈柳亚子家书〉里有关宋庆龄的史料》,《南京理工大学学报》(社会科学版)2012 年第 2 期。

［63］朱敏彦、胡训珉:《民国时期旧志整理出版探讨——以民国〈上海市通志稿〉为例》,张英聘主编:《第三届中国地方志学术年会两岸四地方志文献学术研讨会论文集》,北京:方志出版社 2014 年版。

［64］朱兴和:《柳亚子毛泽东诗缘笺释——以 1949 年前后"柳毛唱和"为聚焦》,《上海交通大学学报》(哲学社会科学版),2013 年第 6 期。

后　记

真没有料到,本书写作竟花费八年之久,大大超过本人博士论文的写作时间。八年中,写作辛苦有不足为外人道者,然旁涉领域甚广,研究兴味盎然之乐亦多,思之不禁感慨丛集,难以言表。

2013年,笔者从本院文学所原所长姜建研究员处承接《江苏历代名人传·柳亚子》的撰写任务。这个项目当时属本院重点项目,要求兼顾可读性和学术性,只用少量必要的注释。在写作过程中,笔者把学术性放在第一位,在文字表述上则尽量追求可读性。2016年8月30日,笔者提交正式书稿。然而,同年9月,这个项目纳入"江苏文脉整理与研究工程"中的"江苏历代文化名人传"板块,强调学术性,并要求严格按照学术规范进行注释。根据新要求,本人补充阅读大量第一手报刊资料,进一步深入研究,重新撰写书稿。力图在充分汲取前人研究成果的基础上,一方面认真考订诸多细节,澄清和纠正不少纷纭难定的分歧和错谬之处,另一方面具体考察和深入分析前人有意回避或未注意到的重要问题,并对一些重大问题提出独到见解。几经努力,终于在2020年5月6日将书稿呈交江苏文脉研究院。

承蒙本院文学所邓瑗博士、南京财经大学温潘亚教授、河南大学文学院胡全章教授、江苏文脉研究院院长樊和平教授先后审读把关,并就规范标点和注释、完善结构、注意传记体例、强化结尾等方面提出了宝贵意见。据此,本人严格按照规范处理标点和注释,并删掉大量考证性和辩驳性文字,在书末添写结语部分。本所孙宅巍研究员、杨颖奇研究员等老领导也为结语部分的写作提出很好建议。在本书的文字排版和图片搜集上得到本所张慧卿研究员、李楠博士、袁慧博士以及南京图书馆史星宇馆员、苏州吴江柳亚子纪念馆张杰馆员的帮助。收到二校稿后,本人进行认真校对。武汉大学国学院谢贵安教授对南明史研究相关内容提出宝贵修改意见。本所陈诗兰博士、夏林博士和南京图书馆夏彪研究馆员在文字校对和注释查核上给予大力支持。夫人焦文芳女士为了使我安心写作,包揽了全部家务,还承担本书参考文献排序校对工作。在我写作遇到困难时,她还静静聆听我的絮叨以帮我理清思路,间或提出自己的看法。江苏人民出版社韩鑫编审为本书的修改提出中肯建议,责任编辑周晓阳博士为本书的编校做了大量细致工作。在此,谨向所有关心和帮助过本书写作的同志们一并表示衷心感谢!

叶扬兵

2020 年 6 月 21 日

后

记